河南蒙古族自治县

年鉴 2023

河南县志鉴编纂委员会 编

方志出版社
Publishing House of Local Records

图书在版编目（CIP）数据

河南蒙古族自治县年鉴．2023 / 河南县志鉴编纂委员会编．—北京：方志出版社，2023.11
ISBN 978-7-5144-5826-8

Ⅰ．①河… Ⅱ．①河… Ⅲ．①河南蒙古族自治县－2023－年鉴 Ⅳ．①Z524.44

中国国家版本馆 CIP 数据核字（2023）第 208396 号

责任编辑：张健
责任校对：张玉霞
责任印制：梅中英
出 版 者：方志出版社
地　　址：北京市朝阳区潘家园东里 9 号（国家方志馆 4 层）
邮　　编：100021
网　　址：http://www.zgfzcb.cn
发　　行：方志出版社图书营销中心（010-67110500）
印　　刷：成都市兴雅致印务有限责任公司
开　　本：889 毫米 ×1194 毫米　1/16
印　　张：25.25
字　　数：737 千字
版　　次：2023 年 11 月第 1 版
印　　次：2023 年 11 月第 1 次印刷
定　　价：298.00 元

河南蒙古族自治县志鉴编纂委员会

主　　任　钢　　夫

副主任　拉玛杰　唐建珍

委　　员　吴生名　公保南杰　李　　靖　郝少勇

公巴太　潘　　英　才让扎西（档案局）

王　　栋　黄维军　才　　配　金　　梅

陈　　敏　才旦公保　索南昂加

才让扎西（民政局）　恩　　科

才让代吉　宋利军

《河南蒙古族自治县年鉴（2023）》编辑部

主　　编　潘　　英

编　　辑　杨太多尖参　杜艳平　严莉婷　卓玛加

数字快览 2022

★ 综　合

全县面积	6700.32 平方千米
全县总人口	44102 人
少数民族人口	41154 人
人口自然增长率	10.9 ‰
乡	4 个
镇	2 个
社区居委会	4 个
村民委员会	39 个
地区生产总值	204994.26 万元
第一产业增加值	104674.39 万元
第二产业增加值	35101.29 万元
第三产业增加值	65218.58 万元
三次产业结构比	51.07 ∶ 17.12 ∶ 31.81

★ 畜牧业

农林牧渔业总产值	133906.15 万元
农业产值	4450 万元
牧业产值	126630.15 万元
农林牧渔服务业产值	2826 万元
各类牲畜存栏	55.54 万头（只）
肉类总产量	14424.13 吨

★ 工　业

规上工业企业完成工业产值	26912.93 万元
工业增加值	5611.14 万元
规上工业企业累计完成用电量	15197.6 万千瓦时

★ 商贸 · 旅游

社会消费品零售总额	18104.5 万元
城镇实现社会消费品零售额	16606 万元
乡村实现社会消费品零售额	1498.5 万元
商品零售	16059.6 万元
餐饮收入	2044.9 万元
旅游总收入	10684.1 万元

★ 财政·金融

地方公共财政预算收入	5682 万元
地方公共财政支出	171175 万元
金融机构各项存款余额	14.14 亿元
住户存款余额	6.87 亿元
非金融企业存款余额	7.27 亿元
各项贷款余额	12.75 亿元
住户贷款	1.27 亿元
非金融企业及机关团体贷款	11.48 亿元

★ 教育·医疗

义务教育阶段学校	11 所
义务教育阶段中小学在校生	5816 人
教职工	823 人
医疗卫生机构	11 个
卫生健康系统人员	464 人
卫生健康系统诊疗人次	91366 人次
医疗机构收入	4416.4 万元

★ 居民收入及消费

全体常住居民人均可支配收入	23230.68 元
城镇常住居民人均可支配收入	38040.26 元
农村常住居民人均可支配收入	14723.25 元
城居民人均收入比	2.6 ：1
常住居民人均生活消费支出	13527.27 元
城镇常住居民人均生活消费支出	14195.44 元
农村常住居民人均生活消费支出	13143.43 元
居民恩格尔系数	36.58%

（资料来源：县统计局）

喜迎党的二十大

2022年，河南县通过举办各种活动、开展主题党日活动、加强工作部署等多种形式，以奋进之姿全面学习贯彻中共青海省第十四次代表大会精神，努力在加快建设“六个现代化新青海”中展现河南担当，践行河南行为，贡献河南力量，以优异成绩迎接党的二十大胜利召开。党的二十大胜利召开之后，河南县把学习宣传贯彻党的二十大精神作为首要政治任务，县委常委会第一时间组织专题研讨学习，研究部署党的二十大精神宣传贯彻工作。全县各级党组织及时跟进学、持续深入学、全面系统学，持续掀起学习宣传党的二十大精神热潮。县委宣传部抽调精干力量组建党的二十大精神宣讲团，深入乡镇、村社、建筑工地，全面铺开宣传宣讲工作，实现全县6个乡镇首轮宣讲全覆盖。

2022年10月28—29日

青海省委副书记、省长吴晓军（前排左八）在河南县宣讲党的二十大精神。黄南州委书记朱战民（前排右七），黄南州委副书记、州政府州长扎西才让（前排左六）陪同

县委书记司吉昇（右）为"河南好人"颁奖

县委副书记、县长钢夫（右）为"河南好人"颁奖

2022年6月30日，在河南县"喜迎党的二十大　道德清风沁人心""河南好人"表彰大会上，见义勇为模范张斌斌、诚实守信模范斗格吉、助人为乐模范索南才让、敬业奉献模范长爱、孝老爱亲模范扎西当智五位"河南好人"接受表彰。

2022年6月24日

“携手共建平安家园，为党的二十大胜利召开营造和谐稳定政治社会环境”主题宣传活动在成吉思汗广场开展

2022年9月27日

河南县召开党的二十大期间安全生产和自然灾害防范工作部署会

2022 年 10 月 16 日

基层党员干部观看党的二十大开幕会

2022 年 10 月 16 日

县委组织部党支部集中观看党的二十大开幕会

2022 年 10 月 16 日

县人民法院组织干警集中观看党的二十大开幕会

2022 年 10 月 31 日

河南县举办“感党恩　听党话　跟党走”学习宣传贯彻党的二十大精神主题晚会

2022 年 10—11 月

全县掀起学习党的二十大精神热潮

“绿水青山”向“金山银山”转化

近年来，河南县坚定不移践行习近平生态文明思想，坚持把生态环境保护摆在与经济发展同等重要的位置，先后成功创建国家生态文明建设示范县、全国村庄清洁行动先进县、“绿水青山就是金山银山”实践创新基地。

2022 年，河南县不断探索“绿水青山”向“金山银山”转化的新路径，全面推行以“两山”转化产业链为总链，有机畜牧业、文化旅游业、蒙藏医药业、生态水产业、现代服务业“五大产业链”为子链，组织、政策、人才、科技等要素为支撑的“1+5+ X”“两山”实践创新基地创建成果转化新模式，同时融入产业“四地”建设，趟出一条“绿水青山”与“金山银山”相得益彰、生态文明建设与经济社会发展相辅相成的高质量发展之路，形成可推广、可复制的“河南经验”，为全省生态文明建设贡献河南智慧、河南力量。

2022 年 6 月 1 日

河南县召开坚决落实省党代会精神，全面贯彻新发展理论，推进“绿水青山就是金山银山”实践创新基地成果转化工作大会

2022 年 10 月 20 日

县人大常委会主任索南才让（前排中）组织开展“农牧业现代化示范区建设与 绿水青山就是金山银山 实践创新基地转化工作”专题视察

2022 年

“世界环境日”，县新农村建设服务中心干部职工在洮河国家湿地公园生态绿洲湾区开展“绿水青山就是我的家”环保知识宣传活动

2022 年 7 月
省政协一行在河南县就“加快建设我省绿色有机畜产品标准化生产体系建设”开展专题调研

2022 年 9 月 23 日
县委副书记、县长钢夫（右二）在河南县牛羊活畜交易市场了解牛羊交易量、收费标准等市场运行情况

2022 年

河南县打造全省绿色有机农畜产品输出地

2022 年 8 月 22 日

河南县牛羊活畜交易集散中心建成投入使用

2022 年 7 月 20 日

河南县 2022 年度草原毛虫防治和毒害草治理工作正式启动

河南县旅游景点分布

2022 年 11 月 28 日

河南县文体旅游广电局省级文化旅游发展专项引导补助金发放仪式

2022 年 6 月

县文体旅游广电局举办“非遗线上购物”展销活动并进行直播带货

2022 年 6 月 28 日

“青山绿水游蒙旗 · 相约仙境洮河源”为主题的采风行活动在青海洮河源国家湿地公园内正式启动

2022 年 4 月 14 日

记者对县蒙藏医院蒙藏医药发展情况进行采访报道

2022 年 7 月 6 日

宁木特镇卫生院医生使用熏蒸疗法给患者治疗

2022 年

县蒙藏医院制剂中心制剂生产过程

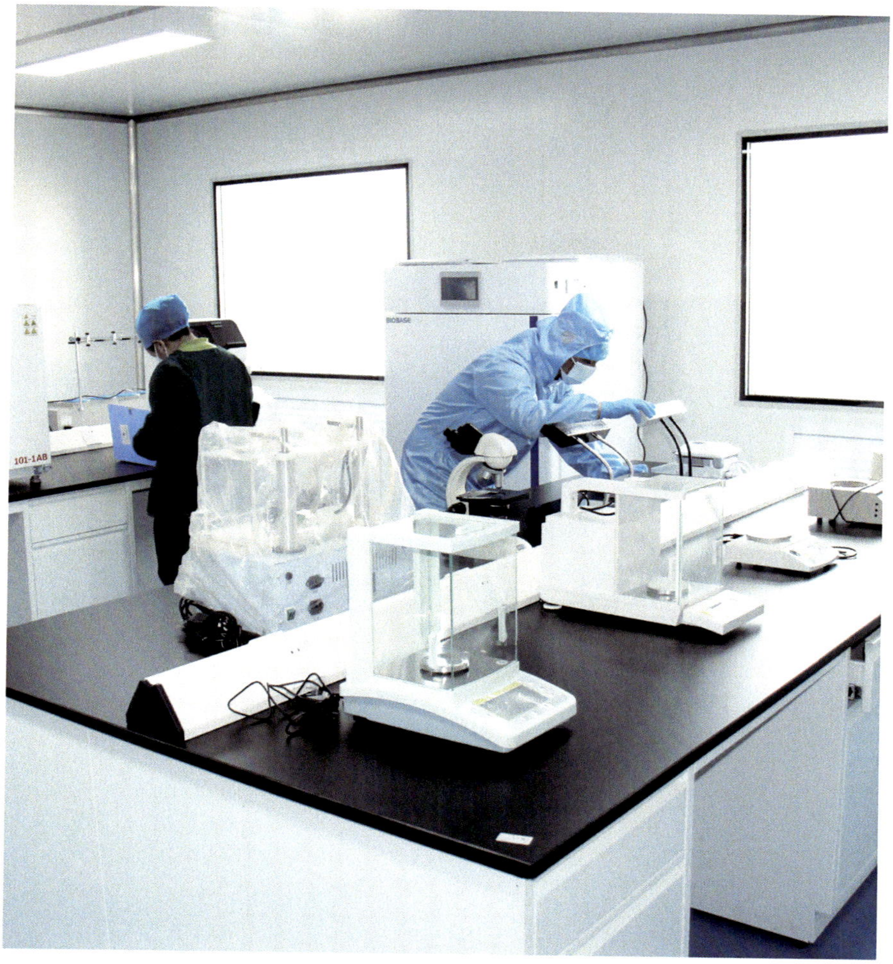

2022 年

县蒙藏医院质检中心实验室技术人员做药品实验

河南县境内有 3 条大河、7 条小河、59 条小溪、6 个湖泊，黄河、洮河、泽曲河贯穿境内，年均径流总量 13.87 亿立方米，水能蕴藏量达 129 万千瓦。

河南县立足“一泉双涌”（即一边涌出天然矿泉水，一边涌出天然气泡水的资源优势），借力“互联网 +”，加快构建天然饮用水产业发展体系，培育出瀞度矿泉水、瓒嘎龙源、圣泉水业等饮用水企业 4 家，水产业年产值达 5 亿余元。

▲ 2022 年 6 月 27 日

河南县在洮河源国家湿地公园开展 2022 年黄河上游青海河南段水生生物增殖放流活动

2022 年 10 月
河南县各乡镇生态环境保护协会在吉岗山开展“蓝天碧水保卫战”活动

2022 年 5 月 26 日
托叶玛乡组织新时代文明实践志愿服务队在仙女湖开展“保护母亲河，建设好绿色家园”环境卫生整治活动

2022 年 7 月
河南县参加黄南藏族自治州专场签约仪式

2022 年 7 月
河南县“原味”产品热销“青洽会”，引起热烈反响

2022 年 7 月
在第 23 届“青洽会”上，河南县借助自身优势条件，围绕有机畜牧业、文化旅游、清洁能源等特色产业与 6 家企业签约成功，签约额达 4.61 亿元

河南县乡镇清洁能源供热项目

实施内容为改造宁木特镇、赛尔龙乡、多松乡、柯生乡 4 个乡镇政府院内；赛尔龙、柯生、多松乡学校院内；宁木特镇卫生院、幼儿园、养老院内燃煤锅炉，拆除锅炉房内原有燃煤锅炉及附属设备，改用直热式半导体电锅炉进行供暖，在原锅炉间内安装半导体电锅炉供热，利用乡镇政府院内室外供热管网，改造部分室外供热管网，利用原有室内供暖系统，配套安装变配电设备，水处理、水循环设备。2022 年年底，赛尔龙乡、宁木特镇供热项目完工，多松乡、柯生乡供热项目已完成工程量的 70%。

河南县乡镇清洁能源供热项目设施设备

2022 年
河南县生活垃圾资源化利用及无害化处置运营项目鸟瞰图

2022 年 11 月 13 日
县委书记车向贤（左）在县乡村振兴局走访调研

2022 年 10 月 4 日
县委副书记、县长钢夫（右二）在宁木特镇作毛村调研督导乡村振兴工作

2022 年 11 月 12—13 日
县委、县政府主要领导带领各乡镇及相关行业部门负责人在尖扎县昂拉乡德吉村、尖扎滩乡来玉村观摩乡村振兴发展情况

2022 年 8 月 11 日

县乡村振兴局举办乡河南县村振兴业务知识培训班

2022 年 6 月 7 日

县乡村振兴领导小组组织召开河南县巩固拓展脱贫攻坚成果同乡村振兴有效衔接问题整改工作培训会

入户签约

双签约季度随访

宣讲帮扶政策

2022 年 1 月 26 日
点“草”成金，原牧生态畜牧业专业合作社牧民股东喜领“新年大红包”

2022 年
河南县第一批生态修复项目（高原鼠兔防治）首次采用无人机进行防治

2022 年 6 月 24 日
青海丽疆环保科技有限公司向优干宁镇智后茂村捐赠环保垃圾桶和电动环保车

2022 年 6 月 22 日
团县委在柯生乡寄宿制完全小学举行“希望工程 1+1——幻方助学计划”助学金发放仪式

2022 年 10 月 31 日
“基础教育精品课”活动在教育局三楼会议室举办

2022 年 9 月 8 日
县中学组织开展地震演练

2022 年 4 月 12 日
河南县举行《河南蒙古族自治县志（1991—2010）》发行仪式

2022 年

《河南蒙古族自治县年鉴（2022）》入选首届青海省地方综合年鉴精品工程并由方志出版社公开出版发行

2022 年

《纯净河南　幸福蒙旗》宣传报道集出版

2022 年 3 月 7 日

托叶玛乡组织各村开展 2022 年“三八”妇女节系列活动

2022 年 9 月 9 日

疾控中心工作人员开展健康知识宣讲活动

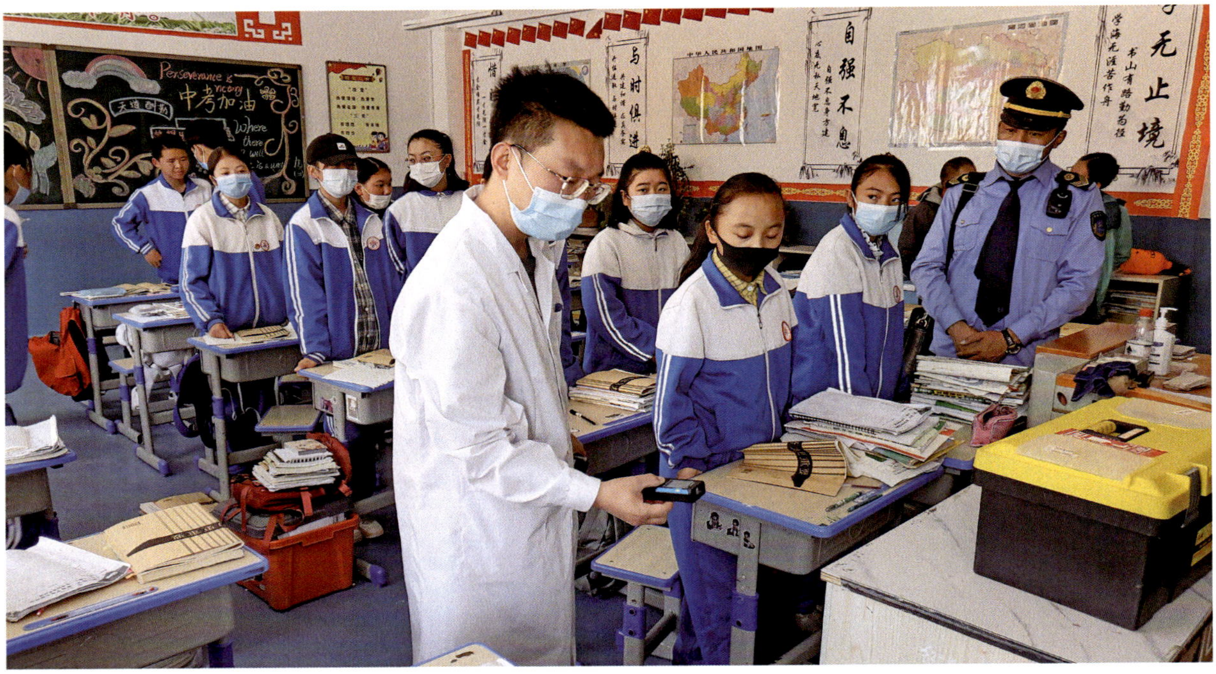

2022 年 3 月

县卫生健康局联合县教育局、县综合行政执法大队、县疾控中心等部门组成督导组深入县域内各教学点对校园疫情防控措施落实情况开展监督检查

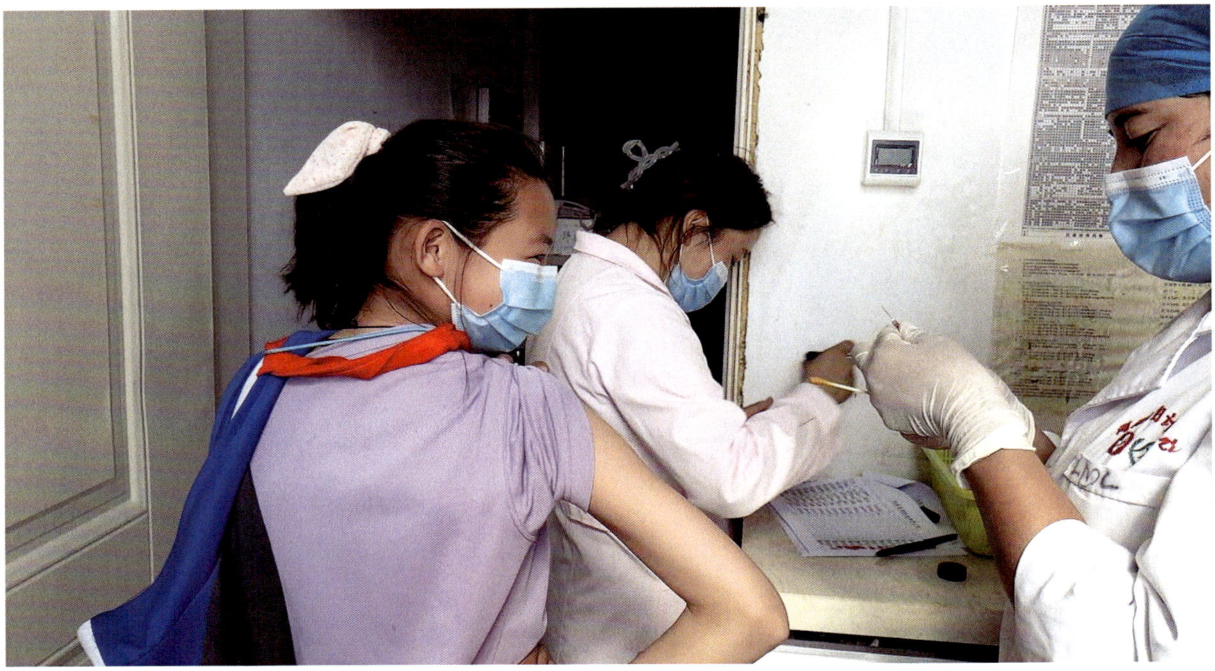

2022 年 3 月 8 日

县妇计中心为适龄女性接种 HPV（ 人乳头瘤病毒 ）疫苗

2022 年 5 月
托叶玛乡卫生院在县敬老院开展医疗志愿服务活动

2022 年 8 月
优干宁镇卫生院医务人员宣传讲解健康知识

2022年10月11日

河南县组织开展2022年度森林草原防灭火应急处置演练活动

2022 年 9 月 8—10 日

县住房和城乡建设局开展“中秋、国庆”期间建筑领域安全生产及防疫防汛专项大检查

2022 年 7 月 27 日

河南县开展防汛抢险应急演练活动

2022 年 8 月 28 日

工作人员在和硕特南路与朗姆兰措路十字疏通雨水管网

2022 年 11 月 30 日

宁木特镇作毛村举行中式烹饪结业仪式

2022 年 3 月 23 日

“HELLO 小孩”中国少年儿童基金会公益项目爱心物资发放仪式举行

2022 年 3 月 23 日

县民政局为低保对象发放防疫物资

2022 年 7 月 28 日
县政协主席当毛（右二）一行组织部分委员围绕“食品安全监督管理情况”开展专题调研

2022 年 4 月 28 日
青海洮河源湿地公园管理服务中心开展“守护蓝天精灵，共享美好家园”主题宣传活动

2022 年 11 月 15 日
县林业和草原局实施草原鼠害防治项目现场

2022 年 1 月 12 日
宁木特镇作毛村举行生态有机畜牧业牧民专业合作社分红大会

2022 年 8 月 25 日

托叶玛乡托叶玛村组织干部联户组、后勤物资保障组、通信联络组、安全保卫组开展防汛防灾应急演练活动

编辑说明

一、《河南蒙古族自治县年鉴》是在中共河南县委、河南县人民政府的领导下，由河南县志鉴编纂委员会编纂的年度资料性文献。《河南蒙古族自治县年鉴》作为权威的地情信息载体，全面、系统、准确地记述上一年度全县自然、政治、经济、文化、社会、生态等方面的综合情况，为广大读者了解和研究河南县提供基本资料。

二、《河南蒙古族自治县年鉴（2023）》（简称“本年鉴”）以马克思列宁主义、毛泽东思想、邓小平理论、“三个代表”重要思想、科学发展观、习近平新时代中国特色社会主义思想为指导，紧紧围绕县委、县政府中心工作，全面客观地反映各级党委、政府的主要工作和各乡镇、各部门、各行业取得的重大成就。力求做到观点正确、框架科学、资料翔实、记述准确、编写规范、特色鲜明，突出时效性，讲求实用性。同时也为编史修志积累资料，保存地方文献。

三、本年鉴收录时间为2022年1月1日至2022年12月31日，部分内容适当上溯和下延。在编辑组稿中，突出年内的主要举措、工作特色，适当插入具有重要意义和存史价值的随文图片以及表格。

四、本年鉴采用通行的分类编辑法，除个别地方外，总体结构按类目、分目、条目3个层次编排，条目为基本纪事单元。各层次标题所用字体、字号均有所区别。条目标题统一用黑体字加“【】”表示。

五、本年鉴横排门类、依事列目。正文设特载、专文、大事要闻、河南县情、中共河南县委员会、河南县人民代表大会、河南县人民政府、政协河南县委员会、河南县纪委监委、群众团体、法治、军事、经济管理、农牧·水利、工业·建筑业、商贸·旅游业、金融业、城镇建设·乡村振兴、生态环境、交通·电力·通信、教育·科技、文化·体育、卫生健康、安全应急管理、社会生活、乡镇、人物 荣誉、附录、索引。

六、本年鉴中“河南蒙古族自治县”简称“河南县”，“黄南藏族自治州”简称“黄南州”，无特别说明时，文中“省”指青海省、“州”指黄南州、“县”指河南县。记述“全年”或仅有月份、没有年份表达的时间均为2022年，数据增加或减少未说明与某年份比较的，均与2021年比较。

七、本年鉴所用稿件均由各乡镇、各部门、各单位提供，并经单位主要领导签发。统计数据使用法定计量单位，因统计时间、口径不同等原因，个别数据在不同稿件中可能不一致。反映全县国民经济和社会发展情况的数据，以统计部门资料为准。

编写组成员名单

单位名称	撰稿人	单位名称	撰稿人
县委办公室	李　强　沈领兄	县统计局	冉江波
县委组织部	张　杰　张　琳	县农牧水利和科技局	辛瑞涛
县委宣传部	公保措	县住房和城乡建设局	马忠林
县委统战部（民宗局）	索南本	县生态环境局	索南才让
县委巡察办	才让拉措　索南拉毛	青海洮河源湿地公园管理服务中心	叶　仲
县委“两新”工委	改桑卓玛	县交通运输局	董　炳
县委编办	王　薇　李得青	邮政公司	赵志浩
县委党校	刘雪丽	移动公司	旦正措
县委机要和保密局	李海红	联通公司	项欠卓玛
县委老干部局	改桑卓玛	电信公司	海　平
县档案局	才让扎西	供电公司	秦成武
县党史研究室	杨太多尖参　严莉婷	河南县供销合作社联合社	夏吾多杰卓玛
县人大	多吉当知	县烟草局	甘晓燕
县政府办公室	陶森森	县财政局	徐　磊
县新农村服务中心	扎西吉	县税务局	增太姐力
县政协	普华措	中国农业银行河南县支行	华青多杰
县纪委监委	赵秀丽	青海河南农村商业银行	尕藏吉
县总工会	才让拉毛	人保财险河南支公司	辛亚伟
共青团河南县委员会	崔晨旗	县气象局	陈海莲
县妇女联合会	刘文洁	县教育局	陈意如
县残疾人联合会	曲吉多杰	县文体旅游广电局	陶亚男
县红十字会	才让措吉	县融媒体中心	先　巴
县科学技术协会	辛瑞涛	县卫生健康局	赵伟俊
县直属机关工委	陕　瑞	县人力资源和社会保障局	韩晓云
人武部	沧洋郎姆	县医疗保障局	缪晨晨
武警中队	李军峰	县民政局	郝　琴
县司法局	夏吾东主	县应急管理局	张国锋
县委政法委	柔旦措	县消防救援大队	杨　昆
县公安局	董格卓玛	县退役军人事务局	李建霞
县人民检察院	邢　潇	县乡村振兴局	曹宝元
县人民法院	郝　颖	优干宁镇	赵生平　荣家璇
县发展和改革局	多杰卓么	宁木特镇	更藏措
有机产业科技园区管理委员会	唐　刚	赛尔龙乡	祁思睿
县自然资源和林业草原局	王　胜	托叶玛乡	祁　珍
县市场监督管理局	普日俄达培	多松乡	索南措
县审计局	杜　娜	柯生乡	高秀莲

目　录

特　载

接续奋斗　砥砺前行　全力谱写新时代“纯净河南·幸福蒙旗”奋进新篇章
——在县委十五届二次全会第一次会议上的讲话 …… 2
政府工作报告
——在河南蒙古族自治县十六届人民代表大会第二次会议上 …… 8

专　文

贯彻习近平新时代中国特色社会主义思想 …… 20
疫情防控处置 …… 21
生态有机畜牧业发展 …… 23
生态文明建设 …… 25
应急管理工作纪实 …… 26
精神文明建设 …… 28
“绿水青山就是金山银山”实践创新基地“金招牌”在河南县绘就高质量发展最美画卷 …… 30

大事要闻

大事记 …… 34
1 月 …… 34
2 月 …… 35
3 月 …… 36
4 月 …… 37
5 月 …… 38
6 月 …… 39
7 月 …… 40
8 月 …… 41
9 月 …… 42
10 月 …… 43
11 月 …… 44
12 月 …… 46
十大新闻 …… 48

河南县情

建置区划 …… 54
位置境域 …… 54
建置沿革 …… 54
行政区划 …… 55
人口民族 …… 55
地理环境与资源 …… 55
地形地貌 …… 55
气候状况 …… 55
土地资源 …… 55
植物资源 …… 55
动物资源 …… 56
矿产资源 …… 56
水能资源 …… 56
经济社会发展 …… 56
地区生产总值 …… 56

农林牧渔业发展 …… 56
工业发展 …… 57
固定资产投资 …… 57
社会消费 …… 58
财政金融 …… 58
居民收入 …… 58
居民消费 …… 58

中共河南县委员会

综　述 …… 60
概况 …… 60
贯彻重要讲话精神 …… 60
党的建设 …… 60
全面从严治党 …… 61
产业发展 …… 61
项目建设 …… 62
投资与消费 …… 62
全面深化改革 …… 62
社会和谐稳定 …… 63
民生保障 …… 63
乡村振兴 …… 63
省委巡视反馈问题整改 …… 64
重要会议 …… 64
县委十五届二次全体会议 …… 64
县委十五届三次全体会议 …… 64
县委十五届四次全体会议 …… 64
县委十五届五次全体会议 …… 65
县委常委会会议 …… 65
综合党务 …… 69
概况 …… 69
文秘服务 …… 69
信息编报 …… 69
督查工作 …… 69
组织建设 …… 69
概况 …… 69
党员队伍建设 …… 70
干部队伍建设 …… 70
基层组织建设 …… 70
干部教育培训 …… 70
干部选派 …… 71
干部监督 …… 71
干部考核 …… 71
公务员管理 …… 71
人才培养 …… 71
宣传思想 …… 72
概况 …… 72
理论武装 …… 72
对外宣传 …… 72
精神文明建设 …… 72
志愿服务 …… 73
统一战线 …… 73
概况 …… 73
统战工作 …… 73
民族团结进步创建 …… 73
民营经济管理 …… 74
党外人士工作 …… 74
巡视巡察 …… 75
概况 …… 75
十五届县委巡察 …… 75
巡察干部培训 …… 75
交叉巡察 …… 75
巡察反馈问题整改 …… 75
直属机关党建 …… 75
概况 …… 75
思想政治建设 …… 76
基层党组织建设 …… 76
机关党员管理 …… 76
机关作风建设 …… 77
“两新”工委党建 …… 77
概况 …… 77
思想政治建设 …… 77
党组织建设 …… 77
“两新”党员管理 …… 78
机构编制 …… 78
概况 …… 78
乡镇机构改革 …… 78
事业单位登记管理 …… 78

行业体制改革 …… 79
权责清单管理 …… 79
机构编制管理 …… 79
政策培训与宣传 …… 80
党校教育 …… 80
概况 …… 80
校区基础设施 …… 80
师资队伍建设 …… 80
干部培训 …… 80
科研咨政 …… 81
机要和保密 …… 81
概况 …… 81
保密监督检查 …… 81
保密宣传教育 …… 81
保密知识相关会议及培训 …… 82
老干部事务 …… 82
概况 …… 82
思想政治建设 …… 82
落实政治待遇 …… 82
落实生活待遇 …… 82
老干部活动中心建设 …… 83
离退休干部信息采集 …… 83
关工委工作 …… 83
党史编研 …… 83
概况 …… 83
党史理论学习 …… 83
党史宣教 …… 83
党史二卷编纂 …… 84

河南县人民代表大会

综　述 …… 86
概况 …… 86
坚持党的领导 …… 86
基层人大建设 …… 86
人大常委会机关建设 …… 87
重要会议 …… 87
十六届人大二次会议 …… 87
十六届人大常务委员会会议 …… 88
重要活动 …… 89
执法检查 …… 89
调查研究 …… 89
意见建议交办 …… 90
人大代表进“两室”活动 …… 90
职责履行 …… 90
立法调研 …… 90
人事任免 …… 91
人大代表履职 …… 91
人大监督 …… 92

河南县人民政府

综　述 …… 94
概况 …… 94
产业发展 …… 94
乡村振兴 …… 94
城乡建设 …… 94
生态建设 …… 94
民生福祉 …… 94
惠民实事 …… 95
项目建设 …… 95
社会治理 …… 95
深化改革 …… 95
政府自身建设 …… 95
县政府重要活动 …… 96
重要会议 …… 96
县政府全体会议 …… 96
县政府常务会议 …… 96
县政府专题会议 …… 97
综合政务 …… 98
概况 …… 98
办文办会 …… 98
督查督办 …… 98
信息服务 …… 99
提案办理 …… 99
规范性文件管理 …… 99
群众来信来访 …… 99
概况 …… 99

群众上访案件受理 …… 99
乡镇信访联席会议试点 …… 99
领导干部接访下访 …… 99
依法走访宣传 …… 100
人力资源管理 …… 100
概况 …… 100
人才队伍建设 …… 100
专业技术人员管理服务 …… 101
工资福利待遇调整 …… 101
人事管理 …… 101
机关事务管理 …… 101
概况 …… 101
接待服务 …… 101
公务用车改革 …… 101
资产清查及办公用房统计管理 …… 102
节约型机关创建 …… 102
政务服务监督管理 …… 102
概况 …… 102
政务服务中心办事服务 …… 102
政务公开与服务 …… 103
政务服务体系建设 …… 103
代办服务 …… 103
减证便民 …… 103

政协河南县委员会

综　述 …… 106
概况 …… 106
坚持党的领导 …… 107
理论学习 …… 107
政治协商 …… 108
民主监督 …… 108
重要会议 …… 108
县政协十四届二次会议 …… 108
县政协十四届常委会会议 …… 109
专题研讨会 …… 110
其他政协会议 …… 111
重要活动 …… 111
省、州政协视察调研活动 …… 111
县政协视察调研活动 …… 113
助力疫情防控 …… 113
慰问送温暖活动 …… 114

河南县纪委监委

纪检监察 …… 116
概况 …… 116
反腐败斗争 …… 116
全面从严治党 …… 116
民生领域监督 …… 117
派驻纪检监察工作 …… 117
重要会议 …… 117
县纪委全会 …… 117
警示教育大会 …… 118

群众团体

河南县总工会 …… 120
概况 …… 120
工会组织建设 …… 120
职工保障服务 …… 120
群团协同化建设 …… 120
高原职工氧吧 …… 120
职工依法维权 …… 120
宣传教育 …… 120
关心关爱活动 …… 120
共青团河南县委员会 …… 121
概况 …… 121
基层团委组织建设 …… 121
青少年思想道德建设 …… 121
志愿服务活动 …… 121
少先队和中学共青团建设 …… 122
青少年维权宣传 …… 122
青年创业就业 …… 122
团县委会议 …… 122
河南县妇女联合会 …… 123
概况 …… 123
基层妇联组织建设 …… 123
妇女维权宣传 …… 123
妇女儿童帮扶救助 …… 123

妇女就业服务 …… 123
妇女表彰 …… 123
巾帼志愿服务 …… 124
家庭教育促进 …… 124
关爱农村留守儿童 …… 124
群团共建 …… 124
妇女宣教活动 …… 124
河南县科学技术协会 …… 125
概况 …… 125
青少年科普 …… 125
农村科普 …… 125
河南县工商业联合会 …… 125
概况 …… 125
思想教育 …… 126
社会服务 …… 126
河南县残疾人联合会 …… 126
概况 …… 126
残疾人类别与分布 …… 126
残疾人临时救助 …… 128
残疾儿童康复救助 …… 128
农村残疾人就业培训 …… 128
残疾人法律维权 …… 128
残疾人免费乘坐公交车 …… 128
残疾人托养服务 …… 128
残疾学生教育救助 …… 129
助残日活动 …… 129
村（社区）残疾人协会发展 …… 129
河南县红十字会 …… 129
概况 …… 129
公益筹资 …… 129
备灾救灾 …… 129
临时救助 …… 130
博爱项目 …… 130
红会宣传 …… 130

法　治

依法治县 …… 132
概况 …… 132
规范性文件监管 …… 132
法治督察 …… 132
依法治县会议 …… 132
政法委及综治 …… 132
概况 …… 132
矛盾纠纷排查调处 …… 133
社会治理 …… 133
基层治理 …… 133
打击整治养老诈骗专项行动 …… 134
区域协作联动 …… 134
公　安 …… 134
概况 …… 134
公安队伍建设 …… 134
维护社会稳定 …… 134
网络安全管理 …… 134
执法规范建设 …… 135
刑事案件侦查 …… 135
生态安全保护 …… 135
户政出入境管理 …… 135
矛盾纠纷化解 …… 135
助力疫情防控 …… 135
治安防控 …… 136
指挥调度 …… 136
爱警暖警 …… 136
公共安全管理 …… 136
检　察 …… 137
概况 …… 137
刑事检察 …… 137
刑事执行和监所监督 …… 137
认罪认罚从宽制度 …… 137
未成年人检察 …… 137
民事行政检察 …… 137
公益诉讼检察 …… 137
控告申诉检察 …… 137
案件管理 …… 138
检察队伍建设 …… 138
助力疫情防控 …… 138
为民服务 …… 138
“脱薄”争先 …… 139

法治宣传 …… 139
法　院 …… 139
概况 …… 139
刑事案件审判 …… 139
民商事审判 …… 139
行政审判 …… 140
执行工作 …… 140
信访和审判监督 …… 140
诉讼服务 …… 140
司法体制机制改革 …… 140
信息化建设 …… 140
法院队伍建设 …… 141
司法行政 …… 141
概况 …… 141
普法宣传教育 …… 141
基层基础建设 …… 141
群众法治教育 …… 141
基层法律宣讲 …… 142
矛盾纠纷调解 …… 142
法律援助与服务 …… 142

军　事

河南县人武部 …… 144
概况 …… 144
思想政治教育 …… 144
战备训练 …… 144
国防动员 …… 144
部队管理 …… 144
检查考核 …… 145
河南县武警中队 …… 145
概况 …… 145
政治建设 …… 145
组织建设 …… 145
练兵训练 …… 145
内部安全管理 …… 146
为民服务 …… 146
后勤建设 …… 146

经济管理

经济宏观调控 …… 148
概况 …… 148
规划编制执行 …… 148
项目建设与管理 …… 148
农牧经济 …… 149
招商引资 …… 150
价格认证案件办理 …… 150
能源项目建设 …… 150
优化营商环境 …… 150
诚信体系建设 …… 150
对口援建 …… 151
粮油储备与管理 …… 151
企业提质升级 …… 152
电商物流 …… 152
消费促进 …… 152
信息技术服务 …… 152
自然资源管理 …… 152
概况 …… 152
规划编制 …… 153
国土绿化与生态修复 …… 153
灾害防治体制机制 …… 153
管护队伍建设 …… 153
灾害防治宣传教育 …… 153
自然资源执法监察 …… 153
校地合作 …… 153
土地确权登记 …… 153
生态管护 …… 154
林（草）长制工作 …… 154
生态项目建设 …… 154
生态监测 …… 154
禁牧和草畜平衡监管 …… 154
生态保护和治理 …… 154
自然公园建设 …… 155
学术交流与成果 …… 155
自然资源保护宣传 …… 155
财　政 …… 155
概况 …… 155

地方一般公共预算收入 …… 156
地方一般公共预算支出 …… 157
财政监管 …… 158
财政改革 …… 158
政府性债务监管 …… 159
涉农资金统筹整合 …… 159
民生领域支出 …… 159
绩效管理 …… 159
“三公”经费支出管理 …… 160
会计管理与培训 …… 160
政府采购 …… 160
盘活存量 …… 160
财政管理 …… 160
税　务 …… 161
概况 …… 161
税费收入 …… 161
减税降费 …… 162
税收征管 …… 162
纳税服务 …… 163
税源监控 …… 163
依法治税 …… 163
税收宣传 …… 163
助力疫情防控 …… 164
税务队伍建设 …… 164
审　计 …… 165
概况 …… 165
预算执行审计 …… 165
经济责任审计 …… 165
政策跟踪及其他审计 …… 165
协调配合 …… 165
2022 年度经济责任审计工作联席会议 …… 165
县委审计委员会会议 …… 166
统　计 …… 166
概况 …… 166
统计服务 …… 166
普查调查 …… 166
基层基础建设 …… 166
统计法治建设 …… 167
市场监督管理 …… 167
概况 …… 167
食品安全监管 …… 167
药品安全监管 …… 168
化妆品专项整治 …… 168
保健食品整治 …… 168
食品药品投诉举报及执法办案 …… 168
价格监管 …… 168
特种设备安全监管 …… 168
优化营商环境 …… 169
市场监管系统扫黑除恶斗争 …… 169

农牧·水利

农牧业 …… 172
概况 …… 172
行政村集体资产清查 …… 172
乡村产业发展 …… 172
农牧业信贷担保 …… 173
示范创建 …… 173
农牧区经营主体发展 …… 173
农牧业产业化 …… 173
牧民专业合作社发展 …… 173
品种改良与补贴 …… 173
兽药经营管理 …… 173
动物疫情监控防治 …… 174
有机畜牧业 …… 174
概况 …… 174
稳粮保供 …… 174
动物防疫与废弃物资源利用 …… 174
乳业发展 …… 174
绿色有机农畜产品输出地基地建设 …… 174
青海黄南国家农业科技园区 …… 174
水　务 …… 174
概况 …… 174
“三条红线”控制指标 …… 174
农牧区饮水工程 …… 175
河道治理工程 …… 175
水旱灾害防御 …… 175
水政执法 …… 175

工业 · 建筑业

工业经济 …… 178
概况 …… 178
产品创新研发 …… 178
生态产业发展 …… 178
安全生产体系 …… 178
河南县有机产业科技园区 …… 178
概况 …… 178
品牌建设 …… 178
产业建设项目 …… 178
产品开发创新 …… 178
招商引资与宣传 …… 179
企业入驻 …… 179
建筑业 …… 179
概况 …… 179
建筑市场监管 …… 179
节能建筑企业 …… 179
自建房安全隐患排查 …… 179

商贸 · 旅游业

物　流 …… 182
概况 …… 182
电子商务 …… 182
物流企业管理 …… 182
邮　政 …… 183
概况 …… 183
主营业务 …… 183
金融业务 …… 183
寄递业务 …… 183
安全投递 …… 184
普遍服务 …… 184
助力疫情防控 …… 184
供销合作 …… 184
概况 …… 184
供销社综合改革 …… 184
实地调研活动 …… 184
项目申报与建设 …… 184
烟草专卖 …… 185
概况 …… 185
卷烟销售 …… 185
专卖管理 …… 185
内部专卖监督 …… 185
卷烟市场监管 …… 185
旅游业 …… 186
概况 …… 186
旅游景区景点 …… 186
旅游项目建设 …… 188
旅游宣传 …… 188
旅游饭店与接待点 …… 188
旅游线路 …… 188
文化旅游市场执法 …… 188

金融业

金融服务 …… 190
概况 …… 190
金融风险排查 …… 190
融资担保 …… 190
非法金融打击 …… 190
金融知识学习教育 …… 190
中国农业银行河南支行 …… 191
概况 …… 191
存款业务 …… 191
基础业务经营 …… 191
支持畜牧业发展 …… 191
农村信用体系建设 …… 191
乡村振兴服务渠道建设 …… 192
青海河南农村商业银行 …… 192
概况 …… 192
业务发展 …… 192
电子银行服务 …… 192
社保卡推广 …… 192
信用体系建设 …… 192
双基联动 …… 193
绿色金融体系建设 …… 193

金融支持乡村振兴 …… 193
支持中小微企业 …… 193
金融产品创新 …… 193
内控与风险管控 …… 193
疫情防控服务 …… 194
中国人民财产保险股份有限公司河南支公司…… 194
概况 …… 194
业务发展 …… 194
保险扶贫 …… 194
风险防控 …… 194

城镇建设·乡村振兴

住房与城乡建设 …… 196
概况 …… 196
城镇风貌规划 …… 196
城乡建设项目 …… 196
城市居民住房保障 …… 196
污水与垃圾处理设施 …… 196
城建档案管理 …… 196
物业管理 …… 196
工程质量管理 …… 197
安全生产管理 …… 197
城市管理 …… 198
概况 …… 198
市政公用设施管理 …… 198
城市供水供热 …… 198
市容环境卫生 …… 198
园林绿化 …… 198
城市防汛 …… 198
市容环境综合整治 …… 199
乡村振兴 …… 199
概况 …… 199
主体责任落实 …… 199
工作举措 …… 200
防贫动态监测和帮扶机制 …… 200
巩固“两不愁三保障”成果 …… 200
扶贫项目资产管理 …… 201
美丽乡村建设 …… 201
概况 …… 201
村庄规划 …… 201
乡村人才建设 …… 201
乡村治理 …… 201
农村综合改革 …… 201
农村环境卫生治理 …… 202
生态修复 …… 202
人居环境整治 …… 202
厕所革命 …… 202
新农村建设服务 …… 202

生态环境

生态建设 …… 204
概况 …… 204
环境空气质量 …… 204
水环境质量 …… 204
生活垃圾分拣分选及资源化处置利用项目 …… 204
洮河水污染防治项目 …… 204
污水处理厂尾水水质改善工程 …… 205
生态环境执法监管 …… 205
概况 …… 205
环境监管“双随机”抽查 …… 205
生态环境专项执法检查 …… 205
放射源管理 …… 205
“保护母亲河”活动 …… 206
环境保护督察问题整改 …… 206
生态环境保护协会建设 …… 206
环境执法队伍建设 …… 206
生态环境宣传 …… 206
青海洮河源湿地公园 …… 206
概况 …… 206
公园边界确定 …… 207
湿地公园建设 …… 207
湿地公园管理 …… 207
湿地保护和恢复 …… 207
资源考察与保护 …… 207
科研监测 …… 207
管护员巡护 …… 207
湿地效益补偿 …… 208
科普宣教 …… 208

交通·电力·通信

交通运输 …… 210
概况 …… 210
交通项目建设 …… 210
城乡公交运输 …… 210
道路运输 …… 211
公路养护 …… 211
路政管理 …… 211
工程质量安全 …… 211
交通运输产业发展 …… 211
交通运输行业管理 …… 211
电　力 …… 211
概况 …… 211
安全生产 …… 211
城乡电网运维 …… 212
服务当地发展 …… 212
供电服务 …… 212
移　动 …… 212
概况 …… 212
客户服务 …… 212
网络规模 …… 212
网络保障 …… 213
联　通 …… 213
概况 …… 213
客户服务 …… 213
网络建设 …… 214
防疫支持 …… 214
助力教学 …… 214
推进复工复产 …… 214
健全警校合作 …… 214
企业管理 …… 214
电　信 …… 215
概况 …… 215
设施与信息化建设 …… 215
企业管理 …… 215
规范运作 …… 215

教育·科技

教育事业 …… 218
概况 …… 218
基础教育 …… 218
教育资助 …… 218
教育设施建设 …… 218
教学科研 …… 218
教育改革 …… 218
师资队伍建设 …… 218
教育系统疫情防控 …… 219
教育机构 …… 219
河南县寄宿制中学 …… 219
河南蒙古族自治县民族中学 …… 219
优干宁镇第一寄宿制完全小学 …… 220
优干宁镇第二寄宿制完全小学 …… 220
宁木特镇第一寄宿制完全小学 …… 221
宁木特镇第二寄宿制完全小学 …… 221
宁木特镇第三寄宿制完全小学 …… 221
柯生乡中心寄宿制完全小学 …… 222
多松乡中心寄宿制完全小学 …… 222
赛尔龙乡中心寄宿制完全小学 …… 222
托叶玛乡中心寄宿制完全小学 …… 222
河南蒙古族自治县中心幼儿园 …… 223
科学技术 …… 223
概况 …… 223
科技交流合作 …… 223
科技人才队伍 …… 223
科技成果 …… 224
科技项目 …… 224

文化·体育

文化事业 …… 226
概况 …… 226
文化服务设施建设 …… 226
文化活动 …… 226
文化遗产保护 …… 226

图书馆管理 …… 226
文化市场管理 …… 226
重点文物和遗址选介 …… 227
曲格亲王府 …… 227
黄河南蒙古历史文化博物馆 …… 227
曲格寺 …… 227
香扎寺 …… 227
达参寺 …… 227
融媒体 …… 228
概况 …… 228
自办广播电视 …… 228
无线广播电视 …… 228
应急广播 …… 228
户户通 …… 229
传播矩阵 …… 229
安全播出 …… 229
人才队伍建设 …… 229
档　案 …… 230
概况 …… 230
档案接收 …… 230
档案利用 …… 230
荣誉档案征集 …… 230
业务培训学习 …… 230
地方志 …… 230
概况 …… 230
二轮志书编修 …… 231
综合年鉴编纂 …… 231
乡镇志编纂 …… 231
扶贫志编纂 …… 231
月志编印 …… 231
业务学习培训 …… 231
民族语言工作 …… 232
概况 …… 232
民族古籍出版 …… 232
《河南政报》藏文版发行 …… 232
督导社会市面用文 …… 232
体　育 …… 233
概况 …… 233
体育组织 …… 233
足球场建设 …… 233
体育赛事与活动 …… 233

卫生健康

卫生事业 …… 236
概况 …… 236
新型冠状病毒感染防控 …… 236
卫生设施建设 …… 236
健康管理 …… 236
医养结合 …… 236
脱贫群众服务 …… 236
爱国卫生 …… 237
地方病预防控制 …… 237
人口与计划生育 …… 237
妇女健康服务 …… 237
特殊家庭扶助关怀 …… 237
医疗废物管理 …… 237
医疗行业监管 …… 238
医政管理 …… 238
医疗队伍建设 …… 238
蒙藏医药传承 …… 238
医疗卫生机构 …… 238
概况 …… 238
县人民医院 …… 238
县蒙藏医院 …… 238
县卫生健康综合执法大队 …… 239
县疾病控制预防中心 …… 239
县妇幼保健和计划生育服务中心 …… 239
优干宁镇卫生院 …… 239
宁木特镇卫生院 …… 239
赛尔龙乡卫生院 …… 239
托叶玛乡卫生院 …… 239
柯生乡卫生院 …… 240
多松乡卫生院 …… 240

安全应急管理

安全生产管理 …… 242
概况 …… 242

安全生产体系 …… 242
安全隐患排查 …… 242
安全生产整治 …… 242
安全宣传教育 …… 242
安全考核 …… 243
应急管理 …… 243
概况 …… 243
应急演练及培训 …… 243
应急值班 …… 243
物资储备 …… 244
防灾减灾救灾 …… 244
森林草原防灭火与防汛抗旱 …… 244
消防救援 …… 244
概况 …… 244
思想文化建设 …… 245
作战训练 …… 245
应急救援 …… 245
火灾防控 …… 245
后勤保障 …… 246
消防宣传教育 …… 246
气象保障服务 …… 246
概况 …… 246
气象灾害 …… 246
气象预报预警 …… 247
气象现代化建设 …… 247
信息与装备保障 …… 247
气象科技保障 …… 248
雷电防护 …… 248
气象服务 …… 248

社会生活

劳动就业服务 …… 250
概况 …… 250
创业就业 …… 250
劳动执法监察 …… 250
劳动争议仲裁 …… 251
劳动技能培训 …… 251
劳动工资 …… 251
社会保险 …… 251
概况 …… 251
养老待遇资格认证 …… 251
待遇核查 …… 251
医疗保障 …… 251
概况 …… 251
全民参保 …… 251
待遇保障 …… 252
异地就医 …… 252
脱贫人口资助参保 …… 252
政策宣传 …… 252
打击欺诈骗保 …… 252
助力疫情防控 …… 253
医保“放管服”改革 …… 253
药品采购管理 …… 253
民政事务 …… 253
概况 …… 253
社会救助 …… 253
城乡和谐社区建设 …… 255
社区居家养老服务建设 …… 255
婚姻登记 …… 255
信用信息管理 …… 256
绿色殡葬改革 …… 256
留守妇女儿童关爱 …… 256
收养登记管理 …… 256
“儿童之家”建设 …… 256
退役军人事务 …… 256
概况 …… 256
优抚安置 …… 256
双拥工作 …… 256
烈士公祭 …… 257
宗教事务 …… 257
概况 …… 257
宗教活动场所规范化建设 …… 257
驻寺干部队伍建设 …… 257
寺院法治宣传 …… 257

乡　镇

优干宁镇 …… 260
概况 …… 260

经济发展 …… 260
疫情防控 …… 260
乡村振兴 …… 260
畜牧业发展 …… 260
社会民生 …… 260
安全生产 …… 261
民族团结 …… 261
社会治理 …… 261
环境保护 …… 262
基层党建 …… 262
意识形态工作 …… 262
党风廉政建设 …… 262
基层人大建设 …… 263
党管武装 …… 263
党建带群团 …… 263
宁木特镇 …… 264
概况 …… 264
经济发展 …… 264
疫情防控 …… 264
乡村振兴 …… 264
畜牧业发展 …… 264
社会民生 …… 264
安全生产 …… 264
民族团结 …… 265
社会治理 …… 265
环境保护 …… 265
基层党建 …… 265
意识形态工作 …… 265
党风廉政建设 …… 266
基层人大建设 …… 266
党管武装 …… 266
党建带群团 …… 266
赛尔龙乡 …… 266
概况 …… 266
经济发展 …… 266
疫情防控 …… 266
乡村振兴 …… 267
畜牧业发展 …… 267
社会民生 …… 267
安全生产 …… 267
社会团结 …… 268
社会治理 …… 268
环境保护 …… 268
基层党建 …… 268
意识形态工作 …… 269
党风廉政建设 …… 269
基层人大建设 …… 269
党管武装 …… 270
党建带群团 …… 270
托叶玛乡 …… 270
概况 …… 270
经济发展 …… 270
疫情防控 …… 270
乡村振兴 …… 271
畜牧业发展 …… 271
社会民生 …… 271
安全生产 …… 271
民族团结 …… 272
社会治理 …… 272
环境保护 …… 272
基层党建 …… 272
意识形态工作 …… 273
党风廉政建设 …… 273
基层人大建设 …… 273
党管武装 …… 273
党建带群团 …… 273
多松乡 …… 274
概况 …… 274
经济发展 …… 274
疫情防控 …… 274
乡村振兴 …… 274
畜牧业发展 …… 275
社会民生 …… 275
安全生产 …… 275
民族团结 …… 275
社会治理 …… 275
环境保护 …… 275
基层党建 …… 276
意识形态工作 …… 276
党风廉政建设 …… 276

基层人大建设 …………………………… 276
党管武装 ………………………………… 276
党建带群团 ……………………………… 276
柯生乡 ……………………………………… 277
概况 ……………………………………… 277
经济发展 ………………………………… 277
疫情防控 ………………………………… 277
乡村振兴 ………………………………… 277
畜牧业发展 ……………………………… 277
社会民生 ………………………………… 278
安全生产 ………………………………… 278
民族团结 ………………………………… 278
社会治理 ………………………………… 279
环境保护 ………………………………… 279
基层党建 ………………………………… 279
意识形态工作 …………………………… 279
党风廉政建设 …………………………… 279
基层人大建设 …………………………… 279
党管武装 ………………………………… 280
党建带群团 ……………………………… 280

人物　荣誉

人　物 …………………………………… 282
河南好人 ………………………………… 282
荣　誉 …………………………………… 287
2022 年河南县获得国家、省级、州级荣誉称号先进集体一览表 …………………………… 287
2022 年河南县获得国家、省级、州级荣誉称号先进个人一览表 …………………………… 288

附　录

组织机构和负责人名录 ………………… 290
2022 年河南县经济运行情况 …………… 298
文件目录 ………………………………… 302
2022 年县委文件一览表 ……………… 302
2022 年县人大文件一览表 …………… 312
2022 年县人民政府文件一览表 ……… 318
2022 年县政协文件一览表 …………… 326
调研报告 ………………………………… 332
构建“选育管用爱”全链条机制　着力锻造高素质专业化干部队伍 ………………………… 332
提升全县干部执行力　推动河南高质量发展 ………………………………………… 335
关于水产业发展情况的调研报告 ……… 340
关于河南县绿色有机农畜产品输出地建设情况的调研报告 ……………………………… 343
以人才振兴实现乡村振兴工作调研报告 …… 346
工作亮点 ………………………………… 351
媒体看河南 ……………………………… 363

索　引

………………………………………… 377

特 载

接续奋斗　砥砺前行
全力谱写新时代“纯净河南·幸福蒙旗”
奋进新篇章

——在县委十五届二次全会第一次会议上的讲话

县委书记　司吉昇

（2022 年 1 月 12 日）

这次全会的主要任务是，以习近平新时代中国特色社会主义思想为指引，深入学习贯彻党的十九届六中全会和省委十三届十一次全会、州委十三届二次全会精神，总结成绩，安排工作，动员全县各族干部群众接续奋斗、砥砺前行，全力谱写新时代“纯净河南·幸福蒙旗”奋进新篇章，以优异成绩迎接党的二十大和省第十四次党代会胜利召开。

省委十三届十一次全会，明确提出要全面审视国际国内新的形势，增强战略思维、辩证思维、创新思维、法治思维、底线思维，把改革发展稳定统一起来，聚焦主要矛盾、突出重点问题，精准施策，真抓实干，扎扎实实办好青海的事情。细化安排了改革发展稳定的总体要求、主要目标、政策取向和重点任务。我们要深刻把握，坚决抓好落实。

州委十三届二次全会，深入学习贯彻习近平总书记对青海工作的重要指示批示精神和党的十九届六中全会、中央经济工作会议、省委十三届十一次全会精神，完整、准确、全面贯彻新发展理念，以维护安全为底线，以从严治党为根本、以改善民生为核心、以乡村振兴为引领、以民族团结为抓手，统筹推进稳增长、促改革、调结构、惠民生、防风险工作，对推动经济社会高质量发展提出了要求，并就 2022 年全州经济工作作了安排部署。当前，我们正处在抢抓机遇、加快发展的关键时期，全县上下要深入学习贯彻党的十九届六中全会、省委十三届十一次全会和州委十三届二次全会精神，立足县情谋划思路，进一步增强责任意识、目标意识，振奋精神、咬定目标、攻坚克难，做好每一项工作，加快发展步伐。

刚才，我代表县委常委会作了工作报告，钢夫同志总结了全县 2021 年经济社会发展工作，安排部署了 2022 年的重点任务。下面，围绕全会主题，我讲八个方面的意见。

一、坚定不移忠诚拥护“两个确立”

党的十九届六中全会是党百年征程中的重要里程碑，对党百年奋斗的重大成就和历史经验进行了全面、深入、系统的总结。全会做出的“两个确立”的重大论断，是党的十八大以来全党最重要的政治成果，是我们党作出的历史性、战略性、全局性结论，是新时代我们党统一思想、统一意志、统一行动的根本政治保障。要深刻领悟“两个确立”对新时代党和国家事业发展、对推进伟大复兴历史进程的决定性意义、决定性作用，坚定不移把忠诚核心、拥护核心、追随核心、捍卫核心作为思想行动的定盘星、压舱石，坚定不移把习近平新时代中国特色社会主义思想作为一切工作的总遵循、总纲领，始终在思想上政治上行动上同以习近平同志为核心的党中央保持高度一致。

要增强政治自觉。政治上的主动是最有利的主动，讲政治永远是第一位的要求。要站稳政治立场，提高政治站位，涵养政治定力，把忠诚拥护“两个确立”、坚决做到“两个维护”作为最高政治原则和根本政治规矩，让忠诚成为党员干部最鲜明的政治品格。保持政治敏锐性和政治鉴别力，增强对“两个确立”的政治认同、理性认同、情感认同，切实把维护核心作为思想自觉、行动指南、纪律准绳，始终做到从政治上看待、从政治上分析、从政治上考量、从政治上决策，以党的旗帜为旗帜、以党的方向为方向、以党的意志为意志，坚决维护党中央权威。

要保持政治定力。理论创新每前进一步，理论武装就要跟进一步。要强化理论武装，深入学习习近平新时代中国特色社会主义思想，把思想和行动统一到学习贯彻党的十九届六中全会和省委、州委全会精神上来，发扬理论联系实际的学风，坚持不断学习、不断实践、不断领悟，不断提高理论修养、政治素养，用党的创新理论最新成果武装头脑，以理论上的高度清醒确保政治上的绝对坚定。

要强化政治担当。把落实“两个确立”作为应有的政治信念、政治忠诚、政治立场、政治态度，切实把“两个确立”转化为做到“两个维护”的思想自觉、政治自觉和行动自觉，经常同党中央精神对标对表，把坚持底线思维、坚持问题导向贯穿工作始终，强化责任意识，知责于心、担责于身、履责于行，切实做到党中央提倡的坚决响应，党中央决定的坚决执行，党中央禁止的坚决不做，在坚定的行动中忠诚捍卫“两个确立”，在有力的落实中坚决做到“两个维护”。

二、坚定不移推动经济高质量发展

推动经济高质量发展，必须胸怀“两个大局”、心系“国之大者”，坚持稳中求进工作总基调，完整、准确、全面贯彻新发展理念，主动服务和融入新发展格局，加强前瞻性思考、全局性谋划、整体性推进，进一步找准自身定位、明确前进方向、盘活积极因素、激活潜在动能，顺势而为、乘势而上、驭势而进，全力推动县域经济高质量发展。

全面贯彻新发展理念。坚定践行创新、协调、绿色、开放、共享的新发展理念，把创新作为高质量发展的第一动力，坚持创新引领发展，培育壮大新动能。把协调作为高质量发展的内生特点，注重区域协调发展，缩小城乡发展差距。把绿色作为高质量发展的普遍形态，准确处理生态保护和经济发展的关系。把开放作为高质量发展的必由之路，全面深化改革开放。把共享作为高质量发展的根本目的，用实实在在的发展成果不断满足人民群众对美好生活的向往。

深度融入新发展格局。认真把握党中央关于新时代推进西部大开发形成新格局、推动共建“一带一路”高质量发展等重大战略机遇，主动对接黄河流域生态保护和高质量发展等区域重大战略，牢牢把握全省“四地”建设、培育“四种经济形态”、创建“五个示范省”等战略机遇，加快融入以国内大循环为主体、国内国际双循环相互促进的新发展格局，全面提升河南在全省发展格局中的地位和影响力。

加快推动高质量发展。坚定不移把高质量发展贯穿到经济社会发展的各方面和全过程，坚持稳中求进工作总基调，持续做好“六稳”工作，落实“六保”任务，统筹推进疫情防控和经济社会发展工作，激发创新发展活力，提升经济社会发展的整体效能，切实把高质量发展的理念落实到思想认识上、落实到具体行动上，不断提升经济社会发展的整体效能，始终保持经济社会又好又快发展的良好态势，在高质量发展中推进共同富裕迈出坚实的步伐。

三、坚定不移筑牢生态安全屏障

加强生态环境保护，筑牢生态安全屏障，是国家生态安全的战略需要，更是河南可持续发展的必然选择。我们要心系“国之大者”，全面贯彻习近平生态文明思想，深刻践行绿水青山就是金山银山理念，坚定不移走生态优先、绿色发展之路，围绕创建国家生态文明高地，持续巩固拓展生态文明创建成果，不断提升生态文明建设水平。倍加珍惜和传承好生态环境保护成果，坚决防范和严厉打击破坏生态安全的人和事。

持续改善环境质量。不断丰富拓展全国村庄清洁行动先进县创建成果，深入推进村庄清洁和绿化行动，实施清洁能源替代工程，开展全域垃圾分类、无害化处置、资源综合利用，高质量打造全域无废示范县。持续深化“白色污染”治理，重点推进城镇、景区、公路沿线垃圾收集处理转运工程，加快美丽乡村建设。全面推进水、大气、土壤污染防治行动计划，统筹推进环境保护、生态修复、污染防治。

持续加强生态治理。全面融入“国家公园示范省”建设，打造以洮河源国家湿地公园为主体，黄河、泽曲河、湿地、林地、草原等为一体的自然保护地体系和以国家公园为主体的自然保护地体系示范县。实施重点区域生态保护和修复项目，加快山水林田湖草沙冰自然生态系统保护和修复，推进黄河干支流等重点流域的草原生态治理、湿地保护、水资源保护、水污染防治、水环境治理、水生态修复，打造黄河上游生态文明建设新高地。

持续推动优势转化。不断巩固深化和丰富国家生态文明建设示范县、“绿水青山就是金山银山”实践创新基地创建成果，围绕生态资产保值增值，依托项目打通“两山”转化路径，真正把环境优势转化为发展优势，算好“绿色账”、走好“绿色路”，让“生态文明名片”成为河南转型发展的新品牌、创新发展的新亮点、赶超发展的新标志。

四、坚定不移推进产业提质增效

产业是推动经济发展的源动力，也是改善民生和惠及百姓的重要支撑。要抓产业强带动，厚植发展后劲，在“四地”建设中寻找新机遇、实现新发展。抢抓以河南县为核心区的黄南国家农业科技园区建设的重大机遇，聚焦高端化、品牌化和特色化建设，推动“五大产业”提质发展。聚焦产业链的薄弱环节和价值链的高端环节探索推行产业链“链长制”，加快建链、补链、延链、强链，推动实现产业基础高级化、产业链现代化。

积极融入“打造绿色有机农畜产品输出地”建设。要加快发展壮大有机畜牧产业基础，全方位融入“绿色有机农畜产品示范省”建设，依托国家级农畜产品地理标志和国家农业现代化示范区“国字号”招牌，制定出发展生态有机畜牧业的“河南方案”，挖掘生态有机畜牧业优势，打造全域绿色有机畜产品示范县。加大社会融资力度，认真谋划一批农畜产品产业发展项目，通过“品牌塑造”“平台建设”等措施，在延伸产业链上下功夫，提升产业软实力，扩大产业能级，生产出更多特色优质畜产品，满足市场对高端产品的需求，形成生态有机畜牧业发展的“河南经验”。

积极融入“打造国际生态旅游目的地”建设。以生态塑造旅游品牌、以旅游彰显生态价值，推动文化旅游融合发展。打造以文化赋能，基础设施完善、产业布局合理、产品体系丰富、服务水平优质、管理运营科学、带动效益明显的旅游目的地，推进旅游产业链横向对接和纵向延伸。充分利用独特的区位优势和便捷的交通网络，融入张汶高速旅游线路，形成南至兰渝、北至州域、横向青南、全省旅游的四大旅游环线，构建全域旅游发展大格局，奋力打造“黄河流域上游最美大草原”旅游胜地，全面打响“纯净河南·幸福蒙旗”文旅品牌。充分挖掘文化内涵，提升生态品质，依托黄河流域生态保护和高质量发展，千方百计做好“水”的文章，进一步用好水资源、做强水产业、叫响水品牌、做活水文化，推动形成黄河上游第一湾生态水产业经济新业态。依托蒙藏医药现有优势，整合蒙藏医药专业力量，开展蒙藏医药基础应用研究，全面提高蒙藏医药标准化、品牌化水平，努力打造全省蒙藏医药生产示范基地。深入推进生产性服务业向专业化和价值链高端延伸，生活性服务业向高品质和多样化升级，推动现代服务业速度提档、比重提高、层次提升，助力文旅产业提档升级。

积极融入“打造国家清洁能源产业高地”建设。以清洁能源产业发展为抓手，赋能高质量发展，努力把资源优势转化为发展优势，助力夯实共同富裕的产业基础。依托丰富的清洁能源资源优势，全方位融入“国家清洁能源示范省”建设，扎实推进全省清洁能源项目，积极创建清洁能源示范县建设，以新发展理念引领清洁能源集约化发展，高标准开发太阳能、风能、水能，构建清洁低碳能源供应体系，实施好碳汇项目、碳汇量的研究和开发，以碳汇交易为切入点，盘活沉睡的“绿色资产”，在产业链条的完善、延伸和发展方式的独特、多元中，全力以赴助力实现碳达峰、碳中和目标，持续激发清洁能源产业绿色发展动能。

五、坚定不移保障和改善民生

坚持以人民为中心的发展思想，把人的现代化建设放在更加突出的位置，以促进人的全面发展为引领，持续改善人民生活品质，把促进共同富裕作为为人民谋幸福的着力点，从顺民意考量、解民难切入、应民需着力，落实好民生实事，提高公共服务供给质量，把人民群众的具体事办好、办实、办到位。

落实就业优先政策。加大援企稳岗、创新创业支持，实施大规模职业技能培训，支持发展灵活就业。加强职工和牧民培训教育，鼓励开展职业培训，实施新生代牧民职业技能提升计划，完善失业人员、就业困难人员等职业培训补贴机制。强化线上线下就业服务，鼓励多渠道就业，提升畜牧业规模经营效益，促进牧民技能性增收。

办好人民满意教育。全面贯彻党的教育方针，坚持教育的公益性、普惠性，科学配置基础教育资源，优化基础教育城乡布局，全力推动异地建校办学、提升异地办班成效，全面提高办学质量。推动学前教育普及普惠、安全优质发展，义务教育优质均衡、城乡一体化发展。推进中小学思政课一体化建设，抓好“双减”政策实施，健全学校家庭社会协同育人机制，促进学生德智体美劳全面发展。

健全社会保障体系。完善以社会保险、社会救助、社会福利为基础，覆盖城乡居民的社会保障体系。实施全民参保扩面计划，深化基本医疗保险制度，鼓励补充医疗保险和商业健康保险，健全城乡居民社会养老保险制度。大力提高特殊群体的保障水平。强化社会救助制度创新，健全分层分类、城乡统筹的社会救助体系。积极筹办寺院食堂，推行达参寺敬老院养老模式，让民生红利惠及更多人。

推进健康河南建设。把保障人民健康放在优先发展的战略位置，推动由“治已病”向“治未病”转变，打造覆盖全生命周期、满足多层次需求的健康服务体系。深化医药卫生体制改革，加快优质医疗资源扩容和城乡均衡布局，建立完善县、乡、村三级医疗卫生服务网络。落实好常态化疫情防控措施，全力确保人民生命健康安全。

六、坚定不移推进乡村全面振兴

倍加珍惜和传承好脱贫攻坚成果，全面实施乡村振兴战略，认真落实乡村振兴促进法，推动巩固拓展脱贫攻坚成果同乡村振兴有效衔接，加快推进牧业牧区现代化，持续提升乡村文明程度，抓好群众增收，促进牧民富裕富足、畜牧业高质高效、牧区宜居宜业。

促进牧民增收。推动乡村振兴，实现共同富裕，牧民增收是关键所在。要以新发展理念为引领，有效整合社会零散资本，大力发展和壮大村集体经济，发挥资金整体效益，提高村集体和牧民收入。加大引育优秀人才力度，积极鼓励支持返乡人员创业就业，培育新型畜牧业经营主体，加大力度培养新型职业牧民，全面提升劳动力素质。健全防止返贫动态监测和帮扶机制，对易返贫致贫人口及时发现、及时帮扶，同时还要高度重视解决低收入人口发展增收，让牧民群众生活更有保障、更加宽裕。

提升供给质量。加大力度提升有机畜牧业供给质量，不断完善畜牧业发展基础。进一步优化畜牧业结构，推动品种培优、品质提升、品牌打造和标准化生产，深入推进优质畜种工程，切实提高畜产品供给质量，加快构建现代养殖体系，全面提高畜牧业产业化经营水平。加强畜种资源保护开发利用，有序推进生物育种应用，切实加强育种领域知识产权保护，加快健全现代畜牧业全产业标准体系、经营体系建设，发展壮大畜牧业专业化社会化服务组织，支持有机畜牧业产业化龙头企业创新发展、做大做强。

推动城乡一体化。对标全县“一核两心三点”总体发展布局，以优化发展格局为切入点，以要素和设施建设为支撑，以制度机制为保障，推进新型城镇化，全力抓好乡村振兴试点村建设，不断增强发展的平衡性协调性。加快推进村庄规划，充分发掘地域、历史、民族文化底蕴和区域自然特色，加强各类建设风貌引导和管控，着力塑造个性突出、特色鲜明的城镇景观，使乡村风貌既具有独特的民族特色又富有鲜明的时代气息。以城乡基本公共服务均等化为重点，推进城乡基本公共服务标准统一、制度并轨，实现从形式上的普惠向实质上的公平转变。把提升文明程度放在重要位置，实施公民道德建设工程，推进移风易俗，树立文明新风，把“管脑子”工作做到群众心坎里，高效运行新时代文明实践阵地，持续提升河南“精神高地”新高度。

七、坚定不移提升社会治理效能

坚持党的领导、人民当家作主、依法治县有机统一，全面推进平安河南、法治河南建设，不断巩固和发展民主团结、生动活泼、和谐安定的良好局面。倍加珍惜和传承现有的治理成果，坚决防范和严厉打击危害国家政治安全、社会稳定的人和事，防范化解各类风险隐患，为高质量发展保驾护航。

*加强民主政治建设。*支持和保证县人大及其常委会依法履行职能，加强人大对“一府一委两院”的监督。强化协商民主制度建设，提高政治协商、民主监督、参政议政水平。抓好统一战线，加强同各民主党派、工商联合作共事，全面融入“民族团结进步示范省”创建，不断巩固全国民族团结进步示范县创建成果，持续铸牢中华民族共同体意识。支持群团组织依法依章开展工作。坚持党管武装。

*加强法治河南建设。*健全完善党委统一领导、社会各界广泛参与的法治工作推进机制，加强法治政府建设，积极推进政府机构职能、权限、程序、责任法定化，创新和完善行政管理、行政执法运行机制，提高依法行政水平。深入开展“八五”普法，增强全民法治意识。常态化开展扫黑除恶斗争，深化巩固政法队伍教育整顿成果，坚决打击各类违法犯罪活动，为经济社会发展创造安全稳定的社会环境。

*加强平安河南建设。*贯彻总体国家安全观，加强国家安全体系和能力建设，牢牢把握当前国家安全面临的严峻复杂形势，紧盯“后达赖”向“达赖后”时期转变的阶段性特征，坚决克服盲目乐观、麻痹侥幸、懈怠松劲思想。精准把握意识形态领域新动向和风险点，守好意识形态主阵地，筑牢意识形态领域安全防线。全力防范化解重大金融风险，坚决守住不发生系统性、区域性风险底线。加大安全生产执法监管和隐患排查治理，完善食品药品安全全程追溯制度，坚决打好防范化解重大风险攻坚战。

八、坚定不移推进全面从严治党

办好河南的事情，关键在党要管党、全面从严治党。要深入贯彻新时代党的建设总要求和党的组织路线，继续推进新时代党的建设新的伟大工程，强化管党治党责任，把全面从严治党贯穿于现代化建设的全过程，落实到党的建设各方面，以高质量党建引领高质量发展。

*坚持政治引领。*要坚定执行党的政治路线，把准政治方向，坚定政治立场，严格遵守政治纪律和政治规矩，把增强“四个意识”、坚定“四个自信”、做到“两个维护”落实到实际行动上，持续增强政治判断力、政治领悟力、政治执行力。严格执行新形势下党内政治生活的若干准则，增强党内政治生活的政治性、时代性、原则性、战斗性。坚持民主集中制原则，强化党内政治文化建设，以良好政治文化涵养良好政治生态。

*加强思想建设。*要发挥党委（党组）理论学习中心组的示范带动作用，全面落实第一议题制度。始终把学习贯彻习近平新时代中国特色社会主义思想摆在首位，深入学习贯彻习近平总书记对青海工作的重要指示批示精神，及时跟进学习习近平总书记最新重要讲话重要指示，坚定理想信念，弘扬伟大建党精神，赓续共产党人精神血脉，不断筑牢信仰之基、补足精神之钙、把稳思想之舵，做到理想信念更加坚定、政治品格更加纯粹、斗争精神更加昂扬、奋斗激情更加饱满。

*锤炼干部队伍。*要坚决贯彻党管干部原则，把政治标准放在首

位，着力建设忠诚干净担当的高素质干部队伍。始终坚持以正确选人用人导向引领干事创业导向，落实新时期好干部标准，持续选优配强各级领导班子，大力选拔优秀年轻干部，完善干部考核评价机制，注重实践锻炼，从基层一线和急难险重任务中培养干部、锻炼干部、选拔干部。坚持严管厚爱相结合，完善考评机制，运用容错纠错、澄清正名、关爱回访等机制激励党员干部担当作为。

建强基层组织。要牢固树立大抓基层的鲜明导向，加强基层组织、基础工作、基本能力建设，要严格落实基层党建工作责任制，以提升组织力为重点，突出政治功能，提升基层党组织建设水平，常态化整顿软弱涣散基层党组织、长效化加强和改进党员教育管理，更好发挥基层党组织战斗堡垒作用和党员先锋模范作用，推动基层党组织全面进步、全面过硬。

持续正风肃纪。要深入贯彻中央八项规定及其实施细则精神，树牢从严从紧“过紧日子”的思想，深化整治形式主义、官僚主义顽瘴痼疾，坚决防止享乐主义、奢靡之风反弹回潮。发扬实事求是、务实担当的好作风，把心思用在推动发展上，把精力放在狠抓落实上，在全县上下形成奋发图强、干事创业的新风正气。严格落实全面从严治党主体责任和监督责任，加大对“一把手”和领导班子的监督，用好“四种形态”，深化政治巡察，坚定不移深入推进全面从严治党，努力营造海晏河清的政治生态，不断厚植党执政的政治基础。

同志们，不懈奋斗成就美好事业，事事争先才能全面领先，全县上下要紧密团结在以习近平同志为核心的党中央周围，在省委、州委的坚强领导下，从党的百年奋斗重大成就和历史经验中汲取强大动力，接续奋斗、砥砺前行，全力谱写新时代“纯净河南·幸福蒙旗”奋进新篇章，以优异成绩迎接党的二十大和省第十四次党代会胜利召开。

政府工作报告

——在河南蒙古族自治县十六届人民代表大会第二次会议上

县委副书记、县长　钢　夫

（2022 年 2 月 28 日）

2021 年工作回顾

2021 年是河南县发展进程中具有里程碑意义的一年。面对百年变局的加速演进和世纪疫情的严峻形势，我们坚持以习近平新时代中国特色社会主义思想为指导，全面落实习近平总书记关于青海工作的重要讲话和指示批示精神，在州委、州政府和县委的坚强领导下，从百年辉煌中砥砺初心使命，从百年经验中汲取智慧力量，以推动高质量发展为主题，以创造高品质生活为目标，统筹推进疫情防控和经济社会发展，在砥砺前行中铺开恢宏画卷，在不懈奋斗中成就绚美华章，迈好了“十四五”开局之年第一步，赢得了前所未有的喜人局面，河南大地呈现出日新月异、欣欣向荣的景象！

——经济运行跃上新台阶。地区生产总值增长 1.9%，牧业产值增长 4.68%，固定资产投资增长 6.6%，社会消费品零售总额增长 7.8%，地方财政公共预算收入增长 8.92%，全体居民人均可支配收入增长 8.9%。全县上下同频共振、比学赶超，延续了“热血沸腾”的激情，保持了“热气腾腾”的景象，干出了“热火朝天”的场面，辛勤中透着充实、感怀中透着欣慰、忙碌中透着幸福，精彩纷呈，成果丰硕。

——生态保护实现新提升。我们忠实践行保护好生态环境就是“国之大者”，聚焦打造生态文明高地，深度融入国家公园示范省建设，统筹推进山水林田湖草沙冰综合治理、系统治理、源头治理，“河湖长制”持续巩固，“林草长制”全面推进，两轮次中央生态环保督察问题整改全部销号，全面巩固国家生态文明建设示范县成果，生态环境部授予河南县国家第五批“绿水青山就是金山银山”实践创新基地，蓝天白云、牛羊肥壮成为朋友圈最多点赞，实现了由“经济跟跑者”向“生态领跑者”的美丽嬗变。

——有机品牌得到新优化。我们聚焦加快打造绿色有机农畜产品输出地，突出“绿色”“有机”两个关键，扎实推进生态有机畜牧业高质量发展，着力推进生态有机畜牧业合作社建设，全力推动产业链“链长制”，党政主要领导领命担任“链长”，绿色有机畜产品研究院投入运行，研发出奶、肉、骨、皮、毛绒等具有地域特色的生态有机产品 330 余种，完成 26 项 144 类商标注册，雪多牦牛、欧拉羊等 14 个肉乳系列产品喜获中国有机食品和绿色食品“双认证”，河南县被评为首批国家农业现代化示范区，以有机品牌的成效大大提升了有机畜牧业资源集聚的“强磁场”。

——疫情防控取得新成效。我们按照“外防输入、内防反弹”的总策略，采取“上级政策+外地经验+河南实际”相结合的工作模式，启动“4 个 1”[①]排查工作专班，持续推行“三色”[②]防控标识，充分发挥流调溯源“三公”[③]机制，设立 7 个疫苗接种点和3个集中隔离点，加大疫情防控物资调配力度，疫苗接种年度目标超额完成，守住了疫情防控“零输入、零感染”底线，干部群众众志成城、守望相助，一张张“人民至上、生命至上”的感人合照持续刷屏，尽显河南儿女的责任和担当。

——教育事业再创新佳绩。我们紧紧围绕教育强县发展目标，以“异地办班”为抓手，加强与教育资源先进地区之间的交流交融，建立教育领域合作关系，先后向内蒙古伊金霍洛旗和天津滨海新区输送高中学子280名，首批天津“异地办班”的40名高考生，本科上线26人，上线率达65%，升学率创历史新高，牧区的孩子走出了大山，插上了追梦的翅膀，从“学有所教”加速迈向“学有优教”，向全县人民交上了一份漂亮欣慰的成绩单。

——为民服务开创新局面。我们始终以人民需求校正工作目标，建立领导干部包乡联村联户机制，构建县级干部带头包抓、乡镇干部直接联系的工作机制，有效地解决了群众的“民生大事”和“关键小事”；以党史学习教育为抓手，扎实开展“我为群众办实事”实践活动，列出114项为民办事任务台账，解决了群众急难愁盼问题960余件；常态化开展“下基层转作风，担使命履职责”活动，受理解决群众热点难点问题29项，干部心怀真情，干好事、办实事，让群众心里更加温暖。

一年来的主要工作成效是：

（一）绿色发展活力更足。大力实施三江源生态保护和建设、退牧还草、“三北”防护林体系建设等工程，完成湿地保护5万亩，人工造林0.21万亩，建设轮牧休牧围栏10万亩，治理黑土滩13万亩，退化草场改良11万亩，草原有害生物防治165万亩，全县综合植被覆盖度71.7%，位居全州第一。与甘肃省夏河县科才镇签订《克其合滩公共牧区草原黑土滩生态治理修复协议》，10.3万亩草原退化趋势得到有效遏制。持续深化县级干部生态管理责任田，将45块10.25万亩草原纳入责任田管理范畴，并完成挂牌。严格落实每月13日和26日环境卫生综合整治日制度，垃圾无害化处理中心正式运行，生活垃圾无害化处置率达97.75%。与青海大学签订草原碳汇方法学研究及碳汇开发工作协议，率先在全省开展碳汇开发基础性工作，扎实推动清洁能源利用和管网扩建工程，完成乡镇清洁能源供暖项目，全力打造全省清洁能源供暖试点县。加快推进国土空间规划，严格落实“三线一单”④生态环境分区管控，自然资源资产清查试点第一阶段工作全面完成，生态环境损害赔偿制度和综合行政执法改革深入推进，完成黄河流域历史遗留矿山生态修复37.34公顷。在省十三届人大七次会议新闻发布会上，河南县作为全省唯一县作生态保护成效和乡村振兴推进经验介绍，践行“两山”理论、助推乡村振兴成为国内外“热搜”。雪莲、绿绒蒿、杜鹃点缀着碧绿的草原，雪豹、马麝、羚羊驰骋在广袤的草原上，黑颈鹤、金雕、胡秃鹫飞翔在蔚蓝的天空，生态环境的持续优良“晒”出了河南县生物多样性厚实“家底”。

（二）产业发展支撑更强。率先启动绿色有机农畜产品示范县建设，成功举办部省共建绿色有机农畜产品示范省暨牦牛产业发展现场观摩会，国家级农业科技园区基础设施建设不断完善，河南县牛羊活畜交易市场稳步推进，畜牧业生产、加工、流通高质量发展体系不断形成。完成3家生态有机畜牧业合作社股份制改造，成功创建13家州级示范社，8个合作社实现年分红20万元以上，确保了禁牧不禁养、减畜不减收的目标。依托黄河流域生态保护和高质量发展，大力发展水产业，主打瀞度天然饮用水品牌，扶持壮大3家纯净水小微企业，水产业年产值达4.87亿元。成功打造柯生乡双鱼湖景区和黄河南蒙古历史文化博物馆2个国家AAA级旅游景区，优干宁镇阿木乎村列入第二批青海省乡村旅游重点村名单，河南县文化馆入选第五批国家级非物质文化遗产代表性项目保护单位，并被列入国家三级文化馆。成功举办第22届“那达慕”盛会和2022年首届网络春晚，省内外关注度持续提升。全县累计接待118.6万人次，旅游收入同比增长17.4%，文化产业收入同比增长5.4%。蒙藏医药“一站一室两中心”⑤投入使用，与内蒙古伊金霍洛旗达成建立蒙藏医院分院意向协议，蒙藏药业实现年产值3500万元，全国基层中医药工作先进单位通过复审，蒙藏医药进入新发展阶段。建成28个县、乡、村电子商务公共服务中心站点，乡级快递物流覆盖率100%，农村服务站点建设及运营覆盖率50%，农畜产品输出上行销售额增长10%，全县乡镇基层供销社覆盖率67%，县域优势产业活力十足，向外界展示出一个蓄势待发、奋勇争先的现代化河南。

（三）城乡一体融合更深。深入开展项目攻坚年活动，围绕国家、省州重点投向，实施新续建项目148项，完成固定资产投资13.07亿元，实现市政建设、道路交通、供水供电等全覆盖，为可持续发展厚植了新优势。全面落实项目复工复产支持政策，持续实施县级领导联系重点项目督导机制，扎实开展项目集中开复工活动，河南县商业步行街及察罕丹津大街风貌改造、宁木特镇特色小街建设、金融一条街、那达慕贵宾楼建设、蒙古大营等一批重大项目推进有序有效。卫拉村、宁赛村、拉让村等5个高原美丽乡村和柯生乡生态美丽乡镇建设稳步推进，农牧民居住条件改善工程、抗震改造项目基本完成。延曲河、沃和特河道治理，宁木特镇小流域综合治理等一大批水利工程加快推进。投资703万元完成223口机井建设，全面实施优干宁镇给水管网和供水厂提标改造工程，群众饮水安全得到有效保障。集中开展公路养护257.1千米，新建公交站亭20座，统筹划定路边停车位726个，更换智能路灯548盏，提标改造厕所22座，39个行政村实现宽带网络全覆盖，精品县城、优质乡镇、美丽乡村一体化发展不断加快，让父老乡亲们在现代化城镇建设中望得见山、看得见水、记得住乡愁。

（四）乡村振兴基础更牢。争取落实项目资金1.274亿元，项目安排率、开工率均为100%，持续实施“企业+村集体经济+脱贫户”的阳光增收模式，贫困村光伏扶贫项目累计发电量达2602.81万千瓦时，分配收益1120万元，每村每年集体收入35万元。健全完善脱贫不稳定户、边缘易致贫户、突发严重困难户的动态监测和精准帮扶机制，通过临时救助、安排公益性岗位、纳入低保等方式，108户387名“三类人员”[⑥]消除返贫风险，8家小微企业辐射带动建档立卡户76人。按照“大稳定、小调整”的原则，向43个村（社区）选派82家结对帮扶单位121名干部，做到驻村工作不断档、不留空。健全完善地方储备粮管理机制，保持粮食安全稳定。大力弘扬和践行社会主义核心价值观，深入开展群众性精神文明创建活动，公共文化人均事业费支出108.4元。在全州率先完成《河南蒙古族自治县年鉴（2021）》编纂印刷工作，39个行政村实现牧家书屋全覆盖，文化“软实力”成为乡村振兴“硬支撑”，牧业强、牧区美、牧民富的前景可待，乡村全面振兴未来可期。

（五）改革开放水平更宽。持续改善营商环境，不断深化“放管服”改革，全面推行行政服务“好差评”制度，入驻行政服务大厅10个单位32个窗口，企业设立登记时间缩短至3个工作日、项目审批缩短至30个工作日，办理行政审批和公共服务事项1.92万件，1278件政务信息目录梳理全部录入完成。大力推进社会信用体系建设，完善市场主体退出制度，简易注销市场主体21户。积极参加“青洽会”活动，设立2个室内展厅，室外设立全省唯一的县级展厅，展示的9大类120种产品得到广大消费者的青睐，签约招商项目4项，签约资金3.67亿元，到位率达100%。不断深化对口援建工作，驰援天津市保税区价值30万元的抗疫物资，落实对口援建项目2项，援助资金1850万元，一个更加开放、更有活力、更具魅力的高原小城正在敞开胸怀，走出全省，走向全国。

（六）民生保障力度更大。全县财政用于民生支出达13.46亿元，占比79%。全面落实就业创业政策，累计开发公益性岗位45个，城镇登记失业率为2.32%，城镇新增就业人数281人，高校毕业生总体就业率91.5%，农牧区劳动力转移就业1808人。教育布局调整圆满收官，新建开办3所幼儿园，全县11所中小学校规范使用统编“三科”教材，义务教育“双减”[⑦]政策全面落实，脱贫家庭适龄儿童少年入学及困难家庭学生资助实现全覆盖，九年义务教育巩固率为96.74%，高中阶段毛入学率为90.47%，学前教育适龄幼儿毛入园率为94.37%。“五医联动”[⑧]改革深入推进，县域内藏医专科联盟和县域紧密型医共体实现全覆盖，家庭医生签约率达65%，重点人群签约率达100%。基层医疗机构基本药物使用占比达90%，公立医院基本药物使用占比达61%。县医院整体搬迁项目稳步推进，蒙藏医院药浴楼已投入使用，投资111.3万元为乡镇卫生院配发救护车6辆，基本医疗卫生服务实现均等化、优质化。严厉打击欺诈骗保行为，守护好群众看病钱、救命钱。启动环卫工人爱心早餐工程，为全县113名环卫工人提供免费早餐。发放城乡低保金3135.54万元，临时救助金2137万元，特困供养救助金563.81万元，残疾人“两项补贴”179.79万元，困境儿童补贴72.02万元，高龄补贴220.79万元，社会保障体系不断健全，群众的口袋越来越鼓、生活越来越好。

各位代表，去年我们承诺的教育强基工程、生态提升工程、住房安全工程、幸福家园工程等10类工程，宁木特镇至黄河沿扶贫旅游公路、河南县足球场、殡仪馆火化炉改造等30项民生实事全部完成，办好了群众最关心的民生大事，做好了群众最暖心的关键小事，发展实际更有“温度”，民生答卷更有“厚度”。

（七）平安河南建设更稳。加强政府债务规模预算和限额管理，坚决守住“不新增隐性债务”和“不发生债务违约事件”底线，政府债务处于绿色安全区域。深入开展民族团结进步教育、爱国主义教育和感恩教育，积极推进中华民族视觉形象工程，正在规划设计铸牢中华民族共同体意识展馆，逐步将县博物馆打造成民族团结进步教育基地。全面启动“八五”普法，编制完成“八五”普法规划。坚持宗教中国化方向不动摇，依法严格审批宗教活动场所，寺院管理实现法治化、规范化、社会化。政法队伍教育整顿成效显著，扫黑除恶斗争进入常态化，“盗抢骗”“黄赌毒”和电信诈骗等违法犯罪行为得到严厉打击。建成一站式多元纠纷化解中心，成功调解各类矛盾纠纷38件，办结信访案件13起。安全生产风险隐患大排查大整治扎实有效，深入推进第一次全国自然灾害综合风险普查工作。扎实开展食品药品安全“四个最严”要求专项行动，一些市场乱象得到有效遏制。

（八）政府建设成效更实。深入开展党史学习教育，持续掀起党的十九届六中全会精神学习贯彻热潮，认真落实中央八项规定及其实施细则精神，深入推进政府系统党风廉政建设，坚决整治形式主义、官僚主义，政府效能不断提升。加大财政资金使用跟踪问效力度，一般性支出压减15%，“三公”经费压减5%。自觉接受人大的法律监督和工作监督，政协的民主监督和社会舆论监督，108件人大代表意见建议和110件政协委员提案全部按期办结。积极推进国防动员、国防教育、双拥共建、民兵预备役工作，投资536万元“民兵之家”建设稳步推动，军政军民关系更加密切。工会、共青团、妇联、残联等社会群团组织蓬勃发展，妇女、儿童、老年人、残疾人合法权益保障机制不断完善。气象、通信、民族语文、档案、红十字等工作扎实推进，各项事业全面进步，百花齐放！

各位代表！时间记录历程，奋斗创造辉煌。每一个抽象的数字上面，无不彰显全县上下顶压前行、负重拼搏的勇气和力量；每一项光彩闪耀的荣誉背后，无不蕴含着干部群众勇于争先、激情担当的豪情和气概；每一个令人难忘的精彩瞬间，无不见证了河南大地意气风发、共谋出彩的生机和活力。我们取得的一切成绩和进步，归功于习近平新时代中国特色社会主义思想科学指引，归功于省委省政府、州委州政府坚强领导、大力支持，归功于县委统揽全局、科学决策，归功于县人大、县政协指导监督、支持协作，归功于全县各族人民团结拼搏、积极作为，也归功于农业农村部、天津市、省州驻县各单位和社会各界真心相助、真情帮扶。在此，我代表县人民政府，向全县各族干部群众，向人大代表、政协委员和离退休老干部，向各人民团体、工商联和省州驻县各单位、部队官兵、公安干警、消防队员，向所有关心、支持河南县发展的各级领导和社会各界朋友，致以崇高的敬意和衷心的感谢！

各位代表！创业维艰，奋斗以成。面对新的历史起点和新的历史任务，我们也要清醒地看到短板和不足，主要表现：县域社会经济发展不全面、不平衡、不充分，经济总量小与财政刚性支出多之间的矛盾突出；村集体经济自身发展能力不强，效益发挥不明显；有机生态畜牧业、文化旅游等特色优势产业规模化和集约化程度低，产业链短、产品附加值低，市场竞争力不强，发展水平仍需提高；部分干部服务意识不强、精神状态不佳，抓落实、转作风还需进一步加强，等等。我们必须正视问题、直面矛盾，以奋发昂扬的精神状态、扎实进取的工作作风、只争朝夕的拼搏劲头，努力把政府工作做得更好。

2022 年政府工作主要目标和重点任务

今年是实施“十四五”规划的关键一年，也是夯实发展基础、拓展发展空间、提升发展质效的关键一年，做好经济社会工作具有重要意义。按照县委部署，我们将以习近平新时代中国特色社会主义思想为指导，深入贯彻党的十九届六中全会和中央经济工作会议、民族工作会议精神，深入落实习近平总书记对青海工作重要讲话和指示批示精神，根据省委十三届十一次和州委十三届二次全会精神，按照县委“八个坚定不移”[9]部署，坚持稳字当头、稳中求进工作总基调，完整、准确、全面贯彻新发展理念，以维护安全为底线，以从严治党为根本，以改善民生为核心，以乡村振兴为引领，以民族团结为抓手，统筹推进稳增长、促改革、调结构、惠民生、防风险工作，扎实做好“六稳”“六保”，推进生态保护和高质量发展取得新成绩，保持社会大局稳定，全力谱写新时代“纯净河南·幸福蒙旗”奋进新篇章，以优异的成绩迎接党的二十大和省第十四次党代会胜利召开。

今年全县经济社会发展主要预期目标为：一是经济增长目标。地区生产总值增长 6% 以上。其中，第一产业增加值增长 4.6%，第二产业增加值增长 7%，第三产业增加值增长 6.3%；二是发展支撑指标。地方公共财政预算收入增长 5%，固定资产投资增长 7.5%，社会消费品零售总额增长 7%，文化旅游产业收入增长 8%，旅游总收入增长 10%；三是民生保障指标。全体居民人均可支配收入增长 6%，城镇新增就业 260 人以上，牧区劳动力转移就业 1800 人次以上，城镇调查失业率、登记失业率和居民消费价格涨幅控制在州定目标以内；四是生态环保指标。全县空气质量优良天数比例达 95% 以上，黄河出境断面水质稳定保持在Ⅱ类以上，集中式饮用水水源地水质优良率达 100%，节能减排指标控制在州定目标以内。

实现上述目标，我们必须踔厉奋发、笃行不怠，紧盯共同富裕总目标，保持担当突破的勇气、敢为人先的锐气、蓬勃向上的朝气，全力抓好以下七个方面工作。

（一）以生态文明为核心，夯实绿色崛起发展基础。牢固树立保护生态环境是“国之大者”，全力巩固提升生态领域“国字号”荣誉，在加速推动绿色发展中建设更高水平的生态文明，让绿水青山永远成为河南优势和骄傲。

全力推进生态修复。坚持山水林田湖草沙冰一体化保护和系统治理，坚决打好环境问题整治、深度节水控水、生态保护修复“三个攻坚战”，严格落实“河湖长制”“林草长制”，完善《河南县县级干部责任田草原生态治理规划》。深入推进“双重项目”[10]建设，稳步实施 2021—2022 年中央林业草原生态保护恢复项目，加强天然林资源和公益林保护管理，形成防护和生态治理为主要功能的生态绿带体系。全面开展生物多样性本地调查，严格落实禁捕、禁猎、禁采等措施，实施珍稀野生动物栖息地保护工程，建设生物遗传资源库和生物多样性展示基地。

全力推动无废创建。扎实开展全域垃圾整治行动，持续巩固全域“禁塑”成果，充分发挥垃圾无害化处理中心作用，全面开展全域垃圾分类、无害化处置、资源化综合利用和产业带动生态保护行动，力争打造成为全省第一个无废示范县。全方位贯彻“四定四水”[11]原则，扎实推进供水管网改造和供水厂提标改造项目，深入开展河湖“四乱”行动，从严从细管好水资源。依托数据经济发展战略，统筹整合生态环境监测系统、河湖长制、林草长制等平台资源，加强数据共享，发挥数据平台实时监测反馈能力，不断提升智慧生态管理水平。

积极推动绿色发展。全力推进碳达峰先行先试工作，全面开展草原碳汇方法学研究及碳汇开发工作，掌握草原碳汇基本规律，为全州及全省实现“双碳”目标贡献河南力量。充分利用高原水能、光能、风能等优势资源，启动宁木特水电站项目前期工作，稳步推进1200兆瓦牧光储项目及20兆瓦屋顶分布式光伏项目，高质量实施四期、五期集中供热煤改电清洁能源项目，在打造国家清洁能源产业高地中作出河南贡献。深化生态保护补偿制度改革，严格落实第三轮生态保护奖补政策，完善生态环境损害赔偿制度，推进用水权、用能权、排污权市场交易。广泛开展绿色机关、绿色家庭、绿色社区的创建活动，大力倡导简约舒适、绿色低碳生活方式，让绿色发展气质更加纯真，美丽河南颜值更加靓丽。

（二）以提质增效为主题，加快产业发展转型升级。以供给侧结构性改革为主攻方向，深入推进产业链“链长制”，真正做到让落后产业腾笼换鸟，让传统产业化蛹成蝶，让优势产业顶天立地。

持续做好有机畜牧业发展。聚焦打造绿色有机农畜产品输出地，以“增量、提质、补链、扩输”为路径，扎实推动畜牧业生产、加工、流通高质量发展体系建设，形成产出优质、加工高效、流通便捷的新格局。建立完善生态有机畜牧业生产要素整合体系，加快建设雪多牦牛欧拉羊原产地畜种保护繁育基地，打造千头雪多牦牛、欧拉羊标准化养殖示范场，全力推进牛羊活畜交易市场和三江牧场屠宰加工厂房建设，促进生态有机畜牧业向高效化、集约化、规模化方向升级。依托首批国家现代化示范区和国家级农业科技园区“国字号”招牌，充分发挥绿色有机畜产品研究院作用，大力研发肉、乳、皮、毛绒等系列产品，做活做强三江牧场、青清海、启龙牧场等有机产品体系，加大品牌宣传推介力度，拓宽对外销售渠道，提升生态畜牧产业附加值，让河南品牌向更高水平、更高质量、更高层次迈进。

持续做好文化旅游业发展。继续开展全域旅游示范区创建工作，稳步推进乡村休闲旅游示范村、国家文化和旅游消费试点城市建设，积极融入“打造国际生态旅游目的地”建设，形成南至兰渝、北至州域、横向青南、全省旅游的四大旅游环线，奋力打造黄河上游最美草原风景区、蒙藏文化生态保护区。加快推进白螺湖景区、滩度景区等国家AAA级旅游景区提标升级，全力打造洮河源国家湿地公园、吉岗山景区、双鱼湖景区等一批“钻石”景点，提高旅游基础设施监管水平，加快“吃住行游购娱”旅游要素升级，严格旅游市场综合监管，提升旅游服务质量。加大文创产品开发力度，做好“旅游+”“景区+”文章，高质量办好第23届“那达慕”系列活动，持续打响“纯净河南·幸福蒙旗”文旅品牌。

持续做好新兴产业发展。全面推进民族医药传承创新发展，依托蒙藏医药优势，整合蒙藏医药专业力量，全面开展蒙藏医药基础应用研究，加快推进内蒙古伊金霍洛旗和海西州德令哈市蒙藏医药分院建设进程，鼓励支持县蒙藏医药积极申请国家医药准字号。充分利用黄河上游第一湾生态经济优势，抢抓天津援青机遇，借助天津科技大学等科研力量，持续研发功能饮料、保健饮品、精酿啤酒等系列产品，扶持壮大本地纯净水小微企业，做大、做强、做活水产业。加快贯通县乡村电子商务体系和快递物流配送体系，鼓励支持传统零售、餐饮、住宿等行业发展，大力发展假日经济、新个体经济、公种牛羊经济等新兴经济业态，打造新的经济消费增长极。

（三）以乡村振兴为动力，打造共同富裕样板县城。全面实施乡村振兴战略规划，统筹推进产业、人才、文化、生态、组织五个振兴，着力补齐“三农”短板，推动牧业高质高效、乡村宜居宜业、牧民富裕富足。

坚持牧业牧区优先发展。加快构建现代化养殖体系，规范合作社管理制度，引进先进科学技术，培育壮大有机畜牧业产业化龙头企业，推动合作社高效发展。健全有机畜牧业产品可追溯体系建设，加快有机品种特色化、生产标准化、经营集约化、产品优质化、品牌区域化进程。推动牧区动物防疫专用设施建设，完善动物防疫防控体系，全面提升畜产品供给质量。扎实推进“厕所革命”，有序推动“四好农村路”发展，加快牧区电网改造，实施好牧区居住条件改善工程。坚决扛稳粮食安全政治责任，全力做好保供稳价，确保群众粮食丰盈充足。大力开展“节约一粒粮食”活动，坚决杜绝“舌尖上的浪费”，努力营造文明用餐、理性消费的良好社会氛围。

巩固拓展脱贫攻坚成果。落实五年过渡期内“四个不摘”[12]要求，保持现有帮扶政策、资金支持、帮扶力量总体稳定。健全完善脱贫不稳定户、边缘易致贫户、突发严重困难户的动态监测和精准帮扶机制，持续跟踪脱贫群众收入变化和“两不愁三保障”巩固情况，及时发现、及时帮扶、动态清零，牢牢守住不发生规模性返贫底线。强化易地搬迁后续扶持，加强集中安置区帮扶车间、帮扶产业基地建设，持续加大产业和就业帮扶，加强扶贫项目资产管理，促进相对贫困人口稳定增收。

奋力推进乡村全面振兴。稳步推进1个乡村振兴试点乡、3个乡村振兴试点村、2个旅游试点村建设，充分发挥示范带动作用。以龙头企业为引领，以合作社为纽带，以家庭牧场为基础，加快培育新型经营主体，发展壮大村集体经济，实现“数量”向“质量”转变。大力培育创新创业实用人才，全力支持返乡创业，用好用活各类人才。深入实施农牧区人居环境整治提升五年行动，严格落实每月环境卫生综合整治日制度，巩固拓展全国村庄清洁行动先进县创建成果。健全完善“一核三治”[13]地方治理体系，深化移风易俗，大力实施文明乡风、平安乡村工程，加大乡村文化保护传承力度，努力让乡村更富朝气。

（四）以建设管理为引领，推动城乡品位整体提升。建设以人为核心的新型城镇，优化城乡空间布局，推动城乡高品质建设、高水平融合，走出一条具有河南特色的人产城融合发展之路。

优化城乡发展布局。对标“一核两心三点”总体城乡发展布局，统筹划定“三条控制线”[14]，合理确定城镇建设规模、空间结构、开发强度和市政基础设施布局，推动实现全县国土空间开发保护一张图。扎实推进国土空间规划编制和信息平台建设、第四轮《河南县矿产资源规划（2021—2025）》编制工作。高质量编制浪琴村、夏日达哇村、荷日恒村和赛尔龙村村庄规划，加快推动赛尔龙乡撤乡建镇进程，持续实施宁木特镇美丽城镇建设，不断提高城镇发展的协调性和整体性。

提升城镇建设品位。实施城市更新行动，推进城镇生态修复和功能完善工程，全面推动金融一条街、商业步行街、高档小区等项目建设。持续完善城镇交通网络，全面做好同赛高速河南段、乌玛高速河南至玛沁段协调配合工作，全力实施宁木特镇乡村道路、宁木特镇至多松乡美丽农村路等工程，稳步推动县汽车站整体搬迁项目。结合全国房屋市政基础设施安全风险隐患排查，做好风险隐患整治工作，推动城市品位提档升级。

加强城镇精细管理。加大城镇市容卫生法律法规执行情况监督检查力度，细化量化城乡环境卫生、道路养护、门前“四包”等标准，规范牌匾广告、建筑亮化、管网铺设等管理，深入开展城市“牛皮癣”“蜘蛛网”专项治理，提升城市管理水平。抓好住宅小区物业管理改革，加快智慧小区建设，提升物业服务管理质量。扎实开展“创城”行动，突出抓好文明城市、卫生城市创建工作，让优质的服务、优美的环境成为河南群众的“标配”。

（五）以深化改革为重点，激发创业创新市场活力。坚持以改革创新破解高质量发展体制机制瓶颈，集聚开发开放发展要素，优化营商环境、市场环境、创新环境，打开高质量发展新天地。

推进重点领域改革。推进财政事权和支出责任划分改革，健全财政收支预算管理，加快建成全方位、全过程、全覆盖的预算绩效管理体系，坚决遏制隐性债务增量，妥善化解存量。加快供销社综合改革步伐，统筹推进农村公路管理养护体制、市场主体强制退出、自然资源资产所有权委托代理机制等改革试点工作，让各族群众共享改革红利。

持续优化营商环境。扎实推进“放管服”改革，完善“一网通办”“跨省通办”政务服务体系，推动更多政务服务网上办、掌上办、就近办，不断提升行政服务效能。启动优化营商环境三年行动计划，全面实行行政许可事项清单管理，完善企业守信激励和失信惩戒机制，建立企业诚信等级评价，加快完善社会信用体系建设。严格落实减税降费、降本减负政策，加强对中小微企业的普惠性扶持，提振实体经济发展信心。

扩大对外开放水平。主动融入全国发展大局，积极参与“一带一路”国际交流合作，全力做好青甘川交界县（市）区域社会治理联席会议各项工作，强化区域协作，深化与农业农村部、天津、内蒙古等部委（地区）的合作交流。充分利用青洽会、津洽会及特色产业推介会等平台，适时赴国内发达地区开展精准招商，积极跟进服务招商引资活动签约项目落地，切实提高招商引资的成功率。坚持引资引技引智相结合，实施创新人才引进工程，完善人才引进政策，着力提升对外开放的活力和水平。

（六）以惠民利民为根本，提升人民群众幸福指数。聚焦群众最关心、最直接、最现实的民生问题，均衡配置民生资源，强化优质服务供给，竭尽全力把民生实事项目办成百姓满意的民心工程、精品工程。

狠抓就业增收工作。落实积极的就业创业政策，完善促进创业带动就业机制，突出抓好高校毕业生、退役军人等青年就业工作，加大城镇困难人员就业帮扶和职业技能培训力度，多渠道促进城乡居民收入。持续加强专业技术人才队伍建设，深入实施专业技术人才知识更新工程，继续推进基层人才评价使用“双定向”工作。健全灵活就业劳动用工和社会保障政策，深入实施根治欠薪行动，维护新就业形态劳动保障权益，加强劳动关系协调和劳动保障监察。

全面提升教育质量。坚持德智体美劳五育并举，健全家庭、学校、社会协同育人机制。加快推动城乡义务教育一体化发展，加强教育信息化、统编“三科”教材推广使用等工作，持续办好天津、内蒙古异地高中班，巩固“双减”成果，促进教育优质均衡发展。稳步实施宁木特镇第二、第三幼儿园，赛尔龙乡中心寄宿制完全小学，中小学幼儿园消防设施等项目建设，不断完善教育基础设施建设。实施校园安全工程，统筹抓好学校维稳、食品安全等工作，提升校园安全保障能力。

提升全民健康水平。科学精准做好常态化疫情防控各项举措，持续巩固“两道”防线，全面织牢“外防输入、内防反弹”的防控网。持续深化医药卫生体制改革和“五医联动”，加快推动紧密型医共体建设，积极探索县医院、蒙藏医院发展新模式，加大医保政策宣传力度，提高基层医疗技术服务能力。稳步推进县人民医院、疾控中心、妇计中心、卫生监督所整体搬迁和提标改造，加快推动县人民医院血库项目，进一步完善医疗基础设施建设。加强疾病预防控制和重大公共卫生服务体系建设，抓好疾病预防控制体系改革，开展新一轮棘球蚴病和重点地方病、传染病防治行动。

坚决兜牢民生底线。全面实施全民参保计划，严格落实社保减负政策，持续推进社保提标扩面，加强医保资金监管。统筹推进城乡低保、特困供养等群体基本生活兜底保障。加大城镇困难职工解困脱困和保障力度，扎实做好社会救助、社会福利等工作，统筹规划城乡残疾人服务设施项目。稳步推动养老保险制度改革，建立以居家养老为基础、社区养老为依托、机构养老为支撑的多元化养老服务体系，稳步实施江源、延巴、赛日旦、河曲 4 个社区嵌入式养老服务设施建设。加大困难群众住房保障力度，推进保障性住房建设，做好公共租赁房、干部周转房核查清退工作，规范租赁市场秩序。精准掌握重点优抚对象数据，落实优抚安置政策，推进退役军人服务保障制度化、常态化。

（七）以安全发展为抓手，构建社会治理高效格局。将社会稳定作为长远之计和固本之策，积极探索社会治理新路径，创新社会治理体系建设，坚决维护社会大局和谐稳定。

筑牢社会稳定基础。深化铸牢中华民族共同体意识，健全落实中国特色社会主义、“中国梦”、民族团结进步宣传和教育常态化机制，推广普及国家通用语言文字，尊重少数民族文字学习和使用，保障各族群众合法权益，促进各民族交往交流交融。全面贯彻党的宗教工作基本方针，加强与宗教界人士的联系，依法强化对宗教场所、宗教人士和宗教活动的规范管理，使各类宗教活动在法律、法规和政策范围内正常有序开展。深入实施“民族团结进步+”深度融合发展行动，扎实开展民族团结进步“十二进”活动，持续巩固民族团结进步创建成果。

守住社会安全底线。严格落实国家安全责任制，深入开展“两反四防”专项斗争，严密防范和严厉打击敌对势力渗透、破坏、颠覆、分裂活动。扎实开展“八五”普法，持续提升全民法律素养和社会治理法治化水平。坚持和发展新时代“枫桥经验”，把更多资源下沉到基层，大力推行网格化管理，提升县域社会治理现代化水平。健全完善矛盾纠纷一站式多元化解机制，夯实信访工作基层基础，压实信访工作责任，有效预防和处置群体性事件。巩固拓展政法队伍教育整顿成果，常态化开展扫黑除恶斗争，依法严厉打击各类违法犯罪活动。

夯实安全生产根基。牢固树立安全发展理念，持续开展安全生产专项整治三年行动，全面完成第一次全国自然灾害综合风险普查，常态化开展重点领域安全风险隐患排查整治，坚决防止重特大事故发生。实施灾害防治能力提升工程，提高极端天气预测预警能力，做好森林草原防火、地质灾害、洪涝雪灾等灾害防御工作，严格落实24小时值班制度，加强专业救援队伍建设，加大各类应急演练力度，切实提升应急处置能力。深入开展食品药品安全“四个最严”要求专项行动，从严加强食品药品监管，保障人民群众生命健康安全。

同时，我们全力支持群团组织改革发展，引导支持社会组织、志愿服务、慈善事业发展，切实保障妇女、儿童、老年人、残疾人合法权益；做好科普、气象、消防、史志、红十字等工作，努力促进各项事业全面进步。

加强政府自身建设

对奋斗历史最好的致敬，是书写新的奋斗历史。面对发展的重任、竞争的态势、人民的期盼，我们将始终牢记政府前面的“人民”二字，加快转变政府职能，扎实推进治理能力现代化，全力打造学习型、法治型、廉洁性、效能型、服务型政府，在更高起点开创政府工作新局面。

全力打造学习型政府。始终把加强学习作为政治要求、工作需求和精神追求，将习近平新时代中国特色社会主义思想作为终身课题，及时跟进学习党的理论和路线方针政策，切实把“学思用”连成一线，“知信行”融为一体，不断增强对“两个确立”“两个维护”的政治认同、思想认同、理论认同。严格落实党委（党组）学习制度，扎实开展“突出创新抓学习，提升能力促发展”活动，不断增强“八种本领”[15]，提高“七种能力”[16]，全面提升理念深度、眼界高度和法治厚度，努力成为推动高质量发展的行家里手。

全力打造法治型政府。深入学习贯彻习近平法治思想，切实把法治理念贯彻落实到政府工作的各方面全过程，着力提高综合行政执法水平，增强行政执法的权威性、公信力，保证行政执法决定严格依法依规。突出依法决策，坚决贯彻上级党委、政府和县委各项决策部署，认真落实政府法律顾问制度，持续推行“三重一大”集体决策。坚决捍卫县委权威，自觉接受县人大、政协、司法和社会舆论监督，提升政务公开标准化水平，让阳光政府更加透明，让法治成为根植于内心深处坚不可摧的信仰。

全力打造廉洁型政府。持续推进政府党风廉政建设和反腐败工作，深入落实“两个责任”，认真履行“一岗双责”，不断增强制度约束力，真正做到用制度管权管事管人。加强公共资金、国有资产、自然资源等领域管理规范化，提升政府投资决策公正性和资金使用效益。牢固树立过“紧日子”的思想，在行政开支上打好“铁算盘”，以政府的紧日子换取人民群众的好日子。政府工作人员要自觉接受法律、监察和人民监督，真正把纪律规矩转化为日常习惯和自觉遵循，营造风清气正、心齐气顺的良好政治生态。

全力打造效能型政府。凡是有利于河南发展大局的事，凡是有利于河南人民幸福的事，我们就要大胆地干、坚决地干，着力解决"意识贫困""思路贫困"问题，杜绝"用手脚的勤快掩盖思想的懒惰"，大兴调查研究之风，增强干事创业能力。积极培育担当作为的良好风尚，发扬斗争精神，敢于较真碰硬，全力缩短"说"和"做""发文"和"落实""开会研究"和"问题解决"之间的距离，做到决策定的条条算数、承诺说的个个兑现，绝不把困难和问题留给后任，要坚决杜绝"新官不理旧账"的坏现象。

全力打造服务型政府。政府系统要悟透以人民为中心的发展思想，从群众最期盼的实事做起，从群众最急需解决的问题抓起，高质量实施民生工程、为民办实事事项，着力提升就业、教育、养老、医疗等基本公共服务水平，在做大做好"蛋糕"的同时，把"蛋糕"切好分好，推动发展成果更多更公平惠及全县人民。厚植"万家忧乐在心头"的家国情怀，常态化开展"下基层转作风、担使命履职责"活动，认真倾听人民呼声，心系万家灯火、柴米油盐，进万家门、知万家情、解万家忧、办万家事，真正让政府服务走上门、群众幸福来敲门，努力让老百姓看到变化、得到实惠，让群众的笑容成为河南最美的风景。

各位代表，没有等来的辉煌，只有拼来的精彩。在新的赶考路上，让我们更加紧密地团结在以习近平同志为核心的党中央周围，在中共河南县委的坚强领导下，把全县各方面的积极性、主动性、创造性充分调动起来，团结向前进、一起向未来，努力交出不负历史、不负时代、不负人民的新答卷，以实际行动迎接党的二十大和省第十四次党代会胜利召开！

名词解释

①"4个1"：1名乡（镇）干部、1名村（社区）干部、1名医务人员和1名党员构成的排查工作专班。

②"三色"：红、黄、绿。其中，红色表示在疫情防控工作中措施不到位进行停业整顿；黄色表示省外或省内中高风险地区及疫情发生地来县人员居家医学观察管控提示；绿色表示该户居家隔离已经解除。

③"三公"：公安、工信、公共卫生部门。其中，公安、工信快速提供准确的活动轨迹和时空伴随关系，公共卫生部门追溯源头，判定密接者、次密接者，强化重点地区和重点人群的管理。

④"三线一单"：生态保护红线、环境质量底线、资源利用上线和生态环境准入清单。

⑤"一站一室两中心"：高原医学博士研究生工作站、蒙藏药实验室、蒙藏医药现代化示范中心和蒙藏医院蒙藏药制剂质检中心。

⑥"三类人员"：贫困老年人、重病人、残疾人。

⑦"双减"：有效减轻义务教育阶段学生过重作业负担和校外培训负担。

⑧"五医联动"：深化医学、医疗、医保、医药、医院改革。

⑨"八个坚定不移"：坚定不移忠诚拥护"两个确立"、坚定不移推动经济高质量发展、坚定不移筑牢生态安全屏障、坚定不移推进产业提质增效、坚定不移保障和改善民生、坚定不移推进乡村全面振兴、坚定不移提升社会治理效能、坚定不移推进全面从严治党。

⑩"双重项目"：重点区域、重点生态修复。

⑪"四定四水"：以水定城、以水定地、以水定人、以水定产。

⑫"四个不摘"：不摘责任、不摘政策、不摘帮扶、不摘监管。

⑬"一核三治"：以党的基层组织建设为核心，以法治、德治、自治为基础的社会治理模式。

⑭"三条控制线"：生态保

护红线、永久基本农田、城镇开发边界。

⑮“八种本领”：学习本领、政治领导本领、改革创新本领、科学发展本领、依法执政本领、群众工作本领、狠抓落实本领、驾驭风险本领。

⑯“七种能力”：政治能力、调查研究能力、科学决策能力、改革攻坚能力、应急处突能力、群众工作能力、抓落实能力。

专文

贯彻习近平新时代中国特色社会主义思想

河南县坚持把高质量学习贯彻习近平新时代中国特色社会主义思想作为首要政治任务，认真学习贯彻习近平总书记重要讲话精神和党中央、省委、州委部署，精心组织实施，系统谋划推进，进一步激发党员干部群众迈进新征程、奋进新时代的精气神。

明确主题，铸魂立高度。感悟领袖思想。始终把学习宣传贯彻习近平新时代中国特色社会主义思想作为长期首要政治任务，严格落实“第一议题”制度，发挥党委（党组）理论学习中心组引领作用，开展集中学习会、意识形态培训会、网格员培训会等，教育引导广大党员干部坚决捍卫“两个确立”、增强“四个意识”、坚定“四个自信”、做到“两个维护”。推进学习研讨。县委理论学习中心组围绕《习近平谈治国理政》第四卷、党的二十大精神、全国两会精神以及省第十四次党代会精神进行专题学习研讨交流，进一步强化理论体系、领会精神实质，着力提高政治判断力、执行力，以研讨促进工作水平不断提升。广泛宣讲补钙。统筹各类宣传宣讲力量，编排演出情景剧《骏马归来》《草原儿女心向党》等，将习近平新时代中国特色社会主义思想融入其中。以理论宣讲、社会宣传、文艺宣传等群众喜闻乐见的形式和通俗易懂的语言，让习近平新时代中国特色社会主义思想“飞入寻常百姓家”，打通基层宣讲“最后一公里”，使理论宣传更接地气、更有活力、更具温度。“牧区红”宣讲团、小小流动宣传车，把“强心针”“定心丸”注入群众心底，提升群众的心理免疫力，让爱的温馨“播报”传遍县城、乡镇、村落各个角落。

线上线下，增智强深度。充分发挥“美丽河南”微信公众号、“大美河南”App 等融媒平台优势，开设“沿着总书记的足迹”“喜迎二十大　我们这十年”“喜迎二十大　我想对党说”等专题专栏，全方位、多角度宣传阐释好习近平新时代中国特色社会主义思想，凝聚起奋进新征程的强大思想动力。始终积极谋划，创新载体、丰富形式，以出版发行一本图书、展演一系列微视频、开展一系列访谈、录播一系列祝福语、开展一次志愿服务周、举

2022 年 11 月 7 日，“马背宣讲团”在宁木特镇尕群村开展党的二十大精神宣讲活动

办一次融媒体技能大赛等系列活动深入学习宣传贯彻党的二十大精神，引导广大党员干部群众坚定理想信念、牢记初心使命，认真履职尽责，进一步提振精气神、弘扬主旋律、传播正能量，奋力谱写纯净、美丽、幸福河南新篇章。

知行合一，促干扩广度。着力打造文明河南。结合习近平总书记关于文明创建新任务新要求，及时编印《河南县新时代文明实践工作纪实》《漫画妙语讲文明》《谚语传理播文明》《翰墨飘香传文明》系列文明实践手册，弘扬文明新风尚。承办全州新时代文明实践中心建设工作推进暨专题培训会。推进文明单位和“五星级文明户”创建工作。召开河南县新时代文明实践中心推进会，举办“喜迎党的二十大　道德清风清人心”“河南好人”表彰大会。《青海河南县“六化融合”助力文明实践》被中宣部《宣传工作》刊载，向全国介绍推广河南县在拓展新时代文明实践中心建设方面的经验做法，这是继河南县“‘四大四小’推动文明实践走深走实”入选中央文明办《建设新时代文明实践中心“怎么干”》典型案例入选中央层面推广的经验做法。扎实推进乡风文明。召开河南县新时代乡风文明建设推进大会，制订《河南县推进新时代乡风文明建设工作方案》，建立完善新时代乡风文明建设任务责任清单，进一步统一思想，提高认识，切实增强做好新时代乡风文明建设工作的责任感、紧迫感和使命感。以河南县新时代乡风文明生态价值提升工程“六化行动”为总抓手，举行“共建河南生态文明·同享蒙旗绿水青山”生态文明建设表彰暨创建全域无废示范县动员大会。擦亮精神高地品牌。坚持精神引领，深入挖掘、广泛选树先进典型，广泛宣传“时代楷模”尕布龙、“最美奋斗者”尖措等先进典型的感人事迹，激励广大干部群众学习先进、争当先进，从本土“精神养分”中汲取力量，河南“精神高地”名片熠熠生辉，共计33人获得国家级荣誉称号。

疫情防控处置

2022年，河南县始终坚持贯彻习近平总书记关于疫情防控工作的重要讲话和指示批示精神，全面落实党中央、国务院决策部署，按照省委、省政府，州委、州政府，县委、县政府和各级疫情防控指挥部工作要求，坚定不移坚持人民至上、生命至上，坚定不移落实“外防输入、内防反弹”总策略，坚定不移贯彻“动态清零”总方针，压实“四方”责任，落实“四早”要求，因时因势调整疫情防控工作举措，聚焦重点、紧盯目标，慎终如始推进常态化防控，实现疫情防控平稳转段。

聚焦防控重点，在常态化举措上下功夫。坚持全县“一盘棋”思想，依托“1部3组8专班”扁平化工作机制，构建自上而下统一领导、一线指挥、统筹协调、并行联动的防控指挥体系，细化任务分工、压实工作责任，指挥体系24小时全天候高效运转。一方面，紧盯关键节点，常态化组织召开调度会、专题会、现场办公会等各类会议40余次。及时传达学习上级指挥部决策部署，统一思想，动态研判形势，科学谋划、精准部署疫情防控各项举措，做到各项处置工作日结日清、事不过夜。紧盯关键环节，及时传达印发《新冠病毒感染的疫情乙类乙管实施方案》《关于持续强化落实疫情防控各项工作的通知》等各类文件通知180余期，发布疫情防控通告69期，持续细化支持保障措施，稳步推进各项防控措施落地见效。另一方

2022 年 12 月疫情防控期间，工作人员对入县域车辆进行消杀

面，牢固树立“宁可十防九空，不可失防万一”思想，始终把“外防输入”作为疫情防控工作重中之重，及时成立以 6 个乡镇、4 个社区为主的疫情防控工作专班，全面实行村（社区）网格化管理机制，加强出入人员的健康监测，实施动态跟踪管理。严格落实人员排查信息沟通机制、外来人员来（返）县报备制度、“落地检”管控制度和协查通报机制，规范货运司乘人员闭环管理，严格落实通行证管理、点对点接送、指定地点卸货等措施，做到快卸快装，提高重要物资保供效能，确保物流精准管理，物资畅通畅流。不断强化核酸检测能力建设，日检测能力 10 混 1 达 1.3 万人次、20 混 1 达 2.7 万人次，累计采样 1108551 人份，冷链食品采样 855 份。

聚焦防控举措，在落实落细上下功夫。按照疫情防控总体要求，进一步整合人力物力，关口前移、重心下移，科学有效落实疫情防控工作。一是持续强化专项监督力度，明确监督检查重点内容，强化问题导向，采取明察暗访、随机抽查等“四不两直”的方式，常态化开展全覆盖、多方位、无死角的边督查边整改行动，确保防控各项措施落实落细。二是加大医疗防疫物资财政投入。聚焦疫情防控重点领域、关键环节，加大财政投入。拨付财政专项资金 120 万元，建立两处省级交通隘口（赛尔龙乡、柯生乡）核酸采样点，持续强化物流保畅保通、预警监测力度。逐步配齐配全高压救护车、爱心服务流动救护车、核酸采样车以及呼吸机、制氧仪等医疗救治防控设施设备。常态化备齐备全 N95 口罩、防护服、消毒液、核酸试剂等各类医疗物资储备，确保关键时期“调得出、用得上”。截至 2022 年底，县疫情防控指挥部储备医用口罩 20 余万个、N95 口罩 5.4261 万个、防护服 1 万余件，核酸检测试剂 2 万余人份，抗原检测试剂 4020 人份。三是提升应急处置能力。为进一步提高疫情防控实战水平和应急处置能力，对全县副科级以上干部、公安民警、社区工作者、网格员开展疫情防控指南第九版培训，切实提高疫情防控能力和水平，累计开展各类培训 75 次，覆盖 5419 人次。组织各医疗机构开展演练 24 次，全面检验联防联控机制联动能力及医疗机构疫情防控体系水平和应急响应处置能力。

强化疫苗接种，在构建屏障上下功夫。2022 年来，县委、县政府扎实开展疫苗接种工作，周密部署、科学统筹，坚持“应接尽接”原则，按照“政府找人、行业动员、卫生打苗”的要求，创新开展医疗下乡、专车接送、送苗上门、床前接种流动惠民服务，扎实推进新冠疫苗接种行动。规范设置接种点 1 处、乡镇临时接种点 6 处，启动“周末加班、午间不休、延时下班”服务，根据实际情况调整时间，不让群众多跑路、白跑路，为广大群众提供“不断档”的疫苗接种服务，让疫苗接种服务有力度更有温度，让接种群众暖心、安心更放心，携手全县各族人民共同筑牢全县“免疫长城”。截至年底，全县第一、二、三次接种人数分别为 41097 人、39664 人、23270 人。60 岁以上老年人共有 2993 人，第一剂次接种率为 91.78%、第二剂次接种率为 96.17%、第三剂次接种率为 83.15%。

聚焦优化防控措施，在平稳转段上下功夫。在疫情平稳转段期间，随着国务院联防联控机制综合组先后发布“二十条”“新十条”“乙类乙管”实施方案等措施，县疫情防控指挥部因时因势动态调整优化防控措施。一是设置发热门诊 1 家、发热诊室 8 家，实现发热门诊（诊室）“应开经开、应设尽设”。规范设置预检分诊、三区两通道，确保预警监测机制 24 小时全天候高效运转。聚焦干部群众“购药难、看病难”等难点，不断加大财政投入，持续打通医药供货渠道，健全医疗资源配置，配足呼吸道疾病治疗药物和制氧机等辅助治疗设备。二是将防控工作重心从“防感染”转向“保健康、防重症”，全力以赴落实“乙类乙管”各项措施，充分发挥基层医疗机构“网底”和家庭医生健康“守门人”作用，全面摸清辖区心脑血管、慢阻肺、糖尿病等基础疾病重点人群、老年人、0~6 岁儿童等特殊人群，建立健全 2239 名重点人群健康档案，县域各级医疗机构信息共享，定期入户或电话监测健康状况，在人员队伍上更加优化，在处置环节上更加顺畅，在协调配合上更加有力，在防控范围上更加科学。三是持续完善县、乡、村三级联动的医疗服务体系，畅通重症患者就医转诊绿色通道，统筹城乡医疗资源，按照分区包片的原则，建立健全县级医院对口帮扶机制。畅通转诊机制，提升牧区重症救治能力，为牧区老年人、慢性基础疾病患者等高风险人群提供就医保障，切实做到平稳渡峰。

加强舆论引导，在营造氛围上下功夫。按照“属地管理、分级管理”和“谁主管、谁负责”的原则，规范引导和处置突发舆情，组织各相关部门、各乡镇工作人员深入各乡镇、各村社，宣传疫情防治的重要性及防护措施，正面教育提醒广大干部群众引起重视，理解和支持疫情防控常态化工作，及时解疑释惑，回应民众关切，正确引导社会舆论。同时，采取“线上+线下”相结合的方式，开展立体式、多层次、广覆盖的宣传，常态化发布疫情防控相关信息、公告、通知，深入学习宣传习近平总书记关于疫情防控重要指示、国务院联防联控机制和省疫情防控处置指挥部相关会议精神，加大政策解读和健康知识普及力度，提醒公众做好个人防护和社会面防控，有序引导群众正确认识新冠病毒，牢固树立健康第一责任人理念，全力筑牢人群免疫屏障。截至年底，悬挂横幅 1300 余条，发放藏语、汉语宣传画册 200 余份、海报 500 余幅。

生态有机畜牧业发展

2022 年，河南县坚定不移地贯彻新发展理念，坚持生态优先，以绿色有机农畜产品输出地建设为目标，围绕品种培优、品质提升、品牌打造。加快转变农牧业发展方式。

树立有机品牌形象，共建绿色有机输出地。持续推进绿色、有机、名优特新产品认证工作，连续 15 年通过有机再认证工作，河南县饺子绿色产品认证工作正在进行。组织 5 家企业、32 家合作社分别完成省、州、县的各级观摩、学习、调研等活动 30 余次，协助相关部门完成青洽会。展示有机畜牧业产业产品的发展现状，展出绿色、有机特色农畜产品，加深外界对全域有机形象的认识，开展农产品地理标志认证项目建设，加强有机、绿色、地理标志农产品标识的使用，全面建设绿色有机输出地。

打造活畜交易市场，铺就牧民群众“致富路”。活畜交易集散中心 8 月投产，实现年交易牛羊 30 万头（只），带动河南县 7800 户牧户和周边州县及邻省

2023 年 4 月 8 日，省农业农村厅调研组一行在河南县调研畜牧业发展情况

1.62 万牧户交易，直接新增大学生、脱贫户和监测户就业岗位 50 个以上，间接带动就业 1000 人以上，有效发挥联农带农机制，实现“建一处市场、活一片产业、富八方群众、促乡村振兴”目标。

培育地域特色产品，全面衍生有机产业链条。以培育优质资源进入中高端市场为主线，以合作共赢为桥梁，以高质量发展提高效益为目标，持续加强与天津科技大学、青海大学、西北农林科技大学等科研院校合作，加速科研成果转化。建立河南县雪多牦牛欧拉羊高档冰鲜品和调理品科研实验室，确定研发雪多牦牛、欧拉羊高档冰鲜品和调理品、青海传统发酵乳制品中特色菌种采集及其在酸奶中的应用、黄南州特色抗高原缺氧损失饮料、青藏高原新型特色工坊啤酒研制〈红啤、黑啤〉精酿啤酒、传统风干肉技术改良和系列新型牦牛肉干产品的开发与生产、特定健康功能牦牛和欧拉羊低聚肽的精准制备及产品开发、黄绿蜜环菌的增值化加工与应用等 7 个领域的产品，全面衍生有机产业产品链条，有效解决产品同质化的问题。

培育地方龙头企业，融合一、二、三产有效发展。引进牛羊交易、啤酒生产和藏药制剂等 3 家企业入园，鼓励和推广“企业+基地+牧户”的经营模式，保障牧民的利益，拓展牧民就业渠道，增加牧民收入，让龙头企业有效带动河南县农牧业走向集约化、规模化、产业化经营之路，培育壮大三江牧场和启龙牧场 2 家“省级龙头企业”，引导企业不断引进新技术、开辟新思路、创造新模式，发挥责任效益，进一步加大产业发展力度，融合一、二、三产有效发展。

持续推进牛羊保险，让群众吃上“定心丸”。深入贯彻落实 2022 年中央及省委 1 号文件和中国银行保监会、财政部、农业部《关于进一步完善中央财政保费补贴型农业保险产品条款拟订工作的通知》和省财政厅《关于进一步加强和改进农业保险保费补贴资金管理的通知》《关于印发 2022 年青海省农业保险实施方案和藏区牦牛藏系羊保险实施方案的通知》文件要求，全面完成 2022 年藏系羊、牦牛保险承保工作，全县参保藏系羊、牦牛 604418 头（只）（其中参保藏系羊 251615 只，参保牦牛 353803 头），收取 15% 的牧户自交保费 7045114.5 元，总保费合计 46967430 元。

生态文明建设

2022年，河南县以习近平新时代中国特色社会主义思想为指导，深入贯彻落实党的十九届历次全会及二十大和中共青海省十四次党代会精神，以践行习近平生态文明思想为主线，增强“四个意识”、坚定“四个自信”、做到“两个维护”，准确把握新发展阶段，全面推进生态制度完善、生态环境高水平保护、生态经济高质量发展。

*坚持生态保护，提高污染防治。*水生态环境保护方面。河南县地表水国、省控断面共3处，水质优良（达到或优于Ⅲ类）比例达到100%。地表水国、省控断面丧失使用功能（劣于Ⅴ类）水体断面比例为0。黄河、泽曲河及洮河水质达标率达到100%。县级及以上集中式饮用水水源水质达到或优于Ⅲ类比例达到100%。大气污染防治方面。印发《河南县2022年度大气污染防治工作方案》，空气优良率为98.7%，达到空气质量约束性指标空气优良率97%以上，河南县完成1—3期煤改电减排工程。土壤固体废物污染防治方面。印发《河南县2022年度土壤污染防治工作方案》《河南县2022年危险废物规范化管理检查考核实施方案》《河南县辐射事故应急预案》和《河南县突发环境应急预案》，年内未发生突发生态环境事件。

2022年4月22日，县生态环境局联合县教育局开展生态文明实践主题宣讲活动

*强化环境执法，推进监管效率。*生态环境监测方面。河南县定期开展PM10、PM2.5的比对监测和检查；完成2022年国家重点生态功能区县域生态环境质量监测、评价与考核工作；生态环境质量综合考核结果达到“基本稳定”以上；年内未发生人为干扰国控、省控环境监测站点和环境监测数据弄虚作假情况。环境监督管理方面。组织开展重点企业危险废物和环境安全专项执法检查。检查企业50余家次，检查内容涉及危废的处置、环境应急响应预案以及台账记录等。组织开展黄河流域全方位“体检”专项检查。根据青海省人民政府办公厅《关于开展黄河流域生态环境全方位“体检”发现问题整改工作的通知》文件精神，反馈河南县问题18条。县委、县政府高度重视，召开5次相关部署会和推进会；县政府主管副县长组织相关单位相关人员10余次带队深入一线对反馈问题进行现场指导，截至2022年年底，黄河流域全方位18条问题均整改完成，现处于销号阶段。开展排污口专项检查。根据《青海省生态环境厅关于做好

黄河流域入河排污口攻坚排查相关工作准备的函》文件要求，出动10批次30余人次，针对河南县黄河干流区域的柯生乡、宁木特镇黄河沿和黄河一级支流区域的泽曲河段开展地毯式摸排检查，排查出排污口14处，其中生活污水排口2处，雨水排口12处。

提升县容县貌，垃圾资源化处置。河南县垃圾分拣中心的建成，将成为青海省“全域无废”示范项目理念的典范，是保护河南县区域环境的重要措施之一；利用垃圾产量较少时段，将原垃圾填埋场的陈腐垃圾一并处理，可有效提升河南县环境质量，改善县容县貌，实现河南县生活垃圾“村收集、乡（镇）转运、县处置”的三级综合处理目标，使广大人民群众在“绿水蓝天净土”中共享经济发展成果。处理全县生活垃圾2.9万吨，裂解气满足处理厂供能自用，生产炭黑1460吨，解决全县生活垃圾出路。该项目的实施可提升全民环保观念、树立科学发展观，培养城乡居民生态意识，让大家在垃圾“三化”处理中得到实惠，促使人们逐步形成更加符合生态理念的价值观念、思维模式、行为准则，树立全面、协调、可持续的发展观。

弘扬普法宣传，促进依法行政。结合实际，制订年初计划和“八五”普法规划，为全县法治宣传教育开展明确任务。围绕法治工作中心，广泛开展系列法治宣传教育活动，如：积极利用“3·22”世界水日、“9·25”世界科普日、“6·15”世界环境日“12·4”国家宪法宣传日等全面开展法治宣传教育，活动期间印发宣传资料3000份，展图宣传1001次，悬挂条幅924条。

推进“两山”工作，建设纯净美丽幸福河南。坚持以“举旗定向”的站位擘画蓝图，以“挂图作战”的节奏对标推进，以“势如破竹”的速度展现担当，多次召开专题会议研究探讨，成立党政主要领导牵头挂帅，分管县级领导牵头推进的领导小组、子链工作组、督导督查组，抽调6名工作人员组建“两山”转化工作办公室，制定《河南县“绿水青山就是金山银山”实践创新基地成果转化实施方案》和目标责任书，高位推进成果转化工作。创新提出“一条‘两山’成果转化总产业链条、五大产业子链、数个保障措施”的“1+5+X”发展模式，以“两山”实践创新基地持续建设为发展主线，以有机畜牧产业链、生态水产业链、蒙藏医药产业链、文化旅游产业链及现代服务产业链为主要推手，以实施多项专题行动为落实保障。各产业参照总链，委托专业机构、聘请行业专家，高质量编制产业发展规划，以思想大解放凝聚“两山”实践创新基地成果转化合力，实现产业生态化和生态产业化的统一，高质量绘就“两山”实践创新基地成果转化最美蓝图。积极开展人才柔性引进工作，聘请中国环境科学研究院生态研究所9名专家，全程参与指导“两山”实践创新基地成果转化工作，立体构建一个专家总库、五个行业子库的专家服务团队力量，用实用好天津科技大学、清华大学科研团队，在新的发展格局中加速科技成果转化落地，推动全社会绿色发展和高质量发展。

应急管理工作纪实

2022年，河南县深入贯彻落实党中央、国务院关于安全生产、防灾减灾重要指示批示精神以及省州县委政府各项决策部署，建立健全“党政同责、一岗双责、齐抓共管”的安全生产责任体系，着力构建安全隐患排查治理体系和安全预防控制体系，狠抓安全生产、防灾减灾、森林草原防灭火、应急救援等重点工作，切实保障人民群众生命财产安全，有效维护社会和谐稳定。

突出意识先行，责任体系更加完善。深入贯彻落实安全生产重要决策部署，不断筑牢全县安全生产责任体系。2022年，县委常委会、县政府常务会先后15次研究安全生产工作，召开全县安全生产专题工作会议22次，研究解决安全生产突出问题9次，组织安全生产专题理论学习22次，签订安全生产目标责任书100余份，先后制定印发《河南县落实安全生产“15条措施”工作方案的通知》《河南县安全生产领域综合督查整治工作方案》《河南县“宣贯二十大·全力保安全”主题宣传活动方案》等文件，扎实开展安全生产“百日攻坚”行动，推动落实专项整治三年行动“治本攻坚”阶段各项任务。

突出隐患整治，预防作用更加显著。坚持“全覆盖，零容忍、严执法，重实效”的工作原则，严格落实领导干部带队检查安全生产工作制度，县委、县政府领导带队检查安全生产工作128人次，各级领导干部带队检查安全生产制度已形成常态化，有力地推动“党政同责”“一岗双责”落到实处。同时，对安全隐患整改情况进行跟踪检查，对隐患整改措施落实情况及时进行“回头看”，对照隐患逐条进行复查，确保整改工作不走过场，取得实效。持续推进专项整治“三年行动”，聚焦“两单四表”精准发力，以“零容忍”的态度开展隐患大排查大整治，年内检查企业、公共场所1673家次，排查整治问题隐患616条，整改612条，整改率99.3%，落实包保责任人172人，做到“两单四表”闭环管理，停产整顿企业3家，行政处罚6.366万元，警示约谈88人，下达安全生产工作提醒函52份。省安委会第八综合督导组向河南县反馈督导检查发现的问题隐患27条，均完成整改。

突出应急准备，安全防线更加牢固。坚持边学习边实践、边探索边应急，加强应急救援体系建设，进一步修订完善《河南县突发事件总体应急预案》和重点领域专项预案，督促各乡镇、各单位修定完善专项应急预案和部门应急预案；年内举办防汛抗旱、危险化学品、草原防火、气象灾害等应急演练5场，指导企业应急演练12场，各乡镇、行业部门开展各类应急预案演练16次，组建745名应急救援队伍，在县城、乡镇建成应急避难场所15处，整理入库应急基础物资109类21177件（套），做到应急救灾物资“备得足、调得动、运得出、用得上”。针对全县极端灾害天气，第一时间会商研判发布预警信息，及时启动应急响应，妥善处置突发情况，确保调度及时、上报迅速、处置得当。严格落实24小时值班值守、领导带班制度，每日开展省州应急值班视频调度，年内参加省州视频交接及调度会442次，县级组织调度会议61次，最大限度地预防和减少自然灾害造成危害和损失，有效提高综合预防和处置能力。

突出防灾减灾，安全保障更加规范。健全完善自然灾害防治制度建设，调整充实防灾减灾协调议事机构，进一步明确“防”“救”责任。狠抓防汛减灾工作。年内召开防汛工作会议10次，全覆盖开展风险隐患排查5轮，重点区域排查195次，采取修缮加固、设立警示牌、发放告知卡等措施，治理风险隐患35条，极大地降低风险隐患；完善叫应、叫醒机制，防汛期间安全转移群众

2022年10月7日，县自然资源和林业草原局工作人员在托叶玛管护站清点更新森林草原防灭火物资

221人，牲畜4115头（只），组建应急队伍58支2166人，启用卫星电话18部，保障重点村和重点领域应急通信汛期，向受灾户紧急调拨帐篷4顶，并给防汛工作组发放备用物资（雨衣54件，雨靴56双，手提灯29个）。开展救灾保险工作。积极争取中央灾害救助和农房保险资金39万元(包含农房保险资金15万元)，对全县229户1000人受灾群众及时发放冬春救助资金24万元，将全县4314户纳入农房保险范围，政府代缴保险费8.63万元。推进自然灾害普查工作。根据《河南县第一次全国自然灾害综合风险普查工作方案》，完成承灾体、综合减灾能力及历史灾害数据的调查、审核、入库工作，完成率100%。狠抓森林草原防灭火工作。组织召开秋冬季森林草原防灭火工作会议，全面压实森林草原防灭火工作责任，签订《今冬明春森林草原防灭火工作目标责任书》1101份，防灭火承诺书1500余份。划分6个防火责任区，组建扑火队39个665人，严格落实领导带班和24小时值班制度，依托瞭望塔、地面巡护、视频监控对高火险区进行全天候监测。

突出宣传引导，安全氛围更加浓厚。制定印发《河南县"宣贯二十大·全力保安全"主题宣传活动方案》，创新安全法治宣传教育载体和方式，特别加大危险化学品、道路交通、建筑施工、消防等领域的安全法律法规宣传，让安全生产理念、知识和法律法规进企业、进工地、进学校、进乡村、进社区、进家庭。以"4·14"玉树地震纪念日、"5·12"防灾减灾日、"安全生产月"、安全生产咨询日等时间节点为契机，组织开展安全生产、防震减灾、森林草原防火、防汛抗旱知识进机关、进企业、进农村、进社区、进景区、进学校、进家庭的"八进"活动，通过开展形式多样、内容丰富宣传活动，宣传安全生产和防灾减灾知识，增强群众安全意识和防范、应对灾害风险的能力。全年共发放各类宣传资料3万余份，发放各类宣传品15000个，制作宣传展板60余块，宣传横幅90余条，接受群众咨询1000余人次，全面构建起"关注安全、关爱生命"的安全防范工作格局。

精神文明建设

2022年，河南县文明委各成员单位深入学习贯彻习近平新时代中国特色社会主义思想，围绕迎接宣传贯彻党的二十大工作主线，增强"四个意识"、坚定"四个自信"、做到"两个维护"，认真落实精神文明建设工作责任，开展多种形式的文明实践活动，宣传选树各类先进典型，积极弘扬主流价值，传播文明理念，培育文明风尚，精神文明建设取得成效。

强化政治引领，不断夯实思想根基。坚持以习近平新时代中国特色社会主义思想为引领，以"牧区红"宣讲团为主体，以党的二十大、中央一号文件以及省第十四次党代会、州第十三次党代会、县第十五次党代会精神宣讲活动等为依托，深入各乡镇、村（社）结合民族团结、乡村振兴、生态环保等相关政策进行宣讲，持续开展"爱国、感恩、团结、法治"等主题教育，感党恩、听党话、跟党走成为各族群众的思想共识和行动自觉。

夯实工作基石，深化精神文明创建。弘扬文明新风，培育践行核心价值观。以管好用好阵地为手段，推动意识形态工作安全平稳。着力强化网上网下两个阵地，突出网络舆情监控和引导，以更强的技术能力，更专业的监管手段，筑牢网络意识形态防线。同时，充分利用网络平台引导传播主流文化，做好思想政治引领，

2022 年 11 月 23 日，托叶玛乡组织曲龙村学生在全县学习宣传贯彻党的二十大精神主题晚会上献唱《我和我的祖国》

壮大主流舆论。不断加强基层文化阵地监督检查，确保意识形态领域安全。以乡风文明建设为切口，推动文明创建工作提质增效。加快推进新时代乡风文明建设，以乡风文明建设“七大工程”为抓手，强化思想道德教育，狠抓文明实践养成，培育文明新风尚，助推乡村全面振兴。以服务品牌优化为抓实，推动文明实践工作拓展深化。落地落细“六化融合”工作机制，持续深化拓展新时代文明实践中心建设，打造特色队伍、志愿活动、阵地品牌，有针对性派送政策宣讲、科技指导、致富指导、“送学上门”、“文化、科技、卫生、法律、四下乡”等文明实践活动。

坚持立德树人，实施公民道德工程。印发《河南县精神文明创建工作实施方案》，要求各部门积极做好“中国好人榜”先进典型候选人推荐工作。结合当前文明创建的新任务新要求，及时编印《河南县新时代文明实践工作纪实》《漫画妙语讲文明》《谚语传理播文明》《翰墨飘香传文明》系列文明实践手册，弘扬文明新风尚。积极培育和践行社会主义核心价值观，深入开展精神文明创建活动，举办“喜迎党的二十大 道德清风清人心”“河南好人”表彰大会，评选表彰见义勇为模范张斌斌、诚实守信模范斗格吉、助人为乐模范索南才让、敬业奉献模范长爱、孝老爱亲模范扎西当智 5 位“河南好人”。其中张斌斌、斗格吉、长爱、索南才让、索中还获得全州第二届道德模范荣誉称号，王晓华、扎西当智、仁增多杰获得全州第二届道德模范提名奖。《青海河南县“六化融合”助力文明实践》被中宣部《宣传工作》刊载，向全国介绍推广河南县在拓展新时代文明实践中心建设方面的经验做法，这是继河南县“‘四大四小’推动文明实践走深走实”入选中央文明办《建设新时代文明实践中心“怎么干”》典型案例后，又一次入选中央层面推广的经验做法。

聚焦主题主线，丰富精神文化生活。承办全州新时代文明实践中心建设工作推进暨专题培训会。召开河南县新时代文明实践中心推进会，评选表彰新时代文明实践和疫情防控志愿服务先进集体 16 个、优秀志愿服务队 8 个、最美志愿者 45 人，创建省级文明单位 7 家、文明乡镇 2 个、文明村镇 3 个、文明校园 1 所。印发《河南县拓展提升新时代文明实践中心实施方案》，建立“六化融合”工作机制，统筹志愿力量，聚焦乡村振兴、疫情防控、生态保护、民族团结等重点工作开展志愿服务 500 余场次，累计参与 5000 余人。扎实推进文明单位和“五星级文明户”创建工作，全县评选五星级文明户 6974 户。评选五星级文明示范户 80 户。召开河南县新时代乡风文明建设推进大会，制定《河南县推进新时代乡风文明建设工作方案》，建立完善新时代乡风文明建设任务责任清单，进一步统一思想，提高认识，切实增强做好新时代乡风文明建设工作的责任感、紧迫感和使命感。

“绿水青山就是金山银山”实践创新基地“金招牌”在河南县绘就高质量发展最美画卷

近年来，河南县在习近平新时代中国特色社会主义思想指引下，坚定不移走绿色发展之路、可持续发展之路，以“碳达峰”“碳中和”河南行动为载体，以产业转化为具体举措，构建起务实管用、系统完整、协同增效的生态文明制度体系，推动形成绿色生产和生活方式。坚持全面、准确、把握党中央推进黄河流域生态保护和高质量发展机遇，坚持守好“宁要绿水青山，不要金山银山”的发展根本、紧紧抓牢“既要绿水青山、也要金山银山”的发展境界，生动诠释“用绿水青山引来金山银山”的转化目标，以“两山”实践创新驱动“全面建设‘山水黄南’，高质量推进“三区建设”，实现乡村全面振兴”，“两山”成果转化的效益不断凸显。

抓好一个方案，以坚强有力的组织领导促进“两山”成果转化，高站位铸造河南生态发展之基。县委、县政府坚持把“两山”成果转化作为功在当代、利在千秋的重大工程，着力在领导机构、规划编制、专家助力方面构建横向到边、纵向到底的组织体系。一是守正创新把方向，高位推进定思路。坚持以“举旗定向”的站位擘画蓝图，以“挂图作战”的节奏对标推进，以“势如破竹”的速度展现担当，多次召开专题会议研究探讨，制定《河南县“绿水青山就是金山银山”实践创新基地成果转化实施方案》和目标责任书、“两山”成果转化工作议事制度，成立党政主要领导牵头挂帅，分管县级领导牵头推进的领导小组、子链工作组、督导督查组，抽调6名工作人员组建“两山”转化工作办公室，专职开展“两山”实践创新基地成果转化工作。二是立体构建产业链，一张蓝图绘到底。创新提出“一条两山成果转化总产业链条，五大产业子链、数个保障措施”的“1+5+X”发展模式，以“两山”实践创新基地持续建设为发展主线，以有机畜牧产业链、生态水产业链、蒙藏医药产业链、文化旅游产业链及现代服务产业链为主要推手，以实施多项专题行动为落实保障。各产业参照总链，委托专业机构、聘请行业专家，高质量编制产业发展规划，以思想大解放凝聚“两山”实践创新基地成果转化

2022年6月29日，青海洮河源湿地公园管理服务中心人员带领湿地自然学校和县幼儿园60余名师生共同参加野外体验活动

合力，实现产业生态化和生态产业化的统一，高质量绘就“两山”实践创新基地成果转化最美蓝图。三是专家服务谋落实，引才揽智聚合力。积极开展人才柔性引进工作，聘请中国环境科学研究院生态研究所9名专家，全程参与指导“两山”实践创新基地成果转化工作，立体构建一个专家总库，五个行业子库的专家服务团队力量，用实用好天津科技大学、清华大学科研团队，在新的发展格局中，加速科技成果的转化落地，推动全社会的绿色发展和高质量发展。凝聚政府、高校、科研院共同聚焦科技发展，携手探索更佳路径，把握合作方向。

扭住三个关键，以务实有效的工作举措促进“两山”成果转化，高标准谱写河南生态赋值之源。河南县坚持践行习近平生态文明思想，自觉把生态文明建设融入经济、政治、文化和社会建设，把“两山”理念贯穿工作的各方面、各环节，持续巩固生态文明建设成果，创新“两山”成果转化渠道。一是抓好用心保护好生态本底这个关键，持续做好污染“减法”，夯实转化基础。充分发挥好“全域无废”示范引领作用，持续提升生态环境综合治理能力，深化生态修复工作，突出工程治理和生态治理相结合的理念，建成生活垃圾无害化处理中心，建设50兆瓦分散式风力发电和绿色电网项目，完成供暖项目清洁能源改造三期、三江源生态保护和建设一期、二期等工程项目，开展河南县草原碳汇开发方法学研究工作，促进山水林田湖草等绿色空间高质量高标准有机融合，让绿色成为河南发展最深厚的底蕴、最动人的色彩。二是抓好紧扣产业生态互容这个关键，做好产业“加法”，创新转化机制。强化生态系统监测体系和数据共享机制的支撑能力，创新发展高效有机畜牧业、绿色水产业、生态服务业、生态文旅产业、绿色蒙藏医药业，成立“两山银行”，建立企业“两山”账本，全面建立生态产品价值实现机制，形成全产业生态经济，让群众共享生态财富，落实精准招商，实现用“绿水青山”引来“金山银山”的更高水平的“两山”成果转化模式机制。三是抓好深入挖掘农村价值这个关键，做好振兴“乘法”，提高转化效率。统筹乡村振兴和“两山”实践成果转化双轮驱动，高起点、高质量、高效率编制乡村振兴规划，推进有机畜牧业、生态水产业、现代服务业、文化旅游业、蒙藏医药业多产融合，高效发力；推动乡村资源全域化整治，增加乡村优质产品与服务供给，带动乡村产业发展，强化国土空间规划和用途管控，有效发挥草原固碳作用，提升生态系统碳汇增量，切实放大转化能量，将两山成果转化生动实践在实现乡村全面振兴上，实现强村富民。

紧盯五大产业，以改革奋进的创新思维促进“两山”成果转化，高质量开创河南生态转型之路。按照“生态立县、有机富县、旅游活县、文化兴县”的战略，以“1+5+x”产业发展模式为统领，致力于将丰富的生态资源转化为高附加值的生态产品，将生态优势转化为现实的经济优势，形成“两山”转化的“河南模式”，打造全省“两山”实践创新基地建设的样板地和模范县。一是做强有机畜牧产业链条。以创建国家农村产业融合发展示范县为目标，坚持“五化七型”的高原现代有机畜牧业发展战略，坚定不移走生态有机畜牧业发展路径，加强多元业态融合发展，努力打造高原现代有机畜牧业生产基地，实现由有机畜牧业大县向高端有机畜牧业强县转变。二是做活蒙藏医药产业子链条。依托蒙藏药材基地优势，发展以蒙藏药材为重点的特色生物制药，加强蒙藏医药资源保护，加快打通省内销售渠道，提高蒙藏医药标准化、品牌化、产业化水平，建设优干宁镇蒙藏医药特色小镇，形成以“医、康、养、学、游”为特色的蒙藏医药产业链。三是做精文化旅游产业链条。以创建“国家级蒙藏文化生态保护示范区”为战略导向，以全域旅游为引擎，积极融入“大九寨”北环线，持续创新生态、黄河、历史、蒙藏医药多元文化融合发展新路径，构建发展新格局，推进旅游产业链横向对接和纵向延伸，讲好“河南故事”，塑好“纯净河南·幸福蒙旗”形象。四是做新生态水产业链条。有序构建水资源保护和开发空间体系，突出规划布局、强化市场推介、加强配套建设，瞄准中高端产品市场，把生态水产业打造成集研发、生产、销售、物流、服务于一体的综合性饮用水产业集群，叫响“瀞度”生态水全国著名品牌，持续提高市场占有率和竞争力。五是做实现代服务产业链条。立足我县区位优势、交通优势、生态优势，充分发挥现代服务业“新引擎”作用，重点发展现代物流、商贸服务、社区服务等基础产业，大力培育服务业新产业、新技术、新业态、新模式，推动服务业发展提速、比重提高、水平提升，不断满足产业转型升级需求和人民美好生活需要。

*夯实六航行动，以科学高效的保障机制促进“两山”成果转化，高效率构建河南生态普惠之制。*全县上下要始终保持战略定力，坚定发展信心，立足本地资源禀赋，以一抓到底的勇气与担当，紧紧结合行业自身特点，以“六航行动”推动“两山”成果转化向纵深发展。一是抓实“政策启航”行动。围绕产业成果转化，研究制定配套政策和解读方案，密切联系宏观环境变化和发展实际，加强政策储备；根据方案提出的目标和任务，加强经济社会发展政策的统筹协调，注重短期政策和长期政策的衔接配合，以政策红利驱动全县“两山”实践创新成果转化。二是抓精“科技领航”行动。加强科技创新，加大技术研发，构建市场导向、产学研结合、借力发展的区域科技创新体系，重点开展能源节约、资源综合利用、新能源开发等技术研究，强化企业技术创新主体地位，大力开展科技成果应用与转化，以科技支撑全县“两山”成果转化。三是抓准“宣传导航”行动。坚持正确的舆论导向，充分利用广播、电视、自媒体等新闻媒体和社交平台，展示“两山”实践创新基地转化新模式、新经验、新成效，形成全社会共同践行“两山”实践创新基地成果转化的良好氛围，以舆论宣传助力全县“两山”实践创新基地成果转化。四是抓紧“资金助航”行动。多渠道争取资金、多角度落实项目，积极探索“两山”实践创新基地成果转化重点工程和转化模式，尝试多元化融资模式，鼓励引导企业、社会资本和公众参与“两山”实践创新基地成果转化及重大工程项目的建设，以资金支持助航全县“两山”实践创新基地成果转化。五是抓牢“人才护航”行动。围绕五大产业子链发展需要，积极发挥职业院校优势，开展订单式培养，定向输入人才，加强专业人才培养，制定和实施自主能力提升行动计划，完善高层次人才队伍引进机制，构建结构合理、数量充足的人才梯队，以人才行动护航全县“两山”实践创新基地成果转化。六是抓好“执法巡航”行动。持续凝聚公检法司、纪委、巡察办执法检查强大合力，健全联动协作、信息共享机制，将“两山”成果转化工作践行在日常工作、日常监督、日常巡查中去，为全县“两山”成果转化提供专业化的监督和支持，促进“两山”实践创新基地成果转化。

大事要闻

大事记

1月

5日 省第二生态环境保护督察组督察黄南州河南县动员部署会召开。

7日 省级检查验收组在河南县检查验收创建省级全域旅游示范区工作并召开汇报会。

10日 河南县2022年“我们的中国梦 喜迎党的二十大——弘扬志愿精神 共建幸福蒙旗”文艺志愿服务活动在县成吉思汗广场举行。

11日 河南县出席党的二十大代表候选人初步人选推荐提名和省第十四次党代会代表选举工作部署会暨培训会议召开。

12日 中共河南县委十五届二次全体会议在县会议中心召开。全会以习近平新时代中国特色社会主义思想为指引，深入学习贯彻党的十九届六中全会和省委十三届十一次全会、州委十三届二次全会精神，总结成绩，安排工作，动员全县各族干部群众接续奋斗、砥砺前行，全力谱写新时代“纯净河南·幸福蒙旗”奋进新篇章。全会由县常委会主持。县委书记司吉昇代表县委常委会报告2021年工作，并就做好2022年工作提出要求。县委副书记、县长钢夫总结2021年全县经济社会发展工作，安排部署2022年经济社会发展工作。

12—14日 政协第十四届河南蒙古族自治县委员会委员履职培训班在县委党校举行。

13日 河南县2022年“蒙旗儿女歌颂共产党·共谱乡村振兴新篇章”网络春节联欢晚会在县民族中学体育馆开演。

17日 河南县组织收听收看全国和全省及全州安全生产电视电话会议。县委副书记、县长、县安委会主任钢夫主持会议并讲话。

同日 县妇联开展“把爱带回家——送法到家 让孩子健康成长”2022年寒假儿童关爱服务活动。

18日 中共河南县委召开十五届三次全体会议，会议由县委常委会主持，县委书记司吉昇出席。会议应到县委委员27名、候补委员6名，实到28名，符合规定人数。

18—19日 县委常委会班子召开党史学习教育专题民主生活会，会议以“大力弘扬伟大建党精神，坚持和发展党的百年奋斗历史经验，坚定历史自信，践行时代使命，厚植为民情怀，勇于担当作为，团结带领人民群众走好新的赶考之路”为主题，联系思想和工作实际，全面检视问题，深刻剖析原因，认真开展批评与自我批评。

19日 县政府党组班子、县人大常委会党组、县政协党组分别召开2021年度党史学习教育专题民主生活会，全县各单位也相继召开2021年度党史学习教育专题民主生活会。

同日 黄南州人民检察院党组书记、检察长马晓军一行8人在河南县看望慰问县人民检察院基层检察干警。

20日 赛尔龙乡兰龙村生态有机畜牧业专业合作社举办分红发放仪式。

24日 青海省黄南州河南蒙古族自治县向天津港保税区捐赠抗疫物资仪式在天津港保税区管委会举行。县委常委、副县长杨燕峰代表县委、县政府向天津港保税区捐赠价值30万元的防疫物资。

25日 县原牧生态畜牧业专业合作社举办分红表彰大会。

同日 河南县通过全国基层中医药工作先进单位复审。

27日 河南县、玛曲县在边界鄂尔哈斯桥举行2022年冬季边界巡防拉动演练启动仪式。

27—28日 省联保部队领导，副县长海洋及县人武部、县退役军人事务局等相关负责人一行为在部队立二等功的现役军人加华多杰及其家庭送去立功喜报和慰问金。

28日 青海省人力资源和社会保障厅召开全国人力资源社会保障系统优质服务窗口和优质服务先进个人表彰大会，县就业局旦正措被授予“全国人力资源社会保障系统优质服务先进个人”称号。

2月

5日 州政府副州长、州委政法委副书记、州公安局局长李勇带领州委政法委及州公安局相关负责人就春节、北京冬奥会期间河南县维稳安保、值班备勤、应急处突、疫情防控、森林防火等工作进行督导检查，并慰问节日期间坚守执勤巡逻、值班值守的一线民辅警。

6日 县委副书记、县长钢夫带领相关部门在柯生乡、托叶玛乡等检查指导防灾工作时强调：冬春季雪灾等自然灾害频发，正是防灾抗灾的关键时期，要牢固树立牧民生产生活无小事的思想，全力以赴，积极应对，引导群众积极做好防灾抗灾，加快饲草料补充调运进度，保障各类物资储备充足，确保防灾举措落到实处。

9日 环卫工人斗格吉拾金不昧，归还近20万元财产。

10日 中央广播电视台CCTV-2《第一时间》栏目报道河南县持续降雪致多车被困，交警赶赴现场进行紧急救援的新闻内容。

15日 《青海日报》刊发河南县委书记司吉昇署名文章《奋力开创河南县经济社会高质量发展新局面》。

同日 河南县通过全国基层中医药工作先进单位复审。

16日 县人武部政委，县退役军人事务局等相关领导一行为在部队荣立二等功的现役军人才让本及其家属送去立功喜报。

18日 河南县2022年全县百名干部下乡开展“稳定发展三农工作 喜迎二十大胜利召开”活动安排部署会召开。

20日 据中国地震台网正式测定，9时14分河南县发生3.6级地震，震源深度10千米，震中位于北纬34.36度，东经101.25度。

21日 县政府召开重点工作推进会，县政府副县长海洋主持会议，县委副书记、县长钢夫出席会议并讲话。

同日 县委副书记、县长钢夫以“严守党的政治纪律和政治规矩”为主题，为全县政府系统干部讲了一堂生动的专题党课。各乡镇、各单位副科级以上领导干部现场聆听党课。

同日 县人民政府系统组织全体党员领导干部集中观看影片《杨善洲》，学习杨善洲同志先进事迹，感受优秀共产党员的高尚情怀，铭记党的初心使命。

27日 河南县召开2022年百名干部下乡活动专题培训会议。会议旨在贯彻落实学习宣讲2022年中央和省委1号文件精神。县农村牧区工作领导小组成员单位负责人、各乡镇党委书记、各村联点领导级驻村第一书记共计100余人参加会议。

27日—3月1日 中国人民政治协商会议第十四届河南蒙古族自治县委员会第二次会议召开。会议应到委员128名，实到委员108名，符合《政协章程》规定人数。大会号召，新时代的征程召唤着我们，新时代的使命激励着我们，立足新的时代方位，人民政协责无旁贷、大有作为。

28日 在2022年“3·5”学雷锋纪念日来临之际，省委宣传部授予河南县公安局交警大队辅警张斌斌“2021年度青海省岗位学雷锋标兵”称号。

28日—3月2日 河南蒙古族自治县第十六届人民代表大会第二次会议召开。会议听取河南蒙古族自治县人民政府工作报告、县人大常委会工作报告、县人民法院工作报告、县人民检察院工作报告。执行主席司吉昇、索南才让、赵生满、曹德仓·尕桑克智嘉措、李年栋、张晖、黄维军、祁江加及大会主席团成员在主席台就座。大会应到代表134名，实到代表116名，符合法定人数。会议表决通过关于河南蒙古族自治县人民政府工作报告的决议、关于河南蒙古族自治县2021年国民经济和社会发展计划执行情况与2022年国民经济和社会发展计划的决议、关于河南蒙古族自治县2021年财政预算执行情况和2022年财政预算的决议、河南蒙古族自治县人大常委会工作报告的决议、河南蒙古族自治县人民法院工作报告的决议、河南蒙古族自治县人民检察院工作报告的决议。

3月

1日　青海洮河源湿地公园管理服务中心在源区内开展以“保护野生动植物　实现人与自然和谐共处”为主题的野生动植物保护宣传活动。

同日　县卫生健康局联合县教育局、县综合行政执法大队、县疾控中心等部门组成督导组在县域内各教学点对校园疫情防控措施落实情况开展监督检查，并组织各中小学开展应急演练。

2日　中宣部命名第七批全国学雷锋活动示范点和岗位学雷锋标兵，河南县公安局交警大队辅警张斌斌榜上有名。

7日　河南县人才工作机构及编制人员配备情况专题调研座谈会召开。

8日　中共河南县第十五届纪律检查委员会第二次全体会议召开。县委书记司吉昇出席会议并讲话，县委副书记、县长钢夫主持会议，州纪委常委、监委委员秦敢栋莅会指导。

同日　全国妇联、省妇联及州妇联表彰一批先进个人和集体，其中，河南县共有25个集体和个人获得表彰。

9日　《河南蒙古族自治县志（1991—2010）》由四川民族出版社正式出版。

9—23日　河南县组织宣讲团在各乡镇集中宣讲中央、省委一号文件、党的十九届六中全会、全国、省州县“两会”精神等内容。

10日　河南县农村牧区暨乡村振兴工作会议召开。

同日　河南县第十六届人民政府第二次全体会议暨廉政工作会议召开。

11日　县委书记司吉昇，县委副书记、县长钢夫分别在各乡镇、社区、卡点、部分学校、商场、寺院及全县各医院、疾控中心、卫生院实地调研，并就疫情防控等工作进行详细安排部署。

同日　河南县青年工作联席会议第二次全体会议召开。

17日　河南县组织宣传统战工作会议召开。县委书记司吉昇作讲话，县委副书记秦增多杰主持会议。

同日　县委理论学习中心组乡村振兴专题培训班举办。县委书记司吉昇出席并讲话，县委副书记、县长钢夫主持开班仪式。

18日　《河南蒙古族自治县年鉴（2020）》《河南蒙古族自治县年鉴（2021）》等4种20册志鉴书籍被国家方志馆收藏陈列，这是河南县地方志成果首次被国家方志馆收藏。

21日　河南县“高寒草地恶性毒草—黄帚橐吾防控技术研究与示范”项目验收会在青海省畜牧兽医科学院六楼会议室召开。

同日　河南县老龄工作会议召开。

22日　县检察院与互助土族自治县检察院签订《结对共建协议》，以此促进两地检察院交流合作，充分发挥两院各自优势，通过互帮互学，资源共享，共同推动检察工作高质量发展。

23日　中国少年儿童基金会“HELLO小孩”公益项目爱心物资发放仪式在政府六楼会议室举行，为全县1000名小学生发放爱心套餐礼盒。

同日　县委副书记、县长钢夫在张汶高速（同赛段）项目建设现场调研项目前期工作开展情况。

同日　河南县铸牢中华民族共同体意识体验馆陈列大纲资料征集工作推进会召开。

24日　县政协召开中国人民政治协商会议第十四届河南蒙古族自治县委员会第二次会议政协委员提案交办会。

同日　河南县举行“科技特派员”服务对接会暨挂牌仪式。

28日　河南蒙古族自治县第十六届人民代表大会第二次会议代表意见建议交办会召开。

同日　河南县乡镇政协委员联络室实体化、规范化运行工作推进会议召开。

29日　县委副书记、县长钢夫在县中心幼儿园、县寄宿制中学及县有机产业科技园区管理委员会调研。

同日　省委组织部为101个省级“党支部组织生活共享阵地”授牌。河南县黄河南蒙古历史文化博物馆名列其中。

30日 河南县2022年度选调生座谈会召开，为选调生更好在基层“墩苗”建言献策。县委副书记秦增多杰出席会议并讲话，县委常委、组织部长刘国强主持会议。

同日 河南县黄河流域生态环境全方位“体检”问题整改工作推进会召开。

31日 河南县乡村振兴工作座谈会召开，县乡村三级书记共话乡村全面振兴工作，凝聚思想共识和工作合力，倾听基层一线同志对全面推进乡村振兴工作的认识、看法和思路。县委书记司吉昇主持会议并从如何当一名合格的村党支部书记、怎样推进乡村全面振兴、怎样抓班子带队伍三个方面提出要求。

31日—4月2日 河南县科级领导干部学习贯彻党的十九届六中全会精神专题培训班举办。全县151名行政、事业科级领导干部和20名中小学校长参加培训，实现党的十九届六中全会精神培训科级领导干部全覆盖。

4月

1—26日 县卫生健康局主办、县疾病预防控制中心承办的“贯彻落实《青海省鼠疫防控条例》暨2022年地方病防治宣传月”活动在全县各乡镇开展。

2日 河南县草原工作站主持的青海省应用基础研究计划项目“黄河源河曲退化高寒草甸水土流失阈值研究”项目通过验收。

6日 县委副书记、县长钢夫在县乡村振兴局调研指导乡村振兴工作。

6—7日 县委书记司吉昇一行在优干宁镇、赛尔龙乡、柯生乡、多松乡督导检查近期重点工作推进情况，开展专项巡河、巡林草工作。

10日 县委副书记、县长钢夫在宁木特镇调研林草长制工作、河湖长制工作开展情况。

12日 河南县举行《河南蒙古族自治县志（1991—2010）》发行仪式。县委副书记、县长、县志鉴编纂委员会主任钢夫出席会议并作重要讲话。

同日 县委副书记、县长钢夫实地调研疫情防控工作。

13—14日 省级疫情防控督导组在河南县督导检查常态化疫情防控工作。

14日 河南县新冠肺炎疫情防控省级专项督查反馈问题整改安排部署会召开。

15日 河南县2022年度对口支援工作会议召开。

同日 县委书记司吉昇对各县级领导干部、乡镇党委书记和卫生健康系统部门负责同志就从严从紧抓实抓好疫情防控工作进行集体约谈。

18日 生态环保志愿者才项南加在优干宁镇荷日恒村、泽雄村发现国家一级保护动物黑鹳。

19日 河南县抽调4名医护人员组建紧急消杀救援队连夜奔赴西宁市城东区抗疫一线。

20日 河南县“讴歌新时代·奋进新征程”基层理论宣讲心得分享会召开。

同日 县委书记司吉昇在赛尔龙乡尖克村调研。

同日 河南县举办“如何做一名新时代合格的宣传思想工作者”为主题的“咖啡论坛”。

21日 县委书记司吉昇在县寄宿制中学、县民族中学实地调研指导疫情防控措施落实情况。

同日 河南县2022年安全生产工作会议召开。县委副书记、县长、县安全生产委员会主任钢夫出席会议并讲话。

同日 老党员才吾生前留下遗愿，向党组织交纳最后一笔价值为10000元党费。

同日 河南县信访工作暨信访工作联席会议召开。

21—22日 县政协就农村牧区传染病防控工作情况开展专题调研。

22日 县委书记司吉昇实地调研小微企业生产经营情况。

23日 县委副书记、县长、县疫情防控处置工作指挥部指挥长钢夫在赛尔龙乡省际交通隘口调研疫情防控工作。

25日 州委副书记、州长扎西才让在河南县调研督导目标任务、项目建设和重点工作推进情况，并现场办公解决困难问题。

26日 河南县委党的建设工作领导小组会议召开，县委书记、县委党的建设工作领导小组组长司吉昇主持会议并提出要求。

同日 河南县委全面深化改革委员会第九次会议召开。

同日 河南县乡村振兴领导

小组第三次会议暨项目工作推进会召开。

同日　河南县“深化作风建设、狠抓工作落实”专项行动推进会召开。

同日　河南县委审计委员会第六次会议召开。

27 日　十五届县委首轮巡察工作汇报会召开。县委书记、县委巡察工作领导小组组长司吉昇主持会议并讲话。

同日　河南县政府召开十六届县人民政府廉政工作会议。县委副书记、县长钢夫出席会议并讲话，县委常委、副县长唐建珍主持会议。

同日　河南县扶贫资产清查移交会议召开。

同日　河南县巩固控辍保学工作成效专题会议召开。

同日　中共中央宣传部《宣传工作》（第 12 期）“宣传思想工作创新实践专题”之工作交流一栏中，刊载河南县新时代文明实践工作信息《青海河南县“六化融合”助力文明实践》，向全国介绍推广河南县在拓展新时代文明实践中心建设方面的经验做法。

28 日　河南县举行项目开复工大会。

同日　河南县生态环境领域推进会召开。

5 月

5 日　河南县召开 2021 年三江源生态保护和修复项目退化草原修复工程开工会。

6 日　县委书记司吉昇先后在县武警营房和看守所建设现场、县疾控中心、县医院整体搬迁项目工地、泽曲河进行实地调研。

同日　河南县各类安全隐患排查工作安排部署会召开。

同日　县委副书记、县长钢夫一行在县敬老院开展调研慰问活动。

7 日　河南县人大代表建议和政协委员提案办理工作推进会召开。

同日　河南县党内法规工作会议召开。

9 日　河南县自建房安全隐患排查和专项整治专题会议召开。

同日　河南县草原有害生物普查工作在与省、州业务部门充分对接的基础上，根据方案要求正式启动并有序推进。

12 日　1 时起至 15 日 24 时，全县实行临时提级管理。

同日　8 辆承载着河南各族儿女关怀价值 50 余万元的物资车辆，缓缓驶向泽库县，传递对兄弟县守望相助、同心共济的深厚情谊。

16 日　州委书记朱战民在河南县调研督导疫情防控工作。

17 日　河南县工商联（商会）16 家企业为疫情防控指挥部捐款 42222.22 元，助力疫情防控工作。

19 日　《关于启动〈宁木特镇志〉编纂工作的通知》和《〈宁木特镇志〉编纂工作方案》印发，标志着河南县在全州范围内率先启动名镇志编纂工作。

同日　河南县开展以“5·19 中国旅游日　神韵黄南幸福蒙旗在行动”为宣传口号，以“感悟中华文化　享受美好旅程”为主题的旅游日宣传活动。

20 日　县委、县政府多次召开专题会议研究探讨，制定《河南县“绿水青山就是金山银山”实践创新基地成果转化实施方案》和目标责任书、“两山”成果转化工作议事制度，成立党政主要领导牵头挂帅，分管县级领导牵头推进的领导小组、子链工作组、督导督查组，抽调 6 名工作人员组建“两山”实践创新基地成果转化工作办公室，专职开展“两山”实践创新基地成果转化工作。

24 日　河南县 2021 年度国家巩固拓展脱贫攻坚成果同乡村振兴有效衔接考核评估反馈问题整改动员部署会召开。

同日　河南县 2022 年防止返贫监测帮扶集中排查安排部署会议召开。

同日　河南县举办牦牛繁、育、养及加工技术专题线上培训会。

27 日　河南县 2022 年全县水旱灾害防御工作会议召开。

28 日　河南县召开全县财政衔接资金和地方政府债券资金支付进度调度会，就进一步加快项目建设和资金支付进度进行安排部署。

28—29 日　省第十四次党代会代表、县委书记司吉昇先后在乡镇、村（社）、寺院，全国劳动模范、省第十次党代会代表和卸任村干部家中传达省第十四次党代会精神。

30 日 县人大机关组织召开省第十四次党代会精神专题学习会。

同日 县政协常务委员会专题传达学习省第十四次党代会精神。

31 日 州委常委、宣传部部长、州总工会主席宋辉一行到柯生乡调研拓展新时代文明实践中心建设工作，宣讲省第十四次党代会精神，县委常委、组织部部长刘国强陪同调研。

同日 县委书记司吉昇先后在县寄宿制中学、优干宁镇中心幼儿园、幸福幼儿园看望慰问广大少年儿童和在校师生。

同日 县委副书记、县长钢夫一行在同仁市看望慰问天津、内蒙异地班高考学生并送上慰问金。

同日 河南县稳住经济大盘工作安排部署会召开。

同日 河南县召开黄南州 27 期中青班研修人才工作交流座谈会。

6 月

1 日 河南县开展“童心向党·喜迎二十大”庆“六一”国际儿童节活动，县四大班子领导分别在县城各学校参加并开展慰问活动。

同日 河南县召开坚决落实省党代会精神，全面贯彻新发展理念，推进“绿水青山就是金山银山”实践创新基地成果转化工作大会。

2 日 省第十四次党代会代表、县委副书记、县长钢夫先后在赛尔龙乡、柯生乡、多松乡宣讲省第十四次党代会精神。

同日 河南县防汛会商研判会议召开。

同日 河南县启动《宁木特镇志》编纂工作。

3 日 县委副书记、县长钢夫在宁木特镇巡林巡草。

6 日 县委书记司吉昇在优干宁镇 4 个社区实地调研。

6—10 日 河南县举办人大代表普通话培训班。

7 日 县委书记司吉昇以“以过硬的作风展现作为、彰显担当、贡献力量”为题，为全县副科级以上党员领导干部讲授专题廉政党课。

同日 全县“深化作风建设、狠抓工作落实”专项行动推进会召开。

同日 河南县乡村振兴领导小组第五次会议暨 2021 年度国家巩固拓展脱贫攻坚成果同乡村振兴有效衔接考核评估反馈问题整改工作推进会召开。

7—10 日 县疾控中心开展 2021 年河南县饮茶型氟中毒 8-12 岁儿童氟斑牙调查工作。

8 日 河南县铸牢中华民族共同体意识体验馆设计方案汇报会召开。

9 日 河南县巩固拓展脱贫攻坚成果同乡村振兴有效衔接问题整改工作培训会举办。

16 日 县委副书记、县长钢夫在县人民医院核酸检测实验室调研并看望慰问支援泽库县疫情防控医务工作者。

17 日 河南县各级党组织开展“喜迎二十大·奋进新征程”庆“七一”主题党课活动。

20 日 县委书记司吉昇作为全省第一批“绿水青山就是金山银山”实践创新基地嘉宾，受邀做客省委党校“领导讲堂”，围绕河南县“绿水青山就是金山银山”实践创新基地创建及成果转化主题接受访谈。

21 日 河南县 2022 年医改领导小组（扩大）会议暨重大疾病和地方病防治工作会议召开。

22 日 “省级龙头企业”揭牌仪式在县有机产业园区举行。

22—24 日 柯生乡柯生村在代桑草原举办“喜迎党的二十大·永远跟党走 奋进新征程”暨第二届村级“那达慕”大会系列活动。

23 日 县委副书记、县长钢夫实地督导检查县城水质提标改造工程。

24 日 团县委在全县 10 所小学举行“希望工程 1+1——幻方助学计划”助学金发放仪式。

同日 县政协开展“以人才振兴实现乡村振兴”专题调研。

26 日 县政府系统作风建设工作会议召开。

同日 河南县法治政府建设工作推进会召开，深入学习贯彻习近平法治思想，认真落实《青海省法治政府建设 2022 年工作要点》，安排部署法治政府建设工作。

27 日 2022 年黄河上游青海河南段水生生物增殖放流活动在

青海洮河源国家湿地公园开展。

28—29日　河南县人民检察院同互助县人民检察院携手开展“结对共建聚合力　党建引领谋新篇”建党101周年系列庆祝活动。

28日—7月1日　县四大班子领导分别在各乡（镇）、各村走访慰问困难党员和老党员。

30日　河南县“喜迎党的二十大　道德清风沁人心”“河南好人”表彰大会在县会议中心举行。

同日　河南县“贯彻省党代会精神　喜迎党的二十大”文艺汇演在县会议中心举办。

7月

4日　河南县新冠病毒疫苗接种工作推进会召开。

9—10日　州委书记朱战民在河南县调研时强调：坚定不移朝着省第十四次党代会确定的目标奋勇前进，不断开拓新局面，创造新业绩。

11日　中国少年儿童基金会青海地区负责人马婵娟主任一行在河南县开展爱心捐助活动，为河南县宁木特镇第三完小捐赠价值7600余元的台灯、护眼仪、书包等学习用品。

12日　州政协主席集体视察组一行在河南县开展农村公路养护情况视察，县委书记司吉昇一同视察。

同日　县人大常委会开展“一法一条例”贯彻执行情况执法检查。

13日　省人大常委会副主任张黄元一行在河南县调研“双减”工作与《青海省包虫病防治条例》立法工作开展情况。县委书记司吉昇，县委副书记、县人民政府县长钢夫一同调研。

17—18日　县委副书记、县长钢夫调研疫情防控工作时强调：紧盯重点部位，强化工作举措，严防死守、筑牢防线，坚决守住青海“南大门”。

18日　河南县安全生产工作推进会召开。

同日　河南县自建房安全隐患排查整治工作推进会召开，传达学习中央、省、州有关文件会议精神，县委副书记、县长钢夫出席会议并讲话，县委常委、县政府副县长唐建珍主持会议。

19日　河南县乡村振兴领导小组第六次会议召开，传达学习国家乡村振兴局局长刘焕鑫在省委中心理论学习组学习会上的讲话精神。县委副书记、县长钢夫出席会议并讲话，县委常委、县政府副县长唐建珍主持会议。

19—20日　县委副书记、县长钢夫在调研疫情防控工作时强调：采取切实有力措施，做足做细各项工作，坚决阻断疫情输入传播。

20日　河南县2022年度草原毛虫防治和毒害草治理工作正式启动。

同日　河南县“鹰隼行动”夜间统一清查启动仪式在那达慕广场举行。

21日　县委书记司吉昇在赛尔龙乡各核酸检测点和赛尔龙乡省级疫情防控卡点督导检查疫情防控工作时强调：要坚定不移深入贯彻落实省、州、县疫情防控部署要求，保持高度清醒，克服麻痹思想，坚决筑牢疫情防控安全防线。

23日　第23届中国·青海绿色发展投资贸易洽谈会暨第二届中国（青海）国际生态博览会黄南州专场签约仪式在西宁市城南国际会展中心隆重举行。县委书记司吉昇，县委副书记、县长钢夫，县委常委、县政府副县长唐建珍、杨燕峰，县政府副县长罗藏卓玛、德却，县政府副县长人选孙晋等出席签约仪式，签约资金4.61亿元。

同日　第三届“智汇三江源·助力新青海”人才项目洽谈会在青海省西宁市开幕。此次洽谈会河南县通过线上线下结合方式，与北京市畜牧总站、中国环境科学研究院生态研究所、青海省科学技术信息研究所、青海省第五人民医院、青海省雁合法律事务所等5家单位成功签约。

25日　县残联邀请西宁农业推广中心专业老师对县残疾人托养中心就业年龄段有劳动能力的30名残疾人及其家属开展为期30天的蔬菜种植培训。

28日　州人大常委会主任蒋树成一行在河南县开展代表进“两室”活动。

同日　河南县举办政务服务一体化培训会。

同日　河南县开展2022年防汛抢险应急演练活动。

28—29日　河南县选派九家旅游接待点、畜牧文创企业赴尖扎县藏家大院参加由青海省文化和旅游厅、青海省乡村振兴局、中国农业银行青海分行主办，黄南州文体旅游广电局、黄南州乡村振兴局、中国农业银行黄南分行承办的青海“农行杯”农（牧）家乐美食体验和农家特色产品展示活动。

8 月

1 日　县委书记司吉昇在县人武部、河南县“民兵之家”项目建设现场、退役军人公保加家中走访慰问，向他们致以节日的问候和崇高敬意，共叙鱼水深情。

2 日　黄南州 2022 年新时代文明实践中心建设工作推进会在河南县召开。

3 日　县委副书记、县长钢夫在县消防救援大队、退役军人扎西尖措家中开展走访慰问活动，向他们致以节日的问候，并向他们送去慰问金和慰问品。

同日　黄南州残联邀请青海省第三人民医院专家组在河南县开展精神、智力残疾人评定工作。

3 日、15 日　十五届县委巡察工作培训及第二轮巡察工作专题培训会举办，邀请省委第五巡视组副组长黄中锋专题辅导授课，全县各级党组织主要负责人、巡察干部、县纪委监委和县委组织部全体干部参加培训。

4 日　省人大常委会副主任吴海昆一行在河南县调研巩固拓展脱贫攻坚成果同乡村振兴有效衔接工作与人大工作开展情况。县委书记司吉昇，县委副书记县长钢夫，县人大常委会主任索南才让一同调研。

5 日　政协第十四届河南蒙古族自治县委员会常务委员会第五次会议召开。县政协党组书记、主席当毛主持会议并讲话。

8 日　河南县打击野生动物非法交易“清风行动”联席会议召开。

9 日　中共河南县委第十五届委员会第四次全体会议召开。

同日　全县巡察工作会议暨十五届县委第二轮巡察工作动员部署会召开。

同日　河南县疾控中心特邀省疾控中心传染病防治专家在县委党校举办全县传染病监测及报告质量能力提升培训班。

10 日　县人大常委会开展农牧业现代化示范区建设与“绿水青山就是金山银山”实践创新基地转化工作专题视察。

11 日　共青团青海省委员会、少先队青海省委员会印发《关于公布青海省少先队校外实践教育基地（营地）名单的通知》，黄河南蒙古历史文化博物馆成功入选。

同日　河南县举办乡村振兴业务知识培训班。

同日　县人大常委会开展《青海省各级人民代表大会常务委会规范性文件备案审查条例》贯彻执行情况执法检查。

12 日　河南县乡镇“那达慕”疫情防控工作安排部署会召开。

14 日　县委书记司吉昇在乡镇疫情防控卡点、寺院、项目建设现场实地调研疫情防控、防汛减灾、安全生产、项目建设进展情况等工作并提出相关要求。

16 日　县委书记司吉昇在优干宁镇、宁木特镇、托叶玛乡调研近期重点工作时强调：要坚决贯彻落实中央、省委、州委关于抓好经济发展、疫情防控、安全生产、防汛减灾的重要指示精神，聚焦重点，统筹兼顾，全力做好各项工作。

17 日　州委书记朱战民在河南县实地督导疫情防控工作。

同日　应州疫情防控指挥部紧急调度，河南县抽调 32 名医务人员紧急组建专家组、医疗救治组、环境消杀组，火速驰援尖扎县。

18 日　河南县防汛工作推进会召开。

20 日　河南县近期重点工作安排部署会召开，对当前疫情防控、防汛防灾、安全生产等工作进行安排部署。

21 日　县消防救援大队圆满完成大通县“8·18”抗洪救灾增援任务。

22 日　县委书记司吉昇在北山防洪渠、泽曲河沿岸实地检查部署防汛防洪工作，查看城区排水管网并巡查泽曲河。

同日　河南县防汛工作专题会议召开，第一时间迅速贯彻落实省州防汛救灾调度会议精神，对全县防汛工作再安排、再部署、再强调。

同日　河南县防汛防灾工作调度会议召开，深入贯彻落实全省防汛救灾工作调度视频会议精神和全州防汛防灾工作会议精神，县委书记司吉昇主持会议并提出要求，县委常委、县政府副县长唐建珍对防汛工作进行再安排、再部署。

23日　县委书记司吉昇调研河南县活畜交易集散中心运行情况。

24日　十五届县委第二轮巡察工作进驻会召开。

25日　河南县防疫防汛工作会议召开，对全县近期常态化疫情防控和防汛工作进行再安排、再部署。县委书记司吉昇主持会议并提出要求，县委副书记、县长钢夫安排部署常态化疫情防控和防汛减灾工作。

27日　县委书记司吉昇在优干宁镇、赛尔龙乡、托叶玛乡政府，村级党群服务中心、省级疫情防控卡点、拉卡寺疫情防控检查点、达参寺地质灾害隐患点督导防疫防汛工作。

同日　县委副书记、县长钢夫在宁木特镇、柯生乡、多松乡调研疫情防控、防汛减灾、安全生产和重点项目建设工作时强调：要始终把保障人民群众生命财产安全放在第一位，统筹发展和安全“双轮驱动”，摒弃麻痹松懈思想，克服盲目乐观心态，以“时时放心不下”的责任感和紧迫感，落实落细各项重点工作，坚决筑牢防疫防汛“双防线”。

同日　河南县防汛工作安排部署会召开，分析研判当前全县雨情、汛情形势，对全县防汛工作再安排部署。

30日　县委副书记、县长钢夫在诺木吉纳卡点、可汗门便民采样点调研物流保通保畅和疫情防控工作。

30—31日　县委书记司吉昇在优干宁镇、宁木特镇、托叶玛乡、县医院整体搬迁项目工地调研指导经济发展、项目建设、疫情防控、社会治理、防汛减灾等重点工作。

9月

2日　河南县工程建设领域专项治理工作安排部署会召开。

同日　河南县防汛工作分析研判部署会召开。

同日　河南县信访工作会议召开。

3日　河南县贯彻落实全州防疫防汛工作会议精神部署会召开，县委书记司吉昇主持会议并提出要求。

4日　河南县支援尖扎县疫情防控医疗队一行共28人在完成援助工作后平安返回。县委书记司吉昇，县委副书记、县长钢夫在县城入口处迎接，向援尖扎医疗队员表示慰问。

5日　河南县防汛暨今冬明春防灾保畜安排部署会召开。

6日　县委书记司吉昇在优干宁镇秀甲村、荷日恒村、多特村就进一步发展壮大村集体经济进行调研指导并看望慰问基层干部。

6—7日　州政协副主席关却加一行在河南县开展贯彻省第十四次党代会精神“喜迎二十大、基层百日行”活动实地调研。

8日　开展县城主城区内所有居民全员核酸检测工作。

9日　第38个教师节前夕，县四大班子领导分7个慰问组在全县24所中小学校、幼儿园，慰问优秀教师、困难教师、退休教师等25人，为学校和教师代表送去慰问金，并向奉献在教育战线上的教师致以节日的问候，感谢他们长期以来对教育事业的支持和奉献。

10日　县委副书记、县长钢夫在东峰宾馆、富康药店、县核酸检测实验室等地开展中秋慰问和防疫防汛调研。

14日　县政协组织部分政协委员对政协十四届二次会议重点提案办理落实情况进行专题视察。

同日　县人大常委会对县人民法院和县人民检察院相关工作开展情况进行执法检查。

14—15日　州委书记朱战民在河南县调研时强调：创新思路，突出重点，落实举措奋力推动地区经济社会高质量发展。

15—16日　河南县举办“津青共同携手，喜迎二十大，建设健康黄南”为主题的“名医进黄南”大型义诊活动。

16日　河南县秋冬季森林草原防灭火工作会议召开，就做好秋冬季森林草原防灭火工作进行动员部署，县委副书记、县长钢夫主持会议并提出工作要求。

同日　县人大常委会开展《中华人民共和国退役军人保障法》贯彻执行情况执法检查。

同日　河南县退役军人和其他优抚对象优待证集中颁发仪式举行，为首批制证的20名退役军人和其他优抚对象发放优待证。

17日 河南县气象防灾减灾联席会议暨信息员培训会召开。

18日 河南县项目投资推进会召开。

19日 河南县2023年度城乡居民医疗保险征缴工作启动大会召开。

同日 河南县举行2022年秋季新兵入伍欢送仪式。

20日 河南县安全生产重点工作动员部署会召开。

22日 县政协第十四届委员会常务委员会第六次会议暨专题议政性常委会会议召开。

同日 县委副书记、县长钢夫在牛羊活畜交易市场、孵化园、有机管委会等调研乡村振兴项目推进情况。

23日 河南县工程建设领域专项治理深化一体推进“三不腐”工作推进会召开。

同日 河南县安全生产工作会议召开。

26日 县委书记司吉昇在诺木吉纳治安卡点、可汗门疫情防控卡点、疾病预防控制中心督导检查疫情防控处置工作。

同日 河南县农村问题厕所“回头看”专题安排部署会召开。

28日 县委副书记、县长钢夫在县信访局接待群众来访，为群众解决合理诉求。

同日 河南县举行集中式和分布式光伏发电项目开工仪式。

30日 县委农村牧区工作领导小组（乡村振兴领导小组）工作会议召开。

同日 河南县召开县乡“属地管理事项”主体责任和配合责任清单实施工作推进会。

10月

1日 县委副书记、县长钢夫在调研慰问县疫情防控指挥部办公室时强调，要深入学习贯彻习近平总书记关于疫情防控的重要指示精神和省、州部署要求，充分发挥办公室协调服务作用，时刻保持头脑清醒，坚决克服麻痹思想、松劲心态，以“时时放心不下”的责任感，从严从紧抓实常态化疫情防控各项工作，有力推动防控举措落实落地。

同日 河南县举行2022年国庆节升国旗仪式。县委副书记拉玛杰主持仪式，县委副书记、县长钢夫参加仪式并讲话。

同日 县总工会举行2022年困难职工帮扶及金秋助学慰问金发放仪式，为35名困难职工发放慰问金53.6万元，为22名困难职工家庭子女发放助学金17.6万元。

3日 全省安全防范工作视频调度会议结束后，河南县立即召开安全防范工作调度会议，听取各部门、各单位近期安全生产大督查大整治工作开展情况，安排部署下一阶段工作任务。县委副书记、副县长刘武兵出席会议，县委常委、副县长唐建珍主持会议并提出工作要求。

4日 县委副书记、县长钢夫在县敬老院开展重阳节走访慰问活动，为老年人送去组织的关怀和节日的问候。在宁木特镇作毛村调研督导疫情防控、土地增减挂钩、巡林巡草和安全生产等工作。

7日 河南县召开非煤矿山、危险化学品、烟花爆竹店主要负责人约谈暨问题隐患交办会议。全县非煤矿山、危险化学品和烟花爆竹店共22家企业（单位）主要负责人参加会议。会上，县安委会办公室对各企业主要负责人就安全生产问题隐患整治工作、安全生产法律法规、安全生产非法违法行为举报以及企业安全管理等方面进行约谈，交办各企业的问题隐患清单，要求各企业主要负责人对交办的问题隐患抓紧整改，并签订二十大期间企业安全生产承诺书。

10日 县委副书记、县长钢夫带队，以“四不两直”方式深入辖区重点行业领域和场所，开展安全风险隐患排查整治“回头看”专项行动。

同日 县寄宿制中学联合县文化市场综合行政执法大队、优干宁镇派出所、托叶玛乡派出所等相关部门，对县城范围内网吧、宾馆、酒吧、KTV等娱乐场所开展违规接纳未成年人专项检查。

11日 河南县召开2023年度部门预算编制工作会议，研究分析当前财政经济形势，安排部署全县2023年度部门预算编制工作，县政府副县长朱文辉出席会议并讲话。

13日 州政协副主席张仕清一行在河南县开展“喜迎二十大、基层百日行”活动，在托叶玛乡政协委员联络室调研指导政协工作。

同日 河南县组织召开县委农村牧区工作领导小组（乡村振兴领导小组）工作（扩大）会议。县委副书记、县政府副县长刘武兵主持会议，县委副书记、县长钢夫出席会议并讲话。

14日 省委第五巡视组巡视河南县情况反馈会召开。

16日 中国共产党第二十次全国代表大会在北京人民大会堂隆重开幕。全县各级党组织和党员干部群众满怀喜悦心情，收听收看党的二十大开幕盛况。

同日 县委副书记、县长钢夫在优干宁镇河曲、江源、赛日旦、延巴社区调研安全生产、疫情防控工作并慰问一线工作人员时强调，要科学统筹调配好力量，紧盯发展安全两手抓，以高度的使命感、责任感、紧迫感，全力抓实抓细各项重点工作。

18日 县委书记车向贤，县委副书记、县长钢夫在县综治维稳信息中心、公安局110指挥中心、诺木吉纳检查站调研督导工作。强调，综治维稳责重千钧、不容有失，县委政法委和各乡镇要绷紧弦、一盘棋，同向发力、合力共为，筑牢维护社会安全稳定的坚固屏障。

19日 河南县召开项目投资工作推进会。县委副书记、县长钢夫出席会议并讲话，县委常委、副县长唐建珍主持会议。会议通报2022年1—10月全县项目推进情况、固定资产投资完成情况和财政项目资金情况；县教育局、住房和城乡建设局、文体旅游广电局、卫生健康局围绕项目完成情况作专项汇报，其他单位提交书面材料。

21日 县委书记车向贤在县人大机关、政协机关走访调研并召开座谈会，详细了解县人大党组、政协党组工作开展情况，并就做好新时代全县人大、政协工作提出指导意见。

23日 州委督查委员会河南县督导组向县委、县政府反馈督导检查工作情况。

同日 县委书记车向贤在柯生乡、多松乡调研督导重点工作开展情况并召开座谈会，认真询问了解村集体经济发展、安全生产、疫情防控、辖区治安和重点人员管控，以及乡村振兴等重点工作开展情况，同时走访入户，详细了解牧户的健康状况、家庭收入等情况，认真倾听他们的诉求，为他们送上慰问品。他强调，要深入贯彻落实“疫情要防住、经济要稳住、发展要安全”的重大要求，进一步强化责任、团结共事、奋发干事，确保各项重点工作有力有序有效推进。

24日 河南县省级生态环境保护领域反馈问题整改工作推进会召开。

25日 《纯净河南·幸福蒙旗》（宣传报道集）出版发行。

26日 河南县召开《河南蒙古族自治县扶贫志》编纂工作启动会。会上对《河南蒙古族自治县扶贫志》编纂工作进行动员部署，传达学习全州扶贫志编纂工作启动会精神，解读《〈河南蒙古族自治县扶贫志〉编纂工作实施方案》，通过“以会代训”的方式，对编纂规范、编纂要求进行详细说明。县委副书记秦增多杰出席并讲话。县委常委、县政府副县长唐建珍主持会议。

28—29日 省委副书记、省长吴晓军在黄南藏族自治州河南县、泽库县、同仁市宣讲党的二十大精神。

31日 “感党恩 听党话 跟党走”河南县学习宣传贯彻党的二十大精神主题晚会在县会议中心举办。县委书记车向贤致辞并向宣讲团授旗。

同日 县委书记车向贤先后走访调研县委组织部、县委宣传部、县新时代文明实践中心、县融媒体中心。

是月 河南县市场监督管理局开展市场安全专项检查。检查内容涵盖是否取得食品经营资质，是否落实进货台账、索证索票制度，经营场所三防设施是否完善，环境卫生是否整洁等。此次检查涉及各行各业，共计23家商铺，对索证索票不全、疫情防控台账记录不全等问题责令进行现场整改。

11月

1日 州政协副主席多杰才让一行在河南县围绕黑土滩治理情况开展界别视察。

1—2日 县委副书记、县长钢夫在全县各乡镇督导检查疫情防控、抗灾保畜、乡村振兴、安全生产等重点工作时强调：要深入学习领会党的二十大精神，统筹兼顾，精准发力，尽快补齐工作短板，提高工作质效，高标准高质量完成全年各项工作目标任务，以优异成绩为全县干部群众交出一份满意答卷。

2日　县委书记车向贤在县残疾人托养康复中心、县总工会、团县委、县妇联走访调研并召开座谈会。

同日　县工商业联合会组织开展“百企兴百村”行动推进会村企共建项目签约仪式，全县35个行政村支部书记，民营企业主要负责人等出席签约仪式。

同日　县卫生健康局组织召开全县卫生健康系统警示教育大会，县政府副县长罗藏卓玛出席会议并讲话，全县各医疗机构负责同志及各科室负责人参加会议。

2—3日　河南县党的二十大精神宣讲团将一场场主题鲜明、生动活泼的文艺宣讲送到群众身边，“送书进村”阅读推广活动同样火热进行。

3日　县委书记车向贤在县农牧水利科技局、乡村振兴局走访调研，并组织召开座谈会听取县农牧水利和科技局、乡村振兴局工作汇报，并提出工作要求。

5日　黄南州人大常委会主任蒋树成一行在河南县宣讲党的二十大及州委人大工作会议精神。县人大机关全体干部职工、各乡镇人大主席团主席、联点乡镇党委书记及乡镇长、部分基层人大代表参加会议。

同日　河南县召开干部执行力提升行动安排部署会，深入学习习近平总书记关于加强作风建设、提升干部执行力的重要讲话精神，深入分析全县干部执行力方面存在的突出问题，并就全县干部执行力提升行动作了全面安排。县委书记车向贤作讲话，县委副书记、县长钢夫主持会议，县委副书记秦增多杰解读《河南县干部执行力提升行动实施方案》，部分乡镇、县直机关代表作交流发言。

5—30日　河南县开展牛羊出栏促销活动，并制定出台“七项”促销保障措施。

9日　河南县举行“119”消防宣传月启动仪式。县委副书记、县长钢夫出席仪式并宣布活动正式启动，县委副书记秦增多杰致辞，县委副书记、副县长刘武兵宣读《关于聘请社会消防监督员的决定》，县委常委、副县长唐建珍主持仪式。

15日　州政协副主席张仕清一行在托叶玛乡、县政协机关宣讲党的二十大精神。

16日　河南县托叶玛乡曲海村181名牧民群众聚集在曲海村村委会大棚内参加2022年收益分红大会。村集体经济总收入114万元，增加42.5%；分红总额615452元，增加81.44%。近三年村集体经济分红总额达125万元。

17日　省检察院党组书记、检察长查庆九在河南县乡村振兴联系点以及县人民检察院，向基层干部群众宣讲党的二十大精神。

18日　中共河南县第十五届委员会第五次全体会议在县政府六楼会议室召开。全会以习近平新时代中国特色社会主义思想为指导，深刻领悟“两个确立”的决定性意义，增强“四个意识”，坚定“四个自信”，做到“两个维护”，深入学习贯彻党的二十大和省委十四届二次全会、州委十三届七次全会精神，安排全县学习宣传贯彻工作，踔厉奋发、勇毅前行，为奋力谱写全面建设社会主义现代化国家青海篇章贡献河南力量。

同日　县总工会联合县妇联和延巴社区开展“防疫不松懈　演练筑防线”活动，黄南州健康促进与教育协会志愿者讲师才让卓玛、延巴社区30余名工作人员参加活动。

19日　河南县民警20小时紧急搜寻找回走失智力障碍儿童。

19—20日　上午12时左右，河南县公安局优干宁派出所接群众求助，该群众家中6岁的智力障碍女童走失，20日上午9时，历时20个小时，在县城游牧民定居点附近的一口枯井中找到走失女童。

21—22日　县委书记车向贤先后在县应急管理局、发展和改革局、审计局、统计局、交通运输局、财政局、生态环境局、住房和城乡建设局、自然资源和林业草原局走访调研并召开座谈会。

22日　县委副书记、县长钢夫在县人民医院、蒙藏医院、疾控中心及各疫防控卡点调研疫情防控时强调：要落实落细科学精准防控举措，一定要保障人民生命安全、一定要确保防疫人员身心安全、一定要织密扎牢外防输入网，坚决做到守土有责、守土尽责。

23日　县政府党组书记、县长钢夫主持召开县政府党组省委巡视整改专题民主生活会。

24日　县委书记车向贤在县委办公室宣讲党的二十大精神，带领办公室党员干部回顾党的二十大会议有关情况，解读党的二十大报告基本框架，强调深刻理解、全面把握“两个确立”的实践意义和现实意义，忠实践行“两个维护”，要求立足办公室职责使命，以实际行动把学习宣传贯彻党的二十大精神引向深入。县委副书记秦增多杰以普通党员身份参加宣讲活动。

26日　县公安局全体女民辅警连夜制作1万个“暖心”饺子运送到泽库县公安局民警手中。

29日　河南县委召开人才工作会议，会议传达学习中央、省委和州委人才工作会议精神，相关单位立足单位实际，结合人才工作情况作交流发言，县委组织部主要负责人对近年来人才工作进行系统总结，对下一步人才工作任务作安排部署。县委书记车向贤出席会议并讲话，县委副书记、县长钢夫主持会议。

同日　河南县召开拓展新时代文明实践中心建设推进会。县委书记车向贤出席会议并讲话，县委副书记、县长钢夫主持会议。

是月　河南县委、县政府策划、出版发行《纯净河南·幸福蒙旗》（宣传报道集）一书，书写自党的十八大以来，河南各族儿女在党的民族政策光辉照耀下，沐浴党的阳光雨露，高举习近平新时代中国特色社会主义思想伟大旗帜，踔厉奋发、精诚团结、励精图治。该书以“党建领航风帆劲”“守护生态显担当”“蹚出发展新路子”“文明实践沁人心”“同谱民族团结曲”五大篇章记录河南瞬间、书写河南故事、传播河南声音，是一部有历史的厚度、情感的温度和艺术的高度的精心之作。

是月　省委第五巡视组巡视河南县情况反馈会召开。会议认真学习省委书记信长星在省委书记专题会上听取十四届省委第一轮巡视情况汇报时的点评讲话精神，省委第五巡视组组长卫强反馈巡视意见，省委巡视办副主任付天珠讲话，河南县委书记车向贤主持会议并表态发言。

是月　由河南县草原工作站站长卡着才让等工作人员完成的“青海高寒牧区虫草虫害绿色防控标准化技术集成与运用”成果获中国草学会第五届草业科学技术奖三等奖。

是月　县畜牧兽医站成立良种补贴项目工作小组赴赛尔龙乡兰龙村生态（有机）畜牧业牧民专业合作社和多松乡拉让村阿托苏乎欧拉羊繁育基地牧民专业合作社，按照《青海省畜牧良种补贴项目工作手册》相关要求开展2022年优良畜种良种补贴雪多牦牛、欧拉羊现场鉴定工作。在专业技术人员对种畜的体尺（体高、体斜长、胸围、胸身、尻宽、管围），体重测定，外貌（体躯、被毛）评分，鉴定出达标合格的雪多牦牛1080头、欧拉羊1300只。鉴定合格的雪多牦牛种公牛每头补贴2000元，欧拉羊种公羊每只补贴800元，共补贴资金320万元。

12月

8日　河南县5名青年志愿者获2022年度青海共青团疫情防控“最美青年志愿者”称号。

12日　河南县召开2022年度目标考核工作安排部署会。县委副书记、考核工作领导小组副组长秦增多杰出席会议并讲话，县委常委、组织部部长刘国强主持会议，县各考核组组长及成员，县直各单位负责人参加会议。

13日　河南县召开铸牢中华民族共同体意识体验馆设计方案汇报会，县委书记车向贤，县委副书记、县长钢夫，县人大常委会主任索南才让，县政协主席当毛等领导参加会议，县委书记车向贤对体验馆设计方案提出相关要求。

14日　河南县召开乡镇级乡村振兴公司组建工作专题会议，深入学习《习近平总书记：坚持把解决好“三农”问题作为全党工作的重中之重　举全党全社会之力推动乡村振兴》《产业是发展根基　习近平总书记这样说》《习近平同志〈论“三农”工作〉主要篇目介绍》，研究部署乡镇级乡村振兴公司组建工作。县委书记车向贤主持会议并作讲话，县委副书记、县长钢夫就组建乡镇级乡村振兴公司工作作安排部署。

19 日　县委书记车向贤，县委副书记、县长钢夫一行在县人民医院、县蒙藏医院等实地调研发热门诊、药品储备、就医就诊、人员配备等情况。

20 日　县委书记车向贤，县委副书记、县长钢夫一行在县文化产业园区调研河南县高海拔（极地）地区果蔬生产基地暨河南县中小学生劳动教育实践基地建设前期工作开展情况，并与项目负责人深入交流座谈，为基地建设工作提出指导意见和工作要求。

21 日　县委书记车向贤，县委副书记、县政府县长钢夫一行先后在县城一期、二期、四期集中供暖现场，详细了解供暖设备运行、管网检修等情况，并与相关单位和供暖企业负责人深入交流，为进一步做好冬季供暖工作提出指导意见和工作要求。

22 日　共青团河南蒙古族自治县第十三次代表大会预备会议在县会议中心召开。

同日　在青海银保监局驻曲海村第一书记李华年的协调下，中国民生银行西宁分行向托叶玛乡曲海村 183 户牧民捐赠 8 种退热、止咳、止痛等价值 6 万余元的治疗新冠疫情全过程药物。

28 日　县政府召开政府系统“两节”前集体廉政谈话会，县委副书记、县长钢夫主持会议并讲话。

同日　县委副书记、县长钢夫一行在县敬老院开展调研慰问活动时强调，要全面贯彻落实习近平总书记关于老龄工作的重要指示和全国老龄工作会议精神，坚持以人民为中心的发展思想，高度重视并切实做好新时代养老服务工作，健全完善养老服务体系，营造养老孝老敬老社会氛围，不断增强老年人的获得感、幸福感、安全感。

30 日　县委常委、县政府副县长唐建珍一行在西宁市市民中心考察学习，详细听取西宁市市民中心功能布局、窗口设置、运行管理等情况，并围绕政务服务大厅标准化建设、“互联网+政务服务”建设等工作进行细致考察和现场学习交流。

十大新闻

中共河南县委十五届二次全体会议召开

1月12日，中共河南县委十五届二次全体会议在县会议中心召开。全会以习近平新时代中国特色社会主义思想为指引，深入学习贯彻党的十九届六中全会和省委十三届十一次全会、州委十三届二次全会精神，总结成绩，安排工作，动员全县各族干部群众接续奋斗、砥砺前行，全力谱写新时代“纯净河南·幸福蒙旗”奋进新篇章。

2022年1月12日，中共河南县委十五届二次全体会议在县会议中心召开

坚决落实省党代会精神　全面贯彻新发展理念　推进“绿水青山就是金山银山”实践创新基地成果转化

6月1日，河南县召开坚决落实省党代会精神，全面贯彻新发展理念，推进“绿水青山就是金山银山”实践创新基地成果转化工作大会，贯彻落实习近平生态文明思想，践行习近平总书记“三个最大”重大要求，重温习近平总书记“四个扎扎实实”殷殷嘱托，立足河南优势、厘清工作思路，找准“两山”成果转化定位，创新提出以“1+5+X”“两山”成果转化路径为牵引，推动河南县高质量发展的战略举措。

2022年6月1日，县委、县政府主要领导为河南县“绿水青山就是金山银山”实践创新基地揭牌

普通话提升培训　增强基层人大代表履职能力

6 月 6—10 日，河南县首次举办为期一周的人大代表普通话培训班。通过学好普通话，提高人大代表的综合素质，增强人大代表深入基层、了解民意、传达民声，为人民群众代言的履职能力，使人大代表以更高的政治站位、更好的工作作风，做好新时代人大工作，为全县经济社会高质量发展贡献人大力量打下坚实的语言基础。

2022 年 6 月 7 日，河南县人大代表第一期普通话培训班开班

喜迎党的二十大　道德清风沁人心

6 月 30 日，河南县“喜迎党的二十大　道德清风沁人心”“河南好人”表彰大会在县会议中心举行。见义勇为模范张斌斌、诚实守信模范斗格吉、助人为乐模范索南才让、敬业奉献模范长爱、孝老爱亲模范扎西当智 5 名“河南好人”接受表彰。

2022 年 6 月 30 日，河南县“喜迎二十大　道德清风沁人心”“河南好人”表彰大会在县会议中心举行

黄南州 2022 年新时代文明实践中心建设工作推进会在河南县召开

8 月 2 日，黄南州 2022 年新时代文明实践中心建设工作推进会在河南县召开。会议深入学习贯彻中央和省关于拓展新时代文明实践中心建设工作推进会和相关文件精神，对标省委和州委工作要求，对深化拓展新时代文明实践中心工作进行再安排、再部署、再推进。

2022 年 8 月 2 日，黄南州 2022 年新时代文明实践中心建设工作推进会在河南县召开

河南县境内发现国家一级保护植物——玉龙蕨

8 月，黄南州河南县生态环保志愿者在海拔 4700 米的洮河源国家湿地公园内发现国家一级保护植物——玉龙蕨。这也是首次在河南境内发现该植物。玉龙蕨属鳞毛蕨科，是中国特有的耐寒珍稀蕨类植物，为国家一级保护植物，被列入 1999 年 8 月 4 日批准的《国家重点保护野生植物名录（第一批）》，为国家一级重点保护植物，同时被列入《世界自然保护联盟濒危物种红色名录》。

国家一级保护植物——玉龙蕨

河南县牛羊活畜交易集散中心建成投入使用

8月22日，河南县牛羊活畜交易集散中心建成投入使用，集散中心占地63.02亩，总投资3750万元，以绿色有机农畜产品输出地、国家农业科技示范园、创建农业现代化示范区为着力点，打造功能齐全、高效电算化的绿色有机高标准的活畜交易集散中心。

2022年8月22日，河南县牛羊活畜交易集散中心交易现场

2022年全国农业生产“三品一标”典型案例河南县上榜

9月21日，农业农村部办公厅印发《关于推介2022年全国农业生产“三品一标”典型案例的通知》，全国40个单位被推介为2022典型案例。青海省黄南藏族自治州河南蒙古族自治县推行农业生产“三品一标”壮大生态有机畜牧业榜上有名。

农业农村部办公厅关于推介2022年全国农业生产“三品一标”典型案例的通知

发布时间：2022年09月22日　　字体：[大 中 小]

各省、自治区、直辖市农业农村（农牧）厅（局、委），新疆生产建设兵团农业农村局：

推进农业品种培优、品质提升、品牌打造和标准化生产（以下简称“农业生产‘三品一标’”）是促进农业高质量发展的重要举措。近年来，各级农业农村部门认真贯彻落实党中央、国务院决策部署，大力实施农业生产“三品一标”提升行动，加强统筹协调，健全工作机制，强化措施落实，取得了积极进展。今年，我部开展全国农业生产“三品一标”典型案例征集活动，经自主申报、省级审核、专家评审，推介北京市平谷区等40个单位为2022年全国农业生产“三品一标”典型案例，现予以发布。

各级农业农村部门要主动作为，加强指导，务实推进农业生产“三品一标”，为促进农业高质高效、全面推进乡村振兴提供有力支撑。**一要健全机制推进。**结合本地实际，借鉴典型案例的做法，建立健全一套较为成熟的政策体系、制度体系、工作体系，形成典型引路、上下联动、社会参与的工作格局。**二要聚集资源推进。**围绕良种繁育、绿色技术、标准制定、品牌打造等，引导资金、人才、技术等资源要素倾斜支持。**三要宣传引导推进。**综合运用传统媒体和新媒体，推介一批可看可学可复制的典型案例，依托农交会、农民丰收节等活动，推介优质产品，讲好品牌故事，营造良好氛围。

附件：2022年全国农业生产“三品一标”典型案例名单

农业农村部办公厅
2022年9月21日

32.重庆市荣昌区：良种先行 “荣昌猪”传统产业焕发新生机
33.贵州省黔西南布依族苗族自治州兴仁市：闭环管理提品质 小薏仁迈向大舞台
34.西藏自治区林芝市工布江达县：强化科技支撑 藏香猪托起高原致富梦
35.陕西省商洛市柞水县：牢记嘱托创品牌 谱写木耳新篇章
36.甘肃省定西市安定区：育种繁种制种全链发力 小土豆迎来新“薯”光
37.青海省黄南藏族自治州河南蒙古族自治县：推行农业生产“三品一标” 壮大生态有机畜牧业
38.宁夏回族自治区吴忠市盐池县：全链打造滩羊特色产业 做强百姓致富领头羊
39.新疆维吾尔自治区巴音郭楞蒙古自治州和静县：推进加工辣椒“三品一标” 促进“红色”产业高质量发展
40.新疆生产建设兵团第四师可克达拉市：科技引领标准化生产 玉米制种产量质量实现双提升

2022年9月21日，河南县“推行农业生产‘三品一标’壮大生态有机畜牧业”上榜全国农业生产“三品一标”典型案例

河南县集中式和分布式光伏发电项目正式开工

9 月 28 日，河南县举行集中式和分布式光伏发电项目开工仪式。据悉，河南县集中式和分布式光伏发电项目，总装机容量为 1.7G 兆瓦，项目总投资约 86 亿元。

2022 年 9 月 28 日，河南县集中式和分布式光伏发电项目开工仪式在那达慕文化广场举行

深入贯彻学习党的二十大精神　踔厉奋发迈向新征程

10 月 16 日，中国共产党第二十次全国代表大会在北京人民大会堂开幕。河南县把学习宣传贯彻党的二十大精神作为首要政治任务，第一时间组织专题研讨学习，研究部署党的二十大精神宣传贯彻工作。为营造学习宣传贯彻党的二十大浓厚氛围，在县会议中心举办“感党恩　听党话　跟党走”河南县学习宣传贯彻党的二十大精神主题晚会。为进一步改进作风、严明纪律、凝聚力量，切实将党的二十大精神学习贯彻落实到岗位上，体现在行动上，河南县召开干部执行力提升行动安排部署会，以高效的执行力推动党的二十大精神在河南落地见效。为彰显各族干部群众奋进新征程、建功新时代的豪情和干劲，全县上下对美好生活的热切期盼与无限憧憬，全县各级党组织、广大党员干部和各族人民群众对党的感恩礼赞，在党的二十大召开之际，河南县委、县政府精心策划、出版发行《纯净河南 · 幸福蒙旗》（宣传报道集）一书。

2022 年 11 月 5 日，河南县干部执行力提升行动安排部署会召开

河南县情

建置区划

【位置境域】 河南蒙古族自治县（简称“河南县”）位于青藏高原东部，青海省东南部，北纬34°05′—34°56′、东经100°53′—102°16′，地处九曲黄河第一右旋弯曲部弦部的南端。东临甘肃省甘南藏族自治州夏河县、碌曲县，南临甘南藏族自治州玛曲县，西北与青海省果洛藏族自治州玛沁县和海南藏族自治州同德县毗连，北与黄南藏族自治州泽库县为邻。县区东西长127.67千米，南北宽94.36千米，总面积6700.32平方千米（折合670032公顷），占青海省总面积的0.89%。县城优干宁镇位于县境北部优干宁滩，北距黄南州首府隆务镇137千米，距省会西宁市328千米。西倚青藏，东襟甘陇，北通宁海，南望川康，是青、甘、川三省津要之所在。

【建置沿革】 河南蒙古族自治县古为西羌牧地。

西汉神爵元年（公元前61年），赵充国进击诸羌，驻牧今河南县境，诸羌曾与西汉王朝建立羁縻关系。

东汉建安十九年（214年），曹操大将夏侯渊攻克枹罕，今河南县境归附东汉朝廷。

西晋末年（约307—312年），辽东鲜卑族慕容氏一支部落首领吐谷浑率部进驻青甘南部地区，今河南县境为吐谷浑辖地。

东晋时期（317—420年），今河南县境先后受前凉晋兴郡、后凉三河郡、西秦沙洲郡、南凉浇河郡、北京浇河郡羁縻。

南北朝时期（420—589年），今河南县境复为吐谷浑牧地。

隋大业五年（609年）于青海赤水置河源郡，今河南县境为河源郡辖地。

唐初，今河南县境属唐朝藩部吐谷浑辖地。唐景龙四年（710年），唐划河曲之地与吐蕃，作为金城公主汤沐邑，吐蕃置洪济大漠门第城以守之，今河南县境随之成为吐蕃属地。天宝十二年（753年），唐收复九曲之地后置洮阳、浇河二郡。安史之乱，朝廷无暇西顾，九曲之地复归吐蕃。

北宋时期，河湟地区崛起藏族地方政权——唃厮啰政权，历时百年之久，今河南县境属唃厮啰政权管辖。

南宋绍兴元年（1131年），金将完颜宗弼（金兀术）、完颜阿鲁补略定兰、洮、河、廓、西宁、积石等州，女真政权进入青海黄河南部地区，今河南县境时为金的属地，历时近90年。

南宋宝祐元年、蒙古蒙哥汗三年（1253年），蒙古军在河州设吐蕃宣慰使司，南宋景定五年、蒙古至元元年（1264年），忽必烈征大理，土默达尔吾部进入作格浪地区，设阿依以伯站、术赤站，成为河曲地方入住最早的先民。是年改为吐蕃等处宣慰使司都元帅府，今河南县境先后为该宣慰使司和都元帅府辖治。元初在今黄南地区设必里万户府，今县境属该万户府辖属宣政院辖地。

明洪武四年（1371年），设河州卫，今河南县境属河州卫朵甘都司答思麻万户府节制。万历十六年（1588年），东蒙古（土默特蒙古）火部赤部由环海地区进驻捏贡川，今河南县境成为火部赤部的牧地。

清顺治九年（1652年），西蒙古（厄鲁特蒙古）和硕特部达尔加·博硕克图济农率部进入今河南县境，成为河南县蒙古族先民，直至雍正二年（1724年）清廷平定罗卜藏丹津事件前，今县境均为达尔加·博硕克图济农及其子裔辖治。雍正三年（1725年），清廷将青海蒙古收为内藩，仿照内蒙古扎萨克制度，划旗定界，划青海蒙古为30旗，黄河南部河曲地区驻牧5旗，除察汗诺们旗外，余四旗由河南亲王统领，直接由“钦差办理青海蒙古番子事务大臣（简称西宁办事大臣）衙门”管理。

民国元年（1912年）原西宁知府廉兴改任青海办事长官，今河南县境隶青海办事长官辖，民国18年（1929年）青海建省，今县境为青海省政府管辖。民国24年（1935年）同德县成立，省政府将河南四旗中的和硕特南左中旗（俗称拉加旗）划归同德县。民国29年（1940年）青海省在同德县设第七行政督察专员公署（当年改为第三行政督察专员公署），今河南县境行政上属该专员公署管辖，实际上直至1952年8月中共河南工委进驻河南蒙旗前，一直由河南亲王自行治理。

1952年8月，中共河南蒙旗工作委员会干部58人，随行民警54人，随西北军政委员会青海南部牧区访问团进驻河南蒙旗开展工作，河南蒙旗和平解放。1954年10月16日，成立县级民族区域自治政权——河南蒙族自治区人民政府，由省人民政府直接管理。1955年6月，改河南蒙族自治区人民政府为河南蒙族自治县人民委员会，仍由省人民政府直管。1959年1月，经国务院批准，河南蒙族自治县由黄南藏族自治州代管。1964年10月，经国务院批准，河南蒙族自治县改称河南蒙古族自治县。1967年12月，河南蒙古族自治县人民政府改称河南蒙古族自治县革命委员会。1981年8月，河南蒙古族自治县革命委员会复名河南蒙古族自治县人民政府，仍由黄南藏族自治州代管至今。

【行政区划】 全县有2个镇、4个乡，分别是优干宁镇、宁木特镇、赛尔龙乡、柯生乡、多松乡、托叶玛乡，有39个村民委员会、135个牧业社（包括4个未设牧业社的村民委员会）。优干宁镇下辖4个社区居民委员会，宁木特镇下辖2个社区居民委员会。

【人口民族】 2022年年末，全县户籍人口总数41931人，其中城镇人口6563人、乡村人口35368人。除主体民族蒙古族以外，有汉族、藏族、回族、撒拉族、土族、保安族等10个民族。其中蒙古族39401人，占总人口的93.97%；汉族777人，占总人口的1.85%；藏族1227人，占总人口的2.93%；回族289人，占总人口的0.69%；撒拉族29人，占总人口的0.07%；土族171人，占总人口的0.41%；保安族25人，占总人口的0.06%。

地理环境与资源

【地形地貌】 河南县是青海省唯一的蒙古族自治县，俗称“河南蒙旗”，位于青海省东南部、青藏高原东北隅，九曲黄河第一右旋大弯曲的弦部南端，是三江源国家级自然保护区的重要组成部分。县域内地势东北高、西南低，东西长，南北较窄，大部分地区海拔3600米以上，高差1371米。地貌属青海高原东部高山区，山峦陡峭，河谷深阻，丘陵连绵，草原平缓。全县山体连绵，均属高海拔、浅切割山体，其中海拔4000米以上的山就有40余座。主要大山有西倾山主脉莫尔藏阿米山，支脉李恰如山、吉岗山、卓毛山，此外还有孤琼山、哇吾扎玛日山、哲赫拉布肖山等；有大小河流数十条，除黄河、泽曲河外，其余均发源于县境内。滩地南北分布，南部滩地主要集中在柯生、多松及托叶玛乡北部丘陵地带，北部滩地主要集中在优干宁镇境内和赛尔龙乡北部地区。河南县丘陵海拔多在3600～3800米，相对高差均在150米左右，主要分布在县城附近，属高海拔、小起伏高原丘陵类型。沟壑纵横，深谷遍布，有名的大沟200余条，无名小沟不计其数，均属高海拔、浅切割高原山地类沟壑。

【气候状况】 年平均气温1.1℃，较历年平均值相比偏高0.9℃；年降水量510.8毫米，较历年平均值相比偏少10%；年极端最高气温26.9℃，出现在8月8日；年极端最低气温-30.0℃，出现在1月29日；一年中最长连续降水日数10天，累计降水量35.2毫米，出现在7月10—19日；一日最大降水量25.1毫米，出现在8月14日；年内出现大风天气20次。

【土地资源】 根据第三次全国国土调查数据显示，全县总面积6700.32平方千米（约1005.05万亩），草地面积约675.70万亩，其中天然牧草地约675.70万亩、其他草地765亩；林地面积约273.66万亩，其中乔木林地约8.39万亩、灌木林地约264.99万亩、其他林地0.27万亩；湿地面积约29.33万亩，其中沼泽草地面积约26.86万亩、内陆滩涂面积约2.46万亩。

【植物资源】 天然草地类型划分比较单一，分为高寒草甸类和山地草甸类两大类型。其中高寒草甸类草原是草场的主体，组成高寒草甸类草原的牧草是以莎草科植物为主要优势种的草地，牧草品质好，质地柔软，适口性好，营养丰富，是良好的四季放牧地，因而也是牲畜最喜采食、放牧强度最大的草地。主要的草地型有高山蒿草型；高山蒿草、矮生嵩草型；高山蒿草、异针茅型；高山蒿草、杂类草型；高山蒿草、圆穗蓼型；矮生嵩草型；矮生嵩草、杂类草型；线叶蒿草型；线叶蒿草、早熟禾型；线叶蒿草、杂类草型；具金露梅的嵩草、苔草型；具高山柳的苔草、嵩草型；具鲜卑花的苔草、藏嵩草型。山地草甸类草原面积 26.46 万亩，组成山地草甸类草地的牧草种类有 20 余种，常见的优势种有垂穗披碱草、垂穗鹅冠草、草地早熟禾、洽草、细株短柄草、矮生嵩草、线叶蒿草、黑褐薹草等；主要的草地型有垂穗鹅观草地、垂穗披碱草型、细株短柄草+杂类草型。全县植物种类 60 余科、200 余属、800 余种。

【动物资源】　兽类有 17 种，隶属 4 目、8 科；鸟类有 125 种，隶属 5 目、29 科。国家一级保护野生动物有雪豹、黑颈鹤、黑鹳、胡兀鹫、金雕等；国家二级保护野生动物有大天鹅、秃鹫、马鹿、岩羊、雀鹰等；省级重点保护野生动物有斑头雁、赤麻鸭、鱼鸥、戴胜、普通鸬鹚、灰雁等。

【矿产资源】　矿产砂石资源开发方面以中小型砂石料场为主，主要满足县域的基本建设需求。县域内砂石矿共 4 个，分别为青海省黄南州河南县优干宁镇第二石料矿、青海省黄南州河南县泽雄石料矿、河南县优干宁镇 1 号石料矿和河南县优干宁镇 2 号石料矿，均为露天开采，主要矿种为建筑用砂岩和建筑用石料。

【水能资源】　地表水资源丰富，有黄河、洮河、泽曲河等大小河流 27 条。河流水质好，分布广，流程长，流域大，水文地质稳定，落差大，水力蕴藏量十分丰富，年平均径流总量 13.87 亿立方米，水能资源理论蕴藏量 129.64 万千瓦。地下补给水总量 5.92 亿立方米，可开采利用量 213.52 万立方米，开采利用率 2.89%。水质略偏碱性，有清洁、良好、稳定、无污染等特点，适宜人畜饮用和牧场灌溉，除个别水源汞离子偏高外，98%以上的水源符合国家饮用水标准，是天然优质饮用水。

经济社会发展

【地区生产总值】　2022 年，根据地区生产总值统一核算结果，全县完成生产总值 20.50 亿元。按可比价格计算，增长 1.3%。其中，第一产业增加值 10.47 亿元，增长 4.4%；第二产业增加值 3.51 亿元，增长 5%；第三产业增加值 6.52 亿元，下降 5.1%。产业结构比为 51.06 : 17.12 : 31.82。

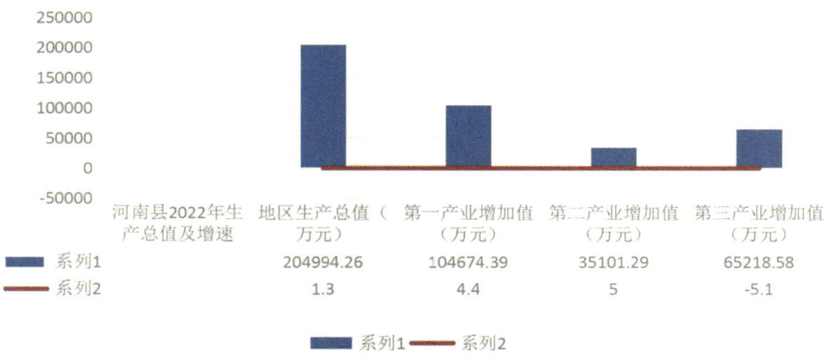

2022 年，河南县生产总值及增速示意图

【农林牧渔业发展】　2022 年，全县完成农林牧渔业总产值 13.39 亿元，按可比价计算（下同），增长 4.61%。其中，农业产值 0.45 亿元，下降 5.91%；牧业产值 12.66 亿元，增长 5.05%；农林牧渔服务业产值 0.28 亿元，增长 1.61%。全县各类牲畜存栏 55.54 万头（只），增加 1.26 万头（只），增长 2%。其中，牛存栏 31.31 万头，增长 2%；羊存栏 24.23 万只，增长 3%。出栏各类牲畜 26.49 万头（只），增加 0.25 万头（只），增长 1%。牛出栏 12.04 万头，增长 4%；羊出栏 14.45 万只，下降 1%。全县肉类总产量 14424.13 吨，增加 702.62 吨，增长 5%。其中：牛肉产量 11246.71 吨，增长 5%；羊肉产量 3177.42 吨，增长 7%；牛奶产量 10916.6 吨，下降 24%。

2022年河南县主要畜种存出栏及产品产量统计表

表1

指标名称	数量、产量	增长或下降（%）
牲畜存栏［万头（只）］	55.54	2
其中：牛存栏［万头（只）］	31.31	2
羊存栏［万头（只）］	24.23	3
牲畜出栏［万头（只）］	26.49	1
牛肉产量（吨）	11246.71	5
羊肉产量（吨）	3177.42	7
牛奶产量（吨）	10916.6	-24

【工业发展】 2022年，全县规模以上工业企业完成工业产值2.69亿元，同比下降60.5%；实现工业增加值5611.14万元，同比下降46.1%。全县规模以下工业企业工业增加值同比下降8.7%。规上工业企业累计完成发电量1.52亿千瓦时，增长22.7%；商品混凝土8.8立方米，下降22.1%；乳制品418.3吨，增长21.4%；包装饮料47894吨，增长35.6%；鲜冷藏肉841.5吨，下降33.7%。

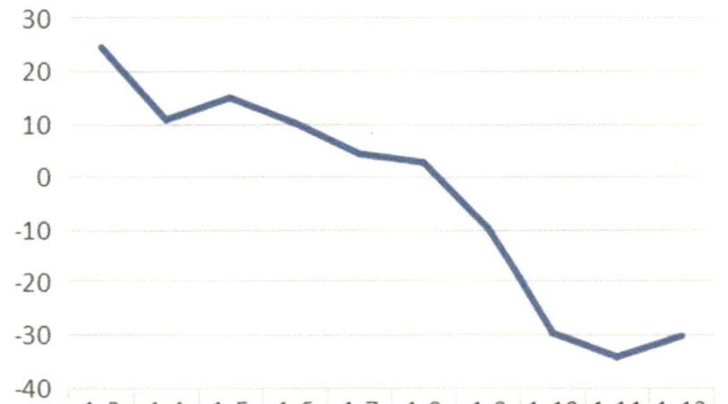

	1-3月	1-4月	1-5月	1-6月	1-7月	1-8月	1-9月	1-10月	1-11月	1-12月
河南县2022年固定资产投资增速 增速（%）	24.5	10.8	15.0	10.2	4.42	2.81	-9.6	-29.7	-34.2	-30.2

2022年，河南县固定资产投资增速示意图

【固定资产投资】 2022年，全县500万元及以上固定资产投资下降30.27%，全县民间投资下降80.8%。第一产业投资下降41.4%；第二产业投资下降9.2%；第三产业投资下降34.3%，产业结构的投资比重为9.55∶24.99∶65.46。分行业看，电力、热力、燃气和水生产供应业投资增长80.4%；交通运输和邮政业投资增长66.2%；水利、环境和公共设施管理业投资下降55.4%。

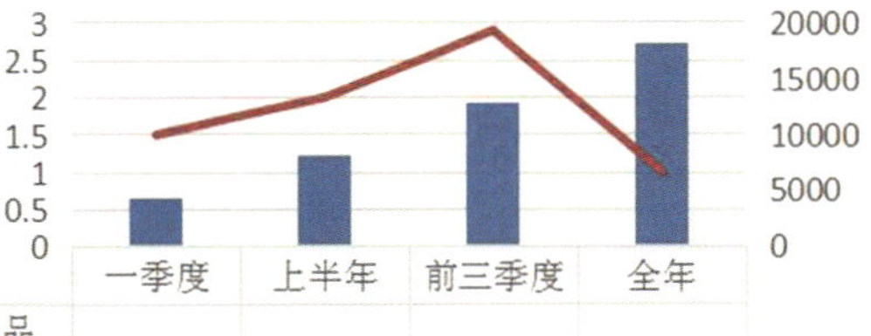

	一季度	上半年	前三季度	全年
河南县2022年社会消费品零售总额及增速 社会消费品零售总额（万元）	4266.3	8139.6	12858.3	18104.5
河南县2022年社会消费品零售总额及增速 增速（%）	1.5	2	2.9	1

2022年，河南县社会消费品零售总额及增速示意图

【社会消费】 2022年，实现社会消费品零售总额1.81亿元，同期增长1%。按销售地区分，城镇实现社会消费品零售额1.66亿元，增长1.1%；乡村实现社会消费品零售额1498.5万元，下降1%。按消费形态分。商品零售1.61亿元，增长2.9%；餐饮收入2044.9万元，下降12.1%。

【财政金融】 2022年，完成地方公共财政预算收入5682万元，增长33.66%。从收入来源看，增值税1412万元，增长158.61%，企业所得税344万元，增长25.55%。从支出分类看，全县地方公共财政支出17.12亿元，下降1.98%。其中一般公共服务支出1.24亿元，下降12.23%；教育支出1.79亿元，下降18.35%；社会保障和就业支出2.62亿元，增长4.79%；卫生健康支出1.06亿元，下降17.65%。全县金融机构各项存款余额为14.14亿元，下降13.39%。其中，住户存款余额6.67亿元，下降0.47%；非金融企业存款余额7.27亿元，下降22.85%。各项贷款余额为12.75亿元，增长3.79%。其中，住户贷款1.27亿元，下降85.83%；非金融企业及机关团体贷款11.48亿元，增长248.16%。

【居民收入】 2022年，全体常住居民人均可支配收入23230.7元，增长6.5%。城镇常住居民人均可支配收入38040.3元，增长2.2%；农村常住居民人均可支配收入14723.3元，增长6.2%。城乡居民人均收入比（以农村居民人均收入为1）为2.6。

2022年河南县居民人均可支配收入统计表

表2

指标名称	绝对量（元）	比上年增长（%）
全体居民人均可支配收入	23230.68	6.46
#工资性收入	8979.42	9.34
经营净收入	9813.06	3.13
财产净收入	863.67	23.76
转移净收入	3574.53	5.27
城镇常住居民人均可支配收入	38040.26	2.2
#工资性收入	20472.37	0.79
经营净收入	13540.39	-1.04
财产净收入	1127.48	167.06
转移净收入	2900.02	3.41
农村常住居民人均可支配收入	14723.25	6.2
#工资性收入	2377.24	21.26
经营净收入	7671.88	4.22
财产净收入	712.13	-15.25
转移净收入	3962	7.05

【居民消费】 2022年，常住居民人均生活消费支出13527.27元，下降4.83%。城镇常住居民人均生活消费支出14195.44元，增长6.41%；农村常住居民人均生活消费支出13143.43元，下降4.21%。全县居民恩格尔系数为33.49%，其中城镇为28.51%，农村为36.58%。

中共河南县委员会

综 述

【概况】　2022年，河南县面对严峻复杂的疫情冲击、超预期经济下行等多重挑战，在以习近平同志为核心的党中央集中统一领导下，在省委、州委的领导下，县委常委会始终高举习近平新时代中国特色社会主义伟大旗帜，全面贯彻党的十九大和十九届历次全会、党的二十大精神、省第十四次党代会精神及省委、州委战略部署和重大要求，深刻领悟“两个确立”的决定性意义、坚定“四个自信”、坚决做到“两个维护”，全面落实“疫情要防住、经济要稳住、发展要安全”的重大要求，感恩奋进，砥砺前行，团结带领全县各族干部群众，做好防风险、保安全、护稳定、促发展各项工作，呈现出经济平稳健康发展、生态环境持续改善、社会大局和谐稳定、民生福祉更加殷实、政治生态风清气正的生动局面，交出一张难中有为、干中有成、稳中有进的答卷，为建设纯净、美丽、幸福河南打下基础。

【贯彻重要讲话精神】　把学习宣传贯彻党的二十大、省第十四次党代会精神作为重大政治任务，以迎接、保障、服务、学习、宣传和贯彻为主题主线，开展“喜迎二十大、基层百日行”“我们的十年”“一把手”访谈等活动，团结带领全县各族人民群众感恩新时代、奋进新征程。党的二十大和省第十四次党代会胜利闭幕后，部署开展干部执行力提升专项行动，以此作为贯彻党的二十大精神的重要抓手和锻造高素质队伍的有力举措，第一时间学习领会、专题研讨、贯彻落实，制定宣传贯彻方案、抓实教育培训、强化宣传宣讲，迅速兴起热潮，进一步推动全县上下提高政治判断力、政治领悟力、政治执行力，以实际行动推动学习宣传贯彻走深走实。

【党的建设】　*思想政治建设。*深入学习习近平新时代中国特色社会主义思想和习近平总书记对青海工作的重要讲话及指示批示精神，把学习宣传贯彻党的二十大、省第十四次党代会、省州全会精神作为政治必修课，在全县党组织中开展“六个一”系列活动，借助牧民党员冬春训、“主题党日+”、“党课开讲啦”、“党史教育”等载体，推动党的创新理论家喻户晓、深入人心。

*基层组织建设。*坚持以巩固提升“组织体系建设三年行动”成果为重点，统筹加强各层级各领域党组织建设，制定印发《河南县2022年度党建工作要点》。健全县乡村党组织书记“三级联述联评联考”机制，把村（社区）年度考核纳入乡镇班子考核工作。全县28名县级干部带头包乡镇联系43个村社，506名乡镇干部与9437户牧户建立直接联系。创新推行“三抓三保障”工作措施，设立村级考核“村集体经济发展优秀奖”，全县村集体经济拥有固定资产5850万元，实现28个村集体经济收益突破10万元，3个村收益突破100万元。推行包乡（镇）联村联户机制，28名县级干部带头包6个乡镇联系43个村（社区），506名乡镇干部与9437户牧户建立直接联系。探寻“微治理”新途径，规范打造“两新”组织“红色驿站”4个，实现“两新”组织党建工作从有形覆盖到有效覆盖。健全完善排查整顿发展党员违规违纪长效机

2022年5月28日，省第十四次党代会代表、县委书记司吉昇在托叶玛乡传达学习省第十四次党代会精神

制。常态化开展软弱涣散村党组织排查整顿，排查出软弱涣散村党组织2个，实时掌握软弱涣散村党组织整顿进度，全力破解基层党组织建设中存在的突出问题。

干部队伍建设。坚持优中选优、讲求质量，实施年轻干部精准选任“123计划”。调整任用干部25人，其中提拔提任13人、调整交流12人。严格落实职务与职级并行制度，晋升公务员职级48人、事业单位职级34人。开展村级换届“回头看”，建立健全监督管理制度机制13项。持续推进“1村1名大学生”全覆盖，深化村党支部书记、村干部和入党积极分子“2+2+3”储备计划，畅通村干部晋升渠道，选拔1名优秀村党支部书记进入乡镇事业编队伍。

民主政治建设。加强党对各项工作的全面领导，发挥县委总揽全局、协调各方作用，全力支持人大、政府、政协开展工作。年内，组织召开县委全委会4次、县委常委会会议24次，研究全县经济社会发展中的问题，推动党中央、省委和州委决策部署在河南落实落地。定期听取县人大、县政府、县政协、县法院、县检察院党组工作汇报，支持“一府一委两院”依法依章程开展工作。群团工作深入推进，工会、共青团、妇联等群团组织的职能进一步发挥。民族团结工作扎实推进，爱国统一战线不断壮大。县委对深化改革、依法治县、国家安全、财经审计等工作的全面领导力度空前。

【全面从严治党】 落实落细县委主体责任。坚持把党风廉政建设纳入全县经济社会发展和党的建设总体布局，列入县委重要议事日程，与全县改革发展稳定各项事业同谋划、同部署、同检查、同考核。召开县委全会和纪委全会，听取各党委（党组）履行党风廉政建设主体责任情况和党组织书记述责述廉报告，全面部署党风廉政建设和反腐败工作；县委常委会会议听取各党委（党组）汇报2次，研究和部署党风廉政建设工作6次，组织召开县委反腐败协调小组会议，及时分析研判党风廉政建设和反腐败形势，切实将主体责任层层传导到位、落实到位。

抓紧抓实书记第一责任。县委书记将履行党风廉政建设“第一责任人”职责作为应尽之责和分内之事，坚持在领导、执行和推动党风廉政建设上以身作则、率先垂范，带头遵守廉洁从政各项规定，认真执行民主集中制原则，严格落实“三重一大”集体决策、“五个不直接分管”和“一把手”末尾表态等制度；对党风廉政建设和反腐败重要工作亲自部署、重大问题亲自过问、重点环节亲自协调、重要案件亲自督办，书记专题会研究党风廉政建设议题4次。

落实“一岗双责”。县委常委班子成员按照“一岗双责”要求，对分管系统（单位）党风廉政建设工作及时部署、及时督促检查，做到工作职责分管到哪里，党风廉政建设的职责就延伸到哪里。持续严肃党内政治生活，落实领导干部双重组织生活制度，组织召开省委巡视反馈意见整改专题民主生活会和省委涉粮问题专项巡视整改专题民主生活会，常委班子凝聚力和战斗力持续提升。

支持纪委履行监督责任。县委常委会正确对待监督，主动接受监督，坚持在监督下行使权力、开展工作。全力支持纪检监察机关依法依纪履行监督责任，协调解决纪委办案中的困难问题，处置问题线索17件，谈话函询2件、暂存1件、立案8件、结案7件、留置1人；持续深化纪检监察体制改革，优化设置纪检监察派驻机构，制定印发《河南县村务监督委员会工作规程》，切实把监督触角延伸到基层一线。

【产业发展】 有机畜牧业。聚焦打造绿色有机农畜产品输出地，推进乡村振兴“八大行动”，出台“七项”促销保障措施实现牧业增产、牧民增收，完成发放2022年度草原生态保护补助，奖励6395户牧户1.50亿元，发放率99.60%。新建飞地饲草种植基地533.33公顷、防灾饲草储备库699.98平方米。创建完成省级示范社2家、州级示范社6家，建成有机畜产品生产基地5家，优良畜种繁育标准化有机养殖示范牧场19家，合作社升级改造30家。投资8266万元，开展河南县牛羊屠宰加工仓储物流基地项目，建成河南县牛羊活畜交易集散中心、奶粉塔建设项目，实现“建一处市场、活一片产业、富八方群众”的目标和“奶源基地—生产加工—市场销售”一体化经营。

文化旅游业。推进蒙古大营建设项目、蒙藏医药康养中心建设项目等城市文化内涵提升项目。在全面做好疫情防控的前提下，22个行政村成功举办村级那达慕活动。申报国家AAA级旅游景区、省级乡村旅游重点村2个，打造三星级乡村旅游接待点3家，培育形成乐乐玛、阿米雪、宝英塔拉、阿玫沃、雅克酷乐等文旅支柱性产业。全年，旅游总收入累计完成1.07亿元，同比下降3.6%；旅游总人次62.94万人，同比下降27.2%；文化产业经营收入6651万元，同比下降0.8%。

蒙藏医药业。建成县蒙藏医院高原医学博士研究生工作站、蒙藏药实验室、蒙藏医药现代化示范中心、蒙藏药制剂质检中心，研发新制剂品种3个，完成3种新制剂品种及3种保健型产品研制工作，204种制剂列入青海省医保遴选目录，211种蒙藏药在省药品监督管理局注册备案。建成全国名老中医药专家传承工作室2个，选定老中藏医药专家学术经验继承人8名。与内蒙古伊金霍洛旗和海西州德令哈市达成开设分院初步意向，蒙藏医药业在传承中迸发出新的活力。

生态水产业。紧抓黄河流域生态保护和高质量发展战略机遇，持续加大水产业基础设施建设投入力度，县供水厂提标改造、瀞度景区游客集散中心、水生态主题公园、扎西青稞啤酒厂等项目逐步落地生效，打造出矿泉水、气泡水、饮用水等高品质新品，生态水产业成为推动经济发展、促进群众就业的重要支撑。与天津科技大学协商开展市场调研，推进产品研发工作。对接娃哈哈、农夫山泉两大企业，着力借助企业渠道打响河南县生态水品牌。

现代服务业。以现代物流、商贸服务、社区服务、新兴服务业4个微产业为抓手，培育服务业新产业、新技术、新业态、新模式。培育出“蒙旗草源”县域公共品牌，搭建完成“蒙旗电商”平台，县、乡、村三级物流统一配送体系逐步形成。牦牦语牦牛肉连锁饺子馆相继在河南县、西宁市、同仁市落户开业。与青海报业发行物流有限公司合作，投资650万元组建河南县青清海农牧科技商贸有限公司，建设3000平方米标准化厂房，研发产品通过SC认证。线上线下销售额达2652万元，实现绿色有机畜产品从草原“深闺”走向京都大城市的全新突破。

【项目建设】 推进乡村振兴“八大行动”，实施衔接项目35项，落实资金1.18亿元，推进5个乡村振兴试点村、4个高原美丽乡村和600户牧民居住条件改善工程。全面启动39个行政村村庄建设规划编制工作，优干宁镇给水管网提标改造、宁木特镇特色小街、柯生乡生态美丽乡镇、县城基础设施补短板等项目加快建设，持续补齐全县饮水安全和乡村道路短板。推进“厕所革命”，完善“一厕一档”清单化机制，城乡融合更具品质，人民生活更加美好。实施供水厂提标改造、蒙藏医药康养中心、那达慕宾馆、汽车站、县人民医院整体搬迁等各类项目177项，农网改造、宁木特镇至黄河沿旅游扶贫公路、乡镇清洁能源供热等项目完工，高效协调同赛高速建设，得到州政府和省相关部门肯定。持续加大与农业农村部、天津市对口援建单位交流合作力度，落实天津对口支援项目13项，助力全县经济社会高质量发展。

【投资与消费】 全面贯彻稳住经济“一揽子”政策措施，落实留抵退税836.74万元，对12家企业助企纾困158.9万元，投入30万元开展惠民暖企促消费活动，促进消费持续恢复和升级，稳住经济运行基本盘。在全州率先完成党政事务辅助人员定岗定编。参加“青洽会”，签约招商引资项目6项，签约金额4.61亿元。

【全面深化改革】 把全面深化改革作为推动全县经济社会高质量的必然选择，摆在全局工作的突出位置，全面贯彻中央全面深化改革委员会、省委全面深化改革委员会和州委全面深化改革委员会会议精神，坚持把承接中央和省委、州委重大改革部署作为头等任务，扛牢改革主体责任，理顺改革体制机制，州委部署的6项重点改革任务和9项自行改革事项基本完成。推进重点领域改革，基本完成各类改革任务，“互联网+政务服务”“多证合一、证照分离”成效显著，行政服务中心搬迁入驻，受理审批事项19155件，办结率达100%。全面落实并联审批机制，信用信息“双公示”持续推进。

【社会和谐稳定】 推进“枫桥式”星级司法所和乡镇金牌调解室创建，建成“一站式”多元解纷中心，信访事项按期办结率达92.6%，群众满意度达95%。开展“防风险、除隐患、降发案、保平安”、缉枪治爆等专项行动，破获刑事案件25起，办理行政治安案件93起。开展民族团结“十二进”活动，“铸牢中华民族共同体意识”体验馆有序推进，托叶玛乡曲海村获“全国民主法治示范村”称号。推进安全生产隐患大排查大整治专项行动，未发生重大安全事故，全县社会大局持续和谐稳定。

【民生保障】 就业创业。全面落实就业创业政策，实现企业用工信息以及创业就业相关政策向未就业高校毕业生和待业青年的精准推送；线下组织开展“春风行动”“就业援助月”专项招聘活动6场，招聘岗位150余个；开展城乡技能培训27期，培训1375人。为8名高校毕业生和2名城镇失业人员申请创业担保贷款112万元。全县城镇新增就业285人，就业困难人员就业17人，城镇失业人员再就业46人，城镇登记失业率3.12%，农牧区劳动力转移就业1806人，公益性岗位空岗补录42人。

社会保障。加强重点对象动态监测、风险预警、主动救助，确保“应保尽保、应兜尽兜”。年内，为271户509人城镇低保发放保障金448.18万元，为2111户6702人农村低保发放保障金3262.3万元，为259人特困供养人员发放救助金467.32万元；临时救助4018户12710人，发放救助金2022.63万元。创新社区养老服务工作，通过政府购买服务为6个乡（镇）共计为782名老人提供助医、助餐、助洁及精神慰藉等居家养老服务。投资1920万元在4个社区建设嵌入式养老服务设施项目，主体建设完工。持续深化医药体制改革，形成藏医专科联盟和县域紧密型医共体，年内门诊患者6.07万人次，住院2205人次，县域内就诊率达到95%，全县公立医院省级集中平台中标、挂网药品和医用耗材采购率均达到100%。机关、城镇企业职工城乡居民养老保险参保21888人，参保率100%；失业保险参保单位99家，参保2434人，参保率100%。

公共服务。坚持教育优先发展，义务教育“双减”政策全面落实，“三科”教材改革工作全面推进，完成10所中小学一、二年级统编“三科”教材任务和其他5个年级《语文》统编教材任务。严格“党建+思政教育”工作责任制，继续引进《中小学德育学堂》视频节目，健全每周三下午各中小学校统一开授思政课的制度机制。异地办班工作稳步有效，天津、内蒙古高中班本科上线率分别为92.5%和80%。坚持医疗惠民，医疗机构重大传染病网络直报率达100%，常规疫苗接种率95%以上，各类传染病稳定控制在低水平。35种大病专项救治人数32人，救治率100%。重性精神病患者、高血压、糖尿病随访率均为100%，签约重点人群履约率达98%。家庭医生签约服务履约率达95%以上。

疫情防控。落实“四早”要求，压紧压实“四方责任”，全县防疫（应急）指挥体系经受住实战检验，组建应急采样、核酸检测、流行病学调查、终末消毒4支队伍。年内，累计开展培训80期9000人次。优化配置P2核酸检测实验室设备，检测能力提升至每日单量1350份。储备满足30天满负荷运转各类应急防疫物资，设置8处288间集中隔离点、30间临时居家隔离点，均满足储备相关要求。

【乡村振兴】 坚持把乡村振兴作为第一民生工程来抓，2021—2022年累计投资2.46亿元，实施项目68项。严格落实“2411”防止返贫致贫动态监测帮扶机制，有监测户125户437人，其中110户396人消除风险。加快实施高原美丽乡村建设，争取专项资金640万元，有4个村实施美丽乡村建设，完成工程量的80%；争取专项资金900万元，实施牧民居住条件改善工程600户，全部建设完工。

2022 年，省委第五巡视组巡视河南县工作动员会议召开

【省委巡视反馈问题整改】 省委第五巡视组反馈的 4 个方面 16 项 46 条意见、省委涉粮问题专项巡视巡察反馈中涉及河南县的 20 条问题全部完成整改。完成十五届县委 2 轮巡察工作，深化纪检监察派驻机构改革，优化设置派驻组 2 个。

重要会议

【县委十五届二次全体会议】 1 月 12 日，中共河南县委第十五届委员会第二次全体会议召开，全会由县委常委会主持。全会以习近平新时代中国特色社会主义思想为指引，深入学习贯彻党的十九届六中全会和省委十三届十一次全会、州委十三届二次全会精神，总结成绩，安排工作，动员全县各族干部群众接续奋斗、砥砺前行，全力谱写新时代“纯净河南·幸福蒙旗”奋进新篇章。县委书记司吉昇代表县委常委会报告 2021 年工作，并就做好 2022 年工作提出要求。县委副书记、县长钢夫总结 2021 年全县经济社会发展工作，安排部署 2022 年经济社会发展工作。

【县委十五届三次全体会议】 1 月 18 日，中共河南县委第十五届委员会第三次全体会议召开，全会由县委常委会主持。全会深入贯彻省委、州委关于做好党的二十大和省第十四次党代会代表候选人初步人选推荐提名工作的部署要求，审议并表决通过《关于确定出席党二十大代表候选人初步人选推荐提名人选的名单》《关于确定出席青海省第十四次党代会代表候选人初步人选推荐提名人选的名单》。

【县委十五届四次全体会议】 8 月 9 日，中共河南县委第十五届委员会第四次全体会议召开，全会由县委常委会主持。全会以习近平新时代中国特色社会主义思想为指导，深入学习贯彻习近

2022 年 1 月 12 日，中共河南县委十五届二次全体会议在县会议中心召开

平总书记关于青海工作重要讲话和指示批示精神以及省第十四次党代会、州委十三届六次全会精神，总结成绩，安排工作，动员全县各级干部弘扬优良作风，狠抓工作落实，奋力谱写社会主义现代化河南建设崭新篇章，以优异成绩迎接党的二十大胜利召开。县委书记司吉昇对全县作风建设提出要求。县委副书记、县长钢夫总结上半年经济工作，安排下半年经济工作。

【县委十五届五次全体会议】 11月18日，中共河南县委第十五届委员会第五次全体会议召开，全会由县委常委会主持。全会以习近平新时代中国特色社会主义思想为指导，深刻领悟“两个确立”的决定性意义，增强“四个意识”、坚定“四个自信”、做到“两个维护”，深入学习贯彻党的二十大和省委十四届二次全会、州委十三届七次全会精神，安排学习宣传贯彻工作，踔厉奋发、勇毅前行，为奋力谱写全面建设社会主义现代化国家青海篇章贡献河南力量。会议传达学习党的二十大和二十届一中全会精神，传达学习省委十四届二次全会和州委十三届七次全会精神。县委书记车向贤讲话。

【县委常委会会议】 1月18日至12月14日，十五届县委共召开常委会（扩大）会议23次，即十五届县委第14次常委会（扩大）会议至十五届县委第36次常委会（扩大）会议。

2022年十五届县委常委会（扩大）会议一览表

表3

届次	时间	会议纪要
十五届县委第14次常委会（扩大）会议	1月18日	传达学习中共中央办公厅、国务院办公厅印发〈关于构建更高水平的全民健身公共服务体系的意见〉的通知》精神，学习中共青海省委办公厅、青海省人民政府办公厅《关于印发〈青海省推动现代化职业教育高质量发展的实施方案〉的通知》精神，学习全省老龄工作会议精神、李晓燕同志在全州中小学党建工作推进会上的讲话精神、全省省管领导干部警示教育大会精神、《中共青海省委办公厅　青海省人民政府办公厅印发〈关于学好用好〈青海省领导干部财政知识读本〉及相关财经政策法规的通知〉精神》；研究其他事项
十五届县委第15次常委会（扩大）会议	1月27日	传达学习中央政治局会议精神、省委常委会会议精神，学习中共青海省委办公厅、青海省人民政府办公厅《印发〈关于进一步加强城乡生活垃圾治理行动方案（2021—2025年）〉的通知》精神，学习中共青海省委办公厅、青海省人民政府办公厅《印发〈关于强化生态文明高地建设科技和智力支撑保障工作的意见〉的通知》精神；安排部署近期重点工作；研究其他事项
十五届县委第16次常委会（扩大）会议	2月17日	传达学习全省党史学习教育总结会议精神、省委农村牧区工作会议精神、中共中央办公厅《印发〈关于加强新时代廉洁文化建设的意见〉的通知》精神，学习中共中央办公厅、国务院办公厅《印发〈关于更加有效发挥统计监督职能作用的意见〉的通知》精神，学习中共青海省委办公厅、青海省人民政府办公厅《印发〈关于建设高标准市场体系的若干措施〉的通知》精神，学习中共青海省委办公厅印发《青海省驻村第一书记和工作队选派管理办法》；审议河南蒙古族自治县第十六届人民代表大会第二次会议、中国人民政治协商会议第十四届河南蒙古族自治县委员会第二次会议、中共河南县十五届纪委第二次全体会议有关材料

续表3

届次	时间	会议纪要
十五届县委第 17 次常委会（扩大）会议	3 月 15 日	传达学习全国、全省、全州组织部长会议精神，学习全国、全省宣传部长会议精神及全州宣传思想暨精神文明建设工作会议精神，学习全国、全省统战部长会议精神及全州统战民宗工作会议精神，学习中央、省委、州委政法工作会议精神，学习中共青海省委《关于新时代新阶段进一步加强和改进作风建设的意见》精神，学习中共青海省委办公厅、青海省人民政府办公厅《关于印发〈农村人居环境整治提升五年行动实施方案（2021—2025 年）〉的通知》精神；传达 3 月 11 日州委书记王耀春和州委副书记、州长扎西才让分别对近期全州疫情防控工作作出的批示；对近期疫情防控处置工作进行再安排再部署；研究其他事项
十五届县委第 18 次常委会（扩大）会议	略	略
十五届县委第 19 次常委会（扩大）会议	4 月 8 日	传达学习中共青海省委《印发〈青海省关于全面加强新时代少先队工作的实施方案〉的通知》精神，学习中共青海省委办公厅、青海省人民政府办公厅《关于印发〈青海省深化应急管理综合行政执法改革实施方案〉的通知》《关于印发〈青海省领导班子和领导干部年度目标责任（绩效）考核指标管理办法（试行）〉的通知》《关于印发〈青海省领导班子和领导干部年度目标责任（绩效）考核结果运用细则〉的通知》精神，学习吴晓军同志在全省“组织体系建设三年行动”总结会议上的讲话、《关于黄南州铸牢中华民族共同体意识体验馆建设工作专题汇报会会议纪要》、州委党的建设工作领导小组会议精神、州委全面深化改革委员会第九次会议精神、州委审计委员会第七次会议精神；听取各乡镇房屋安全隐患排查整治工作开展情况的汇报、县委统战部关于河南县铸牢中华民族共同体意识体验馆建设进展情况的汇报；研究其他事项
十五届县委第 20 次常委会（扩大）会议	4 月 26 日	传达学习中共青海省委、青海省人民政府《贯彻落实关于〈完整准确全面贯彻新发展理念做好碳达峰碳中和工作的意见〉的实施意见》精神，学习 4 月 7 日省委常委会（扩大）会议精神、中共青海省委巡视工作领导小组《关于深入学习贯彻党中央〈关于加强巡视整改和成果运用的意见〉的通知》精神、黄南州党内法规工作会议精神、州委人才工作会议精神、全州乡村振兴工作推进会精神，学习中共黄南州委、黄南州人民政府《印发关于〈在全州开展“深化作风建设、狠抓工作落实”专项行动实施方案〉的通知》精神，学习州纪委办公室《关于印发〈在全州开展党员干部、公职人员参与赌博问题专项整治工作方案〉的通知》和《关于印发〈在全州开展党员干部、公职人员酒驾醉驾问题专项整治工作方案〉的通知》精神，学习州长扎西才让来县调研时的讲话精神；研究其他事项
十五届县委第 21 次常委会（扩大）会议	5 月 24 日	传达学习中共中央办公厅《印发关于〈加强新时代离退休干部党的建设工作的意见〉的通知》精神，学习《信访工作条例》，学习财政部、农业农村部、国家乡村振兴局、国家发展改革委、国家民委、国家林草局《关于加强中央财政衔接推进乡村振兴补贴资金使用管理的指导意见》，学习青海省财政厅办公室《关于印发〈青海省衔接推进乡村振兴补助资金绩效评价及考核办法〉的通知》精神，学习全省、全州国土绿化动员大会精神，学习黄南州黄河流域生态保护和高质量发展领导小组第四次会议精神，学习中共黄南州委办公室、黄南州人民政府办公室《关于进一步严肃会风会纪有关工作的通知》精神；听取全县粮食工作、环境卫生大评比活动和全县疫情防控工作开展情况汇报；研究其他事项

续表3

届次	时间	会议纪要
十五届县委第 22 次常委会（扩大）会议	6 月 1 日	传达学习习近平总书记重要文章——《正确认识和把握我国发展重大理论和实践问题》，学习习近平总书记、李克强总理关于湖南长沙自建房发生事故的批示精神，学习习近平总书记在中共中央政治局第三十九次集体学习时的讲话精神、州委全面深化改革委员会第九次会议精神、中共青海省委办公厅《关于印发〈全省民生领域腐败和不正之风专项政治工作方案〉的通知》精神，学习中共青海省委办公厅、青海省人民政府办公厅《关于印发〈2021 年度国家巩固拓展脱贫攻坚成果同乡村振兴有效衔接考核评估反馈问题整改工作方案〉的通知》和全州巩固拓展脱贫攻坚成果同乡村振兴有效衔接考核评估反馈问题整改动员部署会议精神；研究其他事项
十五届县委第 23 次常委会（扩大）会议	6 月 8 日	传达学习习近平总书记重要文章——《努力建设人与自然和谐共生的现代化》，学习朱战民在全州领导干部大会上的讲话精神；研究其他事项
十五届县委第 24 次常委会（扩大）会议	略	略
十五届县委第 25 次常委会（扩大）会议	略	略
十五届县委第 26 次常委会（扩大）会议	略	略
十五届县委第 27 次常委会（扩大）会议	7 月 29 日	传达学习中共青海省委《关于学习宣传贯彻省第十四次党代会精神的通知》精神、中共青海省委《关于印发〈中共青海省委全体会议工作规则〉等 3 个文件的通知》精神、信长星在省委十四届一次全会上的讲话精神、信长星在习近平总书记考察青海发表重要讲话一周年座谈会上的讲话精神，学习中共中央政治局常委、全国政协主席汪洋在青海调研时的讲话精神，学习中共中央办公厅、国务院办公厅《印发〈关于建立健全领导干部自然资源资产离任审计评价指标体系的意见〉的通知》精神，学习中共青海省委、青海省人民政府《关于印发〈青海省推进交通强国建设重点任务〉的通知》精神，学习青海省人民政府办公厅《关于切实做好防范毁麦割青问题的通知》精神，学习中共青海省委办公厅、青海省人民政府办公厅《印发〈青海省关于调整完善土地出让收入使用范围优先支持乡村振兴的实施意见〉的通知》精神，学习中共黄南州委办公室、黄南州人民政府办公室《关于印发〈黄南州 2021 年度国家巩固拓展脱贫攻坚成果同乡村振兴有效衔接考核评估反馈问题整改工作方案〉的通知》精神，学习中共黄南州委办公室《关于泽库县委紧急信息报送不及时的通报》；审议通过《中共河南县委 2022 年巡察工作计划》《十五届县委第二轮常规巡察工作方案》；研究其他事项
十五届县委第 28 次常委会（扩大）会议	8 月 4 日	传达学习中共青海省委办公厅、青海省人民政府办公厅《关于印发〈国家统计局督察青海省防范和惩治统计造假弄虚作假情况反馈意见整改工作方案〉的通知》精神，学习中共青海省委《关于追授尹发旺同志“全省优秀共产党员”称号的决定》、中共黄南州委《印发〈关于进一步加强州委领导班子政治建设的若干措施〉的通知》精神；研究其他事项
十五届县委第 29 次常委会（扩大）会议	9 月 1 日	专题学习习近平总书记重要文章——《全党必须完整、准确、全面贯彻新发展理念》精神，传达学习《习近平谈治国理政》第四卷：①掌握历史主动，在新时代更好坚持和发展中国特色社会主义；②坚持党的全面领导、《中华人民共和国反有组织犯罪法》；听取各乡镇党委和县直属机关工委上半年工作汇报

续表3

届次	时间	会议纪要
十五届县委第 30 次常委会（扩大）会议	10 月 10 日	专题学习习近平总书记重要文章——《坚持和发展中国特色社会主义要一以贯之》精神，传达学习《宗教事务条例》《中国共产党统一战线工作条例》、全省宗教工作会议精神、中共黄南州委《印发〈关于加强新时代检察机关法律监督工作的责任清单〉的通知》精神，学习中共青海省委办公厅、青海省人民政府办公厅《关于印发〈开展工程建设领域专项治理深化一体推进“三不腐”工作方案〉的通知》精神、黄南纪检监察工作通报（第九、十、十一期）精神；研究其他事项
十五届县委第 31 次常委会（扩大）会议	10 月 15 日	专题学习习近平总书记重要文章——《新时代中国共产党的历史使命》，传达学习省委人大工作会议精神、中共青海省委办公厅印发《关于严肃会议纪律的规定》精神、州委督查委员会会议精神，学习中共青海省委办公厅、青海省人民政府办公厅《印发〈青海省推进高质量发展成就奖评选表彰项目管理办法〉的通知》精神，学习全州河湖长制工作电视电话会议精神；研究部署安全生产工作；研究其他议题
十五届县委第 32 次常委会（扩大）会议	10 月 26 日	传达学习《中国共产党地方委员会工作条例》、习近平总书记重要文章《坚持人民至上》精神，学习中共中央办公厅、国务院办公厅《关于〈加强重特大事件档案工作〉的通知》精神；研究其他议题
十五届县委第 33 次常委会（扩大）会议	11 月 14 日	传达学习中共青海省委十四届二次全体会议精神和中共黄南州委十三届七次全体会议精神、黄南州委人大工作会议精神和中共黄南州委《印发关于〈进一步加强和改进新时代人大工作的意见〉的通知》精神、中共黄南州委办公室《关于印发〈黄南州全面加强中小学校党的建设工作的实施意见（试行）〉的通知》精神、中共中央《关于认真学习宣传贯彻党的二十大精神的决定》精神；听取县政府党组关于前三季度全县经济工作汇报、全县疫情防控工作汇报并对全县疫情防控工作作安排部署；研究其他事项
十五届县委第 34 次常委会（扩大）会议	略	略
十五届县委第 35 次常委会（扩大）会议	11 月 29 日	学习习近平总书记重要文章——《坚定理想信念　补足精神之钙》，学习《习近平谈治国理政》第四卷：始终坚持人民至上，学习省委全面深化改革委员会第十九次会议精神、中共青海省委办公厅《关于加强对“一把手”和领导班子监督的二十条措施》精神，学习中共青海省委办公厅、青海省人民政府办公厅《关于印发〈青海省领导班子和领导干部年度目标责任（绩效）考核指标管理办法（试行）的通知〉》《关于印发〈青海省领导班子和领导干部年度目标责任（绩效）考核结果运用细则〉的通知》精神；听取县人民检察院“脱薄争先”工作开展情况汇报；研究其他请示事项
十五届县委第 36 次常委会（扩大）会议	12 月 14 日	传达学习《习近平谈治国理政》第四卷：全面建成小康社会，开启全面建设社会主义现代化国家新征程，学习习近平总书记在江泽民同志追悼大会上的悼词、习近平总书记在中央政治局第一次集体学习时的讲话精神、11 月 10 日中共中央政治局常务委员会会议、11 月 29 日省委常委会会议精神、习近平总书记对河南安阳市凯信达商贸有限公司火灾事故作出的重要指示精神；听取县纪委监委、县委组织部、县委宣传部、县委统战部、县委政法委 2022 年度工作汇报，听取县纪委“深化作风建设，狠抓工作落实”专项行动工作汇报；研究其他请示事项

综合党务

【概况】 2022年，县委办公室围绕全县发展大局和中心工作，以前瞻意识、敢闯精神，调动单位干部职工踔厉奋发的积极性，提高“三服务”工作能力和水平，推动县委各项工作高效运转，凝聚起干事创业的强大合力。

【文秘服务】 立足新发展阶段，学习贯彻新发展理念，把精品意识贯穿到每篇文稿的起草中，增强文稿的政策性、指导性和针对性，组织完成县委全委会、常委会、专题会等各类报告、汇报材料120余篇，完成县委领导调研讲话、采访稿等40余篇，审签印发河委文件106份、河发文件16份、河办发文件27份、河办字文件111份。特别是在省委第五巡视组巡视河南县期间，办公室配合提供的文件资料、起草的各类汇报材料、情况说明等均得到省委第五巡视组领导的肯定，配合巡视工作做到高效有序。制定公文传阅注意事项、领导批示登记等制度，从公文起草、审核、装订、收发、传阅等各个环节做到规范化、制度化，确保公文传阅、归档、查询快速高效。

【信息编报】 对接上级主管部门，抓取热点、焦点、难点信息，向上级反映全县改革发展稳定方面最新动态，全面客观地展示河南形象。把党建、稳定、信访、畜牧业发展、疫情防控、民生保障等方面工作作为反馈重点，加大信息约稿力度和督办力度，为县委领导科学决策、指导工作提供信息，编发河南信息182期，其中《黄南州河南县扎实做好与甘南州夏河县公牧区草原生态修复治理工作》信息被省委办公厅采编，《河南县扎实推进“两山”实践创新基地成果转化 以良好生态环境助力县域经济高质量发展》《河南县扎实推进送“苗”上门服务》《河南县学习省第十四次党代会精神》等信息被州委办公室信息科采编。

2022年1月26日，县委办公室在联点村文群村开展走访慰问活动

【督查工作】 紧扣县委重大决策和重要工作部署，结合党建工作要点、督查工作要点、深化改革工作要点以及机要和保密工作、档案工作，强化督促检查，抓好重要会议精神和重点工作落实情况督查，起草印发督查类文件7份，组织开展督查20余次。召开机要与保密相关会议，开展保密法、密码法宣传，对重点涉密单位开展保密检查，签订保密承诺书，下发工作通报1次，对工作不到位单位责令限期整改，并责令单位主要负责人在保密警示教育会议上作检讨发言。完成县委（县委办）（2021年）档案分类整理及移交存档工作，整理完成党史学习教育档案、收集整理历史档案照片、重大会议照片等80张，开展档案法等法律法规宣传3次，并对全县机关、团体、企事业单位和社区、乡镇档案管理、分类归档、档案移交等工作开展督查及指导工作，促进提升全县档案规范化管理水平。

组织建设

【概况】 2022年，县委组织部贯彻落实全国组织部长会议、全省组织部长会议和全州“组织体系建设三年行动”总结会议精神，深入践行新时代党的建设总要求和新时代党的组织路线，持续巩固提升三年行动成果，推动组织体系建设高质量发展，为河南县各项事业发展打下组织基础。

【党员队伍建设】 健全完善排查整顿发展党员违规违纪长效机制，规范和加强“黄南先锋”智慧党建云平台管理使用工作，建立健全平台推广运用、党员信息管理、保密等各项制度，做好基层党员党费的收缴工作。按照分层、分级、分类培训原则，围绕理论教育、党性教育等内容，采取集中办班、专题辅导、座谈讨论等形式，持续开展“六个一”系列活动，巩固拓展党史学习教育成果，探索推行牧民党员冬春训“一三五”工作模式，推动“一县一基地一县一特色”党员教育基地优化升级，打造“一核五点”的特色理论学习品牌，开展党员讲“微党课”“人人上讲台”活动130余场。持续拓展“五治联动”基层治理体系建设，创新实施“三放三化”社区治理项目化党建，深化在职党员“双报到、双服务”制度，认领群众“微心愿”320余件，解决290余件。发挥远程教育站点作用，制作“驻村联户工作纪实”等教育专题片，使党员教育培训工作落地见效。

【干部队伍建设】 始终坚持党管干部原则，强化党组织领导和把关作用，将“选优”个体和“优化”整体结合起来，不断增强各级领导班子整体功能。突出优秀年轻干部培养选拔。建立优秀年轻干部发现培养选拔常态化机制，实施年轻干部精准选育“123”计划。通过干部无任用推荐分层级完善优秀年轻干部信息库，储备正科级优秀年轻干部13人、副科级优秀年轻干部17人。实施干部队伍“源头工程”，年内招录公务员32名（其中选调生16名），面向村（社区）党组织书记考录1名进入基层党政干部队伍。创新开展新任职选调生“十个一”系列活动，调动各层级各年龄段公务员干事创业的积极性。分析县、乡领导班子年龄结构、学历结构、工作经历、优秀年轻干部分布等情况，准确掌握班子运行情况和干部队伍现状，综合分析研判后科学统筹，推动形成专业结构合理、年龄梯次配备、性格优势互补的合理班子结构。用好《黄南州党政干部容错纠错办法》，倡导“允许试错、宽容失败、鼓励担当”理念，正确对待被问责和受处分干部，对影响期满、表现较好、群众认可的干部，稳慎使用。从心理上和机制上为干部干事创业松开手脚，旗帜鲜明为敢于担当、踏实做事、不谋私利的干部撑腰鼓劲，进一步激励广大干部大胆改革创新、放手干事创业。落实带薪年休假、健康体检等制度，加强干部外出疗养，保障干部安心安身安业。选派在疫情防控、驻村、维稳等领域工作表现优秀的50名干部赴海南三亚疗养。兑现公务员职务职级晋升、工作变动等各类工资待遇，确保福利待遇落到实处。加强对疫情防控一线干部的关心关爱，划拨13万元专项党费支持疫情防控工作。出台《河南县党内关心关怀基金使用制度（试行）》，及时掌握干部身体状况，体现组织关怀。

【基层组织建设】 健全县乡村党组织书记“三级联述联评联考”机制，把村（社区）年度考核纳入乡镇班子考核工作中，落实责任清单、问题清单、整改清单“三项清单”制度。开展“六大领域”基层组织建设标准化规范化建设，巩固提升“组织体系建设三年行动”成果，着力推进村（社区）党群服务中心体系和功能建设，有效整合党建、政务和社会服务等资源，全面推行“一站式”服务。严格落实“四议两公开”议事决策制度，建立村干部弹性坐班制度，设立“固定岗+坐班岗+流动岗”，提高办事服务效率。创新推行“三抓三保障”工作措施，设立村级考核“村集体经济发展优秀奖”，以“党支部+”模式巩固壮大村集体经济，实现31个村集体经济收益突破10万元，其中3个村收益突破100万元，着力打造“一村一品”。

【干部教育培训】 坚持把学习近平新时代中国特色社会主义思想作为干部教育培训“第一议题”，深刻学习领会习近平新时代中国特色社会主义思想及习近平总书记考察青海时的重要指示精神，教育引导各级领导干部心系“国之大者”，忠诚拥护“两个确立”，坚决做到“两个维护”，准确把握重大要求，始终沿着习近平总书记指引的方向勇毅前行。加大干部教育培训力度，深入实施干部政治能力和专业能力“双提升”计划，用好网络培训、现场教学等手段，举办“学习贯彻党的二十大精神”“学习贯彻党的十九届六中全会精神”“党建引领乡村振兴”“党务工作者能力提升”等培训班，培训干部561人次。选派40名干部参加省、州级各类培训班17期，选派330名干部参加线上培训9期。

【干部选派】　加强与发达地区人才交流和培养，完善人才双向培养机制，选派优秀年轻干部到天津挂职，选派县委副书记拉玛杰至天津市滨海新区新村街道党工委担任街道党工委委员、办事处副主任。加大艰苦边远地区优秀人才干部交流力度，省委组织部选派青海省外事办公室新闻处（港澳事务处）四级调研员魏亚斌担任河南县政府副县长。

【干部监督】　贯彻落实全面从严治党、全面从严治吏的要求，坚持把从严管理监督干部贯彻落实到干部队伍建设全过程、各方面，教育引导广大干部正心明德、怀德自重，着力加强对干部全方位管理和经常性监督。落实监督工作重点，开展干部人事档案专项审核、“一报告两评议”、因私出国（境）、社会团体和企业兼（任）职审核等工作，严把领导干部提任关、申报关、监督关。严格落实党委（党组）书记、分管组织人事工作班子成员、纪委书记“双鉴定”“三签字”“凡提四必”、干部选拔任用全程纪实、监督检查、责任追究等各项选人用人制度办法，对新提任、晋升职级、交流使用的136名干部实现全程纪实监督。开展干部日常监督，严格落实谈心谈话、提醒函询、诫勉等制度，通过召开警示教育大会，举办廉政教育培训班，县委书记带头讲廉政党课等多种方式，及时发现干部苗头性、倾向性问题，做好“咬耳扯袖”、提醒帮助工作。年内约谈干部6名，向全县55名正科级领导干部发放“河南县领导干部廉洁勤政温馨提示”，3名一级调研员任巡察专员参与全县巡察工作。畅通监督渠道，健全来信、来访、电话、短信“四位一体”的信访举报平台，注重通过“12380”信访举报受理来加强对干部工作和干部的监督，严格落实举报信息专人负责制，实时监测和解风气状况，确保举报渠道畅通。在巡视问题整改上持续用力，省委组织部结合省委巡视工作派出检查组，对河南县委选人用人工作进行专项检查，反馈4个大项19个问题，全部整改完成。坚持标本兼治、破立并进，注重总结整改经验，持续放大选人用人专项检查反馈意见整改作为推动工作的抓手，规范干部选拔任用工作。

【干部考核】　全面贯彻落实《青海省公务员平时考核实施办法（试行）》，坚持以完善制度强化顶层设计，以科学推进提升公信力度，以成果运用强化正向激励，高标准高质量推进公务员平时考核工作，坚持从实际出发，采取“定性”与“定量”“考人”与“考事”相结合的方式，分级分类设置共性、个性、动态、民主测评4大指标，将考核内容提炼为5个维度、15个要素，做到能量化的分解量化、纵向排名，不能量化的进行写实评价、横向比较，力求评分精准精细。

【公务员管理】　实施干部队伍“源头工程”，招录公务员32人（其中选调生16人），面向村（社区）党组织书记考录1人进入基层党政干部队伍。用足用活公务员职务与职级并行制度，打破论资排辈、平衡照顾、求全责备等观念束缚，优先考虑晋升政治立场坚定、工作实绩突出、综合素质较好、发展潜力较大、群众认可度高的干部。晋升职级公务员109人（三级高级警长1人，四级高级警长1人，一级主任科员及相当层次职级26人，二级主任科员及相当层次职级9人，三级主任科员及相当层次职级59人，四级主任科员及相当层次职级13人）。

【人才培养】　深化人才发展体制机制改革、科技人才培养交流渠道，坚持把人才工作目标管理责任制作为各级党政领导班子和领导干部考核考评的一项重要内容，形成县委统一领导，组织部门牵头抓总，相关部门密切配合的工作格局。积极构建“校地合作”平台，启动科技人才双向培养计划，实施经济发展重点领域人才培养和社会事业领域人才培养两大工程。完善人才激励机制，分门别类健全完善县域人才库，全面落实项目扶持、财税支持、住房保障（人才公寓）、“服务绿卡”等政策措施，实现“一站式”服务。推行干部健康保健网格化管理，建立干部人才体检档案制度、重大疾病情况报告制度和救助制度，强化对干部人才疾病预防、定期随访、巡诊等健康管理活动。推行以改善基层干部人才生活条件为内容的“十有工程”，探索推行公务用车社会租赁服务模式，解决干部人才出行难问题，完善干部人才用车保障体系。

宣传思想

【概况】　2022年，河南县宣传思想战线坚持以习近平新时代中国特色社会主义思想为指导，以迎接、宣传、贯彻党的二十大为主线，抓大事、迎喜事、谋新事、办实事，营造齐心协力、风劲正足的浓厚氛围，凝聚全县上下奋进新征程、建功新时代的强大精神力量。

【理论武装】　把学习宣传贯彻习近平新时代中国特色社会主义思想作为长期首要政治任务，落实“第一议题”制度，发挥党委（党组）理论学习中心组引领作用，开展集中学习会23次，教育引导广大党员干部坚决捍卫“两个确立”、增强“四个意识”、坚定“四个自信”、做到“两个维护”。发挥牧区红宣讲团、新时代文明实践宣讲队、马背宣讲团等红色宣讲队伍作用，坚持主要领导以上率下带头讲、三级书记上下联动纵深讲、各级党组织灵活多样创新讲，采取“理论+文艺”“为民服务+入户宣讲”等方式，全面学习宣传贯彻党的二十大、省第十四次党代会精神党的创新理论，努力做到深入浅出、入脑入心。建好用好“美丽河南”微信公众平台，推出“理论学习”“党的建设”等专栏，全方位、多角度宣传阐释好习近平新时代中国特色社会主义思想，凝聚起奋进新征程的强大思想动力。推进学习研讨，县委理论学习中心组围绕《习近平谈治国理政》第四卷、党的二十大精神和省第十四次党代会精神进行专题学习研讨交流，进一步强化理论体系、领会精神实质，着力提高政治判断力、执行力，以研讨促进工作水平不断提升。

【对外宣传】　围绕“举旗帜、聚民心、育新人、兴文化、展形象”使命任务，加大正面宣传，唱响网络“主旋律”，注重加强与主流媒体的合作，推动台、网、微、端聚合发力，着力打造“大美河南”新形象，提升新河南知名度，全县各级媒体宣传报道河南县各类新闻3000余篇。在重点报道方面，按照“正面宣传全媒体、氛围营造全覆盖”的宣传工作思路，紧跟中央、省州及县委安排部署，在主流媒体和新闻网站开设专栏专题，转发转载新闻稿件、评论文章，深入宣传贯彻落实中央、省委、州委和县委决策部署、全力推动改革发展稳定各项事业的做法成效。河南县频频登上各主流媒体，青海卫视今日青海栏目针对河南县五大产业制作报道十分钟专题4期。反映河南生态文明思想建设成果“黑颈鹤育儿经”视频新闻被央视综合频道《晚间新闻》、财经频道《正点财经》、中文国际频道《今日环球》、农业农村频道《中国三农》栏目报道，社会反响强烈。新华社发表的《青海河南县：生态治理显成效　草原环境持续向好》浏览量近170万次。《探访活畜交易集散中心》被“学习强国”学习平台、央广网等多家媒体转载，累计点击量120万次。注重舆论引导，优化网络载体，以最快速度、最大力度、最广范围宣传中央和省委州委重要政策及党的二十大权威信息。及时准确转载权威信息，积极回应社会关切。开设“聚焦党的二十大”“党的二十大精神在河南”“学习宣传贯彻二十大精神”“新时代新征程　新伟业”等专题专栏，集中刊发权威信息，为庆祝党的二十大营造舆论氛围，宣传报道好党的二十大精神在河南县落地生根，开花结果。

【精神文明建设】　持续推动习近平新时代中国特色社会主义

思想深入人心，以群众性精神文明主题实践活动为主要抓手，培育和践行社会主义核心价值观，以“牧区红”宣讲团为主体，以中央一号文件、省第十四次党代会、党的二十大等宣讲活动为抓手，深入各乡镇、村（社）就民族团结、乡村振兴、生态环保等相关政策进行宣讲，开展集中宣讲活动600余场次，编印、发放藏语和汉语宣讲材料2万余份，受教干部群众3.5万余人次。发挥“一约四会”作用，遏制大操大办、奢侈浪费等不良风气，破除陈规陋习、涵育文明乡风。坚持精神引领，挖掘、选树先进典型，宣传张斌斌、斗格吉、长爱、扎西当智、索南才让等“河南好人”，索中获得全州第二届道德模范，王晓华、扎西当周、仁增多杰获得道德模范提名奖。以提升群众文明素质和文明程度，弘扬和培育文明乡风，提高思想道德水平为重点。中宣部《宣传工作》（第12期）刊载《青海河南县“六化融合”助力文明实践》，向全国介绍推广河南县在拓展新时代文明实践中心建设方面的经验做法。《“有高度 有广度 有温度 有力度”河南县高度重视高位谋划新时代文明实践中心建设》一文被精神文明网、文明青海采用。年内创建“五星级文明户”779户，全县评选86户“五星级文明示范户”进行表彰。2019—2021年创建县级文明单位29家、文明乡镇5家、文明村镇31家、文明校园3家。

【志愿服务】 坚持以社会主义核心价值观培根铸魂，加强教育引导、实践养成和制度保障，建设具有生命力和创造力的社会主义精神文明，推动社会文明程度有效提升。开展新时代文明实践工作，印发《河南县拓展提升新时代文明实践中心实施方案》，建立“六化融合”工作机制，从组织领导、责任分工、志愿项目、资源整合、配套制度等方面统一规划，凝聚合力，确保各级新时代文明实践阵地有序运行。培育特色鲜明志愿服务品牌，年内成立“牧鸟人”“爱心妈妈”“飞燕”志愿服务队，做到一乡一品牌、一乡一特色，在生态环保、引领文明、服务民生，维护稳定等方面发挥重要作用。在疫情防控方面，1300余名志愿者积极投身疫情防控一线，以志愿红筑牢疫情防控坚强屏障。认真筹备拓展新时代文明实践工作推进会，评选出新时代文明实践先进集体11个、优秀志愿服务队8个，拟表彰全员核酸检测工作最美志愿者30名。强化试点探索，加快文明实践建设速度。为持续推进拓展新时代文明实践中心建设工作，在优干宁镇、赛尔龙乡、托叶玛乡分别实施“社区文明实践”“新时代文明实践志愿服务联盟”“志愿服务规范管理”试点工作，探索文明实践新路径，进一步落实落细“六化融合”工作机制，推动文明实践活动在城乡基层发展。承办黄南州2022年新时代文明实践中心建设工作培训会暨推进会，全州宣传思想文化50余人观摩河南县新时代文明实践中心、优干宁镇新时代文明实践所、荷日恒村新时代文明实践站建设成果。河南县作为全州新时代文明实践中心建设试点，做到点上经验、面上开花的总要求，为推动全州新时代文明实践中心建设提供河南经验和河南样板。

统一战线

【概况】 2022年，县统战民宗部门深入学习贯彻习近平总书记关于加强和改进统一战线工作的重要思想和中央统战工作会议精神，全面落实《中国共产党统一战线工作条例》，各项工作取得新进展、呈现新气象，为“打造山水黄南、高质量推进‘三区建设’，实现全面推进乡村振兴战略”，全力谱写新时代“纯净河南·幸福蒙旗”奋进新篇章，凝聚人心和汇聚力量，为促进全县民族团结、宗教和顺、经济社会全面发展作出新贡献。

【统战工作】 年初，召开县委统战工作会议和涉藏维稳工作会议，明确2022年重点任务，制定印发《河南县2022年涉藏工作要点》，建立健全统战、政法、公安三方会商研判机制。在中央和省州两会、省十四次党代会、党的二十大前期等重大节点，加大维稳安保及情报信息搜集研判力度，打牢社会长期稳定的根基。

【民族团结进步创建】 以铸牢

2022 年 9 月 9 日，各单位组织开展民族团结进步宣传活动

中华民族共同体意识为主线，不断开展民族团结进步先进区创建工作，围绕全县中心工作，找准切入点和着力点，完成年度创建工作目标。调整河南县民族团结进步先进县创建工作领导小组，制定印发《2022 年河南县民族团结进步创建工作要点及任务分工方案的通知》，结合民族团结进步创建“十二进”活动，开展“铸牢中华民族共同体意识，喜迎党的二十大胜利召开”宣传月等系列活动，活动期间悬挂横幅 150 余条，发放各类宣传资料 4000 余份，创建民族团结进步先进区宣传达到全覆盖。实施中华民族视觉形象工程，在县城主街道打造民族团结文化长廊及广场，设置民族团结进步户外大型广告牌 4 个；规划建设铸牢中华民族共同体意识展馆，完成规划图纸。争取少数民族发展资金，加强项目资金管理。年内少数民族发展金 695 万元投入村级基础设施建设，实施项目共有 5 项（优干宁镇多特村集体经济能力巩固提升项目、柯生乡尖克村生态有机畜牧业产业配套设施建设项目、多松乡拉让村桥涵建设项目、托叶玛乡宁赛村道路建设项目和低氟茶购置项目），全部建设完工，资金支付率均达到 97%，使专项资金项目最大限度发挥效益。另外，2023 年第一批少数民族发展资金 695 万元。

2022 年 11 月 2 日，县工商联举行河南县“百企兴百村”行动推进会村企共建项目签约仪式

【民营经济管理】 完成河南县工商联（商会）第三次会员代表大会选举工作，选举产生执委、常务委员、秘书长、副主席、主席。县工商联牵头成立河南县民营企业“百企兴百村”行动领导小组，制定《河南县民营企业“百企兴百村”行动实施方案》，建立部门协同、上下联动、分工合作的工作机制，全县民营企业助力乡村振兴的格局基本形成；组织开展“百企兴百村”行动推进会村企共建项目签约仪式，5 家民营企业分别与二镇四乡 35 个结对行政村签订民营企业“百企兴百村”行动村企结对共建协议书 50 份。

【党外人士工作】 注重完善党外干部人才信息库，建立健全 90 名党外代表人士的优秀人才信息库，其中民主党派和无党派人士 20 人，党外知识分子 20 人，少数民族 20 人，宗教界人士 15 人，非公有制经济人士 15 人。通过举办党外代表人士座谈会和调研工作，引导统一战线以思想上的解放推动行动上的创新，提高统战成员在思想上、政治上和行动上与党保持一致的自觉性。

巡视巡察

【概况】 2022 年，坚持以习近平新时代中国特色社会主义思想和习近平总书记关于巡视巡察工作的重要论述为指导，贯彻落实党中央和省委、州委、县委巡视巡察工作部署要求，围绕统筹谋划、综合协调、组织指导、制度建设、监督管理、服务保障等方面做好巡察工作。

【十五届县委巡察】 十五届县委巡察工作中，完成 7 家县直单位党组织和 1 家乡（镇）的常规巡察工作。陆续开展县委首轮巡察 4 家党组织召开巡察整改专题民主生活会，县委巡察工作会议暨十五届县委第二轮巡察动员部署会和被巡察 4 家党组织的进驻工作动员会。召开县委第二轮巡察工作推进会，结合巡察方案，两轮巡察工作 3 次听取汇报、书记专题会和县委常委会 2 次听取巡察工作情况报告，及时向被巡察党组织反馈巡察意见。紧跟省委州委巡视巡察一体化建设要求，按照“全覆盖”目标任务，结合全县巡察工作实际，起草制定《中共河南县委 2022 年巡察工作计划》《河南县委巡察专员工作方案》《十五届县委巡察组长库、人才库人选方案》《十五届河南县委第二轮巡察工作方案》，将责任落实到工作中，体现到行动上，为推进全面从严治党向纵深发展提供方向指引和人才保障。

【巡察干部培训】 为进一步强化巡察干部的政治意识和担当精神，全面“备战”新一轮巡察工作，组织召开巡察工作专题会议，传达学习习近平总书记关于巡视工作重要论述摘编、《中国共产党章程》关于加强巡视工作内容、《中国共产党巡视工作条例》、全省巡视巡察工作会议暨十四届省委第一轮巡视动员部署会精神等党内法规和相关文件精神；举办十五届县委巡察工作培训及第二轮巡察工作专题培训会，邀请省委第五巡视组副组长黄中锋专题辅导授课，对巡视巡察工作进行讲解，确保政治巡察方向不偏，监督重点不散。同时，州委巡察办组织巡察干部开展为期 3 天的线上巡察业务培训，丰富培训形式，提升巡察干部政治理论水平和履职尽责能力。

【交叉巡察】 督促州委交叉巡察的 2 个乡（镇）做好巡察整改工作和召开巡察整改专题民主生活会，真正把巡察整改成果转化为推进工作、改进作风的动力。

【巡察反馈问题整改】 十五届县委巡察工作完成 8 家党组织，发现问题 112 条，十五届县委首轮巡察反馈意见 38 条问题整改完成，第二轮巡察反馈意见剩余 73 条，发现并移送问题线索 1 条，提出意见建议 37 条。

2022 年 6 月 21 日，十五届县委首轮巡察县委宣传部党支部巡察工作反馈会召开

直属机关党建

【概况】 2022 年，县直属机关工委坚持以党的政治建设为统领，着力深化理论武装、强化基层组织建设、推进正风肃纪，推动全

县机关党建工作取得新进步、迈上新台阶，得到新提升。

【思想政治建设】 坚持学思用贯通、知信行统一，把党的创新理论转化为坚定理想、锤炼党性和指导实践、推动工作的力量。践行“两个维护”，把学习贯彻习近平新时代中国特色社会主义思想和党的二十大精神作为首要政治任务，进一步引导党员干部夯实政治理论基础，深刻领悟“两个确立”的决定性意义，进一步增强“四个意识”、坚定“四个自信”、做到“两个维护”，确保在政治立场、政治方向、政治原则、政治道路上同以习近平同志为核心的党中央保持高度一致。强化理论学习，把学习宣传贯彻党的二十大精神和省第十四次党代会精神作为政治必修课，高频次、快节奏、多途径、全方位抓学习抓部署，借助“主题党日+”“党课开讲啦”“党史教育”等有效载体，灵活运用党员进社区、文艺小节目、微信矩阵群等多种多样的方式，提供系统化、多角度、接地气的解读，使党的二十大精神和省第十四次党代会精神家喻户晓、深入人心。巩固学习成效，把学党史、学理论、悟思想和强党性结合起来，深化理想信念教育，在全县党组织中开展“六个一”系列活动，巩固拓展党史学习教育成果。广泛开展“党课开讲啦”“微党课”“人人上讲台”活动，邀请党校教师讲理论、讲党史，优秀党务工作者讲党课、讲业务，先进典型讲事迹、讲经验，不断提高党员干部政治判断力、政治领悟力、政治执行力。

【基层党组织建设】 树立大抓基层大抓支部的导向，压紧压实机关党建工作责任，把县直单位党组织建设成为讲政治、有活力、能战斗的坚强堡垒。压实党建工作责任，牵住机关党建工作责任制这个“牛鼻子”，坚持“抓书记、书记抓”，健全党组织书记“三级联述联评联考”机制，落实责任清单、问题清单、整改清单“三项清单”制度，综合运用约谈、反馈、问责、通报、函询“五条追责办法”，形成完整的压力传导链和党建责任体系，推动全面从严治党主体责任落地落实。年内，成立1个机关党组织，更名机关党组织3个，40个机关党组织实现党政正职“一肩挑”，完成率为95.5%。规范开展党内政治生活，执行党内组织生活制度，印发《关于严格落实“三会一课”和主题党日活动制度的通知》《关于进一步规范和落实双重组织生活制度的通知》《关于建立党的组织生活报告制度的通知》，严格督促落实“三会一课”、组织生活会、谈心谈话和民主评议党员等党内政治生活制度，明确主题党日活动主题，建立讲党课报备制度，定期督查“两簿三册三台账”填写规范情况。选优配强机关党务干部，以将优秀年轻干部优先放在党务工作岗位上锻炼培养为导向，把党支部至少配备1名工作激情高、责任心强的年轻党务干部作为硬要求，实现县直机关各级党组织均配有专（兼）职党建专干目标，为推进机关党建工作高质量发展提供保障。通过专题研讨、讲党课、“送训上门”等方式，多渠道、多层次、全方位开展党务干部能力提升培训，不断强化培训针对性和实效性，全力将党务干部培养成抓机关党建工作的“行家里手”。

【机关党员管理】 丰富培训内容，举办县直机关党务工作者培

2022年“七一”前夕，县发展和改革局党支部在旧县政府遗址开展主题党日活动

训班，培训45人。按照“理论教育+党性教育+实践锻炼”的教学模式，举办县直机关入党积极分子和发展对象专题培训班2期，培训125人。实施党内关怀帮扶机制，坚持“工作上支持、生活上关爱”的目标导向，多举措加强党内关怀，慰问生活困难党员和老党员29名。深化在职党员“双报到、双服务”制度，开展“民情日”“恳谈日”“幸福圆桌会”，收集居民意见和诉求，制定帮扶救助、创业就业、民情代理、矛盾调解、治安维稳、文化体育、社区卫生、居民维权等8大类24项社区需求清单，实现党员社区服务精准投送。全面落实“双帮”工作机制，采取“一对一”“多对一”形式，建立帮扶认亲基础台账，搭建党员干部帮扶对接平台，“造血式”“亲情式”“多层面”结对认亲帮扶全县120户边缘户、不稳定户和突发生活困难户，实现“双帮”工作的全覆盖。

【机关作风建设】　以加强作风建设为重点，把履行党风廉政建设主体责任与机关党建工作紧密结合，完成党风廉政建设各项任务，提升机关党风廉政建设水平。提高思想认识，将机关廉风廉政建设与党建工作同部署、同落实、同检查，运用好监督执纪“第一种形态”，及时督促各机关党组织深入学习习近平新时代中国特色社会主义思想、《中国共产党纪律处分条例》《中国共产党支部工作条例》等党内法规。落实主体责任，对县直40个机关党组织，就“开展党建提质增效行动打造模范政治机关”行动进行达标考核验收，重点对组织体系设置、班子队伍建设、党员教育管理、党内组织生活、工作载体建设、工作运行机制、基本工作保障等方面进行达标验收。抓好廉政教育，结合“三会一课”，开展讲廉政党课活动，组织机关党组织党员观看优秀红色影片、参观反腐倡廉警示教育基地。

“两新”工委党建

【概况】　2022年，县“两新”工委落实中央和省、州委关于“两新”党建工作要求，加强“两新”组织党建工作制度机制建设、组织体系建设，以持续推动“两个覆盖”攻坚为关键，发挥基层党组织战斗堡垒和广大党员先锋模范作用，推动“两新”组织党建工作取得新实效。

【思想政治建设】　坚持读原著、学原文、悟原理，通过开展“三会一课”“主题党日”“辅导讲座”“专题研讨”等形式，深入学习党的二十大精神，系统学习习近平总书记重要论述，跟进学习习近平总书记最新重要讲话、指示批示精神，确保领袖思想学习取得实效。全县“两新”组织7个党支部43名党员积极参加“喜迎二十大　奋进新征程”主题教育活动，坚持每天“半小时”集中学习达100余次。参加省、州、县基层党支部书记主题教育专题轮训22人次，发放《习近平新时代中国特色社会主义思想学习纲要》《习近平谈治国理政》等学习资料300余册，确保学习常态化；督促“两新”组织党组织确定专人，负责严格按照《中国共产党章程》《中国共产党支部工作条例（试行）》等相关要求，严格落实“三会一课”、组织生活会、主题党日等基本制度，使党组织生活真正严起来、实起来。

【党组织建设】　按照“统筹整

2022年6月28日，河南县启龙牧场党支部开展庆祝中国共产党成立101周年主题党日活动

合、优化配置、共建共享”的原则，积极探寻“微治理”新途径，规范打造“两新”组织“红色驿站”4个，通过辐射式布局和“驿站式”党员服务方式，创建集“党员管理、党群活动、志愿服务、区域化党建”为一体的“两新”组织党员职工之家，切实推动“两新”组织党建规范发展。根据青海省委组织部、青海省市场监督管理局关于小微企业、个体工商户、专业市场党建工作要求，河南县“两新”工委深入贯彻新时代党的建设总要求和党的组织路线，进一步加强党对“小个专”工作的全面领导，全力实现“小个专”党的组织和党的工作全覆盖，统筹推进“小个专”党建工作。建立“小个专”党建工作指导站2所，党建工作指导站站长2名，指导员2名，促进非公有制企业高质量发展。

【“两新”党员管理】　严格发展党员政治审查关，加强对“两新”组织企业出资人、优秀创业大学生、专业人才、中高层管理人员的入党教育、跟踪培养和政治吸纳，壮大党员发展队伍。建立企业入党申请人信息库，切实抓好入党申请人和入党积极分子队伍的日常培养、教育、考察和管理，及时把经过党组织严格培养考察、具备条件的企业管理人员、技术骨干和素质好、文化高、年纪轻的优秀员工吸收到党内来，同时积极做好部分党员组织关系结转移接续工作，进一步强化“两新”组织党员教育管理质量。

机构编制

【概况】　2022年，县委编办在贯彻党管机构编制原则中举旗定向，贯彻落实省委、州委、县委和省委、州委编办各项决策部署要求，围绕中心、服务大局，聚焦乡镇机构改革、事业单位法人登记管理、深化行业体制改革、优化机构编制管理等中重点工作，抓管理谋发展，抓法治求规范，抓作风强队伍，提高思想认识，找准工作定位，主动作为，推动全县机构编制工作发展。

【乡镇机构改革】　根据省、州委编办关于乡镇机构改革的工作部署要求，成立河南县乡镇机构改革工作领导小组，召开乡镇机构改革工作动员部署会，组成专题调研组多次深入乡镇调研分析改革难题，科学制定印发《河南县构建简约高效基层管理体制实施方案》，各乡镇按照县级实施方案要求因地制宜制定符合本乡镇实际具体落实方案。根据省委机构编制委员会《关于构建简约高效基层管理体制的指导意见》规定要求，全县6个乡镇纳入改革范围，一类乡镇共计1个（优干宁镇）；二类乡镇共计5个（宁木特镇、托叶玛乡、赛尔龙乡、多松乡、柯生乡）。各乡镇按照“优化协同高效”的基本原则，综合设置职能机构，一类乡镇综合设置5个职能机构，即党政群综合办公室（挂基层党建办公室牌子）、经济发展办公室、公共管理服务办公室（挂退役军人服务站牌子）、综治维稳办公室和综合执法办公室，二类乡镇综合设置4个职能机构，即党政群综合办公室（挂基层党建办公室牌子）、经济发展办公室、公共管理服务办公室（挂退役军人服务站牌子）、综治维稳和综合执法办公室。同时，为助力乡村振兴，各乡镇以挂牌形式因地制宜设置“生态文明建设”特色机构。各职能机构人员编制，在各乡镇原有行政事业编制基础上进行统筹划分，保证乡镇运转流畅。对照省政府统一制定的赋权清单，聚焦基层反映比较集中的自然资源、生态环境、城乡建设、应急管理、市场监管、综合执法等重点工作方面的问题，编制梳理63项“属地管理事项”责任清单和配合清单，全面推进开展，进一步明晰县乡主体责任和配合责任，合理划分县乡权责边界，不断提升基层治理能力和为民服务抓落实的水平。

【事业单位登记管理】　对全县62家登记法人及事业单位开展法人年度报告工作，法人年度报告合格单位62家，合格率100%。州县两级编办联合开展“双随机”抽查工作，按照3%的比例抽取县退役军人事务中心和县疾病预防控制中心2家事业单位进行实地抽查，及时反馈抽查结果，提出整改要求。对2021年度法人年报合格的62家事业单位开展机构编制监督自查自纠，完成日常事业单位法人登记及法人证书更换工作。

【行业体制改革】 根据省、州有关改革工作部署要求，将相关部门污染防治和生态环境保护执法职责整合。整合后，县生态环境保护综合行政执法队以州生态环境局名义，统一行使污染防治、生态保护、核与辐射安全的行政处罚权以及与行政处罚相关的行政检查、行政强制权等执法职能。完成应急管理综合行政执法改革，全州应急管理综合行政执法设置实行区域覆盖，由州应急管理综合行政执法局统筹负责全州应急综合行政执法工作，县一级不再设立应急管理综合行政执法机构。完成县级行政复议机构改革工作，县级以上地方人民政府只保留一个行政复议机关，由本级人民政府统一行使行政复议职责。县司法局为县人民政府行政复议机构，依法办理县人民政府行政复议事项。县司法局挂河南县人民政府行政复议办公室牌子。完成县司法局所属事业单位法律援助中心更名并加挂法律援助中心牌子，为县委党校加挂行政学院牌子。为增强司法领域领导力量，确保司法行政部门有效运行核增县委政法委（司法局）正科级领导职数1名、核增县委统战部副科级领导职数1名，加强基层工商联工作力量。完善藏传佛教寺庙管理、县委国安办、国防动员委员会管理体制改革。

【权责清单管理】 根据省、州关于开展权责清单动态调整工作要求，完善权责清单动态管理，对全县16个县直相关部门（单位）权责清单通用目录进行动态调整。

【机构编制管理】 根据《青海省机构编制统计和实名制管理办法》相关规定，充分利用第二次机构编制核查成果，按照“账实相符”原则，统计全县的机构设置、人员编制、实有人员及领导职数等信息，及时做好用编计划的审核、人员出入编、信息数据维护等工作，切实提高实名制信息数据的及时性和主动性；对机构编制实名制管理系统中数据进行比对分析，全面摸清机构编制和实有人员底数，对机构编制实名制管理系统中未定级单位领导配备情况、实有人员个人相关信息等内容进行补充完善，保证机构编制数据的真实、准确、规范、完整，真正做到账实相符。完善机构编制信访受理、“12310”举报、“三定”规定执行情况等监督检查制度，及时发现、纠正、查处机构编制违法违纪行为。按照《机构编制监督检查工作办法》关于严禁条条干预有关要求和省州委编办工作部署，在全县各部门各单位开展“条条干预”自查自纠工作。完成年度各项用编审核工作，选调生招录16人，政法系统招录5人，参公事业单位招录8人，事业单位招聘7人，接收定向医学生7人，接收免费师范生5人，配合县委组织部、县人力资源和社会保障局做好招录前期编制审核、调动编制审核及统发工资编制审核工作。根据《中共黄南州委机构编制委员会关于重新核定州、市县中小学教职工编制的通知》《中共黄南州委机构编制委员会关于统筹调剂全州中小学教职工编制的通知》要

2022年3月10日，县委编办在那达慕广场开展“坚持机构编制刚性约束，推进机构编制法治化建设”宣传活动

求，对全县中小学教职工编制进行动态调整。

【政策培训与宣传】 规范机构编制管理，普及机构编制方面的相关政策法规，开展以“坚持机构编制刚性约束，推进机构编制法治化建设”为主题的第6个“全省机构编制法规政策宣传日”活动，发放《中国共产党机构编制工作条例》宣传手册、宣传册、横幅等资料，强化各单位机构编制法定化意识。为提高行政事业单位依法办理机构编制事项的能力，提升机构编制工作整体水平，联合县委党校举办学习贯彻《中国共产党机构编制工作条例》及配套政策法规政策培训会，各单位、各部门共计30余人参加培训。

党校教育

【概况】 2022年，县委党校坚持“党校姓党”根本原则，全力聚焦主责主业，狠抓干部教育培训，重视巡视巡察，如期完成反馈问题整改落实，强化作风建设，提升教师队伍工作执行力，强优势、补短板，科研咨政能力得到较大提升。通过宣传党的政策理论、疫情防控志愿服务、及时排查防汛防疫隐患点、帮扶困难群众、“双节”慰问老党员和优秀党员等形式，着力做好拉让村联点工作。年内获得“省级精神文明单位”“全州党校系统先进集体”“河南县优秀志愿服务队”等称号。

【校区基础设施】 校园占地面积9372平方米，建筑面积3660平方米。教学业务楼内建党性教育和反腐倡廉警示教育基地共2个；标准教室1间，新时代大讲堂1间，学员宿舍25间，学员餐厅共3间，图书阅览室1间，图书4000余册；档案资料室1间；会议室1间；综合办公室7间；职工活动室1间。在省委党校的支持下，与省发改委衔接，投资1906万元的河南县党校业务用房建设项目被列入第一批藏区党校改造项目，并完成项目前期工作。

【师资队伍建设】 党校校长由县委副书记兼任，实行校务委会领导体制，校委成员5人，内设办公室、教研室、财务室3个职能科室。注重教师队伍素质能力培养和提升，选派2名骨干教师参加全州党校系统精品党课比赛，7名教师通过干部网络学院、中国干部网络学院、“网上党校”等网络平台参加师资培训班3期；3名教师赴省委党校参加骨干教师培训班3期，1名教师赴州委党校挂职锻炼3个月。

【干部培训】 贯彻落实《中国共产党党校（行政学院）工作条例》，把习近平新时代中国特色社会主义思想、党的二十大精神作为“第一课堂”，坚持党的理论教育和党性教育至少占比70%。完善“第一课大课表”专题课程，围绕“用学术讲政治”的要求，实施集体备课、试讲评教制度。完成以习近平新时代中国特色社会主义思想、党的二十大和省十四次党代会精神，以及五大产业为重要内容的15个藏语、汉语专题课程，满足基层党员干部短期培训需求，使课程体系不断完善，开展试讲评教10次、集体备课12次。紧扣新时代主责主业，围绕学习宣传贯彻习近平新时代中国特色社会主义思想的总体要求，根据干部培训主体班次不同，制定《干部教育培训计划》，适时开展培训需求调研，科学设置班次、课程、学制，合理安排培训内容，确保干部培训工作有序推进。做好疫情防控工作的同时，先后举办全县科级领导干部学习贯彻党的十九届六中全会精神专题培训班1期，参训人员210人；全县党员发展对象培训班1期，参训人员35人；全县入党积极分子培训班2期，参训人员91人；党务工作者培训班1期，参训人员56人；政协委员履职培训班1期，参训人员131人；基层人大代表普通话培训班1期，参训人员45人；全县村警业务培训班1期，参训人员37人；全县政法系统党的二十大专题学习班1期，参训人员120人；党的二十大精神学习班1期，参训人员96人；县纪检工作人员业务培训班1期，参训人员68人；检察院支部联建业务培训班1期，参训人员56人；党性教育、廉政教育学习班12期，参训人员489人次，共举办培训学习班24期，培训1434人次。其中领导干部进党校讲党课10次，邀请省州党校教授授课12次。做实宣讲队为民服务，党校积极响应全县“百名干部下乡活动”，结合自身实际，组织骨干教师成立新时代文明实践理论宣讲志愿服务队，采用“集中理论宣讲+文艺”“现场教学+劳模讲堂和音频+视频微党课”等多种形式，深入机关、乡镇、村社、企业、学校、寺庙等基层单位开展“送党课下基层”活动，打通理论宣讲“最后一公里”。开展理论宣讲28场次，受训6435人次；党的二十大精神专题宣讲20场次，受训4356人次；录制音频视频微党课2期。

【科研咨政】 围绕县委、县政府中心工作，深入调查县情民情，依托当地资源优势，结合党校主责主业，组织骨干教师认真进行选题、调研、审定、立项，《乡村振兴背景下“新乡贤”参与青海乡村治理研究》成功立项全省党校系统重点课题。《河南县蒙藏文化融合发展》获全州党校系统优秀课题。申报全省全州党校系统重点科研课题2项，推进“教研咨”一体化工作，调研报告——《创新推进切合黄南实际的社会治理体系研究》获州政协主席林华旦肯定性批示，《新时代弘扬民族传统文化，铸牢涉藏地区主流意识形态》在“全省学习宣传贯彻省第十四次党代会精神理论研讨会”上获三等奖，《新时代涉藏地区基层党建引领社会治理创新路径研究》发表在《美丽中国》。

机要和保密

【概况】 2022年，河南县坚持总体国家安全观，围绕中心、服务大局，统筹发展和安全，着力提升保密工作依法治理水平，全力确保党中央指令政令和信息安全，完成各项重点任务。在2022年州对县机要保密责任制考核中县委机要和保密局被评为“优秀达标单位”。

【保密监督检查】 根据县委常委会工作安排，县委机要和保密局成立检查组，多次对全县各涉密单位和6个乡镇保密工作责任落实、保密制度建设、保密宣传教育培训、涉密载体、涉密人员管理等情况进行检查。对检查中发现的问题，逐一明确整改意见和整改时限，提出工作要求。增强干部职工保密意识，促进保密管理规范化、制度化、科学化，确保国家秘密安全可控。7月底，县委机要和保密局组成检查组对全县打字复印店、广告图文设计店、照相馆、废品收购站（点），就是否非法存储、处理涉密文件资料和敏感信息，是否违规印刷、制作、销售、下载、传播有害信息和出版物等情况，是否保有单位红头文件、涉密文件资料等进行保密安全大检查。同时，向从业人员进行保密宣传教育。针对检查中暴露的薄弱环节和可能出现的泄密隐患，提出详细整改意见。

【保密宣传教育】 开展以“增强密码安全意识，筑牢密码安全防线，以实际行动迎接党的二十大胜利召开”为主题的密码安全保密宣传教育活动。利用县委办公楼、县政府办公楼、那达慕广场电子屏以及“美丽河南”、微信群等平台播放保密公益宣传片、转发密码安全保密知识，在单位办公楼、街道、居民社区等场所张贴保密宣传海报、进机关发放密码安全保密宣传册等方式，开

2022年8月，县委机要保密局对特殊行业进行保密检查

展密码安全保密宣传教育活动。

【保密知识相关会议及培训】 6月2日，河南县召开县委保密委员会全体会议暨县直党政密码工作领导小组（扩大）会议，传达学习中央和省委、州委相关文件及会议精神。总结2021年保密工作，审议通过相关文件，安排部署2022年保密工作任务。县委副书记秦增多杰主持会议并讲话。6月21日，召开全县保密警示教育工作会议，观看保密警示教育片，通报州委机要和保密局对保密工作专项检查情况；各相关单位主要领导作检讨发言。

老干部事务

【概况】 2022年，县老干部工作坚持以人为本，服务为先的工作宗旨，围绕为党和人民事业增添正能量的价值取向一条主线，突出政治引领、生活保障两个重点，着眼老干部工作的政治性、政策性、社会性，高度重视、大胆实践、精细服务，坚持稳中求进工作总基调，努力在政治思想引领、党组织凝聚力、组织力及精准服务老同志方面取得成效，真正使新时代老干部工作体现时代性、突出针对性、增强有效性，切实发挥离退休干部的优势和作用。

【思想政治建设】 坚持把学习贯彻习近平新时代中国特色社会主义思想、党的二十大精神作为离退休干部工作的首要政治任务，

2022年6月29日，县委老干部局组织退休老干部在县人民政府旧址重温入党誓词

通过开展“学思践悟二十大，砥砺奋进新征程”等主题党日活动，组织全县广大离退休干部及老干部工作者学习贯彻党的二十大精神，同时为老干部订阅报刊，确保离退休干部党员学习“不缺课”“不掉队”。年内，组织各离退休干部党支部班子成员及党员代表参加各类学习培训4场次。落实老干部阅读文件、参加重要会议、情况通报、参观考察等制度。组织老干部上《百年党史——中国共产党入党誓词演变过程》为题的生动党课。探索建立“上门送服务”的工作模式，针对年龄偏大、老年体弱、患病或重残疾的离退休干部，提供理论送学上门活动。疫情防控期间，坚决做到学习不延误、不打折扣，及时开启“不见面”学习模式，充分利用中组部、州委老干部局微信公众号以及“青海老干部”App，组织离退休干部和老干部工作者深入学习习近平新时代中国特色社会主义思想、党的二十大精神以及省州全会精神等，推动理论学习走深走实。加强离退休干部党的建设工作，及时研究解决存在的问题。老干部党支部以《关于新形势下党内政治生活的若干准则》为基本标尺，严格执行“三会一课”、组织生活会、谈心谈话、党性分析、民主评议等各项制度，加强对党员的教育管理，推进老干部党支部工作制度化规范化建设。

【落实政治待遇】 县委、县政府落实老干部政治待遇，“两节”期间县四大班子主要领导身先垂范，对全县离退休老干部、老党员，以召开情况通报会、座谈会和走访的形式，进行慰问，主动解老干部、切实服务老干部，当好老干部的知心人、贴心人、暖心人。“两节”期间，走访慰问178名离退休老干部，发放慰问金共计14.38万元。

【落实生活待遇】 按照相关政

策规定，定期做好离退休干部健康体检，每年每人发放体检费2000元，组织老干部开展健康体检活动。妥善办理离退休干部丧葬事宜，慰问家属，及时上报解决去世人员抚恤金和无固定收入遗属生活困难补助费，去世离退休干部14人，发放慰问金和丧葬费16000元。

【老干部活动中心建设】 为提升老干部活动室的服务功能，激发他们老有所学、老有所乐、老有所为的积极性和创造性，高标准新建主阵地。在县委、县政府的支持下，投资600万元，新建1200平方米的县老干部活动中心，有中心设健身房、棋牌室、图书室等设施。

【离退休干部信息采集】 完善和健全离退休干部、党员信息库，县老干部服务中心开展信息采集工作，在信息填写时通过查阅档案或电话联系等形式，认真逐类逐项核实填写信息，完成908名离退休干部的信息采集工作，其中行政及工勤人员377名、事业单位及工勤人员531名，并安排1名专职工作人员负责信息化平台日常管理和维护，及时更新离退休干部信息数据。离退休干部下载“青海老干部”App安装率达70%以上。

【关工委工作】 坚持聚焦精准关爱，重点聚焦失学、失亲、流动、留守、残疾、贫困、精神困惑等青少年，认真研讨精准关爱对策，务求关爱对象更加精准，努力优化青少年健康成长的良好环境。强化青少年爱国主义教育，为青少年免费开放河南蒙古历史文化博物馆和黄河南蒙古族文史陈列馆，两个关心下一代教育基地接待青少年2000余人。参与青少年普法和校园安全工作，联合县司法局、团县委、妇联等相关部门多次走进中小学，开展“法律进校园”活动，对保障学生安全、远离犯罪及推进法治校园建设起到促进作用。

党史编研

【概况】 2022年，县史志工作始终坚持以习近平新时代中国特色社会主义思想为指导，全面贯彻落实习近平总书记关于史志工作的重要指示精神，以“以史鉴今、资政育人”为己任，坚持“创新创优、提质提效”的工作理念，围绕中心，服务大局，史志工作取得新成效，实现新发展。

【党史理论学习】 坚持“党史姓党、党史为党”的政治原则，牢牢把握史志工作正确政治方向，始终坚持学习好、践行好习近平新时代中国特色社会主义思想，利用周例会、党支部集中学习会开展集中学习，重点对史志专业知识开展集中学习，同时利用“学习强国”“黄南先锋”“青海干部网络学院”等平台做好个人自学，不断提升史志工作者政治理论水平，强化史志工作者使命担当。

【党史宣教】 坚持“为党立言、为国存史”的初心使命，全力以赴抓好党史宣教工作，组织开展“喜迎二十大”党史主题宣传活动，教育引导广大党员干部群众知史爱党、知史爱国，不断推进党史学习教育常态化长效化，激励广大党员干部以更加饱满的精神状态担当作为，为河南县经济社会高质量发展做出贡献。征订《党的十九大以来大事记》和《党的二十大报告学习辅导百问》

2022年，县党史研究室征订《党的十九大以来大事记》和《党的二十大报告学习辅导百问》各100册供全县各级党组织和广大党员干部学习

两本书各 100 册，供各县各级党组织和广大党员干部学习参考。

【党史二卷编纂】 在消化吸收评审组领导的修改意见建议的基础上，对《中国共产党河南县历史（1949—1978）（初审稿）》进行加工、提升，做好史实考证、引文核对、数字核实、注释规范、插图精选和文字推敲、观点打磨、及时补充资料等工作，形成《中国共产党河南县历史（1949—1978）（复审稿）》，并征求党史编纂委员会主任、副主任和各委员的意见建议，筹备复审稿评审会议。

河南县人民代表大会

综 述

【概况】 2022年，县人大常委会坚持以习近平新时代中国特色社会主义思想为引领，以迎接党的二十大、学习贯彻党的二十大精神为主线，以全面贯彻落实中央及省委、州委、县委人大工作会议精神为重点，深入学习贯彻省第十四次党代会和州委、县委全委会精神，坚持党的领导、人民当家作主、依法治国有机统一，高站位、高标准统筹推进立法、监督、决定、任免、代表工作和自身建设，圆满完成年初确定的各项目标任务，为高效统筹疫情防控和经济社会发展，全力推进新时代“纯净河南·幸福蒙旗”奋进新篇章做出积极贡献。人大常委会筹备召集人民代表大会1次、县人大常委会7次、常委会主任会议8次，听取和审议“一府一委两院”专项工作报告22项，开展专题调研5次，执法检查4次，做出决议决定18项，开展集中学习40余次，研讨交流6次，观看警示教育片2次，讲授党课7次，开展主题党日活动9次。

【坚持党的领导】 常委会自觉把党的领导贯穿于人大依法履职的整个过程、落实到人大工作的各个方面，切实做到监督服务大局、决定重大事项维护大局、依法任免保障大局。注重强化思想引领，始终在思想上政治上行动上同以习近平同志为核心的党中央保持高度一致，一以贯之用习近平新时代中国特色社会主义思想武装头脑、指导实践、推动工作。严格落实“第一议题”制度，深入学习贯彻习近平新时代中国特色社会主义思想和党的十九大、十九届历次全会，党的二十大、二十届一中全会，中央和省委、州委、县委人大工作会议，省第十四次党代会和省委、州委、县委全会精神，紧紧围绕人大工作实际，注重在学懂弄通做实上下功夫，准确把握新时代赋予人大工作的职责、使命和要求，不断提高政治判断力、政治领悟力、政治执行力。始终坚持党的全面领导，深刻认识和把握坚持党的全面领导这一最高政治原则，坚决贯彻落实中央和省委、州委、县委决策部署，努力做到全县工作重心在哪里，人大工作就跟进到哪里，力量就汇聚到哪里，作用就发挥到哪里。严格执行向县委请示报告制度，细化明确请示报告的事项、程序和要求，定期向县委报告全面工作，及时请示报告人大工作中的重大问题、重点事项、重要情况，始终做到在县委的正确领导下统筹安排和推进人大各项工作。年内向县委书面请示报告14次。有效发挥党组织的核心作用，坚持发挥党组领导作用与常委会依法履职相统一，坚持主任会议和常委会审议重大问题、重要工作、重要任务等事项先由党组会议研究部署，认真贯彻民主集中制，发挥党组把方向、管大局、抓落实的领导作用。严格落实全面从严治党和党风廉政建设主体责任，严格党内政治生活，切实提高党内生活的政治性、原则性、战斗性。党组成员以上率下，经常深入乡镇村社开展工作，引导代表群众坚定不移感党恩、听党话、跟党走。

2022年10月22日，人大代表对县人民政府推进农牧业现代化示范区建设工作和推进“绿水青山就是金山银山”实践创新基地转化工作情况进行专题视察调研

【基层人大建设】 全面加强对乡镇人大工作的支持和指导力度，进一步促进乡镇人大工作的制度化、规范化和科学化。加强对乡

镇人大工作的指导，州人大常委会多次在河南县调研指导县乡人大工作，全力支持和保障县乡人大依法履职，切实解决一些乡镇人大工作中的实际困难和问题。常委会班子成员认真落实联乡包干责任制，多次到各乡镇检查指导工作，督促各乡镇人大主席团建立健全各项工作制度、制定年度工作计划、落实工作责任，进一步提高乡镇人大主席团的工作能力和水平。各乡镇在建好乡镇人大代表联络室的基础上，点面结合、因地制宜地抓好村级人大代表活动室建设，将代表履职触角延伸至村，统一标准建设6个代表联络室、43个代表活动室，实现乡镇、村社“两室一平台”建设全覆盖。结合河南县实际，用藏语、汉语健全完善人大工作制度，规范上墙“四项职责”，建立健全“十项制度”“七表”“三册”。规范乡镇人大工作，制定乡镇人大工作任务清单，不断改进工作方式方法、总结经验、补齐短板，并逐步推进无纸化办公的目标。严格按照法律要求和法定程序，全面规范乡镇人民代表大会和乡镇人大主席团会议，不断改进会议组织工作，着力提高会议质量，确保会议次数不减少、程序不漏项、内容不虚化，各乡镇人大全年规范召开人民代表大会2次。发挥人大主席团作用，乡镇人大主席和主席团积极转变工作作风，时刻关注乡镇人民政府工作，认真履行乡镇人大主席团工作职责，进一步增强乡镇人大工作的主动性和积极性。强化对政府工作的监督，每季度至少组织召开一次主席团会议，听取政府相关工作汇报，并就阶段性工作中存在的问题提出意见，同时对急难愁盼的问题进行视察调研，提出合适的解决方案。

【人大常委会机关建设】　常委会坚持深入推进“四个机关”建设，全面强化思想、制度、作风和纪律建设，使常委会党组成员和机关干部始终保持奋发有为、开拓进取的精神状态，以自身建设新成效推动人大工作新发展。加强党的建设，深入贯彻县委关于深化作风建设和“六个一”活动总要求，围绕落实从严管党治党主体责任和“一岗双责”要求，把党建工作、党风廉政建设和反腐败工作、意识形态纳入重点工作内容，与常委会工作同研究、同部署、同落实，召开专题会议，安排部署党建、党风廉政建设、意识形态、精神文明和民族团结工作，明确任务，细化工作，落实责任。加强廉政建设，落实民主集中制、“三重一大”集体决策制度，严格落实党风廉政建设责任制，贯彻执行中央八项规定和省州县委相关措施，认真抓好省委巡视反馈意见整改，自觉接受县纪委的监督指导，持之以恒纠治形式主义、官僚主义，营造风清气正的良好环境。加强效能建设，制定常委会党组向县委请示报告制度等5项制度，进一步提升规范化管理水平，使人大工作干在实处，走在前列的步伐更加坚定。编制《河蒙人大》专刊，积极发挥人大宣传主阵地作用，宣传人大工作的新气象新局面新成效，展现人大代表履职风采，开创人大宣传工作的新局面。在青海新闻联播和《青海日报》、央广网、中新网青海、青海人大网等媒体上共发布信息8篇。加强队伍建设，根据《县委关于印发〈河南县干部执行力提升行动实施方案〉的通知》要求，及时推进人大机关干部执行力提升行动，从健全规章制度、狠抓工作落实、增强纪律意识、提升工作效率等方面入手整顿，干部执行能力和执行效率明显提升。持续强化周一集中学习例会制度，按照“缺什么补什么”的原则，认真学习党的理论和路线方针政策，切实加大人大系统干部学习法律知识和人大专业知识学习力度，打造一支高素质、专业化的干部队伍。

重要会议

【十六届人大二次会议】　2022年2月28日，河南蒙古族自治县第十六届人民代表大会第二次会议在县会议中心召开。大会听取和审议《河南蒙古族自治县人民政府工作报告》《河南蒙古族自治县人大常委工作报告》《河南蒙古族自治县人民法院工作报告》《河南蒙古族自治县人民检察院工作报告》，审查《河南蒙古族自治县2021年国民经济和社会发展计划执行情况与2022年国民经济和社会发展计划草案的报告》《河南蒙古族自治县2021年财政预算执行情况和2022年财政预算

2022 年 2 月 28 日，河南蒙古族自治县第十六届人民代表大会第二次会议在县会议中心召开

草案的报告》《河南蒙古族自治县人民政府关于第十五届人民代表大会第七次会议和第十六届人民代表大会第一次会议代表意见建议办理情况的报告》，并对各项报告作出相应的决议。

【十六届人大常务委员会会议】

第四次会议。2 月 17 日，召开河南县第十六届人大常委会第四次会议。会议审议通过《关于召开河南蒙古族自治县第十六届人民代表大会第二次会议的决定（草案）》《河南蒙古族自治县第十六届人民代表大会第二次会议主席团和秘书长名单（草案）》《河南蒙古族自治县第十六届人民代表大会第二次会议议案表决办法（草案）》《河南蒙古族自治县第十六届人民代表大会第二次会议代表变动情况和代表资格审查的报告（草案）》《河南蒙古族自治县人大常务委员会工作报告（草案）》等草案。同时，进行人事任免。

第五次会议。4 月 13 日，在县人大五楼会议室召开河南县第十六届人大常委会第五次会议。会议表决通过《河南蒙古族自治县第十六届人大常务委员会第五次会议议程（草案）》《县人民政府关于农牧业现代化示范区建设方案编制情况的专项报告》和《县人民政府关于“绿水青山就是金山银山”实践创新基地转化工作方案编制情况的专项报告》，部分常委会委员和列席人员分别对两项报告提出具有针对性和可行性的意见建议。

第六次会议。6 月 16 日，召开河南县第十六届人民代表大会常务委员会第六次会议。会上传达学习《中国共产党青海省第十四次代表大会精神》，听取和审议县人民政府《关于 2021 年度县财政决算的报告（草案）》《关于河南县 2020 年度县本级财政预算执行和其他财政收支情况审计查处问题整改落实情况的报告》《关于打造全域旅游示范区工作情况的专项报告》《关于 2021 年财政预算调整方案的报告》《关于 2020 年本级政府债务限额调整和债券资金分配情况的报告》5 项报告，并对相关报告进行满意度测评。通过县人民政府、县人民法院、县人民检察院提请的有关任免议案，进行人事任免。

第七次会议。9 月 2 日，召开河南县第十六届人民代表大会常务委员会第七次会议。会上，传达学习省委人大工作会议精神，听取和审查县人民政府关于 2021 年度财政预算执行和其他财政收支审计的报告，听取和审议县人民政府《关于 2022 年 1—8 月财政预算执行情况的报告》《关于 2022 年 1—8 月国民经济和社会发展计划执行情况的报告》《关于政府债务资金变化和管理情况的专项报告》《关于贯彻落实中华人民共和国未成年人保护法情况的报告》《关于粮食安全工作的专项报告》，人大民族和监察法制委员会《关于检查规范性文件备案审查工作情况的报告》；审议《关于接受陆来海同志辞去黄南藏族自治州第十六届人民代表大会代表职务的议案》，并对县人民政府各项报告进行满意度测评。通过县人民政府、县人民法院、县人民检察院提请的有关任免议案，进行人事任免。

第八次会议。9月11日，召开河南县第十六届人民代表大会常务委员会第八次会议。会上，听取和审议县人民政府关于变更一般债券项目的议案。

第九次会议。10月27日，召开河南县第十六届人民代表大会常务委员会第九次会议。会上传达学习党的二十大精神，听取和审议县监察委员会《关于开展民生领域专项监督的工作报告》《关于村级监督机制运行情况的专项报告》，县人民政府《关于县十六届人大二次会议代表意见建议办理情况的报告》《关于全县国有资产管理情况的专项报告》，县人民法院《关于开展“一站式”多元解纷工作情况的报告》，县人民检察院《关于开展侦查监督和羁押必要性审查工作情况的报告》6项报告，并对相关报告进行满意度测评。补选车向贤为河南县出席黄南州第十六届人民代表大会代表。

第十次会议。12月27日，召开河南县第十六届人民代表大会常务委员会第十次会议。会上专题学习州委、县委人大工作会议精神，听取和审议县人民政府《关于河南县2022年度环境状况和环境保护目标完成情况的报告》《关于农牧业现代化示范区建设情况和“绿水青山就是金山银山”实践创新基地转化情况的专项报告》2项报告，并对相关报告进行满意度测评。审议通过《河南蒙古族自治县人民代表大会代表建议、批评和意见办理及考评办法》（修订版）。专项听取2022年度各乡镇人大主席团述职报告。

重要活动

【执法检查】　4月26日，州人大常委会副主任索南达吉率领州执法检查组深入河南县，就贯彻实施环境保护法情况开展执法检查。5月26日，州人大常委会副主任马进贤率领州执法检查组深入河南县，开展《中华人民共和国道路交通安全法》贯彻执行情况的执法检查。7月12日，以县人大常委会副主任李年栋为组长，对口专门委员会主任委员，部分乡镇人大主席、部分基层人大代表组成执法检查组，通过听取汇报、实地调查、查看相关资料等方式开展关于“一法一条例”贯彻执行情况的执法检查。7月27日，以县人大常委会副主任赵生满为组长，县人大民族和监察法制委员会主任委员公保才让、县人大财政经济和农牧环境资源委员会主任委员尕桑为副组长，部分乡镇人大主席、部分人大代表、部分县人大民族和监察法制委员会委员为组成人员的执法检查组，对县人民政府贯彻执行《中华人民共和国未成年人保护法》情况和县人民检察院贯彻执行未成年人保护法情况、县残联贯彻执行未成年人保护法情况进行执法检查。8月11日，以县人大常委会主任索南才让为组长，部分乡镇人大主席，人大代表，县人大常委会民族和监察法制委员会主任委员公保才让为组成人员的执法检查组，对县人民政府、县人民法院、县人民检察院贯彻执行《青海省各级人民代表大会常务委员会规范性文件备案审查条例》情况进行执法检查。9月15日，以县人大常委会副主任赵生满为组长，县人大常委会民族和监察法制委员会主任委员公保才让为副组长，部分乡镇人大主席、基层人大代表为成员的执法检查组先后深入县人民检察院和县人民法院，对县人民法院“一站式”多元解纷工作与县人民检察院在侦查监督工作中怎样才能发挥好立案监督、羁押必要性审查工作开展情况进行执法检查。

【调查研究】　5月30日，以县人大常委会副主任李年栋为组长，县人大常委会社会建设委员会主任委员角巴加、部分乡镇党委书记、部分人大代表为成员的调研组，通过听取县人民政府工作汇报、座谈交流、实地查看等形式对全县打造全域旅游示范区建设情况进行调研。7月6日，以县人大常委会主任索南才让为组长，县人大常委会副主任赵生满，县人大财政经济和农牧环境资源委员会相关委员、部分乡镇人大主席和人大代表为成员的调研组，通过听取县人民政府工作汇报、座谈交流、实地查看等形式对全县粮食安全工作情况进行调研。7月13日，省人大常委会副主任张黄元一行深入调研“双减”工作与《青海省包虫病防治条例》立法工作开展情况。7月18日，州人大常委会副主任马进贤一行，对人民法院诉源治理工作开展情况进行调研。7月20日，州人大常委会副主任辛海萍一行深入河南县，对开展“两个体系建设”工作情况进行调研。8月4日，省人大常委会副主任吴海昆一行调研巩固拓展脱贫攻坚成果同乡村振兴有效衔接工作与人大工作开展情况。8月10日，组织人大代表对县人民政府推进农牧业现代化示范区建设与“绿水青山就是金山银山”实践创新基地转化工作开展情况进行专题视察。视察组一行先后深入河南县三江源生态大数据空间、河南县蒙古大营、河南县蒙藏医院制剂中心、河南县新建活畜交易市场、河南县三江牧场公司等产业发展基地，通过现场询问、查阅资料等形式详细了解河南县生态保护、文化旅游基础设施建设、蒙藏医药发展、生态有机畜牧业发展、畜产品研发工作等情况。8月17日，以县人大常委会主任索南才让为组长，县人大常委会副主任赵生满为副组长，县人大常委会社会建设委员会主任委员角巴加、部分乡镇人大主席、部分人大代表为成员的调研组，通过听取县监察委员会工作汇报、座谈交流、实地察看等形式对河南县村级监督机制运行情况进行调研。9月16日，以县人大常委会副主任李年栋为组长，民族和监察法制委员会主任委员公保才让、财政经济和农牧环境资源委员会主任委员尕桑为副组长，部分乡镇人大主席、部分人大代表为成员的执法检查组，开展《中华人民共和国退役军人保障法》贯彻执行情况的执法检查。9月20—21日，由县人大常委会主任索南才让和副主任赵生满为组长，县人大常委会副主任李年栋和县人大民族和监察法制委员会主任委员公保才让为副组长，乡镇人大主席、部分人大代表组成的调研组，对县乡村振兴局、县教育局、县农牧水利和科技局、县交通运输局、县文体旅游广电局、县生态环境局等18家单位办理县十六届人大二次会议代表意见建议情况进行跟踪调研。10月20日，组织基层人大代表对县人民政府推进农牧业现代化示范区建设与“绿水青山就是金山银山”实践创新基地转化工作开展情况进行专题视察。

【意见建议交办】 3月24日，县人大常委会召开第十六届人民代表大会第二次会议代表意见建议交办会，县人大常委会副主任李年栋说明第十六届人民代表大会第二次会议代表意见建议采纳情况；县人大常委会主任索南才让与县人民政府及县委组织部、县委宣传部、县委统战部及县人大常委会办公室签订人大代表意见建议办理工作目标责任书；县委常委、县政府副县长唐建珍就做好2022年代表意见建议办理工作作表态发言。

【人大代表进“两室”活动】 7月28日，州人大常委会主任蒋树成一行到河南县开展人大代表进“两室”活动。赛尔龙乡州县乡三级人大代表参加活动。在赛尔龙乡代表联络室召开座谈会，听取县人大常委会工作开展情况和赛尔龙乡人大开展代表进“两室”活动情况，征求州、县、乡级人大代表对州人大常委会工作的意见建议。参会人员就针对加强人大代表业务培训工作、更好发挥“两室一平台”作用、加大意见建议办理力度、落实乡镇人大工作经费等实际问题积极发言，出谋划策，交换意见，达成共识。

职责履行

【立法调研】 根据《青海省人大常委会2023—2027年立法规划（草案）》要求，经报请县委同意，围绕有机畜牧业、生态环境保护、民族文化保护等事关全县经济社会发展的重点领域，制定《河南蒙古族自治县人大常委会2023—2026年立法规划》，把制定《河南蒙古族自治县民族文化保护与传承条例》《河南蒙古族自治县有机畜牧业高质量发展促进条例》列入立法计划，成立立法工作领导小组。加强对规范性文件备案审查工作的领导，全面开展地方性法规、自治条例、单行条例、地方政府规章和其他规范性文件、新修订的行政处罚法等内容的专项清理工作。共开展专项清理工作4次。组织人大代表开展打造全域旅游示范区建设、建设农业现代化示范区情况等专题视察调研5次；对未成年人保护法等相关法律法规贯彻执行情况开展执法检查4次。

【人事任免】　认真贯彻落实宪法、组织法等法律有关规定，坚持党管干部原则与严格依法任免有机统一，严格规范人事任免程序，对县委推荐、“一府一委两院”提请任免的干部人选，严格实行任职票决、任前表态、宪法宣誓等制度。共依法任免地方国家机关工作人员24人次。人事免去：河南蒙古族自治县第十六届人大常委会第七次会议上，决定免去县人民政府才项南加河南蒙古族自治县医疗保障局局长职务、韩成才河南蒙古族自治县人民政府办公室主任职务，县人民法院公保才洛、果多、达杰、加科、旦正才让、王海远、李照东等人民陪审员职务。河南蒙古族自治县第十六届人大常委会第六次会议上，决定免去尼玛才让河南蒙古族自治县文体旅游广电局局长职务，桑之杰河南蒙古族自治县人民法院综合审判庭庭长职务，斗拉才让河南蒙古族自治县人民法院审判员、立案庭庭长、审判委员会委员职务，拉本加河南蒙古族自治县人民检察院副检察长职务。人事任命：河南蒙古族自治县第十六届人大常委会第四次会议上，决定任命魏亚斌为河南县人民政府副县长。河南蒙古族自治县第十六届人大常委会第七次会议上，决定任命刘武兵、孙晋为县人民政府副县长（援青），李靖为县人民政府办公室主任，夏吾太为县人民检察委员会委员、检察员，才旦卓玛为县人民检察委员会委员。河南蒙古族自治县第十六届人大常委会第六次会议上，决定任命陈敏为河南蒙古族自治县文体旅游广电局局长，桑之杰为河南县人民法院审判委员会专职委员，尕藏尖措为河南县人民法院立案庭庭长，赵志红为河南县人民法院综合审判庭庭长，李智措为河南县人民法院执行局副局长，夏吾太为河南蒙古族自治县人民检察院副检察长。河南蒙古族自治县第十六届人大常委会第九次会议上，补选车向贤为河南县出席黄南州第十六届人民代表大会代表。

【人大代表履职】　常委会把支持保障代表履职作为重要基础性工作，增强服务意识，优化保障机制，便利履职方式，帮助代表提高履职能力，当好党和国家联系人民的桥梁。

代表培训。通过以会代训、视察调研、代表进“两室”、举办人大代表培训班等形式，深入学习宣传党的十九大和党的二十大精神、人民代表大会制度、相关法律法规等内容。通过积极衔接天津援青资金，举办两期人大代表普通话培训班，有效提升基层人大代表履职能力和普通话水平。全年累计举办各类培训班4期，培训人大代表232人次，县级人大代表培训覆盖面达100%。

激励机制。为促使代表更好履职，坚持代表列席常委会等制度，适时组织代表开展视察调研和执法检查活动，不断提高基层代表对人大工作的参与度。通过统一组织基层人大代表进行健康体检、“两节”集中慰问等活动，切实把党对人大代表的关心关爱落到实处。建立代表意见建议办理表彰奖

2022年6月7日，河南县人大代表第一期普通话培训班开班

励机制，9家单位被评为代表意见建议办理人民满意单位，5名代表被评为提意见建议优秀代表。

意见建议办理。制定《河南县人民代表大会代表建议、批评和意见办理及考评办法》，完善代表建议提出、交办和督办工作流程，召开代表意见建议交办会进行依法交办，与责任单位签订目标责任书。县人民政府召开意见建议办理推进会，推动代表意见建议高标准、高效率、高质量办理落实，做到任务、人员、时限、质量“四落实”。建立完善四大班子主要领导领衔督办、人大常委会分管领导牵头督办、县政府领导牵头承办、县人大常委会委员室跟踪督办、县政府部门具体承办格局，积极开展意见建议办理情况的跟踪调研，努力做到过程和结果双满意，办理质量和代表满意度双提升。县第十六届人大第二次会议案审查委员会共收到代表所提议案和意见建议共178件，经过审查委员会逐条审查均不符合议案要求，所收议案均作为代表建议、批评和意见处理。经认真汇总整理，最终共立案24个方面的74件意见建议。其中62件属县人民政府工作范围，人大方面2件，政府方面62件，组织方面5件，宣传方面2件，统战方面3件。按照“依法行政、依法办理、依法落实、依法答复”的原则，各承办单位将人大代表意见建议办理与部门重点工作相结合，突出重点，解决难点，狠抓落实，74件代表意见建议在规定时限内办复完毕，办复率100%。

进“两室”活动。号召省州县乡四级人大代表充分发挥代表在闭会期间的履职作用，积极组织开展代表进“两室”活动，紧紧围绕乡村振兴、五大产业发展、生态环境保护、基础设施建设等事关牧民群众切身利益的问题，通过座谈交流、深入基层广泛听取群众意见建议等方式，了解民情、反映民意、解决群众关注的热点难点问题。通过人大代表进“两室”活动，学习宣传贯彻习近平新时代中国特色社会主义思想和党的二十大、中央和省委、州委、县委人大工作会议精神等内容，进一步提高广大群众的获得感、幸福感、安全感。6个乡镇已完成人大代表进“两室”年度任务，共开展人大代表进“两室”活动12次，解决困难问题21条，得到广大群众的认可和好评。例如，柯生乡人大把进“两室”期间提出的意见建议及时反映给相关部门，协调解决乡学校草场管理归属、柯生村边界3万米网围栏等问题，为维护社会稳定贡献出人大力量。

发挥代表主体作用。各级人大代表响应党委号召，有效发挥人大代表在社会管理中的作用，主动承担产业发展带动致富、矛盾纠纷排查化解、党的惠民政策和法律法规宣传等工作，主动解决牧民群众关注的热点难点问题，努力做到“民有所呼、我有所应”。组织开展乡村振兴“金点子”暨微创新征集活动，动员常委会组成人员和县级人大代表，围绕县委工作部署和乡村振兴战略总要求，为乡村振兴发展出谋划策、贡献力量。发出《致全县各级人大代表的疫情防控倡议书》，动员全县各级人大代表落实疫情防控工作要求，发挥人大代表先锋模范作用，投身疫情防控斗争工作。例如，优干宁镇人大在优干宁镇泽雄村边界处疫情防控卡点设立“人大代表先锋岗”，组织动员基层人大代表24小时轮流值守防疫卡点，彰显新时代人大代表的责任担当和履职风采。

【人大监督】 常委会聚焦全县重大发展目标和中心工作，自觉在大局中思考，在大局下行动，履行法定职责，发挥人大作用。依法召开人大常委会会议7次、主任会议8次，配合协助完成州人大相关调研4次，听取和审议“一府一委两院”专项工作报告22项。首次把政府债务、监委工作纳入县人大监督工作的范畴，听取审议关于政府债务的专项汇报，对县监察委员会村级监督机制运行情况开展专题调研。组织召开预算审查监督工作联席会议，提高预算审查监督质量，增强监督质效。坚持谋大事、议大事、抓大事，依法决定重大事项，作出《关于批准河南县2021年财政预算调整方案的决议》等11项决议，提出审议意见18项。

河南县人民政府

综 述

【概况】 2022年，河南县人民政府全面贯彻“疫情要防住、经济要稳住、发展要安全”的重大要求，践行“六个现代化新青海”建设，团结带领全县人民在复杂局面和严峻形势下赢得主动。全县地区生产总值20.5亿元，同比增长1.3%；牧业总产值12.66亿元，同比增长5.05%；社会消费品零售总额1.81亿元，同比增长1%；地方公共财政预算收入0.57亿元，同比增长33.66%；全体居民人均可支配收入2.32万元，同比增长6.5%。经济运行实现稳中有升的态势，其中地区生产总值增速高于全州平均水平，地方公共财政预算收入、全体居民人均可支配收入等指标增速高于全省平均水平。

【产业发展】 主动融入产业“四地”建设，全力开展“两山”实践创新基地成果转化工作，制定实施“1+5+X”产业发展模式。深入推进国家农业现代化示范区建设，无角欧拉羊品种培育力度持续加大，建成河南县活畜交易集散中心，完成州级合作示范社6家，三江牧场、启龙牧场获得省级农业龙头企业认证，2个专业合作社SC认证工作全面完成，青清海农牧科技商贸有限公司通过国际质量管理体系、食品安全管理体系和食品安全保证体系认证，具备进入全国各大商超的资格条件。完成26项144类商标注册，新研发出有机产品15种，河南县入选农业生产“三品一标”典型案例。洮河源国家湿地公园申报国家AAA级旅游景区工作稳步推进，打造出省级乡村旅游重点村2家、三星级乡村旅游接待点3家，旅游总收入达1.07亿元。发挥蒙藏医药“一站一室两中心”作用，研制出新药制剂品3种、保健产品3种，并通过全国基层中医药工作先进单位复审。

【乡村振兴】 推进乡村振兴“八大行动”，27个行政村集体经济收入超过10万元，3个行政村集体经济收入突破100万元，易地搬迁群众实现户均至少1人就业，脱贫群众人均可支配收入增长11.7%，返贫风险率低于3%。实施乡村振兴衔接项目35项，落实资金1.19亿元，39个行政村村庄建设规划编制工作全面启动，5个乡村振兴试点村、4个高原美丽乡村、600户牧民居住条件改善工程、54户农牧民抗震改造工程等有序推进，修建通村砂路67.64千米，新建桥、涵洞47道（座），建设完成50吨蓄水池6座、机井176眼，有效提升420户群众饮水安全。

【城乡建设】 推进“厕所革命”，完善“一厕一档”清单化管理机制。优干宁镇给水管网提标改造、宁木特镇特色小街、柯生乡生态美丽乡镇、县城基础设施补短板等项目加快建设，尕玛尔河防洪工程、吉岗东路商业楼等项目均建设完成，完成全县6乡镇39个行政村乡村建设评估工作，实施优干宁镇吉仁村、泽雄村、宁木特镇周龙村、德日旦村4个美丽乡村项目建设和牧民居住条件改善工程600户，完成县城和各乡镇风貌规划编制工作。

【生态建设】 全面完成“三区三线”划定和国土资源空间规划编制工作。严格落实县级干部生态责任田制度，河湖长制、林草长制持续巩固，15项草原科技项目在河南落地实施，建成长期检测科研基地4个，“引智引才”草原科研工作走在全省前列。实施总投资5990万元的三江源生态保护、退化草原生态修复等项目，完成国土绿化0.55万亩，草原生态修复200万亩，全县综合植被覆盖度达71.9%，位居全州第一、全省第二。开展清洁能源替代工程，基本实现县城供暖“无煤化”“零排放”，持续巩固19年“禁塑”成果，实行“村收集、乡转运、县处理”的三级垃圾治理模式，生活垃圾无害化处置率达96.7%，空气质量优良天数比例达95%以上，黄河出境断面水质稳定保持在Ⅱ类以上。首次发现国家一级保护植物玉龙蕨。

【民生福祉】 全面落实就业创业政策，城镇新增就业285人，城镇登记失业率为3.12%，农牧区劳动力转移就业1806人，城镇、农村居民收入分别增长2.2%和6.2%。教育高质量发展“1+5”文件落实有力，设立教育发展基金 250 万元，补充教师、后勤人员 65 人，60 名保教人员在原有的工资基础上增资 700 元，投资 1.2 亿元实施教育提质达标项目 20 个，宁木特镇第三完小建成投用，新建宁木特镇第二、第三幼儿园，天津班、内蒙古班高考本科上线率分别达 92.5%、80%。“五医”联动改革纵深推进，县人民医院、疾控中心、妇计中心、卫生监督所整体搬迁和提标改造工作全面推进，公共卫生设施持续完善。发放低保金、特困供养金、临时救助金、“两残”补贴等 6837.56 万元，惠及 21870 人次。全县公共文化财政支出 378.86 万元，举办村级“那达慕”“蒙旗杯”足球赛等各类文化惠民活动 67 场，《河南蒙古族自治县年鉴（2022）》入选“青海省地方综合年鉴精品工程”，河南健儿才让多杰在全运会、省运会分别获得民族式摔跤 90 公斤级金牌、100 公斤级银牌，为全州争得荣誉。

【惠民实事】 通过群众提、单位审、政府定的方式，面向全社会广泛征集民生实事项目，从中梳理确定十件民生实事，分别是城乡劳动力技能培训 20 期 1000 人；牧民居住条件改善工程 600 户；中小学幼儿园安全消防基础设施建设；新建机井 123 眼；汽车站整体搬迁；宁木特镇到多松乡美丽农村路；高质量举办村级“那达慕”盛会；江源、延巴、赛日旦、河曲 4 个社区嵌入式养老服务设施建设；河南县尕玛尔河防洪工程；三江源生态保护和修复项目退化草原修复工程。

【项目建设】 实施供水厂提标改造、蒙藏医药康养中心、四星级宾馆、汽车站、县人民医院整体搬迁等各类项目 177 项，完成固定资产投资 9.1 亿元，农网改造、宁木特镇至黄河沿旅游扶贫公路等项目均完工。高效协调张汶高速河南段建设，得到州政府和省相关部门充分肯定。

【社会治理】 纵深推进“民族团结+”融合发展行动和民族团结进步创建“十一进”活动，加大领导干部与宗教界人士联谊交友，推进“铸牢中华民族共同体意识”体验馆，深入开展“爱国、感恩、团结、法治”教育，寺院管理实现法治化、规范化、社会化。推进“枫桥式”星级司法所和乡镇金牌调解室创建，建成“一站式”多元解纷中心，严格落实领导干部定期接访下访制度，信访事项按期办结率和群众满意度分别达到 92.6%、95%，托叶玛乡曲海村获“全国民主法治示范村”称号。开展“防风险、除隐患、降发案、保平安”、缉枪治爆等专项行动，破获刑事案件 25 起，办理行政治安案件 93 起，破获全州首例非法利用信息网络犯罪案。开展“防风险、保安全、护稳定”安全生产大督查、大整治，地质灾害、防汛排涝、自建房等安全风险隐患整治成效显著，全年未发生重大安全事故。强化食品药品监管，守护人民群众“舌尖上的安全”。

【深化改革】 推进重点领域改革，基本完成各类改革任务，事业单位管理岗位职员等级晋升改革全面实施，完成党政事务辅助人员定岗定编。农村公路管理养护体制改革、市场主体强制退出等改革试点工作成效显著。推进公务用车制度改革，实现全省平台并网监测，完成车辆评估工作。全面实行行政许可事项清单管理，新行政服务中心投入使用，乡镇便民服务中心实现全覆盖，全面推行行政服务“好差评”制度，受理审批事项 19155 件，办结率达 100%。参加“青洽会”，签约招商引资项目 6 项，签约金额 4.61 亿元。持续加大与农业农村部、天津市滨海新区对口援建单位交流合作力度，落实天津市滨海新区对口援建项目 13 项。

【政府自身建设】 坚持把学习宣传贯彻党的二十大、省第十四次党代会精神作为重大政治任务，深刻领悟“两个确立”的决定性意义，毫不动摇坚持党对政府工作的全面领导，切实提升政府贯彻各级党委决策部署的主动性和自觉性。自觉接受人大的法律监督和工作监督，政协的民主监督和社会舆论监督，县政府系统首次召开人大代表建议和政协委员提案办理工作推进会，完成涉及政府部门的 62 件人大代表意见建议和 38 件政协委员提案，办结率、答复率、满意率均为 100%。全面开展“八五”普法工作，重大行政决策进行合法性审查15件。开展政府党风廉政建设和反腐败工作，充分发挥审计监督作用，推进工程建设领域专项治理深化一体推进“三不腐”工作。开展“深化作风建设、狠抓工作落实”“转作风、勇争先”、干部执行力提升等作风建设行动，持续开展“下基层、办实事”活动，全县上下真抓实干、争先进位的工作氛围更加浓厚，支持工会、共青团、妇联、工商联、科协等群团组织服务大局，各项事业全面进步，百花齐放。

【县政府重要活动】 4月12日，县委副书记、县长钢夫在县人民医院调研疫情防控工作时强调要深入学习贯彻习近平总书记关于疫情防控的重要指示精神，按照省、州疫情防控工作要求，坚持人民至上、生命至上，聚焦疫情防控常态化、精准化，多措并举、狠抓落实，做实做细“外防输入”各项工作，坚决守牢“零输入、零感染”的底线。6月1日，在县会议中心召开坚决落实省党代会精神，全面贯彻新发展理念，推进“绿水青山就是金山银山”实践创新基地成果转化工作大会。9月28日，在那达慕文化广场举行河南县集中式和分布式光伏发电项目开工仪式。

重要会议

【县政府全体会议】 3月10日，河南县召开第十六届人民政府第二次全体会议暨廉政工作会议。县委副书记、县长钢夫出席会议并讲话，县委常委、县政府副县长唐建珍主持会议。会议指出，2022年是党的二十大和省第十四次党代会召开之年，是新一届政府全面开局之年。全县政府系统要深入学习贯彻党的十九届六中全会精神，认真贯彻落实党中央、国务院决策部署和省委省政府、州委州政府工作要求，在县委的坚强领导下，坚持稳字当头、稳中求进工作总基调，勇于和复杂环境斗争、善于和优势对手争雄、敢于和自身短板较量，踔厉扬帆，笃行未来，续写河南县高质量发展绚丽篇章，以实际行动为党的二十大和省第十四次党代会胜利召开增光添彩。

【县政府常务会议】 第8次（2022年第1次）常务会议。2月16日，县委副书记、县长钢夫主持召开十六届县人民政府第8次（2022年第1次）常务会议。会议审议县政府办公室《关于提交审议〈政府工作报告（审议稿）〉的请示》等5项议题。

第9次常务会议。3月15日，县委副书记、县长钢夫主持召开十六届县人民政府第9次（2022年第2次）常务会议。会议研究赛尔龙乡人民政府《关于赛尔龙乡撤乡设镇的请示》等3项议题。

第10次常务会议。4月7日，县委副书记、县长钢夫主持召开十六届县人民政府第10次（2022年第3次）常务会议。会议研究县财政局《关于上报全县行政事业单位2020年资产清查情况的报告》等33项议题。

第11次常务会议。5月17日，县委副书记、县长钢夫主持召开十六届县人民政府第11次（2022年第4次）常务会议。会议研究县直机关事务管理局《关于申请河南县那达慕宾馆与第三方合作经营的请示》等5项议题。

第12次常务会议。6月26日，县委副书记、县长钢夫主持召开十六届县人民政府第12次（2022年第5次）常务会议。会议研究县委党校《关于将学员公寓、食堂进行社会化服务管理的请示》等6项议题。

第13次常务会议。7月5日，县委副书记、县长钢夫主持召开十六届县人民政府第13次（2022年第6次）常务会议。会议研究县农牧水利和科技局《关于下达2022年河南县规模养殖基地及生态畜牧业建设项目实施方案批复的请示》等24项议题。

第14次常务会议。7月12日，县委副书记、县长钢夫主持召开十六届县人民政府第14次（2022年第7次）常务会议。会议研究县人民政府办公室呈报的《中共河南县人民政府党组工作报告》。

第15次常务会议。8月24日，县委副书记、县长钢夫主持召开十六届县人民政府第15次（2022年第8次）常务会议。会议研究县发展和改革局《关于开展乡村规划编制工作的请示》等16项议题。

第16次常务会议。10月8日，县委副书记、县长钢夫主持召开十六届县人民政府第16次（2022年第9次）常务会议。会议研究县人民政府办公室《关于报请审议〈河南县县级各部门（单位）行政许可事项清单〉的请示》等5项议题。

第17次常务会议。11月9日，县委副书记、县长钢夫主持召开十六届县人民政府第17次（2022年第10次）常务会议。会议研究县法院《关于设立“河南蒙古族自治县‘一站式’多元解纷中心”的请示》等33项议题。

第18次常务会议。12月28日，县委副书记、县长钢夫主持召开十六届县人民政府第18次（2022年第11次）常务会议。会议研究县人力资源和社会保障局《关于河南县部分幼教人员调整基本工资的请示》等4项议题。

【县政府专题会议】 1月19日，根据党中央、省委、州委和县委总体部署要求，河南县政府党组班子召开党史学习教育专题民主生活会。会议以“大力弘扬建党精神，坚持和发展党的百年奋斗历史经验，坚定历史自信，践行时代使命，厚植为民情怀，勇于担当作为，团结带领人民群众走好新的赶考之路”为主题，聚焦5个重点方面，认真组织会前学习，深入查摆存在问题，严肃开展批评与自我批评。

1月27日，县政府召开党组集中学习（扩大）会议暨全县重点工作推进会。

2月27日，河南县召开2022年百名干部下乡活动专题培训会议。会议旨在贯彻落实学习宣讲2022年中央和省委1号文件精神。

4月2日，省、州指挥部疫情防控指挥部组织召开专题会议，压茬组织召开新冠肺炎疫情防控处置工作指挥部专题会议，会议学习贯彻省州疫情防控指挥部专题视频会议精神。

4月27日，河南县政府召开十六届县人民政府廉政工作会议，会上对近期经济运行、疫情防控、安全生产和值班值守工作进行安排部署。

5月27日，河南县召开2022年全县水旱灾害防御工作会议。贯彻落实全国水旱灾旱防御工作会议和省、州水旱灾旱防御工作会议精神，做好2022年全县水旱灾害防御工作。

6月6日，县政府党组召开学习贯彻省第十四次党代会精神专题研讨会。会上，唐建珍、孙辉、旦正才让作交流发言，其他成员提交书面发言材料。

6月6日，县政府党组召开学习贯彻省委书记信长星、省长吴晓军来黄南州调研时的讲话精神专题研讨会。

6月15日，县政府党组召开学习贯彻省第十四次党代会精神，加快建设“六个现代化新青海”专题研讨会。

6月21日，河南县召开2022年医改领导小组（扩大）会议暨重大疾病和地方病防治工作会议，传达学习全省医改领导小组（扩大）会议暨重大疾病和地方病防治工作会议精神，通报2021年全县综合医改重点任务及重大疾病、地方病工作落实情况，安排部署2022年重点工作。

6月26日，河南县召开政府系统作风建设工作会议，全面落实省委省政府、州委州政府关于作风建设的部署要求，进一步统一思想认识，压实工作责任，对政府系统作风建设工作再动员、再部署，推动政府系统作风建设取得新成效。

8月29日，河南县召开新冠肺炎疫情防控处置工作指挥部专题会议，通报全县近期疫情防控工作开展情况，分析研判当前疫情形势，部署防控重点工作。

9月16日，继国家、省州秋冬季森林草原防灭火工作电视电话会议召开后，县委副书记、县人民政府县长钢夫第一时间主持召开全县秋冬季森林草原防灭火工作会议，就做好秋冬季森林草原防灭火工作进行动员部署，并提出工作要求。

9月26日，河南县召开农村问题厕所“回头看”专题安排部署会，深入贯彻落实中央、省、州关于农村厕所革命部署要求，全面摸排农村户厕问题，推进巩固现有农村改厕成果。

10月8日，省州安全生产电视电话会议结束后，河南县立即召开安全生产工作会议，及时贯彻落实省州安全生产电视电话会议精神，深入分析研判当前安全生产形势，对安全生产工作再强调、再安排、再部署。

10月27日，河南县召开未成年人保护工作领导小组第二次全体会议，传达学习中央、省、州有关文件会议精神。

10月28日，继全省、全州货运物流疫情防控和重点物资保供专题视频调度（扩大）会议后，河南县第一时间组织召开货运物流疫情防控和重点物资保供专题会议，对当前货运物流疫情防控和重点物资保供工作再安排再部署。

10月31日，县政府党组召开学习贯彻党的二十大精神专题研讨会。

11月19—20日，县政府党组书记、县长钢夫主持召开2022年县政府党组务虚会，深入学习贯彻党的二十大精神和省委、州委全会精神，总结分析2022年经济社会发展情况，交流思想，创新思路，凝聚共识，研究谋划2023年县政府各项工作。会上，各乡镇、各单位汇报2022年重点任务完成情况、省州对县考核指标完成情况和2023年工作谋划情况，各分管副县长围绕分管部门工作汇报，逐一作点评发言，提出2023年工作思路。大家说亮点、拎重点、说认识、讲对策，达到统一思想认识、科学判断形势、明确目标任务、凝聚工作合力的目的。

11月23日，县政府党组书记、县长钢夫主持召开县政府党组省委巡视整改专题民主生活会。会前，学习习近平总书记关于巡视工作的重要论述和省州相关会议文件精神，征求意见建议，开展谈心谈话，对标巡视反馈问题，撰写个人对照检查材料，为开好民主生活会作准备。会上，通报县政府党组班子省委涉粮问题专项巡视整改专题民主生活会整改落实情况和此次民主生活会会前准备情况。

12月28日，河南县组织召开疫情防控专题工作会议。会议深入传达学习贯彻吴晓军省长、匡湧副省长关于疫情防控工作的指示批示精神，10月27日全省疫情防控工作电视电话会议精神及“乙类乙管”政策解读，认真贯彻落实党中央国务院决策部署和省委省政府工作要求，研究部署全县疫情防控重点工作。

综合政务

【概况】 2022年，县政府办公室按照“服务大局、勇于担当、辛勤工作”的要求，弘扬“狠抓落实、落地见效”的作风，紧扣全县“纯净河南·幸福蒙旗”发展定位，持续发挥好“三服务”的功能，围绕中心、服务大局，充分发挥综合协调、参谋助手、督查落实等职能，全力保障县政府各项工作高效有序运转，完成既定的工作目标。

【办文办会】 严格落实《党政机关公文处理办法》，进一步规范公文写作、报送、收（发）等工作流程。严格文件审批，实行文件质量、数量“双向把控”。共编发各类文件375件。严格按照中央八项规定的要求，精简会议活动，切实改进会风，不断提高办会水平，各类会议力求节约务实。全年组织县政府办公室各类工作会议20余次。

【督查督办】 落实“710”督办系统中的各类督办任务，及时接收并建立承办事项台账，严格按照督办内容、严卡督办时限，按时报送督办任务完成情况。年内通过“710”督办系统共接收州政府督办事项87件，办结87件，办结率100%。督促解决黄南州12345政务服务热线平台反馈问题，接收208条，办理208件，

2022年9月27日，县人民政府办公室党支部开展主题党日活动，重温入党誓词

满意度为100%。加大民生实事项目督查力度，建立滞后项目清单制度和完成销号制度，确保项目如期完成。

【信息服务】 按照“及时、准确、全面、实效”的原则，加强对重点热点问题的调查研究，想方设法为县政府科学决策提供参考。深化政策研究，不断加强信息工作对政府中心工作反馈和上报力度，将信息宣传作为有效向上级部门、社会群体展示政府工作的舞台，鼓励秘书班子推陈出新，创新性开展信息工作。至2022年底累计报送各类信息181篇，均在县政府网站及微信公众号发布，其中被省、州信息刊物采用信息50余篇。

【提案办理】 县政府办公室发挥综合协调作用，主动做好承办单位与相关代表之间的协调沟通和联系对接，严格依法、公正办理案件和人大代表建议及政协委员提案，做好行政调解工作，及时收集、处理、传递和反馈办理过程中的相关信息和进展情况，加强对各类行政复议案件的分析、通报工作，对办理工作进度较慢的部门进行催办、督办，对重大的复议案件，及时向县政府报告，防止和避免出现重大负面影响，确保意见建议按期办理答复。

【规范性文件管理】 县政府办公室执行《关于印发〈河南县文件审核签发制度〉《河南县加强文件规范性管理的通知〉的通知》（河办字〔2022〕111号）文件和“三统一”（统一登记、统一编号、统一公布）制度要求，杜绝用“白头”或“便签头”代替“红头”下发文件、安排工作，进一步规范文件审核签发程序、文件传阅和借阅、文件办理、文件存档等工作，加强对规范性文件的管理，做好县政府规范性文件的审查工作。

群众来信来访

【概况】 2022年，在县委、县政府及上级信访部门的指导下，认真贯彻落实党中央和省委政府关于信访工作的决策部署，强化工作措施，细化工作责任，深化制度改革，加强服务保障，为党的二十大和省十四次党代会顺利召开营造和谐稳定的社会环境。

【群众上访案件受理】 受理来访、网访、国家、省州转办案件等各类信访事项27起，涉及人数140人。其中个体信访26起，涉及人数30人；集体信访1件，涉及人数110人。办结27件，网访占总量的70%以上，办结率为100%，信访部门及时受理率为85.71%，群众对信访部门满意率为88.89%；责任单位及时受理率为93.75%，对责任单位满意率为94.44%。从总体上看，全县信访工作整体呈现出形势好转、问题处理及时、责任落实到位、积案化解有效、宣传成效丰硕、基层机制完善的良好态势，得到国家信访局的充分肯定，获“全国信访工作示范县”荣誉称号。

【乡镇信访联席会议试点】 贯彻落实黄南州信访工作联席会议办公室《关于开展建立乡镇信访联席会议工作方案》的通知要求，结合河南县实际，在乡镇按照“属地管理，分级负责，谁主管、谁负责”的原则，建立乡镇信访联席会议机制，激发基层在解决信访问题中的内生动力，有效预防、及时化解信访矛盾，形成“小事不出村、大事不出镇、矛盾不上交”的良好信访秩序，实现二镇四乡信访联席会议机制全覆盖。

【领导干部接访下访】 变上访为下访，主动破解难题。始终把化解矛盾、解决问题作为“治本之策”，以领导干部“大排查、大接访、大督查”活动为抓手，制定印发《河南县集中开展领导干部“大排查、大接访、大督查”活动工作方案》《全县集中开展化解信访突出问题“百日攻坚行动”方案》《全县开展领导干部接访活动的通告》，全县27名领导干部分2批次开展接访活动。以省委巡视组巡视河南工作为契机，成立省委第五巡视组巡视河南交办信访案件工作领导小组，在县直各单位设置意见箱，督导协调疑难接访走访案件20余件。“大接访”中坚持权为民所用、情为民所系、利为民所谋，在国家政策法律允许的范围

2022 年 5 月 31 日，县信访局工作人员在那达慕广场宣传《信访工作条例》

内，合法、合情、合理地解决好群众的合理诉求，让人民群众的“获得感”越来越强。在大接访活动中不能及时化解的，落实好稳控责任，对重点上访人员制定《河南县重点上访人员教育稳控方案》，形成主管领导负总责、分管领导亲自抓、各个部门齐抓共管的工作局面。

【依法走访宣传】 为确保社会和谐稳定，帮助广大群众更加了解《信访工作条例》，结合信访工作特点及群众所关心的热点问题，坚持“以人民为中心”的信访工作原则，始终把维护群众合法权益作为信访工作的出发点和落脚点，推进宣传教育走进群众、深入人心，在全县范围内营造办事依法、遇事找法、解决问题用法、化解矛盾靠法的良好环境。全面开展贯彻落实学习《信访工作条例》活动 10 余次，利用县融媒体、微信平台等媒介，多角度、深层次、高频率进行广泛宣传。全县呈现出学好、学实《信访工作条例》氛围，群众网上投诉、依法逐级走访、合理反映诉求意识不断增强，矛盾上行的态势得到改变。

人力资源管理

【概况】 2022 年，县人社局围绕县人民政府人事工作要点，加强专业技术人员队伍建设，推进人才强县，履行各项职责，强化政务环境，促进人事人才工作为经济建设和社会发展服务。

【人才队伍建设】 通过职称评选 57 人，整理、审核、归档事业单位干部人事档案 530 卷。做好 176 名管理人员职员等级晋升准备工作。招录事业单位岗位 7 个、医学定向生 7 人、公费师范生 5 人。办理完成 9 名退休人员手续工作。完成发放 12 个月工资；完成 2021 年 10 月至 2022 年 2 月的增资补发工作，按照 2021 年 10 月在编在册人数共计 934 人，其中包括 18 名机关工勤，基本工资标准增资额为 269124 元，教护 10%增资为 1863.5 元，月增资额为 270987.5 元，1—2 月基础绩效奖补发工作共计 921 人，其中专业技术 720 人，月增资额为 1397420 元，管理 173 人，月增资额为 317355 元，工勤 28 人，月增资额为 49305 元，五、六类地区另增 200 元，共计 921 人，月增资额为 184200 元，从 3 月起基础绩效工资正常兑现。完成 2022 年正常晋升薪级工资，其中专业技术 722 人，晋升薪级工资人数 693 人，实际月增资额为 58318 元；管理 180 人，晋升薪级工资人数 170 人，实际月增资额为 12922 元；工勤 32 人，晋级晋档人数 29 人，实际月增资额 2715 元。完成 2022 年度烤火费发放工作，共计发放 920 人，实际发放金额 3856640 元。全县范围内发放休假补贴，对“当年事假累计 20 天以上”“工作人员累计工作满 1 年不满 10 年的，年度内请病假累计 2 个月以上的”“累计工作满 10 年不满 20 年，年度内请病假累计 3 个月以上的”“累计工作满 20 年以上，年度内请病假累计 4 个月以上的”“工作人员依法享受寒暑假，休假天数多于年休假天数的”等情况排查，规范发放年休假补贴。扩充应急处突警务辅助人员

60人，其中警务辅助人员招录27人。招录完成50名高校毕业生“三支一扶”服务人员。联合县农牧水利和科技局，招录14名“2022年大学生服务村集体经济组织”。

【专业技术人员管理服务】 县事业单位实有在职人员930人，其中管理人员181人（管理七级23人，管理八级59人，管理九级90人，管理十级9人）；专业技术人员719人（教育系统378人，卫生系统223人，其他事业单位118人）；工勤岗位30人。事业单位人员晋升111人，专业技术岗位晋升107人，管理岗位晋升2人，从专业技术岗位转岗至管理岗位2人。

【工资福利待遇调整】 印发《关于事业单位工作人员正常晋升薪级工资档次的通知》《关于上报事业单位拟晋升岗位等级的通知》及连续计算工龄的通知，做好晋升事业单位专业技术及管理岗位等级等工作。做好各事业单位工作人员在2022年度考核和各级等次的正常晋升一级薪级工资档次，事业单位工作人员878人正常晋升薪级工资，其中管理人员173人，专业技术人员703人，机关、事业单位工勤人员2人正常晋升级别工资档次。完成事业单位20人新录用人员工资待遇，其中教育系统定向5人、卫生系统定向7人、事业单位8人。持续落实机关事业单位带薪休假制度。有6人试用期满转正定级。

【人事管理】 召开人事调配领导小组会议，研究通过关于事业单位工作人员调动的相关事宜，共计调动24人，其中跨县调出17人、县内调动1人、跨州调入1人、跨州调出1人、跨省调入4人，完成10名事业单位退休人员的审批工作。根据青海省人社厅文件精神及“四类人员”相关文件要求，完成2名事业单位工作人员计算工龄兑现工资。

机关事务管理

【概况】 2022年，县直机关事务管理局以“效能提速、工作提速、服务提质”为目标，以管理、保障、服务为主体，围绕全县中心工作，进一步推动全县公车、公房、节约型机关创建、后勤保障等机关事务工作有序开展，拓展工作思路、创新工作机制、强化工作措施，完成各项工作目标任务。

【接待服务】 按照中央八项规定，落实“三单、一票、一函”的要求，完成接待任务，保障重大节日、会议、活动接待服务工作，制定并印发《河南县县直党政机关公务接待餐饮标准参考办法》。下属企业那达慕宾馆专门负责来宾接待。接待来宾116次，共1267人次。做好政府干部职工食堂的管理工作，食堂采取购买第三方服务的方式进行运营，解决全县521名干部职工的就餐问题。做好县直集中办公区的安保、保洁、绿化美化、公共秩序等工作。

【公务用车改革】 在改革中，坚持多策并举、分类保障，统筹兼顾、综合平衡，结合县情实际，有序推进各项工作，车改工作全部完成。留存车辆132辆，根据州车改办、州机关事务管理局要求，除公、检、法、司、纪委执法车辆（47辆）、特种行业用车（13辆）、实物保障用车（2辆），其余涉改车辆都接入平台，接入

2022年3月23日，河南县公务用车管理平台培训会召开

平台车辆数70辆。自县公务用车平台建设完成后，严格按照车辆调度使用流程规范用车，调度使用车辆4521辆次。根据《中共河南县委全面深化改革委员会2022年工作要点》《河南县公务用车制度改革总体方案》要求，按照《河南县公务用车处置方案》对需处置的45辆公务用车进行评估鉴定。按照中央和省上的安排部署和州委、州政府关于公务用车制度改革的各项要求，围绕节约型、廉洁型机关建设，坚持社会化、市场化方向，转变传统的公务用车运行管理方式，根据《河南县公务用车社会化租赁服务方案》对全县各单位进行公务用车社会化租赁服务试点。加强公务用车管理，制定车辆管理办法、车辆调度使用流程、司勤人员管理办法、应急保障制度、车辆安全生产办法、值班制度、应急服务办法。落实公务用车派车单、统一喷涂标识、GPS车载定位安装等制度，除执法执勤用车、特种行业用车、实物保障用车外，70辆应急公务用车全部喷绘“公务用车”标识。完善公务用车监管平台建设，强化实时监控，对全县公务用车实行“一车一档”精准化管理。公车配备更新严格核定车辆编制和配备标准，实行车辆更新报废“第三方评估”，对部门申请更新报废的车辆进行鉴定评估。

【资产清查及办公用房统计管理】

根据县委、县政府《河南县党政机构改革重点任务方案》的要求，县财政局、审计局、纪委监委及机关事务管理局抽调专人组成专门工作组，按期完成9个涉改部门单位财产核查登记和移交接收手续，确保账账相符、账实相符。对全县57个单位办公用房进行清查统计并录入全国党政机关办公用房数据库。根据《党政机关办公用房建设标准》，对4家16起超标配置公务用房单位进行整改。

【节约型机关创建】 制定《河南县节约型机关创建行动实施方案》，选定15家单位。在创建过程中，利用广播、电视、电子显示屏、宣传栏、微信群等宣传工具，加强对节约能源资源的宣传，将节能、节水、垃圾分类等内容纳入干部职工培训体系，定期举办知识讲座、岗位培训等生态文明思想教育活动，增强干部职工节约意识、环保意识和生态意识，营造崇尚生态文明、践行绿色发展的氛围，完成15家单位节约型机关创建工作。

政务服务监督管理

【概况】 2022年，县政务服务监督管理局推行一个窗口受理、一站式审批、一条龙服务、一个窗口服务的“四个一”运行模式，以利民、便民为目的，以法律法规为准绳，注重简化办事程序，缩短办理时限，通过统一受理、数据共享、流程关联，打破以往多部门、跨部门串联审批，实现企业注册的联合审批。中心内部建设网络化办公系统，并与县政务外网、互联网联通，建立覆盖重点审批事项的一站式办理和网上行政审批、内部电子监控系统，实现集中监管。通过信息化的手段，利用现代化信息技术，打造智能化管理模式，实现政务服务、便民服务的“集约化、一体化、阳光化、智能化”模式。

【政务服务中心办事服务】 按企业、群众办事需求，分类设置“综合受理窗口”，调整增设工程

2022年，县政务服务大厅配备“呼叫器”

建设项目审批区，初步建立“前台综合受理、后台集中审批”的运行管理模式。各进驻部门能够严格按照政务服务中心现场管理规范化要求，合理划分办公区域，从工作态度、事项受理办理、服务礼仪规范、物品资料摆放、日常考勤管理等方面着手，努力转变作风，提升服务质量，主动配合服务中心优化完善办事大厅标准化建设。按照“应进必进”的要求，根据全县各部门（单位）行政许可事项通用清单231项，梳理45家单位（包括6个乡镇）、83个窗口入驻政务服务中心。

【政务公开与服务】 强化政务公开制度机制建设，加强对政务公开工作的组织领导，调整政务公开工作领导小组。加强信息公开审查制度，坚持“谁公开、谁审核、谁发布、谁负责”“应公开必公开”和“涉密不上网，上网不涉密”的原则，不断推进政务公开工作。进一步优化信息公开指南，细化公开范围和目录，方便公众查询和获取。

【政务服务体系建设】 按照“整合资源、提高效率、节约成本、便民利民”的原则，将县政务服务监督管理局确定为综合行政服务中心建设改革试点。大厅内设查询服务台、行政效能电子监控室、等候区等配套功能区，并提供电子叫号排队系统等便民服务。梳理出“四办清单”，确定高频事项49项，设置完成单点登录对接省域通办事项，涉及市场、人社、医保、民政、公安、卫健等多个部门的相关事项，全面实现“前台受理，后台分类，一窗出件”模式。截至12月，完成与部分窗口单位自建系统对接，避免窗口工作人员二次、反复数据录入，提升行政效能。不定期与编办沟通核实，公布全县权责清单、行政审批事项目录。对网办事项实行全程实时电子监察管理，采取通报约谈、目标考核、责任追究等方式，确保各类政务服务事项及时办理，推进数据共享，优化服务流程。

【代办服务】 服务大厅根据业务工作量和工作难易度制定代办业务制度，所有代办人员及大厅引导员均应佩戴工作牌，负责解答咨询、受理代办申请、指导和督促审批部门在承诺时限内办结审批服务事项，协调解决帮办代办服务中遇到的审批问题。截至12月底，县政务服务中心受理事项19155件，办结19155件，办结率100%。其中行政权力事项6588项、公共服务事项12567项、咨询件2130件，收到好差评评价数378条，无不满意评价。

【减证便民】 落实国务院“放管服”改革要求，与群众密切相关的供水、医保报销等公共服务入驻中心。在精简材料方面也有所突破，政务服务中心市场监督管理局窗口事项个体工商户的设立、变更、注销登记由原来的12份材料精简为6份，公司及分公司设立、变更、注销登记从原来的12份材料现精简为6份。

政协河南县委员会

综　述

【概况】　2022年，县政协认真履行政治协商、民主监督、参政议政职能，更好凝聚共识，为全面贯彻落实“一优两高”，奋力推进“全面建设山水黄南，高质量推进‘三区建设’实现乡村全面振兴，奋力打造共同富裕的黄南样板”，为全力谱写新时代“纯净河南·幸福蒙旗”奋进新篇章贡献政协力量。

2022年政协河南县十四届第二次委员会常委委员一览表（23人）

表4

姓名	工作单位及职务	出生年月	族别	政治面貌
当　毛（女）	河南县政协党组书记、政协主席	1967. 8	蒙古族	中共党员
扎德加	河南县委常委、统战部部长	1978. 8	藏族	中共党员
王龙武	河南县政协常务副主席	1969. 4	汉族	中共党员
拉卡仓·旦增更登	河南县政协副主席	1982. 9	藏族	—
公保杰	河南县政协副主席	1972. 12	蒙古族	中共党员
尼玛才让	河南县拉卡寺管理委员会主任	1981. 10	蒙古族	中共党员
赛赤仓·次成尖措	河南县政协驻会常委	1965. 12	藏族	—
郝少勇	河南县政协秘书长、办公室主任	1977. 9	藏族	中共党员
公巴太	河南县委统战部副部长	1974. 4	藏族	中共党员
贡保南加	河南县总工会常务副主席	1976. 1	蒙古族	中共党员
才让拉忠（女）	河南县残疾人联合会理事长	1988. 7	蒙古族	预备党员
仁青楞宝	河南县自然资源局副局长	1985. 4	蒙古族	中共党员
李积鹏	河南县民政局副局长	1992. 3	蒙古族	中共党员
王海远	河南县卫生健康局副局长	1976. 3	土族	中共党员
扎西拉吉（女）	河南县乌兰牧骑艺术团团长	1984. 11	蒙古族	—
肖志超	河南县寄宿制中学党支部副书记	1976. 12	汉族	中共党员
德合龙仓·罗藏嘉杨谢日尖措	河南县佛教协会会长	1986. 9	蒙古族	—
张　晶（女）	河南县畜牧兽医工作站专技七级技术员	1981. 5	汉族	—
王建虹（女）	河南县农牧水利综合服务中心专技十一级	1982. 1	汉族	—
谢宗芳（女）	河南县财政局预算编制审核中心专技九级	1974. 6	藏族	—
梅　朵（女）	河南县启龙牧场总经理	1976. 1	蒙古族	—
普华加	河南县赛尔龙乡赛尔龙村退役军人	1990. 1	蒙古族	—
俄波泽里	河南县天顺建设工程有限公司董事长	1972. 4	藏族	—

2022年政协河南县十四届第二次委员会委员一览表
（应有131人，实有123人）

表5 单位：人

界别	人数	姓名
中共党员	13	当毛、扎德加、王龙武、公保杰、尼玛才让、郝少勇、公巴太、才让代吉、仁青扎西、旦正加、旦正才让、徐克泉、马正凯
经济界	13	尕代、李光恒、周毛吉、谢宗芳、马文冰、尕藏东智、久谢加、桑德合、才旦多杰、童辉、车海涛、扎西东智（粮油公司）、扎西东智
教育界	8	宋贤仓、肖志超、拉龙才让、万玛加、张海侠、夏吾周毛、普毛扎西、加羊三智
医药卫生界	10	扎西才华、嘉杨扎西、索南才让、王海远、东周、多杰才让、曲羊、石锦、宋亚瑢、康晓敏
少数民族	15	旦增尖措、多杰才旦、王林、华旦扎西、索南达杰、才科、贡保昂智、斗格才让、公保当智、公保才旦、多杰才旦、东智拉旦、旦正昂杰、德吉拉毛、俄波泽里
宗教界	11	拉卡仓·丹增更登嘉措、赛赤仓·次成木尖措、嘉赤仓·罗藏索南尖措、德合龙仓·罗藏嘉杨谢日尖措、尕曲仓·罗藏切增尖措、更登尖措、香扎仓·罗藏嘉华尖措、尕藏若巴、尼俄尖措、旦增尖措、加华尖措
文艺界	8	斗格才让、才让扎西、张真真、扎西拉吉、尕藏东智、旦增卓玛、才让南赛、拦海军
科学技术界	4	马戈亮、苏蕾、马强、石青临
共青团界别	6	李靖、多杰加、花旦多杰、尕藏元旦、扎西拉旦、加华次成木
特邀委员	6	王万春、李冬生、席永莲、才让多杰、唐江、杜格才让
资源环境界	3	才让南杰、逯启贤、仁青楞宝
工商联界	5	扎西才让、毛用虎、梅朵、公保南杰、宫宝南捷（工商联）
社会福利与社会保障界	7	索南昂加、才让拉毛、才让拉忠、才让多周、李积鹏、普华加、旦正措
农牧界	4	张晶、王建虹、唐燕花、闹多
工会界	3	贡保南加、德青措、庞丽娟
妇联界	7	侯华珍、周毛加、索南拉毛（自然资源）、文措、索南拉毛、武敏红、丹珍卓玛
合计	123	

注：韩成才、张生维、石成亮、娄华能、南卡尖参、牛铖利、王嬗因工作调动辞去委员职务，敏文官免去政协委员职务。

【坚持党的领导】 坚持重要事项请示制度，政协重点协商计划、重要会议安排报经县委研究同意后实施；坚持重点工作汇报制度，视察调研、提案督办等工作成果及时报告县委，重要会议、重大活动邀请党政领导出席，切实把党的主张转化为政协履职的具体行动，做到政协工作与党政决策同心同向、同频共振，确保政协事业始终沿着正确政治方向不断前进。

【理论学习】 推进“学习型、效能型、和谐型、廉洁型”机关建设，依托专委会搭建委员服务平台，做好委员服务，持续提升机关整体服务保障水平，抓作风转变，大力营造向上、开放、务实、包容的机关文化氛围，更好激发机关干部干事创业的主动性积极性。深入学习贯彻党的二十大精神和省第十四次党代会精神，学习《习近平谈治国理政》第四卷、习近平总书记重要文章《坚持和发展中国特色社会主义要一以贯之》《中国共产党统一战线工作条例》、全国省州县党内法规工作会议精神等学习，从严从实加强年轻干部教育管理监督，引导年轻干部严格自我要求、强化自我约束，不断提升机关干部队伍整体素质，努力打造务实高效、团结和谐、勤政廉洁的模范机关。

【政治协商】 在县政协十四届二次全委会议期间，全体委员审议政协常委会工作报告，听取政府及“两院”工作报告，围绕中心工作和全县经济社会发展面临的热点难点问题、人民群众普遍关心的突出问题，通过提交提案、小组讨论，深入协商议政，积极建言献策。

【民主监督】 县政协十四届二次会议期间，收到委员提案58件，经县政协提案审查委员会审查，立案38件，提交意见建议41条，及时召开提案交办会，交付各承办单位办理。同时选派政协委员参加部门座谈会、听证会、提案办理汇报会等各种会议，多渠道、多途径、多形式为部门工作开展议政建言。

重要会议

【县政协十四届二次会议】 2月26日至3月1日，中国人民政治协商会议第十四届河南蒙古族自治县委员会第二次会议在县会议中心召开。开幕会上，应到委员128名，实到委员108名，符合政协章程的规定人数。上午9时整大会开幕，由县政协副主席王龙武主持会议。县委副书记、县长钢夫，县委副书记秦增多杰，县人大常委会党组书记、主任索南才让及大会执行主席当毛、王龙武、公保杰、拉卡仓·旦增更登、郝少勇在主席台前排就座，县委各常委，县人大常委会各副主任，县人民政府各副县长，县人民法院院长、县人民检察院检察长、县人武部部长等领导应邀出席大会。县政协主席当毛代表政协河南县十四届委员会常务委员会，向大会作工作报告。报告指出，2021年是中国共产党成立100周年，是“两个一百年”奋斗目标历史交汇，开启全面建设社会主义现代化国家新征程的第一年，也是“十四五”开局之年。中共河南县委举行庆祝中国共产党成立100周年系列活动，胜利召开县第十五次党代会，完成县、乡、村三级换届，统筹推进经济、政治、文化、社会、生态文明建设，全面开启谱写新时代“纯净河南·幸福蒙旗”新篇章。县政协及其常务委员会牢牢把握团结和民主两大主题，团结带领政协各参加单位和广大政协委员，履行政治协商、民主监督、参政议政、凝聚共识职能，发挥协调关系、汇聚力量、建言献策、服务大局作用，把握新时代新要求，突出政治站位，发挥特色优势，强化使命担当，政协事业发展呈现出新面貌新气象。县政协副主席公

2022年2月26日至3月1日，政协第十四届河南蒙古族自治县委员会第二次会议在县会议中心召开

保杰代表县政协十四届委员会常务委员会向大会报告提案工作情况。提案报告指出，县政协十三届六次、十四届一次会议期间，常务委员会团结带领全体政协委员、政协各参加单位、政协各专委会，运用提案履职尽责，凝心聚力，两次全会提交提案110件，经审查立案90件，所有提案均按时办复。报告对2022年提案工作以服务大局为导向，提升提案工作水平；以办理协商为抓手，提高提案工作实效；以优化服务为手段，增强提案工作合力三个方面提出建议。县直机关、各人民团体负责人列席会议。

【县政协十四届常委会会议】

*政协第十四届二次常委会会议。*2月18日，政协第十四届河南蒙古族自治县委员会召开第二次常委会会议，会议传达学习党的十九届六中全会精神、省委州委县委全会精神、中央纪委和省委纪委全会精神等，审议通过县政协十四届二次会议相关事项。会议由县政协主席当毛主持。会议审议通过关于召开政协第十四届河南蒙古族自治县委员会第二次会议的决定（草案）；通过县政协十四届二次会议议程（草案）、日程（草案）、报告人名单（草案）、各次大会执行主席和主持人建议名单（草案）、提交提案截止日期（草案）和分组办法及小组召集人名单（草案）等各项草案；审议有关人事事项。会议审议通过县政协常委会工作报告（草案）、提案工作报告（草案），将提请县政协十四届二次会议审议。县政协各专委会主任，县政协办公室有关负责人列席会议。

2022年2月18日，政协第十四届河南蒙古族自治县委员会常务委员会第二次会议在县政协三楼会议室召开

*政协第十四届三次常委会会议。*3月1日，政协河南蒙古族自治县第十四届委员会常务委员会第三次会议召开。县政协副主席王龙武主持会议，县政协副主席公保杰、秘书长郝少勇出席会议。会议应到常委23名，实到常委22名，符合政协章程有关规定。会议听取各小组召集人汇报讨论情况；通过政协第十四届河南蒙古族自治县委员会第二次会议关于常务委员会工作报告的决议（草案）；通过政协第十四届河南蒙古族自治县委员会第二次会议政治决议（草案）。

*政协第十四届四次常委会会议。*5月30日，政协河南蒙古族自治县第十四届委员会常务委员会第四次会议召开。县政协副主席王龙武主持会议，县政协副主席公保杰、秘书长郝少勇出席会议。会议应到常委23名，实到常委16名，符合政协章程有关规定。会议传达学习《中共中央办公厅印发〈关于加强和改进新时代市县政协工作的意见〉的通知》、州政协主席林华旦在全州基层政协工作规范年活动视频会议上的讲话、《中共黄南州委办公室〈转发州政协党组关于推进全州乡镇政协委员联络室实体化、规范化运行的指导意见〉的通知》《中共黄南州委办公室转发州政协党组〈关于开展基层政协工作规范年活动的方案〉的通知》等文件精神。

*政协第十四届五次常委会会议。*8月5日，政协第十四届河南蒙古族自治县委员会召开第五次常委会会议。县政协党组书记、主席当毛主持会议并讲话。会议传达学习中央统战工作会议精神、全国政协主席汪洋在青海调研时的讲话精神、《中国共产党政治协商工作条例》、州委第十三届委员会第六次全体会议精神等内容。会议通报县纪委《关于给予敏文

宫开除党籍处分的决定》和县监委《关于给予敏文宫政务撤职处分的决定》。经表决，会议通过关于撤销敏文宫政协第十四届河南蒙古族自治县委员会委员资格的决定和关于接受张生维、石成亮2名同志请辞政协第十四届河南蒙古族自治县委员会委员的决定。

政协第十四届六次常委会会议。9月22日，河南县政协组织召开第十四届委员会常务委员会第六次会议暨专题议政性常委会会议，这是县政协首次召开专题议政性常委会会议。本次专题议政性常委会会议围绕“农村牧区传染病防控工作”开展专题协商，是县政协贯彻落实中共中央关于加强和改进市县政协工作意见，充分发挥政治协商和参政议政职能，着力提升建言资政和凝聚共识能力的务实举措，是县政协发挥专门协商机构作用，体现履职尽责和担当作为的具体行动。会议传达学习《习近平谈治国理政》第四卷部分章节、中共河南县委《关于新时代加强和改进人民政协工作的贯彻意见》中共河南县委办公室《关于加强新时代人民政协党的建设工作实施意见》等文件精神。

政协第十四届七次常委会会议。10月12日，政协第十四届河南蒙古族自治县委员会召开第七次常委会会议。县政协党组书记、主席当毛主持会议并讲话。会议听取党员常委、县政协办公室、各专委会年度工作述职。会议传达学习《习近平谈治国理政》第四卷相关篇目，全国政协文史工作座谈会、全省政协秘书长（办公室主任）工作交流座谈会、全省政协文史工作推进会、省政协重点提案督办协商会议，省政协重点提案办复见面会等会议精神。

【专题研讨会】　省第十四次党代会精神研讨会。6月1日，县政协机关召开专题学习研讨会，围绕学习贯彻省第十四次党代会精神开展研讨。县政协办公室党支部书记郝少勇主持会议，机关全体党员参加并做交流发言。会议专题学习青海省第十四次党代会精神，同时传达学习习近平总书记在看望参加政协会议的农业界社会福利和社会保障界委员时的讲话精神、中共中央办公厅《印发关于〈加强新时代离退休干部党的建设工作的意见〉的通知》、省委书记信长星、省长吴晓军调研黄南时的讲话精神、州政协主席林华旦在全州基层政协工作规范年活动视频会议上的讲话精神、州委副书记熊元来在全州基层政协工作规范年活动部署会上的讲话精神和《省委领导批示〈关于我省部分州县贯彻落实意识形态工作责任制情况的调研情况报告〉涉及黄南州河南县相关问题整改方案》精神等内容。及县委、县政府《关于进一步严肃会风会纪的通知》精神等内容。学习研讨中，全体党员干部结合自身学习体会和工作实际，紧紧围绕学习贯彻省第十四次党代会精神、学习贯彻省委书记信长星、省长吴晓军调研黄南时的讲话精神进行专题研讨交流。

加快建设“六个现代化新青海”专题研讨会。6月16日，为贯彻落实省第十四次党代会精神，县政协机关组织召开加快建设“六个现代化新青海”专题研讨会，县政协党组书记当毛主持会议，机关全体党员参加研讨并做交流发言。会议首先专题学习青海省第十四次党代会精神，全体党员干部结合自身学习体会和工作实际，紧紧围绕学习贯彻省第十四次党代会精神，加快建设“六个现代化新青海”进行专题研讨交流。

“深化作风建设、狠抓工作落实”专项行动专题研讨会。8月19日，河南县政协组织召开“深化作风建设、狠抓工作落实”专项行动研讨会。全体党员干部参加会议。会议传达学习朱战民在州政协党组的讲话精神、《中共河南县委全体会议工作规则》《中共河南县委常委会工作规则》《中共河南县委书记专题会议工作规则》、县委《关于进一步加强县委领导班子政治建设的若干措施》等内容。会议通报《关于黄南州5起违纪违法典型案例的通报》。会上，党员领导干部围绕“慵、慢、散、推、拖、奢”六个问题和工作实际做交流发言，分享学习心得，交流工作经验。

省委第五巡视组巡视反馈意见整改动员部署会。11月4日上午，县政协组织召开省委第五巡视组巡视反馈意见整改动员部署会，县政协党组书记、主席当毛出席会议并讲话。会议传达学习习近平总书记关于巡视工作重要论述摘编、《中共河南县委关于印发〈河南县关于十四届省委第一轮巡视第五巡视组巡视反馈意见整改方案〉的通知》文件精神。郝少勇秘书长就《河南县政协关于省委第五巡视组巡视反馈意见的整改方案》作说明。会议要求，要切实提高政治站位，深刻认识抓好反馈意见整改工作的重要性，切实增强责任感、使命感、紧迫感，坚决扛起整改落实工作政治责任。按照县委部署要求，不折不扣把各项整改任务落到实处，不断增强整改工作的思想自觉和行动自觉。要立足岗位，履职尽责，赓续奋斗，砥砺前行，进一步转变和改进作风，保持奋发进取的精神状态和知难而进、迎难而上的勇气，着力增强协商议政实效，着力强化民主监督职能，着力做好团结联谊工作，着力提高调查研究水平，用整改落实的实际行动，不断改进各项工作，为推进新时代政协工作创新发展提供坚强的政治保证。

【其他政协会议】 县委十五届二次全会精神专题学习会。1月18日，县政协机关组织召开专题学习会，传达学习县委十五届二次全会精神，县政协党组书记、主席当毛主持会议。

联点村中央一号文件精神宣讲活动。为切实做好2022年中央一号文件宣讲工作，全面推进乡村振兴，根据《关于印发〈2022年河南县百名干部下乡开展“稳定发展三农工作　喜迎二十大胜利召开”活动实施方案〉的通知》要求，积极安排部署，3月10日，深入联点夏日达哇村开展以“稳定发展三农工作　喜迎二十大胜利召开”为主题的中央、省委1号文件宣讲活动。驻村工作队员、村“两委”班子成员及牧民群众共计90余人参加。

中央省州县纪委全会精神专题学习会。3月11日，县政协机关组织召开专题学习会，传达学习中央省州县纪委全会精神，县政协副主席王龙武主持会议。会议传达学习中国共产党第十九届中央纪律检查委员会第六次全体会议、省十三届纪委第六次全会、州十三届纪委第二次全会、县十五届纪委第二次全会精神。

2022年度党建暨党风廉政建设专题会议。3月22日，县政协机关召开2022年度党建暨党风廉政建设工作会议。县政协党组书记当毛出席会议并讲话，机关全体党员干部参加会议。会议传达学习中央省州县纪委全会精神和中央省州县组织、宣传、统战工作会议精神、《中共中央办公厅印发〈关于加强和改进新时代市县政协工作的意见〉的通知》《青海省委关于新时代新阶段进一步加强和改进作风建设的意见》。办公室党支部书记郝少勇作2021年度党建及党风廉政建设工作报告，并对2022年机关党建及党风廉政建设工作做出具体安排。

第十四届委员会第二次会议提案审查会。3月22日，县政协召开政协河南县第十四届委员会第二次会议提案审查会，县政协主席当毛主持会议，提案审查委员会组成人员参加会议。县政协十四届二次全会期间，共收到提案58件，涉及经济建设、文化建设、社会建设、生态建设及乡村振兴等方面。依据县政协《提高提案质量实施办法》，提案审查委员会对所收到的提案进行认真审查。经审查，立案38件，并案6件，不予立案7件，转意见建议7件。

政协办公室2022年度重点工作安排会。3月22日，县政协机关召开2022年重点工作安排部署会，安排部署2022年重点工作。县政协办公室全体干部职工参加。会议由办公室主任郝少勇主持。县政协主席当毛，副主席王龙武、公保杰出席会议。

第十四届河南蒙古族自治县委员会第二次会议政协委员提案交办会。3月24日，县政协召开中国人民政治协商会议第十四届河南蒙古族自治县委员会第二次会议政协委员提案交办会。县政协主席当毛，县委常委、县人民政府副县长唐建珍，县政协副主席王龙武、公保杰出席会议，主要提案承办单位负责人、部分县政协十四届委员会委员参加会议，县政协副主席王龙武主持会议。

重要活动

【省、州政协视察调研活动】 6月6日，州政协副主席白萍一行在河南县就建立和完善医疗保障制度情况进行专题调研。县人民政府副县长罗藏卓玛、县政协副主席公保杰，县医疗保障局负责人陪同调研。调研组前往宁木特镇卫生院、托叶玛乡卫生院实地了解新型农村合作医疗、城乡医疗救助和补充医疗保险的现状并召开座谈会。听取河南县建立和完善医疗保障制度情况汇报，委员们围绕如何更好建立完善医疗保障制度进行座谈交流，提出意见和建议。

6月9日，州政协副主席张仕清一行在河南县就“州政协十四届二次会议提案办理、基层政协提案工作难点及对策”课题，以及乡镇政协委员联络室规范化建设工作情况进行督办和调研，并开展社情民意信息微协商活动。县政协主席当毛，县人民政府副县长海洋、朱文辉陪同调研。调研中，张仕清一行通过听取汇报、座谈交流、实地查看、协商督办等方式，详细了解州政协十四届二次会议提案办理情况及县政协提案工作情况，并提出具体指导意见。委员们围绕如何更好做好提案工作进行座谈交流，提出意见和建议。

7月12日，州政协主席集体视察组一行在河南县开展农村公路养护情况视察，县委书记司吉昇陪同视察。视察组一行先后到县河同公路、优干宁镇至泽库县多禾茂公路，实地察看农村公路养护情况，并听取现场汇报。视察组就公路沿线乡（镇）、村社和牧民群众的受益情况、路域环境整治情况、农村公路的养护管理模式进行详细询问了解，对农村公路升级改造路段进行实地查看，并对近年来农村公路养护工作的开展给予高度评价。

2022年7月12日，州政协主席集体视察组一行在河南县开展农村公路养护情况视察

7月25—26日，省政协常委、提案委员会主任杨曙光带领省政协调研组到河南县，就“加快建设我省绿色有机畜产品标准化生产体系建设”进行专题调研。州政协副主席白萍，县委副书记秦增多杰，县政府副县长德却，县政协副主席王龙武及相关部门负责人陪同调研。调研组一行深入兰龙村雪多牦牛养殖基地、青清海农牧科技有限公司、草生态博物馆实地调研。通过实地查看走访的方式，对河南县绿色有机畜产品标准化生产体系建设情况进行详细了解。

7月26日，县政协机关专题传达学习州委书记朱战民在州政协党组调研报告上的批示，组织学习州政协党组《规范村规民约 提升基层治理水平》的调研报告。通过学习，大家一致认为，州政协的这次专题协商议题，聚焦党中央大政方针和省委重要决策部署，紧贴州委州政府强化基层社会治理中心工作，选题准，针对性强，把党政急需与政协职能有机结合起来，调研深入，全面了解全州“规范村规民约，提升基层治理水平”工作开展情况，剖析基层治理工作存在的短板和弱项，提出具有针对性和可操作性的意见建议，专题协商富有成效，很有价值。

8月11日，州政协副主席张仕清一行在河南县开展提案办理“回头看”和委员视察活动。活动主要围绕《关于关爱环卫工人、提高环卫工人福利待遇的提案》办理情况进行“回头看”。县政协主席当毛，县委常委、总工会主席祁乐荣，县委常委、县政府副县长唐建珍，县政府副县长罗藏卓玛陪同。视察组先后深入拉卜楞路环卫休息室、迎宾路环卫休息室、安德尔牛肉面馆，深入了解环卫工人减轻劳动强度情况和免费早餐供应情况，亲切与环卫工人进行交流，详细询问环卫工人的工作情况和生活需求。

9月6—7日，州政协副主席关却加一行在河南县开展贯彻省第十四次党代会精神“喜迎二十大、基层百日行”活动实地调研。同时深入县政协机关、乡镇政协委员联络室调研指导政协工作。县政协主席当毛，县人民政府副县长罗藏卓玛，县政协副主席王龙武陪同调研。在县政协机关，关却加副主席详细了解办公条件、机构设置、人员配备等情况。并与机关工作人员亲切交谈，询问工作情况。

10月13日，州政协副主席张仕清一行在河南县深入包乡联村联户开展“喜迎二十大、基层百日行”活动。同时深入托叶玛乡政协委员联络室调研指导政协工作。县政协主席当毛、副主席公保杰陪同调研。张仕清一行实地查看托叶玛乡政协委员联络室的制度建设、活动开展、工作完成等情况，并召开州政协委员下沉托叶玛乡履职协商座谈会，听取托叶玛乡工作情况汇报，详细了解基层政协工作面临的困难和问题，提出指导性意见建议。同时与部分政协委员、乡党委班子成员、曲海村“两委”班子成员召开履职协商座谈会。

【县政协视察调研活动】 4月21—22日，县政协党组书记、主席当毛带领部分政协委员就围绕“农村牧区传染病防控现状”开展专题调研，县政协副主席王龙武、秘书长郝少勇及医药卫生界的委员参加调研。调研组一行先后赴县疾控中心、县兽医站、县人民医院、县蒙藏医院，多松乡卫生院、学校和柯生乡卫生院、学校实地进行调研，同时就传染病防控工作召开协商交流座谈会。

6月9日，县政协副主席王龙武带队开展“粮食领域安全”专题调研。调研组一行深入县粮食局、县粮油购销公司，实地调研地方储备粮管理、储备粮轮换、优质粮油工程实施、省州涉粮问题专项巡视巡察反馈意见整改等情况，并召开座谈会，听取县粮食局、粮油购销公司相关情况介绍。县政协经济界委员和部分基层委员参加调研座谈。

6月23日，县政协组织部分政协委员围绕“以人才振兴实现乡村振兴”开展专题调研，通过座谈交流的形式，摸实情、找问题、寻对策，为巩固拓展脱贫攻坚成果全面推进乡村振兴贡献政协智慧和力量。调研组一行先后深入文体旅游广电局、人力资源和社会保障局、农牧水利和科技局实地调研，详细了解人才振兴助推乡村振兴工作开展情况，并面对面进行协商交流。

6月30日，为推动文化旅游产业发展，县政协组织部分政协委员对文化旅游产业发展现状及存在的困难进行调研。县政协主席当毛、副主席王龙武参加调研。调研组一行先后深入文体旅游广电局、乐乐玛公司等进行调研。通过听取情况介绍、实地视察、座谈交流等形式，了解文化旅游产业发展的基本情况，广泛听取各方面意见建议，深入探究文化旅游产业发展中的困难问题，为推动文化旅游产业高质量发展建言献策。4个调研报告得到县委的肯定。

7月28日，县政协主席当毛带领部分政协委员就“食品安全监督管理情况”进行专题调研。县政协副主席公保杰、秘书长郝少勇参加调研。调研组先后深入华联超市、欢乐购超市，通过实地察看、现场询问等方式，详细了解食品经营与餐饮服务单位经营许可、人员健康证明持有、进货查验和索证索票制度落实等情况。

【助力疫情防控】 面对严峻复杂的疫情防控形势，县政协积极响应号召，组建机关干部疫情防控志愿服务队，增援延巴社区，与县文体广电旅游、交通运输、公安、发改、市场监管系统的志愿者一道，配合延巴社区开展防疫志愿服务。按照县委、县政府的统一安排部署，县政协领导第一时间到联点乡镇、分包社区，督导检查疫情防控工作，确保构筑起联防联控、群防群控的坚固堡垒。同时，县政协号召政协委员积极参与、主动投入疫情防控工作。落实常态化疫情防控各项措施，多松乡夏日达哇村坚持驻村工作队、村“两委”班子和党员群众带头，统筹抓好疫情防控和人居环境集中整治工作，做到疫情防控和人居环境整治“两手抓”“两促进”。驻村工作队与村“两委”班子一道投入疫情防控工作，落实各项疫情防控工作。

按照县疫情防控要求，全力协助村“两委”班子开展全员核酸检测工作。驻村工作队员主动投身到防疫宣传、入户排查、检测引导、数据采集、秩序维护等各项工作中，同时带领党员群众积极投身疫情防控“主战场”，广泛宣传防疫知识和防控政策，耐心细致做好群众思想工作，按照“应检必检、不漏一人”的要求，引导群众做好核酸检测等工作，筑牢牧区疫情防控“防护网”。

【慰问送温暖活动】 巩固精准扶贫工作成效，夏日达哇村工作队开展新春慰问活动，为夏日达哇村6户困难家庭、14户高龄老人送去慰问金和节日的祝福。根据县委、县政府安排部署，到多松乡开展“两节”慰问送温暖活动，对基层党员、卸任村干部、困难群众、残疾人等12人进行慰问。县政协办公室党支部与夏日达哇村党支部联合开展主题党日活动。在春节即将来临之际，到多松乡夏日达哇村开展“两节”慰问送温暖活动，对老党员、生活困难党员、困难群众等10人进行集中慰问。

河南县纪委监委

纪检监察

【概况】 2022年，县纪委监委围绕廉洁河南建设，充分发挥监督保障执行、促进完善发展作用，不断推动纪检监察工作高质量发展，各项工作迈上新台阶，取得新成效。

【反腐败斗争】 按照审查调查、案件审理等相关制度规定，规范监督执纪领导体制、线索处置、谈话函询、初步核实、纪律审查、案件审理等各环节，处置问题线索19件，立案10件，给予党纪政务处分9人，采取留置措施1人，移送检察机关1人，组织处理38人，其中乡镇纪委立案7件，首次实现乡镇立案全覆盖。根据省、州开展粮食购销领域腐败问题专项整治工作要求，对粮食收购、销售出库、存储轮换等环节跟进监督，发现问题21条，向县粮食局反馈问题7条并督促整改完成，办结州纪委监委转办问题线索1件，诫勉谈话1人，谈话提醒1人。坚持“一案一总结、一案一整改”，做实做细以案促改、以案促治、以案促建“后半篇文章”，对于年内查办的典型案件进行案例剖析，督促县医疗系统开展警示教育，用身边事警示身边人。坚持抓早抓小，精准运用“四种形态”，运用“四种形态”共处理46人次。其中运用“第一种形态”批评教育和帮助38人次，占比82.61%；运用“第二种形态”处理3人次，占比6.52%；运用“第三种形态”处理4人次，占比8.69%；运用“第四种形态”处理1人，占比2.17%。巩固提升不想腐的自觉，召开全县年轻干部廉政教育党课，全县80余名年轻干部接受教育，教育年轻干部提高拒腐防变的“免疫力”，扣好廉洁从政“第一颗扣子”。制定下发《县级领导干部廉政提醒函》、廉政提醒卡等，推动“关键少数”自觉增强法治意识、党规意识与纪律意识，年内向各乡镇、各单位、各部门主要负责人发放廉政提醒卡66份，向副县级领导干部发放廉政提醒函24份。开展回访教育，不断加强受处分党员干部的思想教育，通过瞄准“心结”、聚焦“病灶”，促进其提升认识、健康成长、担当作为。

2022年6月7日，河南县“深化作风建设、狠抓工作落实”专项行动推进会召开

【全面从严治党】 围绕推动落实中央八项规定及其实施细则精神和省、州具体措施，采取节前提醒预告、节中交叉检查、节后精准核查等方式，对违规发放津补贴、设立“小金库”、收送礼品礼金等问题督查13次，对各类重大会议会风会纪督查6次，约谈教育22人，书面检查15人。围绕干部作风问题，协助开展违规占用干部周转房、公租房清查行动，对排查出违规占用周转房、公租房的户主进行集中约谈1次，责令限期腾退41套。根据省、州开展作风建设专项行动具体要求，确定“慵、慢、散、推、拖、奢”六项重点作风整治内容，协助县委研究印发工作方案，召开部署推进会2次，以严查党员和公职人员酒驾醉驾和赌博为整治作风切入点，明察暗访40家餐饮、娱乐场所，公职人员酒驾立案处理1起，党员参与赌博立案处理1人。结合全县作风建设成效与党的二十大精神，为全县副科级以上党员干部讲授专题廉政党课2次，并对全县各乡镇、各部门、各单位54名

主要负责人进行个性化“温馨提示”。结合作风建设与“温馨提示”开展谈心谈话，分层分类、多角度了解掌握领导干部思想动态，谈心谈话120人次。

【民生领域监督】　开展护航生态文明高地建设专项监督，对2家相关单位主要负责人约谈1次。对监督检查中发现的违规发放草原生态奖补资金的问题，向3家单位发出纪律检查建议书，追回违规领取的草原奖补资金6.2万元并上缴国库；开展巩固拓展脱贫攻坚成果同乡村振兴有效衔接专项监督，围绕贯彻落实中央及省委1号文件精神和“四个不摘”23项重点监督任务，各派驻纪检监察组与乡村振兴局联合督查5次，发现项目资料不完整，工程进展缓慢等问题8条，对相关部门负责人集中约谈1次；开展民生领域腐败和不正之风突出问题专项整治，督促16家单位细化方案，明确重点整治内容及措施。聚焦群众普遍关注、反映强烈的突出问题，对不动产权证办理难、供暖不达标、财政补贴“一卡通”资金发放不规范等问题开展监督，确保监督在基层治理中发挥保障性作用；开展村级合作社突出问题专项整治，制定专项方案，与县财政、农牧、审计、民政、市场监管等部门成立领导小组，重点对财政拨付资金使用情况进行抽查，核查资金610万元，发现白条入账问题54条，票据资料不齐全问题99条，督促其进行整改；开展“厕所革命”不彻底专项整治，对涉及的县发展和改革局、县农牧水利和科技局等6家单位进行督查，围绕项目资金筹备、支付、后期的运行管理等情况督查10次，发现问题12条，下发整改通知书4份，整改提醒函1份；开展困难群众救助补助资金审计发现问题专项治理工作，深入相关部门，对问题进行再核查、再梳理，督促上缴残疾人保障金6.7万元；开展专项检查，紧盯安全生产领域关键环节，采取“室+组”联动监督方式，深入建筑工地、生产一线，发现问题3条，约谈相关单位主要负责人3人；围绕县委、县政府关于疫情防控工作要求，印发《关于进一步严明党员干部和公职人员疫情防控工作纪律的通知》《关于重申疫情防控工作纪律作风的通知》，督促各部门各单位克服麻痹思想，落实落细防控举措，对发现的责任不实、措施不实、作风不实等现象，下发通报5期，约谈6人。

【派驻纪检监察工作】　根据省、州关于派驻机构改革要求，立足实际、整合资源，优化队伍结构，制定《县纪委监委派驻机构工作规则（试行）》，探索推行“派驻纪检监察组+纪检委员”监督新模式，年内，派驻机构开展生态环保、疫情防控、粮食购销等领域监督检查25次，到所驻部门开展谈心谈话8次，参加“三重一大”事项、民主生活会等会议30余次。

重要会议

【县纪委全会】　3月8日，中共河南蒙古族自治县第十五届纪律检查委员会第二次全体会议在优干宁镇召开。县纪委委员15人出席会议，州纪委常委、监委委员秦敞栋到会指导。县委书记司吉昇出席会议并讲话，强调要把深入学习贯彻习近平总书记重要讲话和中央及省、州纪委全会精神作为重大政治任务，坚持严的主

2022年3月8日，中共河南县第十五届纪委第二次全体会议召开

基调不动摇，细化实化全面从严治党重要举措，始终保持反腐高压态势，驰而不息纠“四风”树新风，打好党风廉政建设和反腐败斗争攻坚战、持久战，以更加昂扬奋进的姿态，走好幸福美丽和谐河南的赶考之路。县委常委、纪委书记、监委主任多杰仁增主持会议并向大会作题为《勇当护航发展标兵，努力建设廉洁河南，以实际行动迎接党的二十大胜利召开》的工作报告。

【警示教育大会】 10 月 12 日，县委常委、纪委书记、监委主任多杰仁增以“守住守牢拒腐防变防线”为题，讲授廉政教育党课。党课由县委常委、组织部部长刘国强主持。党课组织年轻干部观看警示教育片《零容忍之 95 后干部侵吞近 7000 万公款》，并结合案例深入分析年轻违纪违法干部堕落轨迹和蜕变根源，以案明纪，以案说法，教育引导年轻干部对党忠诚老实，牢记职责使命、树牢底线思维，从扣好“第一颗扣子”开始，永葆清正廉洁的政治本色。党课还组织部分年轻干部代表紧密结合自身成长轨迹与工作经历进行交流发言。

群众团体

河南县总工会

【概况】 2022年，县总工会围绕党政工作大局和工会工作重点，对照州总工会提出的“六高”工作部署，按照“坚持一个原则，实施两大工程，推进三大改革，抓好四项服务，落实五个从严”的基本思路，履职尽责，强化责任担当，推进各项工作。

【工会组织建设】 完成76家工会会员实名制更新管理和工会法人登记工作，新建工会组织4家，发展会员314人，会员关系转出109人。全县企业工会组织17家，其中非公有制企业15家、国有企业2家。联合工会组织5家，分别是农牧水利系统、教育系统、卫生系统、人事系统、交通系统。加大基层工会经费投入，坚持“经费向一线倾斜，资源向一线集中，力量向一线下沉”的原则，拨付工会经费189万元。

【职工保障服务】 针对疫情防控工作的严峻形势，工会积极作为，筹资20万余元慰问医护人员、公安干警和各卡点工作人员；为500余名防疫一线工作人员送去暖茶；开展职工“防疫演练”活动，提升社区工作人员疫情防控实操能力与水平。推动职工互助保障落实工作，全县67家单位1217名职工参保，参保金额12.17万元；理赔50人次，理赔互助金11.23万余元。促进工资集体协商提质增效，以构建和谐劳动关系为主线，围绕援企稳岗和提高技术人员待遇，聚焦新就业形态劳动者权益维护，深化集体协商工作，拓展集体协商内容和领域，保障职工收入分配权益，签订集体合同17份、工资集体合同17份、女职工专项合同16份，覆盖职工450余人。推进“解困纾困工程”，慰问困难职工、劳模55人次，共计资金56.9万元，

【群团协同化建设】 按照“三亮”“六有”标准，将赛尔龙乡、托叶玛乡等乡镇工会作为“乡镇工会规范化建设”示范点，以点带面，全力推动基层工会组织焕发新活力、发挥新作用。

【高原职工氧吧】 为改善全县干部职工的工作休息条件，解决高海拔供氧难问题，争取州级资金和天津港保税区工会资金共120万元，与河南县高原藏区制供氧设施设备采购项目一同建设高原职工氧吧。

【职工依法维权】 把握维护职工合法权益的基本职责，发挥工会组织优势，统筹工会服务资源，探索维权服务机制，努力在维护职工权益上更加有为，让“娘家人”在构建和谐劳动关系、助推区域发展上更加有位。开展法治宣传教育，为职工依法维权提供法律咨询和援助，不断完善职工信访制度，处理来信来访案件1次。

【宣传教育】 县总工会联合妇联、团委等部门开展女职工维权月、安全生产宣传咨询和“学雷锋志愿服务”等活动；结合“学习强会”全国工会知识服务平台，组织干部职工参与线上答题活动；观看线上心理疏导、“玫瑰书香”主题阅读推荐书目发布活动等直播课7次。

【关心关爱活动】 “两节”期间，为10名在档困难职工和2名劳模送去节日慰问金，共计资金0.24万元。开展“夏送清凉”活动，为全县6个省级卡点、12个

2022年8月1—4日，县总工会开展“夏送清凉”活动

一线单位、2家企业等疫情防控一线单位和在高温酷暑下坚守工作岗位的环卫工人、交警、生产建设一线职工送去价值10.175万元的防暑降温慰问品，为260余名一线工作人员送去特制“爱心礼包”；开展“金秋助学”活动，筹资23.2万余元，帮助29名城镇困难职工（农民工）子女迈入高校大门。做好普遍关心关爱活动，发放免费健康体检卡和“两癌”筛查卡共计220张；按照25%的比例，拨付资金3.9万元，落实“暖心早餐”工程；开展“我们的节日·端午”送温暖活动，为200余名环卫工人、城管等送去爱心暖粽。开展结对帮扶活动，集中慰问联点卸任干部、老党员4名，投入资金5万元，为联点村21户家庭安装电热炕；“五一”、“六一”、端午节期间，号召组织全县基层工会开展各类文体活动10余场次。

共青团河南县委员会

【概况】 2022年，团县委聚焦全县工作大局，推进共青团改革，狠抓从严治团，着力抓好思想政治引领、生态文明建设、民族团结进步、青少年成长成才、志愿服务等重点工作，充分发挥共青团职能优势，团的基层工作稳步推进，开创“党建带团建”工作新局面。

【基层团委组织建设】 严抓基层团组织建设，与各乡镇签订目标责任书，下发《共青团河南县委2022年工作要点》，对全年工作进行细化解；规范团员发展秩序，共同推进高质量基层团组织规范化建设，全年发展团员50名，完成100余名团员转接工作，并全部录入“智慧团建”系统；建立国家税务总局河南县税务局团支部；推进“两新”组织团建工作，始终坚持把建设“青年之家”作为“党建带团建”的重要内容，按照“资源共享、阵地共建、工作共做”的方针，建立“青年之家”实体平台8个，其中团的领导机关“青年之家”1个、普通“青年之家”7个，入驻云平台“青年之家”8个。拨付5.7万余元专项资金用于乡镇团组织建设。

【青少年思想道德建设】 以青少年法治宣传教育、民族团结、禁毒防艾、残疾预防、疫情防控、生态环保志愿服务、青少年自护等为主要内容，组织法律工作者、消防救援大队、志愿者等，深入学校、社区等青少年集中的场所开展集中宣传和服务活动。利用“蒙旗儿女”微信公众号推送各类文章共计294篇，年内访问量2.7万余次，其中向团省委“志愿青春耀江源”推送2篇、向团州委“青春黄南”推送14篇。组织“青南”计划志愿者及团干部、青年代表、青联委员开展各类理论政策学习会26次，参与人员420余人次；开展青年大学习、红领巾爱学习活动58期，累计在线学习4万余人次；组织“青南”计划志愿者宣讲团深入社区、学校开展理论政策宣讲10次。4月14日，团县委深入学校开展国家安全宣传教育进校园活动。4月27日，团县委联合县司法局，在县寄宿制中学开展“四个一”预防校园欺凌专题教育活动。6月16日，团县委组织全体“青南”计划志愿者开展“坚决贯彻省党代会精神，推进‘两山’实践创新基地成果转化”的主题团建活动。10月24日，共青团河南县委组织各乡镇、机关、学校、村（社区）、“两新”领域团组织负责人及青年代表召开党的二十大青年专题联学会议。

【志愿服务活动】 开展践行“两山”理念、快递青年从业、助力中考、送法到家等志愿服务活动30余场次，受到活动参加人员、受益人员的一致好评。紧盯中秋、国庆、党的二十大等重大节点、活动，组织乡镇、机关、“两新”、学校领域团组织，采取“线上+线下”方式开展“欢度国庆 喜迎二十大 我与祖国共成长”“喜迎二十大 永远跟党走 奋进新征程”“党的二十大”青年专题联学等会议活动10余场次，引导青年干部坚定理想信念，矢志不渝听党话、跟党走。主动服务疫情防控大局，利用微信公众号、微信工作群、抖音新媒体平台，发布“动员令”、“招募令”、倡议书、一封信等内容，招募疫情防控志愿者98人，组建河南县疫情防控青年志愿者服务队，采取“村（社区）+志愿服务队”

模式，选派志愿者400余人次，参与县级每轮全员核酸检测。11月19日州县疫情防控指挥部会议召开后，迅速利用微信塔群招募乡（镇）级65人、村级377人青年志愿者，第一时间投入疫情防控工作，许志强等5名“青南”计划志愿者被团省委评为“青海共青团疫情防控最美青年志愿者”。

【少先队和中学共青团建设】召开团教协作联席会议，通报全县团队建设情况，安排部署近期团队建设工作，并对各校团干、少先队辅导员进行业务培训；全面筹备县第十三次团代会，确定团代表、委员、常委预选名额，完成各级团组织团代表、委员预选人名单收集工作；建立河南蒙古历史博物馆、消防救援大队少先队校外实践基地，进一步丰富少先队校外实践平台；协调县委下发《河南县共青团基层组织改革方案》和《河南县贯彻落实〈黄南州加强新时代少先队的若干措施〉任务分解方案》；推选先进典型，县寄宿制中学学生嘉华敦智被团中央评为“全国优秀少先队员”，优干宁镇第一寄宿制完全小学学生旦增曲江被团省委评为“全省优秀少先队员”。

【青少年维权宣传】开展“把爱带回家——送法到家　让孩子健康成长”关爱服务活动、“青春自护·平安假期”2022年青少年假期自护教育系列活动，发放相关宣传彩页，提高青少年知法、守法、用法意识。坚持以育人为根本，加大团委、学校、学生家庭之间的联系，重点围绕单亲家庭、困难家庭、流动人口家庭未成年人子女教育，了解学生家庭情况，做好有辍学倾向学生的思想工作。发挥职能作用，加强对监护人的家庭教育指导，及时关注子女思想动态，以正面教育、积极引导为主，落实监护责任，为未成年人保驾护航。

【青年创业就业】协助争取青年就业创业政策扶持，联合县青年创业联合会，采取个别座谈、电话咨询等方式，答复管理运营、产品加工、市场营销、金融借贷等方面问题50余条；县青年创业联合会牵头，协调县农牧水利科技局、县自然资源局等部门，为飞地饲草种植基地、原牧生态畜牧业专业合作社（饲草料加工）争取政府扶持资金1654万元，并在县有机产业科技园区申请原牧生态畜牧业专业合作社建设用地23亩；建立蒙晟物业管理有限公司青年就业见习基地，设立见习岗位21个；开展大学生暑期“返家乡”社会实践活动，设置11个岗位，录取10人。

【团县委会议】3月11日，团县委于县委三楼会议室召开青年工作联席会议第二次全体会议，会议通报河南县实施《青海省中长期青年发展规划（2018—2025年）》进展情况，审议通过《河南县青年发展工作述职评议制度（试行）》《河南县青年发展重点工作督查办法（试行）》《河南县青年发展工作信息报送制度（试行）》，并就做好迎接《规划》中期评估工作提出具体安排部署。6月9日，团县委组织各界别青联委员于统战部会议室召开习近平总书记在庆祝中国共产主义青年团成立100周年大会上的重要讲话精神暨青海省第十四次党代会精神专题学习研讨会。11

2022年12月23日，县委书记车向贤（前排中）与参加共青团河南蒙古族自治县第十三次代表大会的代表合影

月16日，团县委联合县教育局于教育局会议室组织召开2022年度团教协作联席会议，会议通报全县团队工作情况，并就近期学校共青团、少先队工作进行安排部署。12月22—23日，团县委组织召开共青团河南蒙古族自治县第十三次代表大会，县委书记车向贤出席会议并发表讲话，来自全县各行各业，各条战线72名代表出席大会，团县委书记拉加才让代表中国共产主义青年团河南蒙古族自治县第十三届工作委员会向大会作工作报告，全面总结共青团河南蒙古族自治县第十二次代表大会以来的工作，确定今后五年的工作目标。

河南县妇女联合会

【概况】 2022年，县妇联围绕县委中心工作，履行引领服务联系的职责职能，健全完善上下贯通、执行有力的妇联组织体系和联系广泛、服务群众的妇女工作体系，使妇女群众对妇联组织的认同感归属感有进一步的增强，党和政府联系妇女群众的桥梁和纽带也更加坚实，彰显出巾帼力量在全面建设社会主义现代化国家新征程中的“半边天”作用。完成对2011—2020年河南县妇女、儿童发展规划的终期评估，并安排部署2021—2030年河南县妇女、儿童发展规划的实施。

【基层妇联组织建设】 全县基层妇联组织健全，县、乡镇、村（社区）三级100%建立妇女组织。县妇联1个，乡（镇）妇联6个，社区妇联4个，村妇代会39个，机关企事业单位妇委会67个，巾帼志愿者服务队26支。全县有妇联执委215名，其中村（社区）妇联主席43名，兼职副主席86名。

【妇女维权宣传】 以“三八”妇女维权周、国际反家庭暴力日、宪法宣传周等节日为载体，开展“建设法治河南 巾帼在行动”“反对家庭暴力 维护妇女合法权益”等不同主题的法治宣教活动，向广大群众面对面提供妇女维权、防止家暴等方面的法律咨询服务，引导群众正确处理家庭矛盾纠纷，加强对妇女的保护，营造出全社会尊重妇女维护妇女合法权益的氛围。现场发放妇女儿童权益保障法、民法典、反家庭暴力法、婚姻法、劳动合同法等宣传品（册）1000余册。河南县宁木特镇赛尔永村被创建为省级“妇女儿童维权服务站”。

【妇女儿童帮扶救助】 开展慰问帮扶工作，在“两节”期间，联合县好手艺商贸有限责任公司为43名困难妇女送去慰问金、食用油、藏族服饰等爱心物资共计价值2万元。在“三八”妇女节、“六一”儿童节期间，为全县241名困境母亲、留守儿童送去慰问品、慰问金共计价值16.7万元。疫情防控期间，为全县10名独居妇女送去米、面、油等价值0.23万元的物资，为全县100名婴幼儿发放奶粉30箱共计180罐，总价值4.5万元。开展“情系清洁工 夏日送关怀”活动，为24名清洁女工发放总价值2880元的慰问品。为全县1000名小学生发放中国少年儿童基金会“HELLO小孩”爱心套餐礼盒，为200名初中（小）女学生捐赠“春蕾阳光助学”项目助学金20万元。加大妇女卫生健康关心关爱，开展“两癌”防治和免费检查等活动，为4名患病妇女发放“两癌”救助金共计4万元，并为全县150余名妇女接种HPV二价疫苗。做好教育引导和关怀，开展“少年儿童心向党”“把爱带回家 让孩子健康成长”“萌娃进红门 体验火焰蓝”寒暑假儿童关爱服务系列活动。组织70余名少年儿童赴县文化图书馆、县武警中队和县消防大队等开展手工制作、部队日常训练和消防安全等体验活动，激发少年儿童的求知欲，培养消防安全自救意识。

【妇女就业服务】 应对新冠疫情等不确定因素影响，持续为重点群体和企业单位提供高质量公共就业服务，联合县就业局在成吉思汗广场开展“春风送温暖 就业送真情”活动，为有就业意愿的妇女同胞宣传就业政策，提供现场政策咨询服务80余人次，发放政策宣传资料200余份。利用微信公众号等渠道发布就业政策，以线上线下结合的方式进一步扩大活动影响力和社会知晓率。

【妇女表彰】 表彰在2021年度

2022年3月8日，在县委党校三楼会议室举行“三八”妇女节荣誉表彰大会

获州、县级的“巾帼创业创新示范基地”“三八红旗集体”“三八红旗手标兵”“最美家庭”“最美庭院”“巾帼建工标兵”“妇女工作先进个人”“妇女儿童维权先进个人”“最美女记者”“最美女环卫工”“好媳妇”“好婆婆”“好丈夫”等，表彰先进集体4个、先进个人54人。

【巾帼志愿服务】　组织全县各乡镇巾帼志愿服务队开展“温情暖三月　巾帼绽芳华”环境卫生大整治活动，对各村内河道、草场、公路等地的环境卫生进行清理，带动村民自发成为“保洁员”，提升广大村民的卫生意识和环保理念。疫情防控期间，发出《致全县妇女姐妹的一封信》，调动各级妇联组织、巾帼志愿等力量参与疫情防控，协助做好信息排摸、秩序维护、消毒消杀等工作。牢固树立生态文明理念，组织全县巾帼志愿者开展“保护母亲河　巾帼在行动”“美丽中国　我是行动者”等生态文明志愿服务活动，对黄河、泽曲河、白螺湖沿线河道及各乡镇区域垃圾进行清理，营造干净、美丽、舒适的江畔环境。

【家庭教育促进】　贯彻落实家庭教育促进法，真正实现学校教育和家庭教育的相互配合，组织全县各学校以集中学习会、班会、亲子阅读、发放宣传单的形式开展“协同育人　幸福成长”为主题的学习宣传活动，对家庭教育促进法进行逐条解读，明确家长在家庭教育中的职责、权利和义务，引导每一个家庭注重家风、注重家教，为学校与家庭共同教育好孩子架起一座沟通的桥梁，共计开展活动12次，受益1000余人。

【关爱农村留守儿童】　动员各方力量为广大儿童实现“微心愿”活动，在全县开展“爱心妈妈”招募活动，通过“一帮一、多帮一”的形式，深入城乡社区、学校和家庭，开展留守儿童心理关怀、行为矫治、社会融入、生活帮助和家庭关系调适等志愿服务，爱心妈妈志愿服务队慰问帮扶132名困境儿童。

【群团共建】　召开“深化作风建设，狠抓工作落实”专项行动工作部署会议，要求群团全体党员和干部职工把心思用在干事创业上，把精力用在狠抓落实上。深入基层开展“中央一号”文件宣讲活动。弘扬雷锋精神，组织巾帼志愿者和青年志愿者在通往学校的主干道红绿灯路口、学校门口等路段开展交通安全劝导工作。开展“携手共建平安家园　为党的二十大胜利召开营造和谐稳定政治社会环境”主题宣传活动，发放各类宣传资料300余份、宣传品100余份。开展“世界无烟日”集中宣传活动，动员青少年做禁烟小卫士，劝导家庭成员戒烟，号召广大群众争做控烟工作的传播者和践行者，发放控烟宣传倡议书100余份。联合县总工会和延巴社区开展“进社区　亮身份　讲政策　送温暖”主题活动，邀请黄南州健康促进与教育协会志愿者讲师才让卓玛，为参加活动的50余名妇女讲解女性常见妇科疾病的有效预防以及健康与生理环境的关系、农牧区多发的“包虫病”等地方病及艾滋病预防和传播途径，提醒广大妇女要保持良好的生理状态和心理状态。

【妇女宣教活动】　动员各级妇女组织以“巾帼心向党，喜迎二十大”暨百万巾帼大宣讲为主题，开展群众性主题宣传教育活动，并邀请州妇联主席德吉卓玛宣讲党的二十大精神，全年共计开展9次主题宣教活动，其间共计发放党的二十大报告精神、民族团结进步创建、妇女权益保障、反家庭暴力等各类藏语、汉语宣讲资料1200余份。组织巾帼志愿者开展“共建清洁美丽世界”为主题的宣传活动，发放《环保知识宣传手册》、环境保护法等宣传资料500余份。赴联点参美村开展防汛减灾和疫情防控宣传活动，入户查看房屋、牛羊圈等存在的安全隐患，与牧民共同研究商讨解决办法，并把近期疫情防控、防汛防灾、安全生产等科学知识和具体要求为牧民进行宣传普及，提醒牧民群众注意防范暴雨，时刻关注最新气象动态，重视自身生命安全。开展“喜迎二十大　科普向未来”主题宣传活动，现场解答关于科学普及妇女权益保护等科普知识，发放宣传册（品）共计400余份，倡导科学方法、传播科学思想、弘扬科学精神，呼吁全县妇女“爱科学，学科学，用科学”。

河南县科学技术协会

【概况】　2022年，县科协推进科技创新、科普宣传、科技下乡、新时代文明实践志愿服务活动、科技项目验收、园区答辩、县域创新驱动项目、科协换届选举等工作，各项任务目标基本完成。

2022年1月13日，县科协举行28年来首届科协换届选举工作

【青少年科普】　6月9日，在全县各个学校开展学生B超筛查、“包虫病”防治知识宣传工作，要求学生在生活中要加强个人防护，严禁将牛羊病变脏器饲喂犬只，同时强化对家犬驱虫的意识，对粪便及牛羊病变脏器进行无害化处理等，采取集中宣教和播放宣传片的方式。9月20日，开展“喜迎二十大　科普向未来”为主题的2022年全国科普日联合宣传活动。活动聚焦青少年、农牧民、企业家和产业工人、老年人、妇女、领导干部和公务员等重点人群开展安全生产、防灾减灾、环境保护、应急避险、疫情防控、卫生健康等各类主题的科普宣传活动，活动中累计发放各类宣传册300余份，悬挂横幅7条，设立咨询台1处，发放湿巾、抽纸、纸杯、手提袋等宣传品200余份，发放医用口罩，酒精湿巾等防疫用品200余份。

【农村科普】　3月14日，县农牧水利和科技局副局长才让多杰带领局科普志愿者深入联点苏青村开展中央、省委、州委一号文件精神和科普知识宣讲活动，开阔群众的科学视野，切实让党的政策、科普知识走进群众生活、走进群众家庭。4月6—18日，县科技与科普志愿服务队在全县范围内开展“科学防控疫情，文明实践同行”为主题的疫情防控科普宣传志愿服务活动，累计40余名科技与科普志愿者参加活动。6月15日，县农牧水利和科技局组织科技与科普志愿者在河南县四乡两镇开展“守住钱袋子·护好幸福家”为主题的防范非法集资宣传活动，提高广大牧民群众对如何防范非法集资等知识的了解，加强群众自觉抵制非法集资诱惑的意识。

河南县工商业联合会

【概况】　县工商联合会成立后，由于机构改革和上级相关职能部门未下发机构成立批文，故无机

2022 年 1 月 22 日，河南县第三次工商业联合会会员代表大会合影

构及人员编制，由县委统战部分管人员兼职负责县工商联工作。截至 2022 年年底，全县私营企业 636 家，个体工商户有 2927 户。

【思想教育】 优化营商环境，提升服务效能，凝聚共识，推动助企纾困政策落地落实，县委统战部、工商联组织召开金融支持民营企业复工复产九项举措及省第十四次党代会学习传达会，并宣传中央、省州关于支持民营经济、民营企业发展，助力复工复产的各项政策，提振企业发展信心，协调解决难题。

【社会服务】 引导全县民营经济人士弘扬乐善好施、扶危济困的传统美德，企业及商协会带头履行社会责任，主动参与疫情防控工作，为打赢疫情防控阻击战贡献社会力量。全县 34 家民营企业开展慰问疫情防控一线行动，捐款捐物折合人民币共 126.2 万余元。

河南县残疾人联合会

【概况】 2022 年，全县 4 个乡、2 个镇的 40 个村（社区）均成立村（社区）残疾人协会，并配备以分管残联的乡（镇）长为残联理事长以及负责残疾人工作的乡镇专职委员和村级专职委员。县残联内设科室 3 个。

【残疾人类别与分布】 2022 年，全县有各类残疾人 1430 人。其中视力残疾 147 人、听力 126 人、言语 44 人、肢体 832 人、智力 183 人、精神 98 人。重度残疾人：一级 169 人、二级 440 人。中轻度：三级 481 人、四级 340 人。宁木特镇 420 人，优干宁镇 548 人，托叶玛乡 191 人，赛尔龙乡 121 人，柯生乡 78 人，多松乡 72 人。

2022 年河南县残疾人人口基础数据统计表

表 6　　单位：人

残疾类别 \ 地区 \ 级别		一级	二级	三级	四级	合计
视力	优干宁镇	8	10	10	18	46
	宁木特镇	4	14	13	11	42
	托叶玛乡	2	7	8	8	25
	赛尔龙乡	3	7	5	5	20
	柯生乡	3	0	3	2	8
	多松乡	1	2	1	2	6

续表6

残疾类别 \ 地区 \ 级别		一级	二级	三级	四级	合计
听力	优干宁镇	11	17	14	17	59
	宁木特镇	10	3	8	13	34
	托叶玛乡	5	3	2	4	14
	赛尔龙乡	1	2	1	3	7
	柯生乡	4	1	1	3	9
	多松乡	0	1	0	3	4
言语	优干宁镇	1	7	2	2	12
	宁木特镇	6	4	3	2	15
	托叶玛乡	1	0	2	3	6
	赛尔龙乡	1	1	2	1	5
	柯生乡	0	2	1	1	4
	多松乡	1	1	0	0	2
肢体	优干宁镇	18	88	127	82	315
	宁木特镇	12	57	112	79	260
	托叶玛乡	6	25	48	27	106
	赛尔龙乡	4	21	29	11	65
	柯生乡	3	11	15	14	43
	多松乡	4	8	24	8	44
智力	优干宁镇	12	35	20	10	77
	宁木特镇	9	26	8	4	47
	托叶玛乡	5	11	3	2	21
	赛尔龙乡	1	8	8	1	18
	柯生乡	4	4	1	1	10
	多松乡	2	5	2	1	10
精神	优干宁镇	10	25	3	1	39
	宁木特镇	8	12	1	1	22
	托叶玛乡	6	9	3	1	19
	赛尔龙乡	1	5	2	0	8
	柯生乡	2	2	0	0	4
	多松乡	0	7	0	0	7
					合计：	1430

【残疾人临时救助】 在做好疫情防控的同时，为做好特殊困难残疾人临时救助工作，尽力减轻残疾人家庭经济负担，对10个乡、镇（社区）上报的贫困残疾人临时救助进行核查并召开专题研究困难残疾人“临时救助”评审工作会议，进行集体审核审议。通过入户核查，确保申请残疾人临时救助家庭情况的真实性和救助工作的公开、公平、公正。对申请临时救助的残疾人进行逐个审核，审核救助对象60户，发放救助资金5万余元。

【残疾儿童康复救助】 成立县级定点康复机构，实现残疾儿童康复就近服务，为14名残疾儿童接受免费的康复治疗，并开展残疾儿童康复入户督导回访工作，对参与康复训练的残疾儿童家长进行康复效果满意度调查，听取家长的意见和诉求。回访中，为5名孩子进行每人0.03万元的慰问，同时宣传这项惠残康复民生工程政策和残疾预防相关知识，提升家长对残疾儿童康复训练的重要性。

【农村残疾人就业培训】 根据残疾人实际需求，分别开展两期农村残疾人就业培训。开展残疾人就业培训，为30名残疾人及其家属开展为期30天的蔬菜种植培训。开展残疾人劳动技能培训，针对辖区内有就业培训需求的60余名残疾群众，在残疾人托养服务中心开展为期3天的蒙古袍制作和有机家禽养殖技能的残疾人劳动技能培训班。

【残疾人法律维权】 县法律援助中心工作站设在县残疾人联合会办公室，主要负责接待残疾人来信来访，解答法律咨询；开展残疾人法律援助宣传、培训；协助、配合县法律援助中心募集法律援助资金等系列保障残疾人权益的工作。工作中结合宪法宣传日等活动，发放宪法、中华人民共和国残疾人保障法、残疾人就业条例等政策法律法规宣传资料等200余份，接受咨询30余人次。

【残疾人免费乘坐公交车】 召开专门会议，把残疾人公交卡、爱心卡的工作布置到各乡镇、村（社区）残疾人专职委员，并要求他们进行广泛宣传，以确保尽可能多的残疾人解这一政策并享受到这一惠民政策；对符合条件的残疾人进行摸底与审查，联合县交通运输管理局、县公交车公司进行协调，为全县320名残疾人申办残疾人免费公交卡、爱心卡。后期新办证残疾人都可享受免费乘坐公交车政策。

【残疾人托养服务】 县残疾人托养中心按照政府采购制度，委托第三方进行公开招标。根据青海省政府购买残疾人社会化服务有关要求，日人均托养最高标准72元，年人均托养标准为25920元，全年托养服务资金为77.76万元。建设投入资金570万元，建筑面积2000平方米，共3层，中心设有“残疾人之家”、生活技能训练室、文化教育室、文体娱乐室、康复训练室、康复理疗师、人员宿舍、食堂、理发美容室、裁缝室、按摩室等。有宿舍15间，床位30张，管理人员12人。县残联发挥现有服务设施作用，按照政策引导、政府扶持、社会兴办、模式创新的原则，加

2022年11月2日，县委书记车向贤（中）一行在县残疾人托养服务中心调研并指导工作

快残疾人托养服务机构的创新步伐，初步形成集“托养+康复+就业”等服务为主的残疾人托养服务融合发展模式，为30名残疾人提供寄宿制托养服务，为100名困难残疾人实施居家托养服务，为240名残疾人实施康复训练服务。

【残疾学生教育救助】　为全面提升教育保障工作，落实残疾儿童教育资助政策。“六一”儿童节来临之际，与县教育局衔接，前往各所小学及幼儿园开展“关爱特殊儿童、携手与爱同行”活动，对县城区域及各乡镇13所学校52名随班就读、送教上门的残疾学生发放每人学习用品52套，共计价值7800元。为激励残疾学生奋发成才，推动残疾人教育事业健康发展，增强残疾学生平等参与各项社会活动和实现就业的能力，对全县范围内审核审批通过的9名困难残疾学生进行资助，按标准向大专、本科生共发放3000元，向高中生共发放2000元，共计发放5000元的助学金。

【助残日活动】　结合“促进残疾人就业、保障残疾人权益”的活动主题，联合7个部门开展第三十二次全国助残日活动，发放电动三轮摩托车、轮椅、手杖、坐便椅、助行器、腋拐、助听器等共计价值21万余元的残疾人辅助器具141件，各部门为56名贫困残疾人、残疾学生、残疾妇女等赠送菜籽油、大米、面粉、奶粉、毯子、学习用品及生活慰问品。

【村（社区）残疾人协会发展】
按照省、州残联要求，按照《村（社区）残疾人协会工作规范（试行）》等规定开展工作，召开专门会议，向各行政村、社区颁发聘任证书以及各项规章制度。推选出村（社区）残协主席43人，由村委会主任担任；副主席43人，由村级残疾人专职委员担任；残疾人协会委员129人，由残疾人及亲友和各方面热心服务残疾人的代表担任。在各残协办公室挂村（社区）残疾人协会工作规范、专职委员工作规范制定及门牌，村（社区）成立残协会覆盖率达到100%。村（社区）残协广泛听取残疾人意见，为残疾人提供多样化、精准化、常态化服务。

河南县红十字会

【概况】　2022年，县红十字会围绕中心工作，弘扬“人道、博爱、奉献”红会精神，发挥党和政府人道领域的助手作用，坚持服务大局、改善民生、促进社会和谐，完成年内各项工作任务。

【公益筹资】　以弘扬“人道、博爱、奉献”的精神为己任，聚焦疫情防控、“博爱家园”“阳光天使”等重点工作任务，推进“爱心不停　共抗疫情”红会行动，借助电视、报刊等新闻媒体优势，不断加大宣传力度，增强宣传效果。持续提升在农牧民群众中的知晓率和影响力，持续加大公益筹资、援助力度，切实解决群众“急难愁”民生难点，全力守护全县人民生命和健康安全。

【备灾救灾】　以上级红十字会援建项目的实施为抓手，在赛尔龙乡兰龙村开展应急救护培训，使广大牧民群众更深一层认识到心肺复苏、救火救灾的知识。动员社会各界爱心人士善举，拓宽资金来源渠道，逐步提高红十字

2022年7月12日，县红十字会在兰龙村开展应急救护培训

会救助实力，建立健全救灾制度，做好救灾、备灾各项准备工作。抓好卫生救护培训工作，有计划、有步骤地配齐教具，不断扩大卫生救护知识培训范围，联合消防、公安、教育等部门持续开展防火防灾培训，努力提高人们在突发事故中的自救、互救意识和急救技能。加强基层红十字会组织建设，发展团体会员单位、个人会员和志愿者，持续加大志愿者和会员专业化培训力度，不断深化基层红十字会队伍和组织建设。同时，聚焦群众“急难愁”等民生难点，携手县残联、县民政局扎实开展“红十字博爱助困”“助力疫情防控”等活动，不断提升红十字会的公信力和亲民度。开展专项救助活动3次，救助计划生育贫困家庭4户、环卫工人175人，发放“红会爱心包”705件，应急调度发放N95口罩等1万只、帐篷10顶，发放防寒运动服、运动鞋各25件，为贫困家庭送去棉衣、毛毯、运动鞋等生活用品，累计发放3561件。

【临时救助】　聚焦重大疾病患者、长期患病贫困家庭、低保边缘户等医疗救治重点人群，推进“天使阳光”行动，不断加大红十字会临时救治力度，持续护航重点人群生命和身体健康。截至年底，发放贫困户临时救助金2000元，累计救助贫困家庭先天性心脏病患者2人，开展白内障医疗手术救助治疗4名患者。

【博爱项目】　发挥赛尔龙乡兰龙村“博爱家园”项目生计基金助力致富优势作用，加大博爱家园项目生计基金项的投入，扩大兰龙村生态有机畜牧业牧民专业合作社规模，优化扶持开展生产经营活动，通过小额借款的模式，辅助技术培训相结合的方式，不断提升兰龙村居民的生计和生产能力，提高受助对象改善生活水平的能力，持续巩固脱贫致富落地实效，发放生计资金15万元。强化红十字会博爱卫生站建设，为有效解决看病远、看病贵、看病难的问题，宁木特镇周龙村博爱卫生站项目年底竣工并投入使用。

【红会宣传】　抓好红十字知识的宣传和红十字会人道法的传播，牢牢把握“5·8”博爱月、无偿献血日等契机，利用报纸、横幅、电视等多媒体优势，不断完善促基层组织的建立，以宣传促筹资，以宣传提高红十字会的公信度和影响力。

法　治

依法治县

【概况】 2022 年，全县范围内组织开展习近平法治思想学习活动，组织召开依法治县委员会第四次会议，法治政府建设工作推进会，进一步深化依法治国的重要性的认识，加快推进全县法治政府建设的各项工程。严格招商引资、重点项目建设等涉企事项的合法性审查，对 2 件涉企重大决策事项合法性审查，提出意见建议 24 条。全面推行证明事项告知承诺制，予以保留 19 项证明事项承诺制。推进行政执法“三项制度”落实落细，开展行政执法“三项制度”落实监督检查工作，实现关系群众切身利益的重点领域行政执法监督全覆盖。强化行政权力制约和监督，严格落实《青海省人民政府重大行政决策程序暂行规定》，对县政府、县政府办名义制定的 15 件重大行政决策进行合法性审查，提高县政府决策质量和效率。

【规范性文件监管】 为全面贯彻习近平法治思想，严格落实行政规范性文件定期清理工作制度，根据《青海省司法厅关于做好行政规范性文件第五次全面清理工作的通知》，严格落实清理工作要求，按照“谁制定、谁清理，谁执行、谁负责”的原则，组织开展好行政规范性文件全面清理工作。加强行政规范性文件监督管理，审查《河南县事业单位人员岗位等级晋升管理办法（试行）》《河南县拟调整公共租赁住房和干部周转房租金收取标准的方案》提出合法性审查意见。

【法治督察】 按照“谁管理、谁审查、谁负责”的原则，完成全县包括八大领域相关行政执法人员平台录入工作。开展行政执法主体和行政执法人员清理，全县 28 个执法单位、98 名行政执法人员顺利完成执法证件申领换发工作，做到依法审核、持证上岗、依法行政。认真履职尽责，推动全面依法治县各项工作，与州委依法治州委员会法治专项督查组开展好党政主要负责人履行推进法治建设第一责任人职责专项督察和法治政府建设督察工作。督导检查县文化旅游广电局、市场监督管理局、交通运输局、农牧水利和科技局、生态环境局等 5 家单位履行推进法治建设第一责任人职责及法治政府建设实地督察反馈问题整改工作情况和相关台账、案卷。为贯彻落实《青海省行政执法案卷评查工作规范（试行）》《青海省行政执法案卷立卷规则（试行）》规定，县委全面依法治县委员会办公室决定抽查县公安局、县自然资源和林业草原局、县交通运输局、县卫生健康局、县税务局等合计执法案卷 52 件，由青海勤云律师事务所进行案卷集中评查。

【依法治县会议】 5 月 7 日，河南县召开县委全面依法治县委员会第四次会议，传达学习中央和省委、州委相关会议精神，审议相关文件，将党政主要负责人履行推进法治建设第一责任人职责情况列入年终述职内容，听取优干宁镇、县农牧水利和科技局、县人民法院等部分单位主要负责人，履行推进法治建设第一责任人职责情况述职，全面安排部署依法治县各项工作。

政法委及综治

【概况】 2022 年，县委政法委发挥党建引领作用，建立健全

2022 年 5 月 7 日，县委全面依法治县委员会第四次会议召开

“一核三治”社会治理体系，组织开展“美好生活·民法典相伴”“送法进校园”“携手共建平安家园，为党的二十大胜利召开营造和谐稳定政治社会环境”等主题宣传活动，坚持群众主体地位，不断修订完善村规民约，增强基层组织自行治理能力和水平。及时召开政法工作会议、政法系统联席会议、政法干警“十个严禁”专题学习会议、党的二十大精神专题党课等，持续巩固政法队伍教育整顿成果，严格落实执纪监督“四种形态”和“三个规定”填报工作，净化政法干警“社交圈”“朋友圈”，努力建设革命化、正规化、专业化、职业化政法队伍。制定印发政法工作要点、方案、预案等，成立县、乡级应急处突队伍，开展应急处突演练，提高应急处突能力，完成节假日、党的二十大等重大节会、重要时段的安保任务。定期到各乡镇、学校、寺院、治安卡点督导检查矛盾纠纷、社会治理、安全生产、疫情防控等工作推进落实情况。

【矛盾纠纷排查调处】 完善处置重大突发事件工作机制，严格落实工作预案，建立健全县级50人、乡级10人（优干宁镇20人、宁木特镇15人）应急队伍，组建县级120人、各乡镇不少于30人的民兵应急力量，紧盯形势需要，在河南县、玛曲县边界鄂尔哈斯桥举行边界巡防拉动演练启动仪式，组织各乡镇、各相关部门分阶段、分层次、分科目开展应急演练。落实重点项目、重大决策、重大活动社会稳定风险评估，常态化开展矛盾纠纷大排查活动，到优干宁镇6个行政村86户征地现场，实地调查同赛高速公路建设阻工问题，协调解决同赛高速建设补偿款，确保各类矛盾纠纷、风险隐患发现在早、防范在先、处置在小。联合公安、安检、城管等部门对易滋生违法犯罪的娱乐、茶楼棋牌等行业场所，开展多轮次“拉网式”清查和动态摸排。从严执行值班备勤、领导带班、情况报告等工作制度。全年收集矛盾纠纷110件，调处化解成功61件，正在调解29件，成功率达到75.3%。

【社会治理】 推进三级综治中心提档升级工作，发挥县、乡、村三级综治中心作用，实行每日一调度，了解村情实际和群众所思、所想、所盼，引导网格员收集相关线索，破解影响牧区发展的热点难点问题。全年收集上报动态信息1600余条，下发涉及民生领域问题督办通知13件，并督促完成整改。组织召开重点人员管控工作推进会，安排管控措施，掌握日常动态和现实表现，定期开展考察和谈心谈话，及时更新数据，做到一人一档。坚持将普法宣传作为夯实社会治理的关键举措，成立法治宣讲队，开通“河南普法”微信视频号，设立“12348”咨询热线，持续开展乡村振兴、民族宗教政策、扫黑除恶、法律法规和党的二十大精神等宣传活动。全年开展法治宣讲116次，发放宣传单7600余份、宣传用品16950余套。联合统战部门结合“讲政策、送服务、促振兴、保稳定”活动，成立督导组，赴各寺院检查指导寺院安全管理和驻寺值班、制度执行等工作落实情况，登记造册僧侣动态，做到“一寺一策”底数清、情况明、措施实。

【基层治理】 加强基层社会治理，强化基层党组织在社会治理中的核心作用，制定下发《河南

2022年4月22日，县委政法委在宁木特镇督导检查社会治理工作

县党建引领基层社会治理专项组工作实施意见》，引导各村成立11个专项工作组，开展三轮督导检查。在全县范围内征集7个优秀村规民约，推动基层治理能力现代化建设。组织县公安局、市场监督管理局、消防大队等部门走访辖区内的中小学、幼儿园和校园，督查其周边治安隐患、校园基础设施、食品安全等情况。

【打击整治养老诈骗专项行动】 县委政法委坚持把打击整治养老诈骗专项行动作为“为民办实事”的务实举措和重要抓手，与政法重点工作同部署同安排，组织各成员单位采取线上线下相结合的方式，宣传预防电信诈骗方法，揭露养老诈骗新手段、新动向，增强群众法治意识和识骗防骗能力。全县未发生养老领域诈骗案件。

【区域协作联动】 健全青甘川社会治安综合治理体系，深化区域协作联动机制，与交界县市签订县乡村三级区域联动协作协议，组织县公安系统与友邻县公安局，建立案件协查侦办机制，开展警务协作，联合打击跨区牲畜偷盗、黑车交易、赌博、电信诈骗等各类违法犯罪行为。以科技手段为支撑，将网格化治理工作与智慧安防警务发展融合，依托“一核三治”社会治理模式，发挥党建引领作用，坚持群众主体地位，深化区域协作联动机制，实现警务信息共享，调解优干宁镇克其合滩与甘肃省夏河县科才乡之间的越界放牧纠纷等一批长期以来困扰边界稳定的矛盾纠纷。

公 安

【概况】 2022年，县公安局围绕中共二十大安保维稳工作，完善工作机制，以维护政治安全、“防风险、除隐患、降发案、保平安”、缉枪治爆等专项行动为抓手，紧盯“五个严防、三个确保”工作目标，严防严控，严管严打，努力在实战大考中展现新担当新作为，为全县经济社会发展创造良好的治安环境和法治环境。

【公安队伍建设】 落实“日学月练季考核年评比”制度，组织开展训练5期589人次，以“练、考、赛、评”等多元化方式检验练兵成果，提升练兵质效。针对“最小作战单元”、矛盾纠纷化解、突发事件处置、规范执法等内容，采取“集中练兵日”“教官培训”“随岗轮训”等方式组织各类培训、讲座3期59人次。在县委、县政府和上级公安机关的支持下，组建一支50人组成的应急处突力量。组织开展防疫防汛等应急拉动演练30余次，各类培训26次，累计“点对点”培训213人次。注重干部梯队建设，探索人才培育机制，落实人才工作保障，晋升民警职级79人，申报选树表彰集体、个人共计53个（人）次。以政治建警为统领，开展“转作风、提能力、增质效”作风建设行动，常态化排查全警作风突出问题和短板弱项，研究制定《河南县公安局“改进作风、增比进位”作风建设行动实施方案》，建立工作台账，确保整改落实落地。以廉政建设为抓手，贯彻落实《2022年河南县公安局党风廉政建设和反腐败工作实施方案》、党风廉政建设承诺书、“公安部六项规定”承诺书，加强重要节点廉洁自律提醒，加强民警工作纪律、工作作风及“八小时以外”的监督管理，开展现场督查、视频督查220余次，开展廉政教育、警示教育7次。

【维护社会稳定】 树立总体国家安全观，把握稳中求进工作总基调，以维护政治安全为中心，以态度上的“零容忍”、思想上的“零懈怠”、工作上的“零差错”。收集掌握各类情报信息200余条，整理编报信息研判121期，化解影响政治安全的各类风险隐患，为各级部门决策部署提供依据。

【网络安全管理】 履行公安机关网络安全保卫职责，做好网上安保维稳工作。依法对网吧、电竞酒店开展网络安全审核指导，督促建立健全安全管理制度。落实上网实名制登记等安全技术措施，依法对网吧、电竞酒店信息安全、治安秩序进行检查，依法查处违反信息安全法律法规的行为，完成网吧年审工作，并签订网络安全承诺书。开展50人以上的微信群群主法治教育培训，召开座谈会签订相关责任书，增强全县微信群主网络安全意识。对县内“网红”主播进行集中约谈，引导学习相关网络法律知识。对全县重点网站开展网络和数据安全专项监督检查，查找网络安全漏洞和隐患，签订技术检测单位安全承诺书，加强LED屏基础信息安全监测，重点检查LED设备是否连接互联网、是否有专人负责等内容，并与相关负责人签订网络安全协议书。检查场所13家。针对网络赌博、电信网络诈骗、非法获取公民个人信息等社会关注群众关切的问题开展宣传。

【执法规范建设】　加强执法监督，完善执法质量考评机制，推进执法规范化建设。严把案件事实关、证据关、时限关、程序关、法律适用关和裁量关，审核刑事案件，审批行政案件，审核准确率为100%。全程监督网上办理的行政案件和刑事案件，对所有案件进行网上考评并下发考核通报和巡查通报，确保每起案件在公平公正中办结。成立县公安局、县人民检察院侦查监督与协作配合办公室，强化公检监督配合，提升公安执法和检察监督规范化水平，统一办案理念，提升案件侦办效率。开展跨部门大数据办案平台应用，刑事案件实行线上审核、线上出口，保障刑事案件“统一审核、统一出口”工作机制，提升民警执法办案水平和能力。

【刑事案件侦查】　坚持以人民为中心发展理念，以党的二十大安保维稳工作为主线，以“云剑—2022”行动为载体，以提升刑侦专业化能力为方向，严厉打击各类突出犯罪，推动加强社会治理。破获刑事案件24起，抓获犯罪嫌疑人30人，破获电信诈骗案3起，止付涉案银行卡116张，冻结一级涉案银行卡95张，冻结金额为3.2万元。办理行政治安案件92起，行政拘留24人，罚款75人，抓获违法人员71人，办理赌博案件6起，收缴赌资46877元、违法所得1930元。办案民警辗转四川、贵州、江西、河南、甘肃等地，破获电信诈骗案件6起，其中自破案件4起、外地代破案件2起，抓获犯罪嫌疑人15人。

【生态安全保护】　开展“昆仑2022”“虫草采挖期巡山护林”“清风行动”“打击破坏古树名木违法犯罪活动”等专项行动，打击破坏森林及野生动植物资源违法犯罪活动。召开自然资源领域行刑衔接联席会议，构建行政执法与刑事司法无缝衔接体系。联合三江源中铁—军功保护分区派出所开展保护区巡逻检查工作，以野生动物迁徙通道、活动密集区域为重点，对灌木丛、树根下、积雪中等易安放猎捕工具的位置进行清查。开展野生动物救助工作，救助国家二级保护动物苍鹰1只、红隼1只。做好森林草原防灭火工作，提升森林草原防火意识。

【户政出入境管理】　坚持管理与服务并重，从改进和加强户政管理工作入手，提高户政管理工作水平和能力。审批各类户籍业务13次，签发身份证3124张，办理临时身份证95张。实行居民身份证“异地通办”制度，简化办事程序，满足群众异地工作、生活需要，受理异地身份证35张，审核并签发异地受理身份证15张。对全县户籍人口数据进行年度统计分析，确保人口统计数据准确性，完成2022年度州对县户籍人口城镇化设定的目标，完成率15.67%。以捍卫国家政治安全，维护社会稳定为首要任务，推进打击治理“三非”外国人及反偷渡、跨国境违法犯罪专项行动，强化涉外领域风险防控，从严审发证件，受理出入境证件4份。

【矛盾纠纷化解】　加大基层派出所专业调解队伍警力配置和公安派出所调解室建设，健全完善由公安、综治、司法、村（居）委会联合调处矛盾纠纷工作机制。完善横纵网络，提升公安机关化解处置重大矛盾纠纷的能力。建立村警与包村干部信息共享机制，发挥村警、包村干部不同职能优势，在矛盾纠纷排查调处、人员管控等方面共享信息、优势互补、真正发挥“1+1>2”的效果，排查矛盾纠纷15起。

【助力疫情防控】　发扬坚持不懈、使命必达的奋斗韧劲，投入抗疫战斗，通过召开局党委会、党委（扩大）会，精心谋划、详细研究，确保全员核酸检测、疫

2022 年 11 月 26 日，县公安局全体女民（辅）警连夜制作一万只“暖心”饺子运送至泽库县公安局

情卡点工作高效、有序、规范。各警种坚守岗位，同卫生、社区等部门工作人员协作，做好秩序维护、交通疏导、扶老助弱、提醒佩戴口罩等工作。全县 2 个省际检查站、1 个治安检查站发挥疫情防控、治安管控双重作用，每日轮班出动警力 44 人次，实行全天候 24 小时勤务查控，筑牢防疫屏障。投入核酸检测、疫情防控卡点盘查警力 1.1 万余人次。

【治安防控】　将治安防控由街面向居民区、由主城区向乡镇、由公共场所向单位内部，实现“点、线、面”兼顾、“打、防、管、控”并举，立体化社会治安防控体系建设。将“一村一警”警务模式工作纳入年终绩效考评，成立工作领导小组，签订责任书，每季度对全局“村警”工作进行检查。依托网格化管理工作模式，以辖区酒吧、打字复印店、娱乐场所、音像销售店等行业场所以及重点部位、路段作为重点，集中清理排摸，全面掌握情况，有针对性地集中整治辖区违法犯罪活动。出动警力 7700 余人次，出动警车 1128 辆次，检查各类行业场所 3089 家次，停业整顿 6 家，下发限期整改通知书 17 家。

【指挥调度】　聚焦“警务实战指挥中枢”职能，以党的二十大安保维稳为主线，落实各项措施，有力防范预警各类风险隐患。结合 110 群众报警警情特点，细化工作措施、明确工作要求、规范工作流程，加强风险预警、隐患排查，确保人民群众生命财产安全。加强值班备勤，强化值守力量，优化勤务模式，确保应急值守专班和信息研判预警专班高效运转，及时、科学、有效处置紧急突发情况。在落实好联防联控机制的基础上，开展信息研判、指挥调度、社会面防控、舆情排查等工作。接警情 3550 起，有效警情 659 起，监控巡视 1000 余次，对讲机调度 600 余次。

【爱警暖警】　加强对机关群团工作的领导，发挥凝心聚力的桥梁纽带作用。以诵读红色书籍、观看红色电影、重温入党誓词、故事分享、知识竞赛、演讲比赛、趣味运动会等多种形式强化文化育警，激励广大党员民辅警立足新时代，以强烈的政治担当和责任担当积极投身于公安事业。开展各类活动 20 余次，做好民警慰问以及困难职工慰问、体检、保险理赔等工作，走访慰问退休干部 28 人，慰问民辅警及家属 25 人。

【公共安全管理】　宣传缉枪治爆专项行动相关通告、规定，引导群众上缴枪支 90 支、子弹 5725 发、导火索 10 米、弹夹 2 个，张贴通告 200 余份，印发宣传资料 2500 余份。针对烟花爆竹、寄递物流业，健全监管机制，强化教育培训，落实治安检查规定，强化企业治安管理责任。检查寄递行业 144 次，现场整改 4 次，限期整改 3 次，针对危险物品环节下发整改通知书 8 份，停业整顿 2 家。深化交通安全管理，推进道路交通安全隐患排查整治，打击超载、超速、非法运营、疲劳驾驶和酒后驾车等违法违规行为，做好危险路段、重点时段和恶劣天气的交通疏导，查处各类交通违法行为 4632 起。

检　察

【概况】　2022 年，县检察院坚持以习近平新时代中国特色社会主义思想为指导，贯彻党的十九大、十九届历次全会和党的二十大精神，践行习近平法治思想，围绕《中共中央关于加强新时代检察机关法律监督工作的意见》，扭住社会稳定和长治久安总目标，履行宪法和法律赋予的职责，推动“质量建设年”专项活动，各项检察工作取得新进展。

【刑事检察】　把维护国家政治安全作为头等大事，打击间谍、情报、网络政治谣言和有害信息等犯罪，构建护航党的二十大维稳安保工作体系，建立风险排查处置机制，确保重要节点安全稳定。贯彻《中华人民共和国反有组织犯罪法》，建立政策研判、综合治理等常态化工作机制，常态化开展扫黑除恶斗争。受理刑事案件 46 件 58 人。审查逮捕案件 17 件 26 人，审结处理 17 件 26 人。办理羁押必要性审查案件 2 件 2 人，自行补充侦查 22 件，提前介入引导侦查 3 件次，立案监督 1 件 1 人，侦查活动监督 17 件次，要求提供法庭所需证据 4 件次。强化刑事立案和侦查活动监督，在县公安局挂牌成立侦查监督与协作配合办公室。

【刑事执行和监所监督】　入所安全大检查 6 次，对监管活动中存在的安全隐患，发出纠正违法通知书 5 份，制发检察建议 3 份，口头建议 7 次。向社矫人员讲授法治讲座 1 次，开展社区矫正监督检查 5 次，针对社区矫正工作存在的问题发出纠正违法通知书 4 份，制发检察建议 5 份。加大财产执行检察监督力度，共核查罚金 44 万元，为罚 16 人所得。进行重大案件终结前讯问合法性核查 1 次，制发检察建议 1 份。办理非法证据排除案件 5 件，发出纠正违法通知书 5 份。

【认罪认罚从宽制度】　适用认罪认罚从宽制度案件 17 件 26 人，适用率为 100%。被告人为非汉族的案件均用汉语、藏语诉讼，汉语、藏语诉讼率达 100%。向同级人民法院提出量刑建议 12 件 15 人，已判决 11 件 11 人，采纳量刑建议 11 件 11 人，采纳率达到 100%。

【未成年人检察】　办理未成年人审查起诉案件 2 件 4 人，其中审查逮捕案件 1 件 3 人，审查起诉 1 件 1 人。落实法律援助 1 件 1 人，开展社会调查 4 次，办理未检一般预防案件 5 件，办理未成年人行政公益诉讼案件 1 件，发出检察建议 2 份。制发督促监护令 1 份，强化涉案未成年人家庭教育职责。落实“一号检察建议”，开展校园及周边安全专项检查 4 次。联合公安、卫健等多部门深入辖区宾馆、医院等场所督导检查强制报告落实情况 1 次，以查促改，确保侵害未成年案件强制报告制度落地生根。为未成年人健康成长提供全面司法保护，打造全州首个未成年人检察工作室——“娜仁”未检工作室。该工作室办理的一起附条件不起诉未成年案件做法得到各级人大代表的关注，并被《检察日报》报道。为探索解决侵害未成年人案件发现难、取证难等问题，推出未检小程序，进一步强化未成年人保护合力。

【民事行政检察】　受理各类民事案件 5 件，各类行政案件 5 件。为促进依法行政和公正司法，对于行政机关存在行政执法不规范问题，发出改进工作检察建议 3 份，要求立案检察建议 1 份，全部回复并整改。

【公益诉讼检察】　受理案件 31 件，制发诉前检察建议 28 件，请示案件 3 件。受理案件中，食品领域 6 件，个人信息领域 4 件，生态环境领域 14 件，“等”外领域 7 件。与行政执法单位共同签订《关于建立河南县行政执法机关与检察机关协作机制的意见》，形成工作合力。发挥“益心为公”检察云平台作用，招募公益诉讼志愿者，推进民主监督与检察监督融合，履行好公益“守护人”的检察职责。

【控告申诉检察】　落实“群众来信件件有回复”的宗旨要求，做到群众来访件件有回复。接待来访群众 37 件，院领导接待 6 件 6 人，其中 1 件 1 人为刑事申诉案件，办结并向申诉人给予办理结果答复，答复6件6人为案件咨询，其他干警接待31件31人，属案件咨询，均答复，群众来访按期答复率为100%。

【案件管理】 发布程序性信息53条、重要案件信息6条，公开法律文书20份；辩护人申请阅卷3人次，阅卷5件次；开展案件评查4件，其中线上评查1件，线下评查3件（州院交办评查案件）。开展法律文书核查3次、案卡复核10次。针对存在的问题办理流程监控案件9件，其中制发书面流程监控通知书3份，发出口头流程监控6件，均整改。随案移送的涉案财物均在2.0统一业务应用系统内入库、流转、出库，登记入库31条，登记出库31条。

【检察队伍建设】 从尖扎县院交流副检察长1人，任命检委会专职委员1人和第二检察部主任1人，招录干警1人。以“质量建设年”为抓手，组织开展法律文书规范化培训、岗位练兵、学习培训周，加强实践锻炼，增设“夜课我来讲”小课堂，让干警参与到学习中。开展干部执行力提升行动，推动干警精神大提振、工作大落实、效率大提高、作风大转变。分别被黄南州人民检察院、河南县新时代文明实践中心评为疫情防控志愿服务“先进集体”，1人在疫情防控被黄南州人民检察院授予个人嘉奖。办理一起危险驾驶案件，被评为“青海省检察机关办理醉酒型危险驾驶典型案例”。

2022年3月22日，县人民检察院与互助县人民检察院签订结对共建协议

【助力疫情防控】 对医疗药品、建筑工地等多行业疫情防控措施落实情况开展专项监督检查。以线上方式对看守所疫情防控和监管工作进行监督，为疫情防控工作提供司法保障。党员干部带领干警组成志愿服务队，投入疫情防控和治安卡点，协助公安干警和医疗人员对出入人员和车辆进行排查登记，在抗疫一线点亮“检察蓝”。

【为民服务】 加大司法救助力度，1案件1人申报国家司法救助，救助金额2万元。排查出1件婚姻家庭类纠纷案件，发挥民事检察和开解职能，化解双方矛盾。与县妇联制定《关注困难妇女群体，加强专项司法救助专项活动工作机制》，做实做好困难妇女司法救助工作。加强对农民工权益保护，支持农民工起诉1件13人，讨回欠薪14万元。保护个人信息，聚焦侵害公民隐私和信息安全乱象，开展个人信息保护

2022年8月18日，县人民检察院组织召开“关注困难妇女群体，加强专项司法救助”专项工作座谈会

领域线索摸排工作，发出检察建议3份。守护老百姓“舌尖上的安全”，开展食品安全专项检查1次，规范商家经营活动。针对群众反映强烈的生活垃圾污染等问题，督促行政机关清除生活建筑垃圾堆积6吨、死畜2只，改善人居环境。保障消费者合法权益，维护人民群众生命健康安全，在排查工作发现县域内销售的“消”字号抗（抑）制剂产品存在非法添加药物以及说明书不规范、虚假宣传等问题。召开全州首例行政公益诉讼案件听证会，首次以公开送达方式向行政机关送达检察建议书。

【“脱薄”争先】 向最高检党组书记、检察长张军专题汇报1次，向省州院、县委领导专题汇报3次。青海省人民检察院、黄南州人民检察院先后对“脱薄”工作进行评估验收，一致同意“脱薄摘帽”。在黄南州人民检察院和海东市人民检察院的支持下，与互助县人民检察院签订《结对共建协议》，就共建工作目标、工作内容和职责等达成共识，实现基层检察工作“1+1>2”的结对成效。

【法治宣传】 开展“送法进校园”活动，开展预防校园欺凌、未成年人保护、疫情防控、自护自救措施等主题的线上线下法治宣传活动9次、制作宣传展板10块、发放宣传册3000余册。用好“两微一端”等新媒体平台，定期推出“藏语、汉语法治微课堂”，通过校园广播、融媒体等多种方式向全县中小学生宣讲法律常识及防疫知识。新媒体公众平台共发布动态160余篇，被省、州、县级媒体转发50篇。法治微课堂播出《未成年人保护法篇》和《防疫篇》《暑期安全篇》，3期上线播放量8万余次。

法 院

【概况】 2022年，县人民法院以创建“为群众办实事示范法院”为契机，坚持服务大局、司法为民、公正司法，忠实履行宪法和法律赋予的职责，各项工作取得新成效。全年受理各类案件376件，审执结350件，结案率93.09%，收案数同比增长3.3%。

【刑事案件审判】 维护社会大局稳定，贯彻总体国家安全观，打击各类犯罪，受理刑事案件14件，审结13件，结案率92.86%。审结故意伤害案件2件涉2人，审结强制猥亵、侮辱案件1件涉1人，审结盗窃、诈骗等案件9件涉10人，维护县域社会稳定，保护人民群众生命财产安全；审结行贿案件1件涉1人。常态化开展扫黑除恶斗争，组织宣传反有组织犯罪法，提升人民群众对扫黑除恶工作的认知度、支持度和参与度。加强司法人权保障，贯彻宽严相济刑事政策，落实认罪认罚从宽制度，审结被告人认罪认罚案件13件涉案14人，适用缓刑1人。

【民商事审判】 妥善调处民商事纠纷，促进社会和谐安宁，依法受理民商事案件239件，结案214件，结案率89.54%。依法审结婚姻家庭、继承类纠纷35件，审结合同类纠纷101件，审结人格权、物权、侵权类纠纷34件，审结非诉保全案件1件，审结劳动、人事争议类纠纷43件。把调解贯穿民事审判工作全程，民事

2022年9月15日，县人民法院审结追索劳动报酬纠纷案件

案件调撤132件，调撤率为57.14%。护航妇女儿童权益保障，院领导担任“法治副校长”走进校园、赴联点村开展法治讲座3场。开展打击整治养老诈骗专项行动，赴社区、村居、养老院举办主题宣传活动9场，制作动漫小视频，发放藏语、汉语宣传资料1000余份。

【行政审判】 监督和支持行政机关依法履职，助推法治政府建设，依法受理行政案件1件，审结1件，结案率100%。落实行政机关负责人出庭应诉制度，推动行政争议有效、妥善化解，行政机关出庭应诉率达100%。结合近年来审理行政案件时发现的行政执法工作中存在的问题，与县委、县政府进行沟通交流，建言献策，为社会综合治理开具司法“良方”，向相关行政机关发出司法建议书2份，增强行政机关依法行政意识和提升行政管理水平。

【执行工作】 促进诚信河南建设，健全解决执行难长效机制，执结案件119件，执行到位金额828.86万元，执行标的到位率22.84%。丰富执行手段，启动线下传统查控108次，运用“智慧执行”App外勤取证98件。参与全州法院“春季惊雷”“夏季飓风”集中执行行动。主动请缨，办结其他市县法院“骨头案”15件。强化执行威慑，对符合纳税、限消人员一律采取失信惩戒措施。采取限制高消费措施39人次、纳入失信被执行人名单9人，依法拘传6人次，罚款1人次，罚金0.5万元，最大限度兑现当事人胜诉权益。

【信访和审判监督】 加强信访研判，提高处理复杂矛盾司法能力，常态化推进“为群众办实事”，满足人民群众对公平正义的新需求。推进“四类案件”监管平台运用，对19件案件全过程监管。出台《审判委员会工作细则》，召开审判委员会6次。抓实院庭长办案制度，院庭长办结案件376件，占比100%。完善审判权力运行监督制约机制，明确院、庭长宏观审判管理与具体个案监督职责，发布审判管理通报32期，院长、庭长监管案件23次。推进司法公开常态化，邀请人大代表、政协委员、特邀调解员、律师和社会各界人士走进法院、旁听庭审、见证执行等方式常态化联络代表委员6次。处置并回复检察建议书，邀请检察长列席审委会4次。裁判文书上网数107份，直播庭审56场。落实人民陪审员制度，邀请人民陪审员参与案件审理13件次。接受律师、社会公众和新闻媒体监督，通过法院官网、微信公众号等发布司法信息232期。

【诉讼服务】 加快一站式多元解纷和诉讼服务体系建设，推行诉讼缴费、保全、送达“一网通办”，调解、速裁、快审“一站解纷”，律师进入法院“一码通行”，满足人民群众高品质司法需求。疫情防控期间，通过网上开庭、网上调解，有效降低疫情对人民群众行使诉讼权利的影响，做到疫情防控和审判执行“两不误”。完成网上立案59件、跨域立案1件，线上调解10件、电子送达501件，网上缴费成功146件。为困难当事人减免诉讼费8.7万元，保障确有经济困难的群众打得起官司。与县司法局共同开展诉调对接工作，建立“线上+线下”调解机制，运行“一站式”多元解纷中心，在人民法院调解平台录入乡镇司法所、村（社区）人民调解委员会等基层治理组织，聘请人民调解员6人，推进矛盾纠纷多元化解。“一站式”多元解纷中心共受理108件民商事案件，调解成功56件，音视频调解50件，调解成功率达57%；当庭履行8件，金额达16.72万元，民商事案件同比增长17件。

【司法体制机制改革】 落实四级法院审级职能定位改革，明确案件提级管辖和指定管辖机制，依照基层法院职能定位开展工作。充实办案团队力量，坚持以员额法官为核心，由“1名法官+1名法官助理+1名书记员”组建审判团队，实现约20%的员额法官，办结全院超50%的审判类案件，提升案件质效。坚持以繁简分流、实体化解为重心，推动案件繁简分流、轻重分离、快慢分道。速裁团队共审理民商事案件156件，占全院民商事案件的73%，平均办理天数为23.75天。

【信息化建设】 强化审判辅助

科技支撑，按照州法院《全力推进以应用为中心的信息化建设，推动黄南法院科技化进程工作方案》要求，推进立审执全流程线上运行，推行全流程无纸化办公办案和“线上办案、线下动脑”办案模式，推广庭审语音识别、文书智能纠错等应用，实现电子卷宗随案生成和深度应用，推进无纸化办公，努力为当事人增效、为法官减负、为审判管理赋能。组织全院信息化培训，随机抽查生效法律文书，开展案件质量评查、裁判文书评比等活动，成立案件质量评查小组，完成常规评查 30 件，重点评查 21 件。

【法院队伍建设】 持续深学细研习近平法治思想、中共二十大精神，狠抓“第一议题”学习制度，开展“两个确立”主题教育。搭建法院学习交流平台，办好青年理论学习小组，日常学习主动融入理论研讨，组织党组理论学习中心组学习 16 次，集中学习 40 余次。巩固队伍教育整顿成果，开展队伍建设年活动。组织干警参与最高法举办的“人民法院大讲堂”、省州法院组织的各类业务培训班等 30 余次，开展知识能力测试 5 次，信息化考核 2 次，法院微讲堂 4 期。推进干部执行力提升行动，配套制定八项措施。抓实党风廉政建设，层层签订《党风廉政建设责任书》，班子成员履行“一岗双责”。开展司法作风突出问题集中整治，开展自查自纠，发布专项通报 6 期，查处司法作风突出问题 11 个，全部整改到位。贯彻新时代政法干警“十个严禁”，加大“三个规定”落实力度，强化纪律规矩刚性约束，修订完善全面从严治党主体责任清单和风险岗位“三交底”廉政谈话制度。

司法行政

【概况】 2022 年，县司法局按照县委、县政府重点工作任务要求，统筹兼顾、突出重点、真抓实干，立足法治建设职能，整合资源优势，主动担当作为，不断开创全县司法行政工作新局面。

【普法宣传教育】 贯彻落实“八五”普法规划，推进全社会尊法、学法、守法、用法。加强线上普法，将网络空间作为法治宣传工作的重要阵地，在“河南普法”微信公众号设立“12348 热线咨询”“牧区法律服务”“藏文法网”等法律服务项目，“河南普法”公众号关注量达 13707 人次，用户总浏览达 38939 次。开通“河南普法”微信视频号，开设习近平法治思想、宪法、民法典、反有组织犯罪法等宣传专栏，用户总浏览量达 133982 次，在网络空间营造浓厚的法治文化氛围。活化普法载体，依托党群服务中心（牧家书屋）、新时代文明实践所站等阵地，深入学习宣传习近平法治思想。开展法治宣传 116 次，发放宣传册 7600 份、宣传品 16950 份，涉及 17500 余人。

【基层基础建设】 贯彻全国司法所工作会议精神，落实上级各项工作部署和要求，提高政治站位，以党建为引领，坚持不懈抓基层、打基础。加大督导力度，严格目标考核。加强对司法所业务工作的指导能力，加大督查力度，在原有的检查考核标准的基础上，细化和量化工作目标和考核标准，对司法所承担的人民调解、社区矫正、安置帮教、法治宣传、依法治理、公共法律服务、档案管理等工作分别进行量化考核。司法所业务月考核各项任务共 1953 项目，累计完成工作时长 2.38 万小时，完成项目数量 1931 项，完成率 98.87%。深化“枫桥经验”河南化实践，成功申报“枫桥式”三星级司法所 3 个，上报四星级司法所 1 个。充分发挥基层普法职能推进法治建设工作的作用，“法律进乡村”活动与法治脱贫、移风易俗、扫黑除恶斗争等相结合。加强宪法、民法典、反有组织犯罪法等法律学习宣传。加强法治文化阵地建设，把法治文化阵地建设纳入城乡建设规划，在公共设施建设和公共空间利用时体现法治元素。推荐托叶玛乡曲海村为第九批“全国民主法治示范村”，为基层群众搭建有效学法平台，发挥其在法治文化阵地建设中的引领和示范作用。

【群众法治教育】 深化“法律进乡村”“法律进社区”，加大乡村（社区）普法力度，完善农村（社区）“两委”干部学法用法制

2022 年 6 月 28 日，县司法局举办 2022 年人民调解员线上直播培训班

度，结合实施乡村“法律明白人”培养工程，组织开展对村“两委”干部，基层人民调解员、普法志愿者等民法典法律知识培训，培养“法律明白人”43 人。

【基层法律宣讲】 发挥村（社区）法律顾问的作用，为所服务的村开展民法典宣讲活动。以民法典为依据对村规民约进行修改完善，旗帜鲜明反对高价彩礼、厚葬薄养等陈规陋习，推进牧区移风易俗。

【矛盾纠纷调解】 发挥人民调解职能，推进平安建设工作的作用，现有 59 个人民调解委员会。其中乡镇级人民调解委员会 6 个，村级人民调解委员会 39 个，社区人民调解委员会 1 个，寺院人民调解委员会 4 个，在原有的 8 个行业性人民调解组织的基础上增加妇女联合会婚姻纠纷调解委员会 1 个，全县人民调解员 332 名。开展矛盾纠纷排查 3278 次，排查出各类矛盾纠纷 58 起，就地化解矛盾纠纷，实现矛盾不上交，成功调解 54 起，移交法院 4 起。将线下培训转移到线上培训，通过网络直播课的方式进行，300 余人基层人民调解员参加在线培训。

【法律援助与服务】 巩固深化“一核三治”基层社会治理模式。加强协调联动，打通司法为民“最后一公里”，由县人民法院在各司法所设立巡回审判庭，开启“一站式”多元解纷中心巡回调解模式，整合法院和基层部门资源，搭建矛盾纠纷化解新平台。县一站式多元解纷中心试运行后，累计受理矛盾纠纷 110 件，调处化解成功 61 件，失败 20 件，剩余调解 29 件，成功率 75.3%。拓宽法律援助服务，开通法律援助绿色通道，以实际行动温暖民心，了解民所愁。接待法律咨询人数 750 人，代写法律文书 277 份，共立案 52 件，其中结案 49 件，未结案 3 件，参加听证会 2 次，签署认罪认罚具结书 5 件，为受援人挽回经济损失 50 万余元。坚持稳步创新，贯彻落实习近平总书记关于加快解决“无律师县”问题的重要指示精神，更好地满足县域群众在民主法治公平正义等方面的新需求，挂牌成立浙江杭天信（河南）律师事务所。

2022 年 7 月 30 日，在县司法局举行浙江杭天信（河南）律师事务所揭牌仪式

军 事

河南县人武部

【概况】 2022年，县人武部坚持以党的强军目标为统领，围绕“一年推动整体性转型、两年推进体系化备战、三年推向高质量发展”第二个三年规划建设目标，坚定不移举旗铸魂，回归主业练兵备战，加强党的建设，推进转型重塑，从严从紧整风肃纪，人武部全面建设呈现稳定向好、稳步向前的发展态势，国防动员和后备力量建设实现新发展。

【思想政治教育】 始终把政治建设摆在首位，坚持以习近平新时代中国特色社会主义思想为指导，持续深化学习习近平新时代中国特色社会主义思想和强军思想，不断推进“传承红色基因、担当强军重任”教育成果转化，狠抓“忠诚维护核心，矢志奋斗强军”主题教育，严格落实“三会一课”、主题党课等制度。组织全体干部、文职，全程收看党的二十大会议直播；第一时间制作宣传展板、学习资料，开展专题学习3次，召开专题会议讨论交流党的二十大学习心得并形成心得体会。狠抓经常性思想政治教育和“三会一课”落实，制定《河南县藏汉双语小分队党的二十大宣传计划》，印制党的二十大宣传彩页，深入草原牧区，举办紧跟领袖、拥护领袖、爱戴领袖、感恩领袖学习贯彻党的二十大精神宣讲会，将党的二十大精神传递到蒙旗草原深处。

【战备训练】 党委班子牢记使命任务，对标能打仗打胜仗的要求，结合驻地民社情，围绕提升打赢能力筹划、分析训练形势。修订完善方案预案，沟通地方民综、公安等部门，及时了解县域内相关情况，结合县情及时修订完善支援保障行动、日常战备行动、非战争军事行动等方案计划。抓紧抓实各级训练，制订本级首长机关和民兵训练计划，严格军事训练“四落实”，组织全体官兵参加省军区“三级联训”；参加军分区、人武部两级机关强化集训并取得优异成绩；严密组织民兵分队集中轮训，高标准完成年度民兵训练任务。努力提升实战水平，出动民兵应急力量参加维稳执勤、防汛演练、草原灭火等任务，驰援泽库县城并完成疫情防控任务。

【国防动员】 对标主责主业，深入研究制约国防动员工作的突出问题，取得显著效果。按计划落实国防动员准备，第一季度开展国防潜力调查，完成国防潜力数据录入；第二季度按照“十四五”期间后备力量规模调整要求，依据军分区赋予的任务、力量调整变化情况，制定民兵整组方案，健全民兵组织，完成组织整顿。着眼基层建设，狠抓问题短板，对照建设标准，采购各乡镇武装部短缺严重战备物资器材。开展征兵工作，按照宣传发动、体检政考、审批定兵、欢送交接、疫情防控、廉洁征兵、舆情管控等工作展开实施，完成兵役征集任务。

【部队管理】 落实党委议管、安全形势分析、安全教育和隐患排查等制度，做到准确掌握安全底数，解决隐患问题。根据计划要求开展“四严四整”教育整训活动。更换部分办公设施；购置军事训练器材、各类健身器材和新式暖气片；在会议室、食堂、客房、办公室、宿舍等场所安装制氧机、茶吧机、洗衣机、热水器等生活电器，更换部分沙发、

2022年11月20日，县民兵支援队伍携带防疫物资赶往泽库县开展防疫工作

茶几、茶水柜、电视柜、鞋柜等家具，营造拴心留人的环境。多次与县发改局积极对接河南县“民兵之家”建设事宜，该项目入冬停工前完成主体工程。

【检查考核】 军分区工作组检查民兵整组工作完成情况，对各民兵分队进行整组点验，对优干宁镇武装部规范化建设进行检查，通过检查点验，民兵到点率达85%以上，人员编组合理规范，达到整组要求，优干宁镇武装部库室规范，布局合理，达到规范化建设标准。7月，省军区考评组对年度工作完成情况进行全面检查考评，对年度工作完成给予充分肯定，同时指出工作中落实不细致等方面问题，针对检查指出问题，逐一进行整改。

河南县武警中队

【概况】 2022年，县武警中队齐心协力，贯彻落实三级党委扩大会议精神，以《军队基层建设纲要》基层建设法规为依据，明确自身定位，凝聚官兵共识，狠抓队伍建设，着力在铸牢官兵理想信念、提升执勤训练质量、落实从严管理要求、提高日常工作标准上下功夫，全体官兵思想稳定、正气充盈、士气高昂，各项任务完成，中队建设势头强劲，整体推进有序，发展态势良好。

【政治建设】 注重把握重点，抓实主题教育及党的二十大精神学习。落实教育的各个环节，紧扣主题，开展“忠诚维护核心、矢志奋斗强军”主题教育，强化官兵政治忠诚、血性担当、斗争拼搏的品格，提升思想纯度，激发履职尽责动力。在总队、支队首长宣讲的基础上，组织小课串讲、撰写个人心得、进行班排讨论，并利用展板、士兵小报等形式抓好配套活动，加深官兵对精神内容理解。常态化开展党史军史武警史学习，开展“红色故事我来讲”故事会，组织官兵观看《支部建在连上》《三湾改编》等红色影视，学唱《不忘初心》《人民军队忠于党》等红色歌曲，促使官兵在各种方式的文化熏陶下正本溯源。紧抓经常性思想工作和心理疏导工作，加强思想、心理骨干队伍培训，掌握人员的思想动态。营造氛围，丰富文化生活，定期组织开展特色文化活动，与驻地政府部门、目标单位、消防大队等单位联谊，开展篮球赛、军营开放日等活动。借鉴兄弟单位文化建设工作的做法和特点，查找自身文化建设方面所存在的不足，编排《全民锅庄》《安塞腰鼓》等官兵喜闻乐见的“一队一品”文化节目，补充和完善文娱活动器材，调动全体官兵参与的积极性和热情，释放官兵工作压力，丰富战士业余生活。

【组织建设】 加强自身“三个能力”建设，提升支部班子把方向、定大局、带队伍的能力。厘清工作思路，开展“学纲要、知纲要、用纲要”活动，坚持按纲抓建、自主抓建，谋划制定年度按纲建队计划，分工抓好各项工作。增强班子凝聚力，分工明确，在工作上互助，多支持、多理解、多配合。加强组织领导，重视团支部和军人委员两个群众组织助手作用，在工作中做到抓好自身建设的同时，指导帮带两大群众组织严格落实制度，发挥作用，形成合力，达成一心为中队建设出谋划策的共识。始终坚持从政治教育入手，深化主题教育，常态开展党史军史学习，围绕迎接学习贯彻党的二十大精神这条主线，通过理论授课、官兵自学、心得交流等活动深化学习教育效果，坚定官兵理想信念。

【练兵训练】 紧盯战斗力标准，坚持把一切工作向战斗力聚焦、向打胜仗用力。大抓军事训练，磨砺血性胆气，以“新大纲”为依据，坚持以中心任务为牵引，紧贴任务实际，本着“需要什么就训什么”的原则，坚持战斗力标准狠抓练兵备战，按照“两个不经、一个保持”要求规范配装，确保遇有任何突发情况，能够“拉得出，打得赢”。坚持训考结合，立起战斗标准，坚持边训边考的原则，在课目训练完后，严密、认真地组织好每一个课目、每一个训练阶段的考核，以考促训，巩固训练成果。狠抓执勤能力，规范勤务秩序，贯彻落实新时代执勤安保规范化网上集训精神，整治执勤隐患，优化执勤方式，加强执勤战备秩序。定期与看守所召开联席会议，分析研判执勤形势，排除问题隐患。围绕“两节”、两会、“五一”、国庆、党的二十大执勤安保等时期，根据命令，与驻地公安局进行城区联勤武装巡逻，维护社会大局安全稳定。

【内部安全管理】 提升精细化管理，部队安全稳定得到巩固，结合“安全大检查”“三抓一保”“一学三转”等专项整治活动，按照条令和法规制度规范部队建设，从严落实安全工作“八个规范”，做到依法从严管理，公平公正不失人情，确保中队内部安全稳定。刚性落实各类管理制度，常态落实每月“条令法规学习日”，开展专题安全教育，组织安全大检查和安全防护技能训练，每周组织官兵学习《安全工作周提示》，每日更换安全倒计时牌，学习《历史上的今天》典型案例，树牢官兵建安创安思想。二季度被支队评为“六无”安全工作落实先进单位。强化人员思想教育管理，深化巩固密切内部关系教育整顿成果，加强干部骨干的教育引导，坚持科学带兵、文明带兵、依法带兵，以情带兵，开展大谈心活动，了解官兵思想动态，真情帮带，解难帮困，营造和谐融洽的内部环境。加强重点部位人员防范，在营门大厅安装电子门禁系统，加强人员管控，开展“涉网涉密”和“微信泄密”专项整顿活动，解决一人多机、一人多卡、老乡战友群、“翻墙”上网、网赌网贷等问题，从源头杜绝各类事故发生。着力提高正规化建设水平，依据基层正规化管理规定，通过检查督导、评比会操、颁发流动红旗等形式，提高正规化建设质量。狠抓安全隐患治理，针对季节性事故案件特点，以“安全大检查”活动为契机，每月对营区、哨位进行一次隐患排查治理，并建立安全台账，注明整改措施及要求，明确时限和责任人，排查消除安全隐患37处。

【为民服务】 始终保持与人民群众的联系，开展军民共建、民族团结和精准扶贫等活动，对联建的贫困户定期组织人员进行走访慰问，赠送部分药品及生活费用，提升其基本的生活保障。与县公安局、邮政局、消防大队等单位结成共建对子，围绕创建文明、平安城市，不断拓宽共建领域，丰富共建内容。双方扎实开展观摩见学、走访慰问、联谊会、互帮互助共解难题活动，每逢春节、“八一”等重大节日，与多家共建单位联合举办文艺联欢会，增进警民共建一家亲的鱼水情谊。

【后勤建设】 强化质量效益，不断增强后勤综合保障能力，坚持以服务中心、服务官兵为目标，落实管理责任制，坚持从标准制度上统一，从管理行为上强化，从执行程序上规范，促进中队后勤管理规范化、制度化、标准化的进程。落实后勤相关制度，用经营理念管好管严各项经费，坚持重大经费必经党支部先研究再使用，科学计划，合理开支，每月公开财务收支情况，接受官兵监督，确保经费开支透明。狠抓装备科学化管理，对照上级下发的各类通知要求，修订完善中队兵器室、弹药库、装备器材室应急保障预案，规范相关登记统计，常态抓好武器装备的维修管理及使用。狠抓卫生防疫工作，根据季节气候特点，定期对饭堂卫生进行全面的消杀灭，严把副食品配送关、验收关、留验关，坚决落实不接触，消毒静置的防疫措施，确保饮食的绝对安全。主动打好卫生防病仗，积极与卫生队联系，补充常用药品，上好卫生常识课，增强防病意识。

2022年8月6日，县武警中队联勤武装巡逻小组在巡逻期间帮助患病群众

经济管理

经济宏观调控

【概况】 2022年，县委、县政府贯彻落实中央、省、州工作部署，强化措施，精准发力，取得经济健康平稳运行、生态环境持续改善、社会事业全面进步、民计民生不断改善的成绩。全县完成生产总值20.5亿元，同比增长1.3%。其中，第一产业增加值10.5亿元，增长4.4%；第二产业增加值3.5亿元，增长5.0%；第三产业增加值6.5亿元，下降5.1%，三次产业结构比为51.06：17.12：31.82。地方财政公共预算收入5682万元，增长33.66%，社会消费品零售总额1.81亿元，增长1%，人均可支配收入2.32万元（农村居民可支配收入1.47万元，城镇居民可支配收入3.8万元），增长6.5%。多项指标增速高于全省平均水平。

【规划编制执行】 完成《河南蒙古族自治县国民经济和社会发展第十四个五年规划》中调整道路等基础设施建设，完成赛尔龙乡、宁木特镇规划内道路建设。编制39个行政村规划及1个城市更新规划，有39个行政村按照规划内容完成可研编制，等待专家评审。

【项目建设与管理】 全县新续建项目177项，总投资27.56亿元，完成8.16亿元，剩余4.41亿元。其中续建项目58项，总投资12.62亿元，完成投资9.32亿元；剩余投资3.3亿元，有效投资1.34亿元，完成投资1.49亿元。新建项目119项，总投资14.94亿元，计划完成投资11.45亿元，至年底完成投资9.1亿元，其中新建7.5亿元、续建1.6亿元。

2022年河南县新建重大项目一览表

表7 单位：万元

序号	项目名称	建设规模与内容	建设性质	总投资	责任单位	类别	是否开工
1	黄南州河南县宁木特镇美丽城镇建设项目	主要实施滨河路综合改造，宁木特路、藏阿柔路环境综合整治，广场（应急避难场所），环境综合整治等	新建	5247	河南县住房和城乡建设局	城镇基础设施	是
2	河南县四期集中供热煤改电清洁能源供暖项目	拆除原有2台14兆瓦燃煤锅炉及辅助设备。安装2台20兆瓦高压电极式锅炉，新建换热站1座，建设室外供热管网4千米	新建	3950	河南县住房和城乡建设局	城镇基础设施	否
3	黄南州河南县宁木特镇基础设施延伸工程	道路建设长度3.61千米（含桥梁1座）及配套附属设施	新建	3640	河南县住房和城乡建设局	城镇基础设施	是
4	河南县蒙藏医药康养中心项目	新建游客集散中心1600平方米、生态停车场2400平方米、道路硬化900米、景区给水管网900米附属设施、指示牌28个、垃圾箱28个及环境治理等	新建	3000	河南县文体广电旅游局	文化旅游体育	否
5	河南县宁木特镇至多松乡美丽农村路工程	路线全长33.17千米	新建	6965	河南县交通运输局	交通基础设施	是

续表7

序号	项目名称	建设规模与内容	建设性质	总投资	责任单位	类别	是否开工
6	河南县牛羊屠宰加工仓储物流基地建设项目	建筑工程：新建综合车间1座，建筑面积8557.96平方米。其中，1#屠宰间（手推线）1100平方米，2#屠宰间（全自动线）2443.18平方米，分割车间2443.52平方米，车间通道114.36平方米，冷库2172.4平方米（库容1000吨），制冷机房284.5平方米；副产品加工车间1座，建筑面积500平方米；全封闭发货月台1处，建筑面积273.78平方米；屠宰废水处理车间1座，建筑面积367.5平方米；道路硬化及业务用房等相关配套设施	新建	3000	河南县有机产业科技园区管理委员会	生态保护及畜牧业	是
7	河南县蒙古大营建设项目	项目新建1000平方米蒙古大营2处，500平方米蒙古大营4处，50平方米蒙古大营200处，同时新建绿化、道路硬化、木栈道、停车场等配套工程	新建	8750	河南县驰驹投资有限公司	招商引资	是
8	河南县次汉苏大厦建设项目	新建商场及住宅楼及相关配套设施等	新建	3070	河南县次汉苏	招商引资	是
9	青海黄南同仁330千伏变电站110千伏配初及察汗110千伏输变电新建工程	新建察汗110千伏输变电	新建	8163	河南县黄化公司	电力设施	是
10	河南县10千伏宁三路宁木特乡支线001号公网变台改造等8项工程	新建10千伏宁三路宁木特乡支线001号公网变台改造等	新建	3780	河南县黄化公司	电力设施	是
11	黄南州河南县宁木特乡10千伏宁二路宁木特村台区新建等8项工程	新建河南县宁木特乡10千伏宁二路宁木特村台区	新建	5139	河南县黄化公司	电力设施	是
12	黄南州河南县20兆瓦分布式光伏发电项目	新建20兆瓦屋顶分布式光伏发电	新建	9936	青海汉达新能源有限公司河南县分公司	招商引资	是
合计				64640			

【农牧经济】　以部省共建绿色有机农畜产品示范省和创建绿色有机农畜产品输出地示范州建设为契机，推进牛羊调出大县奖励资金项目、千只羊标准化养殖基地等项目。开展合作社提档升级，

认证省级农业龙头企业2家，创建完成省级、州级示范社8家，6个专业合作社完成提标改造，推动2个专业合作社SC认证工作，新研发出有机畜产品15种，河南县被农业农村部列为全国农业生产“三品一标”典型案例，高标准建成河南县牛羊活畜交易集散中心，系列工作持续打响河南县有机农畜产品知名度。全县完成农林牧渔业总产值13.4亿元，增长4.61%。实现农林牧渔服务业产值2826万元，增长1.61%。全县各类牲畜存栏55.54万头（只），增加1.26万头（只），增长2%。全县肉类总产量14424.13吨，增加702.62吨，增长5%。

【招商引资】 借助自身优势条件，加大招商引资力度，把房地产开发、有机畜牧业、文化旅游等特色产业作为招商引资的重点。对外推介招商引资，落实“青洽会”签约招商引资项目6个，签约金额4.61亿元。分别为河南县400兆瓦牧光储、20兆瓦分布式建设项目（一期建设），签约额2亿元，由中国电力工程顾问集团新能源有限公司实施；年产10万吨有机肥、有机复合肥建设项目，签约额0.3亿元，由青海犇牛农牧科技有限公司实施；河南县藏药制药厂建设项目，签约额0.4亿元，由河南县蒙藏药开发专业合作社实施；河南县金融一条街建设项目，签约额1.5亿元，由青海恒域房地产开发有限公司实施；青海扎西青稞啤酒厂建设项目，签约额0.2亿元，由青海扎西啤酒精酿有限公司实施；河南县大个物资工贸有限公司综合发展扩建项目，签约额0.21亿元，由河南县大个物资工贸有限公司实施。

【价格认证案件办理】 在涉案物品价格鉴定工作中，严格按照指示，始终把公平、公正、守规、守纪放在核心地位。县价格认证中心办理价格认证案件11件，涉及标的金额14.19万元，11件认证案件全部为涉嫌刑事案件（盗窃）。从办理的11件认证案件来看，河南县价格认证工作全部是以配合公安、检察机关办理的涉嫌刑事案件。做到事事咨询有回应，一次性告知，出具的价格认定结论均被公安机关及司法机关采信，未发生一起复核案件，价格认定业务办结率达100%。

【能源项目建设】 在建能源项目共3项，续建项目1项，一期、三期室外老旧供热管网改造工程该项目完工并验收。新建项目共2项，分别为河南县四期集中供热煤改电清洁能源供暖项目，该项目完成工程量的40%；河南县五期集中供热煤改电清洁能源供暖项目，该项目完成工程量的40%。筹备2023年拟建设能源项目4项，分别为投资5677万元的河南县六期集中供热清洁能源建设项目，投资2200万元的河南县一、三期清洁供暖管网改造工程，投资1600万元的河南县医院清洁供暖建设项目，投资1800万元的河南县产业园区清洁供暖建设项目（该项目完成可研编制）。

【优化营商环境】 贯彻落实《国务院优化营商环境条例》和《青海省优化营商环境条例》，以紧扣“持续优化营商环境，维护市场主体合法权益，激发市场活力，推动高质量发展”为主题，坚持市场化、法治化、国际化原则，以市场主体需求为导向，以深刻转变政府职能为核心，创新体制机制、强化协同联动、完善法治保障，优化办事流程，深化服务理念，持续提升服务效能，助力营商环境不断优化。聚焦深化重点领域改革，推进“放管服”“证照分离”“审批破冰”等改革工程，基本完成各类改革任务，营商环境持续优化。“互联网+政务服务”“多证合一、证照分离”成效显著，全面落实联审批机制，持续推进信用信息“双公示”。政务服务中心规范化管理水平不断提高，行政服务中心搬迁入驻，各单位实现应入尽入，行政服务“好差评”制度全面推行，受理审批事项19115件，办结率达100%，满意率100%。推行“一门、一窗、一网、一次”和“互联网+政务服务工作”，加快推进政务服务一体化建设。持续加大企业纾困力度，严格落实减税降费、降本减负政策，为中小微企业办理贷款1964万元，减免税1872.45万元。

【诚信体系建设】 推进信用体系工程。创建6个信用乡镇、39个信用村，评定信用户7375户，评定率分别达到乡镇的100%、行政村的100%、农牧户的94.6%，信用贷款余额5.33亿元，用信户数5037户，用信率68.29%，用信率较年初增加8.95个百分点，较上升4.24个百分点。组织召开“信用体系建设”暨“双基联动”牧民委员会表彰大会，表彰121人次，发放奖金10万元。

【对口援建】 发挥桥梁纽带作用，不断拓展对口支援工作的广度和深度，争取更多的帮扶支持。开展“民族团结一家亲·百行百业交流行”活动，持续深化与农业农村部门、天津市对口援建单位的交流合作，落实项目41项，总投资2.24亿元。完成计划内项目3个，分别为投资1300万元河南县泽雄村、尖克村、兰龙村道路整治工程；投资550万元的河南县民族中学阶梯教室建设项目；投资1100万元的河南县供水厂提标改造项目。完成计划外项目4个，分别为投资400万元的河南县中小学配套附属设施提标改造工程，投资100万元的河南县幼儿园及中小学教学辅助设备建设项目，投资50万元的河南县绿色有机畜产品研究院研发项目，投资10万元的河南县优干宁镇智合茂村党员活动室建设项目。完成中塘镇对口支援项目2个，分别为：投资20万元的河南县示范村综合活动室建设项目，投资14万元的河南县文化选址购置项目。申报2023年天津对口支援项目，主要围绕基础设施建设、健康医疗、教育培训等方向进行申报。发挥天津科技大学优势，组建绿色有机畜产品研究院，打造综合服务平台，致力于抗高原反应饮料、青稞精酿啤酒、雪多牦牛肉、欧拉羊生鲜系列产品等重点项目研发。

【粮油储备与管理】 持续跟进学习习近平总书记有关粮食安全新思想新战略，“牢牢掌握粮食安全主动权”重要指示精神等内容，县委常委会、县政府工作会听取粮食工作汇报2次，县人代会听取粮食工作汇报1次，各相关单位召开涉粮领域专题民主生活会4次。严格按照涉粮问题整改方案要求，成立巡视巡察整改工作领导小组和工作专班，全省涉粮问题专项巡视巡察反馈意见20项、全州涉粮问题专项巡视巡察反馈意见涉及粮食局内容7项、涉粮专项审计反馈意见24项、州粮食安全责任制考核领导小组办公室反馈意见8项、州协调小组监督检查反馈意见14项全部完成整改完成。落实黄南州粮食应急网点管理制度，确定8家粮食应急供应网点。根据黄南州发改委关于《拨付2022年度全州各应急加工企业、应急供应网点、应急价格监测网点专项补助资金的通知要求》，联系应急供应网点上报相关信息，拨付专项资金。截至年底，县粮油购销公司轮换面粉208.49吨（其中州级储备粮轮换145.36吨、县级储备粮轮换63.13吨）、大米68.00吨、菜籽油16.90吨，合计轮换293.39吨。向农发行贷款州级储备粮资金21万元，县级储备粮资金74.65万元，合计95.65万元。有库存面粉87.56吨（其中州级储备粮45.80吨、县级储备粮41.76吨）、大米46.54吨、菜籽油7.20吨，合计141.30吨。

2022年5月，县级领导实地调研粮油储备和粮食购销领域工作开展情况

【企业提质升级】 加强与省、州部门协调联动，支持企业梯次成长、做优做强。引导企业申报项目，补助“专精特新”企业2家20万元，补助规上企业6家10万元，补助线上企业1家5万元。天路计划项目申报共3家，其中分别补助瀚度公司、启龙牧场20万元，补助宝英塔拉公司13.89万元。落实农业农村部1300万元的特色优势产业集群项目，赛尔龙产业强镇项目800万元。推动河南县合作社申请扶贫车间资金补助，11个单位申报55万元。持续加大企业纾困力度，做到政府服务和企业需求有效衔接，编印中央、省、州近年来促进工业促投资稳增长政策汇编，严格落实减税降费，降本减负政策，开展政策宣传辅导活动，确保企业用足、用活、用好各项政策，做到应知尽知、应享尽享。

【电商物流】 组织2家县域企业申报2022—2025年青海省县域商业体系建设后补助项目（河南县县级物流配送中心建设项目、优干宁镇活畜及商贸一体化集散中心项目）。实施河南县电子商务进农村综合示范县建设项目和河南县电子商务进农村综合示范县二次支持示范县建设项目。建成省县物流周转库1个、县级电子商务公共服务中心1个、县级电子商务物流配送中心1个、电子商务乡镇服务站5个、村级电商服务点18个，形成县、乡、村三级物流统一配送体系。依托2020年省商务厅下达河南蒙古族自治县电商二期项目，打造河南电商2.0产业助农新模式，与青海报业发行物流有限公司合作，投资650万元组建河南县青清海农牧科技商贸有限公司，建设3000平方米标准化厂房，形成利益共享、风险共担、长效发展的运营新机制，研发的产品通过SC认证。与河北、河南、四川、西北五省区、珠三角9个省市经销商签订总代理协议，与未来生活、国家电网、中国报业电商物流联盟形成销售意向，全国销售态势逐渐形成，3家河南县牦牦语牦牛肉连锁饺子馆相继在河南县、西宁市、同仁市落户开业。

【消费促进】 承办“年货节”促消费活动，活动涉及河南县华联超市、河南县步步高超市、河南县吉刚拉扎畜产品特产店、河南县粮油购销公司等15家商贸企业为主体，活动采取定点发放政府消费券6000张（50元面额消费券5000张，100元面额消费券1000张）。活动消息主要通过下发通知、发布微信朋友圈、美丽河南、广场电子屏、河南县电视台等多样形式进行宣传，群众对活动反应热烈，抢券热情高，发券速度快，社会舆论反响好。

【信息技术服务】 贯彻落实习近平总书记关于“鼓励运用大数据、人工智能、云计算等数字技术，在疫情监测分析、病毒溯源、防控救治、资源调配等方面更好发挥支撑作用”的重要指示精神，发挥信息通信企业业务产品与信息化服务优势，信息赋能，智慧战“疫”，迅速响应，对接县防疫指挥部，发挥信息化优势，针对疫情中人员流动登记、健康状况排查、会议组织、学生“停课不停学”等情况，快速开发出“沃填报”、电子通行证、云视频会议系统、“空中课堂”等信息产品支撑防疫工作。重视对学校在线教育工作的关注和支持，免费提供钉钉“空中课堂”软件平台，对中小学进行“空中课堂”的试点部署工作。配合县教育局，对全县初三和小升初年级学生优先进行在线教育平台部署。推出热成像人体测温信息化平台，有8所学校使用热成像人体测温信息化平台，布设一键报警联网系统，采用高清、智能、集成的安防技术，解决学校重要区域的报警需求，避免巡逻盲区。年底39个行政村中30个覆盖移动宽带，完成6个基站13个小区的自主扩容覆盖。县综治中心上线49个，上线率达到98%。宽带完成县城区域95%宽带覆盖，乡镇所在地区域移动宽带100%覆盖。围绕“数智移动，实事为民”，提供“平台+硬件+客户端+服务”的联防联治监控解决方案，打造“数字乡村”一体化解决方案，助力乡村振兴、共建共治。

自然资源管理

【概况】 2022年，县自然资源和林业草原局结合全县工作实际，以全面构筑生态安全严密防线为目标，以加强生态管护员队伍建设为抓手，以全面推行林草长制工作为契机，结合河湖长制、环境卫生整治、保护母亲河行动等工作，持续深入打好蓝天、碧水、净土保卫战，持续为深入推进全县生态保护和经济社会高质量发展，贡献自然资源和林业草原力量。

【规划编制】 根据《青海省人民政府办公厅关于印发青海省“三区三线”划定工作方案的通知》完成河南县城镇开发边界的划定，划定县城开发边界面积为765.2034公顷。根据中共青海省委办公厅 青海省人民政府办公厅关于印发《2021年全面推进乡村振兴“百乡千村”工程行动方案》和《青海省村庄规划“五个一批”行动方案》要求，完成浪琴村、夏日达哇村、荷日恒村和河赛尔龙乡4个村的村庄规划编制工作。

【国土绿化与生态修复】 树立和践行“绿水青山就是金山银山”发展理念，加大林草生态保护和修复，筑牢生态安全屏障。治理退化草原14万亩（10万亩退化草原改良、3万亩人工种草、1万亩黑土滩治理），完成州定14万亩的100%；国土绿化5.55万亩（封山育林5万亩、退化林修复0.55万亩），完成州定目标任务的100%；完成142.31万亩天然林和197.01万亩公益林管护任务，管护率达100%，全县草原综合植被覆盖度达到71.7%，保持在全州第一。

【灾害防治体制机制】 按照县委、县政府工作安排部署，建立健全汛期地质灾害排查工作领导小组，形成主要领导总体抓、分管领导具体抓的工作格局，压实主体责任，确保各项任务责任到人。坚持“以人民为中心”的发展理念，有效运用现行手段，建立联防联控工作机制，严格落实领导带班和24小时值班值守制度，持续加强与县气象局等部门的工作联系，及时掌握和做好天气变化信息的上传下达工作。

【管护队伍建设】 重视生态管护员队伍建设和管理工作，针对全县1091名生态管护员文化水平普遍较低的现状，拓宽管护员学习方式，在做好疫情防控工作的前提下，通过线上线下学习培训等方式，教育引导生态管护员深化岗位职责和权利义务，熟练掌握森林草原防灭火、地质灾害自救、互救等基本技能，层层加强管护任务，实行网格化管理，发挥生态管护员身处村社以及熟悉本区域地理条件的优势，坚持对地质灾害隐患点的排查、巡查、监测、预警，加大排查的广度和深度，落实“叫应”机制，打通临灾暴雨预警“最后一公里”。

【灾害防治宣传教育】 在全面摸排的基础上，针对排查出的地质安全隐患点，在醒目位置及时设立和更新安全警示牌，并结合重大节日、每月环境卫生整治日以及会议宣传、广播宣传、悬挂横幅、微信通知等线上的宣传方式。做好防汛抗灾、森林草原防灭火等相关知识的宣传引导工作，让广大群众认识到自然灾害带来的严重危害性，提高防灾以及自救互救的能力，将各类地质安全隐患消除在萌芽状态。

【自然资源执法监察】 完成西安督察局矿产资源专项督察反馈的3个问题整改工作和西安督察局土地例行督察反馈的河南县2010年度第一批次批准的建设用地调出允许建设区问题。在动态巡查的基础上，结合卫片执法，统筹推进，全面排查，对自然资源违法行为进行查处。黄河体检8项内容，全部整改完成销号。

【校地合作】 加大草原生态保护与科研推广等项目建设力度，争取和参与大中专院校、科研院所草原生态保护与建设科研推广等项目，主持参与校地合作草原基础研究项目13项，其中“黄河源河曲退化高寒草甸水土流失阈值研究项目”于4月通过验收，此项目发表SCI论文2篇、中文核心期刊论文4篇。青海大学农牧学院聘请县草原工作站站长卡着才让为青海大学农牧学院农业硕士（农艺与种业领域草业科学方向）研究生副导师，聘请时间2022年1月7日至2025年1月7日。

【土地确权登记】 推进确权登记工作，受理窗口严格实行责任制、一次性告知制、限时办结制、服务承诺制等制度，抵押登记确保在2个工作日完结，首次登记确保在3个工作日办理完结，转移登记确保在5个工作日办理完结。不断延伸服务半径，对行动不便有登记需求的不动产权利人，采取派员主动上门服务的方式，不断优化不动产登记审批环节。登记办理不动产权证340本（其中首次登记184本、转移登记119本、办理抵押不动产证明17件、注销登记8件、变更登记5件，更正登记7件），查询档案登记23件。

【生态管护】 重视生态管护员队伍建设和管理工作，采取多项措施，调整优化生态管护员队伍，针对全县675.703万亩草原和273.657万亩森林资源，统筹安排1091名生态管护员落实森林草原资源管护职责，其中草原管护员426名，林业管护员665名，均严格落实属地管理，层层加强管护任务，实行网格化管理，建成党政同责、属地负责、部门协同、源头治理、全域覆盖的工作运行长效机制。坚持把生态环境保护作为高质量发展的基础性工作来抓，坚持生态优先、绿色发展的战略定位，全方位、全地域、全过程推进生态环境保护工作，不定期组织生态管护员召开培训会，加强思想认识，提升业务知识，落实管护任务，定期开展环境卫生整治活动。

【林（草）长制工作】 围绕“四个扎扎实实”重大要求，立足“三个最大”省情定位，多举措推动林草长制工作落实。召开林草长制工作会议2次，发布总林草长令3个，各级林草长巡林巡草110余次，开展林草长制工作督查2次，信息通报1次，集中宣传10余次。结合林草长制工作部署，推进安全生产及森林草原防灭火工作，9月15日防火期后，落实24小时值班值守和领导带班制度，组织开展森林草原防灭火应急处置演练3次，排查野外火灾隐患（煨桑台83个），且各煨桑台均建立台账，明确专人管理，签订森林草原防灭火工作责任书1100余份、承诺书1500余份。

【生态项目建设】 投资5990万元实施青海省重点区域生态保护和修复专项河南县2021年三江源生态保护和修复项目；投资200万元实施河南县2021年第一批生态修复国家草原自然公园试点项目；投资2510万元实施河南县2022年第一批中央林业草原生态保护恢复项目；投资2850万元实施青海省重点区域生态保护和修复专项河南县2022年阿尼玛卿山脉水源涵养与草原生态保护修复项目；投资3526万元实施2022年天然林（142.31万亩）和公益林（197.01万亩）管护工程，主要用于家庭合同制管护和665名林业生态管护员管护费发放。

【生态监测】 中国科学院西北高原生物研究所周华坤研究团队在克其合滩中轻度退化草地实施鼠害防治与控制，围栏封育，降低放牧压力，开展免耕补播和菌肥添加，在不破坏原生植被草毡层的条件下，采用耙耱将种子和有机肥埋入表土。克其合滩退化草原补播区出苗达每平方米509株，植被盖度达到92%；免耕补播区出苗达每平方米485株，植被盖度达到87%；微耕及人工种植的黑土坡出苗达每平方米481株，植被盖度达到86%。项目区平均产草量达每亩693.4千克，退化高寒草地的生产、生态功能得到协同提升和恢复。基于生态监测，研究团队实施精准管护策略，进行土壤养分及微生物调控，确定围栏封育时间和放牧强度，促进近自然恢复草地的长期保护和利用，实现退化草地修复的可持续性。

【禁牧和草畜平衡监管】 县政府牵头，建立完善草畜平衡管理责任制，组织县自然资源和林业草原局、县农牧水利和科技局以及各乡镇等相关单位召开禁牧和草畜平衡工作推进会。根据核定载畜量，将减畜任务分解落实到乡（镇）村社户，层层签订草畜平衡目标责任书，制定并落实减畜计划，为全县草畜平衡工作提供科学合理的理论数据，各乡镇基本达到草畜平衡。

【生态保护和治理】 克其合滩东与甘肃省甘南州夏河县相连，北靠黄南州泽库县，总面积18.3万亩，为夏河县科才乡3个牧委会和河南县优干宁镇6个牧委会的共牧区，由于牧民超载放牧，过度利用，使其草原植被结构发生着巨大变化，优良牧草的高度、生物量、物种数量持续减少，加之高原鼠兔数量增加，导致草原退化严重，使生态环境急剧恶化。坚持“集中连片、重点防治、因地制宜、注重实效”的原则，以创建绿水青山就是金山银山实践创新基地为契机，不断加大草原生态修复重点项目建设力度。2021—2022年克其合滩累计防治高原鼠兔和高原鼢鼠，调运饵料48吨、药剂4.8万毫升，先后出动干部职工、生态管护员等3000余人次，依托退牧还草工程、草原有害生物防控工程、退化草原人工种草生态修复工程以及中央林业草原生态保护和恢复工程等，平均防效达90%以上。为巩固克其合滩草原生态综合治理成效，2022年3月，在县政府的牵头下，优干宁镇6个村委会组织人员，对18.3万亩的克其合滩进行春季扫残工作，巩固草原生态治理成果。刘涛副省长在克其合滩修复治理工作中作出批示，要求加强合作，互相理解，多沟通多协商，力争在全国共牧区建设中树立一个新样板。

【自然公园建设】 阿木赫国家草原自然公园地处北纬35°52′—35°55′、东经112°8′—112°13′之间，南北长约3.8千米，东西宽约7.3千米，总面积2887.12公顷，位于优干宁镇东北部，距县城15千米。东与泽库县多禾茂相连，西接优干宁镇南旗村，南与县城相连，北与泽库县恰科日镇为邻。公园范围内草地类型以高寒草甸为主，植物群落空间配置合理，地理区位优势加上有利的气候条件，形成较为稳定的草地生态系统结构和草地资源承载力，草地物种多样性丰富，草地健康状态良好，素有“香汤沐浴地”的美誉。实施河南县2021年第一批中央林业草原生态保护恢复国家草原自然公园试点建设项目，实施内容为桃形立柱围栏建设7230米（配套），公路两侧施工遗弃的治理500亩（垂穗披碱草2000千克、青海草地早熟禾1000千克、无纺布333335平方米），区域地标宣传牌建设5块，项目总投资200万元。

【学术交流与成果】 县自然资源和林业草原局草原工作站站长卡着才让等工作人员完成的“青海高寒牧区虫草虫害绿色防控标准化技术集成与运用”成果荣获中国草学会第五届草业科学技术奖三等奖。该项目通过4年的研究示范和应用，首次构建青海高寒牧区草原虫害标准防控体系框架，突出技术标准体系（JS）、工作标准体系（GZ）、管理标准体系（GL）三个要素。在青海省首次建立高寒牧区绿色防控草原虫害标准化示范区，形成一套适用于青海高寒地区的草原虫害绿色防控标准化体系并进行全流程规范化管理，其经济、生态、社会效益显著，为开展高寒牧区草原虫害监测预警与防控工作提供一套高效、先进、精准、可复制、可推广的标准化集成技术和管理模式。

【自然资源保护宣传】 开展自然资源法、草原法、森林法、林业和草原防火条例、野生动植物保护条例等法律法规宣传，制作《草原守护者》《河南县克其合滩生态治理专题片》《河南县草原生态保护与建设图册》等草原保护宣传片。开展全面禁止非法野生动物交易、革除滥食野生动物陋习和保护野生动物宣传，联合相关单位开展清理行动，加强野生动物保护和管理，对重点地区进行监督、检查、监测，严控野生动物及其制品的交易和食用，监测野生动物健康状况。

财　政

【概况】 2022年，县财政局落实中央和省委、州委、县委各项决策部署，坚持稳中求进工作总基调，全面贯彻新发展理念，不断完善预算、执行、监督机制，在支持经济社会发展、积极培植财源、促进财力增长的同时，努力调整和优化支出机构，保障重点支出需要，推进财政体制改革，强化财政监管力度，落实落细稳经济“一揽子”政策和接续措施，实施提升效能、更加注重精准、可持续的积极财政政策，财政运行总体平稳。总财力为19.56亿元，其中地方公共财政预算收入5682万元，上级补助收入18.07亿元，上解收入-1476万元，动用预算稳定调节基金3394

2022 年 10 月 11 日，河南县召开 2023 年度部门预算编制工作会议

万元，政府债券转贷收入 3833 万元，上年结转 3500 万元。全县公共财政预算总支出为 17.824 亿元，为全年总财力的 91.13%，同比增长 4.64%，增支 7879 万元。主要为一般公共预算支出 17.12 亿元，安排预算稳定调节基金 5635 万元，债务还本支出 1397 万元，调出资金 33 万元，收支相抵，实现收支平衡。

【地方一般公共预算收入】 地方一般公共财政预算收入完成 5682 万元，为预算的 127.28%，同比增长 33.66%。税收收入完成 3166 万元，分税种：增值税完成 1412 万元；企业所得税完成 344 万元；个人所得税完成 211 万元；城市维护建设税完成 182 万元；房产税完成 76 万元；印花税完成 24 万元；城镇土地使用税完成 28 万元；土地增值税完成 141 万元；车船税完成 158 万元；耕地占用税完成 479 万元；契税完成 110 万元；环境保护税完成 1 万元，非税收入完成 2516 万元，其中专项收入 544 万元；行政事业性收费收入 81 万元；罚没收入 784 万元；国有资源（资产）有偿使用收入 1107 万元。

2022 年河南县地方一般公共预算收入统计表

表 8

序号	项目	收入额（万元）	2021 年同期（万元）	增（减）数（万元）	比 2021 年增长（±%）
1	增值税	1412	546	866	158.61%
3	企业所得税	344	274	70	25.55%
4	个人所得税	211	306	-95	-31.05%
6	城市维护建设税	182	74	108	145.95%
7	房产税	76	77	-1	-1.30%
8	印花税	24	37	-13	-35.14%
9	城镇土地使用税	28	40	-12	-30.00%
10	土地增值税	141	32	109	340.63%
11	车船税	158	175	-17	-9.71%
12	耕地占用税	479	1262	-783	-62.04%
13	契税	110	68	42	61.76%
14	环境保护税	1	2	-1	-50.00%
15	其他税收收入	0	201	-201	-100.00%

续表8

序号	项目	收入额（万元）	2021 年同期（万元）	增（减）数（万元）	比 2021 年增长（±%）
17	行政事业性收费收入	81	153	-72	-47.06%
18	罚没收入	784	105	679	646.67%
19	国有资源（资产）有偿使用收入	1107	426	681	159.86%
20	专项收入	544	473	71	15.01%
合计		5682	4251	1431	33.66%

【地方一般公共预算支出】 地方一般公共财政预算支出完成 17.12 亿元，为总支出的 96.03%，比 2021 年增长 1.98%，增支 3326 万元。一般公共服务支出 1.24 亿元，占总支出约 6.94%；国防支出 16 万元，占总支出的 0.01%；公共安全支出 5207 万元，占总支出的 2.92%；教育支出 1.79 亿元，占总支出的 10.04%；科学技术支出 34 万元，占总支出的 0.02%；文化体育与传媒支出 3456 万元，占总支出的 1.94%；社会保障和就业支出 2.62 亿元，占总支出的 14.71%；卫生健康支出 1.06 亿元，占总支出的 5.93%；节能环保支出 9242 万元，占总支出的 5.18%；城乡社区事务支出 1.26 亿元，占总支出的 7.1%；农林水事务支出 5.46 亿元，占总支出的 30.64%；交通运输支出 7568 万元，占总支出的 4.25%；商业服务业等支出 2 万元，占总支出的 0.001%；自然资源海洋气象等支出 540 万元，占总支出的 0.3%；住房保障支出 7694 万元，占总支出的 4.32%；灾害防治及应急管理支出 484 万元，占总支出的 0.27%；其他支出 1582 万元，占总支出的 0.89%；债务付息支出 1020 万元，占总支出的 0.57%；债务发行费用支出 4 万元，占总支出的 0.002%。

2022 年河南县地方一般公共预算支出统计表

表 9

序号	项目	支出额（万元）	2021 年同期（万元）	增（减）数（万元）	比 2021 年增长（%）
1	一般公共服务支出	12379	14104	-1725	-12.23
2	外交支出	0	0	0	0
3	国防支出	16	21	-5	-23.81
4	公共安全支出	5207	8320	-3113	-37.42
5	教育支出	17889	21909	-4020	-18.35
6	科学技术支出	34	80	-46	-57.50
7	文化旅游体育与传媒支出	3456	2546	910	35.74
8	社会保障和就业支出	26219	25021	1198	4.79
9	卫生健康支出	10571	12836	-2265	-17.65
10	节能环保支出	9242	10188	-946	-9.29
11	城乡社区支出	12649	13193	-544	-4.12

续表9

序号	项目	支出额（万元）	2021年同期（万元）	增（减）数（万元）	比2021年增长（%）
12	农林水支出	54619	48880	5739	11.74
13	交通运输支出	7568	2245	5323	237.10
14	资源勘探工业信息等支出	0	200	-200	-100.00
15	商业服务业等支出	2	1002	-1000	-99.80
16	金融支出	0	0	0	0
17	援助其他地区支出	0	0	0	0
18	自然资源海洋气象等支出	540	84	456	542.86
19	住房保障支出	7694	4004	3690	92.16
20	粮油物资储备支出		40	-40	-100.00
21	灾害防治及应急管理支出	484	742	-258	-34.77
22	其他支出	1582	1695	-113	-6.67
23	债务付息支出	1020	728	292	40.11
24	债务发行费用支出	4	11	-7	-63.64
合计		171175	167849	3326	1.98

【财政监管】 推行“双随机、一公开”随机抽查制度，规范财政执法和监管行为强化财政监督检查。强化财政监督检查，以重大财税政策落实和教育、支农、生态环保项目资金为重点，加大预算执行监督、会计监督、非税收入检查和重点专项资金检查力度，确保财政资金安全、规范、有效使用。常态化开展严肃财经纪律专项检查，进一步规范财务管理。开展严肃财经纪律及财务管理风险排查、地方预决算公开情况专项检查、地方财经秩序专项整治、会计评估监督检查、“三公”经费管理检查、非税收入等多项监督检查，加强财政资金监管，确保财政资金安全、规范、有效使用。加强资金监管，建立衔接资金及涉农整合资金支付动态监管长效机制，采取抽查、自查等方式定期、不定期对衔接资金和涉农整合资金管理使用情况进行监督检查，落实公开公示制度，接受社会各界监督，提升财政监管效能。

【财政改革】 深化财政体制改革，坚持“先集中、后均衡、强激励、促发展”的改革思路，拟定推进财政体制改革实施方案，为建立健全权责配置更加合理、收入划分更加规范、财力分配更加均衡、各单位保障更加有力的财政体制奠定基础。围绕建立现代财政制度目标，以系统观念推动财税改革向广度和深度进军、向深化战略布局和要素保障衔接，现代财政制度框架基本确立。推进预算管理制度改革，构建“制度+技术”预算管控机制，新增资产管理、决算管理、财务报告等7个系统模块，会计核算模块顺利上线，预算管理一体化信息共享全线打通。靠前启动2023年预算编制工作，预算编制质量显著提升，从源头规范预算执行，强化预算约束，严格落实“三保”支出预算审核机制，县本级各预算单位预决算公开实现全覆盖，公开范围进一步扩大，透明度进一步提升。强化预算绩效管理，完善事前绩效评估、绩效目标管理与项目入库、预算编制挂钩机制，推进预算执行进度和绩效目标实现程度“双监控”，建立单位自评、部门评价、财政评价多层次绩效评价体系，将综合绩效考评结果、财政评价结果与转移支付分配、项目预算安排结合，提升财政资金配置效率和使用效益。

【政府性债务监管】 打好防范化解金融风险攻坚战，为经济社会平稳健康发展提供保障，适度谨慎举债，加强专项债券管理并做实隐性债务管理，确保财政运行风险安全可控。防范化解财政运行风险，严把支出政策关口，强化财政可承受能力评估，凡是不具备实施条件、超出财力可能的支出政策，一律不得实施。加强重点项目支出与三年滚动规划的衔接，合理控制项目预算安排的力度和节奏。防范化解债务风险，强化债务风险监测预警，做到风险事件早发现、早报告、早干预、早处置，并严格地方政府性债务限额和预算管理，严控法定政府性债务风险，全力化解隐性债务存量，坚决遏制隐性债务增量。县地方政府债券新增4836万元，偿还本金1397万元，至年底，地方政府债券余额5.82亿元，其中地方政府一般债券余额3.18亿元；地方政府专项债券余额2.64亿元；地方政府债券限额5.96亿元，其中地方政府一般债券余额3.32亿元；地方政府专项债券余额2.64亿元，政府债务在法定限额以内，政府债务处于绿色安全区域，并始终绷紧财政可持续这根弦，强化红线意识和底线思维，提升财政运行稳定性和风险防控有效性。

【涉农资金统筹整合】 按照中央、省、州和县委、县政府关于涉农资金使用管理的决策部署，持续抓好涉农资金统筹整合，着力建立健全统筹机制和监管机制，努力提高涉农资金的配置效率和使用效益，做到项目精准实施，资金精准支出。河南县财政下达衔接推进乡村振兴补助资金1.19亿元，涉及34个项目，其中中央资金8893.64万元，省级资金3004.16万元。全年衔接资金支出为1.09亿元，支出率91.90%，其中中央资金8333.72万元，支出率93.70%；省级资金2600.41万元，支出率86.56%。为充分发挥整合资金的积聚效应，提高涉农资金使用效益，纳入整合资金规模3.24亿元，整合资金为1.83亿元（中央财政资金1.51亿元、省级财政资金3200万元）。

【民生领域支出】 优化支出结构，提高民生保障水平，把保障和改善民生建立在经济发展和财力可持续的基础上，加大民生领域的投入，压缩一般性支出，有效配置财政资源，用于民生的支出达到14.08亿元，民生支出占比达到79%。支持教育发展，落实资金7011万元，巩固完善农村义务教育经费保障和三江源地区教育补偿机制，落实城乡农村义务教育营养改善计划和国家对民族地区的特殊教育补助，支持薄弱学校改造、学前教育扩大资源规划、义务教育阶段学校校舍安全，中小学及幼儿园消防设施建设，改善办学条件等；支持卫生事业发展，落实资金2235.35万元，深化县级公立医院改革，保障疫情防控工作，支持公共卫生服务体系建设，做好城乡医疗救助、健康体检工作，支持乡镇卫生院建设等；支持文化旅游事业发展，落实资金2095.5万元，加快旅游产业发展，支持文化产业园区基础设施建设，支持公共文化发展，图书馆、文化馆免费开放补助，支持地区文化安全等；支持社会保障和就业，落实资金1.53亿元，支持社会养老服务体系、综合防灾减灾能力建设和就业再就业政策的有效实施，提高城乡居民社会养老保险基础养老金、医保筹资补助标准，按时足额发放城乡低保资金和孤儿基本生活补助，落实退役军人安置等；支持城乡社区建设，落实资金1.13亿元，支持人居环境整治、道路工程建设，清洁能源建设，有效改善基础设施短板等；支持农林水建设，落实资金4.02亿元，支持实施退化草原生态修复、引水工程提质增效、村集体经济发展、村级道路建设、特色优势产业发展等建设等；保障社会和谐稳定，落实资金1542.19万元，开展“平安河南”建设、扫黑除恶常态化工作，建设“雪亮工程”，推进重点人员排查管控、公共法律体系建设，保障民族团结进步创建工作。

【绩效管理】 加强预算绩效管理基础工作，完善预算绩效管理规章制度、财政综合绩效管理指标体系以及县直预算部门绩效管理指标体系，完善内部工作流程，推进预算绩效管理工作，健全机构设置及人员配备，成立河南县预算绩效管理工作领导小组，根据《河南县县级部门预算绩效管理办法》《河南县县级部门预算绩效运行监控管理暂行办法》《河南县县级部门预算管理综合绩效考评办法》等办法，对86家预算单位开展预算绩效考评工作。聘请第三方评审机构对8个重点项目实施绩效评价，并根据评价结果撰写重点项目绩效评价。通过加大预算绩效考评力度，做实预算执行进度和绩效目标实现程度“双监控”，及时通报存在问题强化整改实效，制定县级绩效指标及标准体系库管理办法，提高预算执行进度和资金使用效益。

【“三公”经费支出管理】 落实好政府过“紧日子”的要求，压减一般性支出、非刚性支出，削减或取消低效无效资金，挤出更多资金用于支持重点领域和重点项目，硬化预算执行约束，强化财政资金绩效管理，加大绩效评价结果应用，提高财政资金使用效益。从严控制一般性支出，完善和规范预算执行制度，确保预算支出资金及时、足额拨付，严控“三公”经费支出，强化政府采购预算约束，规范招标程序和超预算管理，以开源节流作为财政收支管理的核心内容，把握好工作节奏和力度，实现非重点、非刚性支出压减10%，“三公”经费压减5%以上，做到“三公”经费支出只减不增，提高资金使用效益，确保经济合理运行。

【会计管理与培训】 加强财务人员培训，提高履职尽责能力，组织开展财务专题培训，加强财政管理基础工作和基层财政建设，提高财务干部政策水平和工作能力、增强财务人员执行财政政策的能力、业务操作能力和解决实际问题的能力。组织举办八期财务培训，分别为全县行政事业单位国有资产及政府经管资产年报集中培训、2022年村级财务人员及寺院财务人员培训、“政采云”服务平台系统操作培训、行政事业单位2022年度内部控制报告编报和2022年内部控制工作培训、预算管理一体化系统业务培训、2022年预算编制系统培训、非税收入收缴电子化改革业务培训、2022年行政事业单位财务人员培训等相关培训班。通过专项财务培训，使各预算单位财务人员能够熟练掌握各项财务技能，促进其业务素质和工作能力的提高，达到财务管理工作规范化、科学化、精细化。

【政府采购】 政府采购中心围绕全县经济建设大局，全方位拓展政府采购范围，打造公开、公平、公正的竞争机制和市场环境，强化服务意识、诚信意识，做好市直各行政事业单位的采购服务，完成各项采购任务，服务质量和公信力不断增强。提升行为规范、公正透明、廉洁高效的采购执行力，确保政府采购工作健康有序地运行。加强采购队伍自身建设，提高思想认识、业务素质，以适应新形势对政府采购工作的要求。全县实际采购规模达到6875.33万元，公开招投标采购额3066.45万元，询价采购额50万元；竞争性谈判和竞争性磋商采购额3808.38万元，单一来源采购0万元；政采云电子卖场交易1174笔，成交金额2304.73万元。组织各项政府采购活动，按《中华人民共和国政府采购法》和《中华人民共和国政府招投标法》及相关规定办事，履行集中采购机构的职责，做到不越位、不缺位，全面实行“阳光采购”。

【盘活存量】 盘活各领域“沉睡”财政存量资金，集“零钱”成“整钱”，提高财政资金使用效益，缓解财政压力。收缴存量资金共2.36亿元，支出2.36亿元，其中统筹使用1675万元，原渠道返还2.19亿元，盘活资金统筹用于稳增长、促改革、调结构、惠民生的重点领域和关键环节，统筹盘活使用财政存量资金，减少资金沉淀，提高资金使用效率，增加政府支出，缓解财力不足的收支矛盾。使财政存量资金的流通更加顺畅、使用更加科学，改变存量资金投入“碎片化”和“撒胡椒面”的局面，初步形成“多个渠道进水、一个池子蓄水、一个口子放水”的统筹整合使用机制。

【财政管理】 加强国有资产监督管理，落实国有资产管理情况报告制度，提高报告质量，严格行政事业性国有资产配置管理，推进党政机关和事业单位经营性国有资产集中统一监管改革，加大“闲置资产”盘活力度，提升资产使用效率，发挥国有资产对经济社会高质量发展的保障作用。落实月度支出责任，采取加快预算批复下达进度、盘活存量资金、加快政府采购进度等有效措施，狠抓支出进度，紧盯项目实施黄金期，强化资金和项目对接管理。完善“金财工程”建设，优化财政监管。建立健全相对规范、透明的财政业务流程，减少人工干预，摒弃传统预算编制执行中存在的“暗箱操作”弊端，使财政资金分配与管理更加公正、公开、透明，使全面提升财政管理科学化精细化水平有良好开端。

税　务

【概况】　2022 年，县税务局担负着 1625 户纳税人的税费征管工作，其中重点税源 3 户、企业 478 户、个体工商户 1037 户、行政事业单位及其他单位 110 户。3 户重点税源为青海聚能滯度饮料股份有限公司、青海河南农村商业银行股份有限公司、青海启龙商贸有限公司河南县启龙牧场。

【税费收入】　完成税收收入 5910.17 万元，同比增长 11.24%，增收 597.17 万元。完成社会保险费收入 1.32 亿元，同比下降 0.26%，减收 34.34 万元。完成非税收入 1708.19 万元，同比增长 215%，增收 1165.90 万元。

2022 年河南县税收完成情况统计表

表 10

项目	年计划（万元）	完成收入（万元）	同比增减（万元）	占年计划比例（%）
一、税收收入合计	5977	5919.59	11.41	99.04
中央级	2496	2484.05	32.07	99.52
省级	0	-276.99	-100	—
州级	450	543.10	65.01	120.69
县级	3031	3169.43	2.11	104.57
其中：1. 国内增值税	3300.00	3289.99	62.73	99.70
2. 企业所得税	1.00	0.69	100.00	69.00
3. 个人所得税	870.00	859.96	25.64	98.85
4. 资源税	540.00	537.31	-30.94	99.50
5. 城镇土地使用税	35.00	31.59	-57.65	90.26
6. 城市维护建设税	30.00	28.34	-28.91	94.47
7. 印花税	200.00	182.37	236.67	91.19
8. 土地增值税	25.00	23.74	-35.84	94.96
9. 房产税	140.00	140.88	345.40	100.63
10. 车船税	77.00	75.77	-1.66	98.40
11. 耕地占用税	160.00	157.75	-9.72	98.59
12. 契税	485.00	478.67	-62.07	98.69
13. 环境保护税	110.00	109.86	62.13	99.87

续表10

项目	年计划（万元）	完成收入（万元）	同比增减（万元）	占年计划比例（%）
二、教育费附加	5	2.66	-27.12	53.20
三、地方教育费附加	110	108.44	109.79	98.58

【减税降费】 履行“第一责任人”职责，成立领导小组，下设“一办八组”，明确工作责任。把党的领导贯彻到退税减税工作过程，干部带头冲在前、干在前，做到精准施策、精细服务。落实税费支持政策，建立问题快速反应机制，发挥“网格员”职责，“包户到人”进行在线咨询，远程帮办，让纳税人缴费人应知尽知，应享快享。利用“腾讯会议”App开展线上政策落实回访问效活动，算好政策“效应账”。坚持组织税费收入原则，守住不收“过头税费”的纪律红线，查找重点税种、重点行业、重点税源税收收入运行中存在的问题，防范组织收入风险的发生。严把纪律关，迅速召开退税减税工作专题警示教育会，强化警示震慑，引导干部职工知敬畏存戒惧守底线。严把流程关，优化退税审核流程，开展“一把手走流程”、“政协委员走流程”、财政人员体验退税流程活动，对政策落实和办理过程进行“复盘体检”。严把审核关，坚持问题导向，强化申报数据分析，深入排查退税疑点。辖区内有4户企业因存在风险问题进行税款缴回，缴回金额18.92万元。提前发现并阻断辖区内一起农产品加工企业留抵退税风险，挽回税款31.92万元。干部扛牢政治责任，压茬推进各项工作，实现政策落实应知尽知。多维发力，确保政策宣传“零死角”，主动甄别符合税收优惠政策的企业，通过语音呼叫系统，为178人次推送税费优惠政策。线上开展云端税费知识课堂、“蒙旗税务之声”等活动，与44名纳税人进行线上“面对面”互动交流，为纳税人疏通政策难点、操作堵点、申报疑点。组建“专家团队”，对重点领域、重点行业，开展调研走访7次，“一对一”“点对点”宣传辅导，精准制定“一企一册”服务锦囊，确保纳税人懂政策、会申报、能享受。实现政策落实应享尽享，依托税收大数据，按政策条件，进行全面摸底排查，对企业精准“画像”，建立政策应享清单，逐户开展辅导提醒，定期召开减税办工作会议，做好分析研判，及时梳理工作，做到情况明、底数清，确保纳税人应享尽享。实现政策落实应享快享，成立留抵退税审核工作团队，健全与财政局、国库等部门的会商机制，做好退税资金保障，实现“财政直达、税务严审、国库快退”，让纳税人快享“真金白银”的政策红利。

【税收征管】 依法行政，加强风险应对能力，提升税收治理效能。强化风险应对，接收应对省、州局下发的涉及环保税类风险、优惠政策落实提示提醒风险任务（生活服务业）、留抵退税风险等总计122条、自然人异议申诉10条、大屏风险4条、一户式风险9条。调整补录已完成的留抵退税的风险任务4条。修正错误基础数据3批次，共1312条。修正5C征管数据1721条。提高征管质效，提高5C监控评价工作的质量，进行数据修正222条，对系统指标进行验证分析，查找问题并制定适合本地的措施。协助税源股对县区内8户医疗行业个体纳税人宣传查账征收工作。组织开展县区信息化专项整治工作，成立县区领导小组及工作方案，开展3次谈心谈话，上报发现自查问题2条。稳步推进所得税各项工作，整改个人所得税扣缴申报疑点数据262条，落实个税网格化责任制，补税人群办结率与退税人群办结率均已达到100%，经营所得税汇算清缴、企业所得税汇算清缴均100%完成。落实落细各项惠民政策，153户纳税人享受婴幼儿照护费相关政策，对家庭养育负担和家庭医疗负担较重的纳税人办理优先退税，申请优先退税165人，成功退税161人，成功退税金额16.63万元。

【纳税服务】 多措并举，提高纳税缴费服务质量，提升纳税人满意度和获得感。优化办税方式，办税服务厅增设“有困难请找我”“个人所得税汇算清缴专区”“特殊人群帮办岗”“现役（退伍）军人优先岗”“退税减税专窗”，指派业务骨干负责相关工作，确保涉税诉求有处提、疑惑有人解、事项有人办。为特殊人群服务228人次，为现役（退伍）军人优先办理业务5次。推广非接触式办税，通过税源下户、电话个别通知、微信推广、大厅公示、现场辅导等方式，鼓励纳税人利用青海省电子税务局（纳税人端）自助办理涉税事项，根据纳税人需求，进行“一对一”辅导。利用“智税平台”及自助拨叫语音系统向纳税人推送信息，通过智税平台推送信息8批次，网上发票领购及申报业务均已达到95%，文书类网上操作率提升至75%。拓宽宣传渠道，多维发力，通过线上线下同步开展精细化宣传辅导，扩大政策知晓范围。开展云端税费知识课堂、退税落袋“线上”回访问实效等活动，税务讲师与60名纳税人进行线上“面对面”互动交流，通过39个行政村的“村村通”大喇叭、融媒体中心抖音播报城乡居民“两险”政策内容，确保政策宣传“零死角”。组建“专家团队”，对重点领域、重点行业，开展调研走访17次，“一对一”“点对点”宣传辅导，精准制定“一企一册”服务锦囊，确保纳税人懂政策、会申报、能享受。

【税源监控】 加大审核监管力度，营造良好税收环境，落实税费优惠政策，确保纳税人应享尽享，加大审核力度，对辖区内4户存在风险问题的企业进行税款缴回，缴回金额18.92万元。坚持问题导向，强化申报数据分析，排查退税疑点，加强对农产品加工企业的风险监控，提前发现并阻断辖区内一起农产品加工企业留抵退税风险，挽回税款31.92万元，配合州局稽查局，对辖区内1户企业进行税务稽查，缴回税款73.62万元，确保退税减税红利干干净净、清清爽爽落袋。落实办税举措，节约办税成本，引导和辅导纳税人、缴费人多元办税，构建“网上为主、自助为辅、实体兜底”的多元办税新局面，落实首问责任制、延时服务、预约办税和“最多跑一次”等各项服务制度，优化纳税人办税体验。首问责任制登记受理33人次均为非常满意，提供延时服务29人次，预约服务3户次，完成“最多跑一次”服务157户次。强化纳税信用管理，增强诚信纳税意识，疫情防控期间重点关注随时触发的纳税信用动态调整任务，统筹做好年度纳税信用评价工作，保证按时完成评价任务并发布结果。2021年度，全县纳入纳税信用管理总户数520户，参评比例96.15%，其中A级、B级纳税人占比13.60%。纳税人税收遵从度和诚信纳税意识不断提高。

【依法治税】 坚持税收法治理念，完善依法行政工作和督查内审工作，推进“三项制度”，规范税务执法行为，按月在政府外网公示平台公示处罚数据，落实“首违不罚”清单40件，办结行政处罚案件136件，处罚金额14.1万元。对照《甘青两省税务行政处罚裁量基准》文件，对5起处罚案件进行测试，并报送测试结果。做好重大税务案件审理工作，行使税务行政处罚裁量权，完善重大税务案件案卷档案管理制度，实现重大税务案件审理案卷管理的标准化、规范化。对2021年1月1日至12月31日期间的税务行政执法案卷进行自检自查，评查率达到100%，评查结果为优秀的占所有案卷的5%，合格占比90%，不合格占比5%，总体评价为合格。开展税收执法督察工作，做好留抵退税专项督查工作，按州局相关要求在内控系统中填报，《留抵退税督察发现问题及整改情况明细表》《督察开展情况表》《留抵退税“一册三表”专项督察抽查情况明细表》。完成2019—2021年党费审计工作，完成2020—2021年河南县税务局印花税及残疾人保障金审核工作。

【税收宣传】 强化税法宣传，以点对点辅导等形式实现100%全覆盖，努力使每一名纳税人和缴费人均了解和掌握优惠政策。宣传税费优惠政策，开展税法宣传、“八五”普法、平安建设宣传、宪法宣传等活动，加强税法宣传影响力。以税收宣传月活动为契机，走访企业、两会代表、纳税人座谈会等，征求意见建议，收集意

2022 年 4 月 27 日，县税务局为黄南州天顺建设工程有限公司提供“一对一”“面对面”服务，宣传税费政策

见建议 30 条。提升信息专报质量，利用内外部资源，扩大税收宣传影响力。宣传县局重点工作成效和亮点，2022 年报送信息共 85 篇，先后被“学习强国”学习平台、人民网、新华网、中新网、省、州局网站、美丽河南等媒体采纳。被中央级媒体发布 44 篇次、州级媒体发布 14 篇次、县级媒体发布 20 篇次。县局班子成员多次向县委、县政府、人大、政协等有关领导作专题汇报，争取更大更多指导支持，利用税收数据分析掌握辖区重点税源企业运行情况及趋势，报送专报 20 余篇，获得表扬性批示 11 次。

【助力疫情防控】 通过党委会议、中心组学习会等会议，认真学习党中央和省州县关于疫情防控的决策部署，统一思想，严明政治纪律和政治规矩，严禁随意传播未确定信息，树牢纪律规矩意识，做谣言的终止者。局党委召开会议，明确防疫要求，把人、物、环境同防要求贯彻落实到位，增强忧患和防范风险意识，纪检组随时抽查各项工作，处理存在麻痹思想、侥幸心理、松劲心态的行为。加强管理，坚持疫情防控属地管理原则，严肃疫情防控纪律，加强干部日常管理，落实日排查、日报告、零报告制度，根据防疫流调，对在职干部、离退休干部、临聘人员做好风险人员排查，确保风险排查不漏一人。“一把手”切实履行第一责任人职责，下沉一线、靠前指挥，班子成员分兵把守，带头做好值班值守、公共区域消杀等工作，局领导电话慰问在宁干部、向干部职工推荐在线心理健康知识专栏，引导大家打好心理“防御战”。配齐办税服务厅防疫物资，确保一线税务人员防护到位，实施临时提级管理前，向办税人员发放“平安守护致纳税人缴费人的一封信”，实行错峰办理，做好办税现场双码查验、测温登记等工作，为办税缴费人员筑牢安全“屏障”。县局干部闻令而动、听令而行，14 名青年干部率先加入志愿服务队，15 名党员干部组建第二支预备队，奋战在防疫一线。组建“蒙旗税务先锋队”，建立常态化宣传机制，线上线下同发力，把“以纳税人缴费人为中心”的理念转化成“为民办实事”的行动，确保疫情防控不松懈，政策宣传不断档。宣传倡议纳税人缴费人通过电子税务局等“非接触式”渠道办理涉税事宜，壮大“线上”力量，提供“云端”辅导，降低线下交叉感染风险，通过电话辅导 460 余人次，代开电子发票 90 余张，邮寄申领发票 300 余份。党员突击队分行业、分规模“一对一”精准推送政策，“点对点”开展宣传辅导，确保每一户企业精准掌握税费优惠政策，在疫情防控期间，让政策红利助力企业健康发展，“退、缓、免、减”税政策惠及辖区纳税人缴费达 860 户次。

【税务队伍建设】 积极创建“蒙旗税务先锋站”党建品牌，以“立足岗位建功立业暨志愿服务”为契机，成立党员突击队、青年先锋队、蒙旗税务先锋队授旗，激励青年干部担当作为。创建“青年学堂”，党委委员担任导师，推行“日常阅读+特色阅读”活动模式，将县局青年理论学习小组 26 名干部，组建成启航队、星火队、初心队 3 个小分队，开辟出具有蒙旗税务特色的青年学习新阵地，为青年干部成长成才夯基垒台。做好干部选任工作，加大青年后备力量的培养力度，职级晋升共8人次。构建“党员+青年先锋队+志愿服务队”小分队模式，联合县融媒体中心打造《蒙旗税务之声》电台节目，与社保、医保、银行建立“税银社”党员先锋队。与县社保局、乡村振兴局、农行、联点村、辖区企业党支部签订《党建协议书》，加强与县委宣传部、统战部等部门的联学共建，同县财政局前往尕布龙工作生活旧址开展主题党日活动，联合县委组织部开展跨支部交流活动，为年轻干部提供交流互动平台，探讨破局的思路和发展的路径，寻找提升方向。加强干部教育培训，推进“线上+线下”的融合培训，利用“学习兴税”督促干部学习，参与线上培训20余人次，参与线上测试180余人次。利用“小课堂”学习开展培训14期、通过检查学习笔记，评比党员“晋星”，激发干部学习积极性。开展线下培训45次，参加学习兴税等线上培训及考试200余次。开展严管厚爱主题宣讲、召开警示教育大会对典型案例进行深刻剖析，加强广大党员干部的廉洁自律意识，加强“八小时以外”行为规范监督，引导党员干部特别是青年干部自觉规范工作圈、社交圈、生活圈、休闲圈，增强拒腐防变能力，树立清正廉洁的良好形象。

审 计

【概况】 2022年，县审计局落实省、州、县重大决策部署，坚持稳中求进工作总基调，立足“审计监督首先是经济监督”定位，聚焦主责主业，做好常态化“经济体检”工作，完成各项工作任务。全年项目计划12项，完成12项，查出违规资金20.82万元，管理不规范资金7.54亿元，应上缴财政资金7.38万元；非金额计量问题33项；提出审计建议38条；移交审计问题线索5项。涉及国家重大政策措施落实、本级预算执行、领导干部经济责任、领导干部自然资源资产和涉粮领域等审计内容。

【预算执行审计】 开展2021年度县本级预算执行、决算草案以及其他财政收支情况审计，查出违规资金0.16万元，管理不规范资金6.69万元，其中应上交财政资金0.16万元，非金额计量问题4条，无移送事项。

【经济责任审计】 完成7项领导干部经济责任审计工作，查出违规资金11.71万元，管理不规范资金2510.82万元，其中应上交财政资金7.22万元，非金额计量问题15条，有5个移送事项（包括自然资源资产离任审计1项，查出违规资金0万元，管理不规范资金0万元，其中应上交财政资金0万元，非金额计量问题9条。）

【政策跟踪及其他审计】 围绕2020—2021年度新增财政直达资金的筹集分配、下达拨付和管理使用情况等方面，开展国家重大政策跟踪审计，涉及资金3.53亿元，抽查14家单位，涉及资金1.38亿元，查出未建立财政部门内部以及与相关部门之间的定期对账机制等8项问题，查出管理不规范资金5318.49万元，非金额计量问题3条，提出4条审计建议。对河南县委员办公室、河南县人力资源和社会保障局、河南县粮食局及粮油供销公司等3家单位进行财政收支审计，查出39项问题，查出违规资金8.95万元，管理不规范资金637.88万元，其中应上交财政资金0万元，非金额计量问题11条。

【协调配合】 县审计局强化与上级审计机关及县纪委监委在工作中的协调配合，根据需要派出财会知识扎实、查账经验丰富的审计人员全程参与，形成合力优势，在各自监督工作中发现存疑的问题线索。配合相关单位完成工作3项，其中配合州审计局开展2022年下半年国家重大政策措施落实情况跟踪审计工作，配合县委巡察办完成十五届县委首轮巡察工作，配合县纪委监委开展“小金库”专项治理工作。

【2022年度经济责任审计工作联席会议】 召开2022年度经济责任审计工作联席会议，传达学习全国审计工作会议和委审计委员会第二次会议精神以及《关于推动纪检监察监督和审计监督融合贯通的意见》《青海省党政主要领导干部和国有企事业单位主要

领导人员经济责任审计实施办法》，通报2021年经济责任审计工作开展情况和2021年度经济责任联席会议成员单位所提意见的办理情况，研究部署下一阶段经济责任审计工作，听取联席会议各成员单位推进经济责任审计工作情况及意见建议，对更好地发挥联席会议制度、推进经济责任审计工作、加强干部管理和监督、推进反腐倡廉起到积极作用。

【县委审计委员会会议】 4月26日，召开县委审计委员会第六次会议，传达学习全国审计工作会议、省委审计委员会第七次会议、全省审计工作会议、信长星对全省审计工作提出的要求以及州委审计委员会第七次会议精神，听取2021年度全县审计工作汇报，审议《河南县2022年度审计项目计划（草案）》，安排部署全年审计工作。10月10日，召开县委审计委员会第七次会议，传达学习中央预算执行和其他财政收支审计查出问题整改工作会议精神和省委审计委员会第一次会议暨中央审计发现问题整改工作领导小组会议精神、省委审计委员会第二次会议精神和审计工作重大事项督察督办办法，审议《2021年度县本级预算执行、决算草案以及其他财政收支情况的审计报告（草案）》，安排部署下一阶段重点工作任务。

2022年10月10日，县委审计委员会第七次会议召开

统　计

【概况】 2022年，县统计局认真贯彻落实党的二十大精神、省第十四次党代会精神及习近平总书记“疫情要防住、经济要稳住、发展要安全”重要指示精神，高效统筹疫情防控和经济社会发展，加快落实稳经济“一揽子”政策和接续政策措施，锐意进取、攻坚克难，应对发展新挑战。受种种因素影响，各项主要经济指标有增有降。

【统计服务】 把服务经济社会发展作为工作的重中之重，加强统计监测和预警预判，为科学决策提供重要支撑。开展文化产业、脱贫户收入、妇女儿童规划等统计监测，撰写《统计报告》4期、《统计信息》20篇，为县委、县政府科学决策、调度全县经济运行提供重要参考。加大统计数据解读力度，编印《统计年鉴》《国民经济主要指标》《“十三五”时期经济社会发展手册》，让党政领导和社会公众方便、直观、全面了解经济社会发展状况，彰显统计数据“智库”“数库”作用。

【普查调查】 农业、工业、投资、贸易、劳资、建筑业等行业领域常规统计调查顺利实施，获取大量数据信息，客观反映经济社会发展实情。人口变动抽样调查进展顺利，从第七次全国人口普查工作中的“两员”中选调50人开展业务培训，加强督导检查，为人口变动调查工作奠定基础，率先在全州完成人口变动调查住房单元核查、入户登记、生育核查。

【基层基础建设】 优化统计队伍结构，各乡镇、企业及时配备与统计任务相适应的统计力量。建立“专题培训+实地走访+网络问询”等多种方式相结合的培训方式，分批选派统计人员和局内业务骨干赴省州参加业务培训，全县统计干部队伍综合素质提升。推进乡镇、企业统计规范化建设，指导建立《统计员工作职责》等8项规章制度，完成统计规范化

2022 年 4 月 14 日，县统计局在县成吉思汗广场开展宣传活动

建设考核，推动统计工作提质增效。

【统计法治建设】 加大统计法治宣传教育力度，将各种统计法律法规纳入县委中心组、县政府常务会议和统计干部培训课程，强化各级领导干部和统计人员依法统计意识。以统计开放日、业务培训为契机，开展普法宣传和统计造假警示教育，营造良好法治环境。将统计执法检查贯穿统计调查全过程、各领域，以“四上”企业和联网直报单位为重点，加大“双随机”统计执法检查力度，发挥依法治统对统计数据质量的保驾护航作用。执行统计调查制度，强化异常数据实时审核，加大对新入库企业、项目的现场核查力度，夯实统计数据源头质量。

市场监督管理

【概况】 2022 年，县市场监督管理局以深化改革为统领，以服务经济发展为主线，以强化市场监管为抓手，聚焦民生重点领域，牢固树立以人民为中心的发展理念，保民生、护安全、强监管、优服务，多措并举保障市场秩序稳定运行，做好常态化疫情防控下市场监管各项工作，为促进全县经济平稳发展和社会和谐稳定做出贡献。

【食品安全监管】 紧盯重点行业、重点类别、重点场所、重点时段，坚持日常监管与专项整治相结合，坚持专项督查和安全风险隐患排查相结合，建立落实全覆盖、管理全方位、监管全过程的责任体系，筑牢食品安全底线。结合食品安全宣传周、全国质量月等活动，开展“你点我检”抽检活动，根据群众点出的物品分别抽检牛羊肉、蔬菜等 17 种进行 50 个抽检，针对农药残留，牛奶新鲜度（沉淀法）等 17 个快检项目进行抽检，并及时反馈检测结果。检查学校食堂 90 余户次，学校周边餐饮单位 130 户次，学校周边食品经营户 210 户次，发出

2022 年 1 月，县市场监督管理局执法人员在华联超市检查食品安全

违章警示通知书18份，发放食品安全宣传书等资料600余份。各大节日及活动前执法共出动检查人员430余人次，执法车辆150台次，检查食品生产经营户1600户次，下发违章警示通知书30余份，与食品经营户签订《食品安全责任书》465份、与餐饮经营户签订《餐饮安全责任书》157份，发放食品安全宣传册3000余份，清理整顿不规范食品经营户、餐饮经营户40余户，查获超期变质、无生产日期、无保质期、无生产厂家等假冒伪劣的各种食品800余千克，承办6次重大活动期间的食品安全保障工作，2022年州对县目标考核计划抽检食品及食用农产品200批次，抽检205批次，其中对不合格的3批次进行立案办理。

【药品安全监管】 开展高风险药品及特殊药品专项检查，重点检查医疗机构注射剂类、麻精药品、药品类易制毒化学品等高风险品种的原料来源、工艺的稳定性、关键环节的控制、储存条件、数据的可靠性等。检查经营企业是否严格执行《麻醉药品和精神药品管理条例》《麻醉药品和精神药品经营管理办法》等相关规定，确保特殊药品来源清、去向明，严防流弊案件发生。开展中药饮片质量集中整治，严厉查处中药饮片生产流通使用环节违法违规行为，严厉查处不合格中药饮片和非法生产经营中药饮片的行为，严格核定中药饮片企业炮制范围。

【化妆品专项整治】 规范化妆品经营和使用，保障消费者消费安全，对辖区开展2次化妆品专项检查行动。检查化妆品经营户60户次，检查中对涉嫌违反《化妆品卫生监督条例》《化妆品标识管理规定》等化妆品管理规定的行为及未严格执行进货查验和索证索票制度的经营者，下达责令改正通知书11份。

【保健食品整治】 开展打击保健食品欺诈和虚假宣传行动，整治行动共检查涉及保健食品的各类经营户200余户次，下发违章警示通知书3份，落实保健食品营销欺诈有奖举报措施，鼓励全社会参与监督。充分发挥“12315”投诉举报平台作用，畅通投诉举报渠道，调动群众举报违法违规问题的积极性，对举报线索及时核查、及时处理、及时回应。

【食品药品投诉举报及执法办案】 日常监管检查和监督抽检中始终保持打击制售假冒伪劣违法行为的高压态势，办理各类行政处罚案件10起，加油机计量1起，罚款2.5万元，其中食品案件7件，案值达到1.4万元、罚款20.1万元、餐饮2件，罚款9千元，总案值达到1.4万元，罚没金额总数为23.5万元。“12315”投诉举报15起，挽回经济损失6700元，调解成功15起。

【价格监管】 对全县的各大超市、集贸市场、餐饮、宾馆、药店、服装、食品等经营单位商品明码标价和服务收费公示执行情况进行检查和规范，发放商品标价签2万张。开展涉企收费专项整治，和政府部门、金融、物业、电力等行业收费重点检查，检查中查看收费文件依据，收费票据和其他协议等材料，未发现违规收费现象。

【特种设备安全监管】 以特种设备安全专项整治三年行动为主线，聚焦隐患“清零”，突出工作重点，紧盯特种设备使用登记率、定期检验率、违法查处率、依规报废率四个指标，做好执法检查和安全监察工作，坚决遏制特种设备事故发生。以公众聚集场所、涉危涉爆涉毒、老旧设备等“四类特种设备”为重点，聚焦“两非两超”（非法安装、非法使用以及超期未检、隐患超期未整改），开展“排险除患”整治活动，整治未办理使用登记、未及时检验、未持证作业、未按操作规程使用、未落实“双重预防”等突出问题。严厉打击各类非法违法行为，对存在重大安全隐患、屡教不改、整改不力的企业，按照“未按期整改就等同于发生事故”的要求，实施严查重罚。检查特种设备使用单位236家次，检查各类特种设备468台次，发现一般隐患16个，下达《特种设备监察指令书》33份。检查涉及保健食品的各类经营户200余户次，下发违章警示通知书3份，检定计量器具共348台（件），其中市场衡器286台（件），天平12台。检查9家加油站，检定加油枪50条，加油机28台，覆盖率100%。

【优化营商环境】 简化企业登记环节，企业登记“审核合一，一人通办”，提高办事效率。登记窗口设置帮办辅导区，强化“照”前指导，为申请人提供现场咨询、信息录入等全方位便利化服务，企业与登记人员“零见面”即可领取营业执照。将原来的2个登记环节企业名称预先核准、设立登记合并为1个登记环节，实行企业名称与设立登记一并提交，同步审查，减少中间环节，企业设立登记时间压缩在1.5个工作日以内。推行企业名称自主申报制，做好取消企业名称预先核准衔接工作，对涉及市场主体登记前置审批事项的，提供企业名称预先登记，经登记机关确认予以保留的，在申请人办理企业登记时直接予以登记。对经营范围不涉及市场主体登记前置审批事项的企业名称，以自主申报的企业名称一并提交设立登记申请，对申请的企业名称须经授权后方可使用的，在取得授权后与企业设立登记申请一并提交。优化服务方式，设立“双语岗”“自主申报区”等措施方便办事群众。办理全程电子化，并通过现场指导、电话指导等方式，辅导操作电子化登记流程。为办事群众和企业提供“就近办”“网上办”“零见面”的商事登记便利化服务。推进“双随机、一公开”监管工作，根据制定的“双随机、一公开”抽查计划工作要求，开展双随机抽查工作，各科室以定向和不定向方式开展抽查制定“双随机、一公开”任务，做好“协同监管平台——青海黄南”的录入工作。涉及的市场监管领域有企业信息公示、工程建设、危化品、安全生产、广告监管、产品质量和强制性认证等方面的抽查事项133个，抽取比例0.3%~100%不等，随机抽取检查对象共319户。吊销未注销企业33户，通过发信函，公安协助、电话联系以及在美丽河南发布催告通知并邮寄送达告知书等方式，对符合注销条件的经营户予以注销。登记在册的各类市场主体达到3743户，获证食品生产企业8家、食品作坊5家，流通环节食品经营户712家，各类餐饮服务单位386家；蒙藏医疗机构制剂室3家，零售药店14家，各级各类医疗卫生机构6家，化妆品经营企业12家，加油站9家。

【市场监管系统扫黑除恶斗争】 结合市场监管系统扫黑除恶斗争涉黑涉恶线索摸排方向和市场经营中涉黑涉恶具体表现形式的内容，在日常巡查中善用多种形式，摸排各类市场主体在经营过程中是否存在利用黑恶势力欺行霸市、强买强卖、迫使他人接受或者不合法交易条件的行为。具有市场支配地位的企业，是否存在滥用市场支配地位进行强买强卖、指定交易等破坏公平竞争、损害用户权益的行为。是否存在利用混淆、虚假宣传等不正当竞争手段，扰乱市场竞争秩序，损害其他经营者或者消费者的合法权益的行为。城乡集贸市场是否存在销售假冒伪劣、过期食品等危害人民群众身体健康的经营行为。检查商户1154户，出动执法人员224人次，出动执法车辆86辆次，责令整改问题5个，未发现重大安全稳定隐患。

农牧·水利

农牧业

河南县活畜交易集散中心

【概况】 2022年，河南县农牧水利和科技局以聚焦打造绿色有机农畜产品输出地为目标，奋力推进乡村振兴“八大行动”和畜牧业高质量发展，及时出台促进牧民增收“七项”促销保障措施来实现畜牧业增产增收。全年河南县牛羊存栏55.54万头（只），同比增长2%；全年累计出栏26.48万头（只），同比增长1%。牛存栏数为31.31万头，同比增长2%；牛出栏数为12.04万头，同比增长4%；牛肉产量为11246.71吨，同比增长5%，生牛奶产量10916.6吨，同比下降24%。羊存栏数为24.23万只，同比增长3%；羊出栏数为14.45万只，同比下降1%；羊肉产量为3177.42吨，同比增长7%。完成全县49条中小河流及4座湖泊，河湖长制组织体系，设各级河湖长17名，河湖管护员39名。成功举行河南县28年首届科协换届选举工作，圆满完成县域创新驱动项目验收工作，获得河南县巾帼建功集体荣誉，并启动河南县首批“科技特派员工作站”。

【行政村集体资产清查】 县集体产权制度改革涉及全县6个乡镇、39个行政村、7797户33838人。改革内容主要有县产权制度改革领导小组指导各行政村清产核资、成员界定、折股量化和成立经营主体四个环节工作。所有乡镇、村、社的各类集体资源性资产、经营性资产和用于公益的非经营性资产按照地域和集体资产类型不同、资产数量不同、人员结构不同、成员数量不同等实际工作，结合县域实际针对各乡镇和村严重缺乏财务专业人员的情况，聘请第三方公司具体承担全县39个行政村的清产核资、村级账目整理等方面的工作。

河南县村集体清查登记确认资产（资产总额）统计表

表11　　单位：个、万元

乡镇名	行政村数	资金总额
优干宁镇	10	7320.9
宁木特镇	11	7793.1
托叶玛乡	6	4857.7
赛尔龙乡	5	2982.9
多松乡	3	2403.1
柯生乡	4	4097.8

【乡村产业发展】 打造绿色有机农畜产品输出地基地建设，投资3000万元建设集牛羊屠宰加工、仓储、冷链物流为一体的多功能科技型基地，投资1000万元建设河南县启龙牧场牦牛奶粉设备，带动牧民群众增收致富。安排资金594万元，落实多松乡多松村“万只欧拉羊”良种繁育基地建设项目，提升畜种品质，保证河南县域范围内优良种畜供给。投资3750万元建成河南县牛羊活

畜交易集散中心投入运行，预计实现税后利润265万元，实现“建一处市场、活一片产业、富八方群众、促产业振兴”的目标。

【农牧业信贷担保】 完成“有机畜产品可追溯体系、牛羊防疫体系、牛羊保险体系”等多标合一追溯工作，其中藏系羊、牦牛保险承保60.4万头（只），牧户自交保费704.51万元，总保费合计4696.743万元，追溯体系完成48.28万头（只）牦牛藏羊电子耳标佩戴、信息录入、上传和牧户档案、牛羊免疫档案及保险信息录入等工作。自县农牧业信贷担保公司成立，累计担保客户563笔，1.48亿元，在保客户248笔，金额为5112.40万元。完成2022年度草原生态保护补助奖励，全县享受补奖政策草原承包面积为992.3万亩，补奖资金为1.50亿元，实际发放1.50亿元，兑现牧户6395户，发放率99.60%。

【示范创建】 完成创建省级示范社2家、州级示范社6家，新培育合作社21家，建成有机畜产品生产基地5家，优良畜种繁育标准化有机养殖示范牧场19家，合作社升级改造30家，提升合作社组织化程度。

【农牧区经营主体发展】 县农牧水利和科技局在所有县级示范社中，选出七家加工能力、养殖能力、发展潜力、经营水平兼优的合作社，发放资金40万元，其中为河南县土尔扈欧拉羊繁育牧民专业合作社发放5万元用于扩建畜棚，为河南县爱美蔬菜种植牧民专业合作社发放5万元用于购置并安装PPR水管、农用种植大棚专用防水保温棉被、农用浇地喷头、田园管理器械、大棚侧置卷帘机小型，为优种牲畜养殖业牧民专业合作社发放5万元采购运输车，为缀呐和玛养殖专业合作社发放5万元用于畜棚、消毒室建设，为噶宁畜牧业专业合作社发放10万元用于糖果包装、实验台等化验室基础用品，为宝藏毛绒加工牧民专业合作社发放5万元用于采购缝纫机，为宁木特镇南浪牧民专业合作社发放5万元用于采购运输车。

【农牧业产业化】 天然牧场有机畜产品加工销售专业合作社省级示范社建设项目共发放资金40万元。部分资金用于新建冷冻房、冷藏室，厂房内新建33.6平方米的畜产品冷冻房，专卖店内新建14平方米畜产品冷藏房，总价92820元。提升合作社现有畜棚生产能力，提升改造建设面积246平方米的畜棚，总价58320元，其中246平方米畜棚提升改造费用31980元、畜棚内7米的隔墙费用3500元、畜棚屋顶铺设阳光瓦160平方米费用13600元、铺设自来水管道45米费用9240元。新建厂房水泥地坪，对现有厂房院内445平方米场地进行环境达标提升，新建水泥地坪厚度为15厘米，总价71200元。新建660平方米彩钢大棚，总价87200元。购置冷藏车1辆，排量1.8升，车厢长3.15米，配备-18℃冷机，车辆购置及上牌等费用共96700元。

【牧民专业合作社发展】 发展牧民专业合作社共计143家（其中生态有机畜牧业牧民专业合作社39家），合作社成员数25119人，成员出资总额12.62亿元，辐射带动周边6518户。各生态有机畜牧业牧民专业合作社制定牲畜和草场作价入股方案、合作社章程、社务公开制度、社员盈余分配制度、议事制度和社员（代表）大会制度等制度，各项规章制度齐全，为优化畜牧业资源配置、调整畜牧业产业结构，促进以合作社为统一组织的集约化经营奠定基础。

【品种改良与补贴】 按照《青海省畜牧良种补贴项目工作手册》相关要求，开展2022年优良畜种良种补贴雪多牦牛、欧拉羊现场鉴定工作。经过专业技术人员对种畜的体尺（体高、体斜长、胸围、胸身、尻宽、管围），体重测定，外貌（体躯、被毛）评分，鉴定出达标合格的雪多牦牛1080头、欧拉羊1300只。鉴定合格的雪多牦牛种公牛每头补贴2000元，欧拉羊种公羊每只补贴800元，补贴资金320万元。

【兽药经营管理】 县农牧业水利综合执法大队和县畜牧兽医联合开展畜产品、兽药质量安全监管专项行动，分别对瘦肉精等违禁添加物进行检测。全年出动执法人员24人次，检查兽药经营店6家次。

【动物疫情监控防治】 各类疫苗调运827万毫升261.7头份，接种牛羊474.04万头（只），密度为100%。完成疫情普查工作，普查牛羊197.41万头（只）（其中牛111.09万头、羊86.32万只），未发现染疫家畜，消毒畜棚（圈）面积达89万平方米。产地检疫数量牛20024头、羊16022只，合计36046头（只）；屠宰检疫数量牛4976头、羊2625只，合计7601头（只）。

有机畜牧业

【概况】 2022年，河南县坚持“以草定畜、草畜平衡、有机高效”，发展有机畜牧业，雪多牦牛、欧拉羊、河曲马三大畜种均被列入国家畜禽遗传资源保护名录库和国家级农产品地理标志。开展以种养结合为主要特征的“美丽牧场”创建活动，高质量发展现代草牧业。

【稳粮保供】 落实草原生态补奖政策，完成草原奖补资金1.50亿元，发放率99.99%。科学合理饲养牲畜，做到不过牧超载，肉类、奶产量分别达到1.38万吨和1.46万吨。

【动物防疫与废弃物资源利用】 加强动物防疫，秋季动物防疫接种牛羊口蹄疫苗97.41万头（只），密度达100%；其中牛O-A型口蹄疫为55.52万头，密度达100%，羊O型口蹄疫为41.89万只，密度达100%，牛出败已补免48.95万头，补免密度已达到97.7%，严格落实产地检疫制度共抽检6700头（其中牛4166头、羊2534只）屠宰检疫1326头（其中牛486头、羊840只）。加强生物安全，落实生物安全法等相关规定，强化病原微生物菌毒种保藏管理，完善兽医实验室生物安全属地监管责任，和兽医实验室日常监管与常态化生物安全检查相结合的监督机制，提升实验室质量管理与生物安全管理能力。加强质量监管，建立健全投入生产、经营、使用全程可追溯制度，开展“治违禁、控药残、促提升”三年行动，查处禁限用农药、食品动物禁止使用的药品和其他化合物使用及常规农兽药残留超标问题。巩固扩大畜禽养殖粪污资源综合利用整县推进项目成果，畜禽养殖废弃物资源化利用率90%以上。

【乳业发展】 提升自主育种能力，增加优质饲草料供给、规模标准化养殖、提升乳制品质量安全监管等，谋划储备一批乳制品基础设施提升、奶牛养殖场及产业链迁延后伸项目，提高养殖场标准化管理水平，做强做大“阿米雪”奶业品牌，总结形成一批可复制可推广的河南奶业发展模式。

【绿色有机农畜产品输出地基地建设】 加强绿色有机农畜产品输出地基地建设，建设千只藏羊标准化规模养殖场1个，申报完成产业强镇1个，完成2019年后实施的千头牦牛、千只藏羊标准化建设项目。绿色有机牛羊肉加工仓储物流基地项目估算总投资1.18亿元，其中中央专项资金9999.09万元、占总投资的85.07%，县级配套资金1754.93万元、占总投资的14.93%。占地面积66666.67平方米（约100亩），基地总体规划为3个功能区，即综合服务区、仓储物流区和生产加工区。培育示范性合作社县级20家、州级13家、占现有合作社的29.73%，改造提升生态畜牧业专业合作社3家，启动创建1个全省绿色食品原料标准化生产基地和地理标志农产品核心生产基地。

【青海黄南国家农业科技园区】 加强青海黄南国家农业科技园区建设，总规划面积2760.29万亩，主要建设核心区、示范区、辐射区，入驻企业5家，培育完成州级以上涉农企业2家。

水 务

【概况】 2022年，河南县实施水利项目11项，总投资1.72亿元。其中续建3项，总投资7100万元；新建8项，总投资1.01亿元。完成河南县优干宁镇北山小流域（片）水土保持综合治理工程等10个项目的竣工验收。

【“三条红线”控制指标】 用水总量控制指标0.1亿立方米，用水总量约为731万立方米，完成

0.1亿立方米的控制指标。万元GDP用水量下降幅度2%，万元工业增加值用水量下降幅度4%，一般江河湖泊水功能区水质达标率100%。目标完成情况，用水效率控制指标：GDP生产总值（预计值）为18.05亿元，用水总量约为731万立方米，万元GDP用水量为40.50立方米，比2020年下降6.90%，完成万元GDP用水量下降10%的控制指标。工业增加值（预计值）为1.55亿元（不含水电），用水量约为15.33立方米，比2020年下降4.66%，完成万元工业增加值用水量下降15%的控制目标。水功能区水质达标率控制目标：一般江河湖泊水功能区水质达标率控制目标。对辖区县城、39村等地进行检测结果及县生态环境局的断面监测结果显示，水质达标率为100%，完成年度控制目标。

【农牧区饮水工程】 开展4项农牧区饮水工程，分别为赛尔龙乡赛尔龙村及尕克村人饮提升工程项目、河南县2022年农村牧区人饮提升保障工程、河南县人畜饮水补短板建设项目、河南县乡村振兴牧区饮水提质增效工程。

农牧区饮水工程建设情况一览表

表12　　单位：万元

项目名称	建设内容与规模	投资金额	项目进展
赛尔龙乡赛尔龙村及尕克村人饮提升工程项目	新建两条支管，新建400立方米蓄水池1座，各类阀门井137座	494.97	完成总工程量的40%
河南县2022年农村牧区人饮提升保障工程	新建5座引水口及5座蓄水池，维修2座引水口，维修蓄水池1座	729.42	完成总工程量的80%
河南县人畜饮水补短板建设项目	新建机井162眼，配备发电机28台	800.33	完成总工程量的45%
河南县乡村振兴牧区饮水提质增效工程	新建机井53眼	187.22	完工待验收

【河道治理工程】 开展2项河道治理工程，分别为河南县永曲河防洪工程、河南县尕玛尔河防洪工程。其中河南县永曲河防洪工程治理河道总长5.162千米，修建堤防总长7.66千米（其中左岸长3.731千米，右岸长3.929千米），投资1955.56万元，完成部分工程验收；河南县尕玛尔河防洪工程总规划治理长37.18千米，修建护坡及护岸长38.387千米，投资5696.66万元，完成整个项目的25%。

【水旱灾害防御】 把防御山洪灾害作为践行“两个维护”的具体行动，主动担当作为，成立县农牧水利和科技局应对强降雨防范工作领导小组，健全应急保障体系，开展汛前检查，修订完善全县6个乡镇和10个行政村的水旱灾害防御应急预案，成立30人的应急抢险队，组织专业技术力量赴各乡（镇）、在建工地开展监测预警平台维护和防汛安全风险隐患排查，排查隐患点9个，其中7个隐患点整改完成，剩余2个隐患点。加大宣传力度，通过主题党日、科普宣传活动等到各乡（镇）、村社、企业、工地等开展山洪灾害防治宣传工作，发放宣传册、宣传品2000余份。

【水政执法】 以河湖“清四乱”专项行动为抓手，完善工作制度，强力整治“四乱”问题，联合纪检、检察、司法、公安等执法部门累计开展执法巡查10余次。整改销号涉水问题10项，“四乱”问题得到遏制。完成10条河流“一河一策”、4个湖泊“一湖一策”实施方案编制和“一河一档”建档工作及43条河流划线定界工作，编制印发岸线保护与利用规划，补齐多年来河湖管理范围不清、岸线功能分区不明等基础工作短板。结合当地经济社会发展需求，规范河道采砂许可，编制印发《青海省黄南藏族自治州河南县河道采砂规划（2021—2025年）》，依法划定禁采区、可采区，规定禁采期，严格控制年度采砂总量，确保河道资源合理开发利用。落实水资源管理制度，水资源管理“三条红线”指标全部达标。加大水土流失预防监督力度，联合州水土保持站下发13份生产建设项目水土保持监督检查表，下发1份责令改正决定书，紧盯水土保持补偿费收缴短板，合理调整收缴流程，下发23份水土保持补偿费缴纳通知书，收缴水土保持补偿费64.88万元。

工业·建筑业

工业经济

【概况】 2022年，河南县围绕高质量发展，强化分析调度，加大工作力度，全力推进重点任务有序落实和主要指标健康运行。全县规模以上工业企业完成工业产值2.69亿元，同比下降60.5%，实现工业增加值5611.14万元，同比下降46.1%。全县规模以下工业企业工业增加值同比下降8.7%。

【产品创新研发】 发挥蒙藏医药“一站一室两中心”作用，完成2个全国名老中医药专家传承工作室建设，研制出新药制剂品3种、保健产品3种，制剂、产品研制工作取得新成效。

【生态产业发展】 县供水厂提标改造、瀞度景区游客集散中心、水生态主题公园、扎西青稞啤酒厂等项目逐步落地生效，优质企业高效运行，生态水产业发展再添新路径。

【安全生产体系】 全面落实全国、全省、全州安全生产电视电话会议精神，建立分管副局长督导包干和盯守企业巡查制度，持续开展安全生产大督查大整治工作并印发《全县工业商务领域“防风险、保安全、护稳定”大督查大整治工作方案》，深入排查治理重大风险隐患，倒逼落实行业监管责任和企业主体责任。

河南县有机产业科技园区

【概况】 2022年，县有机产业科技园区管理委员会以促进产业化发展为目标，以加强基地配套设施建设为重点，实行“公司+合作社+牧户”的产业化运作模式，组织牧民群众进行标准化和合作化生产，形成“分户放牧、联户经营、集中定居、一体管理”的有机畜牧业生产格局。园区实现总产值1.38亿元。

【品牌建设】 组织5家企业、5家合作社通过“青洽会”展示绿色、有机特色农畜产品，加深外界对全域有机形象的认识。

【产业建设项目】 *河南县活畜交易集散中心*。总投资3750万元，活畜交易集散中心8月投产，实现年交易牛羊30万头（只），带动河南县7800户牧户和周边州县及邻省1.62万牧户交易，新增大学生、脱贫户和监测户就业岗位50个以上，带动就业1000人以上，发挥联农带农机制，实现“建一处市场、活一片产业、富八方群众、促乡村振兴”目标。

河南县启龙牧场牦牛奶粉设备购置项目。总投资1000万元，推进产业融合发展，培育龙头企业，巩固拓展脱贫攻坚成果同乡村振兴有效衔接，增强企业竞争力，推进乳制品产业化进程，加快地方经济发展，年处理3100吨牦牛鲜奶，实现产值2500万元，提供45个就业岗位，带动项目区牧户1350户收益。

河南县雪多牦牛及欧拉羊精深加工项目。总投资250万元，扩大企业建设规模，增强企业辐射带动能力，构建完整的标准化牛羊肉精加工的产业链，解决牛羊肉精加工产品的市场竞争力，推动牛羊肉精加工产业健康发展。

河南县绿色有机牛羊肉加工仓储基地建设项目（一期）。总投资3516万元，主要是畜产品深加工与高科技产业发展，实现从初级加工到精细化加工的跨越，延长产业链，促进传统畜牧业向现代化和产业化畜牧业的转型，推动现代畜牧业的发展。

河南县易地扶贫搬迁后续产业发展开发项目。总投资100万元，主要内容是仪器设备购置，通过农畜产品生产加工企业，利用周边地区青稞，研发生产青稞黑啤和青稞红啤，改变畜产品单一的结构，年产精酿啤酒50吨。农产品地理标志建设项目，总投资340万元，为做好“国字号”地理标志农畜产品河曲马、苏呼欧拉羊、雪多牦牛的培育、宣传和推广工作，以召开论坛会、推介会等形式提升雪多牦牛、苏呼欧拉羊的知名度。

【产品开发创新】 为做好“延伸产业链，提升价值链，打造供应链”三大文章，加强与天津科技大学的合作，加速科研成果转化。建立河南县雪多牦牛欧拉羊高档冰鲜品和调理品科研实验室，

2022 年，启龙牧场生产的牦牛乳蛋白粉固体饮料

研发出牦牛胶原蛋白肽粉、黄菇蛋白粉、风味牦牛奶片和红黑青稞啤酒等 15 种新产品。

【招商引资与宣传】　持续推进绿色、有机、名优特新产品认证工作，连续 16 年通过有机再认证工作。"推行农业生产三品一标，壮大生态有机畜牧业"案例入选全国农业生产三品一标典型案例。招商引资签约 3 家，分别是青海扎西啤酒精酿有限公司、河南县良永力农牧科技有限责任公司、河南县蒙藏药开发专业合作社。

【企业入驻】　青海扎西啤酒精酿有限公司于 6 月入驻，项目总投资 600 万元。河南县良永力农牧科技有限责任公司于 8 月入驻，为 2022 年度招商引资企业，主要负责县活畜交易集散中心和青海三江牧场农牧科技有限公司运营管理，实现总产值 7534.93 万元。河南县蒙藏药开发专业合作社于 5 月入驻，项目总投资 1500 万元，为年度招商引资企业，占地 20 亩。

建筑业

【概况】　2022 年，全县建筑企业发展到 5 家，其中二级企业 2 家。建筑业总产值完成 17.5 亿元，增加值 7.5 亿元，实现利税 2.3 亿元。建设服务业实现产值 15 亿元，同比增长 11%，完成利税 2.3 亿元，同比增长 12%。房屋建筑施工面积 3.9 万平方米，房屋建筑竣工面积 1.65 万平方米，其中住宅面积 0.8 万平方米。

【建筑市场监管】　提高建筑市场监管力度，健全预拌混凝土行业的监管体系，完善日常检查和抽查相结合的质量监督检查制度，推行"双随机、一公开"检查方式和"互联网+监管"模式，落实监管责任。检查建筑用砂、石、水泥、粉煤灰、外加剂等原材料采购进货记录、使用记录、质量证明文件；原材料复检记录，混凝土出厂检验，试件留置、养护环境是否符合规范要求；有无违规使用不合格原材料等行为；混凝土配合比与设计配置强度及性能是否满足标准要求，是否按配合比进行生产；试验室是否按照要求配备相关人员；生产设备是否运行正常，是否按要求进行检定、校准等。执行建设项目基本程序，履行项目报建、招投标、施工许可等相关手续，对未批先建的将按相关法律法规对建设单位予以处罚，对项目施工、监理单位给予不良行为记录，并纳入信用管理平台进行扣分处罚。项目施工完成后，建设单位办理竣工验收备案手续。

【节能建筑企业】　推广绿色节能建筑材料，绿色建筑节能材料作为新型的建筑施工材料，在满足绿色发展理念的基础上，实现建筑能耗的降低，日常监管中严格把控施工项目原材料进场，如节能主墙体材料、节能外墙保温材料、节能门窗材料和其他节能材料等。围绕节能降耗目标任务，实施完成河南县农牧民居住条件改善项目，投资 1200 万元实施改造 600 户的外墙保温，新建围墙及暖廊、门窗等节能改造项目并完工；投资 3950 万元的河南县四期集中供热煤改电清洁能源供暖项目完成工程量的 30%。

【自建房安全隐患排查】　排查完成县城自建房 11568 处，其中经营性自建房 699 处，其他自建房 10869 处。经初判存在隐患房屋将聘请第三方鉴定机构进行评估鉴定，根据评估意见及方案采取整治措施。

商贸·旅游业

物 流

【概况】 2022年，河南县全面贯彻新发展理念，构建新发展格局，以渠道下沉为主线，以县、乡、村商业网络体系和农村物流配送“三点一线”为重点，加快补齐农村商业设施短板，健全县乡村物流配送体系，引导商贸流通企业转型升级，推动县域商业高质量发展。

【电子商务】 建成物流周转库1个、县级电子商务公共服务中心1个、县级电子商务物流配送中心1个、电子商务乡镇服务站5个、村级电商服务点18个，形成县、乡、村三级物流统一配送体系。依托2020年省商务厅下达的河南蒙古族自治县电商二期项目，打造河南电商2.0产业助农新模式，与青海报业发行物流有限公司合作，投资650万元组建河南县青清海农牧科技商贸有限公司，建设3000平方米标准化厂房，形成利益共享、风险共担、长效发展的运营新机制，研发的产品已通过SC认证。与河北、河南、四川、西北五省区、珠三角9个省市经销商签订总代理协议，与本来生活、国家电网、中国报业电商物流联盟形成销售意向，全国销售态势逐渐形成，3家河南县牦牦语牦牛肉连锁饺子馆相继在河南县、西宁市、同仁市落户开业。结合电子商务项目前端配置牦牛肉饺子、包子、卤煮系列三条生产线，后端配置电商线上销售和具有民族特色的饺子餐饮连锁，形成产（牧户）供（三江牧场屠宰）加（青清海公司）销（电商线上线下）紧密衔接的一、二、三产融合发展模式。电商发展以雪多牦牛肉系列为主，主要销售西冷牛排、青清海饺子、牦牛肉卤煮和当地农畜特产品，省内线上以青报商城、蒙旗电商、天猫、淘宝为主要销售平台，线下主要以党报生鲜配送，青清海商盟及各大商超为主，省外以各大报业平台为主，主销青海农特产品。线上交易金额1482.28万元，线下交易金额为137.28万元，合计1619.56万元。

【物流企业管理】 强化摸底排查，做到行业管理“零疏漏”。到辖区进行走访排摸，准确掌握寄递企业数量、经营规模、从业人员、运输车辆、经营状况等基本信息，逐一登记造册，实现分类管理。强化统一管理，规范监管到位。落实安全主体责任，明确收寄、分拣、仓储、运输、投递等各个环节责任人，进一步加强各环节安全防范措施，确保人人有责任，人人有压力，形成齐抓共管的格局，对县域内寄递网点企业进行“过堂式”检查，督促各网点严格按照“谁经营，谁负责”的原则，切实加强安全管理。强化宣传引导，风险管控到位。安排专人在寄递企业张贴实名查验登记和违禁物品图片等宣传资料，以醒目的标语及直观的图文，进一步强化对企业业主、从业人员及消费者群体的宣传，使其认同并自觉遵行；将寄递网点负责人、联络员加入微信群，不定期开展业务指导，宣讲寄递行业安全管理规定和治安防范要求，提高单位负责人、从业人员安全管理的主动性、规范性，并在群内实时通报工作情况，及时对网点违规情况进行经常性督促整改。

2022年河南县物流企业一览表

表13

序号	物流企业名称	所在位置	主管部门
1	邮政	县城	县工业商务和信息化局
2	顺丰	县城	县工业商务和信息化局
3	百世	县城	县工业商务和信息化局
4	极兔	县城	县工业商务和信息化局

续表13

序号	物流企业名称	所在位置	主管部门
5	驷巴达物流	县城	县工业商务和信息化局
6	宝利货运部	县城	县工业商务和信息化局
7	风顺物流	县城	县工业商务和信息化局
8	德达物流	县城	县工业商务和信息化局
9	联瑞物流	县城	县工业商务和信息化局

邮　政

【概况】　2022年，县邮政局坚持党建引领，发挥基层党支部战斗堡垒作用和党员先锋模范带头作用，以党建促管理、向管理要效益，推动党建、通信服务质量、生产经营等工作全面发展。

【主营业务】　邮政业务收入完成302.53万元，完成全年计划目标的100.01%，同比增长11.13%。其中代理金融业务收入完成132.29万元，完成年计划的104.17%，同比增长11.47%；寄递业务收入完成100.50万元，完成年计划的100.50%，同比增长11.41%；函件业务收入完成9.86万元，完成年计划的140.90%，同比增长87.68%；集邮收入完成16.04万元，完成年计划的160.43%，同比增长87.68%。

【金融业务】　落实分户管户，增强客户维护，对CRM（智能管理）系统内的客户按照“谁认识，谁认领”的原则，确保客户人人在维护、人人手中有客户，加强商铺走访，完善客户信息。组织员工分组跑市场、商铺、虫草客户、牛羊肉铺、工程老板等，增加基础客户，走访施工现场，为农民工开卡。代发农民工资，通过与同赛公路项目部沟通，项目部部分工人工资卡在分公司开户。实现基础客户与项目资金互为补充，促进余额稳步发展，狠抓网点转型，固化晨会流程，督导做好外拓、服务、揽收工作，通过比、学、赶、帮、超，提高员工的工作积极性，增强全员维护客户的能力。通过“领题破题”活动，促进余额发展。组织开展“VIP客户答谢活动”“抓鸡蛋、抓乒乓球、幸运大转盘、砸金蛋”等活动。利用卓越助手加大电话邀约力度，利用CRM系统邀约VIP及临界客户参加活动。电话邀约5822户，走访商铺累计1288户，揽收资金2296.10万元，新增手机银行475户，完成率105%，激活率88%，快捷绑卡484户，完成率80.67%。储蓄个人存款余额6066万元，新增681万元。

【寄递业务】　加强业务培训和服务礼仪演练，提高网点服务能

2022年3月28日，县邮政公司开展日常金融业务

力，减少客户排队时间。指定专人负责“上门揽收群”的管理，回应客户的用邮需求，提升客户体验。利用“邮乐购”线上平台，加强对“阿米雪”“绿草原”“静度水”等产品的宣传，通过线上线下相结合的模式，全年销售牛肉干、咖啡、矿泉水等产品200余件，解决小微企业销售难、物流难的问题，助力乡村振兴。寄递业务收入完成100.50万元，完成年计划目标的100.50%，绝对值0.50万元。

【安全投递】 加强“三项制度”的常态化检查，严把收寄质量关，做到实名收寄、收寄验视、过机安检“三个100%”，确保寄递渠道的安全。加强对机要邮件的全程管控，加强业务培训、规范作业流程、增设视频头等方式，实现机要邮件从邮车进局到入库、投递的全过程闭环管理，确保机要邮件万无一失。加强对投递员出归班管理，每天进行酒精测试，杜绝揽投员酒后驾驶，保证投递员的安全。定期组织全员开展防火防抢防盗演练，增强全员的安全意识和自我防护能力，提高全员的协同作战能力。

【普遍服务】 践行“人民邮政为人民”的服务宗旨，做到疫情防控和服务保障两不误，强化管理，狠抓落实，确保普遍服务提质达标。投递党报党刊，把党的声音、方针政策传递到乡村基层。推进“邮快合作”和“交邮合作”，贯彻落实州委州政府“快递进村”十项惠民工程，先后与顺丰、极兔签订“邮快合作协议”，解决民营企业快递末端“最后一公里”服务难的问题。推进“交邮合作”，经过多次与县工交局、公交公司沟通，通过试运行，开通4个乡镇网点的交邮合作路线，上下行邮件交公交车转运，交邮双方通过资源整合、数据共享，实现降本增效目的。

【助力疫情防控】 加强疫情防控的常态化管理，按照县疫情指挥部的要求，按频次要求做好全员核酸检测和疫苗接种工作。全员坚持“双码”、戴口罩、手套、测温登记，确保安全后上岗。坚持对办公室、营业网点、揽投部、食堂等重点场所，三个频次消杀。坚持对进出口邮件逐件消杀。营业网点严格执行“一米线”制度，引导客户遵守国家的疫情防控要求，自觉排队，防止交叉感染。严格落实疫情防控制度，全体员工中没有发生新冠确诊病例。全员15人，其中14人接种第三针疫苗，1人因身体原因尚未接种。

供销合作

【概况】 2022年，县供销合作社联合社坚持以发展经济壮大实力为核心，以服务“三农”为宗旨，夯实为“三农”服务的基础，以网络争项目，以项目争资金，提升供销社的形象和地位。全县供销服务平台购进总额达1294万元，其中从农业生产者购进的农产品总额达1294万元。供销服务平台销售总额达5041万元，其中商品销售额达5041万元，城镇消费品零售额和乡村消费品零售额分别达到4201万元、840万元。销售总额较2021年同比增长67.5%。

【供销社综合改革】 为促进供销合作社综合改革发展，建立具有生产、供销、信用“三位一体”服务功能的基层供销体系，调研明确黄南州原始生态畜牧业牧民专业合作社和河南县宝英塔拉游牧特产有限公司作为实施单位，制定实施方案。引导与支持专业合作社、供销社、龙头企业等加强畜产品流通、农资购销的联合与合作，整合资源、提升品牌，加快生产与销售、加工与贸易对接，促进农副产品联合营销工作。

【实地调研活动】 省供销联社监事会主任何世林，州供销联社监事会主任才让东周，县委常委、县政府副县长唐建珍到区快联厂房进行实地调研活动，理事会主任才让扎西陪同。调研结束后随即召开座谈会，深入分析与探讨供销超市建设工作中存在的困难，并提出指导性的建议意见。

【项目申报与建设】 实施2021年度供销事务发展专项资金项目1个，总投资65万元（其中自筹15万元），项目均完工。落实2022年供销事务发展专项资金项目1个，下达资金共20万元。以

2022年7月12日，省州供销合作社监事会一行实地察看区块链厂房建设进度

培育市场主体和品牌建设为契机，申报2023年省级供销事务发展专项资金项目，扶持带动农牧民专业合作社和企业、村级综合服务中心共11个。

烟草专卖

【概况】 2022年，县烟草专卖局（营销部）贯彻落实全省烟草和全州烟草工作会议精神，围绕年度工作目标任务，全员互助互进、合力有序，发挥精、细、实的工作要求，统筹推进卷烟经营、市场监管、安全管理等重点工作的有效落地，高质量完成年度各项工作任务。

【卷烟销售】 围绕卷烟销售任务目标，紧盯卷烟销售有利时机，降低疫情反复所带来的影响，实现卷烟销量1275.83箱，同比增长0.31%，完成全年任务的100.06%；实现含税销售收入4071.14万元，同比增长6.19%；实现单箱额31909.82元，同比增长5.86%；实现税额468.12万元，同比增长6.19%。坚持以市场为导向，以重点品牌培育为驱动，开展创意陈列比赛，引导客户拓宽品牌宽度，增加客户盈利点，促使消费升级、结构提升，实现重点骨干品牌销量1209.18箱，销量比重达到94.78%；实现创新品规104.49箱，销量比重达到8.19%。加强农牧网终端建设，建成现代终端客户32户，占总客户比重23.36%，达到预期目标，其中建成农牧网现代终端客户9户，占农牧网客户比重20.45%，实现云POS扫码销售。结合“我与客户共成长”工作，以如何提升自我、如何辅导客户、如何维护终端为切入点，多维度开展诚信互助小组活动，以“线上+线上”方式，开展零售户营销业务培训，提升辖区零售客户经营管理水平。

【专卖管理】 响应政府“放管服”要求，贯彻落实《烟草专卖许可证管理办法》，建立行政许可监管和责任追究机制，实行“简化办证流程、上门引导服务、现场受理”的一站式办证服务，有效提升许可证办理效率和客户服务水平。全年办理85项许可事项，包括新办16户，延续45户，恢复营业2户，注销6户，变更1户，停业8户，歇业7户。截至年底，辖区持有卷烟零售许可证的零售户共137户，包括优干宁镇93户、宁木特镇14户、赛尔龙乡9户、柯生乡14户、多松乡7户。

【内部专卖监督】 贯彻执行内部卷烟规范经营制度规定要求，紧盯卷烟经营八个重点环节，围绕异常线索排查、预警核查、案件调查、市场调研、定期检查等内容，开展日常监管工作，加强卷烟经营事前、事中、事后全过程监管，深化专销内协调联动机制，做好市场调研、价格明察暗访、定期检查等日常性工作，运用专卖内管信息平台，建立内部专卖管理长效机制，筑牢规范经营“红线”“底线”，实现内部专卖管理监督工作效能高质量发展，确保辖区卷烟市场平稳运行。

【卷烟市场监管】 全年查获20条案值10360元的假烟案件，完成万元以上涉烟违法案件目标，在目标任务基础上，查获169条案值3.4万余元的无证运输案件，深化与相关职能部门的联合协作，提升打假治非水平。严厉打击制

2022 年 3 月，县烟草专卖局（营销部）联合县公安局开展“清理整治向未成年人销售电子烟违法犯罪”专项行动

售假冒卷烟和无证运输烟草专卖品等涉烟违法犯罪活动，多措并举强化辖区卷烟市场监管力度，推进“春雷 4 号”、清理整治向未成年人销售电子烟、“铁拳 2 号”、茶烟等类烟产品和涉“军”字号假冒卷烟、“家族化、同乡化”、信用监管等专项工作。深入推进打假破网工作，联合县公安局、县市场监督管理局等部门开展执法活动 9 次，出动执法人员 47 人次，加强辖区卷烟市场监管的联合协作力度，建立长期稳定的信息共享渠道，发挥联合协作机制。

旅游业

【概况】 河南县地处藏区环绕之中，蒙古族先民进入河曲地区后，由于历史、地理、宗教、婚姻等因素，长期与当地藏族同胞和睦相处，友好往来，共同创造独特的文化艺术和民族贸易，是蒙藏文化融合最典型的地区。文化旅游资源类型丰富、品位高、存量大、特色浓，唯一性和不可复制性强，其中手工技艺、宗教文化、自然风光、民俗风情等资源尤为突出。有非遗项目 202 项，其中国家级 1 项、省级 6 项、州级 45 项、县级 150 项。非遗项目代表性传承人 128 人，其中省级非遗代表性传承人 1 人、州级非遗代表性传承人 35 人、县级非遗代表性传承人 92 人。民间工艺大师 12 人，设立传习中心 13 所，宣传展示点 8 家。有各种经营模式的文化企业近 30 家。2022 年，文化和旅游产业经营收入达到 1.07 亿元，旅游人数 62.64 万人，间接带动文化旅游从业人员 2152 人。

【旅游景区景点】 *双鱼湖景区。* 国家 AAA 级旅游景区，位于香扎寺南的黄河滩地上，湖水与黄河水有土坝相隔，面积约 8500 平方米，湖中心有一座小山将水分成两块，鸟瞰形似双鱼，湖上每年有许多珍禽来此栖息。枯水时湖中水潜流入黄河，丰水季节黄河水越过土坝灌入双鱼湖中独成一体。湖中心有一座平顶小山将湖水分隔成两部分，俯瞰形似两条首尾相绕的鲤鱼，故名为双鱼湖。这里的黄河，蜿蜒盘旋于柯生乡境内，当地居民称为“万里黄河第一弯”。

白螺湖景观。 白螺湖是国家 AAA 级旅游景区，白色海螺作为藏文化“吉祥八宝”之一，源远流长，相传释迦牟尼佛在鹿野苑初转法轮时，帝释天等将白色海螺献给佛祖。自此，白色海螺作为吉祥圆满的象征，被广大信众所尊奉。该湖取名“白螺湖”寓意吉祥、和谐、团结、和睦。白螺湖由东、西两部分组成，设人工湖 2 座，面积分别为 61600 平方米、33830 平方米，其形状类似椭圆形。人工湖湖堤高 2.2 米，湖底高程为 3515.3 米，堤顶高程为 3517.5 米，正常水深 1.0 米。设 5 条总长 945 米的钢筋混凝土栈道通向湖心，两座湖心岛上各有凉亭 1 座、亲水码头 2 座。岛与湖岸通过廊桥连接，五条蜿蜒曲折的廊桥分别从湖四周东、南、西、北四个方向汇集于湖心岛。四周建有混凝土铺设的环湖休闲游路，上设图案，临水面布置花岗岩护栏，外侧布置混凝土砌块，种植花草，体现绿色环保理念。西湖码头外圆环围绕中心大圆。四周及廊桥安装 LED 防水灯，既增强夜间照明的效果，又使整个布局更具现代气息、休闲氛围。

这里是全县居民休闲、游览、健身的水生态园。

黄河南历史文化博物馆。国家AAA级旅游景区，原馆址是“那达慕文化广场”。博物馆施工建设总投资5850万元，建设面积7737平方米。馆内展厅共分5个厅。一楼是自然资源展厅，展厅面积1709平方米。主要展示河南县丰富的河流资源、森林资源、草场资源、植物资源、药用植物资源、动物资源、旅游资源等。二楼是河南县成立60周年展厅，展厅面积1709平方米，展示河南县成立以来在民族团结、教育卫生、畜牧生产、文化发展、生态保护等各方面取得的成就。三楼是民俗文化展厅，展厅面积1709平方米，展示河南县蒙古族生活习俗、宗教习俗、婚嫁习俗等，已征集文物235件。四楼是历史文化展厅，展厅面积1709平方米，展示黄河南蒙古族从公元1253年至今的历史沿革，时间跨度长达700多年，藏品数量多，品位高、价值广，其中展示黄河南蒙古族历史文化的唐卡长卷长达300米，举世无双。五楼是供奉厅，展厅面积901平方米，展示河南县蒙古族的供奉习俗。

瀞度水源地工业景区。国家AAA级旅游景区，2011年年初，天津滨海聚成投资有限公司与青海省黄南藏族自治州河南蒙古族自治县政府签订招商引资协议，启动天然冰川活水项目。同年4月，青海聚能瀞度饮料股份有限公司正式成立，“瀞度”品牌由此诞生。为保证将最健康、最天然、最纯净、最生态的水源送到千家万户，政府特批300平方千米作为瀞度专享的水源保护区，也就是三江源瀞度水源保护区。这片保护区里生长着藏红花、高原雪菊、雪莲等280多种珍稀中草药。2013年，这里被中国民族卫生协会作为中草药示范基地。同年6月，中国首支水资源保护队“瀞度300平方千米水资源保护队”在这里正式成立。保护区达到二、三级围栏防护措施，实施24小时监控与巡查，保证水源保护区的安全无污染。游览观光线路为：观光走廊入口处—“问渠”木门处—“瀞榭”凉亭处—神泳泉石刻字旁—“源筑”木屋旁—长廊下多泉眼处—瀞度天然气泡水水源点玻璃房—瀞度天然矿泉水水源点玻璃房。

洮河源湿地公园（李恰如山风景区）。神山李恰如山是西倾山山脉的一大支脉，被誉为“不冻之河”的黄河一级支流洮河便发源于此，在洮河发源地有108个泉眼，泉水出而细流，流而成溪，继而成河，李恰如山远离污染区，发源地的洮河清澈碧绿，在穿过由虎头峰、狮头峰、熊头峰组成的犹如三足鼎立的峡谷时，水势汹涌，有的地方只有两三米宽，许多只在高原牧区生存的生物物种在两岸山峰中繁衍生长。李恰如山欧达哇天池被石山环绕，占地约1500平方米，池水清澈碧绿，每年有大量的白鹤、鸬鹚等珍禽在这里栖息。青海洮河源国家湿地公园，于2013年申报成立，它位于青海省黄南州河南蒙古族自治县赛尔龙乡中部，东邻甘肃省碌曲县，西接优干宁镇，南依托叶玛乡、柯生乡，背靠甘肃省夏河县。总面积383.93平方千米。湿地面积13820公顷，占公园总面积的36.00%。其中河流湿地（水域）面积1500公顷，占公园总面积的3.91%；沼泽湿地面积为12320公顷，占该公园总面积的32.09%。洮河源湿地是青藏高原高寒湿地生态系统的典型代表，洮河源湿地公园内野生动植物资源丰富，拥有高等植物324种，鸟类有125种，鱼类43种，国家级保护野生动物11种，为金雕、黑颈鹤、大天鹅等。省级重点保护野生动物藏马、普通鸬鹚、灰雁等25种。

圣湖、仙女洞景区（吉岗山风景区）。圣湖、仙女洞位于距河南县城45千米处的吉岗山北麓尕海滩上，平如明镜，蓝如宝石，深约1米，当地群众称之为“兰措”（意即“圣湖”）。在“圣湖”西北面有51个天然大溶洞，最大的洞位于吉岗山尼康沟。洞内大小溶洞众多，幽深奇特，神秘莫测，因与“圣湖”相毗，故被称为“仙女洞”。这一湖一洞合称圣湖、仙女洞，当地群众称之为“兰措尼康”。吉冈山距县城48千米，位于圣湖的南面，这里野生动植物种类丰富，濒临绝种的石羊、白唇鹿等珍稀野生动物在这里繁衍生息；野生草药资源种类繁多，可入药的约在300种以上。吉岗山也是历史名山，又是雪域佛教圣地之一，自古素有“千佛魂山”之称。

黄河大峡谷风景区。宁木特峡是黄河上游峡谷中最险峻的峡谷，两侧的高山被河水深切，山岩陡峭壁立，河中礁石丛生，跌水漩涡不断，急浪险滩相接。峡谷全长 60 千米，谷深 200 余米，河水落差近百米。

【旅游项目建设】 实施河南县蒙和生态草原文化观光体验旅游景区建设项目，建设旅游服务中心 1600 平方米及附属设施、生态停车场 2400 平方米及附属设施（含充电桩），连接道路 900 米、景区给排水管网 900 米及附属设施，项目总投资 1500 万元。实施河南县蒙藏医药康养中心项目，主要建设 4000 平方米的蒙藏医药康养中心及配套设施（游客接待点 1500 平方米、游客休息室 500 平方米、蒙藏药展示厅 500 平方米、生态停车场 1500 平方米），旅游道路 5 千米等配套基础设施，总投资 3000 万元。

【旅游宣传】 采用抖音、今日头条等宣传媒介，开展文旅宣传，发布抖音宣传短视频 62 篇。编辑整理 A 级旅游景区导游词 4 篇。制作“5 · 19”中国旅游日宣传美篇 1 篇。培养网络短视频蒙旗推荐官（蒙旗阿才）1 名。申报 1 个国家 AAA 级旅游景区（洮河源湿地公园），3 个三星级旅游接待点，省级旅游重点村 1 个（赛尔龙乡兰龙村）。选派干部参加黄南州导游讲解大赛。选派 10 家文化旅游企业参加黄南州美食大赛。

【旅游饭店与接待点】 有四星级旅游接待点 2 家，分别是天堂草原旅游发展有限公司、河南县阿木乎蒙藏传统餐饮文化发展有限公司。有三星级旅游接待点 3 家，分别是河南县巴音熬拉茶餐厅、河南县洮河之源传统文化旅游有限公司、河南县凯尔岱牧家乐旅游文化接待站。

【旅游线路】 *幸福蒙旗游牧文化风情体验两日游*。第一天行程为黄河南历史文化博物馆—乐乐玛牛羊毛手工编织体验—午餐（民族特色餐饮）—白螺湖—“那达慕”赛马场（游牧文化体验）—晚餐、住宿（游牧特色餐饮、夜宿蒙古包、欣赏美丽星空）。第二天行程为滁度矿泉水水源地—仙女湖—仙女洞—双鱼湖、香扎寺—午餐（品民族美食，感受民俗文化）—甘南州—九寨沟。

幸福蒙旗青海最美草原生态自驾游。行程为黄河南历史文化博物馆—白螺湖—腾格里赛马场（游牧文化体验）—午餐（民俗餐饮体验）—黄河南蒙古亲王府—黄河大峡谷—果洛州久治县/达日县。

幸福蒙旗寻根溯源探秘游。行程为白螺湖—腾格里赛马场（游牧文化体验）—午餐（民俗餐饮体验）—李恰如神山（探秘）—洮河源湿地公园（溯源）—甘南州。

【文化旅游市场执法】 对全县文旅经营单位进行检查，出动执法人员 1461 人次，检查文旅企业 660 家次。对检查中存在违规经营行为的相关文旅经营单位给予相应的行政处罚，加大对文娱经营者疫情防控落实情况的检查力度，及时检查并关停疫情防控措施落实不力的娱乐经营性场所和网吧各 1 家。

金融业

金融服务

【概况】 2022年，县金融工作办公室以全县经济工作为重点，奋力拼争、锐意进取，使河南县金融运行呈现平稳健康发展态势，银行业金融机构各项存款有所提升，保险业市场竞争明显，服务范围逐步拓展，地方信用体系建设和担保服务体系建设工作持续深入开展，金融结构进一步优化，服务水平进一步提升，促进全县经济社会平稳持续健康发展。

【金融风险排查】 加强各部门汇报沟通，逐条落实省金融监管条例要求，从体系建设、人员编制、机制创新等方面加强监管、化风险。落实完善金融风险清单，对全县金融领域风险情况进行全面系统的摸底排查，做到风险清、底数明，细化全县重大金融风险清单，根据风险变化情况对清单实施动态监测管理。落实风险处置第一责任单位，强化本地企业运行风险的监测预警，完善企业风险排查机制。加强重点领域风险排查，根据要求，经与三家银行进行非法集资及信贷潮排查工作，对金融风险开展核查，把握重点领域风险特征和分布情况，厘清风险传导链条，及时有效识别重大风险隐患，细化风险等级认定标准，分级分类分层次处置化解。完善并落实现场检查与非现场核查、定期检查与不定期抽查制度和监管评级、压力测试等手段，针对性开展重点领域金融风险检查，排查面临的潜在风险，制止金融机构经营中存在的高风险行为，金融机构结合金融风险清单进行自查，并建立重点企业风险整改清单。

【融资担保】 融资担保公司严格按照《融资担保公司监督管理条例》《金融企业财务规则》等规定，足额提取各项准备金，发挥准备金的风险缓冲功能。强化政府性融资担保公司内控机制建设，制定业务规范和管理标准，完善利益冲突回避、授权审批等制度，从源头上防范和化解代偿风险，提升风险防范能力。缓解融资担保公司代偿风险，优化政府性融资担保体系，建立健全对政府性融资担保公司资本金持续补充机制，加强资本管理，构建政、银、企担风险共担机制，增强服务能力，提升风险管理能力。加强与合作银行沟通，争取放大倍数，与其他银行联系，以增加新的合作银行，在保持全县范围担保的基础上，将业务范围扩展至各个乡村及临县，继续开展“三农”、小微企业、个人、创业等贷款担保，大力拓展消费类担保贷款，开发其他适宜的贷款担保业务新品种，扩大公司资本金，提高抗风险能力，严格执行会计制度，提取风险准备金，加强风险控制制度建设，增强融资担保公司在担保项目的风险审查和保后检查工作力度，提高风险控制的能力，持续向良性健康快速的方向发展。

【非法金融打击】 打击非法金融活动，开展非法金融业务清理活动，打击非法集资等各类违法违规行为，查处以财富管理、投资咨询等名义非法吸收公众存款的违法犯罪行为，整治金融乱象，处置非法金融活动的苗头性、倾向性问题，惩处各类无证经营金融业务行为，取缔非法金融机构、查处非法金融业务活动，遏制非法金融活动蔓延。监督管控，建立长效监管机制，严防债务风险，守住不发生区域性金融风险的底线。落实各项规定，完善监管长效机制，加大监管力度，防范政府性债务风险。强化自身建设，增强发现风险隐患、把握风险要害、研判风险走势、化解风险矛盾的能力，提升控制风险、化解风险的能力水平和工作实效。

【金融知识学习教育】 在财务培训中充实相关财政金融政策理论等内容，以加强财政金融知识和政策学习，学懂弄通财政金融的事理，加强全县财会人员金融风险教育，增强公众金融风险意识，树立“收益自享、风险自担”观念，提高风险识别防范能力。加大金融法律法规及政策宣传力度，增强公众法治观念，政府和宣传、网信、银行、保险等有关部门密切关注媒体、网络等渠道的社会舆论动向，加强政策解读及舆论引导，稳定金融市场信心，严禁歪曲报道和恶意炒作，防止不实报道引发过度恐慌从而加大风险化解难度，打造有利于维护地方金融市场秩序、优化区域发展环境的良好氛围。通过以《防范和处置非法集资条例》为主要内容的宣传，引导干部群众树立正确的投融资理念，保持清醒的头脑，提高自身的防诈防骗能力，增强风险防范意识，远离和抵制非法集资，维护金融市场和社会秩序稳定。

中国农业银行河南支行

【概况】 2022年，农行河南支行贯彻农行黄南分行党建与业务经营工作会议精神，牢牢把握稳中求进工作总基调，坚持新发展理念，以员工积分管理为抓手，坚持以人为本，提高员工业务素质，依据河南县经济社会发展，围绕确定的工作目标，稳步推进各项业务。

【存款业务】 各项存款余额5.15亿元，较年初减少7782.4万元。个人存款余额2.42亿元，比年初减少1048.4万元。对公存款余额2.72亿元，比年初减少6734万元。

【基础业务经营】 根据省分行2022年运营质量评比统计表，第一季度在全省47家一级支行网点运营质量竞赛中排列第28名，第二季度在全省一级支行网点运营质量竞赛中排列第30名，第三季度在全省一级支行网点运营质量竞赛中排列第38名，第四季度在全省一级支行网点运营质量竞赛中排第一名，运营质量稳步提升。在紧抓服务质量的同时加大线上产品推广力度，紧抓零售业务，全员营销手机银行、微信银行、企业网银等各类电子产品，利用智慧迎客系统，主抓厅堂营销，完成信用卡有效客户新增199户，完成率127.56%，新开立单位结算账户86户。引导消费分期，营销现金分期，促进分期业务全面发展。发展消息服务，开展交叉营销，扩大消息服务渗透率，提升收入贡献度，提高内控管理水平，防范和规避经营风险。

【支持畜牧业发展】 支持河南县畜牧业发展作为服务“三农”和乡村振兴的重要工作，以河南县打造绿色有机农畜产品示范县为契机，因地制宜创新乡村活畜贷金融产品，创新推出的“乡村振兴有机畜牧贷”作为支持乡村振兴的利器，打造信贷支农、兴农的特色信贷品牌。以活体牲畜等生物资产作抵押，有效解决当地养殖企业（户）融资难、担保难的问题，坚持以“服务到位、风险可控、可持续发展”的原则，对辖区畜牧业养殖企业和养殖农户做到应贷尽贷，提供高质量金融服务，为金融支持和促进畜牧业发展提供广阔的发展空间。对牦牛养殖的小微企业及专业大户、家庭农场、农民专业合作等经营主体争取全覆盖，对养殖羊和猪的小微企业及专业大户、家庭农场、农民专业合作等经营主体在取得成熟经验的基础上推广实施。

2022年6月20日，县农行活畜贷款调查及打耳标现场

【农村信用体系建设】 按照“由近及远、先易后难”的原则，有选择、有重点地开展包村活动。对村“两委”、乡村教师、村医、家庭农场、农业合作社社员以及各种生产经营户全面建档，做好整村推进。加强与政府的合作，通过“支行+政府发文”形式，把深耕乡村市场、农户建档工作

融入当地乡村振兴战略，联合政府推进。采取“网点+乡镇会议”模式，联合召开行政村负责人参加的农户信息建档宣讲会，明确政府支持配合事项、建档工作安排等。通过“建档小分队+村委”联动，发动村委在提供村民清单、组织村民评议、入户采集信息等方面提供支持，推进农户信息建档提质增效。

【乡村振兴服务渠道建设】 强化县域“网点+自助银行+惠农通工程+互联网金融+流动服务”“五位一体”渠道建设。做好“金穗惠农通”提质增效工作，以搭建支付平台、形成支付体系、创造支付环境为目标，与税务部门对接，实现在惠农通服务点代缴养老、医保、党费、学费等项目，指导农牧户在惠农通申贷、办贷、还款，使广大农牧民足不出村就能办理金融业务，将惠农通打造成综合性的基础金融服务平台。

青海河南农村商业银行

【概况】 2022年，青海河南农村商业银行股份有限公司（以下简称“河南农商银行”）始终坚持以习近平新时代中国特色社会主义思想为指引，围绕省联社党委和县委、县政府各项决策部署和具体工作安排，坚持金融工作的政治性和人民性，坚持聚焦主责主业、扎根县域，充分发挥

2022年7月26日，青海河南农村商业银行工作人员在社区宣传消费者权益保护、反假币等相关知识

“农村金融主力军、地方金融排头兵、普惠金融领跑者、乡村振兴领头雁”作用，主动融入县域经济发展大局，聚焦乡村特色产业培育提升、做强有机畜牧产业、做活文旅融合产业等重点领域，让金融服务跟着产业主体走，跟着社会治理需求走，将信贷资金配置到县域经济“增长引擎”上，在为县域经济高质量发展提供强有力金融支撑的同时，自身业务经营发展风险防控等各方面取得一定成效。

【业务发展】 各项存款余额8.99亿余元，较年初减少8681.70万元。各项贷款余额10.08亿元，较年初增加4602.56万元，其中涉农贷款余额9.86亿元，较年初增加6979.75万元。信用贷款余额5.33亿元，用信户数5037户，用信率68.29%，用信率较年初增加8.95个百分点。

【电子银行服务】 截至年底，收单业务交易金额为3.51亿元，手机银行新增户2569户，手机银行月活跃度56.11%；手机号码支付新增户2978户，交易金额177.24万元；聚合支付新增开户565户，年内聚合支付活跃度91.43%，聚合支付交易金额3.38亿元。

【社保卡推广】 丰富惠农金融服务点的业务功能，让农牧民在家门口享受金融、政策获取、便民服务等各项服务，切实打通金融服务的“最后一公里”。发放“一卡通”为载体的社保卡37740张，布放POS机58台，安装ATM、智能柜员机等自助设备19台，布放惠农服务点29个，开办手机银行10112户。

【信用体系建设】 按照“整村推进、逐户评定、颁证授信、提质扩面、全面服务”的工作思路，信用乡、村评定率达到

100%，农牧户信用户评定率94.26%，信用贷款余额5.33亿元，惠及农牧户4629户，利用“信e贷”线上平台，建立信用评定电子档案6889户，通过线上系统发放贷款余额4.44亿元，惠及农牧户4086户，线上贷款用信率为87.60%。

【双基联动】 集中“双基联动办公室”联动优势，在乡镇、村委建立联动机制，充实金融组织员、金融协办员、金融联络员队伍，累计创建“双基联动办公室”44个、双挂人员55人，双基联动贷款余额7.03亿元，惠及农牧户5850户，发挥“金融村官”“村民行长”触角作用。通过开展“党建+整村授信”“党建+双基联动”“党建+乡村振兴”等，将党建魂融入业务发展中，以根据县域实际研发的乡村振兴特色产品为着力点，“贷”动强县事业，“贷”动乡村振兴事业。

【绿色金融体系建设】 秉承持续发展理念，加快信贷结构调整优化，围绕县域“生态文明建设示范县”“绿水青山就是金山银山”实践创新基地建设，在战略上重视绿色金融，创新绿色金融产品，向优质绿色项目、绿色产业倾斜，为实现“畜牧业强县”贡献金融力量。绿色信贷余额7.34亿元，绿色信贷覆盖率73.25%，并于1月27日率先在州域内成立首家绿色支行，该支行绿色信贷覆盖面达到98%。

【金融支持乡村振兴】 打造“乡村振兴”主力军，在“党建+金融”理念的引领下，坚持支农支小的发展战略，通过开展“党建+”模式，将党建魂融入业务发展，以县域乡村振兴特色产品为着力点，持续拓展金融服务能力和水平。加大对“三农”、“小微”、个体工商户、单位职工等县域客户群体的信贷投放，紧扣地方发展总体安排，主动适应市场和城乡群众信贷需求，拓宽业务的领域，为县域各类产业提供更优质的融资服务，深度融入金融服务乡村振兴战略、加大对新型农牧业经营主体支持力度、拓展延伸信用体系创评范围、线上线下协同加快信贷产品创新，全年累计创新乡村振兴类信贷产品4项，开办住房公积金委托贷款业务，持续助力县域信贷资金需求。

【支持中小微企业】 坚守本土本职本责，助推特色产业奋力作为，服务好“六稳”“六保”工作，聚焦小微企业，抓好新型农业经营主体、小微企业、个体工商户对接，开展走访评定工作，评定信用户69户，投放小微企业贷款3162万元，企业类贷款余额1.03亿元，其中累计发放复工复产贷款35笔，授信金额2501万元，支持小微企业办理延期还款的小微企业5笔、金额1617万元，办理调整还款计划4笔，金额392万元，办理续贷2笔、金额1125万元，展期1笔、金额120万元，并开展“惠民暖企”“复工复产”工作、制定符合县域的稳定经济大盘10条措施，发挥金融在援企稳岗方面的支撑保障作用，有效满足小微企业对金融服务的综合需求。

【金融产品创新】 为满足客户多元化信贷需求。坚持创新产品种类，根据当地资源禀赋和特色产业优势，以农牧业产业化龙头企业、专业农牧大户、牧民专业合作社等新型经营主体，特色高产高效农牧业、精细绿色农牧业，优化服务体系，创新信贷新产品，全年累计创新乡村振兴类信贷产品4项，疫情保供贷、新型经营主体信用贷、新市民贷等共计7项信贷产品，推动涉农贷款逐步增长，截至年底，累计发放涉农贷款5.83亿元。

【内控与风险管控】 加强信用风险处置化解工作力度，全面掌握不良贷款及潜在风险贷款现状，因地制宜灵活运用各类清收处置手段，梳理归类不良贷款攻坚清单及化险路线图，按照“依法清收一批、盘活一批、市场化处置一批、核销一批”的思路以及“一户一策”原则，制定不良贷款压降专项方案，加大不良贷款清收处置力度。持续加大储蓄存款的营销力度，增加长期稳定资金来源，改善资产负债期限结构，持续优化存贷比指标，提高流动性风险防控能力，扎实开展案件防控治理工作，聚焦新四大领域整治工作开展“回头看”，着力形成分工明确、协调有序的案防常态化工作新格局。依照发现问题整改长效机制管理办法，确保问题整改持续“走深、走细、走实”，通过审计+纪检+条线督导，从源头上有效杜绝违规操作问题发生。加强各业务条线之间的沟通和联系，畅通审计成果转化使用渠道，推动审计服务发展的工作目标。

【疫情防控服务】 根据县域实际情况，全面做好疫情防控和金融服务工作，将业务连续性作为稳健发展的根基，进一步优化完善疫情防控应急预案，快速整合推出线上金融服务，坚持用实际行动诠释责任与担当。疫情防控期间，党员干部职工到社区报到志愿出勤100余次，并获评县域“疫情防控志愿服务先进集体”。

中国人民财产保险股份有限公司河南支公司

【概况】 2022年，中国人民财产保险股份有限公司河南支公司坚持发展与人民群众生活息息相关的“三农”保险，推动中央惠农政策落地生根，扩大农业保险覆盖面，推进政策性农险发展，为广大农牧民提供保险保障，助力乡村振兴战略实施，做到“政府满意、农户满意、社会满意”，服务范围遍及全部乡镇、村社，构建线上线下结合的“三农”服务网络，为分散河南县农业生产风险、保障农民生产经营做出重要贡献，培养锻炼一支扎根农村、服务“三农”的人才队伍，覆盖全县各个村社，保障社会经济发展。

2022年6月5日，农险主管在宁木特镇查勘

【业务发展】 全险种保费收入5603.83万元，车险保费收入565.47万元，商非保费收入215.29万元，政策性保费收入4823.07万元，上缴利税218万元。支付赔款4137.58万元，其中车险支付赔款211.14万元，商业非车险支付赔款131.88万元，处理农险赔案24956件，直接赔款3794.55万元。

【保险扶贫】 落实县委、县政府金融助力防贫返贫工作部署，对接保险扶贫要求，把产业扶贫、就业扶贫、教育扶贫等作为主攻方向，开展“益农保”保险发挥保险功能作用，以“农险、综合保险、联点”等内容为依托，构建“N+扶贫”模式，推进公司整体扶贫工作。做好社会民生服务类农房保险、老年人意外险的承保工作，承保全县农房保险3668户，提供风险保障7768万元，承保老年人意外险2409人，提供风险保障2.9亿元，自觉承担责任使命，主动服务一线脱贫工作，开办驻村第一书记干部类保险，为基层一线扶贫干部保驾护航。

【风险防控】 把防范化解金融风险作为发展基石，树立合规经营的底线思维，强化对风险的刚性控制。落实上级公司、银保监局风险排查工作要求，开展“保险业案件防控专项治理、车险业务重点风险排查”等各类风险排查工作，对公司案件处置风险、反洗钱风险、非法集资风险、保险欺诈风险、资金管控风险、单证管理风险、印章管理风险进行排查，控制经营风险。

城镇建设·乡村振兴

住房与城乡建设

【概况】 2022年，县住建局统筹疫情防控和城乡建设，围绕打赢“三大攻坚战”、加快建设具有较强吸纳集聚能力和重要影响力的城市这一目标任务，攻坚克难，担当作为，全面提升城镇综合承载能力，推进城乡建设绿色发展、城市品质提升、农村人居环境改善和民生实事落实。

【城镇风貌规划】 强化规划引领作用，推进城镇风貌改造。以城镇总规为基础，筹措资金，开展优干宁镇、宁木特镇、赛尔龙乡、柯生乡、多松乡风貌规划编制工作，以风貌规划为依据，申报落实柯生乡、赛尔龙乡、多松乡道路整治项目，县城老城区基础上实施补短板工程，实施县城迎宾大道、各乡镇外立面改造，改善风貌现状；完成县城及乡镇风貌规划编制工作初稿，加快推进风貌规划审批，加大建成区房屋建筑风貌设计审批指导力度。

【城乡建设项目】 全力以赴抓项目，促投资稳经济，全县住建领域新建续建项目40项，总投资4.98亿元，计划完成投资3.4亿元，年度完成投资3.04亿元。其中发改口下达项目22项，投资3.15亿元；住建口下达实施项目4大类（美丽城镇、美丽乡村、居住条件、县级资金）7项，投资0.45亿元；天津援建下达实施项目7项，投资0.29亿元；债券资金下达实施项目4项，投资1.09亿元。

【城市居民住房保障】 组织保障房的日常管理工作，将年初清退出的保障房进行分配，分配工作按照《河南县公共租赁住房管理办法（试行）》《河南县干部周转房管理办法（试行）》，通过公租房管理信息系统，审核申请人的住房、车辆等资产，审核结果予以公示，按申请时间顺序依次抓阄分配，优先解决低保户、新就业外来干部职工住房困难问题。加强保障性住房管理，开展干部周转房、保障性住房违规转租转借问题排查整治3次，分配入住184套。城镇低收入家庭69户四个季度发放租赁补贴资金20.28万元，并投入保障房维修维护资金33万元，对保障房小区（泽慧小区、东格尔小区、聚福苑小区、蒙鑫苑小区）进行维修维护。

【污水与垃圾处理设施】 污水处理厂位于优干宁镇阿柔路，泽曲河北岸。污水厂占地面积为15998平方米，建筑面积为2198平方米，污水处理厂设计日规模为3000吨/日，近期日处理污水为3000吨，处理率达到86%以上，远期预留处理规模为6000吨。自投入运行以来河南县污水处理厂运行状况稳定，各项污染物排放因子均达到标准，排放运行以来未出现过重大环境污染事故，城镇污水集中处理率达69%以上。河南县第二生活垃圾填埋场及环卫设施建设项目，总投资为4932万元，位于县城优干宁镇泽雄村，建设年限为2019—2020年，建设规模为日处理生活垃圾34.83吨，总库容35万立方米。设计年限为15年，设计运营服务年限13年。服务范围：垃圾场填埋场处理县城区（优干宁镇、托叶玛乡）的生活垃圾之外同时处理宁木特镇、赛尔龙乡、多松乡5个乡镇的生活垃圾。填埋场生活垃圾采取防渗、覆土、压实等无害化处理措施，垃圾产生量为2.67万吨、处理量为2.58万吨，无害化处理率为96.7%。

【城建档案管理】 为能更好地保存各类文件档案，向县档案局移交档案共58盒、1836件，其中2020年9盒425件、2019年7盒375件、2018年8盒286件、2017年9盒381件、2016年5盒47件、2015年4盒64件、2014年4盒39件、2013年4盒60件、2012年4盒125件、2011年3盒32件、2010年2盒7件、2009年1盒1件、2008年2盒22件及2003年1盒4件，工程项目资料自行管理和保存。

【物业管理】 入驻3家物业管理服务公司，负责管理的小区10个2910户，建筑面积217641平方米。为规范物业服务小区安全生产工作，排查物业管理小区消防、供电、供排水、供暖等环节，落实安全隐患排查整治工作，建立物业管理长效机制。抓好住宅小区物业管理改革，加快智慧小区建设，提升物业服务管理质量。为加快推进“智慧小区”建设工作，提高住宅小区治安防控体系建设智能化水平，县委政法委牵头，安排部署由蒙晟物业公司实施，在幸福家园小区智能安防建设为切入点，推动全县智能小区建设，探索建立“2+2+X”智慧管理模式，即楼长小组和业主委员会+物业公司和业主代表+反应事项涉及的主管部门，早日实现智能小区全覆盖。

2022年9月8—10日，开展中秋、国庆期间建筑领域安全生产及防疫防汛专项大检查

【工程质量管理】 以住建部颁布的质量安全检查标准为依据，通过质监站例行检查巡查及政府购买第三方技术服务的方式，开展日常检查次数为19次，第三方服务公司江豪监理对在建项目开展2次全覆盖检查工作，检查项目90余项，下发整改通知书32份，停工整改通知书9份，约谈10个项目的施工、监理单位责任主体，处罚3家施工单位，1家监理单位。通过检查发现诸多问题，并现场对问题成因及解决办法进行技术指导，形成书面整改方案。在通报会议中详细解剖施工现场发现的问题难点、要点和普遍性问题。要求各参建单位及时组织人员整改消除质量安全隐患，督促各项目参建单位落实主体责任，逐条整改质量安全隐患。

【安全生产管理】 县住建局吸取全国各地事故经验教训，树立安全生产红线意识和底线思维，分析研判全县建筑工程、市政设施安全运行、自建房等领域安全生产工作面临的严峻形势，专题研究，举一反三，组织人员排查各领域重大安全风险隐患，抓好安全生产隐患整治，落实安全生产责任，安全生产工作领域未发生安全事故，安全生产保持稳中向好的态势。城镇燃气安全生产工作方面，有1家液化气供应站，主要设备有2台液化石油气储罐，1台残液罐，1台压缩机，3台充装称等。开展安全检查7次，下发隐患限期整改通知书2份，发现问题全部整改完成。组织液化气站开展安全生产演练3次，取得较好效果。第一次全国自然灾害综合风险普查工作方面，完成房屋建筑和市政设施外业调查工作，其中房屋建筑调查图斑37297个，完成率100%；市政设施调查，市政桥梁完成调查9座，完成率100%；市政道路完成调查44条，完成率100%；完成三次软件质检任务，房屋建筑和市政设施质检合格率均100%。住建领域自然灾害排查工作方面，开展自然灾害隐患大排查大整治行动，组织质监站、城管执法大队重点排查临坡建房、工程深基坑、市政道路低洼积水点及在建工程临时设施位于山体滑坡、泥石流等地质灾害易发区域，经排查未发现自然灾害重大安全隐患。排查道路塌陷、雨水篦子堵塞、井盖缺失破损等隐患，对排查出的安全隐患问题整改，确保各项领域安全生产工作平稳有序推进。安全生产工作宣传方面，开展全国“安全生产月”和“安全生产万里行”活动，做好建筑领域安全生产工作，组织人员在成吉思汗广场和建筑工地发放宣传手册，讲解安全生产、农牧区自建房基本知识、瓶装液化气安全使用等知识，利用展板、横幅等多种形式宣传安全生产，发放藏语、汉语宣传手册500余份。

城市管理

【概况】 2022年，河南县在城市管理方面细化、量化工作目标和措施，将工作内容拓展到市容环卫、道路设施、园林绿化、环保卫生等多个方面，与各单位进行联系，协同履行各自职责，促进城市管理方式的深刻变革和城市管理手段的创新，提高城市管理工作效率和服务水平。

【市政公用设施管理】 城管执法人员严格落实城市管理执法职责，通过日常巡查、专项执法检查等方式，维护市政公用设施，确保市政公用设施安全运行。组织城管执法队员采取步行巡街方式对城区主次干道进行拉网式排查，重点排查道路塌陷破损、雨水篦子堵塞、户外广告破损、城区工地围墙、井盖缺失破损、低洼点进行巡逻，加强市政井盖、道路、户外广告设施、路灯、垃圾填埋场等设施的巡查和维护，排查城市管理领域隐患，消除事故隐患，保障市民出行安全。

【城市供水供热】 解决城镇供水水质标准不高、供水能力不足等问题，争取落实河南县供水厂提标改造建设项目，项目总投资1300.88万元，处理水量规模5000立方米每天。设计年限2030年，供水人口约3.8万人，供水普及率达100%，供水水质满足《生活饮用水卫生标准》（GB 5749—2006）标准，项目于8月建成投运，运行状况良好。推进河南县的城乡一体化进程，提高县城供水保障率，解决居民安全饮水问题，推进民族地区和谐稳定、长治久安。集中供暖一期、二期、三期平稳运行，申报落实集中供暖四期、五期清洁能源供暖项目，完成招标。

【市容环境卫生】 加大生活垃圾清扫清运力度，对责任区的垃圾箱清掏清运，形成责任机制，各路段落实每一组环卫工，确保生活垃圾日产日清。以“清垃圾、强监管、保洁净”为工作目标，加大生活垃圾清扫清运力度，落实环卫工包片制度，确保生活垃圾日产日清，加强“门前四包”责任制，与沿街商户签订“门前四包”藏语、汉语责任书800余份。开展环境卫生专项整治行动，共130余名干部职工对县城区主次干道商业街区、公园广场、景区、市场等重点区域清扫，以及对绿化带内、建筑工地周边、背街小巷等区域的卫生死角进行清理工作。加强城区公厕管理，建立健全城镇公厕规章制度，明确公厕管理相关制度和作业规范，增加保洁频率、加强清洗消毒次数、强化设施维护，并增设公厕指引标牌，确保公厕正常开放运行。加强垃圾处理工作，处理生活垃圾2.1万吨，无害化处理率达96.7%。

【园林绿化】 组织环卫工人到各主次干道沿线绿化带，排查绿化带卫生死角，坚持“发现一处、清理一处”的原则，使用扫帚、夹钳等工具对绿化带内的落叶、枯枝、塑料袋、烟头等垃圾杂物进行清理清运，做到无死角、无堆积。

【城市防汛】 做实做细城市内

2022年8月28日，工作人员在和硕特南路与朗姆兰措路十字疏通雨水管网

涝防治工作，制定《河南县住房和城乡设局2022年防汛防洪安全应急预案》《河南县住房和城乡建设局2022年城市内涝排险工作应急方案》，成立以局党组书记、局长才配为组长的防汛工作领导小组，下设防汛工作领导小组办公室，加强对防汛工作的组织领导。成立城市内涝排险工作组，从住建系统各科室共抽调42名职工（男性），负责城区除涝排水、道路清障工作和城区市政设施、环卫设施、绿化设施的排涝安全；城乡房屋建筑抗风雨及安全防洪排涝抢险工作；城乡工程建设施工现场的安全防洪排涝抢险工作；城区市政设施、环卫设施及绿化设施灾后恢复重建工作以及住建局所承担重点项目施工建设现场的排涝工作。成立环卫责任片区城市内涝抢险队伍，以环卫责任片区共分8个小组、53名环卫工人，负责责任片区内雨水井疏通、雨后清淤工作。清理疏通下水管道35处、约1750余米，清理雨水井126个，修补沥青路面7处。

【市容环境综合整治】 开展施工工地扬尘污染整治行动，开展专项检查6次，责令整改9家建筑施工工地，未发生建筑工地环境扬尘污染问题。执法队员采取宣传教育、规劝引导的方式，督促摊主合理开展经营活动，劝导其依法规范经营，将占道经营物品收回店内，清除道路交通隐患，维护城市市容及道路秩序。加大排查力度依法拆除违规户外广告、立柱广告；依法拆除未经审批设置的各类墙面户外广告；依法拆除各类违规占用城市道路（绿化带）设置的广告牌、指示牌、标志牌等广告；依法拆除陈旧破损的门市招牌；全面清理临街建筑物立面和公用设施上乱张贴、乱涂写的“牛皮癣”广告，并实现长效保洁；加大对非法小广告的查处、打击力度；依法拆除擅自设置在人行道、广场、店面前的揽客牌匾，落地占道摆放的灯箱（广告牌），过街无相关横幅。取缔主次干道、广场、校园周边等重点区域的出店经营、占道售卖、占道促销、占道修车、占道洗车、占道加工作业、以街为市、乱摆乱放、乱扯乱挂、散发传单、以车为市贩卖果蔬、广场内儿童游乐设施及农贸市场摊点外溢、城区活禽交易宰杀行为，依法拆除城区临街门市非法占道的各类撑杆搭棚，临街店面设置的焊接式钢架棚，遮阳（雨）棚（伞）、移动布棚、煨桑台等。精细化城市管理，开展城区街道占道经营整治行动，整治主次街道占道经营乱象，确保道路安全畅通，整治城区各街道占道经营、乱摆乱放172处，机动车辆违规停放整治106次，清理户外广告牌63处。

乡村振兴

【概况】 2022年，县乡村振兴局始终把巩固拓展脱贫攻坚成果同乡村振兴有效衔接工作作为全县工作的重中之重，围绕“产业兴旺、生态宜居、乡风文明、治理有效、生活富裕”的总要求，以乡村振兴“八大行动”为抓手，以增加牧民群众收入为核心，以壮大村集体经济为突破口，以推进农村环境综合整治为着力点，全面推进有效衔接各项任务落实，促进畜牧业发展、牧民增收，乡村振兴工作取得成效，牧民群众的满意度和幸福感不断增强。

【主体责任落实】 定期召开县

2022年3月10日，县委农村牧区暨乡村振兴会议召开

委农村牧区（乡村振兴）工作领导小组会议，始终把防止规模性返贫和做好巩固拓展脱贫攻坚成果同乡村振兴有效衔接作为头等大事和最紧迫的任务来抓，在巩固、拓展、衔接上下功夫、求实效，接续推进乡村全面振兴，召开领导小组会议8次、工作推进会8次。

【工作举措】 贯彻落实相关政策文件、会议精神，通过以会代训的方式，强化思想认识，提高政策知晓率。邀请省、乡村振兴局多名专家到河南县授课，成功举办县委理论学习中心组乡村振兴专题培训、防止返贫动态监测和帮扶工作业务培训、乡村振兴业务知识培训等4次专题培训会，受训600人次。为全面提升驻村第一书记和工作队员实战能力，举办2期驻村第一书记和工作队员能力提升网络培训班，培训108人次。编印《巩固拓展脱贫攻坚成果同乡村振兴有效衔接政策汇编》300余册，制作民情日记本1200余本，并发放乡村振兴领导小组成员、各乡镇、驻村第一书记、驻村工作队各1册。印发《河南县巩固拓展脱贫攻坚同乡村振兴有效衔接百问百答知识手册》《河南县巩固拓展脱贫攻坚同乡村振兴有效衔接应知应会手册》口袋书2000余本，加大宣传覆盖面。召开问题整改工作动员部署会，详细安排部署整改工作，制定印发《河南县有效衔接重点任务推进及问题整改工作方案》《河南县2021年度国家巩固拓展脱贫攻坚同乡村振兴有效衔接考核评估反馈问题整改工作方案》，先后4次召开问题整改推进和整改情况“回头看”会议，对反馈问题整改工作提出具体工作要求，坚持“举一反三”，压实工作责任，建立整改台账。各类反馈问题22项，完成整改任务。

【防贫动态监测和帮扶机制】 全面落实“2411”防返贫动态监测和帮扶机制，制定印发《河南县脱贫不稳定户与边缘易致贫人口防止返贫监测预警和动态帮扶机制的方案》《河南县防止返贫动态监测工作联席会议制度》，明确工作目标、对象界定、预警流程、动态帮扶措施、工作要求及各相关单位工作职责等，并通过中央和省委“1号文件”宣讲，详细宣传防止返贫动态监测相关内容。根据《青海省2022年度防止返贫监测帮扶集中排查工作方案》，组织各乡镇对监测对象开展集中排查，通过召开联席会议3次，开展集中排查2次，排查10327户39835人。截至年底，全县“三类人员”共125户437人，其中新纳入严重突发困难户4户17人。110户396人通过临时救助、安排公益性岗位、纳入低保等方式完成风险消除，剩余15户41人因整户无劳动力、因学、因病等暂时未消除。

【巩固“两不愁三保障”成果】 突出核心指标强保障，教育方面：巩固义务教育控辍保学成果，全面落实低收入家庭学生教育帮扶机制，进一步提升控辍保学工作质量，全县无因贫辍学学生。年内安排“雨露计划”助学补助资金110万元，完成对236名大学生和中高等职校生的助学补助发放工作。医疗保障方面：实施对全县建档立卡贫困人群医疗费用“一站式结算”“先诊疗后付费”等政策，医保脱贫人口数共计5872人（其中11人死亡，1人参军），实际参加基本医疗保险5860人，参保率100%。健全社会保障体系，建档立卡脱贫户医疗保险参保率达100%，政策享受率达100%，城乡居民和稳定脱贫户住院报销率达80%，特困人员、农村低保对象、易返贫致贫人口报销比例达90%；家庭医生、重点人群签约率达均100%；各村卫生室医务人员持证上岗率达100%，常用药品配备实现全覆盖。安全饮水方面：深入基层，结合牧区短板和牧民需求，投资1877万元，新建机井176眼，新建50吨蓄水池6座及饮水管网配套建设项目，有效解决河南县四乡二镇402户4167人、41016头（只）牲畜饮水安全问题。交通方面：投资1930万元修建通村砂路67.64千米，新建涵洞47道、桥梁1座，有效解决群众出行困难的问题，全面实现“村村通公路”的目标。安全住房方面：完成农村牧区和城镇房屋安全隐患排查7322户，经鉴定实际存在安全风险房屋164户，申报实施农牧民抗震改造54户并全部完工。供电方面：投资3150万元，对宁木特镇周龙村、宁木特村浪琴村等12个村995户村大电网进行改造。金融帮扶方面：衔接金融机构开展金融帮扶工作，累计发放小额信贷652笔，贷款金额2073.2万元，贴息金额144.53万元；合作社贷款累计发放42笔，贷款金额8430万元，贴息金额338.13万元。

【扶贫项目资产管理】　成立县扶贫资产清查评估工作领导小组，制定资产清查评估工作方案，对全县2013—2020年的专项扶贫资金及产业扶贫项目资产进行清查。出具资产清查评估报告314份，完成资产确权，资产移交给各乡镇和各行业部门。资产移交后，按照属地管理的原则，发挥各乡镇和各行业主体责任，确保各移交资产得到更好的运行和管护。继续发挥帮扶车间（工坊）的带贫益贫作用，安排116万元补助优秀帮扶车间（工坊）5家。

美丽乡村建设

【概况】　2022年，河南县围绕"生产发展、生活宽裕、乡风文明、村容整洁、管理民主"的二十字方针要求，始终践行生态文明理念，尊重自然，顺应自然，保护自然，环境卫生综合整治，全面提升生态环境质量，结合畜牧业县情发展实际，坚持牧业牧区优先发展，建立健全城乡融合发展体制机制和政策体系，统筹推进牧区经济建设、政治建设、文化建设、社会建设、生态文明建设和党的建设，加快推进社会主义新农村建设，加快推进乡村治理体系和治理能力现代化，加快推进牧业牧区现代化，走中国特色社会主义乡村振兴道路，全面贯彻落实党的各项惠农政策，让畜牧业成为有奔头的产业，让牧民成为有吸引力的职业，让牧区成为安居乐业的美丽家园。

【村庄规划】　坚持规划先行，编制完成"多规合一"村庄规划4个、乡镇1个，实施39个行政村村庄规划，实现村庄规划全覆盖。加快实施宁木特镇高原美丽城镇建设，推动4个高原美丽乡村和600户牧民居住条件改善工程建设，确保美丽乡村建设取得新成效。

【乡村人才建设】　做好稳岗就业，组织开展"春风行动""就业援助月"等大型公共就业和人才服务活动，开展专项招聘活动4场，招聘岗位130余个。坚持外出务工和就近就业"两路并进"，完成脱贫户和易返贫致贫人口劳动力通过自主就业、季节性务工等方式转移就业1139人，以工代赈就业7人，安排公益性岗位就业1177人，完成就业2323人。做好人才培育，开展脱贫劳动力职业技能培训和乡村工匠培育5期，受训250人。开展农牧民短期技能培训550人次，促进脱贫人口稳定就业。以"智汇三江源·助力新青海"人才项目洽谈会为契机，组织开展5个人才项目柔性引进对接，加强培育乡土人才。做好人才选用，从各乡镇抽调6名副级干部到乡村振兴局挂职锻炼，履行乡镇乡村振兴工作指导员职责。省科技厅选派10名科技特派员，引进学校选调生16名，为"三农"和乡村振兴工作注入人才活力。依托扶贫产业孵化园，吸引外出乡贤、务工人员、毕业生、退役军人等群体返乡就业，扶贫产业孵化园在孵（入驻）企业7家，带动就业180人（其中脱贫户和监测户91人），提高群众收入。

【乡村治理】　打造新时代文明实践中心、牧家书屋、文化室等文化设施，让文化"软实力"成为乡村振兴的"硬支撑"，全县39个行政村实现牧家书屋全覆盖，建设完成6个新时代文明实践所、43个新时代文明实践站和23个新时代文明实践点。全县4.3万人中有33人获得国家级荣誉称号，以本土先进人物的先进典型事迹作为培育新风的教材，引导干部群众从本土精神中汲取奋进力量。不断健全完善村规民约、寺规僧约，加强村社思想道德建设，开展各类宣讲120余次，受益群众达2.55万人次。疫情防控期间，各乡镇劝阻喜事延办30余场，印发《疫情期间禁止举办宗教祭祀活动的倡议书》，为全县疫情防控工作减轻输入压力。

【农村综合改革】　坚持全面深化改革目标要求，把牧区综合改革作为新农村建设的基础性工作来抓，通过由点及面、层层推进、不断深入，农村综合改革取得成效。

【农村环境卫生治理】　按照县委、县政府环境卫生整治“洁净美”十大专项行动方案和“全域无废”示范县创建方案要求，履行全县范围内的环境卫生综合整治责任，制定详细具体的工作部署，与全县乡镇签订环境卫生整治目标责任书、倡议协议书，安排乡镇与辖区村委会签订协议，村委会与牧户签订协议，明确主体责任，层层落实到位。加强联动乡镇草管林管，草原保洁队伍及环卫摩托车队、志愿环保协会联合整治，做到全动员、全参与、全覆盖、全清理。定期组织开展监督检查工作，全覆盖，全领域，全扫描。按照对各乡镇、村（社）进行每周检查，每月台账统计，每月定期通报，年底考评机制等工作方式进行全面督导城乡环境综合整治。

【生态修复】　实施生态修复工程，巩固林草长制成效，开展巡山巡草306次，续签1091名生态管护员管护合同，落实属地管理责任，一体化推动林草资源保护。防治草原鼠虫害1982.3万亩，治理黑土滩27万亩、毒害草59万亩，封山育林14.2万亩，国土绿化16.26万亩，草原平均植被覆盖度达92.63%以上，草群平均高度由17.87厘米提高到18.24厘米，可食鲜草量由每公顷6295.5千克提高到8116.4千克，增长约30%。

【人居环境整治】　推进蓝天、碧水、净土保卫战，落实每月13日和26日环境卫生综合整治日制度，巩固“禁塑令”成果，“白色污染”得到全面遏制，全县空气优良率达96.2%，黄河入境断面和集中饮用水水源地水质优良率达100%，生活垃圾无害化处理率达85%以上，黄河等主要河流水域功能达标率100%。

【厕所革命】　推进“问题厕所”摸排，调整完成以政府“一把手”为组长的厕所革命工作领导小组，完成“问题厕所”摸排3113座，完善“一厕一档”清单化推进机制，建立健全厕所管理、维护、运营管理体系，升级“小厕所”改善“大民生”。

【新农村建设服务】　按照新农村建设提出的“生产发展、生活宽裕、乡风文明、村容整洁、管理民主”二十字方针要求，走中国特色社会主义乡村振兴道路。树立“乡村振兴为农民而兴，乡村建设为农民而建”的理念，尊重保障农牧民利益，围绕以乡村振兴建设为重点，发挥自身优势，统筹城乡发展，通过政策惠农、社会支农、科技兴农等新农村建设工作取得良好成效。结合畜牧业县情制定并落实《河南县农村牧区环境综合整治管理指导意见》等相关条规，组建相应的管理组织，从制度和组织上建立长效机制。坚持弘扬社会主义核心价值观建设，以新时代文明引领乡村文化迈向前进，从根本上解决指引群众的文明思想，是乡村振兴战略中最基本、最深沉、最持久的力量。在推进新时代乡风文明建设中，推进移风易俗、培育文明乡风，特色文化助推全面小康，促进乡村振兴。按照“民办、民管、民受益”的原则，培育农村经济合作组织，在加快农牧业产业化进程、促进牧民增收、狠抓脱贫攻坚过渡期政策机遇，助推巩固村集体产业发展和合作社培育。

2022年9月，县新农村建设服务中心干部职工在乡镇开展“提高环境道德　建设文明河南”为主题的环保知识宣传活动

生态环境

生态建设

【概况】 2022年，县生态环境局全面推进生态制度完善、生态环境高水平保护、生态经济高质量发展，印发《河南县2022年度土壤污染防治工作方案》《河南县2022年危险废物规范化管理检查考核实施方案》《河南县辐射事故应急预案》和《河南县突发环境应急预案》，年内未发生突发生态环境事件。

【环境空气质量】 空气质量监测由空气自动监测站房检测，每分钟检测6项空气污染因子浓度，运行正常，国家考核的四项主要污染物（化学需氧量、氨氮、挥发性有机物、氮氧化物）总量减排指标完成州定目标任务，全县环境空气质量达标天数比例达到97.2%。

【水环境质量】 委托有资质第三方机构对乡镇及县级集中式饮用水，农村水、空气及噪声检测，全县排污企业监督性检测（包括县城污水处理厂、垃圾填埋场等7家企业）。生态环境质量综合考核结果达到“基本稳定”以上，未发生人为干扰国控、省控环境监测站点和环境监测数据弄虚作假情况。国控断面出境水质达到国家地表水Ⅱ类水质标准，省控断面黄河、泽曲河出入境水质均达到或优于国家地表水Ⅲ类水质标准，乡镇及县级集中式饮用水水源地水质达标率为100%，土壤环境风险安全可控。排污企业监督性检测达标率100%。

【生活垃圾分拣分选及资源化处置利用项目】 河南县生活垃圾分拣分选及资源化处置利用项目由生活垃圾分拣分选和生活垃圾综合处理设施组成，将生活垃圾进行分拣分选、回收、焚烧、填埋等系统作业。有用回收料在精分工段分解出来，对外销售；分解出的废弃物通过生活垃圾综合处理设施进行无害化处理。通过两段处理，使生活垃圾达到无害化和资源化利用的目的，提高环境水平，改善人民生活质量。位于河南县第一垃圾填埋场东南侧，用地面积6570.26平方米，其中生活垃圾综合处理设施占地1900平方米。设计处理规模为25～35吨/天，生活垃圾综合处理设施设计处理规模为50吨/天。2022年河南县生活垃圾资源化利用及无害化处置运营项目可以处理全县生活垃圾1.8万吨/年，裂解气满足处理厂供能自用，生产炭黑2800吨。

【洮河水污染防治项目】 项目投资2500万元，为中央水污染防治项目专项资金。位于河南县境内洮河沿岸，分为2个工程类别，分别为：生活污水综合处理工程，内容包括：新建赛尔龙乡污水处理厂，规模100吨/天，出水水质达到配套污水管网和中水管网工程，其中：污水管网16828米，尾水利用管网1750米。赛尔龙生态修复处理工程，内容包括：赛尔龙乡现状垃圾堆场清运及堆场生态修复，并对公厕粪便转运至县堆肥厂处理；洮河河岸带生态恢复面积12300平方米，建设546米石笼护岸。项目效益：选用适用于高原农村地区的治理模式及技术手段，建设符合当地特色的精品示范工程。通过精品示范工

2022年6月5日，县生态环境局在县垃圾分拣分选中心开展环保设施公众开放日活动

程的建设带动周边地区整体提升，探索适合本地实际的工作路径和技术模式。

【污水处理厂尾水水质改善工程】 工程总投资4040万元，实施范围为河南蒙古族自治县污水处理厂至其下游约1.5千米处历史遗留沙坑。对黄南州河南蒙古族自治县污水处理厂尾水进行水质改善，建设一套尾水深度生态处理系统，对水资源进行回收利用，包括：中间水池、阳光房、臭氧接触池、臭氧缓冲池、生化池、混合池、絮凝池、沉淀池、滤布滤池、储泥池、接触消毒池、鼓风机房、脱水间等建构筑物；新建D500尾水输送重力管线约1.5千米，尾水输送管线起点与现状污水厂d500出水管线衔接；新建处理后DN200压力出水管线80米，对历史遗留沙坑沙生态修复约10.43公顷。项目绩效：将污水处理厂出水常规水质指标由《城镇污水处理厂污染物排放标准》（GB 18918—2002）中的一级B标准提升至《地表水环境质量标准》（GB 3838—2002）Ⅳ类水质标准（除总氮外）。实现水资源的回收利用3000立方米每天。

生态环境执法监管

【概况】 2022年，县生态环境局综合执法大队根据依法监管、公正高效、公开透明、协同推进的原则，结合本区实际情况制定抽查工作实施方案，开展“双随机”抽查检查。1—12月，受理各类信访投诉1件，办结率100%；办理破坏环境违法案件1起，行政处罚金额7万元。

【环境监管“双随机”抽查】 贯彻落实生态环境部在环境监管领域推广随机抽查制度的要求，提高环境执法绩效，规范事中事后监管行为，创新环境监管方式，推进随机抽查制度化、规范化、常态化、透明化，执法大队根据依法监管、公正高效、公开透明、协同推进的原则，结合本区实际情况制定抽查工作实施方案，对17个污染源开展“双随机”抽查检查。

【生态环境专项执法检查】 组织开展重点企业危险废物和环境安全专项执法检查，检查企业50余家次，检查内容涉及危废的处置、环境应急响应预案以及台账记录等。检查发现，部分加油站未签订有效的危险废物处置协议，危废暂存库房设置不规范，危废产生台账和处置记录不完善；未开展环境监测工作；环境应急预案不完善或未备案；未设置环保沟。汽车（摩托）车修理厂危险废物暂存处置问题突出，环保意识淡薄等。针对发现问题，县生态环境综合行政执法大队下发文件通知，要求各行业根据自身存在的问题逐项整改到位。组织开展排污许可证专项执法检查，根据《排污许可管理办法（试行）》要求，对本区6家排污许可证申领单位开展持证情况检查，发现部分企业未按照排污许可证限期整改通知要求开展整改。针对存在的问题，下发督办通知，要求企业限期整改并申领排污许可证。开展排污口专项检查，根据《青海省生态环境局关于做好黄河流域入河排污口攻坚排查相关工作准备的函》文件要求，大队出动10批次20人次，针对黄河干流区域的柯生乡、宁木特镇黄河沿和黄河支流区域的泽曲河段开展地毯式摸排检查，排查出排污口14出，其中生活污水排口2处，雨水排口12处。开展“六五”世界环境日生态环境专项执法大检查工作，坚持问题导向，强化工作措施，开展生态环境问题大排查、大整治工作，确保县域生态生态环境质量持续变好。县生态环境综合行政执法大队对县域重点排污单位的污染物排放和危险废物管理工作、医院射线装置安全使用情况、矿山开采和空心砖制造企业污染治理设施运行情况等系列环境问题开展专项检查。检查时发现部分加油站存在危险废物标识张贴不规范；部分矿山开采企业环境保护主体意识不强，料场乱堆乱放、防尘苫盖措施落实不到位等问题，针对发现的问题，执法人员现场督促指导企业立行立改，确保整改到位。

【放射源管理】 制定《河南县辐射安全隐患排查工作专项行动实施方案》，成立专项行动工作领导小组。实施方案就排查工作责任分工、完成时限和相关要求进行具体部署和明确。将具体工作明确到人，确保专项行动顺利开展。按照实施方案的部署和要求，县内人民医院和蒙藏医院两家射线装置使用单位进行现场检查，掌握辖区内相关单位的辐射安全许可证办理情况、辐射安全与防护法规标准执行情况、防护设施运行管理情况等。县人民医院和蒙藏医院基本按照国家相关法律法规要求结合实际情况，成立由医院领导为组长的放射安全管理小组，全面负责放射科检查、监督；放射工作人员的健康管理，个人剂量管理，培训管理；放射诊疗设备的定期检测，场地的定期监测等工作。放射源及射线装置的监测、管理及安全保卫方面制度基本健全；对从业人员定期进行个人剂量检测并出具检测报告；基本完善各项人员管理制度，包括健康管理，培训管理，健康体检和培训记录等；制定相关的规章制度和应急预案；场所的放射防护、报警、警示标志、应急出口等按照规定设置标识。

【“保护母亲河”活动】 县生态环境局联合各乡镇开展“保护母亲河”行动，集中整治各乡各村环境卫生。采取入户宣传，组织村民小组长、妇女小组长带头行动起来，清理非主干道公共区域杂草和生活垃圾。将清扫干净的村干道划定管护责任，做到随脏随扫，全天保洁。动员全村群众行动起来，建设美丽庭院。在全村人口密集场所放置垃圾桶和大垃圾箱，以便于群众能够投放垃圾，增强垃圾集运能力。帮助改善环境卫生状况，带动居民增强环境保洁意识，共同创造洁净、优美、舒适的生活环境。

【环境保护督察问题整改】 根据《黄南藏族自治州人民政府办公室关于〈黄南州黄河流域生态环境全方位“体检”问题整改方案的通知〉》文件，召开5次相关部署会和推进会，制定《河南县黄河流域生态环境全方位“体检”问题整改方案》，县政府主管副县长组织相关单位相关人员多次带队深入一线对反馈问题进行现场指导，针对未完成问题，组织召开生态环境保护推进会，县委组织部、县纪委监委和各企业等25家县直单位主要负责人参加会议，要求各乡镇、各部门要全力以赴推进生态环境领域问题整改，确保相关问题按期保质完成整改。反馈问题共18条（其中省级自查6条、州级自查1条、暗查暗访11条）根据分析研判，将反馈问题清单归纳梳理为6类，除3个长期整改问题外，其余问题均整改完成。

【生态环境保护协会建设】 严格审查协会的章程、工作职责、管理制度及协会入会人员，同意成立8个生态环境环保志愿者协会（河南县优干宁镇生态环境志愿者协会、河南蒙古族自治县志愿者生态环境保护协会等）。县生态环保志愿者协会1340多人，均为群众自发组织成立。协会成立初期，工作内容主要以清运草原、河道及道路沿线垃圾为主，宣传生态环境保护各项政策为辅。开展集中保护生态环境活动2次、各协会累计30余次，清运各类垃圾50余吨，有效解决县域内各类垃圾“死角”问题。

【环境执法队伍建设】 根据生态环境部《关于开展2022年环境执法大练兵的通知》要求，为推进执法队伍建设，规范和提高执法能力水平，并考虑到疫情防控，通过与州内兄弟单位加强交流和学习，来增强环境执法队伍依法行政意识和能力，提升全员执法水平。

【生态环境宣传】 贯彻落实相关要求，围绕世界环境日“人与自然和谐共生”主题，举办线上宣传活动，活动现场设立宣传台和咨询台，为广大群众进行生态环境普法宣传、发放生态环境宣传手册，活动现场发放《河南蒙古族自治县生态环境保护条例》《河南蒙古族自治县生态环境保护条例实施细则》《中华人民共和国固体废物污染环境防治法》等各类生态环境宣传手册1400余份，发放环保手提袋600余个、纸巾500余盒、纸杯200余提，现场解答群众问题20多个，开展环保设施公众开放日线下活动2次。

青海洮河源湿地公园

【概况】 2022年，青海洮河源湿地公园以习近平生态文明思想为指导，围绕县委、县政府总体发展思路，以奋力打造国家湿地公园示范省建设奠定基础，严格按照“全面保护、科学修复、合理利用、持续发展”的原则，推进科研监测和科普宣教工作，结合单位实际，以“全面建设山水黄南，高质量推进三区建设、实现乡村振兴”为牵引，以“纯净河南　幸福蒙旗”为奋斗目标，加快推进湿地公园建设、加大湿地保护力度、提升湿地科学普及率、建设生态文明湿地公园，创新工作，向上争取湿地保护项目，竭力做好生态扶贫。

【公园边界确定】　确定湿地面积涉及2个乡、3个村，测量61.56万亩湿地。其中赛尔龙村涉及湿地牧户有76户，湿地面积168437.58亩；尕克村涉及湿地牧户有102户，湿地面积238873.95亩；柯生村涉及湿地牧户有53户，湿地面积208305.25亩。

【湿地公园建设】　续建项目青海洮河源国家湿地公园湿地保护与恢复项目，总资金额为500万元，建设内容为：维护自然湿地岸线1120米，购置生态监测实验室设备，安装生态监测实验室1项、科研监测1项。湿地生态效益补偿项目，总投资为493万元，建设内容：对公园内有草原（湿地）使用权的234户牧民发放生态效益补偿金250万元，湿地生态修复21600平方米，完成植被种植，处于养护期。在省级及以上媒体报道青海洮河源国家湿地公园保护与恢复成效5次，完成宣传7次。对湿地公园开展全面的植物植被调查、湿地类型调查、动物调查、土壤调查、水文水环境调查、气象调查，掌握湿地公园生态因子的本底情况。

【湿地公园管理】　结合“绿盾2021”自然保护地强化监督工作实施方案的要求，对巡护工作采用“管理+巡护+网格”的模式，记录好巡护日志，对公园实行全覆盖管理，认真学习政策法规，依法依规管理湿地公园。理解青海省的“三个最大”省情定位，确保“中华水塔”丰沛坚固的重要支撑、促进人与自然和谐共生的有效途径。严格湿地用途管制，实施生态保护修复，构建健康稳定的湿地生态系统。夯实湿地保护基础支撑，深化政策和课题研究，助力实现“双碳”目标。将理论学习和实际工作联系起来，全面贯彻落实习近平生态文明思想和各级领导的指示，依法依规保护好、管理好国家湿地公园。

【湿地保护和恢复】　完成自然湿地岸线维护1120米。完成湿地生态修复21600米。完成对公园内有草原（湿地）使用权的234户牧民发放生态效益补偿金250万元。在省级及以上媒体报道青海洮河源国家湿地公园保护与恢复成效5次。完成对湿地公园开展全面的植物植被调查、湿地类型调查、动物调查、土壤调查、水文水环境调查、气象调查，掌握湿地公园生态因子的本底情况。

【资源考察与保护】　联合青海大学、湿地生态管护员及志愿者进行季节性资源普查开展植物、植被、鸟类、水质、土壤和气象监测及湿地恢复的技术研究。洮河在县境内水质一直保持在国家二级水准，远红外监测仪器也扑抓到马麝及雪豹行踪，据群众反映雪豹及狼群数量显著增加，鸟类种类增加4种，植物群落结构中，阔叶类植物新增8种。在园区境内还发现国家一级保护动物羚牛和棕熊的行踪。开展土著鱼类增殖放流活动，放流20万条。

【科研监测】　邀请青海大学高寒湿地研究团队作为科技支撑单位，开展湿地公园的科研监测工作，开展植物植被、鸟类、水质、土壤和气象监测和湿地恢复的技术研究。建设试验站1处，采集湿生植物、特有植物种子120份。初步建设洮河源高寒湿地生态系统资源库，对洮河源生态环境修复技术提供新技术支持和生态保护方案。

【管护员巡护】　每月进行一次湿地生态管护培训及巡护工作，每月进行一次管护员湿地生态系统管理方法、湿地保护相关方针政策和疫情防控等业务知识培训，并进行相关考试考核；要求管护员每两日进行一次巡护，配合管护中心开展湿地公园科普宣教工作和科研监测工作，抓好每年春秋季绿化工作，做到各项工作责任到人，分工明确，记录好巡护日志。环境卫生整治常态化，做到每天有人管，确保观景区域、木栈道等无盲区、无死角时常保持干净整洁的游园环境。

2022 年 6 月 29 日，青海洮河源湿地公园管理服务中心人员带领湿地自然学校和县幼儿园师生共同参加野外体验活动

【湿地效益补偿】 11 月，与赛尔龙乡、柯生乡政府、相关村支部书记及各队队长共同商讨关于“湿地生态效益补偿”资金发放事项，签订《青海洮河源湿地公园管理服务中心生态效益补偿湿地面积和责任确认书》，对调查的各户湿地面积和补偿方案做公示，发放湿地生态效益补偿款 250 万元。

【科普宣教】 做好湿地的保护和宣传工作，传达学习《中华人民共和国湿地保护法》，将思想和行动统一，让群众理解“保护水土、人人有责”的重要性，提高群众湿地及环境卫生保护意识。坚持利用“世界湿地日”“世界水周”“爱鸟周”“世界野生动植物日”等契机，开展湿地科普知识“三进”活动。开展以“青山绿水游蒙旗 相约仙境洮河源”为主题的采风行活动，由央广网等 5 家中央及省、州媒体进行宣传报道，报道 58 次。

交通·电力·通信

交通运输

【概况】 2022 年，县交通运输局贯彻落实巩固拓展脱贫攻坚成果同乡村振兴有效衔接任务目标，以加大乡村资源路、旅游路、产业路建设为重点，推进城乡客运一体化建设为目标，全面推进“四好农村路”国家级示范县创建工作，不断提升人民群众出行条件。截至年底，全县四乡二镇 39 个行政村，公路养护总里程达 1618.28 千米。其中省道里程 174.67 千米（2 条），县道里程 254.06 千米（7 条），乡道里程 588.55 千米（32 条），村道里程 601.03 千米（60 条）。农村公路总里程 1443 千米（油路 212 千米，比例 14.69%）。彻底实现“村村通公路”目标，基本形成以优干宁镇为中心、“三纵两横”为路网主骨架、乡村公路为支脉、干支衔接、内通外联的公路网络体系。

2022 年 8 月，增设活畜交易集散中心公交站点

【交通项目建设】 新建项目 18 项，总投资 1.21 亿元，总里程 294.96 千米。其中行业内项目 13 项，总投资 1.03 亿元；乡村振兴衔接资金项目 5 项，总投资 1840.82 万元。截至年底，除二级还贷多特村整治工程还未开工外，其余项目均完工。

【城乡公交运输】 全县公交线路共 8 条（新增线路 3 条），其中县城线路 3 条、城乡公交线路 5 条。公交线路长度 323 千米，运营公交车辆 18 辆，客运总量 343374 人次。县城日发班次 80 班，城乡公交日发班次 27 班，客运量下降 29%。

2022 年河南县主要公交线路基本情况一览表

表 14

序号	线路	班次	发车站	途经站点	终点站	发车时间	票价（元）
1	1 路	80	民族中学	藏医院	泽雄村委会	7：00	1
2	赛尔龙	5	河南县	兰龙村	赛尔龙	7：30	10
3	宁木特	10	河南县	秀甲村	宁木特	8：00	5
4	柯生乡	4	河南县	多松乡	柯生乡	8：00	15
5	泽库县	4	河南县	南旗村	泽库县	8：00	5
6	多松乡	4	河南县	夏吾特村	多松乡	8：00	10

【道路运输】 全县有等级客运站1个（三级站）。全县开通道路客运线路4条，其中跨省线路2条，跨市线路2条；日发班次10个。全年公路客运量10752人，同期下降1.3%。

【公路养护】 优先对优良路率低、病害多的公路优先进行养护，下达养护资金728.64万元，工程完工待验收。全年保通抢修道路20条，维修抢修涵洞30道，清理山体滑坡泥石流5处。截至年底，实施养护工程比率达5.3%。

【路政管理】 加强对全县农村公路危险路段，特别是易发生滑坡、临水临崖、塌方等路段进行巡查，对存在安全隐患及早发现，及早处理，确保道路运行安全，全县公路巡查里程2200千米。道路安全隐患排查45次，出动执法人员135人、执法车辆45辆次，发现安全隐患5处，全部整改完成，查处率和结案率分别为100%和100%，路产回收率100%。

【工程质量安全】 规范参建单位质量安全行为，各参建单位落实质量安全责任，建立健全工程质量安全保障体系，加强对工程施工过程的质量控制和重要部位的安全预控。强化工程质量动态监管，不断创新工程质量安全监管手段，加大工程巡查、检查频率，提高工程监管力度。开展安全生产大排查、大检查活动，检查企业65家次，约谈企业3家，下达整改通知书2份，出动执法人员195人、执法车辆65辆次，查出安全隐患9条，对发现的问题限期进行整改，确保施工现场安全。

【交通运输产业发展】 全县有汽车综合性能检测站1家。机动车驾驶员培训学校1家，培训机动车驾驶员300人、从业资格人员10人。在农村客运市场，乡镇通公交率100%，行政村通公交率100%，自然村通公交率100%。有出租公司1家，出租车165辆（均为小客车），从业人员175人，载客车次130万次，运营里程11220千米，营业里程61050千米，运营收入400万元，乘客人数6110人次。

【交通运输行业管理】 常态化开展打击非法营运和租车行业乱象专项整治行动，打击“非法营运”专项整治期间出动执法人员200余人次，排查车辆1200余辆次，查获3辆非法营运，批评教育车辆15辆。加大对源头治超工作各环节的监督检查力度，检查源头企业126次，出动执法人员680余人次，下发整改通知书5份，约谈源头企业4家。采取定点检查与流动巡查相结合的方式，对重型货车、挂车、渣土车、工程运输车等大中型货运车辆进行逐一检查，严查超限超载运输违法行为，检查车辆1400余辆，出动执法人员193人，查处货运车辆非法营运1起、货运车辆超限超载13起、卸载货物250余吨，罚款6.3万元。

电　力

【概况】 2022年，河南县有110千伏变电站1座、35千伏变电站5座、10千伏线路24条，全长2403.52千米；0.4千伏线路全长2673.43千米；低压台区938台，专变261台，供电客户数1万余户。县公司下设综合部、运检部和营销部3个部室，营配班1个班组，赛尔龙和宁木特2个供电营业所。有全民员工34人，其中党员9人，团员19人。三新河南业务部有员工24人，其中党员2人。社会化用工48人，共计106人。

【安全生产】 坚持“安全第一、预防为主”的安全生产方针，严格履行各级安全生产工作职责，实现公司“五杜绝、七防范、一减少、一实现、一控制”的安全目标。安全监督部门、业务管理部门累计监督检查各类作业现场90余次，发现违章16起，其中严重违章3起、一般违章13起，罚款金额1.48万元。组织召开安委会3次，研究解决安全管理工作中存在的难点、赌点问题；开展春季安全大检查、消防领域专项检查、安全生产月等专项活动，累计排查问题75项、整改75项；公司和班组两个层面共计开展安全教育及培训176次；与县政府签订《电力安全协作机制》，加大处理客户侧隐患治理工作力度，提升线路设备稳定性；制定公司草原防火实施方案，完成48条分支线路4522基杆塔巡视，处理隐患85处。

【城乡电网运维】 开展配网运维、集中检修工作，提升线路设备健康水平。开展汛期线路防汛、冬季草原防火区段线路特殊巡视，对发现的紧急缺陷及时消除，杜绝汛期倒杆断线、冬季草原火灾事故的发生。通过集中检修，对14条线路开展隐患消缺工作，消除隐患228处。县供电公司所辖10千伏线路故障跳闸92次，其中主线跳闸12次（重合不成功1次，完成年度主线重合不成功指标的33.3%）、分支跳闸37次、分段跳闸43次，基础异动数据治理36987条，“95598”抢（报）修工单发生216件，电压合格率完成99.82%，供电可靠率完成99.77%，10千伏分压线损完成4.74%，10千伏分线线损完成94.79%。

【服务当地发展】 启动农网工程16项，投资9680.45万元，新建及改造10千伏线路148.74千米、0.4千伏线路183.93千米，新建及改造变台86台。下户1923户，完成大电网延伸通电157户。受理业务298件，推广“线上办电”“刷脸办电”业务，精简办电流程，压缩办电时间，高压用户、低压非居民、低压居民全流程接电时长较上半年分别压降5.9%、2.1%、0.79%。持续推进“煤改电”项目，办理“煤改电”项目6个。

2022年10月20日，对清洁取暖用户开展用电回访

【供电服务】 坚持以市场为导向，深入推进“三零”“三省”政策落实，发展负荷9316千伏安。完成售电量10713.15万千瓦时，同比增长16.12%。做好应对雷电、雨雪、冰冻、大风等灾害性气候电网故障应急准备工作，保证关键时段线路设备“零检修”和“零施工”；做到抓早抓小、防微杜渐，完成河南县2022年重要节假日、党的二十大保电任务。以“夯基础，零投诉，强服务”为导向，以漠视侵害群众利益整改活动、“抓整改、除积弊、转作风、为人民”专项行动为抓手，通过跨专业协同推进，主动管控问题源头，实现全年“零投诉”目标。

移 动

【概况】 2022年，县移动公司扎实推进政治、思想、组织、作风和纪律建设，发挥公司“战斗堡垒”作用，完成各项工作。用户数累计达到15621户，宽带用户数达到4309户，魔百和用户数达到3016户，5G用户数达到8108户。2G网络覆盖率达到92.3%，4G行政村无线覆盖率达100%，村委会光纤率达100%，5G信号县城和乡镇区域全覆盖。

【客户服务】 “实事暖人心 创新争先锋”主题宣传教育活动开展以来，聚焦群众“急难愁盼”问题，把实事好事办到群众心坎上，以实际行动提升客户感知，为群众提供“心级服务”。员工在为客户办理业务过程中认真负责，态度可亲，耐心为用户答疑解惑。坚持“客户为根，服务为本”的核心理念，积极行动，主动作为，致力为客户提供优质服务体验。

【网络规模】 全县39个行政村中30个覆盖移动宽带，完成6个基站13个小区的自主扩容覆盖。

2022 年 4 月 12 日，县移动公司开展网络维护工作

县综治中心上线 49 个，上线率达到 98%。宽带完成县城区域 95% 宽带覆盖，乡镇所在地区域移动宽带 100%覆盖，并根据群众需要进行扩容。围绕“数智移动，实事为民”，提供“平台+硬件+客户端+服务”的联防联治监控解决方案，打造“数字乡村”一体化解决方案，助力乡村振兴。

【网络保障】 为确保柯生村信号稳定，不再接收外地信号，疫情期间便于管控，网络口带领维护人员使用牛粪一边加热一边挖坑，历时 3 天成功新栽 9 根杆子，布放光缆 400 米。收到县政府增加核酸检测点通知后，网络维护人员集结前往核酸检测点拉线，开通宽带并进行网络测试、调优，对无线网络负荷进行监测，保障核酸检测时可快速稳定扫码，核酸检测人员顺利上报信息。宽带网方面，为保障客户使用观看质量，发现问题后第一时间进行调整处理，针对因疫情封控无法现场处理的宽带故障，安排装维人员通过电话、微信视频等方式远程指导客户处理故障。每季度进行网络基站检测维护，网络信号提升，并不定时开展蜘蛛网整治、基站小区扩容工作。

联 通

【概况】 2022 年，县联通公司有员工 16 人，正式党员 3 人，合同制员工 3 人，派遣制员工 9 人。公司拥有覆盖全县、通达的现代通信网络，主要经营：固定通信业务，移动通信业务，国内、国际通信设施服务业务，卫星国际专线业务、数据通信业务、网络接入业务和各类电信增值业务，与通信信息业务相关的系统集成业务等。

【客户服务】 公司设有 2 个营业厅、客户服务热线 10010、网上营业厅、短信、手机营业厅、自助服务终端等形式为客户服务，客户服务包括咨询、查询、业务办理、故障申报、投诉及建议受理等，为公司客户提供 7×24 小时的

2022 年 11 月 10 日，县联通公司直销团队在柯生乡为用户挑选号码

服务。实施相应措施以保证客户问题在约定时限内得到答复，对一些无法在线解决的问题，向用户承诺解决时限或上门处理。发展和提升基于互联网的客户服务，在服务体系及其运营、服务维系等方面持续改进，持续提升客户服务质量。实施若干提升客户体验的举措，包括开展客户回访和亲情问候等主动服务。针对宽带业务，进一步提升服务透明度，将宽带装修受理、派单、上门、竣工等关键节点面向客户透明。提升客户感知和客户口碑工作，引入 NPS（净推荐值）评价对公司各个专业和各级单位进行全方位监测，促进公司了解客户，适应客户，各个专业面向客户进行改善。

【网络建设】　加强与县教育局和各个学校校长之间的客情关系，在各学校推广关于公司宽带业务，完成宁木特第二完小、优干宁镇第一完小、优干宁镇第二完小、柯生乡寄宿制完小、柯生乡中心幼儿园、多松乡寄宿制完小、多松乡中心幼儿园、吉仁幼儿园和优干宁镇幼儿园等 9 所学校的宽带接入。拓展宾馆和其他单位宽带业务，完成河南县卫生服务中心、河南县参美生态旅游公司、河南县公安局网安大队、河南县阿柔宾馆、河南县足佳乐足浴店、河南县民政局和河南县赛旦、延巴、河曲 3 个社区的宽带接入。全面完成 38 个行政村、17 个行政村光纤宽带和 24 座 4G 基站建设，其中行政村光纤宽带和 4G 基站建设，自然村光纤宽带建设全面建成。

【防疫支持】　贯彻落实习近平总书记关于“鼓励运用大数据、人工智能、云计算等数字技术，在疫情监测分析、病毒溯源、防控救治、资源调配等方面更好发挥支撑作用”的重要指示精神，发挥信息通信企业业务产品与信息化服务优势，信息赋能，智慧战“疫”，响应县委、县政府及州公司党委的部署，就有关应对防范和通信保障工作进行安排部署，履行企业社会责任，发挥联通优势，为疫情防控做出贡献。对接县防疫指挥部，发挥公司信息化优势，针对疫情中人员流动登记、健康状况排查、会议组织、学生“停课不停学”等情况，开发出“沃填报”、电子通行证、云视频会议系统、“空中课堂”等信息产品支撑防疫工作。

【助力教学】　重视对学校在线教育工作的关注和支持，免费提供钉钉“空中课堂”软件平台，对河南县中小学进行“空中课堂”的试点部署工作。在县教育局配合指导下，对全县初三和小升初年级学生优先进行在线教育平台部署，对其他年级逐步部署，并对学生课程安排、学习内容、直播形式、练习布置、线上答疑、学校联系、老师和学生对软件应用的规范等做强调工作。在县联通公司工作人员的帮助下，迅速学会使用钉钉教学软件，弥补各校在信息化教育这块的短板。

【推进复工复产】　为对流动人员进行快速有效的体温筛查，推出热成像人体测温信息化平台，平台结合当下生物识别技术、热成像测温技术、视频智能分析及 5G 等技术手段，围绕“高精度、高效率、低成本、灵活布控、安全可靠”多个方面，实现有效预防、及时控制的建设目标，保障企业、学校、商业等各类场所的安全运行。向河南县 8 所学校提供热成像人体测温信息化平台，并免费安装到位，帮助学校筑起疫情防控“第一道防线”。

【健全警校合作】　根据工作要求，县教育局响应号召，采用高清、智能、集成的安防技术，县联通公司帮助学校在人力防范的基础上，在学校学生进出口布设一键报警联网系统，构建一个多层次、多功能、反应迅速、信息共享的一键报警联网体系，解决学校重要区域的报警需求，避免巡逻盲区，全方位受理一键报警求助信息。报警联网后，教育局、接警中心能及时处理各类复杂突发事件，准确迅速地调度指挥，减少事故伤害。

【企业管理】　实行“个人责任制”的分配制度，在部门资产列报、部门业绩等，皆由主管及每个人负责到底。工作期间，员工遵守公司章程，遵守公司的各项规章制度和决定。鼓励员工参与公司的决策和管理，评先树优，对做出贡献者予以奖励。员工注重个人仪态仪表，工作时间的着装及修饰大方得体。

电 信

【概况】 2022年，县电信公司有移动用户1.2万户，宽带9119户，ITV用户4503户，移动市场份额33%，完成收入1300万元，完成计划目标的90%，同比增长15%。

【设施与信息化建设】 县域内各乡镇光网覆盖率达到93%，行政村光网覆盖率达46%，党员活动室光网覆盖率达80%。全县39个行政村，建设普服基站51个，信号覆盖率达到93.3%。截至年底，完成县政府周边区域17个4G基站、5个5G基站建设，合计23个基站开通工作；与县政府签订智慧社区信息化项目，与公安局签订监控项目，和卫生部门联合完成疫情防控任务，在居家隔离、集中隔离点安装门磁报警器75户、宽带55户、监控23户。聚焦行业优势，推动数字经济发展。在“助企暖企，春风行动”中，牢固树立一线服务意识，狠抓工作落实，为河南县的经济发展贡献力量。

2022年7月，县电信分公司维护人员抢修蒙藏医院专线光缆

【企业管理】 根据省公司和州公司的安排部署，对县分公司进行划小承包，各个承包单元实行“岗位+绩效”的模式。分公司在并保证员工的收入和福利的同时，致力于提高公司员工的职业素养和党性，创造平等的竞争环境、舒适的工作环境和晋升机会，对于为企业做出贡献的员工予以表彰和奖励。

【规范运作】 根据省公司、州公司和县政府的要求，在发展、维护、施工等方面规范运营和运作。在保护用户隐私信息方面，健全用户资料和业务信息，恪守职业操守，从未泄露用户信息。对于用户的询问，耐心讲解，引导用户办理相关业务。装维队伍上门维护方面，做到敲门后自报家门，打消用户顾虑，自带脚套、毛巾等。

教育·科技

教育事业

【概况】 2022年，县教育局履职尽责，全面推进教育改革，提高教育教学质量。全县义务教育阶段学校11所，其中乡镇寄校9所、九年一贯制学校1所、民族中学1所，幼儿园13所。有教职工823人，核定编制361人，其中小学专任教师240人，初中专任教师121人。幼儿园专任教师144人，其中在编人员6人，保育员59名。全县义务教育阶段中小学在校生5816人。其中小学在校生4170人，班级数120个，师生比1∶17；初中在校生1646人，班级数36个，师生比1∶14；幼儿园共13所，在园幼儿2349人，班级数74个，师生比1∶12。

【基础教育】 有公办幼儿园13所，教职工214人，分大班、中班、小班74个教学班，设有语言、识字、唱歌、体育游戏等课程。适龄幼儿总数2349名。完全中学小学部在校学生总数558人，有14个教学班，当年招生109人，毕业88人，全部升入初中，升学率为100%。小学部教职工为35人，其中专任教师30人，后勤人员5人。完全中学初中部在校学生总数227人，3个年级6个教学班；当年招生72人，毕业50人。初中部教师16人，职工4人。10月10—31日，在全县中小学教师中组织开展“基础教育精品课”的评选活动，通过教师自主申报、校级初评、县级复评的严格程序，有11节精品课获县级一、二、三等奖，8人推荐到州级。

【教育资助】 加强学生资助信息化管理，落实学前教育阶段建档立卡脱贫户283名幼儿、义务教育阶段1099名学生享受教育资助政策，资助政策落实达到100%。加大控辍保学力度，落实教育资助政策。发放三江源异地办班奖补资金388.33万元，受益学生710人。落实生源地助学贷款217.21万元，受益学生（含贫困家庭学生）287人。奖励河南县籍优秀高考生及异地班优秀带班教师8.2万元。

【教育设施建设】 续建、新建项目共17项，总投资9546万元，其中续建项目4项2580万元，建设规模7436平方米；新建项目13项6966万元，建设校舍规模8042平方米，建设室外场地9280平方米、附属设施及幼儿园设备购置。续建4项，第二幼儿园主体完成，柯生幼儿园竣工验收，阶梯教室竣工验收，优干宁镇二完小风雨操场竣工验收。新建13项，其中赛尔龙完小校舍、风雨操场、运动场地及厕所建设项目竣工验收。学前教育设备采购及中小学浴室设备浴室主体完工，设备安装阶段、校园文化设施设备购置项目在实施阶段。宁木特镇第二、第三完小、幼儿园校舍、附属设施提标升级和新建项目，并投入使用，从根本上解决宁木特镇村级学校、幼儿园基础设施薄弱的问题。正在开工建设多松幼儿园校舍建设项目、中小学消防水池及配套设施22个。

【教学科研】 根据黄南州教育局《关于组织申报2022年黄南州中小学教育教学研究课题的通知》要求，河南县优干宁镇第一寄宿制完全小学、河南县寄宿制中学、托叶玛乡中心寄宿制完小课题研究申报7项，其中2项课题州级立项。申报省级课题中有一个课题立项。全县中小学168名教师参加优质课，其中82人获得县级优质课奖，19人推荐参加州级优质课，其中14人获得州级优质课奖。推荐到省级的有3人。

【教育改革】 从学前教育开始加强国家通用语言文字普及和使用，加强幼小教学语言衔接，为小学“三科”教学打牢语言基础。规范“三科”教学管理，开展“三科”教师教材培训，全员研训一体化伴随式网络研修和普通话专项培训，提升“三科”教师业务能力和教学水平。通过支教教师调配、顶岗大学生和定向委培生调配，教师招聘优先保障“三科”教师，充实“三科”教师。

【师资队伍建设】 针对全县教师专业结构均衡需要，调剂公费师范生5人、顶岗支教实习大学生20人、青南支教教师23人至全县各中小学。为提升教师能力素质，17名教师参加省级培训，6名教师参加国培计划培训，35

2022 年 5 月 11 日，河南县中小学教师教学能手评选暨教师基本技能展评活动在教育局三楼会议室举办

名“三科”教师参加州级培训，30 名幼儿园教师参加省级培训。5 名“三科”工作坊坊主参加全省民族地区“三科”教师研训一体化项目省、市州指导团队及工作坊坊主在线集中研修活动。

【教育系统疫情防控】　全县中小学、幼儿园结合疫情防控工作经验，针对国内、省内疫情形势及时补充防疫物资、生活物资的储备，推进防控措施更新、人员管控追踪、返县人员情况上报、师生疫苗接种、第三针加强针接种等工作。教育系统储备口罩 7.3 万个、额温枪 184 个、84 消毒液 852 瓶、免洗消毒凝胶 618 瓶、酒精 164 千克。全面保障疫苗接种工作，全县教职工接种新冠疫苗 742 人，48 人因患有禁忌证未能接种；15～17 岁学生完成接种疫苗 1685 人，12～14 岁学生疫苗接种 1625 人。严防疫情输入，严控教育系统全体师生无特殊情况随意出县。

教育机构

【河南县寄宿制中学】　初创于 1958 年 8 月，始为河南县第一所普通小学。1969 年 8 月增设初中一年级 1 个班，中学教育开始，成为九年一贯制学校。1984 年 9 月小学部分离，学校增设高中部，更名为河南县完全中学，1997 年 9 月小学部又再次并入，2001 年撤销高中部，2013 年 9 月学校改名河南县寄宿制中学沿用至今。学校占地面积 28140 平方米，建筑面积 11287 平方米，图书室藏书 4 万余册。学校设有党支部、政教处、教导处、总务处、团少队等科室。学校核定编制数 44 人，无编制人数 16 人、后勤人员 9 人；实有教职工 66 人（其中西宁支教教师 8 人、顶岗实习 4 人），学校书记、校长 1 人，党支部专职副书记 1 人，副校长 2 人，主任 3 人。党支部支委会委员 5 人，正式党员 22 人，入党积极分子 1 人。专业教师 39 人，本科教师 40 人，专科教师 9 人，学校所有教师均达到大专以上学历，其中高级教师 12 人，一级教师 18 人，专任教师合格率为 100%。在校生 786 人，小学生 559 人，初中生 227 人。共 20 个班级（小学部 14 个班、初中部 6 个班），男生 414 人，女生 372 人；非河南县户籍学生 254 人，占总人数的 32.3%。学校有蒙古族、藏族、回族、撒拉族、东乡族、保安族、土族、白族等 8 个少数民族学生 735 人，占总人数的 93.5%。先后获得“全国先进法制宣传先进单位”“青海省文明校园”“青海省五四红旗团支部”“青海省红领巾示范学校”“青海省教育系统‘双减’示范样板学校”“全州消防先进单位”“全州文明校园”“全州优秀少先大队”等称号。

【河南蒙古族自治县民族中学】　创建于 1976 年，有 47 年的办学历史。因学校布局调整，2016 年 9 月学校进行整体搬迁。校园占地 137 亩，建筑面积 3.2 万平方米。设有学校党支部、教务处、政教处、总务处、工会、妇联、团委等组织机构。设初中部，是以蒙古族学生为主的寄宿制民族中学。学校核定编制数 102 人，无编制人数 16 人，后勤人员 43 人；实有教职工 169 人（其中西宁支教教师 5 人、顶岗实习 4 人），学校书记兼校长 1 人，党支部专职副书记 1 人，副校长 3 人，主任 3 人。党支部支委会委员 5

人，正式党员 21 人，入党积极分子 2 人。专业教师 96 人（藏文专业 28 人、数学专业 13 人、汉语文专业 11 人、英语专业 8 人、化学专业 7 人、物理专业 6 人、政治专业 5 人、计算机专业 4 人、历史专业 2 人、美术专业 2 人、行政管理专业 2 人、地理专业 2 人、法学专业 1 人、生物专业 1 人、保险实务专业 1 人、旅游管理专业 1 人、初等教育专业 1 人、体育专业 1 人)，硕士研究生学历 11 人，本科学历 70 人，专科学历 12 人；学校所有教师均达到大专以上学历，其中高级教师 12 人，一级教师 31 人，二级教师 35 人，专任教师合格率为 100%。在校学生共 1419 人，设有 30 个教学班，初一 10 个班 417 人，初二 10 个班 507 人，初三 10 个班 495 人，其中男生 685 人、女生 734 人；非河南县户籍学生 19 人，占总人数的 0.14%。学校有蒙古族及藏族 2 个少数民族，少数民族学生占比为 100%。学校以藏语、汉语授课为主，语文、政史地等科目以统编教材为主。教学设备齐全，拥有标准的学生计算机房、理化生实验室、语音室、图书室、多媒体教室、校园广播等现代化教学设施。图书室藏书量 5.5 万余册，生均 40 册，阶梯教室竣工完成。先后获得“州级民族团结‘先进集体’”“品牌学校”“州级依法治理创建活动先进单位”等称号。

【优干宁镇第一寄宿制完全小学】

地处河南县西北部，与优干宁镇人民政府毗邻，是县教育局直属的一所六年制寄宿完全小学。学校始建于 1958 年 9 月，原名智后茂完小，2003 年 8 月更名为优干宁镇第一寄宿制完全小学，有 63 年的历史。服务范围覆盖优干宁镇所辖 10 个牧委会，随着城镇化不断发展，学校的服务范围也逐渐扩大至县城周边地区。学校占地面积 47724 平方米，建筑面积 12779.17 平方米，图书馆藏书 19580 册。有教职员工 74 人（后勤人员 25 人)，校长 1 人，党支部专职副书记 1 人，副校长 2 人，主任 2 人，党支部党员教师 19 人，支部委员 5 人；教师总共 55 人（其中西宁支教教师 2 人、顶岗实习生 4 人)，核定在编人数 37 人，在职在编 32 人，无编制 17 人（地方特岗 3 人，同工同酬 8 人，临聘 6 人)；本科学历 33 人，大专学历 14 人，中专学历 2 人，高级教师 4 人，一级教师 24 人，二级教师 4 人，无教师资格证 10 人；专业教师 32 人，结构为藏语言文学专业 15 人、工商管理专业 1 人、汉语言文学专业 5 人、化学专业 1 人、计算机专业 1 人、旅游管理专业 1 人、数学专业 4 人、体育专业 1 人、物理专业 1 人、学前教育专业 2 人；学生 759 人，共 22 个班。学校设有科学实验室、音乐室、美术室、微机室、语音室、舞蹈室、少先队员活动室、教职工图书室、学生图书室、录播室，满足全校师生的教学需求。先后获得“黄南州教育工作先进集体”“全州优秀少先大队”“河南县优秀党支部”“河南县先进基层党组织”等称号。

【优干宁镇第二寄宿制完全小学】

始建于 1996 年，有 25 年的办学历史。前为九龙东扶轮小学，后经国家投资扩建为城关民族完小，2003 年改名为优干宁镇第二寄宿制完全小学，2016 年 9 月搬迁至原河南县民族中学。学校占地面积 41918 平方米，建筑面积 14412.63 平方米，图书室藏书 1.63 万余册。学校设有党支部、政教处、教导处、总务处、团少队、乡村学校少年宫等科室。学校核定编制数 45 人，空编 1 个，无编制人数 21 人、后勤人员 33 人；学校实有教职工 104 人（其中在编不在岗 4 人)，地方特岗 5 人，同工同酬教师 9 人，代课教师 6 人，支教教师 4 人，学校内聘教师 1 人，“三支一扶” 1 人，学校书记、校长 1 人，党支部专职副书记 1 人，副校长 2 人，主任 2 人。党支部支委会委员 5 人，正式党员 23 人，入党积极分子 6 人。专任教师 67 人（藏语言文学专业 27 人、汉语言文学专业 11 人、数学专业 4 人、英语专业 4 人、小学教育专业 6 人、体育与健康专业 1 人、语文教育专业 1 人、政史教育专业 2 人、化学专业 1 人、物理专业 2 人、初等教育专业 1 人、音乐专业 1 人、舞蹈专业 1 人、档案与文秘专业 1 人、法律专业 1 人、蒙英双语专业 1 人、民族工艺设计专业 1 人、艺术设计专业 1 人，有 4 名支教教师专业不在统计之内)；本科教师 43 人，专科教师 21 人，研究生1人，中专2人；学校所有教师均达到大专以上学历，其中高级教师10人，一级教师25人，二级教师9人，专任教师合格率为100%。在校生939人，有25个班级，男生481人、女生458人；非河南县户籍学生19人，占总人数的2%。全校学生均享受国家“两免一补”政策，学校服务行政区域由原来的优干宁镇泽曲河以南的5个行政村变为覆盖全县两镇四乡，同时接收县城务工子女。先后获“全省社会综合治理暨平安创建先进集体”“全州优秀少先队（中）队”“州级文明校园”等称号。

【宁木特镇第一寄宿制完全小学】

始建于1963年，地处宁木特镇政府所在地，距离河南县城31千米，服务半径20千米，覆盖服务11个行政村近万人。学校占地面积3.68万平方米，校舍面积9690平方米，总投资4373万元，新校区于2021年10月完工并投入使用。学校设有党支部、教导处、总务处、团少队等科室。学校核定编制数28人，无编制人数9人、后勤人员16人；实有教职工52人（其中支教教师1人）。学校书记、校长1人，党支部专职副书记1人，副校长1人，主任2人。党支部支委会委员5人，正式党员10人，预备党员2人。专业教师36人（藏语文专业12人、数学专业4人、汉语言文学专业3人、英语专业4人、小学教育专业7人、音乐专业1人、美术专业1人、计算机专业1人、体育专业1人、舞蹈专业1人、法学专业1人）；本科教师22人，专科教师12人，中专2人；学校所有教师均达到学历要求，其中高级教师3人，一级教师13人，专任教师合格率为100%。在校生286人，共10个教学班，男生146人、女生140人；非河南县户籍学生3人，占总人数的1%。学生均为少数民族，有蒙古族、藏族、回族等少数民族。

【宁木特镇第二寄宿制完全小学】

位于黄河与泽曲河交汇处，依山傍水，环境优美。始建于2002年9月，取名为梧桐村教学点，2005年得到国家和有关人士的资助进行全面改造扩建，2005年9月正式更名为宁木特镇第二寄宿制完全小学。校址坐落于河南县黄河沿新村，距离县城58千米，学校服务行政村范围为梧桐村、周龙村、尕群村。学校占地面积21956平方米，建筑面积5577.23平方米。图书室藏书5837册。学校设有党支部、校长室、副校长室、教导处等科室。学校核定编制数13人，无编制数11人，后勤人员12人；实有教职工41人（其中河南县支教1人、调入4人、“三支一扶”2人、幼教5人、读博士1人），校长1人、副校长1人、教导主任1人。正式党员4人，入党积极分子1人。专业教师24人（汉语言专业3人、藏语文专业5人、数学与应用数学专业3人、小学教育3人、计算机专业3人、英语专业1人、科学专业1人、少数民族语言文字专业2人、民间传统工艺唐卡1人、思想政治教育专业1人、学前教育1人等）；研究教师2人、本科教师13人、专科教师5人，中专教师2人；学校24名教师2人除外均达到国家规定学历要求，其中高级教师2人、中级教师9人，初级教师2人。有6个教学班，小学在校生169人，幼儿园在校生61人。

【宁木特镇第三寄宿制完全小学】

位于宁木特镇夏拉村，离县城60千米。始建于1997年9月，原名为夏拉藏文寄宿制小学，2012年更名为宁木特镇第三寄宿制完全小学。学校占地面积1.3万平方米，总建筑面积为2589平方米。学校有教职工34人，在编教师11人、无编制教师10人，后勤人员13人；其中同工同酬教师2人，临聘教师2人，“三支一扶”1人、幼教4人，公益性岗位2人；专业教师中，数学与应用数学2人、英语专业1人、藏语言文学专业6人、市场营销专业1人、初等教育专业（藏）1人、小学教育全科专业3人、物理学专业1人、科学教育专业（藏）1人、美术专业1人、退伍军人1人、幼教专业3人；本科教师14人，专科教师4人，研究生学历2人、高中学历1人；除1名教师外学校其他教师均达到大专以上学历，其中高级教师2人，一级教师2人，专任教师合格率为100%。正式党员6人。食堂管理员1人、炊事员4人、安保1人、校医1人、清洁工2人、司机1人、宿舍管理员2人、出纳1人。有教学班6个，学生117人；附设幼儿园1所，幼儿园学生78人，生源主要来自夏拉、苏青、宁木特、周龙、作毛等半径20千米的村庄。

【柯生乡中心寄宿制完全小学】

位于河南县柯生乡，离县城约80千米，服务尖克、柯生、毛曲、次汉苏4个行政村。建于1964年，有59年的办学历史。学校占地面积1.36万平方米，综合楼建筑面积1100平方米，学生宿舍楼建筑面积1200平方米，教学楼建筑面积1300平方米，学生食堂建筑面积866平方米，教师周转房建筑面积760平方米，操场面积4400平方米，篮球运动场2000平方米。图书室藏书1万余册。学校设有党支部、校长室、教导处、少队等科室。学校核定编制数12人，无编制人数6人、后勤人员13人；实有教职工34人（其中支教教师2人，"三支一扶"1人），学校书记、校长1人，党支部专职副书记1人，主任1人。党支部支委会委员3人，正式党员7人，入党积极分子7人。专业教师21人（汉语言专业3人、数学与应用数学3人、物理专业1人、英语专业4人、体育教育专业2人、藏语言文学专业4人、蒙语言文学专业1人、舞蹈专业1人、美术专业2人）；本科教师17人，专科教师4人，学校所有教师均达到大专以上学历，其中高级教师2人，一级教师5人，专任教师合格率为100%。共8个班级，在校生268人，男生131人、女生137人；非河南县户籍学生5人，占总人数的1.86%；蒙古族和藏族2个少数民族学生267人，汉族学生1人。学校先后获州级、省级、全国优秀中队、大队称号。

【多松乡中心寄宿制完全小学】

坐落于多松乡场镇，离县城60千米，服务行政村由多松村、夏日达哇村和拉让村。创建于1984年，经过30余年的发展，学校逐步成为从事小学义务教育的正规化寄宿制完全小学。学校占地面积2.2万平方米，建筑面积7320平方米，图书室藏书3000余册。学校设有党支部、教导处、少先队等科室。学校核定编制数13人，无编制人数1人、后勤人员11人；实有教职工29人（其中支教教师3人），学校书记、校长1人，副校长1人，教导主任1人。正式党员4人，入党积极分子2人。专业教师18人（汉语言专业2人、数学专业2人、英语专业2人、体育教育专业1人、音乐专业1人、计算机专业1人、藏文专业6人、道德与法治专业1人、美术专业2人）；本科教师11人，专科教师6人，学校所有教师均达到大专以上学历，其中高级教师3人，一级教师8人，专任教师合格率为100%。在校生178人，共6个年级6个班级，男生96人、女生82人；非河南县户籍学生4人，占总人数的2.3%。学校学生均为蒙古族、藏族，少数民族学生占总人数的100%。

【赛尔龙乡中心寄宿制完全小学】

位于阿赛公路末端，距离县城61千米，服务范围为5个行政村，分别为赛尔龙村、尖克村、兰龙村、尕克村、尕庆村。始建于1963年，有60年的历史。学校占地总面积28172平方米，生均159.16平方米；校舍建筑面积6975平方米，生均39.41平方米；学校运动场地2800余平方米，生均15.82平方米。有教学楼、综合楼、学生宿舍楼2栋、学生食堂1栋、室内篮球场1个。学校设有党支部、教导处、总务处、团少队等科室。学校核定编制数16人，无编制人数6人、后勤人员13人；实有教职工35人。学校党支部书记、校长1人，党支部专干1人，副校长1人，主任2人。党支部正式党员10人。专业教师22人（藏语文专业10人、汉语文专业3人、英语专业2人、体育专业1人、物理专业1人、音乐专业1人、美术专业1人、思想政治专业1人、法学专业1人、蒙文专业1人）。本科教师13人，专科教师9人，学校所有教师均达到大专以上学历，其中高级教师1人，一级教师10人，专任教师合格率为100%。在校生177人，共6个班级，男生95人、女生82人；非河南县户籍学生3人，占总人数的1.6%。学校学生均为蒙古族、藏族，少数民族学生占总人数的100%。

【托叶玛乡中心寄宿制完全小学】

地处河南蒙古族自治县优干宁镇东大街，与托叶玛乡人民政府毗邻，是县教育局直属的一所六年制寄宿完全小学。始建于1975年6月，学校原址位于原托叶玛乡政府所在地，距离县城19千米，2007年3月迁到现址，有63年的历史。服务范围覆盖托叶玛乡6个村落及县城周边地区。学校占地面积24750平方米，建筑面积11393平方米，学校图书室藏书14419册。学校设有党支部、支委会、教导处、团少办、总务处、藏语文教研室、数学教研室、语文教研室、英语教研室、音体美教研室等科室。学校核定编制数34人，无编制数10人，后勤工作人员20人，实有教职工68人（其中西宁支教老师1人、顶岗实习生4人、同工同酬8人、临聘3人、“三支一扶”1人、后勤工作人员20人），学校校长兼书记1人，副校长2人，主任2人。党支部支委会委员5人，正式党员19人，入党积极分子2人。专业教师44人（汉语言专业10人、藏语文专业16人、数学专业2人、英语专业2人、体育专业1人、美术专业2人、小学教育专业4人、计算机专业1人、藏药专业1人、政治专业1人、休息管理专业1人、物理专业1人、会计专业1人、教育学专业1人）；取得本科学历教师30人，取得大专学历教师14人，学校所有教师均达到大专及以上学历，高级教师3人，一级教师21人，二级教师9人，专任教师合格率100%。在校生662人，共17个教学班。风雨操场、教学仪器、器材、设备和图书等基本实现全覆盖，设有科学实验室、音乐室、美术室、微机室、语音室、舞蹈室、手工制作室、少先队员活动室、学生图书室、录播室，基本满足全校师生的教学需求。学校先后获“全州文明校园”“全省优秀少先队大队”“全州优秀少先队中队”等称号。

【河南蒙古族自治县中心幼儿园】

位于县城优干宁镇西大街和硕特南路319号。幼儿园始建于1987年，有36年的历史。现址于2017年8月20日正式开工，2019年3月1日正式投入使用。幼儿园占地面积14074.3平方米，建筑面积7605.07平方米。幼儿园设有党支部、保教室、后勤室等科室。幼儿园核定编制数8人，无编制人数65人，后勤人员12人；实有教职工85人。幼儿园党支部书记、园长1人，党支部专职副书记1人，主任2人。党支部支委会委员3人，正式党员16人。学前教育专业教师47人。本科教师36人，专科教师36人，学校所有教师均达到专科以上学历，其中高级教师1人，一级教师3人，专任教师合格率为100%。在园幼儿612人，小班179人，中班203人，大班230人，共18个班级（小班6个班、中班6个班、大班6个班）。幼儿园学生中，蒙古族、藏族、回族、撒拉族、东乡族、保安族、土族等7个少数民族幼儿占98%。幼儿园先后获得“青海省三八红旗集体”“青海省农牧区妇女岗位建功先进集体”“黄南州消防工作先进单位”“河南县先进集体”“全州五四红旗团支部”等称号。

科学技术

【概况】 2022年，河南县科技部门发挥科技服务职能，建立科技项目库，摸清底数，分类别设立内存，申报科技项目，做好人才申报工作。搭建拓展科技科普建设平台，开展科技、科协宣传活动，做好基层科普活动，打造科普示范基地。

【科技交流合作】 开展“京青专家服务活动”，通过对县合作社、企业等各相关单位和牧户的多方面实地走访和调研，北京畜牧总站的郭江鹏教授对有机畜牧业现状进行精细化总结，并对有机畜牧业的后期发展做出具有实操性的指导。通过与主管县长、农牧局局长、工作人员的交流及座谈等模式，此次“京青专家服务活动”完成既定工作任务的同时，也强化发展有机畜牧业的理论基础。

【科技人才队伍】 县科技特派员工作站由来自青海大学、青海省乡村产业发展指导中心及县当地业务部门的10名科技特派员组成，服务依托单位为河南县优干宁镇荷日恒村生态畜牧业牧民专业合作社和阿木乎生态（有机）畜牧业牧民专业合作社，科技特派员工作经费为20万元，主要用于科技特派员深入受援单位开展相关科技服务工作经费。工作站站长、技术负责人申报县生态大牧场草地管理技术研究、县生态畜牧业牧民专业合作社草原生态保护和修复技术示范与推广应用项目、县有机生态畜牧业合作社标准化养殖基地建设项目、欧拉羊繁育基地标准化提升改造项目等。开展欧拉羊良种选育技术推广与示范、欧拉羊发情调控、人工授精的轻简化技术示范、欧拉羊消化道寄生虫病综合防控技术示范、欧拉羊母羊关键繁育期补饲技术示范、优良畜种人工授精运用及推广试点工作、无角欧拉羊繁育示范基地，现场指导羊群驱虫技术、高寒草甸鼠害防控技术、退化草地的自然恢复技术指导等工作50余次。科技特派员开展欧拉羊种羊鉴定、后背公羊选留、选育现场实际操作培训工作、发情期人工授精实操演练培训、欧拉羊种羊鉴定现场培训、活畜交易市场实验室实验仪器安装、草地有害生物防控技术等科技培训，培训基层技术人员200人次，培训牧民群众300余人次，并结合县专业技术人员及农牧民的技术培训工作，发放宣传培训手册500余份，完成阿木乎村人工种草8454亩。

【科技成果】 获得由青海省科学技术厅颁发的五项青海省科学技术成果证书，名称分别为“高寒草地恶性毒草—黄帚橐吾防控技术研究与示范”“黄南州草原科研能力提升建设”“基于无人机的鼠虫害栖息地调查技术研究与试验示范”“几种替代植物的抚育及其对黄帚橐吾的防控效果研究”和“黄河源河曲退化高寒草甸水土流失生态阈值研究”以及一项实用新型专利证书“一种高原鼠兔阻防装置”。

【科技项目】 县域创新驱动项目依托河南县地域特色和畜种优势，依靠青海大学科技优势，进行适合河南县地域特色的本土化技术研发、引进与集成，建立特色明显，组织化程度高、示范带动性强的县域生态大牧场生产技术模式。实现草地资源科学管理。维持草地营养平衡、草畜平衡、使草地质量明显好转，实现草地生产的可持续发展。项目突出产学研结合，将国内外最新草畜科研成果引进到河南县落地推广，有力推动河南县农牧业科技区域创新从“专家—政府—企业”一体化服务。其次，通过草、畜、加工、食品安全、网络和财务人才等领域的科技培训，有效地带动当地技术人员及牧民群众从事草地生态修复和牧业生产的积极性。创建“数字化”草地畜牧业分析平台，大数据平台的建设促进县智慧畜牧业发展进程，实现畜牧业生产环节的智能化监测、预警、分析和决策，为高效草地畜牧业生产提供技术支撑。

文化·体育

文化事业

【概况】 2022年，县文体旅游广电局贯彻新发展理念，推动公共文化服务、文化遗产保护高质量发展，推动图书馆、文化市场管理，提升服务能力和水平，生产更优质的文化产品，满足人民群众精神文化需求。县城设有文化图书馆，各行政村建有农（牧）家书屋，文化服务设施建设实现全覆盖。

【文化服务设施建设】 县文化图书馆两馆总面积为7000平方米，其中图书馆内设有借阅室、地方文献室、少儿阅览室旧书室、民族阅览室、期刊阅览室等服务区，文化馆内设有舞蹈培训室、非遗展示厅、文化展示室、综合办公室、财务室、非遗办公室、文艺办公室等；文化图书馆内设借阅室、地方文献室、少儿阅览室、藏书书室、民族阅览室、期刊阅览室、非遗培训室、非遗展示厅等服务等。在39个行政村建有农（牧）家书屋，在4个寺院建有寺院书屋，配有阅览桌椅，书架及图书，村级覆盖率100%。

【文化活动】 开展各类线上线下群众文化活动和全民阅读活动73场次，服务群众1.8万人次。其中有代表性的活动有：网络春节联欢晚会、送福送春联志愿服务活动、非遗代表性传承人进社区展演活动、非遗亲子手工制作线上征集活动、非遗线上购物活动、图书进校园“清明时节忆英烈，同心共筑中国梦”诗歌朗诵比赛活动、“4·23”世界读书日暨“全民阅读书香河南”主题系列活动、“喜迎二十大·共建洁净图书”为主题的图书室清扫活动、“共迎国庆 欢乐假期”线上知识竞答活动、蒙、藏、汉三种语言线上诗歌朗诵比赛活动、“非遗进村、进校园、进景区”活动、文艺轻骑兵巡演、戏曲进乡村、文艺情景剧演出活动。

2022年11月23日，县文体旅游广电局在优干宁镇多特村开展“宣传党的二十大 奋进新征程”群众性文化主题活动

【文化遗产保护】 有非物质文化遗产项目203项，其中已公布国家级非遗项目为1项、州级非遗项目为51项、县级非遗项目为151项。河南蒙古族自治县非物质文化遗产项目代表性传承人为128人，其中省级非物质文化遗产项目代表性传承人为1人、州级非物质文化遗产代表性传承人为35人、县级非物质文化遗产代表性传承人为92人。河南县民间工艺大师审批11人，13所传习中心，8家宣传展示点。省级非遗项目10项，其中经黄南州专家委员会通过，6项非遗项目推荐为省级非遗项目名录。黄河流域非遗项目调查及非遗资源普查工作中，挖掘非遗资源202项。

【图书馆管理】 县图书馆分为地方文献室、少儿阅览室、民族阅览室、借阅室、藏书室、期刊室6个阅览室，藏书30010册和期刊15种。有针对书籍进行总括登记、个别登记和注销登记，对新到图书和报刊及时验收、登记、盖章。对新书进行分类编目、排架、上架、流通，报纸刊物当天上架。并对有保存价值的报刊、过期刊物装订成册、编目入库。图书馆全开架借阅，阅览室开放每天5小时以上。所有图书入库均设书标、条形码。藏书结构合力，数量达标。

【文化市场管理】 加大教育引导和宣传力度，向全县文旅经营户传达安全生产方面有关文件精神，要求各经营单位强化安全责任意识，守法经营的同时，做好消防安全完善安全事故预案，在确保不发生事故的同时督促文化市场经营业主增强行业自律，自觉守法经营。

重点文物和遗址选介

【曲格亲王府】 曲格亲王府建于20世纪40年代初，又名福宁宫，它是河南蒙古亲王府的夏宫，“文化大革命”中被毁，2009年在原址重建。现在这座恢复新建的亲王府是集“黄河南蒙古文史陈列馆”“亲王府”“中共河南蒙旗工委早期办公处”为一体的纪念馆。主体建筑在原亲王府基础上修建，是蒙、汉建筑风格相结合的三层宫殿。主体建筑基座高25个台阶，东西长46米，南北宽12米。大殿一层为工委早期办公处和文史陈列馆，二层、三层为亲王府邸及和硕特蒙古先祖家神祠堂和佛堂等。这里是新型爱国主义教育基地也是河南蒙古族人民永远纪念的圣地。

【黄河南蒙古历史文化博物馆】 黄河南蒙古历史文化博物馆于2012年10月兴建，2014年7月对外开放，是由县级人民政府筹资兴建的历史文化博物馆，集征集、典藏、陈列和研究代表自然和人类文化遗产的实物的场所，对馆藏物品分类管理，为公众提供知识、教育和欣赏的文化教育的机构，以优秀的蒙古族历史文化为重要载体，努力使其在最大范围内广泛传播，以便让全社会共享。馆藏文物1486件（套），三级文物1件（套），一般文物39件（套），年均展出藏品数量为1394件，总建筑面积1.5万平方米。内设有5个展厅：一层自然资源与规划展；二层历史成就展；三层民俗文化展；四层历史文化展；五层新时代文明实践书画摄影展。主要以唐卡、文物、标本、沙盘、字画、图片等形式展示河南蒙古族自治县独特的自然地理环境和黄河南蒙古的文化特质和精神风貌，特别是改革开放以来的城市变迁及发展脉络，展现自治县建政以来走过的辉煌历程。馆内可组织开展主题党日、现场教学、理想信念教育和民族团结进步教育等活动。

【曲格寺】 曲格寺位于河南县宁木特乡政府所在地，距县城35千米。曲格寺原名“曲格桑昂曲宗朗”，后改名为“曲格扎西曲宗朗”，于1683年开始建寺，由黄河南部的和硕特亲王达日吉博硕克图济农从西藏请来西藏大活佛哇索吉忠巴·阿旺关却乎尼玛主持修建，有340多年的悠久历史，是河南县最早修建的一座寺院。曲格寺于1958年拆毁，1981年重新恢复，再次重建经堂、囊欠、僧舍、佛塔等，有经堂1座（9间）、僧舍100余间。曲格寺建寺以来，寺僧要求严格，承袭拉卜楞寺的学经制度。寺内遵守佛教戒律外，还制订符合本寺的寺规18条，在学经、持戒、参加佛事活动以及日常生活等方面都有严格规定。此外，曲格寺僧人藏戏《智美更登》表演驰名各地。

【香扎寺】 香扎寺位于黄河西进河南蒙古族自治县的甘青接壤处（今河南蒙古自治县柯生乡境内）。南临黄河峡谷，东西为草场，北依吉岗圣山，黄河渡口通往玛曲欧拉草原。该寺离县城75千米。寺院全称为香扎贡扎西德勒寺，意为“香扎吉祥乐善汇集洲”。属于藏传佛教格鲁派。寺院总占地面积34.1万平方米，建筑面积3.27万平方米。主要建筑有大经堂及伙房、马头明王殿、弥勒佛殿、千手观音殿、护法殿、文殊殿、夏秋季辩经院、文化宫、格萨尔殿、展佛台。佛塔2座，囊欠5处、转经长廊近三百间，僧舍75等。

【达参寺】 位于河南县赛尔龙乡政府所在地牙当滩西南侧，坐西向东，背靠大象山，面临碌曲河，离县城61千米。寺院全称为达参扎西噶丹林，意为达参吉祥如意俱喜洲，属于藏传佛教格鲁派。民国13年（1924）由拉卜楞寺第四世智贡巴仓活佛嘉样旦巴嘉措（1868—1941）创建。初为达参扎萨克所属黄色账房寺，为拉卜楞寺属寺。寺院总占地面积为180万平方米，建筑面积为3.34万平方米。主要殿堂有大经堂一座（3层45间），马头明王殿一座（2层9间），护法殿一座2层9间，寺主智贡巴仓及优加活佛等囊欠 4 院，僧舍 92 院 320 间。

融媒体

【概况】 2022 年，县融媒体中心（广播电视台）围绕迎接宣传贯彻党的二十大为主线，开展“全员大学习、业务大比拼、作风大转变、能力大提升”专项行动，为谱写全面建设社会主义现代化国家河南篇章提供思想保证、舆论支持和精神动力。

【自办广播电视】 河南县新闻综合广播（FM101.6）自办广播内容分为藏语、汉语两档节目，以每周一、三、五、日为藏语节目，周二、四、六为汉语节目的形式播出每周新闻快讯、政策解读、蒙语小课堂、文章分享（文学星空）、蒙旗音乐驿站等 5 个栏目。2022 年 1 月 1 日至 12 月 31 日，河南县自办广播 FM101.6 制作和播出每周新闻快讯 51 期、政策解读 46 期、蒙语小课堂 49 期、文章分享（文学星空）51 期，蒙旗音乐驿站 51 期。自办电视频道节目以藏语、汉语形式播出，主要有《请您欣赏》《每周一歌》《河南新闻》《蒙旗剧场》《周末影院》《蒙旗正能量》《新闻调查》《蒙语课堂》《健康知识宣传》《消防安全小课堂》等 10 个自办栏目。年内，自办电视频道制作和播出自制新闻 252 条，向州台上报 172 条，省台上报 95 条，其中青海卫视播出 25 条，安多藏语卫视播出 22 条，黄南州台播出 98 条；上传云端黄南、荟萃频道及青海藏语网络广播电视台祥云网各 252 条；制作播出“喜迎二十大　我想对党说”系列采访报道共七期，“喜迎二十大　我们这十年”专题访谈共九期；协助中央驻青媒体和县委宣传部制作播出“纯净河南·幸福蒙旗”系列宣传片 3 部，联合县人民检察院制作播出 3 期未成年人暑假安全提醒专题视听节目，联合县委宣传部完成“河南精神高地”系列原创第一手素材拍摄剪辑；制作播出安全生产、疫情防控、生态环保、未成年人自我保护、消防安全等各类公告、通知和通告 150 余条，全天滚动播出疫情防控公益宣传广告、网络情景剧及疫情防控常识宣传片共 190 余条，滚动字幕累计滚动播出 9300 余次。完成党的二十大、省第十四次党代会及全国、省州县两会等重要会议活动的宣传报道及直转播工作任务。

2022 年 2 月 27 日至 3 月 1 日，县融媒体中心工作人员播报全县“两会”主持词

【无线广播电视】 全县 5 部 300 瓦发射功率调频广播发射机，分别转直播中国之声（FM97.1）、中央藏语广播（FM97.6）、青海综合（FM99.0）、青海藏语（FM103.2）、河南县新闻综合广播（FM101.6）等 5 套调频广播；优干宁镇主干台、宁木特镇基站、黄河沿基站、夏拉完小基站、多松乡基站、柯生乡基站、赛尔龙乡基站等 7 座无线数字覆盖基站每天转播 17 小时，发射转播中央广播电视总台 14 套节目，全年累计播出 6205 小时。

【应急广播】 县应急广播有 113 台高频音柱、200 台室内终端和 164 个高音喇叭，包括 1 个县级播控中心平台（设在县融媒体中心）、6 个乡镇平台及 39 个村级播控平台。全年制作播出汉语、藏语《党的二十大报告金句》《省第十四次党代会精神要点》《防溺水》《地震常识》《疫苗接种倡议书》《疫情防控常识》《中央和省州县惠民政策解读》《疫情防控期间党员干部职工十不准》《省州县疫情防控处置工作指挥部系列通告》《疫情防控 责任你我》《疫情防控注意事项》等各类宣传内容18条循环播出800余次，播出时长达1870小时。

【户户通】 直播卫星用户共15159户，开通安装“户户通”设备400余套，发放直播卫星“户户通”安装使用常见问题及解决方法、故障报修服务联系卡片共600余份，检修维护“户户通”设备280余人次。联合县广电网络公司通过不定期下乡开展巡查，宣传直播卫星“户户通”使用和维护服务政策，维修故障设备并向基层牧民群众讲解日常故障排除方法，提升全县牧民群众收听收看广播电视的内容和质量，确保全县各族干部群众能够正常收听收看广播电视节目。

【传播矩阵】 融媒体中心微信视频号、官方抖音号共发布新媒体宣传短视频982条（微信视频号313条，抖音号675条），视频总浏览量达72万人次，收藏转发量3600余次。其中，疫情防控情景剧5条，疫情防控相关短视频372条，迎接宣传贯彻党的二十大短视频56条，学习贯彻落实省第十四次党代会精神短视频28条，全县两会、人文、资源、生态及日常科普等其他各类短视频520余条。疫情防控情景剧《选择》《口罩》被青海省广播电视局评为2022年青海省短视频优秀奖，《打造有机精品 聚焦兰龙雪多》《合作社分红 牧民乐开花》分别获青海广播电视新闻作品奖二等奖、三等奖，疫情防控情景剧《待在家里就是对社会最大的贡献》和短消息《绿水青山就是金山银山》分别获黄南州宣传思想“四大专项行动”融媒体技能大赛二等奖、三等奖，短视频《青山绿水就是金山银山》获全县融媒体技能大赛一等奖。加强融媒体中心客户端“大美河南”App日常更新力度，在主页、视听、服务、社区等4大栏目23个内容栏，每周上传河南新闻、天气预报、FM101.6夜听等原创内容，转发各类资讯、生态环保、节目视听、疫情防控、活动直播、民生服务、党政建设、生活服务、教育文化等内容更新10500余次，全年每月省委宣传部的数据报告中，在全省38个新媒体客户端排名中，该客户端稳居中等偏上，形成全方位、多平台、广渠道、全覆盖的新媒体传播矩阵。

【安全播出】 强化安全播出，多次开展安全播出应急演练，模拟办公楼意外停电，播控室视频服务出现画面中断静止或黑屏、中央电视台第一套节目无信号输出等突发故障场景，提升安全播出工作人员应对突发事件的组织抢修能力，增强对安全播出设备的熟练掌握程度，规范安全播出操作流程，使工作人员在突发情况下能够更加迅速、高效、有序地进行应急指挥调度工作。健全完善机房安全播出值班制度，成立广播电视安全播出领导小组，健全完善安全播出应急预案，全年24小时值班值守，每周对播出机房值班及播出环节进行督查，加大对播出机房安全播出制度执行情况和机房设备工作运行情况的检查、督查力度，对“重保期”可能碰到的问题进行分析，围绕安全播出自检、自查工作，完成机房设备的相关测试、检修工作，在主要节假日和各重要安全播出保障期，执行零报告制度，完成“春节”“元宵”“两会”“省第十四次党代会”“五一”“党的二十大重保期”“国庆节”等重大节日和会议的安全播出任务，未发生一般以上安全播出事故。

【人才队伍建设】 两次组织业务骨干人员，分别赴刚察县融媒体中心、海东市广播电视台、化隆县融媒体中心观摩取经，学习借鉴兄弟单位的好经验、好做法，提升新闻传播力、引导力、影响力和公信力；分批选派4名新招聘专业技术人员赴青海广播电视台开展播音主持、非编制作、采访报道等业务培训，平均每人脱产培训时间达2个月；按照县委宣传部要求，干部职工分批进行互相交流学习，工作人员的新闻采编播能力进一步得到强化；围绕提升从业人员采编播业务技能水平，开展业务培训8次，强化专业技术人员短缺“瓶颈”，加深干部职工对媒体融合发展趋势的思想认识，提升新媒体宣传能力，更好地服务全县经济社会发展。

档　案

【概况】　2022年，县档案局（馆）合署办公，两块牌子，一套人马，集中统一保管全县机关及企事业单位的档案资料。馆藏档案资料达8520卷（计96920件），文书档案6251卷（计60501件），会计档案9302卷（件），婚姻档案2291件，重大档案12949件，实物档案68件，音像照片档案619件，明、清、民国档案109件，科技档案87件，书刊报纸10994件（册）。

【档案接收】　县档案局（馆）先后接收档案14708件。其中县委911件，县委政法委1543件，县财政局5842件，县卫生健康局（疫情档案）1295件，县畜牧兽医站1635件，柯生乡932件，赛尔龙乡532件，托叶玛乡1686件，县粮油公司145件，报刊1200余本，征集照片12张、书籍9册、实物档案2件。在接收档案的基础上，县档案局（馆）开发档案信息资源，使档案资源更加丰富合理，推进全县资料查阅研究等工作。

【档案利用】　为推进全县机关档案工作，促进机关档案现代化建设提升，使档案基础性工作规范、有序、科学、高效，县档案局（馆）深入各乡镇，加大档案业务指导力度，加强对各单位档案现代化管理工作的指导，提高专兼职档案管理人员的业务水平。做到鉴定等每个环节都有据可查，有法可依，使档案工作机构的设置更加明确、职责更加清晰。接受社会各界档案查阅人员60余人次，档案查阅资料500余次，为领导决策提供依据，努力为百姓工作生活提供凭证、参考、借鉴。

【荣誉档案征集】　为全面反映河南县建政以来在政治、经济、社会、文化、生态文明等方面取得的成就，展示全县各行各业各族人民为“美丽河南，纯净草原”努力，奋斗的辉煌成绩，州委办公室（州档案局）下发《关于在全县范围内广泛征集各类荣誉档案的通知》，县档案局积极响应，完成全县建政至2021年间县内个人、单位、集体的荣誉奖状、奖牌、奖项获得情况的征集工作。经最终核计，获得国家、省、州、县各级各类奖项450余个（件）。

【业务培训学习】　县档案局（馆）为增强全体干部职工的忧患意识，多次开展“安全第一　预防为主”档案安全保护业务培训。为适应档案工作发展的新形势、新任务，提高档案工作水平，确保档案工作稳步健康发展，县档案局（馆）组织档案工作人员参加全州档案业务能力培训班。

2022年11月10日，县档案局干部职工在县档案库检查档案安全

地方志

【概况】　2022年，县地方志办公室践行服务中心大局、服务经

济社会发展、服务人民群众的“三个服务”理念，立足志鉴编修，突出资政辅治，创新教化育人，全面发挥“存史、育人、资政”职能，推进二轮志书、年鉴、乡镇志、扶贫志等方志事业发展。

【二轮志书编修】 完成《河南蒙古族自治县志（1991—2010）》印刷出版，举行《河南蒙古族自治县志（1991—2010）》发行仪式，二轮志书的出版发行标志着河南县第二轮修志工作圆满收官。该志书系统记述1991—2010年河南县的自然、经济、文化、社会的历史和现状，翔实准确地书写历届县委、县政府领导全县干部群众艰苦创业、开拓进取的奋斗历程，具有“存史、育人、资政”的价值和重要意义。

【综合年鉴编纂】 《河南蒙古族自治县年鉴（2022）》自2022年1月开始征集资料，历经资料收集、初稿撰写、复审修改、终审交叉审核等多个程序，12月底交由方志出版社审查出版。全书按类目、分目、条目3个层次编排，收录440余幅图片、30张表格总共63万余字，全面系统记述河南县2021年度经济社会发展情况。该年鉴落实《青海省综合年鉴精品工程实施方案》要求，按照“争创精品、提升质量”的工作目标，拓展编纂思路，科学设置篇目，优化工作流程，突出时代性、地域性和规范性，《河南蒙古族自治县年鉴（2022）》入选全省综合年鉴精品工程，被评为“青海省精品年鉴”，成为全省唯一一部入选的县级年鉴。

【乡镇志编纂】 成立《宁木特镇志》编纂工作领导小组，印发《关于启动〈宁木特镇志〉编纂工作的通知》和《〈宁木特镇志〉编纂工作方案》，5月底在全州率先启动《宁木特镇志》编纂工作。《宁木特镇志》编纂工作由宁木特镇牵头，县党史研究室（县地方志办公室）负责督促和辅导，制定编纂工作进度表，每月督促乡镇按进度有序开展。《宁木特镇志》编纂工作处于资料搜集、初稿撰写等前期阶段。

【扶贫志编纂】 印发《〈河南蒙古族自治县扶贫志〉编纂工作实施方案》，成立《河南蒙古族自治县扶贫志》编纂委员会，2022年10月26日召开《河南蒙古族自治县扶贫志》编纂工作启动会，扶贫志编纂工作全面启动。《河南蒙古族自治县扶贫志》编纂工作由县党史研究室（地方志办公室）牵头，与县乡村振兴局共同承编。编纂工作处于资料搜集、初稿撰写等前期阶段。

【月志编印】 以月为单位按期编纂印发《河南蒙古族自治县月志》，旨在通过全面系统、科学准确地收集记录每月县委、县政府召开的重要会议、全县重大活动、重大项目、民生举措、生态环保等各方面内容，为做好全县各项工作提供重要依据，为整理全县大事记打好基础。全年编印月志12期。

【业务学习培训】 重视业务知

2022年10月26日，《河南蒙古族自治县扶贫志》编纂工作启动会召开、县党史研究室主任潘英做培训

识学习，组织全体干部职工重点对《地方志工作条例》等史志专业知识开展集中学习，组织史志干部参加中国地方志指导小组办公室举办的“精品年鉴品读季”活动启动仪式暨2022年中国年鉴精品工程研讨会、第七期全国年鉴主编培训班线上培训，利用“学习强国”“黄南先锋”“青海干部网络学院”等平台做好个人自学，不断提升史志工作者的业务素质。

民族语言工作

【概况】 2022年，县民族语文工作中心主要负责县人代会、县政协会文件的文字翻译和口头翻译工作，负责人民代表和政协委员的提案、意见、建议、议案答复的翻译以及来自基层和有关部门的上访材料和其他材料的翻译工作。全年翻译打印、校对、装订、发行约73万余字。

【民族古籍出版】 根据县人民政府安排部署，完成“河南县文化建设重点项目”中的《厄鲁特准噶尔氏系简史》和河南蒙旗文史资料《先祖言教》（藏文版）书籍的原稿收集、整理、录入、校对以及电子版存档等工作。

【《河南政报》藏文版发行】 为加快推进河南县政务公开，实现政府信息公开多元化，提高各项惠民政策、法律法规、健康知识等在广大牧民群众中的知晓率和普及率，促进全县经济社会发展，经县人民政府同意，2015年年初起，创办《河南政报》（藏文版）》内部季刊并上报有关部门落实准印证号。总出版发行32期，共计29600余册，发行至县委、县政府各部门，乡镇、村社，学校，寺院等，得到社会各界及广大牧民群众的好评和肯定。

【督导社会市面用文】 检查督促党的民族语言文字政策落实情况、学习和使用少数民族语言文字情况。社会用字使用少数民族语言文字工作重点放在检察机关、人民团体、企事业单位的牌匾、公章、文头以及县城个体工商户的门牌使用少数民族文字情况上，对全县1152户个体户门牌，全县各行政企事业单位门牌、公章、公文头以及公共场所、公用设施、公共服务行业等名称标牌、广告、宣传栏、指路标志、交通标志进行检查，检查过程中发现部分个体户门面用文不规范，存在错、漏、乱、字体大小不一、位置颠倒、用文不全等问题。使用少数民族文字、汉字等2种文字的1021户，未使用少数民族文字或无挂牌户112户，使用少数民族文字错误或不规范19块。从全县使用文字情况看，单位公文头、门牌不使用少数民族文字的主要是州驻县企事业单位，部分公共场所、公用设施、公共服务行业等，名称标牌、广告、宣传栏、指路标志、出租车和公共汽车门徽、交通标志的部分管理单位，县民宗局、民族语文工作中心对他们提出要求，并上门或电话催促，协调市场监督管理局及时对少数未使用少数民族文字的个体户进行整改，并提供免费翻译服务。

2022年8月20日，督导社会市面用文

体　育

【概况】　2022年，河南县体育工作围绕“体育强县”战略目标，坚持高位统筹、全域谋划、重点推进，加强基础设施建设，着力开展全民健身活动，提升体育服务水平，强化青少年体育运动、民族体育运动发展，突出抓好竞技体育事业和群众体育活动。

【体育组织】　河南县有体育组织4家，分别为河南蒙古族自治县体育总会、河南蒙旗射箭协会、河南蒙古族自治县吉郎马文化传播协会、河南县足球协会。

【足球场建设】　建设足球场3处，分别为黄南州河南托叶玛曲海5人制笼式足球场，总建设面积800平方米，项目总投资50万元；黄南州河南优干宁吉仁5人制笼式足球场，总建设面积800平方米，项目总投资50万元；黄南州河南优干宁荷日恒五人制笼式足球场，总建设面积800平方米。项目总投资50万元。

【体育赛事与活动】　举办各类竞技赛事2个，分别为2022年12月27日举行的“高原杯”五人制足球赛、2022年青海省特色体育系列活动。开展群众体育活动，举办河南县社区运动会群众性体育活动1项，包括篮球、射箭、乒乓球等系列比赛。

卫生健康

卫生事业

【概况】 2022年，县卫生健康局按照全县统一部署，坚持组织、规划、协调，推进卫生健康工作开展，新冠肺炎疫情防控取得成效，卫生设施不断完善，实施健康扶贫与乡村振兴有效衔接，疾病预防控制、妇幼卫生、医药产业发展等医疗卫生事业得到发展，群众“看病难、看病远、看病贵”的问题得到进一步解决。

【新型冠状病毒感染防控】 依托“1部3组8专班”扁平化工作机制，构建自上而下统一领导、一线指挥、统筹协调、并行联动的防控指挥体系，24小时全天候高效运转，责任压紧压实到各方面、各时段，组织召开调度会、专题会、现场办公会等各类会议40余次，印发各类文件通知180余期，发布通告69期，细化支持保障措施，推进各项防控工作。制定《河南县常态化新冠肺炎疫情防控工作预案（试行）的通知》等文件。对全县副科级以上干部、公安民警、社区工作者、网格员开展疫情防控指南第九版培训，提高疫情防控能力和水平，开展各类培训75次，覆盖5419人次。按照发热门诊（诊室）“应设尽设、应开尽开”的要求，设置发热门诊（二级以上医院）1家（县人民医院）、发热诊室（县蒙藏医院、妇计中心、乡镇卫生院）8家。

【卫生设施建设】 投资1.55亿元，实施县人民医院整体搬迁新建项目，完成总工程量的90%，传染病区建设完成深化改造。乡镇卫生提标改造包括优干宁镇卫生院、赛尔龙乡卫生院、托叶玛乡卫生院、柯生乡卫生院、多松乡卫生院，其中优干宁镇卫生院和托叶玛乡卫生院提标改造项目开工，其余项目处于招标阶段。

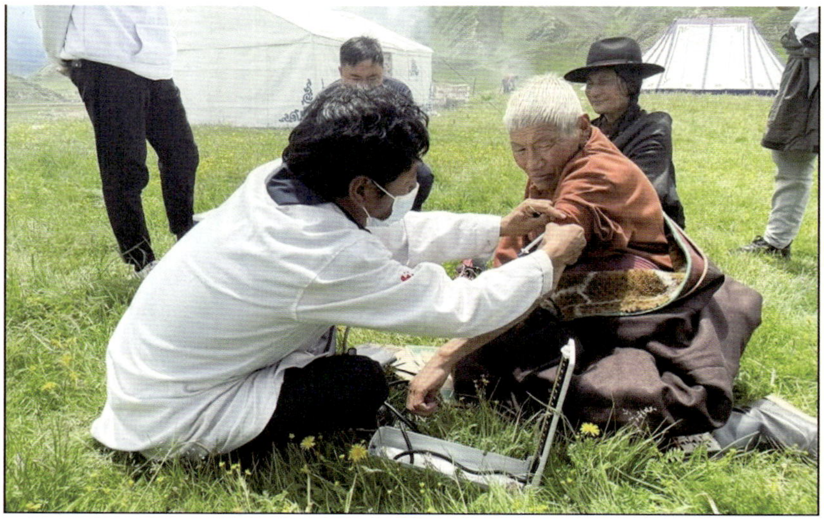

2022年，县卫生健康局组织开展新冠疫苗接种工作

2023年申报能力提升、疾病预防控制能力提升、医疗卫生机构完善工程、中藏医特色重点医院项目建设四类，申报资金约2.8亿元。

【健康管理】 居民健康档案电子建档率86%，动态更新管理数24307份。家庭医生签约服务签约率为86.6%。高血压管理人数1185人，规范管理率96.6%；糖尿病管理人数228人，规范管理率99%；重精建档人数170人，规范管理率100%；65岁及以上老年人建立健康档案2239人，建档率为100%；一般体格检查，健康体检1248人，体检完成率56%。为健康管理人员提供定期入户或电话开展健康教育、用药指导、医疗咨询、监测健康状况等服务。

【医养结合】 河南县医养结合综合服务中心地处河南县拉姆兰措路，经营面积为4475平方米，总投资1850万元，有115个床位。为入住老年人提供基本医疗、健康教育、预防保健、养生养老、康复训练、护理、预约就诊为一体的医养结合的养老服务；为居家老年人提供家政、医疗、紧急救助、心理咨询服务；与社会福利中心合作，为养老院老年人开展以预防、保健、康复、医疗、健教、心理咨询为主的“六位一体”服务。

【脱贫群众服务】 实施健康扶贫与乡村振兴有效衔接，为建档立卡脱贫群众开辟治疗绿色通道，落实“六减免、四优先、十覆盖”，实现“先住院，后结算”，设立基本医保、大病保险、六减免等“一站式结算”窗口。对符合大病保险政策条件的群众补偿大病基金150.54万元238人次，城镇职工医疗保险参保人数为3192人，户籍参保率为98%，实现新生儿参保率100%，新增就业参保率100%。同时为高血压、糖尿病等慢性病患者提供为期8周的慢性病用药长处方服务。

【爱国卫生】 开展爱国卫生运动，狠抓病媒生物防制工作，动员全县干部职工、社区居民、群众及志愿者参与每月“13日、26日”环境卫生整治日，不断强化环境卫生综合整治，完成赛尔龙乡、柯生乡创建省级卫生乡镇州级初审评估，完成年度各项目标任务。

【地方病预防控制】 坚持预防为主的工作方针，提升疾病预防控制能力和水平。报告甲、乙、丙法定传染病420例，报告发病率为每10万963.48，与2021年相比，甲、乙、丙类法定传染病总发病数下降31.26%，网络直报率达100%。结合“优质医疗基层行”“我为群众办实事”等实践活动在全县范围内随机进行布病监测工作，对200名群众静脉采血，进行血清学检测，检测出阳性病人8例，阳性率为4%，对8名患者进行流行病学调查并及时上报。发放碘盐10吨，完成免费碘盐发放任务，碘盐覆盖率达100%，合格碘盐食用率99.0%。儿童氟斑牙患病情况监测167人，正常162人，极轻度5人（均为现患），成人氟骨症诊断情况为监测1703人，未发现阳性患者。在宁木特镇德日旦村和赛尔永村设立鼠疫监测点，疾控3名专业人员及雇工5人在村党员活动室及乡间公路旁设卡扎营，开展两轮鼠疫监测和保护性灭獭工作。监测面积2万公顷，固定监测6000公顷，流动监测1.4万公顷。堵洞1098个，使用氯化苦109千克，采集旱獭血清检验268份，结果均为阴性。

【人口与计划生育】 全县总人口44102人，已婚育龄妇女7146人，新出生595名婴儿（均为计划内出生），住院分娩率为100%，出生人口政策符合率100%；新生儿疾病筛查488人，筛查率82%；3岁以下儿童系统管理2420人，管理率98%；5岁以下儿童死亡数6例，死亡率11.3‰。开展“优质医疗基层行”活动，完成农牧区妇女“两癌”筛查1069人；免费为506对计划怀孕夫妇完成孕前优生健康检查；发放各类宣传册、小折页、宣传单3000余份；免费发放避孕药具6200余人份。

【妇女健康服务】 开展医疗技术服务活动，到6个乡镇39个行政村开展“两癌”筛查、孕前优生健康检查、计划生育“三查”等服务工作，完成农牧区妇女“两癌”筛查1069人、“三查”1927人次、妇女病筛查1809人次，发放叶酸931人份，发放率90%；免费发放价值8000余元的妇科常用药品。标准化建设县人民医院、蒙藏医院、妇幼保健计划生育服务中心母婴室，配齐配全配套设施设备，为哺乳期女性打造特殊关爱场所。

【特殊家庭扶助关怀】 推动计划生育特殊家庭帮扶行动，建立健全乡、村两级对口帮扶机制，签订责任协议，开通就医“绿色通道”。完成目标人群网上录入和年审工作，录入特别扶助家庭4人（退出0人、新增0人），奖励扶助249人（退出26人、新增46人）。特别扶助家庭中子女死亡家庭的扶助金标准由每人每年8000元提高至1万元，计划生育家庭奖励扶助人员扶助金标准由每人每年1160元提高至1200元，奖扶资金33.48万元落实到位。根据有关文件要求，额外对特扶对象购买每人500元的团体意外伤害保险共计2000元（意外伤害残疾保险和住院看护津贴保险），并为计划生育特殊家庭每户发放500元慰问金及价值600余元的衣物。

【医疗废物管理】 医疗机构实行医疗垃圾分类收集、规范暂存模式，经专人负责收集登记后交至黄南州医疗废物处置中心处置。县卫生健康综合行政执法大队多次对医疗废物收集、消毒、包装、运输、处置进行督查，针对问题提出整改要求，控制医院感染的发生，减少医院环境污染，防止病原微生物的传播。

【医疗行业监管】 县卫生健康综合行政执法大队结合“双随机、一公开”及“健康青海蓝盾护航”工作，出动监督员219人次、监督车30余辆次，检查73家医疗机构，对医疗质量安全、医疗处方、过度医疗、推诿患者、欺诈骗保、虚假广告宣传、卫生安全等行为进行监管。联合县公安、市场监管部门开展打击“黑诊所”等非法行医整治行动，办理非法行医案件1起，下达意见书1份，罚款5万元。

【医政管理】 以医药卫生体制改革和卫生健康重点工作为抓手，以“质量、安全、服务”为切入点，贯彻《医疗质量管理办法》，各医疗机构以加强医疗质量内涵建设、保证医疗安全为重点，组织开展临床检验、医疗、药事、护理、院感管理专项检查、麻醉精神药品管理专项检查，强化对产房、新生儿室、手术室、门急诊等重点部门、重点环节的安全风险管理工作，发现医疗质量管理中存在的问题，查漏补缺，落实持续改进措施，实现医疗质量标准化、规范化，提升医疗质量和医疗安全水平。

【医疗队伍建设】 依托全科医生规范化培训、助理全科医生培训、全科医生转岗培训、农牧区订单定向免费培养医学生的接转就业工作，实现县级公立医院每个专业科室和乡镇卫生院均有至少1名合格的执业医师（助理）或全科医师、每个村卫生室均配有1名合格的乡村医生，医疗技术人员达到“三合格”要求。各乡镇卫生院不定期选派业务骨干赴医共体牵头单位进行业务培训学习。坚持外引内育同向发展，从省五医院引进韩国雄院长，从整体上提升县医院管理水平，提高县医院综合服务质量，打造政治坚定、品德高尚、业务扎实、服务优秀的专业技术人才队伍。

【蒙藏医药传承】 县蒙藏传承主要场所有县蒙藏医院、尕布藏传统藏医职业学校、县医院藏医科及6个乡镇卫生院藏医馆，其中以县蒙藏医院为主要代表。经过30余年的发展，蒙藏医院传承和发展传统蒙藏医药，发展成为集临床、科研、教学、制药为一体，以蒙藏医药为主，西医为辅的非营利性医疗机构，是全省示范蒙藏医院和青海省中藏医名院，也是全省县级民族医院专家占比最高的医院，近两年累计门诊量近15万人次，年住院达3000余人次，年收入达4000余万元，蒙藏药收入占87%。香扎尕布藏大师为河南县培养民间藏医，与省内其他知名藏医一道培训藏医师，编写一部包括生理、病理、病因病原、诊断治疗、药物炮制等内容的藏医专著。县藏医主任医师久美为香扎尕布藏专家的学术经验继承人，被国家中医药管理局确定为全国第三批、五批、六批老中医专家学术经验指导老师，先后以师带徒形式培养6名学术经验继承人，其中有4人获得国家名医出师证书，2名硕士研究生学术经验继承人。

医疗卫生机构

【概况】 2022年，河南县卫生健康系统医疗机构包括县人民医院、县蒙藏医院、县卫生健康综合执法大队、县疾病控制预防中心、县妇幼保健和计划生育服务中心以及6个乡镇卫生院；具有副高级职称27人，中级职称21人，初级职称195人，无证221人；医疗机构收入以县蒙藏医院为主，其次为县人民医院。

【县人民医院】 是全县唯一一所综合性医院，承担医疗服务、科学研究工作，有职工155名。设有院办、医务科、手术室、内儿科、体检中心、检验科、放射科、预检分诊点、发热门诊等22个综合科室。

【县蒙藏医院】 承担蒙藏医基本医疗服务、蒙藏医疗科学研究工作，有职工171人，其中藏医主任医师1人，藏医副主任医师8人，藏医副主任药师2人，中级职称8人，药剂师2人。拓展蒙藏医院的业务范围，实现乡镇卫生院中藏医馆全覆盖，村卫生室基本药品全覆盖（西药60种，蒙藏药20种慢性病病用药5种），多家个体诊所使用蒙藏药制剂药品，实现基层中藏医疗服务168

人次，增长60%。

【县卫生健康综合执法大队】 主要开展公共场所卫生、医疗卫生、消毒产品、学校卫生、打击规范超声检查隔离膜使用管理、养老诈骗和职业卫生等监督执法工作，有职工8人。出动监督员1580人次、监督车244辆次，检查机构2148户次，提出指导意见2份，下达监督意见书566份，停业整顿5家，公共场所监督覆盖率为100%，量化分级率为100%。

【县疾病控制预防中心】 承担传染病、寄生虫病、地方病、非传染性疾病等的预防与控制工作；承担全县突发公共卫生事件和灾害疫情应急处置工作；承担全县疫情及健康相关因素信息管理，开展疾病检测、收集报告、分析和评价疾病与健康危害因素等公共卫生信息工作；承担全县健康危害因素检测与干预，开展实验型、职业型、放射型、环境型等疾病监测评价和流行病学调查，开展公众健康和营养状况监测与评价，提出干预策略与措施；承担全县疾病病原生物检测鉴定和物理、化学因子检测评价工作；承担全县疾病预防控制技术管理与应用研究指导等工作；承担全县健康教育、健康促进技术咨询服务工作。

【县妇幼保健和计划生育服务中心】 是全县唯一一所妇幼保健计划生育技术服务机构，也是全县母婴保健和计划生育技术服务指导中心。承担全县妇女儿童保健和计划生育服务工作；承担全县妇女儿童的基本医疗工作；承担全县计划生育药具发放和服务工作；承担全县妇幼保健信息数据的统计、整理、上报和对外查询服务工作。产妇总数619人，管理数619人，管理率100%；孕产妇总数595人，管理数595人，管理率100%；3岁以下儿童总数2502人，管理数2445人，管理率97.9%。

【优干宁镇卫生院】 承担基本医疗和区域内公共卫生服务工作，有职工14人，中级职称2人。内设门诊、药房、妇科检查室、注射室、B超室、心电图、检验室、计免科等科室。辖区有10个村，各村设有村级卫生室，村医10人。

【宁木特镇卫生院】 承担基本医疗和区域内公共卫生服务工作，有职工25人，其中副高职称2人，中级职称1人（康复主治医师）。重点开展疫情防控、医疗卫生、新冠疫苗接种、预防保健、家庭医生签约、公共卫生服务等工作，围绕“防—治—保—创—提”核心任务，保障全镇群众的身心健康与生命安全。

【赛尔龙乡卫生院】 承担基本医疗和区域内公共卫生服务工作，有职工12人，设置有门诊、药房、注射室、B超室、心电图、检验室、计免科、中藏医科等科室。辖区有5个村，各村设置有村级卫生室，为辖区近3710名牧民群众提供基本公共卫生服务及常见病、多发病的诊治服务工作，门诊接诊病人3468人次，平均每天9人次，多以慢性病和常见病为主。

【托叶玛乡卫生院】 承担基本医疗和区域内公共卫生服务工作，辖区内有6个村卫生室，有职工16人，本科学历3人，大专学历

2022年5月，宁木特镇卫生院开展0—6岁儿童视力筛查活动

11人，中专1人，初中1人，执业医师2人，技术人员11人，后勤2名。内设有中藏医馆、B超室、心电图、检验科、计免科等，为辖区内牧民群众提供医疗卫生服务、基本公共卫生服务、疫苗接种和健康教育宣传等工作。

【柯生乡卫生院】 承担基本医疗和区域内公共卫生服务工作，有职工16人，设有中藏医馆、门诊、药房、妇科检查室、注射室、B超室、心电图、检验科、健康档案室、计免科等。配备B超机、心电图机、全自动尿液分析仪、血常规机。承担着辖区内4个行政村、乡机关单位、寄宿小学等2700余人的医疗、预防保健、计划免疫、妇幼保健、乡村医生的管理培训工作。

【多松乡卫生院】 承担基本医疗和区域内公共卫生服务工作，有职工13人，其中藏医专业4人、临床专业2人、护理专业2人、医药营销专业1人。内设有门诊、药房、妇科检查室、注射室、B超室、心电图、检验科、健康档案室、计免科等科室。配备有B超机、心电图机、全自动尿液分析仪、血常规机。重点发展中藏医馆，包括放血、火罐、按摩、针灸、推拿、药浴（泡脚）。

安全应急管理

安全生产管理

【概况】 2022年，河南县非煤矿山、危险化学品、建筑施工、道路交通、工贸行业、生产经营性火灾等领域未发生安全生产经营性事故（未造成人员死亡），安全生产经营性事故死亡人数控制在州对县目标考核任务范围内（2022年州对县下达生产经营性控制指标2人）。

【安全生产体系】 为明确各安全生产成员单位的安全生产职责，严格督促各乡镇、各部门及企业落实属地管理责任、部门监管责任、企业主体责任。按照县委、县政府主要领导指示精神，县安委办主动作为，把安全生产摆在突出重要位置，狠抓安全防范措施落实。县委常委会、县政府常务会议15次研究安全生产工作，召开全县安全生产专题工作会议22次，研究解决安全生产突出问题9次，组织召开安全生产专题理论学习22次，签订安全生产目标责任书100余份，制定印发《河南县落实安全生产“15条措施”工作方案的通知》《河南县安全生产领域综合督查整治工作方案》等文件11份，开展安全生产“百日攻坚”行动，推动落实专项整治三年行动“治本攻坚”阶段各项任务。做到各负其责、人尽其责，全县上下齐抓共管安全生产的工作格局已形成。

【安全隐患排查】 坚持“全覆盖，零容忍，严执法，重实效”的工作原则，落实领导干部带队检查安全生产工作制度，对重点时期重点工作党政“一把手”亲自安排部署，亲自过问工作进展情况和任务落实情况，县委、县政府领导带队检查安全生产工作128人次，各级领导干部带队检查安全生产制度已形成常态化，推动“党政同责”“一岗双责”落到实处。对安全隐患整改情况进行跟踪检查，对隐患整改措施落实情况及时进行“回头看”，对照隐患逐条进行复查，确保整改工作不走过场，取得实效。推进专项整治“三年行动”，聚焦“两单四表”精准发力，以“零容忍”的态度开展隐患大排查大整治，确保重点单位隐患排查全覆盖。全年未出现乱执法、错执法等现象，确保执法行为的合法性、规范性，未发生较大以上生产安全事故，安全生产形势总体稳定。

2022年4月，河南县安全生产工作会议召开

【安全生产整治】 落实安全生产责任，以综合督查、重点抽查、专项检查相结合，落实“谁主管、谁负责”的要求，常态化地开展隐患排查整治工作。检查企业、公共场所1673家次，排查整治问题隐患616条，整改612条，剩余整改3条，整改率99.3%，落实包保责任人172人，做到“两单四表”闭环管理，停产整顿企业3家，行政处罚6.37万元，警示约谈88人，下达安全生产工作提醒函52份。省安委会第八综合督导组向河南县反馈督导检查发现的问题隐患27条，均整改完成。按照隐患整改要求，建立隐患复查台账作为下一轮隐患排查的参考依据，对安全隐患整改情况进行跟踪检查，对隐患整改措施落实情况及时进行“回头看”，对照隐患逐条进行复查，确保整改工作不走过场，取得实效。

【安全宣传教育】 制定印发《河南县“宣贯二十大·全力保安全”主题宣传活动方案》，创新安全法治宣传教育载体和方式，加大危险化学品、道路交通、建筑施工、消防等领域的安全法律法规宣传，让安全生产理念、知识和法律法规进企业、进工地、进学校、进乡村、进社区、进家庭。组织开展以“4·14”玉树地震纪念日、“5·12”防灾减灾日、“安全生产月”、安全生产咨询日等时间节点为契机，组织开展安全生产、防震减灾、森林草原防火、防汛抗旱知识进机关、进企业、进农村、进社区、进景区、进学校、进家庭的“八进”活动，充分利用电视台、门户网站、“美丽河南”微信公众平台、微信、微博等新媒体，开展形式多样、内容丰富的宣传活动，宣传安全生产和防灾减灾知识，增强群众安全意识和防范、应对灾害风险的能力。发放各类宣传资料3万余份，发放各类宣传品15000个，制作宣传展板60余块，宣传横幅90余条，接受群众咨询1000余人次，全面构建起“关注安全、关爱生命”的安全防范工作格局。

【安全考核】 建立县安委会成员单位安全生产考核制度。优化安全生产目标责任体系，修订完善安全生产目标责任书，突出工作重点，量化实化考核内容，优化考核评价体系，增强考核实效性。将安全生产考核纳入县政府和相关部门综合考核，实行警示约谈、“一票否决”等制度。按照《黄南州安全生产委员会成员单位安全生产工作考核办法》，研究制定全县安全生产工作考核办法或实施细则，全面完成全县安全生产委员会成员单位安全生产目标考核工作。通过全县上下共同努力，完成黄南州下达的年度各项安全生产工作目标任务。

应急管理

【概况】 2022年，县应急管理局坚持安全第一、预防为主，建立健全“党政同责、一岗双责、齐抓共管”的安全生产责任体系，构建安全隐患排查治理体系和安全预防控制体系，狠抓安全生产、防灾减灾、森林草原防灭火、应急救援等重点工作，保障人民群众生命财产安全，维护社会和谐稳定，生产安全事故多发易发频发势头得到强力扭转，安全形势持续稳定向好。

【应急演练及培训】 坚持边学习边实践、边探索边应急，加强应急救援体系建设，修订完善《河南县突发事件总体应急预案》和重点领域专项预案，全年举办防汛抗旱、危险化学品、草原防火、气象灾害等应急演练5场，指导企业应急演练12场，各乡镇、行业部门开展各类应急预案演练16次，组建745名应急救援队伍，在县城、乡镇建成应急避难场所14处，提高应对突发事故的快速反应能力、应急处理能力和协调作战能力。开展“宣贯二十大·全力保安全”学习宣传培训活动，普及生产生活安全知识，增强广大干部群众安全意识，提升企业依法经营、依法治企观念，营造“消除事故隐患、筑牢安全防线”的良好氛围，让全社会关注安全、重视安全、参与安全。

【应急值班】 执行24小时专人值班和领导干部在岗带班、外出报备制度。突出抓好节假日期间、重要时间节点以及低温降雪天气的安全监管和应急值守工作。健全紧急重要信息报送和应急值守

2022年7月27日，河南县开展2022年防汛抢险应急演练活动

联动机制，发生突发事件，立即电话报告州应急局、县委、县政府信息室，并进行书面报告，确保应急处置反应迅速、措施有力、联络畅通。制定《应急值班值守制度》《突发事件信息编报制度》等制度，落实 24 小时值班值守、领导带班制度，开展省州应急值班视频调度，参加省州视频交接及调度会共 442 次，县级组织调度会议 61 次，预防和减少自然灾害造成危害和损失，提高综合预防和处置能力。针对全县极端灾害天气，第一时间会商研判发布预警信息，启动应急响应，妥善处置突发情况，确保调度及时、上报迅速、处置得当。

【物资储备】 物资储备工作事关群众基本生活，是防灾减灾应急体系建设的重要组成部分，为切实做好全县应急突发事件的处置救援工作，保障人民群众的生命财产安全。全县 2 所物资储备库共储备防御物资棉帐篷 439 顶、棉被 894 床、棉被褥 894 床、棉大衣 1734 件、手电筒 256 个，发电机 20 台，蒸锅 160 个、睡袋 790 个、折叠床 780 张、雨衣 200 件、雨靴 400 双、棉靴 174 双，棉衣裤 1050 套，毛皮鞋 809 双，防寒服 633 件等，储备各类应急物资 109 类 21177 件（套），做到应急救灾物资“备得足、调得动、运得出、用得上”。

【防灾减灾救灾】 遭受自然灾害 29 起，灾情涉及 6 个乡镇 11 个村，受灾人口 229 户、1000 人，

2022 年 3 月 16 日，县应急管理局开展自然灾害综合风险普查、森林草原防灭火和防震减灾宣传活动

为确保受灾群众的基本生活，按照灾情实际，对全县 229 户 1000 人受灾群众发放冬春救助资金 24 万元，发放棉大衣 300 件、棉衣裤 200 套、棉被 300 床、棉褥 300 床、绒衣裤 500 套、毛皮鞋 300 双，解决人民群众的生产生活困难，让受灾群众的生活得到保障；强化农村住房政策性保险工作，将全县 4314 户纳入农房保险范围，政府代缴保险费 8.62 万元。

【森林草原防灭火与防汛抗旱】 调整充实森林草原防灭火、防汛抗旱协调议事机构，理顺森林草原防灭火、防汛抗旱工作体制机制，发挥指挥部办公室职能作用。谋划部署森林草原防灭火、防汛抗旱工作，针对不同时间节点、重要时期，召开森林草原防灭火、防汛抗旱指挥部成员单位安排部署会，落实森林草原防灭火、防汛抗旱责任制，签订防灭火、防汛抗旱责任书，层层压实责任，组建各村灭火和防汛队伍。加大监督检查和隐患排查力度，采取县乡两级督查，各乡镇、林场和地质灾害点实地检查等措施，排查火灾隐患和地质灾害隐患整治。加大宣传教育力度，组织开展防火、防汛宣传进乡镇、进村社、进林场等活动，采取上街宣传、电视、微信群、微信视频号等多种形式，宣传防火扑火、防汛知识。加强预警监测和应急值守，落实 24 小时值班和领导带班制度，未发生较大影响的火灾、水灾。

消防救援

【概况】 2022 年，县消防救援大队下辖河曲路消防救援站，营房占地面积 18 亩。大队受理警情 31 起，其中火灾扑救 16 起、抢险救援 5 起、公务执勤 10 起，累计出动 54 车 283 人次，营救和疏散群众 40 人。完成春节、全国两会、国庆、党的二十大等重大消防安保任务，有效保护经济社会稳定发展和人民生命财产安全。

大队被省消防救援总队党委评为“先进基层党组织”，被州消防救援支队评为“安全工作先进单位”，被县委、县政府评为“河南县服务地方经济社会发展优秀单位”，有12名指战员获得不同层级个人奖励。

【思想文化建设】　把加强班子自身建设摆在首要位置来抓，把“三根”工程纳入党委议事日程。以基层党组织规范化试点创建为抓手，制定《大队委员会议事规则（试行）》，规范党委议事程序。创新建立基层党建“3456”日常工作法，确保党组织规范化试点创建目标常态化运行，不断提升党委统揽工作能力。开展“我为群众办实事”活动，开展看望慰问孤寡老人、“蓝焰助学捐款”、为辖区学校送水、少先队校外实践基地、为疫情卡点赠送灭火器、设立24小时便民服务站、精准实施火灾隐患排查整治、参与政府防疫任务（驻地疫情防控消杀、搬运防疫生活医疗物资、支援泽库县疫情防控）等工作，获得驻地群众的一致好评。开展“牢记领袖训词　永做忠诚卫士”主题教育活动，在完成各项教育规定的同时，持续推进“火焰蓝朗读者”思想政治教育品牌课堂、蓝焰“广播站”教育阵地，提升思政课的核心引领和服务保障效能。坚持“文化育队”的战略思路，组建“威风锣鼓队”，打造出一张“一队一特色”的文化名片，丰富队站文化建设。

【作战训练】　落实党委议训研训制度，严肃作战训练安全管控措施，落实训练制度和作战安全措施，参训率达95%以上。开展案例复盘5次，重点单位熟悉演练30余次，重点单位预案制作、修订40家，参与综合应急处置演练4次；选派20人次参与各层级业务培训；在全州消防救援队伍第一季度、第三季度比武竞赛工作中，取得总体成绩第一名和第二名的成绩。

【应急救援】　完成河南县发生3.6级地震排查和西宁大通“8·18”山洪泥石流灾害的跨区域增援救援任务。贯彻落实《应急救援作战指挥体系建设指导意见》，明确人员构成、配备专业装备、固化战斗编成，开展低温雨雪冰冻灾害、水域救援、地震灾害拉动和疫情防控应急处置演练。

【火灾防控】　始终把维护消防安全作为第一使命，在队伍改革转隶四周年之际，向县委、县政府专题呈报《关于改革转隶四周年工作情况的报告》。提请县政府召开2022年度消防工作会议，签订《消防工作目标责任书》；协调全县2镇4乡成立乡镇消防安全委员会、明确消防事业编专干人员6人。突出抓好重点区域、重点行业、重点时段、重点单位的消防监督管理，由县政府牵头定期组织县应急管理局、消防救援大队、公安局、市场监督管理局、民政局等部门，对全县超市、宾馆、敬老院、寺院、医院、学校等人员密集场所和加油站等易燃易爆场所进行检查，进一步规范消防安全管理。以消防安全三年专项整治为抓手，推进打通“生命通道”、高低大化、文博寺院、易地扶贫搬迁点、人员密集场所、经营性自建房等专项整治。召开全县“经营性自建房消防工作现场会”，推广消防安全管理标准化工作经验做法，不断完善火灾防控长效机制。大队共检查单位322家，发现并督促整改火灾隐患178处，处罚10家，临时查

2022年8月18日，县消防救援大队参与处置大通县“8·18”抗洪救灾任务

封3家，罚款2.16万元。排查经营性自建房场所247家，发现隐患问题185处，督促整改问题185处，挂牌督办重大火灾隐患单位1家。

【后勤保障】　推进消防经费和基础设施保障能力建设，完成大队预算一体化系统建立并纳入一级预算单位。贯彻落实疫情防控工作指示精神，与地方食品供应商建立物资保障协议，落实人员、车辆、营区消杀、核酸检测等制度，确保营区防疫安全。开展装备资产建设和基础建设工作，完成车辆维保及保险续存、资产报废清查、装备核查、营区道路修建、营门警卫室、屋面防水、大队食堂改造、生态氧吧维修、营区监控设备维修等项目建设。

【消防宣传教育】　结合驻地“3·15”宣传活动、防震减灾日、安全生产月、“119”消防宣传月等活动实际，利用广播、电视、楼宇视频等宣传媒介和微博、微信平台等载体加大消防安全警示提醒力度。举办河南县2022年“119”消防宣传月启动仪式，得到县委、县政府的高度重视。全年完成辖区常住人口注册“消防学习平台”任务，发放宣传资料1.5万份，发送消防安全提示信息6000余条，在县融媒体中心发布消防信息10条，在沿街LED屏幕播放消防公益短片2000分钟。

气象保障服务

【概况】　2022年，县气象局设置有办公室、气象台。截至年底，县局有人员11人，平均年龄35岁。本科及以上学历8人，占职工总数72.7%；大专学历3人，占27.3%。各类专业技术人员（事业单位中具有专业技术资格的人员）8人，其中高级工程师2人、工程师3人以及助理工程师、技术员3人。女职工5人，少数民族2人，中共党员5人。

【气象灾害】　据县应急管理局调查得知，2月赛尔龙乡遭受雪灾，造成11只羊死亡，经济损失1.75万元。3月17—18日，出现大风、沙尘天气，造成部分乡镇牧民46间房屋受到不同程度损坏，25日因暴雪造成赛尔龙乡36只羊死亡。6月30日，优干宁镇、托叶玛乡遭受大风袭击，造成60户251人受灾，52户52顶帐篷受损，8户彩钢屋顶受损，直接经济损失18.46万元。7月3日，优干宁镇、托叶玛乡、赛尔龙乡遭受大风袭击，造成106户433人受灾，93户93顶帐篷受损、2户2间房屋受损、10户彩钢屋顶受损、1户封闭玻璃房顶受损，直接经济损失32.06万元；16日，多松乡、宁木特镇、托叶玛乡、赛尔龙乡遭受冰雹、雷电及强降雨袭击，造成25户99人受灾，冰雹导致18户19顶帐篷受损、2户彩钢房顶受损、1户封闭玻璃房顶受损，雷击导致9头牛、10只羊死亡，直接经济损失11万元。8月24—28日，出现强降雨天气，导致优干宁镇、宁木特镇、柯生乡、多松乡28户129人受灾，其中帐篷受损22顶，草场网围栏冲毁1000米，5头牛死亡，房屋受损3间，直接经济损失11.74万元。9月25日，宁木特镇遭受暴雨洪涝灾害，造成3户16人受灾，1户3间房屋倒塌，2户6间房屋后墙受损，直接经济损失3.5万元。11月，托叶玛乡遭受大风袭击，导致2户8人受灾，1户2间房屋受损，1户1顶帐篷受损，造成经济损失0.55万元。12月，多松乡遭受大风袭击，导致2户10人受灾，2户5

县消防救援大队对辖区群众、中小学生开展消防宣传教育

间封闭玻璃房被大风吹落损坏，造成经济损失 0.9 万元。其余月份未出现气象灾害。

【气象预报预警】　组织全体业务人员学习最新版气象预警防御指南和快速发布预警信息方法，学习“气象防灾减灾业务平台”“县级综合观测业务平台”“气象信息综合处理系统”等操作方法。成立汛期气象服务领导小组，完善带班领导和值班员工作职责，制定 24 小时值班制度。对每次重要天气过程不放松，密切监视天气演变，利用气象信息综合处理系统、雷达和自动站实况数据监测强对流天气，主动跟县委办、县政府办、县应急管理局、县防汛办、州气象台做好天气联防联报，发布各类气象灾害预警信息 104 期。完善河南县重大灾害性天气“叫应”服务标准和工作流程，建立健全面向党委、政府主要领导的重大天气过程直通式报告机制。联合县应急管理局，将延巴社区持续打造为综合防灾减灾精品示范社区。

【气象现代化建设】　组织全体人员参加全国、全省、全州气象高质量发展电视电话会议，结合工作实际制定并落实黄南气象高质量发展任务分工具体举措。配合县政府成立由分管副县长为组长、牵头多部门组成的气象灾害应急领导小组。制定并落实重大灾害性天气“叫应”制度与直通式报告机制，修订《河南县重大气象灾害应急预案》并经县政府印发。更新预警信息接收人员名录库。依托补短板工程项目，在多松乡新建区域自动气象站 1 套。联合县应急管理局、农牧水利和科技局、生态环境局、交通运输局等多部门，共同举办 2022 年气象防灾减灾联席会议暨气象信息员培训会议，与各乡镇主管气象灾害防御工作责任人签订气象灾害防御工作责任书，气象防灾减灾工作纳入乡镇目标考核任务内容。按时完成综合观测软件、牧业气象传输软件的安装和升级，主动完成四乡两镇内区域自动气象站维护和校准，并在“天元”系统中及时填写维护单；每天按时查看国家级自动气象站、天气站、区域站、土壤水分站、水汽站及雷电观测站的数据采集、传输情况。发现问题及时处理，故障响应及时率 100%，各类自动站稳定运行率保持在 98% 以上，数据可用率 99%，数据传输及时率 99%。完成河南县国家基本气象站探测环境评估工作，测定观测场四周 2000 米、1000 米、800 米可视范围内障碍物仰角、斜距等数据，调查观测场四周建筑物具体情况，制作站址平面图、观测场四周情况示意平面图和国家基本站探测环境调查评估报告。

【信息与装备保障】　根据州局安排和部署，优化站网布局，依托补短板工程项目，在多松乡新建区域自动气象站 1 套。完善地面观测自动化业务运行、应急观测管理等规章制度和效益评估。持续开展气象观测质量管理体系，实现质量管理体系全面认证和业务运行。加强数据质量控制管理，做好数据质量控制、应用和日常维护。做好国家级自动气象站、天气站、区域站、土壤水分站、

2022 年，仪器保障员维护、标定区域站仪器设备

水汽站、雷电观测站基本信息核查、日常维护，确保各站仪器设备运行正常、数据传输准确、及时、高效。加强信息技术在气象服务中的应用，通过微信群、省市县一体化平台、“省突”平台、微博及电视天气预报等多种渠道发布高影响天气、重要天气报告、每日天气预报、灾害性天气预警信号、短时临近预报、雨雪情信息等服务产品。

【气象科技保障】　通过学历教育和毕业生引进，提高本科人员和大气科学相关专业比例。年内分配1人，在规定时间内取得综合气象观测资格证。推荐申报气象高工评审，1人获得高级职称资格，有2人取得高级职称资格。业务人员总结日常工作经验，发表科技论文3篇，青海气象学会交流论文1篇，获取优秀论文奖。提高政府财政支持力度，争取地方财政支持25万元。

【雷电防护】　汛前，县气象局执法人员对全县11家易燃易爆场所开展防雷安全监管方面的防雷安全专项执法检查。通过现场查看、听取责任人情况介绍、翻阅安全档案、检查防雷设施等方式对防雷装置安装、防雷装置定期检测、防雷安全生产台账等进行详细检查，制定出安全生产隐患整改台账，明确责任人、整改时限，并将整改完成项第一时间上报至州气象局和县安委会办公室。9月下旬，制定国庆、党的十九届七中全会、党的二十大召开期间安全生产工作实施方案，按照相关要求开展单位内部安全隐患自查与全县易燃易爆场所防雷安全监管工作，配合县安委会完成部分乡镇安全生产工作督查检查，并在整改时限到期后进行“回头看”检查，督促易燃易爆场所完成整改并上传至全国防雷减灾综合平台。

【气象服务】　成立以主要负责人为组长的“汛期气象服务领导小组”，以业务负责人为副组长的“汛期气象服务自查小组”，对汛前工作对照检查，及时发现问题，予以解决。重新修订《2022年决策气象服务周年方案》《生态气象服务周年方案》《有机畜牧业气象服务周年方案》。创新制作气候对生态系统影响评估类产品、能源保供服务产品、大气环境污染评估报告及草原火点监测服务产品；应用智能网格、生态一体化等平台，增设预报类、牧草和土壤干旱遥感类、乡村振兴专题服务产品，丰富气象服务产品种类和内容。年内制作高影响天气10期、重要天气报告18期、决策气象服务14期、月趋势预测12期，中长期天气预报17期、旅游气象专报3期、生态气象服务21期、能源保供气象服务3期、乡村振兴专题服务7期、有机畜牧业气象服务24期、灾情公报12期、应急响应专报28期、气象信息快报6期、疫情防控气象服务专报17期、雨雪情信息121期、节假日等专题气象服务16期。新建能源企业、重点单位防汛救灾、乡村振兴气象服务微信群，为其提供精细化气象服务产品。通过微博、微信、短信、纸质材料发送至县党委政府领导和各部门、相关单位以及社会公众，助力河南县经济、生态、有机畜牧业的高质量发展。

社会生活

劳动就业服务

【概况】 2022年，河南县坚持重点抓好城镇失业人员、高校毕业生、农村富余劳动力等重点人群的就业创业工作，鼓励重点群体自主创业，并在劳动执法、劳动争议仲裁等方面给予政策保障。

【创业就业】 全县城镇新增就业人员283人，其中城镇失业人员再就业46人，分别完成年度任务的101%和115%。城镇登记失业率3.12%。全年农牧区劳动力转移就业1806人，完成年度任务的100.3%。就业困难人员就业17人，完成年度任务的113%。高校毕业生总体就业率87.5%。为12名灵活就业人员和高校毕业生发放社会保险补贴9.47万元。为465人发放公益性岗位补贴650.1万元，为1325人发放职业培训补贴146.65元。落实就业政策，线上开通“云MAS业务”，通过将企业用工信息以及创业就业相关政策发送到河南县未就业高校毕业生和待业青年的手机上，实现精准推送岗位。线下组织开展“就业援助月”“春风行动”等公共就业和人才服务专项行动，为就业困难人员提供“一对一”就业服务。全年举办专项招聘活动7场，发布招聘岗位150余个。托底安置就业困难人员，开发公益性岗位，全县新增公益性岗位人员43人。争取省、州高校毕业生创业资金，通过河南县农村信用社提供小额贷款的方式，为高校毕业生创业搭建融资平台，为自主创业创造便利条件，为8名高校毕业生和2名城镇失业人员发放创业贷款112万元。加强东西部劳务协作，2022年河南县就业服务局天津援建培训项目在河南县实施，确定培训任务为中式烹饪培训班1期、培训50人，服装制作工培训班1期、培训50人，援助培训资金共13.5万元。

【劳动执法监察】 协调拖欠农民工工资案件115起，涉及金额432.83万元，涉及农民工373人；开展维护职工工时和休息休假权益工作1次，检查用人单位17家，涉及劳动者350余人，农民工劳动合同签订2600余份，合同签订率达到96%；检查各类用人单位110户次，涉及职工1700人次；下达劳动保障监察责令改正书11份；到施工企业、施工场所开展法律法规宣传活动20次，累计发放宣传资料3000份，悬挂维权横幅10条，在项目公示牌及重要场所张贴“劳动保障微信公众平台”30余张，日常巡查30家，现场通过问询等方式调查涉及150人；开工后缴纳农民工工资保证金的企业共11户，缴纳保证金44万元，农民工保证金保函的企业12家（其中保函10家、担保2家），免缴的企业8家，缓缴农民工工资保证金20家，全部实行工资保证金制度，农民工工资保证金覆盖率达到100%；退还保证金21家，退还农民工保证金金额170.66万元，启动保证金1户，涉及金额2万元；开展全省最低工资标准调研评估工作，检查企业、建筑工地、劳动密集场所28家，采用询问企业职工、建筑行业农民工等方式，28家用工单位工资都能够按约定时间发放，不存在拖欠隐患，涉及企业职工、建筑行业农民工和餐饮、宾馆雇佣人员80余人；开展劳动保障守法诚信等级评价助推诚信体系建设。对7家企业开展劳动保障守法诚信等级评价，评定A级单位3家、B级单位2家。重点对建筑施工企业、

2022年9月6—9日，县劳动保障监察大队在工地开展检查工作

私营企业、个体工商户、劳动用工密集行业进行劳动保障年检，检查各类用工单位99家，涉及劳动者1870人。通过走访入户开展安全隐患排查企业4家，通过劳动监察大队督促，拖欠工资分别于9月至10月中旬全部付清，涉及金额51万元，涉及农民工56人。

【劳动争议仲裁】 通过黄南藏族自治州劳动仲裁院开展劳动人事争议仲裁案件1起，开展劳动仲裁1起，调解成功1件，成功率100%。

【劳动技能培训】 根据农牧民群众就业意愿和培训需求，把高校毕业生就业创业培训与农牧民实用人才培训等活动结合起来，聘请有资质的培训教师授课，立足实际，着眼长远，加强就业培训指导。全年开展城乡劳动力技能培训24期，培训城乡劳动力1175人，培训工种分别为：中式烹饪9期、装饰装修工4期、家用电子产品维修工1期、汽车维修工1期、美容师1期、农家乐1期、家政服务1期、创业培训1期、大学生能力提升培训班1期、驾驶员培训班2期，青绣1期、焊工1期。

【劳动工资】 根据《青海省人民政府关于调整全省最低工资标准的通知》文件要求，全县最低工资标准每月1700元。

社会保险

【概况】 2022年，河南县各项社会保险费征缴总收入6859.73万元，总支出1.10亿元，社会保险基金累计结余3769.63万元。全年审阅退休人员档案29份，为符合条件的28名人员办理退休手续。发放社会保障卡3.76万张。

2022年河南县社会保险参保情况统计表

表15

保险类别	参保人数（人）	参保率（%）	净增参保人数（人）	征缴保险基金（万元）	全年支出（万元）	发放及时率（%）
企业职工基本养老保险	3100	100	3100	2552	1375	100
城乡居民养老保险	24137	100	24137	211.94	641.58	100
机关事业保险	2345	100	2345	3765	8730	100
工伤保险	5476	100	5476	85	63	100
失业保险	2824	100	2824	245.79	150.33	100

【养老待遇资格认证】 先后推出藏语、汉语养老待遇资格认证视频和社保卡功能宣传视频，针对残疾老人、敬老院等走访入户开展养老待遇资格认证工作，并宣讲各险种政策，发放藏语、汉语宣传资料3000余份。

【待遇核查】 下沉各乡镇指导开展核查城乡养老保险待遇领取人员滞留卡工作，细化追缴流程，认真摸排全县各乡镇无社保卡、滞留卡情况，及时核实人员生存状态，及时停发截留挪用、死亡冒领等人员待遇，从源头上杜绝冒领工作，查处死亡冒领人员300人。

医疗保障

【概况】 2022年，县医疗保障局在做好疫情防控的基础上，推进全县医疗保障制度体系建设，以“十四五”规划为蓝本，全面绘就全县医保事业发展的美好蓝图，持续深化医保重点领域改革加速推动医疗保障事业高质量发展，不断增强人民群众的获得感、幸福感和满意度。

【全民参保】 坚持医保牵头、政府抓落实的工作机制，完善城乡参保工作措施，组建多部门联动工作专班，建立对乡镇社区参保工作的考核激励、督查督导、通报问责机制，全县基本医疗保险参保39195人。其中，城镇职工参保3185人，城乡居民参保36010人，参保率达97.1%。脱贫户、低保户、困难户、孤儿、重残、艾滋病儿童等特殊困难群体参保率达100%。

【待遇保障】 落实城镇职工医保门诊共济保障政策，支付限额每年1200元，基金支出比例达50%以上，退休人员倾斜提高10%；恶性肿瘤等4种一类病种，参照住院管理和支付待遇，最高限额10万元；糖尿病等22种二类病种按80%报销，最高限额5000元至2万元不等。居民医保普通门诊年度支付限额由原来的120元提高到300元，其中，财政补助680元，个人缴费350元（占居民医保筹资标准的30%），支付范围由一级及以下定点医疗机构扩大到所有定点医疗机构；二级及以下、三级定点医疗机构基金支付比例分别达到70%、50%。城乡居民大病保险起付线统一为年度内累计达到12000元，政策范围内报销比例80%，不设封顶线。对特困供养对象、孤儿、低保对象、返贫致贫人口实施倾斜保障政策，大病保险起付线降低50%，报销比例提高5%。

【异地就医】 全面开通全国31个省市（区）的5.9万家医疗机构异地就医结算服务，开通高血压、糖尿病、恶性肿瘤门诊放化疗、尿毒症透析、器官移植后抗排异治疗5种门诊慢特病相关费用跨省直接结算，跨省异地长期居住人员，实行“一次备案、长期有效”。

【脱贫人口资助参保】 落实“四不摘”“两不愁三保障”要求，分类优化资助参保困难群众，全年资助2403人，资助参保金25.78万元。建立因病支出型困难家庭成员180天追溯救助机制，建立脱贫人口因病返贫、农村居民因病致贫“双预警”动态监测，对脱贫人口和农村居民年度累计负担的医疗费用分别超过上年农村常住居民人均可支配收入50%、100%的，纳入“双预警”监测范围，按月推送至民政、乡村振兴部门进行核查，将符合条件的人员及时纳入救助帮扶范围，特殊困难群体住院二次兜底64.94万元，报销比例达90%，稳定脱贫户在身份存续期间住院二次兜底41.07万元，报销比例达80%。

【政策宣传】 开展医保惠民政策宣传活动，4月、7月重点组织开展“医保宣传月”“那达慕集中宣传月”大型宣传活动，主要采取在县各乡镇集中宣讲，发放宣传册、口罩及印有宣传标语的物资，在各定点医药机构摆放宣传展板、悬挂宣传横幅，电视滚动播放等方式，扩大医保惠民政策宣传发动的覆盖面和影响力，有效提高群众对医保惠民政策的知晓率，调动参保积极性，得到广大群众的认可和好评，全年发放宣传册2万余份、口罩1万余只、消毒液2000瓶。

【打击欺诈骗保】 查处违法违规定点医药机构8家次，约谈警告违规机构负责人7家次，暂停医保服务协议7家次，追缴“死

2022年6—7月，县医保局开展医疗保障政策宣传活动

亡冒领”违规基金7.71万元，追缴基金账户利息未按规定执行的违规基金9.12万元，追缴智能监管系统检查违规费用0.19万元，追缴公立医院飞行检查违规诊疗费用33.24万元。

【助力疫情防控】 落实国家优化疫情防控措施，累计参加疫情防控志愿活动20余次，慰问一线抗疫人员3次，向县人民医院、县蒙藏医院各拨付疫情防控周转金100万元，并落实月结算制度，保障公立医疗机构正常开展疫情防控及救治工作。全力保障医疗救治和疫苗接种费用，督导县人民医院降低新冠病毒核酸检测价格降低至单检15元/人次、混检4元/人次，大规模和常态化监测价格降低至3元/人次。将新冠治疗药品和医疗服务项目纳入医保支付范围，第一时间实施“乙类乙管”后优化新冠患者治疗费用保障政策。

【医保“放管服”改革】 全面取消不必要的材料和审批环节，全面落实“一次性告知、一次性办理”制度，实现信息即来即查、业务即来即办。推广“掌上医保”自助办理服务，参保人员可通过手机下载“青海医保”App，实现个人信息“随时查”，部分业务“随时办”，并可通过App注册医保电子凭证以及“刷脸”等方式在定点医疗机构即时刷卡结算。

【药品采购管理】 落实国家集采政策，完善医疗服务价格动态调整机制，稳步推进医保支付方式改革，督导县公立医院参加省级组织和省际采购联盟开展药品和医用耗材联合带量采购，降低药品进价成本，确保群众买得起、买得到、用得上质优价廉的好药。推进医疗服务价格动态调整，人工关节价格平均降幅82%，胰岛素价格平均降幅48%，骨科创伤类耗材平均降幅89%，69种药品纳入门诊慢性病特殊病用药范围，275种国家医保谈判药品全部纳入“双通道”管理，进一步降低CT、核磁等大型设备检查费用，提高手术、治疗等体现医护人员技术劳务价值服务项目价格。

民政事务

【概况】 2022年，县民政局落实党中央和上级民政部门决策部署，坚持“民政为民、民政爱民”，完成基层政权、养老服务等各项民政事务。

【社会救助】 最低生活保障。城镇低保共有274户514人，发放保障金486.32万元；农村低保共有2129户6743人，发放保障金3532.33万元；特困供养共救助259人，发放救助资金505.45万元；临时救助共救助4018户12710人，发放救助资金2022.63万元。坚持脱贫攻坚兜底保障和乡村振兴建设有机结合，低保边缘户家庭共认定1569户5957人，支出型贫困家庭共认定856户3755人。全县5858名已脱贫人口中，2093人享受低保保障，17人纳入特困供养救助；123户428名边缘易致贫人口中，228人纳入低保保障，2人纳入特困供养救助，做到“应纳尽纳”，无“体外循环”。城镇低保动态管理新增22户46人，退出9户17人；农村低保动态管理新增439户1023人，退出135户503人。

2022年10月10日，在赛尔龙乡达参寺对新申请特困供养人员入户调查

2022 年河南社会救助资金发放统计表

表 16

月份	城镇低保			农村低保			临时救助			特困供养		低保边缘家庭			发放资金合计（元）
	户数（户）	人数（人）	发放资金（元）	户数（户）	人数（人）	发放资金（元）	户数（户）	人数（人）	发放资金（元）	人数（人）	发放资金（元）	户数（户）	人数（人）	发放资金（元）	
1 月	258	478	340442	1820	6243	2274841	492	1745	1869320	263	434928	—	—	—	4919531
2 月	258	478	340442	1820	6243	2275165.8	537	2110	3474800	263	434928	—	—	—	6525335.8
3 月	263	486	346548.4	1953	6468	2342898	370	1331	1780240	267	455600	—	—	—	4925286.4
4 月	264	488	346290	1984	6530	2358626.4	479	1737	2513240	253	450262	—	—	—	5668418.4
5 月	264	490	347662	2053	6667	2401187.4	358	1252	1774800	249	351662	—	—	—	4875311.4
6 月	270	505	358856.8	2052	6561	2363801.4	428	1501	2115000	256	357408	—	—	—	5195066.2
7 月	268	504	460669.2	2086	6655	4337786.8	248	841	1129290	256	432959.6	—	—	—	6360705.6
8 月	269	505	475436	2089	6651	4013045	427	492	1758482	255	407358.8	—	—	—	6654321.8
9 月	269	505	643331	2062	6586	4292213	172	455	928896	254	579356.8	1562	5926	120275	6564071.8
10 月	270	506	375168	2073	6641	2666495	109	344	651360	258	368804.8	1516	5712	151268	4213095.8
11 月	271	509	398527	2111	6702	2866205	395	891	2014260	259	375368.6	1516	5709	157120	5811480.6
12 月	274	514	381369	2129	6743	2700383	—	—	—	259	381369	1520	5709	122189	3585310
合计	—	—	4863260.4	—	—	35323383.8	4018	12710	20226340.34	—	5054573.6	—	—	550852	66018410.14

2022 年河南县城乡低保对象动态管理情况统计表

表 17

月份	农村低保（新增）		农村低保（退出）		城镇低保（新增）		城镇低保（退出）		新增合计		退出合计	
	户数（户）	人数（人）	户数（户）	人数（人）	户数（户）	人数（人）	户数（户）	人数（人）	户数（户）	人数（人）	户数（户）	人数（人）
1 月	5	44	3	7	2	3	1	2	7	47	4	9
2 月	94	130	1	11	0	0	0	0	94	130	1	11
3 月	51	145	3	15	5	11	0	2	56	156	3	17
4 月	77	155	2	18	1	1	0	0	78	156	2	18
5 月	24	57	25	123	1	4	1	1	25	61	26	124
6 月	64	164	27	113	8	19	3	7	72	183	30	120
7 月	27	73	7	19	3	4	4	5	30	77	11	24
8 月	13	45	21	54	0	1	0	0	13	46	21	54
9 月	16	63	23	88	1	1	0	0	17	64	23	88
10 月	26	46	16	26	1	2	0	0	27	48	16	26
11 月	37	84	7	28	0	0	0	0	37	84	7	28

续表17

月份	农村低保（新增）		农村低保（退出）		城镇低保（新增）		城镇低保（退出）		新增合计		退出合计	
	户数（户）	人数（人）	户数（户）	人数（人）	户数（户）	人数（人）	户数（户）	人数（人）	户数（户）	人数（人）	户数（户）	人数（人）
12月	5	17	0	1	0	0	0	0	5	17	0	1
合计	439	1023	135	503	22	46	9	17	461	1069	144	520

困难大学生救助。开展贫困大学生助学工作，通过实施临时救助开展助学帮扶工作，以“资助一名学子，成就一名人才，脱贫一个家庭”为宗旨，帮助困难家庭解决实际困难，激励困难家庭子女发扬自尊、自信、自强、自立精神，保障困难家庭子女接受高等教育权益，救助困难大学生470人，发放救助金177元。

【城乡和谐社区建设】　发展壮大本地社会组织建设，发挥社会组织功能，注重帮扶本地乡村振兴建设，鼓励引导社会资金支持服务乡村振兴的社会组织发展。比如，殡仪馆、居家养老服务项目均由县级社会组织承接。强化示范引领，以点带面，有推进民主法治示范村（社区）创建工作，托叶玛曲海村成功创建“全国民主法治示范村”。通过健全城乡社区治理协调议事机构，推动形成党委领导、政府主导、部门配合、社会参与的城乡社区治理工作机制。着力完善村务公开、民主管理、民主决策和民主监督的规范化、制度化。进一步修订和完善村（居）民公约，将惠民政策落实、乡风文明、乡村振兴、扫黑除恶等村民关心关注的热点问题以及切身利益纳入新规新约。通过实地调研，指导延巴社区进一步细化村级议事协商实施方案，结合实际完善协商议事制度，确保试点工作顺利推进。

【社区居家养老服务建设】　聚焦破除养老“瓶颈”，推进社区居家养老服务建设。拓展养老服务内容，鼓励、引导、培育社会公益组织在优先满足老年人基本养老服务需求的基础上，拓展适合老年人特点的文化娱乐、体育健身、精神慰藉、法律维权等服务。县民政局不断创新社区养老服务工作，通过政府购买服务为6个乡（镇）、4个社区共计342人提供助医、助餐、助洁及精神慰藉等居家养老服务，累计服务9812人次，服务资金52.47万元。加快社区嵌入式养老机构建设，争取项目，投资1920万元在延巴、江源、河曲、赛旦4个社区建设嵌入式养老服务设施，4个社区嵌入式养老服务设施项目主体完工，完成固定资产投资1844万元。

【婚姻登记】　加强婚姻管理规范化建设，实行“互联网+婚姻”，推动婚姻管理与服务在线深度融合，实现部门间信息数据共享。依法规范婚姻登记，不断创

2022年8月4日，在县民政局婚姻登记处开展“婚俗改革，倡导婚育新风”七夕主题活动

新服务措施，宣传婚姻自由、男女平等的婚姻制度，杜绝包办婚姻和买卖婚姻的发生。提倡婚前体检，倡导建立和睦文明的婚姻家庭关系，严格审核把关，防止骗婚或胁迫婚姻的发生，登记合格率保持在100%。登记522对，其中结婚433对、离婚47对、补发结婚证31对、补发离婚证1对。

【信用信息管理】 加强社会组织信用信息管理，通过信用信息管理优化社会组织法人治理结构，将一批异常名录满两年及被撤销登记的社会组织列入严重违法失信名单。对54家社会组织开展年检和清理整顿非法组织工作，对连续2年未年检的2家民办非企业社会组织依法进行撤销。

【绿色殡葬改革】 健全节地生态安葬奖补政策，倡导生态安葬，倡导群众在殡仪馆火化遗体，采用骨灰散撒等方式。生态安葬74人，其中火葬60人。

【留守妇女儿童关爱】 宣传《中华人民共和国婚姻法》《婚姻登记管理条例》等婚姻法律知识，增强广大群众特别是妇女群众的法律观念和权益意识。通过宣传、培训等方式，提高执法水平和婚姻登记效率，制止违法婚姻和非法同居现象，禁止干涉婚姻自由，保护女性的合法权益。开展流浪妇女儿童的有效救助，加大流浪乞讨人员的救助力度的同时，救助流浪妇女儿童，提供吃、穿及一定的资金，让他们振作精神，有信心尽早回到家园。落实定期走访和重点时段巡查制度，强化儿童保护，评估帮扶孤儿2人，发放2.19万元；困境儿童302人，发放54万元；事实无人抚养儿童47人，发放45.5万元。发放101.69万元。

【收养登记管理】 在全州首个成立河南县收养评估领导小组，实地走访9户收养家庭，收养评估9次，与收养家庭实地面谈，询问家庭状况、婚姻状况等认真进行深入核查，同时为9户家庭出具完善的收养评估报告，并办理收养证。

【“儿童之家”建设】 加大困境儿童关爱力度，及时安排部署，明确工作职责，在全州率先成立未成年人保护工作领导小组。强化“儿童之家”建设工作的落实，在39个村和4个社区、各中小学设立“儿童之家”，并制定悬挂统一的“儿童之家”标牌53个。指导全县6个乡（镇）、43个村（居）委会按要求配齐专（兼）职“儿童督导员”和“儿童主任”，实现全覆盖，并进行业务培训，明确儿童督导员和儿童主任的定义和职责及工作内容，进一步规范入户走访记录和动态跟进工作，形成明晰的工作台账，并督促其履行职责。

退役军人事务

【概况】 2022年，县退役军人事务局组织开展“老兵茶话会”、退役军人思想政治教育座谈会系列教育活动，开展《中华人民共和国退役军人保障法》宣传活动，召开《中华人民共和国退役军人保障法》专题学习会，开展“喜迎二十大　老兵永远跟党走奋进新征程”主题党日红色宣讲活动，“两节”期间集中慰问送温暖活动，对部分困难退役军人老党员、优抚对象等人士进行慰问。

【优抚安置】 组织退役军人参加黄南州退役军人事务局举办的退役士兵就业创业能力培训班，加大对汽车驾驶（C照）的培训；解决多名退役军人就业；年内发放优抚对象生活补贴，退役士兵自主就业一次性经济补助资金，义务兵家庭优待金补助资金，军转干烤火费，军转干住房补贴，军转干医疗补助资金，逐月领取退役金。完成退役军人建档立卡。

【双拥工作】 县退役军人事务局成立以县长任组长，县委常委、人武部部长和副县长任副组长，各乡镇、县级各部门和驻地部队为成员单位的双拥工作领导小组。开展优抚对象“两节”慰问活动，县级领导干部及县退役军人事务局负责人春节前对多名退役军人进行集中慰问。“八一”建军节重点节日期间，县委、县政府主要领导和退役军人事务局以集中和入户等方式慰问优抚对象、退役军人，为慰问对象送去纪念品；对县人武部、县武警中队、县消防应急救援大队官兵进行物

2022年4月2日，在县烈士陵园开展“缅怀革命先烈·弘扬爱国精神”清明节祭英烈活动

资慰问；入户走访困难退役军人。为新入伍军人家属发放“光荣之家”悬挂牌10个。现役军人加华多杰、退役军人才让本同志获二等功，县委、县政府领导为2名二等功臣及家属送去喜报和“二等功臣之家”喜报。退役军人张斌斌被评为“2021年度青海省岗位学雷锋标兵”，县退役军人事务局为军属及本人送喜报，做好拥军优属、拥政爱民工作。

【烈士公祭】 组织全县各部门各单位、驻地部队、学校、社区等1000余人到县烈士陵园开展“缅怀革命先烈·弘扬爱国精神”清明节祭英烈活动，深刻缅怀革命烈士。

宗教事务

【概况】 2022年，县佛协坚持教育引导广大僧俗群众做到增强“四个意识”、坚定“四个自信”、做到“两个维护”，争做维护民族团结、宗教和顺的带头人，坚持藏传佛教中国化方向、坚持爱国爱教道路、坚持为打造“山水黄南”发挥积极作用，高质量推进“三区建设”贡献智慧和力量。

【宗教活动场所规范化建设】 制定下发宗教领域有关工作方案、应急预案和寺庙地质灾害防治预案，4座寺庙建立不少于30人的寺庙防汛防灾应急救援队伍，采用“先培训，后示范，再实操”的演练形式，寺庙民管会组织僧侣参与消防安全应急实战演练活动。争取下达寺庙基础设施建设项目3项，其中争取拉卡寺基础设施建设资金108万元、香扎寺经堂大门修缮项目资金25万元、达参寺转经房维修资金20万元（完工）。依法落实疫情防控责任，指导各寺暂停对外开放，取消一切群众性集体宗教活动，各寺设卡执勤，严查“双码双验”，谢绝外来礼佛人员，源头防止输入性风险。

【驻寺干部队伍建设】 县委进行研究谋划，在全州率先设立寺庙服务管理中心，成立各寺庙驻寺干部党支部，配齐26名驻寺干部，健全支部各项规章制度，以党建引领推动寺庙管理工作。

【寺院法治宣传】 以寺院“六进”活动为契机，开展寺院法治宣传月活动，深入学习宣传宪法、反分裂法、《藏传佛教活佛转世管理办法》等法律法规。

乡 镇

优干宁镇

【概况】　优干宁镇位于河南县城西部，东邻甘肃省夏河县科才镇，北接泽库县泽曲镇、恰科日乡，西南与本县宁木特镇和托叶玛乡毗连，地理坐标：北纬34°44′8.84、东经101°35′51.89，东西长67千米、南北宽53千米，平均海拔3520米，属纯牧业镇。2022年底，全镇人口5480户15482人，蒙古族占常住人口的99%。草场面积210.25万亩，辖10个行政村（阿木乎村、吉仁村、泽雄村、德日隆村、参美村、智后茂村、多特村、南旗村、秀甲村、荷日恒村）、4个社区（延巴社区、江源社区、河曲社区、赛日旦社区）、2所学校和1座藏传佛教寺院。

【经济发展】　截至2022年底，全镇5480户15482人，全镇人均可支配收入15433元。有各类牲畜68740头（只），出栏率47%，母畜比例58.6%。

【疫情防控】　坚持人民至上、生命至上，把新冠肺炎疫情防控作为头等大事来抓，压实“属地管理”责任，采取多项措施坚持筑牢疫情防控这个关键常态。设立泽雄村疫情防控卡点，镇党委政府主要领导动员联村领导、包村干部、驻村工作队、镇人大代表实行轮班制。通过村内大喇叭、社区流动宣传车等多种方式，动员宣传广大牧民群众做好核酸检测工作。疫苗接种方面，由镇包村领导、包村干部和镇卫生院、村“两委”、村医上门开展接种工作。

【乡村振兴】　全镇监测户43户135人，其中脱贫不稳定户19户、边缘易致贫户24户，监测对象家庭中享受低保32户一档4户、二档12户、三档16户；2022年享受临时救助18户13名残疾人享受政府补贴；22人已安排公益性岗位；脱贫户和监测户全部参加城乡居民医疗保险、城乡居民养老保险。制定《优于宁镇干部职工联户包村工作方案》，全镇89名干部联户3141户，并逐户逐人逐项开展入户走访排查，累计排查牧户2341户9604人、脱贫户396户1560人，填写并上报相关工作报告。“雨露计划”大学生补助学生81名。动员引导86名牧民群众参加由县政府统一组织的短期技能培训班，提高牧民群众技能和就业能力。村集体经济提质增效，建立健全村级集体经济发展项目库，不断为村集体经济增收注入“源头活水”，全镇村集体经济经营性收入达500万余元，其中100万元以上村2个、5万~50万元村有8个。从严从实管理驻村第一书记和工作队员，督促其着力帮助群众解决牛羊养殖技术问题、经营销售渠道问题、增强抵御风险能力问题，为群众勤劳致富提供思路引导。

【畜牧业发展】　在党支部统筹带领下，探索“党支部+合作社+牧户”运行模式，打造欧拉羊、雪多牦牛等养殖基地，不断打造发展旅游产业链，持续推进第一、二、三产业融合发展，为村集体经济创收。阿木乎村股份制牧民专业合作社建设项目，总投资700万元，项目完成度90%，项目支付率达到97%。泽雄村欧拉羊养殖畜棚建设项目，总投资120万元，项目支付率达到97%，畜棚建设完工率100%，待县级部门验收。2023年度巩固脱贫攻坚成果同乡村振兴有效衔接项目，经县政府批准实施的产业发展项目5项，总投资1360万元。

【社会民生】　临时救助上报县民政局审批354户1451人，申请资金共373.3万元，全镇审批1683户4853人，发放资金645.8万元。全年救助2073户6304人，救助总资金1019.1万元。城乡低保方面，全镇享受低保1018户2653人，发放金额为124.4万元。特困供养方面，经重新审核，确定特困供养20户20人，发放资金4.90万元。高龄补贴方面，全镇享受高龄补贴人员有365人，发放金额4.1万元。儿童救助方面，全镇有事实无人抚养儿童13人，新增2人。困境儿童共73人，新增14人。医保社保方面，按照县直有关部门的工作部署，开启医保、社保收费缴费工作。残疾人方面，全镇残疾人319人，发放补助金24.2万余元，同时享受“两项补贴”人员134人，发放补助金14.7万元。计划生育方面，全镇已婚妇女 1625 人，育龄妇女 2698 人，皆完成“两癌”“三查”工作，全年新生儿 102 人。

【安全生产】 立足三年安全生产行动，重点抓好三项制度建设，努力建立健全规范有效的安全生产长效管理机制。加强安全生产监督检查，坚持定期检查与重点抽查相结合，全面排查全镇各类隐患。坚持定期巡检与单位自查相结合，推动监管通道向前移动，加强安全隐患源头排查。根据全镇实际情况，制定救援应急预案，不断完善体系，有效防范各类重大事故。建立健全六项机制，加强安全生产风险控制。深化专项整治，根据安全生产专项整治三年行动计划，进一步消除重点城市安全隐患。坚持突出重点，强化实效，开展调查整改和专项整治活动。自 6 月开展安全生产月宣传活动后，全镇开展企业、农村、社区、学校、家庭五项安全生产准入活动和火灾警示教育活动，发放安全宣传手册 600 余份，200 个宣传页和 30 余个宣传横幅，动员村居委会企业单位充分利用广播、墙报标语等手段，对广大人民群众进行安全宣传教育。通过宣传活动，宣传党和国家关于安全生产的方针、政策、法律法规和加强安全生产的重大措施，宣传推广先进典型和经验，推进安全文化建设。

【民族团结】 加强宗教事务管理，从思想上引导宗教界人士正面发声，参与和服务社会主义事业建设。关心关爱特殊群体，在“两节”期间，开展走访慰问活动，集中慰问贫困户、老党员和卸任村干部。助力生活困难的牧民群众渡过难关，开展民族团结进步宣传月活动。成立工作领导小组，及时召开专题会议，制定《优干宁镇民族团结进步宣传月实施方案》，在成吉思汗广场、县域主干道、沿街商铺等人员密集区域设立咨询点、发放宣传资料、悬挂横幅等多种形式开展各类民族团结宣传活动，宣传党的民族政策、法律法规和民族团结基本知识，营造民族团结良好氛围。活动现场累计发放有关民族团结、社会治理、扫黑除恶、移风易俗等宣传资料 300 余份，活动吸引牧民群众 400 余人。

【社会治理】 召开专题会议安排部署扫黑除恶和缉枪治爆工作，在全镇范围内为形成“扫黑除恶人人参与，缉枪治爆人人有责”的共识。结合“百万警进千万家”活动，不断增强群众法治意识。缉枪治爆行动中全镇辖区内上缴步枪 13 支、子弹 2306 发。召开省第十四次党代会及二十大安保部署会，做好重要节点的安保和应急处突工作，确保全国、全省两会和省第十四次党代会及党的二十大顺利召开。开展打击整治养老诈骗和“买媳妇”现象，开展整治涉外婚姻专项行动。组织召开会议，结合实际制定实施方案，同步安排全镇范围内的宣传、排查工作。协调县消防大队，组织镇卫生院、派出所、优二完小及镇应急处突人员在优二完小联合开展防震减灾暨校园防恐应急演练工作。协同州县公安局等部门在镇政府院内举行应急演练，切实提高全镇应急处突队伍处置和防范能力。镇、村（社

2022 年，优干宁镇开展矛盾纠纷排查及化解工作

区）人民调解委员会排查纠纷870次，召开矛盾纠纷研判会16次，调解矛盾纠纷16起，调处成功14件，调解成功率达87.5%。年初与科才镇、多禾茂乡党委政府签订民族团结和边界友好协议书，共同维护边界地区社会稳定和民族团结工作。

【环境保护】 学习中央、省委、州委关于生态文明建设相关文件精神，增强党员干部及牧民群众环境保护意识，营造保护生态环境的氛围。克其合滩春季灭鼠治理面积18万亩，并完成克其合滩和赛尔龙乡边界、克其合滩涉及6个村之间的草场划分等协调工作。开展草原生态治理项目，参美村、阿木乎村、智后茂村、南旗村人工种草1.6万亩，拉设网围栏4.8万米，南旗村、泽雄村黑土滩治理1万亩，参美村、吉仁村退化草地改良6.1万亩，多特村毒害草直升机防治10.3万亩。持续推进河长制工作，召开专题工作会议，组织河长及相关人员认真开展防汛、河道治理、人居环境整治、巡河等工作，开展巡河40余次，对河流流域环境卫生进行整治50余次。全面推行林草长制工作，召开工作会议，成立工作领导小组，组织干部职工学习中央、省、州、县各级文件和会议精神，形成“党政同责、分级负责、部门联动、群众参与”的森林草原资源管护工作机制，常态化推进林草长制各项工作。

【基层党建】 贯彻落实“第一议题”制度，制定党委中心组理论学习计划，深入学习贯彻习近平新时代中国特色社会主义思想、党的十九届六中全会、省第十四次党代会、党的二十大精神等，持续提高理论素养和运用理论指导工作的能力。开展“六个一”活动，在原有的组织活动基础上，确定每月15日为集中学习日，各党支部积极落实，取得成效。持续规范阵地建设，实地督导村（社）党支部基层党建工作。督促检查《党支部标准化规范化手册》填写、党群管理中心使用率等情况80余次，发现立行立改问题10余条。加强党员发展教育管理，做好发展党员工作，各支部申请入党25人，确定预备党员40人，25名预备党员如期转正；组织辖区内党员开展冬春培训和入党积极分子培训及党员发展对象培训，培训200余人。严格开展各类组织生活，以“廉洁过节”“环境卫生整治”“党建知识学习月”“喜迎二十大·奋进新征程”等主题党日活动，唤醒党员身份意识，提高党员工作积极性。

【意识形态工作】 强化政治担当，落实意识形态工作责任制。建立健全意识形态领域重大问题处置机制工作机制，按季度组织召开意识形态工作安排部署会4次，分析研判在庆祝党的二十大、省第十四次党代会、虫草采挖及正月法会等活动期间重大舆论舆情5次，全镇各村（社）广泛宣传普及意识形态工作22场次。强化理论学习，提高政治理论水平。深入学习领会习近平总书记关于意识形态工作论述和宣传工作的系列讲话，传达学习上级党委关于意识形态工作的重要指示精神，全年开展意识形态集中学习12次、党的二十大精神学习会8次、集中宣讲6次。开展“五星级文明示范户”“好婆婆”“好媳妇”等评选活动，推进精神文明建设，以社会主义核心价值观为引领，弘扬主旋律，传播正能量，营造干事创业、奋发向上的氛围。强化阵地建设，增强舆论宣传成效。严把图片关、文字关、作品关，进一步健全完善信息简报“三审制”。巩固宣传阵地，围绕疫情防控、乡村振兴、环境整治、移风易俗等内容开展政策宣讲、理论学习等文化活动10余场次，发放宣传彩页2000余份。

【党风廉政建设】 履行全面从严治党主体责任，层层传导党风廉政建设工作责任和压力，坚定不移推动全面从严治党。抓好节点廉政教育，在春节、清明节等节庆前夕组织全镇党员干部召开节前廉政集体谈话会，持续严明政治纪律和政治规矩。全年开展党风廉政建设集中约谈10余次，促党风廉政“一岗双责”落实，组织全镇干部职工学习党纪、条例等内容10余次。从严从细抓好作风建设，研究制定《优干宁镇深化作风建设、狠抓工作落实》专项行动方案，加强组织领导，周密安排部署。结合党员干部、公职人员参与赌博，酒驾、醉驾专项整治工作，组织全镇干部职工观看《零容忍》《传承两弹元勋优良的家风》等警示教育专题片，全年开展警示教育6次，讲授廉政党课3次，对班子成员谈心谈话14人次。运用“四种形态”，针对辖区内党员是否存在违纪违法现象、是否存在“双重信仰”等，对2名党员给予党纪处分，并开展“以案促改”警示教育16次，达到以案促改作用。全年信访结问题线索1件，初步核实结果问题线索1件，并提醒谈话1人次。营造廉洁文化氛围，打造从严治党、新时代廉洁文化、党员干部廉洁家风建设等内容的廉洁文化墙，营造干部清正、政府清廉、政治清明的廉洁文化氛围；在新时代文明实践中心悬挂廉政警句、廉政格言，让广大干部群众在潜移默化中接受廉洁文化熏陶和教育。

2022年，优干宁镇人大代表开展环境卫生大清扫活动

【基层人大建设】　为提高新一届镇级人大代表的履职能力和工作水平，明确工作职责，推动新一届镇级人大代表更加积极、正确地履行职务，举办“人大代表履职能力提升”专题培训，强化镇级人大代表的履职意识和能力，增强履职的责任感和使命。组织各代表小组结合主题党日、民情分析会等活动学习宣传贯彻党的二十大精神和中央、省委、州委、人大工作会议精神，做到把会议精神贯彻在行动上，落实到工作。按季度召开人大主席团会议4次，组织人大代表分别开展“生态环保工作，人大代表在行动”“疫情防控工作，人大代表在行动”等活动。深入村（社区）人大代表家中开展走访慰问活动，了解代表们工作生活中存在的困难，听取代表的意见和呼声，广泛征求意见和建议。确定每周一为人大代表接待日，各代表小组每月25日确定为选民接待日，接访16人次，并在接访活动的基础上成功调解群众反映的矛盾纠纷5起。按时召开人代会，上半年听取和审议镇人大主席团工作报告和政府工作报告。受理代表意见建议17条。下半年人代会因疫情原因推迟召开时间。组织全镇各代表小组、动员基层人大代表20名，由2名代表为一组，在疫情卡点设立人大代表先锋岗，进行24小时值守。组织人大代表视察辖区内2个寄宿制完小、2个幼儿园内校园安全隐患、疫情防控等工作。

【党管武装】　始终坚持党管武装原则，学习党中央、国务院、中央军委关于加强国防后备力量建设的方针、政策和上级党委、军事机关的有关指示。完成18～45周岁符合服兵役条件的男性公民潜力人员和18周岁兵役的信息录入工作。通过择优推荐、政治审核、上站体检环节后确定出队、入队。夯实基层人民武装部阵地正规化建设，打造“三室一库一家”，设立人武部办公室、资料室、指挥室、器材库和民兵活动室。加强征兵入伍宣传工作，张贴宣传标语17条，制作横幅标语8条，发放宣传资料500余份，完成征兵工作任务。

【党建带群团】　准确掌握全镇团组织、团员底数，并录入“智慧团建”形成电子档案。开展“喜迎二十大、永远跟党走、奋进新征程”等宣讲活动，切实增强团干部的工作能力。选出出席共青团河南蒙古族自治县第十三届委员会委员、候补委员3名，共青团河南县第十三次代表大会代表候选人预备人选30名，代表人

20 名。组织全镇妇女群众认真《习近平关于注重家庭家教家风建设论述摘编》等，帮助妇女群众把稳思想之舵。联合镇司法所成立基层妇联维权站，成功调解婚姻纠纷 2 起，发放《反家暴告诫书》1 份。在镇民政服务大厅设立“婚姻家庭法律咨询处和婚姻家庭心理辅导处”，致力于解决婚姻家庭纠纷。响应“春雷计划”捐赠倡议，发动全镇妇女干部、社会力量捐赠关爱基金 1.46 万元。关爱儿童成长，将 18 岁以下的 644 名儿童纳入困境儿童、孤儿、事实无人抚养保障系统，发放 600～1300 元不等的生活补贴。

宁木特镇

【概况】 宁木特镇属纯牧业镇，东西长 54.50 千米，南北宽 69 千米，森林面积 1620.81 公顷，草场面积 174980.78 公顷，各类牲畜总数 88974 头（只、匹）。全镇共 2493 户 11174 人，人均可支配收入 11195.63 元，增长率 7.5%。下辖 11 个行政村、42 个社，有寄宿小学 3 所、幼儿园 1 所以及经济社会发展服务中心、农技站、卫生院、农商行、派出所、司法所、林业站、敬老院各 1 所。宁木特镇人民政府获“2022 年全国脱贫攻坚先进集体”，宁木特镇获“2022 年全省文明单位”称号。

【经济发展】 宁木特镇滨河路环境综合整治工程项目、宁木特镇藏阿柔路环境综合整治工程项目、宁木特镇环境综合整治工程项目、河南县广场（应急避难场所）建设项目均完成竣工验收，宁木特路环境综合整治工程项目完成项目的 30%。投资 1.3 亿元实施全镇交通、饮水、用电等 10 个重点项目。其中投资 300 万元实施宁木特村乡村振兴试点村建设，投资 873 万元实施梧桐村道路维修项目，投资 680 万元实施周龙、德日旦道路提升项目并完成验收，投资 1189 万元实施宁木特村道路提升项目，投资 6963.7 万元实施宁木特镇到多松乡三级油路并完成总工程量的 50%，投资 132 万元实施机井 46 眼，投资 3147.95 万元解决宁木特村、周龙村群众生产生活用电。

【疫情防控】 录制藏语、汉语疫情防控重要提示，在交通主路口设立疫情防控卡点 2 处，利用“微网格”开展中高风险区摸底排查，做到在外人员底数清、基数明。

【乡村振兴】 全年召开乡村振兴工作专题会议 10 次，落实“2411”防返贫动态监测机制，组织驻村工作队、镇村两级干部开展为期 1 个月的遍访工作。围绕 8 类重点人群，开展入户调查，全镇有监测对象 36 户 140 人，其中已消除风险监测对象 35 户 138 人。下达资金 300 万元实施宁木特村乡村振兴试点村建设项目，完成竣工验收；建立乡村振兴项目库 35 项，纳入 2023 年河南县项目库 9 项。全镇 37 项资产清查报告、确权证书移交各村。

【畜牧业发展】 全镇 11 个村因地制宜发展集体经济项目，培育赛尔永村蔬菜大棚、浪琴村风干牛肉加工厂、作毛村、苏青村生态有机畜牧业牧民专业合作社、夏拉村王瓦生态畜牧业合作社、冰魂饮用水厂等一批村集体经济产业发展项目，年收益均达 10 万元以上。

【社会民生】 为全镇 77 名大中专在校生发放“雨露计划”补助金 34.4 万元，对全镇 753 户低保户发放保障金 1094 万元，对 97 名特困人员发放救助金 83.7 万元，对 728 名残疾人发放补助资金 81.3 万元；临时救助 2670 人，发放救助金 225.6 万元。做好“一老一少”保障，对 1122 名享受高龄补贴政策老人发放补贴 269.2 万元，对事实无人抚养 20 名儿童发放资助金 94390 元，对 104 名困境儿童发放资助金 10.7 万元。组织完成牧民技能培训 153 人，安排全镇草管、林管、村级光伏公益岗位 519 人。

【安全生产】 针对重点领域召开安全生产工作部署会 6 次，开展安全生产大检查活动 20 余次；组建宁木特镇义务救援队伍，有队员 64 人。将梧桐村 3 户存在安全隐患的家庭搬迁至黄河沿，自查地质灾害和山洪隐患点 27 处，对 18 户隐患点牧户进行搬迁或撤离。开展地震应急演练 1 次、山洪灾害救援应急演练 2 次、防汛应急演练1次、森林草原防灭火应急演练2次。

【民族团结】 专题学习习近平总书记关于民族团结进步讲话精神等内容3次，开展宣讲活动30余次，悬挂横幅30余条，印发宣传材料1000余份。党的二十大期间全镇社会环境安全稳定。

【社会治理】 发放宣传品3500余份，发放宣传资料2900余份，开展宣讲活动9次，受益群众5000余人次。成立“1+N”社会治理工作专班，组织人民联防队、应急处突队等队伍。全年开展治安巡逻10余次，预防群体性事件应急演练3次，常态化开展矛盾纠纷排查化解10起，解决上访案件2起，接收刑释解教人员38人，解除社区矫正人员3人，镇村两级干部实行综治中心24小时轮守监测。机关内部全年开展国家安全专题学习3次，保密工作相关知识学习5次，签订保密承诺书16份，更新涉密人员保密审查表14份。

【环境保护】 召开生态环境保护专题会议4次，严格落实每月13日和26日常态化环境卫生整治活动，开展“保护母亲河”等集中专项整治活动20余次，清理垃圾300吨，全年开展巡林巡草巡河40余次，投资130万元实施鼠虫害防治26万亩，架设网围栏7万米，草原毛虫防治1.37万亩，毒害草治理1.1万亩。

【基层党建】 开展各类集中学习50余次，专题研讨15场次，建立“一村一台账”“两薄三册三台账”资料分类台账，召开党建工作专题安排部署会2次，专题听取各村党支部书记抓党建工作述职2次，支部书记讲党课30场次，主题党日活动330余次，开展党建督查3次。发展预备党员21名，培养入党积极分子10名，走访慰问老党员8人、贫困党员10人，落实“我为群众办实事”38项。执行“223”培养计划，储备村级后备干部133人，动员2名村干部参加村干部学历提升班。推动实施“党支部书记能力提升”“党员进党校集中轮训”“农牧民党员冬春训”“发展党员及入党积极分子培训”工程，开展各类党员干部培训6期，培训350余人次。推出《喜迎二十大·我想对党说》微栏目2期，制作“喜迎二十大”微视频2期，创新“马背宣讲团”“摩托车宣讲队”“联村联户微课堂”“包村领导+党建指导员”等宣讲方式，撰写宣传信息10余篇，“黄南先锋”“黄南报”“青海新闻网”等平台采纳发布15期。

【意识形态工作】 召开专题安排部署会2次、分析研判会6次，解决历史遗留信访积案2起，宣传理论政策20余场，发放各类学习宣传资料4000余份，制作横幅和墙贴1000余张，发布信息240余篇。打造新时代文明实践所（站）12个、志愿服务队53支，开展志愿服务活动100余次，群众自发组织开展道路维修、清扫积雪等活动10次，地震应急演练1次，“雷锋志愿服务日活动”1次，“心系党员·温暖同行”慰问帮扶活动3次、“志愿服务送春风，1号文件到基层”宣讲活动11场次，“我的中国梦，文化进万家”文艺会演4次。全年评选道德模范1人、“河南好人”4

2022年11月10日，摩托车宣讲队在宁木特镇浪琴村宣讲党的二十大精神

人、五星级文明示范户 18 户、五星级文明户 220 户。

【党风廉政建设】　召开党风廉政建设专题会议 2 次，制定“一岗双责”清单，填报廉政档案 11 份，与各村、各站所签订廉洁从政承诺书 15 份，开展警示教育学习 2 次，观看警示教育片 3 次，召开节前廉政谈话 4 次，监督检查 20 余次。办理县纪委移交问题线索 1 件，通报 2 起，约谈 7 次。

【基层人大建设】　人大代表参加活动 10 余次，参加培训 4 次，组织召开第二届人民代表大会第三、四次会议。配齐镇人大主席团成员 7 人、镇人大工作人员 2 人。规范上墙“四项职责”，健全“十项制度”“七表”“三册”，对人大主席团成员联系代表、代表联系群众的“双联系”登记造册。

【党管武装】　建成民兵应急排、民兵应急班。开展民兵军事培训，开展征兵入伍工作。“八一”期间，集中慰问退役军人 5 人，发放慰问金 2000 元。组织民兵开展山洪灾害、森林草原防灭火等应急演练活动。

【党建带群团】　组织各村团支部主题活动 22 次，为 108 名学生发放助学金 39000 元，完成各村团支部书记“青年大学习”线上课堂打卡考试 110 余次，完成智慧团建平台工作活动录入信息简报 110 篇，接受返乡新团员 34 人。制定《宁木特镇妇女儿童保护公约》，发放读本及宣传册 400 余份，开展妇女维权、反家暴宣传 10 余次。

赛尔龙乡

【概况】　赛尔龙乡位于河南县东南部，距离县城 61 千米，东邻甘肃省碌曲县，西接本县优干宁镇，南依托叶玛乡、柯生乡，北靠甘肃省夏河县，是青甘川三省交界的重要枢纽部位，有青海“南大门”之称。全乡总面积 1036.07 平方千米，折合 155.41 万亩，占全县总面积的 14.81%；其中可利用草场 141.85 万亩，占全县可利用草场面积的 15.77%。全乡下辖 5 个行政村（兰龙村、尕庆村、尖克村、赛尔龙村、尕克村）18 个社，1 座寺院和 1 所小学。共有 6 个党支部，有中共党员 207 名（男 183 人、女 24 人），其中牧民党员 182 名（男 164 人、女 18 人），机关党员 25 名（男 19 人、女 6 人）。截至 2022 年底，全乡有 1053 户 3714 人。乡政府有干部职工 57 人（男 26 人，女 31 人），其中行政在编 18 人、事业在编制 9 人、临聘 30 人。临聘人员中，财政临聘 11 人（含 9 名环卫工、1 名“三支一扶”），公岗 19 人。

【经济发展】　以习近平新时代中国特色社会主义思想和党的二十大精神为指引，贯彻落实习近平总书记“疫情要防住、经济要稳住、发展要安全”重要指示精神，把握经济发展新常态，战疫情、防洪涝；促改革、推开放；抓振兴、惠民生；保增长、稳大局，持续保持经济社会健康平稳发展。全乡人均纯收入达 13563.78 元。

【疫情防控】　贯彻落实省州县疫情防控各项工作要求，坚持“外防输入、内防反弹”总策略，落实优化措施，科学精准做好疫情防控工作。结合疫情形势及时研究部署疫情防控工作，修订完善《疫情防控应急处置工作预案》，成立双组长工作专班，定期分析研判，因势优化调整防控措施，精准落实返乡人员摸排管控、在外人员排查建档、边界卡点值班防守、防控知识常态化宣传、重点人群免疫接种等防控举措，疫情防控工作推进有力。召开疫情防控工作会议 10 次，疫情形势分析研判会议 7 次，开展宣传检查活动 12 次。持续做好防疫物资储备工作，储备 N95 口罩 1200 个、医用外科口罩 8000 个、消毒用品 124 瓶、抗原检测试剂盒 600 人份。落实设卡防控责任，落实“外防输入”要求，3 处边界卡点常态化开展车辆、人员摸排，省级卡点排查车辆 60164 辆、人员 83628 人。坚持“应接尽接”工作原则，落实属地管理责任，推进重点人群免疫接种服务措施，开辟上门服务绿色通道，督导落实老年人群体疫苗接种工作，坚持把工作做细、把服务做实，筑牢重点人群免疫屏障。

【乡村振兴】 落实乡村振兴工作要求，坚持稳字当头、稳中求进，牢牢守住不发生规模性返贫底线，推进乡村发展、乡村建设、乡村治理。乡村产业方面，达宗鹿场提标升级项目总投资 200 万元，完成项目施工。牦牛产业强镇建设项目总投资 300 万元，其中兰龙村 172 万元、尖克村 122 万元。尕庆村中央财政补助发展村集体经济 50 万元，购置种公牛、母牛 85 头，畜种结构优化。尖克村土默特矿泉水厂项目总投资 50 万元，已投入运行。乡村建设方面，推进乡村人居环境整治，开展问题厕所摸排 235 户。补齐乡村公共基础设施建设短板，实施乡村公路提质改造 39 千米，电网升级改造工程 7.6 千米。乡村治理方面，依托乡村两级新时代文明实践阵地和志愿服务组织力量，开展乡村生态环境治理和乡风文明建设实践活动，开展草原、河湖生态治理活动 20 场次，乡风文明宣传、创建活动 10 场次，村规民约修订完善全覆盖。

【畜牧业发展】 立足特色资源禀赋，厘清发展思路，坚持生态畜牧业发展与乡村振兴工作相结合，通过科学精准定位、狠抓草畜平衡、筑牢防疫屏障，助推生态畜牧业高质量发展。各类牲畜 72497 头（只、匹），其中牛 37527 头、羊 33347 只、马 1623 匹。完成春、秋两季动物防疫工作，春防期间接种疫苗牲畜达 128470 头（只、匹），强制免疫注射密度达到 100%。开展牲畜疫病普查，普查牲畜 23100（头、只）。秋防期间接种疫苗牲畜达 172650（头、只），口蹄疫强制免疫注射密度达到 100%。畜（棚）圈消毒 3.21 万平方米，普查牲畜疫病 53100 头（只）。推进牲畜越冬饲草料储备工作，通过政府主动联系、牧户联网搭线等有力渠道，储备饲料 6185 吨、草料 4653 吨。宣传《加快牲畜出栏促进牧民增收“七项”促销保障措施》，引导牧民加大出栏。全乡牲畜出栏 20616 头（只），其中牛 10853 头、羊 9763 只，出栏率 18.4%。畜牧业产业见实效，合作社分红见效益，兰龙村合作社入股牧户分红资金共计 421 万元，人均分红达 8668 元，最高分红达到 18 万元。

【社会民生】 贯彻落实保障和改善民生各项措施，回应民生关切、主动解决民生需求，彰显新时代民生事业发展的共享价值。教育方面，与各村、学校、寺院签订《赛尔龙乡义务教育“控辍保学”辍学生劝返复学目标责任书》，确保适龄儿童“应入尽入”，全乡适龄儿童入学率达 100%。医疗救助方面，开展精准扶贫户医疗救助服务，开展各种医疗救助服务 6 场次，免费开展常规体检、妇女“两癌”检查、棘球蚴病检查，覆盖 710 余人次。民生救助方面，推进困难群众保障兜底工程，全乡低保户 128 户 350 人，发放救助金 143.63 万元；临时救助 123 户 363 人，发放救助金 80.64 万元；特困供养 10 人，落实帮扶资金 16.36 万元。

【安全生产】 树立安全发展理念，统筹发展与安全，紧绷安全生产弦，打好安全生产发展硬仗。不断强化安全生产组织领导体系建设，细化指导、监督、协调、管理运行、应急处置机制，安排部署安全生产领域工作，层层压实安全生产责任。召开安全生产工作会议 9 次，开展应急处置演

2022 年 12 月 29 日，赛尔龙乡产业强镇项目达宗鹿场养殖合作社分红仪式举行

练3次。全面落实安全生产责任制，坚持问题导向，到重点区域、重点行业、重点场所排查安全生产隐患，分析研判各类自然灾害多发期安全生产形势，围绕交通安全、食品安全、消防安全、校园安全、自建房安全等方面跟进排查，推进地质灾害、气象灾害、施工安全等领域隐患问题排查整改，强化抗震救灾救援队伍建设，落实叫应叫醒机制，守住人民生命安全底线，杜绝各类重特大安全事故发生。开展安全生产督查检查 11 次，整治各类隐患问题 16 项。

【社会团结】 学习贯彻习近平总书记关于民族工作的重要论述精神，以铸牢中华民族共同体意识为主线，深入推进民族团结进步创建。通过以宣促知、以讲促行、以创促建等方式推动民族团结“十二进”走深走实。开展民族团结进乡村、进学校、进寺院、进家庭等主题创建活动 9 场次。结合法治宣传月、民族团结进步宣传月等，开展宣讲 16 场次。抓好典型选树、先进带后进、后进变“后劲”这个有力导向，开展民族团结进步先进典型评选工作，以个人、集体、团队为基础，进一步拓宽评选范围，将同赛高速项目建设纳入评选范畴，在凝聚项目施工领域务工人员投身本地区建设发展向心力的基础上，融入民族团结创建全过程，为协调做好牧民群众征地拆迁等权益保障工作奠定基础。全年与高速项目部开展联谊共建活动 3 次。推进民主法治寺院建设，加快建设标准化寺院服务管理体系，成立达参寺服务管理办公室党支部，建强基本组织，建活基本队伍，做到驻寺干部队伍管理有序，履职有力。结合全年各类重要时间节点和重大政治时段，开展法治宣讲、爱国爱教宣教、民族团结教育等，增强群众法治观念，打牢和谐寺院建设根基。开展宣教活动 30 场次，普法考试 1 次。

【社会治理】 以推进市域社会治理现代化为主线，贯彻落实党建引领社会治理举措，构建法治保障、德治保底、自治高效的社会治理格局。平安建设方面，结合虫草采挖、省第十四次党代会、党的二十大等时段实际，定期研究部署、分析研判，压实安保责任。开展矛盾纠纷排查化解、社会安全稳定风险隐患摸排、社会乱象治理等。开展社会治安检查 21 次，清缴枪支 9 支、子弹 367 发。法治宣传方面，推进“八五”普法，动员新时代文明实践志愿服务、人民联防、民兵组织、网格员等群防群控队伍作用，发挥“一村一法律顾问”机制作用，邀请律师开展法治专题讲座，开展法治宣讲活动 19 场次。

【环境保护】 贯彻习近平生态文明思想，以省级卫生乡镇创建为抓手，坚持绿色创新发展理念，推进“两山”实践成果转化升级。扎实开展生态文明宣传引导行动，发挥恰如山环保志愿协会作用，通过自发活动、宣教引导、示范带动等模式，引导牧民群众不断提升生态环保意识，推进全民生态文明理念养成，投身生态环保服务行列，开展环保服务活动 9 场次。推进绿色创建行动，制定出台《环境卫生管理办法》《清河行动方案》，从严督促管理商铺“门前四包”责任制落实，开展增绿复绿、环境卫生治理、医疗废物转运处理、高速扬尘整治行动，生态环境质量持续改善。开展环境卫生整治 20 余场次，增绿复绿行动 3 次。严格落实林草长、河湖长制工作责任，推进河湖生态、草原生态治理，保障洮河源头绿色生态，开展巡河护河行动 9 次。

【基层党建】 以加强党员干部思想政治建设为着力点，以赛尔龙乡习近平新时代中国特色社会主义思想学习专班为依托，通过集中学习、研讨交流、主题党课等形式，学习贯彻党的十九届历次全会、党的二十大及省第十四次党代会精神，学习解读《习近平治国理政》第四卷，提高干部队伍思想政治水平和思想理论水准。党委理论学习中心组、机关党支部全年组织各类学习 30 余场次，研讨交流 4 次。落实各项组织生活制度，利用党建活动阵地，调动党员队伍活力，推进形式多样、寓教于乐的组织生活，提升党支部规范化、标准化、高效化建设水平。组织各类活动 12 场次，专题党课 4 次，开展民情分析研判 12 次、谈心谈话 4 次。狠抓党员教育培训，将提升党员队伍政治素养、执行能力、为民办实事能力作为强化党的建设的有力抓手，推进机关、牧民党员轮训。组织机关党员培训2次、牧民党员轮训2班次，党员培训覆盖率达85%。贯彻落实“六个一”活动要求，发挥基层党组织战斗堡垒和党员先锋模范作用，深化党建引领，发挥党员服务群众主体功能，推进政治思想教育、“两山”实践创新、廉政文化教育、民族团结进步创建等重点任务落实，巩固办实事实践活动成果。开展生态环保系列活动12场次，民族团结宣传教育9场次，党员联村联户机制落实为群众办实事11件。

2022年10月16日，赛尔龙乡组织全体干部职工观看党的二十大开幕式盛况直播

【意识形态工作】　落实意识形态工作责任制，强化意识形态领域监管，掌握意识形态工作领导权、主动权。坚持党管意识形态工作原则，建立健全意识形态工作研判机制，定期分析研判意识形态领域风险隐患问题。从细落实“第一议题”制度，以思想政治建设为切入点，深化习近平新时代中国特色社会主义思想的学习贯彻，筑牢主流意识根基。以1号文件宣讲、法治宣讲、民族团结进步教育、爱国主义教育、社会主义核心价值观教育等为契机，结合包乡联村联户机制，开展党和国家形势政策、社会正能量、公序良俗宣传教育，筑牢干部群众“听党话、感党恩、跟党走”的意识和行动自觉，开展各类宣传活动30场次。党政主要负责人牵头深入各村开展省第十四次党代会、党的二十大精神宣讲，推进意识形态宣传教育主流模式，教育引导群众学习领会省委决策部署，学习贯彻党的二十大精神，响应党中央指引方向和“六个现代化新青海”建设步伐，开展专题宣讲10次。

【党风廉政建设】　落实党要管党、全面从严治党主体责任，坚持把党风廉政建设作为第一要务，狠抓落实，驰而不息地抓好干部纪律作风建设，切实把党风廉政建设责任制落到实处。推进党员干部队伍廉政文化教育，通过组织学习、开展测试、集中观摩、警示教育等形式，深化廉政教育和反腐败警示，确保党员队伍干净纯洁、清正清廉，组织开展廉政知识学习12次，警示教育4次，廉政文化学习交流3次。严格履行党风廉政建设主体责任和“一岗双责”，部署党风廉政和反腐败工作，执行党风廉政建设目标管理责任制，签订责任书，压实各支部廉政建设责任。开展“党风廉政宣讲进基层”活动，采取会议集中宣讲、联户分散宣教方式开展党规党纪宣传、案例警示，提升基层党员干部反腐倡廉的思想和行动自觉，开展宣传活动6场次。推进村务监督履职能力建设，开展村务监督委员会专题培训，适时集中约谈，定期督导职能作用发挥情况。坚持党风廉政约谈制度，开展廉政谈话，其中党委书记与班子成员、村干部谈心谈话14人次，乡党委副书记开展谈心谈话25人次。依规依纪依法办理各类案件和信访案件，对重难点问题上会研究，加强协调，排除办案阻力。处置问题线索1件，立案审查1件，结案1件。严格落实“三重一大”工作制度，完善党委议事规则和决策程序，建立健全党内情况通报制度、重大事项公示等制度。累计召开“三重一大”工作会议8次，乡村振兴产业发展务虚座谈3次。

【基层人大建设】　把人大工作纳入党委整体工作布局，摆在重要位置，指导人大工作，支持人大代表依法履职，促进基层人大各项工作发展。采取集中学习、专题研讨等形式，组织人大代表学习贯彻党的二十大精神及省第十四次党代会精神，学习领会习近平新时代中国特色社会主义思想，提升人大代表政治理论水平，组织学习研讨活动3次。加强人大代表履职业务知识学习教育，加大履职能力培训，不断提升人大代表依法履职水准，开展专题培训2次。充分发挥人大代表联系群众桥梁纽带作用，开展三级代表进室活动暨学习交流，收集代表对乡村治理、乡村发展、乡村建设方面的意见建议，推进意见建议交办办理，落实有关建设、农牧水利、交通、文化教育、医疗等方面建议办理11条。

【党管武装】 坚持以习近平新时代中国特色社会主义思想和习近平强军思想为指导，贯彻新时代军事战略方针，着眼履行新时代使命任务，落实落细各项规章制度，推进国防后备力量建设发展。加强对武装工作的领导，研究部署党管武装工作，传达学习关于武装工作的各项要求，听取人民武装工作汇报，确保国防后备力量建设始终处于党的引领之下，部署武装工作3次，听取专题汇报2次。坚持高标准、严要求不断强化征兵工作，动员组织适龄青年应征入伍，在完成调整民兵组建系统工作的基础上，完成兵役登记。开展民兵整组点验和练兵备战，坚持以战领建、以战领训，强化后备力量训练。

【党建带群团】 将群团建设工作作为抓治理、抓发展的一项经常性、基础性工作，保障和团结群团组织基本力量，找准党建带团建、妇建工作结合点，提升党建带工建团建妇建工作水平。优化群团建设载体，开展团建、妇建主题活动，策划共建活动，提出共建举措，开展创先争优文娱活动，提高群团组织建设活力，开展团建、妇建活动5场次。健全完善群团建设领导协调机制，优化工作部署、细化工作举措，着力引导形成统一管理、带建结合、同步推进的工作局面。延伸群团工作触角，促进党建引领与党建带群团建设高度契合，坚持群团建设与疫情防控、乡村振兴、社会治理、精神文明建设等重点任务落实结合，发挥群团力量优势，引导群团组织做贡献，参与共治共建共享全局。组织青年团员、妇女群体参与各类治理、宣讲、创建活动12次。

托叶玛乡

【概况】 托叶玛乡位于县域中部，东面、北面分别与赛尔龙乡、优干宁镇邻接，西面与多松乡、柯生乡毗连，地理坐标为东经101°18′~101°55′、北纬34°25′~34°47′，乡境长72千米、宽20千米。辖区总面积约878.08平方千米，境内多系丘陵、滩地及少量山地，地势较为平缓开阔。全乡草场总面积约853平方千米，占全县总面积的12.27%；可利用草场面积629平方千米，占全县可利用草场面积的13.08%。辖托叶玛、文群、曲海、夏吾特、宁赛、曲龙6个行政村，21个自然村，6个村民委员会；全乡有1219户5078人。境内有1座寺院（曲格寺）、2所学校（托叶玛完小、托叶玛乡中心幼儿园）以及乡卫生院、兽医站、派出所、司法所、信用社、经济社会发展服务中心。全乡党支部共有9个，党员359人（女党员57人，70岁以上党员20人）。2022年，全乡牲畜存栏数为61610只（头、匹），其中牛44361头、羊15180只、马2069匹，商品率49%，出栏率53.2%，母畜比例57.3%。农村居民可支配收入14565.27元，增长0.09%。

【经济发展】 全乡牲畜存栏数为61610头（只、匹），其中牛44361头、羊15180只、马2069匹，商品率49%，出栏率53.2%，母畜比例57.3%。农村居民可支配收入14565.27元，增长0.09%。

【疫情防控】 贯彻党中央、国务院和省州县决策部署，调整完善疫情防控指挥体系，修订完善应急预案，建立应急值班、组织全员核酸、信息共享和日报告制度，学习传达疫情防控政策文件，足量储备防疫物资，督导各村、寺院、企业等落实20条优化防控措施，营造群防群控氛围，全力保障辖区群众生产经营和群众生命财产安全。

【乡村振兴】 完成2021年度国家巩固拓展脱贫攻坚成果同乡村振兴有效衔接考核评估反馈问题整改任务，整改率100%。实施乡村振兴重点项目建设。托叶玛乡村集体经济综合商贸服务点建设项目，总投资400万元，完成总工程量的90%，工程款支付90%；曲海村富民畜产品加工销售中心建设项目，总投资300万元，完成总工程量的90%，工程款支付90%。完成全乡脱贫户202户843人及监测户20户69人明白卡填写及国扶系统数据更新工作。按照“四不摘”要求，落实“2411”帮扶机制，对20户监测户实行乡科级干部“一户一帮扶”措施；完善充实乡村振兴项目库项目26项，完成2023年项目储备项目7个；组织牧民群众参加就业局组织的技能培训一期（家庭电工、维修）共50人；组织全乡毕业大学生、创业青年50余人，召开乡村振兴工作暨“五四”青年座谈会，为托叶玛乡产业发展建言献策。选派10名党政事务辅助人员，组建托叶玛乡村振兴公司，在全乡范围内征集促进全乡发展及乡村振兴金点子。

【畜牧业发展】 高度重视畜牧业发展，加快畜牧结构调整，加大畜牧业投入，畜牧业产业化取得效果。全乡牲畜存栏数为61610头（只、匹），其中牛44361头、羊15180只、马2069匹，商品率49%，出栏率53.2%，母畜比例57.3%。注册登记合作社6个，都属于生态有机畜牧业类合作社。农民专业合作社（现股份制经济合作社）按照“合作社+贫困户”经营模式，主要经营牛羊繁殖、育肥、饲料种植、肥料生产、加工、销售，带动牧户增加收入，推动村集体经济高质量发展。共分红41.1万元，平均每户分红3000元；曲海村村集体经济总收入114万元，共分红61.6万元，较上年增长81.44%；夏吾特村共分红15万元，平均每户分红1000元；宁赛村共分红85万元，全村794人，每人分红1070元。

【社会民生】 民政救助方面，低保户237户862人，发放保障金479万元；特困供养33人，发放资金50.5万元；为全乡384户1396人，发放临时救助资金197.3万元；70岁以上享受高龄补贴老人199人（党员20名，占10.2%），发放高龄补贴29.2万元。医疗养老参保方面，城乡居民基本医疗保险缴费任务数4784人，户籍人数4882人，参保人数4881人，缴费入库143.2万元，参保率达到99.9%。双女及独生176人，退费金额5.3万元。计生方面，新出生73人，死亡7人，迁入2人，迁出1人。教育医疗方面，教育发展质量提升，义务教育“双减”政策落实，适龄儿童入学率达到100%。重视医疗卫生事业发展，乡卫生院更名为县人民医院托叶玛乡分院，新配备救护车1辆，2022年年初成立托叶玛乡卫生院党支部。

【安全生产】 根据国家安全生产“十五条”措施，落实“党政同责、一岗双责、齐抓共管、失职追责”的安全生产责任制，按照“让资源在一线整合、力量在一线汇聚、服务在一线延伸”工作思路，整合全乡6支驻村工作队和联户干部就地转为安全检查员、防汛先锋队，参与辖区安全隐患排查管理和防汛减灾工作。以安全风险管控和隐患排查治理“双重预防机制”为抓手，强化

2022年11月15日，托叶玛乡曲海村举行2022年收益分红大会

重点时段关键节点安全风险管控督导检查，落实乡、村两级24小时值班值守和每日调度报告制度，制定印发安全生产、防汛叫应工作手册，完善指挥、叫应体系。开展各类安全隐患检查20余次，排查掌握安全生产及防汛隐患点10处，均整改完成，开展各类应急演练16次。

【民族团结】 引导各族干部群众牢固树立“三个离不开”思想、增强“五个认同”意识。开展民族团结工作“十一进”活动，增强干部群众的政治鉴别力和政治敏锐性，增强爱国主义意识，确保在大是大非面前始终与党中央保持高度一致。完善矛盾纠纷排查调处机制，对重大问题继续实行“领导包案”制，乡党政领导各司其职，密切配合，统一步调，协同做好维护民族团结和社会稳定工作。

【社会治理】 坚持以习近平新时代中国特色社会主义思想为指导，贯彻习近平法治思想，践行总体国家安全观，立足加快促进基层社会治理体系和治理能力现代化建设，在巩固和深化“一核三治”社会治理黄南模式上精准发力，创新实践“基层社会治理专项工作组”工作法，在乡、村两级成立生产发展、纠纷调解、生态环境保护、互帮互助、国家安全维护、教育督导、卫生评估、精神文化、保障联络、联系协调、效率督导等11个专项工作组，把党的领导贯穿到社会治理各领域各环节，以党的二十大精神宣讲、疫情防控、乡村振兴入户摸排等重要节点为契机，教育引导广大群众铸牢中华民族共同体意识，开展“缉枪治爆”、禁毒、反恐防范、非法集资、电信网络诈骗等宣传活动。加强和改进乡村级应急演练，发挥群防群治作用，开展各类应急演练17次，依法调解矛盾纠纷6起，调解成功率均达100%，曲海村获“全国民主法治示范村”称号。

【环境保护】 把握“国之大者”和“三个最大”省情定位，践行“两山”理念，以生态环境保护为主线，以改善人居环境，建设美丽宜居乡村为目标，落实乡村两级河湖长制，加大巡河力度，开展“文明健康，绿色环保”专项行动，落实每月13日、26日环境卫生整治活动，人居环境得到改善，加大草原鼠害治理工作力度。根据治理需求，托叶玛村、宁赛村、文群村争取鼠害治理项目资金支持，对于流转草场的鼠害治理工作由原户主负责治理，采取政府投资与民间筹资投劳相结合等多种方式，抓好草原鼠害治理，夯实生态根基。

【基层党建】 坚持每周组织一次集中学习，落实“第一议题”，坚持将习近平总书记的重要讲话、重要指示第一时间传达学习，第一时间贯彻落实，学习习近平总书记的重要讲话、重要指示33篇。学习贯彻党的十九大、十九届历次全会精神，党的二十大精神和习近平总书记重要讲话精神以及省第十四党代会精神，先后撰写研讨交流材料7篇，心得体会5篇。树立“抓党建是本职、不抓党建是失职、抓不好党建是渎职”的理念，履行“一岗双责”做到明责、履责、尽责，优化各党支部队伍、阵地、制度建设，开展“喜迎二十大、永远跟党走”系列活动，利用微信公众号推送工作信息25篇。按照年初有计划、年中有推进、年终有总结的工作思路，推动支部规范化建设，纠正党支部填写“两薄三册三台账”不规范、不认真、不严肃等问题。落实“三会一课”、谈心谈话、组织生活会等组织制度，依托阵地每月开展“六个一”主题教育日、“主题党日”等活动。开展排查整顿发展党员违规违纪问题，做好新党员培养发展工作。依托乡党校举办入党积极分子、党员发展对象培训班，发展积极分子10名，吸纳预备党员11名，转正17名。以开展“党建观摩”“党建观摩座谈会”、软弱涣散村党组织整顿等活动为抓手，提升党员队伍素质。围绕“高标准党建推动高质量发展”目标，突出党建在社会治理、疫情防控、乡村振兴等重点工作中的示范引领作用。推动村集体经济高质量发展，鼓励村党支部、致富能人领办专业合作社，激发村民干事创业，致富增收的内生动力。年收入5万~10万元的1个村（文群村），10万~50万元的2个村（曲龙村、夏吾特村），50万元以上的3个村（托叶玛村、曲海村、宁赛村）。建立健全县、乡、村干部包村联户工作制度，全乡84名干部（62名党员）联1219户5078人，建立一户一档，坚持做到“政策法规宣传到户、村情民意收集到户、排忧解难帮助到户、矛盾纠纷调解到户”，做到联系群众全覆盖。

【意识形态工作】　坚持党建引领，乡党委书记为意识形态工作第一职责人，带头抓意识形态工作，弘扬移风易俗，完善村规民约，发挥驻村工作队、“第一书记”、村干部、各新时代文明实践志愿服务队进村入户面对面宣讲向上向善、孝老爱亲中华传统文化美德，开展“送领袖画像进牧户”活动，持续传播中国梦、社会主义核心价值观等习近平新时代中国特色社会主义思想，推进移风易俗，转变群众思想观念。组织曲龙村35名中、小学生在学习宣传贯彻党的二十大精神主题晚会上献唱《我和我的祖国》，突出青少年在意识形态工作中的“主力军”作用，曲海村荣获2022年省级“文明村”。

【党风廉政建设】　贯彻落实党中央、省委、州委关于深化作风建设部署要求，开展“深化作风建设、狠抓工作落实”专项行动，解决工作中存在的“慵、漫、散、推、拖、奢”等问题。乡纪委开展节前廉政谈话会7次、纪律通报3次、下发督办通知2份、约谈干部4人、开展日常监督21次、开展村务监督委员会培训2次，将从严治党融入全乡各领域。坚持纪在法前、纪严于法的理念，落实监督执纪“四种形态”。办理案件1件，给予党内严重警告处分1人次，2022年度实现全县乡镇办案“零”的突破。抓好巡视巡察反馈问题整改，压实整改主体责任，开展问题整改“回头看”，针对省委第五巡视组巡视反馈的反馈共性问题13条，个性问题1条，立行立改问题7条、州委县级交叉巡察反馈的“三个聚焦”方面38条问题，逐项逐条研究制定整改措施，建立问题清单、任务清单、责任清单，明确重点任务、阶段任务和长期任务，巡察整改全部完成，巡视整改个性问题整改完成，共性问题整改工作有序推进。

2022年11月7日，托叶玛乡在曲海村党员活动室开展学习党的二十大精神宣讲会

【基层人大建设】　完善人大工作制度，利用藏汉两种文字健全完善“四项职责”“十项制度”，建立“七表三册”台账等各项制度。开展代表活动，各级人大代表视察、执法检查活动10余次，调动人大代表履职积极性，发展人大代表工作，着力解决群众“急、难、险、重”问题。发挥代表抗疫、防汛作用。各村人大代表始终冲在战“疫”防汛一线，带头落实防汛减灾和疫情防控工作要求，做好群众工作，维护社会稳定，彰显新时代人大代表的担当作为。

【党管武装】　根据高标准基层武装阵地建设要求，配齐“三室一库”武装阵地，配备办公设施、装备等解决武装办公硬件紧缺问题。严把预征对象质量关，选择优秀大学生入伍。

【党建带群团】　从发展、教育管理全流程加强队伍建设，严格组织关系管理，推动团员成为注册志愿者，开展中国共青团成立100周年系列庆祝活动，并组织共青团志愿服务队开展环境卫生整治、疫情防控、法治宣传等活动。开展“三八”节妇女维权宣传活动，评选“最美庭院”“好儿媳”“好公婆”。组织妇联主席集中培训，学习妇女工作有关知识，提升业务能力。开展工会慰问活动，解决职工困难。

多松乡

【概况】　多松乡位于河南县西南部，南与甘肃省玛曲县接壤，北与托叶玛乡为邻，东与柯生乡毗邻，西与宁木特镇接壤，距县府驻地 63 千米，辖区面积 577.9 平方千米，东西长 37 千米，南北宽 25 千米。气候为高原大陆性气候，属高原亚寒带湿润气候区。由于海拔较高，地势复杂和受季风影响，高原大陆性气候特点比较明显。每年 5—10 月温暖、多雨，11 月至次年 4 月寒冷、干燥，多大风天气。春秋时日短，四季不分明，无绝对无霜期。下辖多松、夏日达哇、拉让 3 个牧委会，乡完全小学、乡农牧业技术服务站、乡农牧业经济社会发展服务中心、乡卫生院、乡信用社等 5 个事业单位及企业站所；全乡 712 户 2890 人，以蒙古族为主，占总人口的 98.5%；可利用草场面积 79.7 万亩；多松村可利用草场面积 27.1 万亩，拉让村可利用草场面积 22.5 万亩，夏日达哇村可利用草场 33.6 万亩。全乡 5 个党支部，其中乡机关党支部 1 个、村党支部 3 个、多松完小党支部 1 个，有党员 109 人；全乡人大代表 46 人，其中州级 1 人、县级代表 7 人、乡级代表 46 人。

【经济发展】　牲畜存栏 59900 头（匹），其中牛 17761 头、羊 41753 只、马 386 匹。牲畜出栏 27132 头（匹），其中牛 10135 头、羊 16997 只、马 162 匹。

【疫情防控】　按照“外防输入”总体要求，抓好疫情防控和经济社会发展，按照“六稳”“六保”工作总基调，落实疫情常态化防控措施，发挥党员“十带头”，召开专题部署会、推进会，制定完善应急预案，抓紧抓实抓细疫情防控重点工作任务。通过“线上+线下”形式广泛宣传疫情防控知识，引导群众“精准施策、科学防治”，构筑疫情防控群防群治严密防线。组织“三”力量，以“三+”模式扎实打牢疫情防控基础，形成“组织引领、党员带头、群众参与”的良好氛围。

【乡村振兴】　坚持以实施巩固脱贫攻坚成果与乡村振兴有效衔接战略为统领，以“产业兴旺、生态宜居、乡风文明、治理有效、生活富裕”为总目标，以社会认同度为实施依据，以群众满意度为评价标准，探索基层党建与乡村振兴融合发展新路径，组织 63 人完成刺绣、烹饪、家政服务等技能培训。完成实施河南县纳伦宫玛家庭示范牧场培育建设项目和多松村“万只”欧拉羊繁育基地建设项目，其中河南县纳伦宫玛家庭示范牧场培育建设项目，总投资 50 万元，2022 年已完成项目总投资的 70%；多松乡多松村“万只”欧拉羊繁育基地建设项目，项目总投资 594 万元，总计拨付 70% 工程款；建设完成多松村一队自然村通村沙路 8.752 千米，总投资 141.39 万元；多松村二队自然村通村沙路 8.47 千米，

2022 年 4 月 14 日，多松乡开展疫情防控期间防控措施落实情况和食品安全检查

总投资137.3万元；多松村村级道路“一事一议”项目（8.4千米），总投资134万元；多松村四队以工代赈村级道路项目（18.9千米），总投资825万元（以工代赈劳务报酬124万元）。

【畜牧业发展】 乡政府和乡农机服务站把畜牧防疫工作作为保障牧业生产稳步发展的重要保障措施，按照“预防为主”“村不漏户、户不漏畜”的工作方针和原则，召开抗灾保畜工作安排部署会、推进会3次，组织人员开展疫苗接种工作等措施，保障全乡畜牧业健康发展。免疫接种有口蹄疫疫苗牲畜147907头（只），其中牛68096头、羊79811只，注射密度100%；接种牛出败疫苗有8096头，注射密度为100%。有村级动物防疫员15人、技术员1人、行政人员3人和劳力800人，完成全年牲畜参保指标任务，收缴保险费176002.2元。

【社会民生】 坚持“以人为本，预防为主，安全第一”的工作方针，落实“党政同责、一岗双责、守土有责、失职追责”责任，以城乡低保、特困供养、发放社会救助金、临时救助工作为重点，开创线上评议会，确保临时救助高效、精准实施。落实临时救助总户数为128户444人，总保障人数444人，总救助金额66.3万元。以工代赈劳务报酬124万元，通过以工代赈方式吸纳脱贫人口30户30人，收益25.585万元，监测户3户3人，帮扶3.57万元。

【安全生产】 树立安全生产“红线”和“底线”思维，强化“党政同责、一岗双责、齐抓共管”三项要求，建立健全乡村两级防火领导组织体系，制定完善实施方案和应急预案，与各村签订防火目标责任书，完成自建房排查725户，经营性自建房42户，其他自建房683户。对乡域内食品安全开展专项检查26次，查摆各类问题15个，保障广大群众饮食安全和生命健康。通过发放安全宣传资料、召开主题班会、LED屏幕安全字样滚动等形式，将安全教育知识播种至学生心田，开展安全知识专题讲座3次、应急处突演练2次，观看安全警示教育片8次，开展校园安全隐患排查7次，对校园内各项设施和校园周边环境进行“拉网式”自查，消除隐患风险，为广大师生安全“保驾护航”。

【民族团结】 把党的民族宗教政策纳入中心组学习计划，组织机关干部学习《中国共产党统一战线工作条例》、党的民族政策及法律法规，通过组织集中学习、自学、宣传栏，挂横幅、张贴标语等多种形式，对广大党员干部、群众开展宣传教育。依托新时代实践所（站），动员志愿服务力量到各所站、村、学校，开展互动宣讲活动6场，带头亮观点、明立场，宣传民族团结政策和经济社会发展的大好形势，让广大干部群众认清党委政府一系列安排部署，感受到党和政府的关怀，坚定社会主义信念。开展“为群众办实事”实践活动，针对“热点、难点”问题和群众“急、难、愁、盼”的事，坚持“团结、教育、疏导、化解”的方针，处理各类纠纷和隐患4起。

【社会治理】 坚持把维护社会稳定作为硬任务和第一责任，坚持源头预防、动态管理和应急处置相结合，落实排查、化解、稳控、处置、跟踪“五位一体”工作机制。排查矛盾纠纷3起、成功调解3起，调解成功率100%。开展治安巡逻40余次，开展以民法典、宪法、扫黑除恶为宣传重点的法治宣传活动。在缉枪治爆专项行动开展期间，辖区群众主动上缴手枪2支、子弹18发，缉枪治爆工作收获显著。结合各村实际，量身定制“村规明约”，将高价彩礼、禁止碳酸饮料、禁止饮酒等民风文明细节列入规章制度，村民基本实现自我管理、自我治理。推进“八五”普法，开展法律“十一进”活动，开展主题宣讲9次，出动宣传车辆30余辆次，发放各类宣传手册15000余册，受教育群众6000余人次。

【环境保护】 组织由乡村社三级工作力量组建联合整治组，广泛动员党员志愿服务队、生态环保志愿服务队等志愿服务力量对乡域重点区域、卫生死角，开展环境卫生综合治理行动，清扫生活垃圾300余吨，整治卫生死角20处，出动垃圾清扫人员2000余人次、车辆200余次，乡域生态环境面貌得到明显改善，群众对环保工作的认可度、支持度和参与度持续提升。

【基层党建】 落实“第一议题”制度，将习近平新时代中国特色社会主义思想、党的二十大、省第十四次党代会精神及党中央和省委、州委、县委重要会议及文件精神等纳入党委理论学习中心组学习主要内容，召开党委理论学习中心组学习7次、党员干部专题学习26次，依托农牧民党员冬春训、主题党日、专题党课、主题宣讲、送学上门等活动阵地，探索“电影党课”“专题讨论”“微型党课”等特色载体，开展党委书记讲党课3次，送学上门16次，召开主题党日48次、党员大会16次，党支部书记讲党课8次。

【意识形态工作】 坚持将意识形态工作作为重大政治责任来抓，掌握党对意识形态工作领导权的极端重要性，纳入党建工作责任制，与其他中心工作同部署、同要求，严格落实意识形态工作专人负责要求，召开3次意识形态工作专题会议，按季度定期召开分析研判会4次。发挥党委理论学习中心组学习示范作用，依托新时代文明实践所、党员学习日等平台，以领导干部集中授课、自学、交流互学的方式，借助“学习强国”“黄南先锋”“青海干部网络学院”等平台，采取线上与线下相结合的方式，大力宣讲党的各项方针、政策及中央和省、州、县重要会议精神，强化舆论引导能力，累计开展政策宣讲15场，入户40余次，涉及500余户，发放宣传读物600余册。深化群众性精神文明创建活动，新风志愿服务队老年学习班开课45场次，推选“河南好人”1人，举办各村“喜迎党的二十大暨第23届村级那达慕大会”。

【党风廉政建设】 坚持把党风廉政建设列入党委集中学习计划和干部教育培训内容，通过党委会、中心组学习、集中学习等，传达学习上级有关党风廉政建设及反腐败斗争的重要会议、文件精神，召开党风廉政建设和反腐败工作部署会、推进会3次，班子成员填写廉政档案10份，签订《党风廉政建设目标责任书》5份，听取全乡党风廉政建设工作汇报2次，召开政治分析研判会3次。落实“三重一大”集体决策制度和“末尾表态制”，重大决策事项、重要人事任免、重大项目安排和大额资金使用一律实行上会研究，召开党委会26次。开展“深化作风建设 狠抓工作落实”专项行动，结合春节、“五一”、端午、国庆等重大法定节假日，组织召开6次警示教育大会、廉政谈话5次，与各级党员干部职工签订拒绝酒驾醉驾、赌博的承诺书76份，集中观看公职人员参与赌博、酒驾醉驾典型案例警示教育片3次，参观乡“廉政文化长廊”2次，参与党员干部达300余人次。

【基层人大建设】 开展州、县、乡三级人大代表进“两室”活动，推进“乡镇人大建设年”提升行动暨“两室一平台”规范化建设工作，深化人大代表同人民群众的联系。以“提高建议办理质量”为重点，以解决实际问题为目标，对代表提出的意见建议进行整理分类，并及时转交有关部门限期内予以答复和办理，承办完成代表意见建议7件，包括水电路基础设施建设、卫生保健等方面。在意见建议方面，州级提案4件，包括禁塑令、生态环保、乡村振兴中就业技能培训、异地办学、基层法治等方面。组织代表开展执法检查和“2·20”3.6级地震灾情排查、视察调研等5次。

【党管武装】 选定热爱基层武装工作、思想觉悟较高的武装干事，配齐民兵干部队伍。制订民兵政治教育计划，每季度对民兵干部进行一次学习培训，开展法律法规教育和国防教育，提高广大民兵的政治觉悟、法律意识和国防意识。组建理论骨干、乡村干部、驻村干部、党员志愿队、妇女宣传队、团员先锋队和民兵骑兵队等多支队伍，结合“中央和省委1号文件”宣讲时机，围绕国防教育，到村社开展国防法、兵役法、民兵工作条例等法律法规及条例宣传活动，发放各类宣传资料2000余份，悬挂横幅8条。

【党建带群团】 坚持服务大局与服务妇女并举、引领思想与引领发展并重，完善妇女维权服务体系，结合“三八”国际妇女节等时间节点，针对妇女儿童开展专题法治宣传活动，发放宪法、民法典—婚姻家庭编、反家庭暴力法、妇女权益保障法等法律法规宣传手册和宣传单800余份。结合美丽乡村创建工作，深化文明创建工作，评选出五星级文明户70户，五星级文明示范户8户，申报“好婆婆、好媳妇”6人。通过评选系列表彰活动，调动广大妇女群众的积极性，为文明创建工作添砖加瓦。

柯生乡

【概况】 柯生乡位于河南县南部92千米处，东与甘肃省玛曲县接壤，西与本县多松乡为邻，南与甘肃省玛曲县欧拉秀玛乡隔黄河相望，北与本县托叶玛乡、赛尔龙乡毗连，柯生乡总面积1091.93平方千米，草场总面积165.9万亩，可利用草场148.56万亩。乡政府所在地海拔3425米，辖4个行政村，寄宿制学校1所，幼儿园1所，寺院1座。民族以蒙古族为主。全乡有711户3420人，5个党支部，129名党员，乡政府工作人员共有62人（其中行政编制19人、事业编制8人、党政辅助人员36人）。获“2019—2021州级文明乡镇”“2019—2021省级文明乡镇”称号，被评为“黄南州社会治理工作先进集体”。

【经济发展】 人均可支配收入17600元，同比增长8.95%。年末存栏牲畜72936头（只、匹），出栏率54.05%，商品率48.67%，成畜死亡率2.38%，母畜比率61.35%。全年村集体收入中，尖克村20万元，柯生村20万元，次汉苏村24万元，毛曲村22万元。

【疫情防控】 坚持常态化科学精准防控与应急处置相结合，成立疫情处置工作领导小组和应急指挥部、疫情防控工作专班，召开专题会议21次。落实卡点管控，设置省级疫情防控监测卡点1处、村级疫情防控卡点1处，组织人员开展排查，排查登记出入车辆7094辆、人员13366人，劝返车辆744辆、人员1270人。做好应急物资储备，筑牢疫情防控防线，发挥新时代文明实践站（所）作用，落实包村联户制度，开展疫情防控常态化宣传，推进疫苗接种工作，营造群防群控浓厚氛围，开展应急演练，模拟突发疫情处置流程，提升突发事件应急处置能力。

【乡村振兴】 加强对乡村振兴工作的统筹协调，成立领导小组，细化工作组职责和任务，召开会议4次。落实“四个不摘”要求，执行包村联户制度，58名干部职工联系全乡699户牧民，选派驻村第一书记4人和驻村工作队员8人，形成县、乡、村三级一抓到底工作机制。开展全面摸底调查，制定百名干部下乡活动方案，成立宣讲工作组，深入村社宣讲中央和省委1号文件精神，召开群众大会宣讲14次、党员大会8次，环境卫生清扫4次，覆盖群众1643人。进村入户677次、覆盖群众2858人，发放宣传资料1268份。形成村基本情况汇总资料4份、社基本情况资料20份、户台账699份。完善6户监测户入户资料、101户脱贫户明白卡、602户非贫困户包村联户信息卡、125户低保户及16户特困户基本资料，摸清水、电、路、网等基础设施建设短板。成立健全防止返贫动态监测和帮扶机制领导小组，制定工作方案，对全乡边缘易致贫户6户25人开展“回头看”，排查699户3344人，确定监测对象2户12人，落实相关帮扶措施。建立2023—2025年巩固拓展脱贫攻坚成果同乡村振兴有效衔接项目库，谋划项目50个。2021—2022年中央衔接资金推进乡村振兴建设项目4个，2021年项目已完成建设，2022年3个项目完成验收。成立清查评估工作领导小组，配合第三方资产清查组对全乡2013—2020年扶贫产业项目进行资产清查，并移交各村，完成72户到户产业确权工作。

【畜牧业发展】 召开今冬明春抗灾保畜工作动员部署会5次、分析研判会1次，签订目标责任书，成立专班开展牲畜出栏促进牧民增收“七项”促销保障工作，提供卡点“点对点”暖心优质服务，促进牲畜出栏。完成秋季动物防疫工作，牛口蹄疫接种率

100%，牛出败接种率95%，牛炭疽接种90%，牛布病接种率85%，羊口蹄疫、小反刍接种率100%，羊痘、羊四联接种率95%，羊布病接种率85%，牛羊棘球蚴病接种率80%。宣传和引导牧民储备饲草料，储存饲料1281.5吨，饲草共787.01吨。完成购买牲畜保险目标任务，牛羊99617头（只），上缴保险费963880.2元。

【社会民生】 乡村基础设施建设方面，实施次汉苏、毛曲村通村道路提档升级项目2个，维修道路10.7千米；新建人畜饮水机井47口、饮水设施2处，修复供水管网3处；新建移动通信基站2座；新建市政道路2条总长1031.893米，供水管网改造总长2866米；新修边界网围栏3万米，公路沿线网围栏提档升级17万米。民政兜底保障方面，临时救助335户1079人，发放救助金1246632.00元；低保133户453人，发放救助金2333850元；特困供养17人，发放救助金224728元；70岁以上高龄老人133人，发放补贴164640元；孤儿1人发放生活补贴12672元；事实无人抚养儿童1名，发放补贴7020元；困境儿童33人，发放生活补贴83316元；残疾人78人发放残疾人生活补贴62300元，护理补贴40600元。医疗技术服务方面，实施孕前优生健康检查夫妇30对、“两癌”筛查107人、“三查”193人，地方病防治宣传200余人次，发放宣传资料300余份。就业培训方面，开展技能培训3期，培训人员150余人。教育帮扶方面，落实教育帮扶政策，“雨露计划”帮扶学生12人，发放助学金56000元。信用贷款方面，发放各项贷款3277万元，收回贷款1856万元，连续5年不良贷款为零，评定信用户657户，覆盖率达97%。社保和医保缴纳方面，社保参保人数640人，参保率为35.15%；医疗参保人数2875人，参保率为88.73%。

【安全生产】 成立安全生产隐患排查整治领导小组，召开会议10次，系列宣讲3次，联合执法8次，发放宣传彩页400余份，隐患排查整治6次，观看警示教育片1次，约谈2人。签订安全生产目标责任书，制定完善《柯生乡安全生产隐患应急预案》等六项应急预案，关注并推送预警预报，加大宣传力度。排查自建房3011户，存在一般安全隐患61户，严重安全隐患5户，发放安全隐患整治告知书67份。排查全乡防汛隐患点7处，设立警示牌7个，整改4处，剩余整改3处，开展防汛应急演练，强化值班值守。成立柯生乡森林草原防灭火领导小组，与各村签订目标责任书，成立应急处突队伍，定期巡查隐患点。召开“厕所革命”动员部署会2次，对2019年县农牧水利和科技局实施的柯生村108所厕所进行摸排，发现挪作他用50户（完成整改）、不能使用17户、合并修建2户、未修建3户、因房屋搬迁拆除的1户。

【民族团结】 利用微信公众号、民族团结进步宣传月等宣传途径及“青海干部网络学院等”学习媒介开展爱国主义教育和民族团结教育，铸牢中华民族共同体意识。以新时代文明实践站作为文明创建工作的主阵地，组织举办2022年“三八”国际劳动妇女节活动、职工趣味运动会、村级“那达慕”、各类法律服务及法治宣传活动，评选“五星级文明

2022年4月12日，柯生乡人民政府及乡司法所开展防震减灾宣传活动

户”8户，“五星级文明示范户”10户，评选“好媳妇、好婆婆、好丈夫”12户。

【社会治理】　以做好党的二十大及省第十四次党代会安保工作为主线，制定工作方案，完善应急预案，成立应急处突队伍。发挥跨边界联合党委作用，建立疫情防控、舆情通报、矛盾纠纷联调机制。开展联合治安巡逻行动，打击和震慑违法犯罪活动。开展网格员、普法骨干法治教育培训，提升普法骨干开展工作和解决问题能力。开展法治宣传30次，发放宣传册2100册、宣传品450份，涉及2800余人。到村社开展影响社会稳定矛盾问题摸排，登记调查表466份，排查化解矛盾纠纷12起，调处100%。落实重点人员帮教措施，定期走访谈话，开展教育培训11次，入户法律宣讲33次，走访谈话66次。贯彻落实“缉枪治爆”工作部署要求，全面摸排清查，收缴各类枪支12支、子弹531发、弹夹1个。

【环境保护】　学习习近平生态文明思想，巩固“国家生态文明建设示范县”成果，组织开展环境卫生清扫活动80余次；与沿街商铺签订“门前六包”承诺书80余份，清扫门前道路及沿线15次；开展辖区内七河一湖环境卫生整治20余次；在主街道栽植树木1280余棵，营造绿色宜居环境。

【基层党建】　巩固提升“组织体系建设三年行动”成果，以“六个一”活动为载体，聚焦理论武装，抓实思想引导；开展2021—2022年度牧民党员冬春训，提高党员队伍素质，推动广大党员发挥先锋模范作用；选派乡级党建指导员，指导四村党建工作，强化村级党组织建设，规范党内组织生活；召开组织生活会，提高“三会一课”质量，落实谈心谈话和主题党日等制度；发挥“黄南先锋”智慧党建云平台作用，上传各类活动动态31条；规范发展党员，开展入党积极分子、发展对象集中培训2次，确定入党积极分子11名，发展对象转预备党员12名，预备党员转为正式党员13名；落实全面从严治党要求，开展共产党信仰宗教、参与宗教活动问题排查工作，签订自查承诺表125份。

【意识形态工作】　成立工作领导小组，制定实施细则，完善制度，落实工作责任制；充分发挥阵地作用，结合巩固党史学习教育成果，推进落实“六个一”活动，举办各类宣讲会，专题研讨会等，班子成员坚持每月入村上一堂“微党课”，推进理论学习规范化、制度化；设立宣传长廊、公示栏，强化宣传引导，营造舆论氛围。

【党风廉政建设】　乡党委把抓党风廉政建设纳入年度重要工作，履行第一责任人职责，讲授专题党课；与各村签订党风廉政目标责任书，明确工作职责；围绕重要节点，召开警示教育大会、集体廉政谈话，通报违纪违法典型案例；开展村级经费使用情况专项检查，制定整改方案，将涉及上级反馈问题进行整改销号；开展提醒谈话1人，谈心谈话27人次，约谈4人；办理党员违纪案件1起，开展各类监督检查8次；推进省委第五巡视组巡视反馈问题、十三届州委同仁市交叉巡察组巡察反馈意见整改，召开安排部署会，成立领导小组，制定整改方案，细化整改措施，明确整改时限，落实整改责任，细化“三张清单”，推动问题整改；学习中央及省州县关于作风建设相关会议精神，制定方案，召开专题研讨会；党员干部和公职人员签订拒绝酒驾、醉驾、拒赌承诺书；逐级全覆盖开展谈心谈话活动，形成谈话记录108份；学习县委主要领导讲话精神，召开动员部署会，明确班子成员分工，压实责任，提高干部执行力；落实党委中心组学习制度，开展集中学习6次、专题党课2次、主题党日2次，组织线上集中考试2次；修订干部职工管理规定，开展党员干部、党政事务辅助人员集中谈心谈话活动。

【基层人大建设】　将乡人大工作纳入乡党委整体工作布局，听取乡人大主席团工作汇报；先后7次专题学习习近平总书记关于坚持和完善人民代表大会制度的重要思想和省委、州委、县委人大工作会议精神；修订完善办理代表建议办法、人大主席团议事规则等10项制度，规范重大事项请

2022 年 12 月 28 日，柯生乡第十六届人民代表大会第四次会议召开后人大代表合影

示报告制度，推进“双联系”常态化、意见建议督办制度化、履职监督管理规范化；围绕党委、政府中心工作，乡人大对重大项目建设、乡村振兴等工作进行监督，组织人大代表值守疫情防控卡点 2 处、协调落实产业发展项目 2 个、化解矛盾纠纷 1 起；组织人大代表培训，学习党的十九届六中全会精神、党的二十大精神等内容，提高人大代表政治素养；发挥“两室一平台”作用，开展各级人大代表进“两室”活动 10 次；通过代表进室活动，解决问题 2 个；推动代表意见建议办理，转办代表建议 20 件。

【党管武装】　落实党管武装第一责任，学习习近平强军思想及习近平主席关于国防和军队建设的重要指示要求，召开 2 次党委会、1 次专题会；抓好民兵预备役连整编工作；加大对征兵政策规定的宣传力度，完成兵役登记工作；按照民兵装备器材配备标准，新购战备物资；完善“四本五表六册”，规范民兵政治教育训练等工作。

【党建带群团】　乡团委组织开展“青年大学习”网上主题团课 25 期、“学法懂法”警示教育活动、“喜迎二十大　永远跟党走　奋进新征程”为主题的团务培训、“八个一”等活动，提升团干部能力素质，促进青少年成长成才；对全乡青年致富能手和技术骨干进行摸底和统计，并将他们的专长、发展意向进行归纳汇总，建立基本信息数据库，整合社会资源，促进青年就业创业；组织组建 25 个志愿队，547 名志愿者，以“三八”“一号文件宣讲”等活动为载体，开展志愿服务参与 2300 余人次。

人物　荣誉

人　物

河南好人

张斌斌　男，汉族，中共党员。1987 年 11 月出生，2007 年 12 月从甘肃省静宁县应征入伍服役于武警青海总队黄南支队，先后在武警黄南支队一中队、尖扎中队、河南中队任班长、司务长职务。2017 年 11 月退出现役，当年招录为河南县公安局交警大队辅警，现为青海省黄南州河南县公安交通警察大队办公室、事故辅警。在部队服役期间，先后 6 次获得部队嘉奖，2 次评为优秀士官。在河南交警大队工作期间，先后获黄南州公安局、黄南州交警支队优秀辅警、比武先进个人青海最美交警，青海省学习雷锋标兵，全国学习雷锋标兵等称号。2022 年 6 月 30 日，河南县“喜迎党的二十大　道德清风沁人心”“河南好人”表彰大会召开，被评为见义勇为模范。

*关键时刻考验担当作为，重要关口彰显意志品质。*2021 年 11 月 30 日 0 时 50 分左右，河南县公安局指挥中心接到群众报警称：一辆私家车落入县城白螺湖内，车内有两名群众，具体情况不明，请求出警。接警后，指挥中心发出指令，交警大队、优干宁派出所出警。值班的河南县交警大队两名民辅警考虑到可能需要更多的人手，就发消息让其他离现场近的民辅警也一起去救援。此时在家的张斌斌看到消息后，立即穿上衣服赶到现场。河南县气象台记录当晚的最低温度-23℃，一场在极寒冰湖中的救援行动在夜晚开始。到达现场后出警人员发现，两名落水男子经过自救已爬上车顶，但半个身子都淹没在水中，因极寒天气和冷水浸泡，体力严重不支，随时都有可能再次落入湖中。其中一人情况非常不好，随时都有可能休克。时间就是生命！就在大家在现场用腰带等工具制作救援绳的时候，辅警张斌斌跳入湖中，湖水瞬间将他全身淹没，水深没过他的脖子，其他民辅警也准备下水。“你们别下来了，水太冷太冻，太危险了。”张斌斌立即制止其他同事下水，并开始安排救援。张斌斌先将一名群众从湖水中送向岸边，但是就在快到岸边的时候，结冰的湖面突然坍塌，湖边的两位同事也被拉下水，下半身基本被水浸泡，上岸时瞬间结冰。第一位受困群众被救上岸后，张斌斌发现另外一名群众出现了脱水休克的危险，不顾浑身冰冷，他在同事的帮助下，将另外一位群众抱上岸，两名落水者被送往医院救治时，第二名获救者两次出现休克症状，经医院抢救后暂无大碍。河南县人民急救中心的大夫称，两名落水者被救上来时身体已经冻僵了，其中一人还出现休克，如果再晚送来几分钟，两人可能都会有生命危险。深夜一点半，救援结束归队，张斌斌身上的衣服早已冻成了“硬钢板”，手被冰面划破了，冰冷的湖水令双腿冻得失去了知觉，但他没有退缩。大家得知两名落水男子身体并无大碍后，他们悬着的心才放下。12 月 1 日，获救男子带着家人给张斌斌和他的同事们送了锦旗，还亲手给他们戴上了哈达，表达谢意。

此事被网友转发后迅速掀起正能量宣传热潮，先后被中央卫视、人民网、新华网、中央信息网、《西海都市报》等新媒体转载宣传。

*坚守军人诺言释忠诚，只为群众出行平安畅通。*从警四年，张斌斌始终牢记自己身上的使命和责任，

无论刮风下雨、酷暑严寒，他始终坚持在岗位上。每天清晨，在最繁忙的街口、路段，总能看到他的身影。2021年秋冬季节，正是疫情防控的时期，他在多天的连续工作中，患上了重感冒，高烧的他没有在家休息一天，坚持在零下二十八九度的凛冽寒风中参加疫情防控工作，指挥交通，疏导梗阻，他用自己不懈的努力和执着的忠诚品格赢得了同志们的认可。在日常的工作中，作为一名交警，他每天都在和交通打交道。可他那朴实的品格、执着的工作态度始终没变，正是军人对党的忠诚让他在交警这一岗位上站得直、做得好。在道路交通安全宣传工作中，他亲自走访驾驶员，深入企业，客运单位宣传交通安全法律法规。上集市发放宣传品，到学校为学生讲安全常识。与有恶劣天气，每天他第一个到岗，第一个出勤，亲自驾车巡逻，排查车辆，正是他的率先垂范，打消了大队年轻民警产生的消极厌战情绪。作为一线协助执法执勤的辅警，张斌斌同志始终认为形象重于生命，文明执法，热心服务，在工作中他讲原则，对待群众的态度非常好，能够以理服人，接待群众询问、投诉、办事，他总是不厌其烦，认真办理，从来没有因工作繁重琐碎而跟群众翻过脸，就是群众心情不好发了脾气，他仍然能够做到有礼有节。他处理问题清正廉洁。在单位内部也是为人诚朴、谦和，善于团结，和同事们相处得十分融洽。他经常对同事说：敬一个礼，可以缩短警民的距离，问一声好，可以缓解对方的心理压力。同志们说：有张斌斌在，事故少，司机也很守规矩。他把平凡的岗位当作奉献的平台，勤勤恳恳、任劳任怨，能够完成各项急、难、险、重任务，在平凡的岗位上彰显了新时代退役军人、人民警察的担当。

*用心浇铸“护学铁岗”。*让每一个“小书包”平安上下学，这是张斌斌的心声，大队管辖范围内共有1所小学，2所中学，自“护学岗”设立以来，他每天在学生上学、放学时段赶到学生流量大、机动车多的路段执勤巡逻，风雨无阻。根据学生的作息时间，张斌斌和大队的同事们打破工作常规，在原本已满负荷的工作时间上，提前上班或推迟下班半小时，每天4次护送学生横过马路；护学高峰期，他们一边提醒孩子们注意交通安全，一边指挥车辆减速行驶。不论刮风下雨，不论严寒酷暑，始终能做到每天准时到岗指挥、疏导交通。

*初心无悔，忠诚本色。*张斌斌和所有警察一样，行走在平凡与崇高之间，把祝福和安宁带给千家万户，用青春和热血追求卓越，勇攀高峰，在公安交管事业上不负韶华，砥砺前行，为构建和谐社会和建设平安河南县贡献一份人民警察的光荣力量！

斗格吉 女，蒙古族，43岁，环卫工人，是河南县宁木特镇苏青村的一名普通的村民。2022年6月30日，河南县“喜迎党的二十大 道德清风沁人心”“河南好人”表彰大会召开，被评为诚实守信模范。

自2015年从事环卫工作后，她自觉遵守单位的各项规章制度和国家的法律法规，工作积极主动、听从指挥，在实际工作中埋头苦干、任劳任怨，乐于奉献。丈夫因腰椎病，经常看病住院治疗，大儿子患癫痫病，小儿子在就读于黄南州民族高中，女儿就读于天津市滨海新区中学。2021年家中发生火灾，经济损失严重，现住泽慧小区廉租房。斗格吉参加工作至今，只要是工作需要，从不叫一声苦，不喊一声累，风里来，雨里去，每次都能圆满完成领导交办的各项任务。

她团结同事，乐于助人。每天的工作量繁多，收入微薄，2022年2月9日上午，在优干宁镇第二寄宿制完全小学附近进行日常清扫保洁时，无意中发现地上有一个棕色手提包，当她再次经过时，手提包依然原封不动。于是她断定应该是别人丢失的，当她拿起沉甸甸的手提包时，第一个念头就是失主肯定非常着急，于是，她马上把手提包拍照上传到环卫工作群，发布“寻物启事”，并让同事、朋友帮忙转发寻找失主。2月15日，在大家的帮助下终于找到了失主，经核对信息，手提包里有各种材质的佛珠、天珠等贵重物品，价值约15万~20万元，失主激动得连声感谢，欣喜万分，物归原主后，斗格吉心里才算踏实。

她以身作则，做好卫生保洁工作。在环卫工作的十余年时间里，她始终爱岗敬业，甘于奉献，在工作中表现出乐观、勤奋和强烈的责任感，工作仅一年就被提升为保洁组长。每逢重大节庆，她更是全情投入，带领全组环卫工人夜以继日，持续奋战。特别是在迎检时期，实行 19 个小时保洁，很多环卫工人工作到晚上 12 点，第二天早上 5 点又要上岗，繁重的工作压力使许多环卫工人开始产生不良情绪。为安抚同事情绪，斗格吉以身作则，充分发挥先锋模范带头作用，她以马路为家，在保洁亭里休息几个小时，第二天早上又投入岗位，以实际行动诠释着她对环卫工作的热爱，感染着班组的其他工人。

她是一个普普通通的环卫工人，却认认真真地坚守着环卫工人的责任，把脏和累留给了自己，把干净和优美献给别人。尽管时常身上挂满灰尘，但却始终有着一颗闪光的心灵，在平凡的岗位上，做出不平凡的成绩。在日常工作中她主动要求放弃休息，从未计较个人得失，从来不会因为垃圾的脏、臭而怨天尤人，默默无闻地做好自己的工作，冬夜，汗水湿透的棉衣变成了冰甲；夏日，雨水淋透的衣服贴在身上，斗格吉从不叫苦、不抱怨，为组员们树立良好的榜样。

她育有 3 个孩子，是县里的低保户，丈夫因病无法外出打工。孩子们的生活费、学费、治疗费用和家里的日常开销，全由斗格吉一个人承担。多年以来，斗格吉凭着踏实勤恳的工作态度和积极乐观的生活态度，在 2021 年被评为“河南县城市管理工作先进个人”。

“脏、累、苦”是环卫工作的共性，她在环卫工作中多年如一日，在平凡的工作岗位上默默无闻地奉献，体现着“宁可一人脏，换来万人洁”的环卫工人精神，为河南县环卫事业做出贡献。

索南才让 男，蒙古族，中共党员。1968 年 1 月 26 日出生于河南县柯生乡，1991 年 7 月 1 日毕业于黄南州民族师范学校，先后担任教师、教导主任、校长，柯生乡副乡长兼校长、副书记及乡政府乡长，1996 年 9 月 3 日加入中国共产党，2015 年因病退休。2022 年 6 月 30 日，河南县“喜迎党的二十大 道德清风沁人心”“河南好人”表彰大会召开，被评为助人为乐模范。

在柯生乡完小担任校长期间，索南才让一直致力于增强群众重教意识，提高学生入学率。在他的努力下，柯生乡少年儿童入学率自 1997 年起年年都达 98%以上。在学校极端困难的情况下，他多方筹集资金，甚至自掏腰包，先后为师生修建宿舍 24 间共 480 平方米，为全乡各村新建多功能教室 16 间共 320 平方米，还筹建牧民文化技术培训基地和补偿教育教学点，2006 年更是在全县各乡镇中率先建成了柯生乡幼儿园。在他的带领下，柯生乡完小每年都在全县六年级毕业统考和年级抽考中排名全县前三，学校年终考核连续 10 年位居全县第一、连续 9 年被评为先进单位。

在担任柯生乡乡长期间，他始终秉承着热爱党、热爱祖国、全心全意为人民服务的信念，积极将自己从事教育工作的经验运用到思想政治工作中，引导全乡干部群众认真学习党的十八大、十九大精神，学习党和国家的各项路线、方针、法律、政策，教育大家时刻坚定信念、弘扬正气、认真工作。他致力于强化民族团结工作，在他任职期间，柯生乡各族群众手足相亲、守望相助，连续多年被评为民族团结进步先进集体，他本人也多次被评为民族团结进步先进个人。他注重社会安全综合治理，严厉打击偷盗牲畜、破坏环境、赌博等各类扰乱社会秩序的行为，取得显著成效，受到社会各界的广泛赞誉，他本人也被评为“青海省维护社会稳定工作先进个人”。

作为一名长期受疾病困扰的残疾人，他在家庭并不十分富裕的情况下，近年来累计为贫困学生、薄弱教学点和残障人士等各类弱势群体捐款捐物达 78 万余元：为尖克村贫困学生捐款 1 万元；先后资助贫困学生索南昂旦高中和大学学费共计 2. 8 万元；为宁木特乡学生捐赠学费 0. 3 万元；资助索布老师手术费用 1 万元；为柯生完小维修学校围墙、学生宿舍和图书捐赠 4. 66 万元；为修建柯生幼儿园、维修大门捐赠 0. 3 万元；为尖克村牧民病人捐款 1 万元；为特困户捐款 6. 8 万元；为全县 130 多名残疾人捐款 35 万元……在新冠肺炎疫情防控战中，他拖着病体亲手向党组织缴纳 11 万元“特殊党费”。

索南才让和妻子从未考虑过到外地买房养老，至今仍居住在河南县海拔3500多米、条件艰苦的高原平房里，却一心帮助那些更需要帮助的人，几乎花光了家里的所有积蓄。索南才让还有一个“小目标”想要实现，就是捐够100万元。

他说：“我是一名共产党员，也是长期病魔缠身的病人和残疾人，能够体会到资助对象的苦衷。我退休后，在自己家庭并不十分富裕的情况下，通过捐款捐物的形式，帮助真正需要帮助的重度残疾人。我的这种行为和做法，得到了上下一致的赞同，非常感谢大家！只要我的财力允许，我将继续帮助残疾人和真正需要帮助的人，从而实现自我价值。”

一名党员就是一面旗帜，这在索南才让身上体现得淋漓尽致。全省各地，越来越多的党员干部向他看齐。

长　爱　男，蒙古族，中共党员。1973年7月出生，1998年8月加入中国共产党，2008年任河南县赛尔龙乡兰龙村党支部书记，青海雪多牦牛有限责任公司董事长。2022年6月30日，河南县“喜迎党的二十大　道德清风沁人心”“河南好人”表彰大会召开，被评为敬业奉献模范。

作为一名党员，长爱认为最重要的是摆正自己的心态。入党不是给别人炫耀的，更不是用来满足自己虚荣心的，而是应该踏踏实实为党奉献，全心全意为人民服务。坚持以习近平新时代中国特色社会主义思想为指导，认真贯彻执行党和国家新时期的富牧、惠牧强牧政策，以加强党的基层组织建设，巩固党的执政基础为抓手，以牧业结构调整为主线，以增加集体和牧民收入为切入点，充分发挥党员干部的先锋模范作用，爱岗敬业、脚踏实地、廉洁自律、心系群众、想方设法、克服困难，解百姓之忧，排群众之难，坚持党性，公而忘私，身体力行，带领兰龙村全体党员干部心往一处想，劲往一处使，为全村经济和社会事业发展做出贡献。

长爱生在兰龙村，长在兰龙村，奉献在兰龙村。在他的带领下，兰龙村以畜牧业合作社为载体，以雪多牦牛养殖为主要着力点，在村经济发展方面有了很大的进步和成果，多次受到各级党委、县政府的表彰。长爱2016年被县人大评为“优秀意见建议提案人”；2017年5月被选为“中国共产党青海省委员会代表”。2019年被黄南州委、州政府评为“最美村支书”。2020年2月疫情防控期间长爱个人带头向组织部捐款特殊党费1万元，长爱2020年被省委、省政府评为“全省民族团结进步先进区先进个人”。

他时常讲：“我很荣幸成为一名光荣的中国共产党党员，不忘初心跟党走，牢记使命勇担当，忠诚于党、忠于人民、敢于担当、勇于作为，带着满心赤诚在自己的岗位上继续默默耕耘，全心全意为人民服务，无愧于人民群众的那份重托。”

扎西东智　男，蒙古族，河南县多松乡夏日达哇村村民，新风志愿服务队队长。2022年6月30日，河南县“喜迎党的二十大　道德清风沁人心”“河南好人”表彰大会召开，扎西东智被评为孝老爱亲模范。

他时常学习习近平新时代中国特色社会主义思想，不断提高思想理论水平，自觉抵制各种不正之风，胸怀坦荡，团结村民，有强烈的奉献精神和意识。他经常说身为村社的一分子，要积极主动地开展志愿服务活动。他把热心积极的态度带到了志愿服务活动中，周围的村民也都受到了积极的影响，在他的影响下，越来越多的志愿者和村民积极参加着各种志愿服务活动，同时也有更多的村民加入了志愿服务队伍。

多松乡有这样一支老年志愿者服务队，无论是烈日酷暑还是三九严寒，他们每天早上把自己的孙子孙女送到学校后，就回到自己的学堂，开始学习自己的课题。新风志愿服务队的志愿者的平均年龄超过55岁，年龄最大的81岁、最小的40多岁。作为开展全乡文明工作的重要力量之一，他们发挥自身的余热，为共建温馨文明乡村提供了极大的帮助；而这支志愿队的组织者扎西东智，作为普普通通的牧民，干出了不平凡的事情。自新风志愿服务队成立以来，他一直秉持奉献、友爱、互助、进步的志愿服务精神开展志愿活动，是新风志愿服务活动的组织者和参与者，他把全乡有学习意愿的老年组织起来，在日常的教学之外，政策宣讲、环境整治、助力教育、矛盾调解等等志愿服务活动中处处有他们的身影。在受到乡党委和村民一致好评的同时，也赢得了全乡新时代志愿服务者的普遍赞誉。他深知家庭对个人，对社会乃至对国家长治久安的重要性，家是一个人的情感牵挂，是一个人安身立命、修身立德的起点，因此家庭教育在社会治理中至关重要。为了让更多的家庭发挥更好的作用，更为了每个家庭的幸福和谐，他引进圆梦家庭教育社会组织参与到家庭教育志愿服务活动中来。帮助本村内一些家庭解决子女教育问题、婆媳关系问题、夫妻矛盾问题、孝老敬亲问题。家庭教育志愿者进行外部介入，走进问题家庭，帮助调解沟通，进而化解矛盾。自创办此项志愿服务以来，现已帮扶 7 个家庭化解家庭危机，帮扶家庭成员学会宽容，学会沟通，学会体谅，学会如何经营幸福生活。

他常说："志愿服务是新时代文明实践活动的载体，作为社会主义时代新人，我们要立足岗位，立足社会，弘扬倡导奉献、友爱、互助，进步的志愿服务精神，以习近平总书记对时代新人的要求积极投身伟大的志愿活动，通过志愿服务队带动更多的牧民参与志愿服务活动，成为志愿服务队的一员，让志愿服务精神在村社、在每个家庭发扬光大。"他通过志愿服务积极帮助全乡的老年人学到知识并弥补儿时的遗憾。生活中他始终秉承着有爱就有希望，就能携手共筑和谐友爱，就能打造团结和谐的新生活的理念。让爱无限传递，让更多需要帮助的人得到帮助，并在帮助他人的志愿服务活动中收获快乐，提升自己的能力，为村社创造更多的爱心、更多的温暖、更多的笑声，实现自己的人生价值，并发扬"奉献、友爱、互助、进步"的志愿服务精神，成为广大青年学习的榜样。

荣 誉

2022年河南县获得国家、省级、州级荣誉称号先进集体一览表

表18

单位名称	荣誉称号	表彰奖励时间	授予部门
托叶玛乡曲海村	第九批“全国民主法制示范村（社区）”	2022年10月	司法部、民政部
黄河南蒙古历史文化博物馆	党支部组织生活共享阵地	2022年3月29日	中共青海省委组织部
优干宁镇人民政府	全省综治暨平安建设先进集体	2022年9月	中共青海省委政法委员会（省委平安办）
县委宣传部	青海省巾帼建功先进集体	2022年3月	青海省妇女联合会
黄河南蒙古历史文化博物馆	青海省少先队校外实践教育基地	2022年8月11日	共青团青海省委员会、少先队青海省委员会
县统计局	青海省第七次全国人口普查先进集体	2022年1月28日	青海省第七次全国人口普查领导小组
宁木特镇人民政府	青海省第七次全国人口普查先进集体	2022年1月28日	青海省第七次全国人口普查领导小组
县人民检察院	2019—2021年度文明单位	2022年11月	中共黄南州委、黄南州人民政府
县财政局	2019—2021年度文明单位	2022年11月	中共黄南州委、黄南州人民政府
柯生乡柯生村	2019—2021年州级文明村镇	2022年11月	中共黄南州委、黄南州人民政府
柯生乡人民政府	黄南州社会治理工作先进集体	2021年12月	中共黄南州委、黄南州人民政府
柯生乡人民政府	黄南州先进基层党组织	2021年6月	中共黄南州委
优干宁镇武装部	民兵工作先进单位	2022年12月30日	中国人民解放军青海省黄南军分区
共青团优干宁镇委员会	黄南州青少年民族团结进步示范点	2022年9月	共青团黄南州委、黄南州创建民族团结进步先进区工作领导小组办公室
共青团宁木特镇委员会	黄南州青少年民族团结进步示范点	2022年9月	共青团黄南州委、黄南州创建民族团结进步先进区工作领导小组办公室
县残联	2021年度助残志愿服务工作先进单位	2022年1月20日	黄南州残疾人联合会
县残联	黄南州第四届残疾人运动会团体二等奖	2022年7月	黄南州残疾人联合会

2022 年河南县获得国家、省级、州级荣誉称号先进个人一览表

表 19

姓名	性别	民族	职务（职级）	荣誉称号	表彰奖励时间	授予部门
斗格吉	女	蒙古族	环卫工人	全国住房和城乡建设系统劳动模范	2022 年 12 月	人力资源和社会保障部、住房和城乡建设部
张斌斌	男	汉族	县交警大队辅警	第七批全国学雷锋活动岗位学雷锋标兵	2022 年 3 月 2 日	中宣部
陈　敏	女	汉族	县文体旅游广电局局长	人民满意的公务员	2022 年 11 月 8 日	中共青海省委、青海省人民政府
张斌斌	男	汉族	县交警大队辅警	2021 年度青海省岗位学雷锋标兵	2022 年 2 月 28 日	中共青海省委宣传部
郭善磊	男	汉族	县综治维稳信息中心管理九级	全省综治暨平安建设先进工作者	2022 年 9 月	中共青海省委政法委员会
卓玛措	女	蒙古族	县统计局统计员	青海省第七次全国人口普查省级先进个人	2022 年 1 月 28 日	青海省第七次全国人口普查领导小组
索南多杰	男	蒙古族	县统计局统计员	青海省第七次全国人口普查省级先进个人	2022 年 1 月 28 日	青海省第七次全国人口普查领导小组
卓玛加	男	蒙古族	县城市管理局统计员	青海省第七次全国人口普查省级先进个人	2022 年 1 月 28 日	青海省第七次全国人口普查领导小组
扎西卓玛	女	蒙古族	县柯生乡政府统计员	青海省第七次全国人口普查省级先进个人	2022 年 1 月 28 日	青海省第七次全国人口普查领导小组
久　谢	男	蒙古族	县城市管理局统计员	青海省第七次全国人口普查省级先进个人	2022 年 1 月 28 日	青海省第七次全国人口普查领导小组
仁青看卓	女	蒙古族	县统计局统计员	青海省第七次全国人口普查省级先进个人	2022 年 1 月 28 日	青海省第七次全国人口普查领导小组
斗格吉	女	蒙古族	环卫工人	第二届黄南州道德模范	2022 年 7 月	中共黄南州委宣传部、黄南州精神文明建设指导委员会、黄南州总工会、共青团黄南州委、黄南州妇女联合会
魏占玉	女	汉族	优干宁镇党委组织委员（四级主任科员）	2022 年度组工标兵	2023 年 2 月	中共黄南州委组织部
叶西多杰	男	蒙古族	优干宁镇武装干事	先进个人	2022 年 12 月 30 日	中国人民解放军青海省黄南军分区
张　珂	女	汉族	县医保局副局长	黄南州“最美医保人”	2022 年 9 月	黄南州医保局

附 录

组织机构和负责人名录

中国共产党河南蒙古族自治县委员会

书　记：司吉昇（2022 年 10 月离任）
　　　　车向贤（2022 年 10 月任职）
副书记：钢　夫（蒙古族，县长）
　　　　秦增多杰（藏族，县委党校校长、县委教育工委书记）
　　　　拉玛杰（蒙古族）
常　委：扎德加（藏族，县委统战部部长）
　　　　杨燕峰（援青，县政府副县长，2022 年 8 月离任）
　　　　刘武兵（援青，县委副书记、县政府副县长，2022 年 7 月任职）
　　　　孙　晋（援青，县委副书记、县政府副县长，2022 年 7 月任职）
　　　　张　辉（县人武部政委，2022 年 6 月任职，2022 年 9 月离任）
　　　　仁　青（藏族，县委宣传部部长）
　　　　祁乐荣（女，蒙古族，县总工会主席）
　　　　万玛本（藏族，县委政法委书记）
　　　　多杰仁增（藏族，纪委书记、监委主任）
　　　　唐建珍（土族，县政府副县长）
　　　　刘国强（县委组织部部长）

县委工作部门

县委办公室（设全面深化改革委员会办公室、国家安全委员会办公室、党的建设领导小组办公室，挂县委机要和保密局、县档案局牌子）

主　任：吴生名
副主任：拉加才让（藏族，2022 年 7 月离任）
　　　　祁顺德（藏族）
　　　　惠吉龙

县委机要和保密局

局　长：祁晓萍（女，蒙古族）

县档案局

局　长：才让扎西（蒙古族）

县委组织部（与县直属机关工作委员会合署办公，挂公务员局、非公有制经济组织和社会组织工作委员会、老干部局牌子）

部　长：刘国强
副部长：权国钧（土族，县直属机关工委书记）
　　　　聂　尕（蒙古族，县委老干部局局长）
　　　　钟　麒（2022 年 5 月离任）
　　　　张生维（2022 年 3 月离任）
　　　　李　英（女，藏族）

县直属机关工作委员会

书　记：权国钧（土族）

县非公有制经济组织和社会组织工作委员会

副书记：塔哇本（藏族）
　　　　张生维（2022 年 3 月离任）

县委宣传部（挂县政府新闻办公室、精神文明建设指导委员会办公室牌子）

部　长：仁　青（藏族）
副部长：仁青东知（藏族）
　　　　张真真（女）
　　　　尼玛才让（蒙古族，兼县文体旅游广电局局长，2022 年 4 月离任）
　　　　陈　敏（女，兼县文体旅游广电局局长，2022 年 4 月任职）

县委统战部（与县民宗局合署办公，挂县侨务办公室牌子）

部　长：扎德加（藏族，县委常委）
副部长：叁彭闹日（藏族，县民族宗教事务局局长）
　　　　公巴太（藏族）
　　　　才让三智（蒙古族）

县拉卡寺管理委员会

主　任：尼玛才让（蒙古族）
副主任：旦增尖措（蒙古族）

县委政法委员会（与县司法局合署办公）

书　记：万玛本（藏族，县委常委）
副书记：兰才旦（藏族）
　　　　尕藏当周（蒙古族）
　　　　黎　生（蒙古族，县司法局局长）

县委老干部局

局　长：聂　尕（蒙古族，县委组织部副部长）

县委事业单位

县委党校

校　长：秦增多杰（藏族，县委副书记）
常务副校长：南炳东（土族）
副校长：拉龙多杰（藏族，聘任）
　　　　扎西吉（女，蒙古族）

行政学校

校　长：唐建珍（土族，县委常委、县政府副县长）

县党史研究室（挂县地方志办公室牌子）

主　任：潘　英（女）
副主任：公保东知布（藏族）

县融媒体中心（挂天河之南报社、广播电视台牌子）

主　任：杨晓云（蒙古族，聘任）
副主任：旦增卓玛（女，蒙古族）

河南蒙古族自治县人民代表大会

常务委员会

主　任：索南才让（蒙古族）
副主任：赵生满
　　　　曹得仓·尕桑克智嘉措（蒙古族）
　　　　李年栋

工作委员会

县人大民族宗教科文卫委员会主任：
　公保才让（蒙古族）
县人大农牧环保委员会主任：
　角巴加（蒙古族）

专门委员会

县人大民族和监察法制委员会主任：
　公保才让（蒙古族）
县人大社会建设委员会主任：角巴加（蒙古族）
县人大财政经济和农牧环境资源委员会主任：
　尕　桑（藏族）

县人大常委会办公室

主　任：公保南杰（蒙古族）
副主任：多吉当知（藏族）

河南蒙古族自治县人民政府

县　长：钢　夫（蒙古族，县委副书记）
副县长：唐建珍（土族，县委常委）
　　　　杨燕峰（援青，县委常委，2022 年 8 月离任）
　　　　孙　辉（援青，县政府副县长，2022 年 8 月离任）
　　　　刘武兵（援青，县委副书记、县政府副县长，2022 年 7 月任职）
　　　　孙　晋（援青，县委副书记、县政府副县长，2022 年 7 月任职）
　　　　娘吉才让（藏族）

德　却（藏族）
海　洋（藏族）
罗藏卓玛（女，蒙古族）
朱文辉（2022 年 12 月离任）
旦正才让（蒙古族）
杨建军（2022 年 12 月任职）
魏亚斌（2022 年 1 月任职，2022 年 12 月离任）

政府工作部门

县政府办公室（挂信访局、政务服务监督管理局、机关事务管理局、政府行政审批制度改革办公室牌子）
主　任：韩成才（撒拉族，2022 年 7 月离任）
　　　　李　靖（2022 年 7 月任职）
副主任：陈少华（兼县机关事务管理局局长）
　　　　仁青加（藏族，兼县信访局局长）
　　　　马洪财（回族）
　　　　高　凤（女，2022 年 3 月离任）
　　　　秦昂毛（兼政务服务监督管理局局长，女，藏族，2022 年 7 月任职）

县发展和改革局（挂工业商务和信息化局、粮食局、招商局牌子）
局　长：王　栋（兼县工业商务和信息化局局长、县粮食局局长、县招商局局长）
副局长：扎西尼玛（蒙古族）
　　　　宋利军

县教育局（挂政府教育督导室牌子）
局　长：才　让（藏族，县委教育工委副书记、兼县政府教育督导室主任）
县委教育工委专职副书记：宋贤仓
副局长：宋贤仓
　　　　扎西才让（蒙古族）

县民族宗教事务局（与县委统战部合署办公）
局　长：叁彭闹日（藏族，兼任）

县公安局
局　长：娘吉才让（藏族，县政府副县长）
政　委：徐克泉
副局长：彩　周（蒙古族）
　　　　尕藏当智（蒙古族）
　　　　杨正涛
　　　　史　亮

县民政局（与县退役军人事务局合署办公）
局　长：才让扎西（蒙古族，兼县退役军人事务局局长）
副局长：德杰拉毛（女，蒙古族，兼县扶贫开发局副局长）
　　　　李积鹏（蒙古族）

县司法局
局　长：黎　生（蒙古族，县委政法委副书记）
副局长：旦　扎（蒙古族，2022 年 4 月任职）

县财政局（挂县金融工作办公室牌子）
局　长：张全寿
副局长：白红芳（女，藏族）
　　　　羊玉琴（女）

县人力资源和社会保障局
局　长：索南昂加（蒙古族）
副局长：旦正加（蒙古族）
　　　　卓　玛（女，蒙古族）

县自然资源局（挂林业和草原局、三江源自然保护地河南县管理局牌子、自然资源确权登记局牌子）（2022 年 7 月机构更名自然资源和林业草原局）
局　长：李照东（兼林业和草原局局长、三江源自然保护地河南县管理局局长、县自然资源确权登记局局长）
副局长：张海洋
　　　　仁青楞宝（蒙古族）

县生态环境局
局　长：恩　科（蒙古族）
副局长：萨仁花（女，蒙古族）

县住房和城乡建设局
局　长：才　配（蒙古族）
副局长：才　让（蒙古族）
　　　　杨永发

县交通运输局
局　长：逯启贤
副局长：完玛扎西（蒙古族）
　　　　吕金生（土族）

县农牧水利和科技局（挂河湖长制办公室牌子）
局　长：才旦公保（蒙古族，兼县河湖长制办公室主任）
副局长：曾晓燕（女，兼县科学技术协会主席）
　　　　才让多杰（蒙古族）

县文体旅游广电局（挂县文物局牌子）
局　长：尼玛才让（蒙古族，县拉卡寺管理委员会主任，县委宣传部副部长，兼县文物局局长，2022 年 4 月离任）
　　　　陈　敏（女，县委宣传部副部长，兼县文物局局长，2022 年 4 月任职）
副局长：宗晓琴（女，土族）
　　　　索　南（蒙古族，2022 年 4 月离任）
　　　　索南才让（蒙古族，2022 年 4 月任职）

县卫生健康局
局　长：才让代吉（女，蒙古族）
副局长：东保吉（女，蒙古族，2022 年 4 月任职）
　　　　王海远（土族）

县应急管理局
局　长：昂青南加（藏族）
副局长：张国锋（藏族）
　　　　梁启顺

县审计局
局　长：金　梅（女，蒙古族）
副局长：扎西吉（女，蒙古族）
　　　　索南东知（藏族）

县市场监督管理局
局　长：旦正加（蒙古族）
副局长：昂青才让（蒙古族）
　　　　尼玛才让（蒙古族）
　　　　魏希慧（女）

县统计局
局　长：周毛措（女，蒙古族）
副局长：牛文福（土族）

县乡村振兴局
局　长：汪晓刚（土族）
副局长：才让扎西（蒙古族）
　　　　侯华珍（女）

县医疗保障局
局　长：才项南加（藏族，2022 年 7 月离任）
副局长：公保才让（蒙古族）

政府直属事业单位

县新农村建设服务中心（挂县农村环卫所牌子）
主　任：华旦才让（蒙古族）
副主任：扎西东周（蒙古族）

县供销合作社联合社（挂县电子商务服务中心牌子）
主　任：才让扎西（蒙古族）

县有机产业科技园区管理委员会
主　任：公保东智（藏族）
副主任：金　芸（女）

青海洮河源湿地公园管理服务中心
主　任：才让南杰（蒙古族）
副主任：索南尖措（藏族）

政协河南蒙古族自治县委员会

主　席：当　毛（女，蒙古族）
副主席：王龙武
　　　　公保杰（蒙古族）
　　　　拉卡·旦增更登尖措（藏族）

县政协专门委员会

县政协提案委员会主任：旦正加（蒙古族）
县政协经济农牧和资源环境委员会主任：
　仁青扎西（蒙古族）
县政协社会和民族宗教委员会主任：
　旦正才让（蒙古族）

县政协办公室

主　任：郝少勇（藏族）
副主任：赛　措（女，蒙古族）

中共河南蒙古族自治县纪委、县监察委员会

纪委书记、监委主任：
　多杰仁增（藏族，县委常委）
县纪委委员、常委、副书记，县监委副主任：
　张永强
　严成虎
县纪委委员、常委：索南昂旦（蒙古族）
　　　　　　　　　赵秀丽（女）
县纪委委员、常委，县监委委员：谢晓晖（女）
　　　　　　　　　　　　　　　华　卡（藏族）
县监委委员：普　化（蒙古族，县纪委监委派驻第三纪检监察组组长，2022 年 4 月免去县纪委监委派驻第三纪检监察组组长）
　　　　　　德吉措（女，蒙古族）

县委巡察工作领导小组办公室

主　任：王克鹏
副主任：增太措（女，藏族）

县纪委监委派驻纪检监察组

县纪委监委派驻第一纪检监察组组长：
　斗　格（蒙古族）
县纪委监委派驻第二纪检监察组组长：
　才让多杰（蒙古族，2022 年 3 月离任）
　南琼兰（女，2022 年 4 月任职）
县纪委监委派驻第三纪检监察组组长：
　普　化（蒙古族，2022 年 4 月离任）

法院·检察院

县人民法院

院　长：华青太（藏族）
副院长：仁青措（女，藏族）
　　　　旦巴尖措（藏族）
政治部主任：崔　峰（2022 年 3 月离任）
　　　　　　钟　麒（2022 年 5 月任职）
政治部副主任：才么加（女，土族）
执行局局长：王晓翠（女，蒙古族）
执行局副局长：
　李智措（女，藏族，2022 年 4 月任职）
立案庭庭长：斗拉才让（藏族，2022 年 3 月离任）
　　　　　　尕藏尖措（藏族，2022 年 4 月任职）
综合审判庭庭长：
　赵志红（女，2022 年 4 月任职）
　桑之杰（藏族，2022 年 3 月离任）
审判委员会专职委员：
　桑之杰（藏族，2022 年 3 月任职）
综合办公室主任：韩玉琛（撒拉族）

县人民检察院

检察长：多杰卓玛（女，藏族）
副检察长：马　敏（回族，第一检察部主任）
　　　　　拉本加（藏族，第三检察部主任，2022 年 3 月离任）
　　　　　夏吾太（藏族，第三检察部主任，2022 年 3 月任职）

政治部主任：才德布（女，蒙古族）
检察委员会专职委员：
郝长勇（土族，2022年3月任职）
第一检察部主任：
郝长勇（土族，2022年3月离任）
第二检察部主任：
才旦卓玛（女，蒙古族，2022年4月任职）

群众团体

县总工会
主 席：祁乐荣（女，蒙古族，县委常委）
常务副主席：贡保南加（蒙古族）

团县委
书 记：李 靖（2022年7月离任）
拉加才让（藏族，2022年7月任职）

县妇联
主 席：陈 敏（女，2022年4月离任）
才让拉忠（女，蒙古族，2022年4月任职）

县科协
主 席：曾晓燕（女，兼任）

县工商联
负责人：公巴太（藏族，兼任）

县残联
理事长：才让拉忠（女，蒙古族，2022年4月离任）
才让华措（女，蒙古族，2022年4月任职）
副理事长：扎 白（女，蒙古族）

省、州驻县单位

县委机构编制委员会办公室
主 任：张 哲（2022年4月任职，兼县委组织部副部长，2022年8月任职）

县税务局
局 长：王景武（2022年10月离任）
刘传渔（2022年10月任职）
副局长：唐建峰（土族）
毛玉辉（2022年10月离任）
解 颖（女，2022年10月任职）
纪检组组长：尤 伟

县气象局
局 长：马 强
气象台台长：马晓珍（女）

县邮政公司
总经理：娄华能（女，2022年11月离任）
王福长（2022年12月任职）
副总经理：李金金（女）

县烟草专卖局
局 长：王靖平

县供电公司
支部书记：张得全
经 理：车海涛
副经理：梅占荣

县电信公司
总经理：石成亮
副总经理：刘 扬

县移动公司
经 理：蔡志愿（2022年6月离任）
童 辉（女，2022年7月任职）

县联通公司
经 理：南卡尖参（藏族，2022年11月离任）
石成磊（2022年11月任职）

金融机构

县农业银行

行　长：尕　代（蒙古族，2022 年 10 月离任）
　　　　胡晓文（2022 年 10 月任职）
副行长：李先加（藏族）
　　　　万玛措（女，土族）
　　　　夏吾才项（藏族，2022 年 3 月任职）

县农商银行

董事长：苏德格日勒（女，蒙古族）
行　长：李鸿昌（回族，2022 年 8 月离任）
　　　　刘元彰（2022 年 8 月任职）
监事长：刘全军
副行长：李智措毛（女，藏族）
董事会秘书：杜彩成
工会主席：李智措毛（女，藏族）

县邮政储蓄银行

总经理：娄华能（女，2022 年 11 月离任）
　　　　王福长（2022 年 12 月任职）
副总经理：李金金（女）
支局长：纵肖肖（女）

县人保财险公司

经　理：祁生旭
副经理：普华加（蒙古族）

乡　镇

优干宁镇

党委书记：华旦多杰（蒙古族）
党委副书记、镇长：尕藏罗智（蒙古族）
党委副书记、人大主席：卓玛加（蒙古族）
党委副书记、政法委员：王万春
党委委员、纪委书记：吴艳春（女）
党委委员、组织委员：魏占玉（女）
党委委员：索南多杰（蒙古族）
党委委员、副镇长：罗藏尖措（蒙古族）
　　　　　　　　　扎西才旦（蒙古族）
副镇长：德吉措（女，蒙古族）
　　　　扎西才让（蒙古族）
司法所所长：扎西当智（藏族）

宁木特镇

党委书记：斗格加（蒙古族）
党委副书记、镇长：叁　培（蒙古族）
党委副书记、人大主席：更登扎西（蒙古族）
党委副书记、政法委员：李冬生
党委委员、纪委书记：久血加（蒙古族）
党委委员、组织委员：完么东智（藏族）
党委委员：尕旦东周（蒙古族）
党委委员、副镇长：董　贵
　　　　　　　　　马乃吉（女，藏族）
副镇长：李青青（女）
　　　　代吉拉毛（女，蒙古族）
司法所所长：才项杰（藏族）

赛尔龙乡

党委书记：拉旦才让（蒙古族，2022 年 4 月任职）
党委副书记、乡长：华觉才让（藏族）
党委副书记、人大主席：桑杰土登（藏族）
党委副书记、政法委员：席永莲（女，蒙古族）
党委委员、纪委书记：李伟凡
党委委员、组织委员：万德加（藏族）
党委委员、副乡长：周毛才让（女，藏族）
党委委员：才公加（藏族）
副乡长：扎　果（藏族）
　　　　更尕曲卓（女，蒙古族）
司法所所长：冶长青（回族）

托叶玛乡

党委书记：黄维军
党委副书记、乡长：仁青措（女，蒙古族）
党委副书记、人大主席：仁青加（藏族）
党委副书记、政法委员：杜格才让（蒙古族）

党委委员、纪委书记：
秦昂毛（女，藏族，2022 年 7 月离任）
才让德吉（女，蒙古族，2022 年 12 月任职）
党委委员、组织委员：安太美（女）
党委委员：冷本扎西（藏族）
党委委员、副乡长：格日加（蒙古族）
副乡长：尼群加（蒙古族）
杨小霞（女）
司法所所长：旦　扎（蒙古族，2022 年 4 月离任）
索　南（蒙古族，2022 年 4 月任职）

柯生乡

党委书记：张　晖
党委副书记、乡长：代吉卓玛（女，蒙古族）
党委副书记、人大主席：昂　秀（藏族）
党委副书记、政法委员：曹光耀（藏族）
党委委员、纪委书记：严海峰
党委委员、组织委员：才让多杰（藏族）
党委委员：华卡才让（藏族，2022 年 3 月离任）
仁青才让（蒙古族，2022 年 7 月任职）
党委委员、副乡长：南吉卓玛（女，蒙古族）
副乡长：郝元龙（藏族）
李　璐（女）
司法所所长：叶旦措（女，蒙古族）

多松乡

党委书记：仁青措（女，蒙古族）
党委副书记、乡长：更尕扎西（蒙古族）
党委副书记、人大主席：万　加（蒙古族）
党委副书记、政法委员：唐　江
党委委员、纪委书记：
才让德吉（女，蒙古族，2022 年 12 月离任）
党委委员、组织委员：李吉莲（女）
党委委员：尕藏才培（蒙古族）
党委委员、副乡长：夏吾尕藏（藏族）
副乡长：尕桑加（蒙古族）
夏吾卡（藏族）
司法所所长：更藏措毛（女，藏族）

2022年河南县经济运行情况

河南县统计局

2022年，在县委、县政府坚强领导下，全县上下坚持以习近平新时代中国特色社会主义思想为指引，全面贯彻党的十九大、二十大精神，全面落实省第十四次党代会精神及习近平总书记“疫情要防住、经济要稳住、发展要安全”重要指示精神，高效统筹疫情防控和经济社会发展，加快落实稳经济一揽子政策和接续政策措施，锐意进取、攻坚克难，积极应对发展新挑战。受种种因素影响，2022年各项主要经济指标有增有降，稳增长仍需加码。

一、经济运行情况

（一）综合

根据地区生产总值统一核算结果，2022年，全县完成生产总值204994.26万元，按可比价格计算，比上年增长1.3%。其中，第一产业增加值104974.39万元，增长4.4%；第二产业增加值35101.29万元，增长5%；第三产业增加值65218.58万元，下降5.1%。三次产业结构比为51.06∶17.12∶31.82。

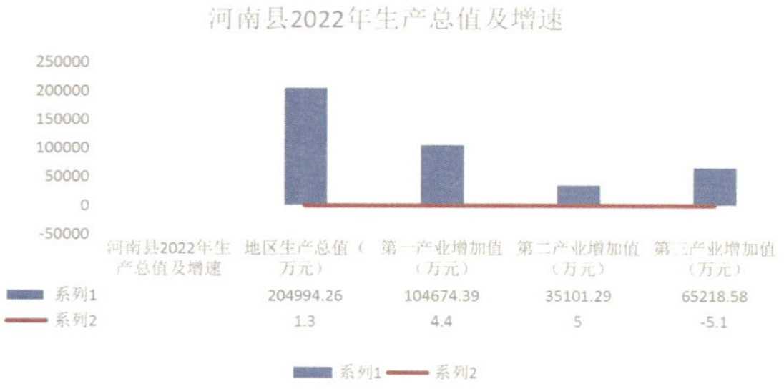

（二）畜牧业

2022年，全县完成农林牧渔业总产值133906.15万元，按可比价计算（下同），比上年增长4.61%。其中：农业产值4450万元，下降5.91%；牧业产值126630.15万元，增长5.05%；实现农林牧渔服务业产值2826万元，增长1.61%。

全县各类牲畜存栏55.54万头只，比上年增加1.26万头只，增长2%。其中：牛存栏31.31万头，增长2%；羊存栏24.23万只，增长3%。出栏各类牲畜26.48万头只，增加0.25万头只，增长1%。其中牛出栏12.04万头，增长4%；羊出栏14.45万只，下降1%。

全县肉类总产量14424.13吨，比上年增加702.62吨，增长5%。其中：牛肉产量11246.71吨，增长5%；羊肉产量3177.42吨，增长7%；牛奶产量10916.6吨，下降24%。

2022年主要畜种存出栏及产品产量

指标名称	数量（万头只）、产量（吨）	比上年增长（%）
牲畜存栏	55.54	2
其中：牛存栏	31.31	2
羊存栏	24.23	3
牲畜出栏	26.23	1
牛肉产量	11246.71	5
羊肉产量	3177.42	7
牛奶产量	10916.6	-24

（三）工业

2022年，全县规模以上工业企业完成工业产值26912.93万元，同比下降60.5%，实现工业增加值5611.14万元，同比下降46.1%。全县规模以下工业企业工业增加值同比下降8.7%。

规上工业企业累计完成发电量15197.6万度，增长22.7%；商品混凝土8.8立方米，下降22.1%；乳制品418.3吨，增长21.4%；包装饮料47894吨，增长35.6%；鲜冷藏肉841.5吨，下降33.7%。

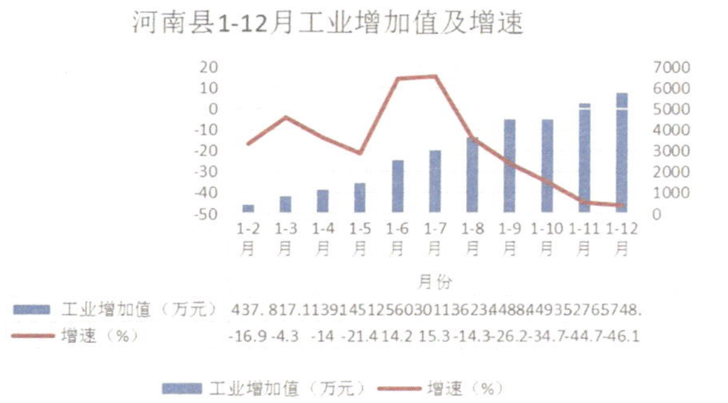

（四）固定资产投资

2022年，全县500万元及以上固定资产投资较上年下降30.27%，全县民间投资比上年下降80.8%。第一产业投资比上年下降41.4%；第二产业投资比上年下降9.2%；第三产业投资比上年下降34.3%，三次产业的比重为9.55∶24.99∶65.46。分行业看，电力、热力、燃气和水生产供应业投资比上年增长80.4%；交通运输和邮政业投资比上年增长66.2%；水利、环境和公共设施管理业投资比上年下降55.4%。

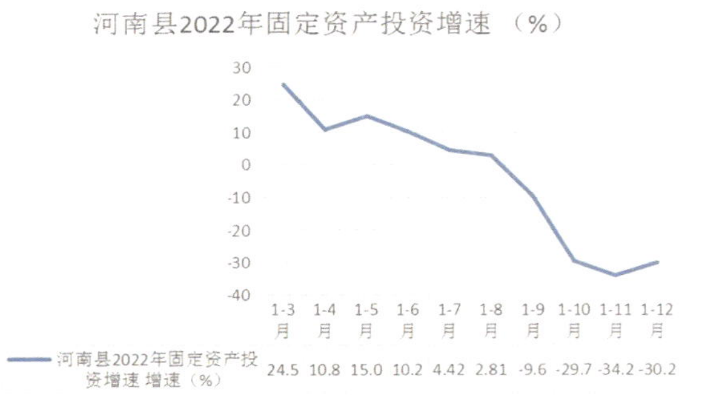

（五）消费

2022年，全县实现社会消费品零售总额18104.5万元，比上年同期增长1%。一是按销售地区分。城镇实现社会消费品零售额16606万元，增长1.1%；乡村实现社会消费品零售额1498.5万元，下降1%。二是按消费形态分。商品零售16059.6万元，增长2.9%；餐饮收入2044.9万元，下降12.1%。

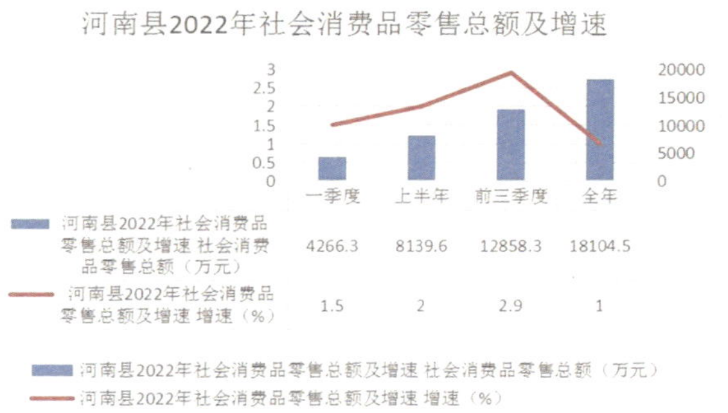

（六）居民收入及消费

全县全体常住居民人均可支配收入23230.7元，增长6.5%。城镇常住居民人均可支配收入38040.3元，增长2.2%；农村常住居民人均可支配收入14723.3元，增长6.2%。城乡居民人均收入比（以农村居民人均收入为1）为2.6∶1。

全年全县常住居民人均生活消费支出13527.27元，比上年下降4.83%。城镇常住居民人均生活消费支出14195.44元，增长6.41%；农村常住居民人均生活消费支出13143.43元，下降4.21%。全县居民恩格尔系数为33.49%，其中城镇为28.51%，农村为36.58%。

2022年全县居民人均可支配收入

指标名称	绝对量（元）	比上年增长（%）
全体居民人均可支配收入	23230.68	6.46
#工资性收入	8979.42	9.34
经营净收入	9813.06	3.13
财产净收入	863.67	23.76
转移净收入	3574.53	5.27
城镇常住居民人均可支配收入	3804.26	2.2
#工资性收入	20472.37	0.79
经营净收入	13540.39	-1.04
财产净收入	1127.48	167.06
转移净收入	2900.02	3.41
农村常住居民人均可支配收入	14723.25	6.2
#工资性收入	2377.24	21.26
经营净收入	7671.88	4.22
财产净收入	712.13	-15.25

续表

指标名称	绝对量（元）	比上年增长（%）
转移净收入	3962	7.05

（七）财政金融

2022 年，全县累计完成地方公共财政预算收入 5682 万元，较上年增长 33.66%。从收入来源看，增值税 1412 万元，增长 158.61%，企业所得税 344 万元，增长 25.55%。从支出分类看，全县地方公共财政支出 171175 万元，下降 1.98%，其中，一般公共服务支出 12379 万元，下降 12.23%，教育支出 17889 万元，下降 18.35%，社会保障和就业支出 26219 万元，增长 4.79%，卫生健康支出 10571 万元，下降 17.65%。

全县金融机构各项存款余额为 60.46 亿元，增长 270.25%。其中：住户存款余额 28.67 亿元，增长 315.26%；非金融企业存款余额 31.79 亿元，增长 237.28%。各项贷款余额为 36.82 亿元，增长 199.72%，其中：住户贷款 11.24 亿元，增长 24.99%；非金融企业及机关团体贷款 25.59 亿元，增长 676.19%。

二、存在问题

（一）畜牧业发展规模化不足。一是畜牧业生产基础薄弱，缺乏现代畜牧业的强力牵引。基础设施落后陈旧、畜牧业生产技术落后、规模经济不足、产品附加值低、抗自然风险和市场风险能力低。二是畜牧业产业单一。目前我县在农畜产品加工方面缺乏完整的加工链，加之我县现代畜牧业生产起步晚、基础差、经验少，牛、羊养殖仍以散养户为主，畜牧业社会化服务体系尚未建立，组织化、一体化程度依然偏低，产销脱节、联结不紧密、发展不均衡的问题仍然突出。

（二）工业引擎动力不足。一是滯度资金周转和原材料运输困难，严重影响正常生产经营；二是部分规上企业台账、会计账、出入库单等不规范、不健全，导致在国家核查时无法按时提供佐证资料从而核减工业产值。

（三）投资项目储备不足。2022 年，全县 500 万元以上在库统计项目 86 个，同比减少 20 个。施工项目个数及本年新开工项目个数均呈下降趋势，特别是全县亿元及以上施工项目个数同比减少 2 个，下降 50%。在库项目的减少，投资规模的下降，势必会影响明年投资的增长，因项目建设周期的原因，甚至会影响近两年的投资增长，项目的接续，特别是大项目的接续将成为明年投资工作的重中之重。

（四）消费市场活力不足。一是生活领域需求收缩。受疫情冲击，客运、旅游、餐饮、娱乐等聚集类、生活消费类需求明显减弱，居民储蓄倾向增加，居民消费意愿减弱。二是限上企业占比较低。2022 年，全县纳入“企业一套表”申报的限额以上企业只有 1 家，主导作用不明显、占比不高，带动能力不足。

三、几点建议

（一）抓特色产业培育，做强品牌经济。一是加快推进畜牧业基础设施建设，改善畜牧业生产条件，全面夯实畜牧业生产基础，为稳住经济大盘奠定坚实基础。二是以乡村振兴为契机，培育壮大乡村旅游、休闲畜牧业、畜牧电商等新业态，充分发挥畜牧业独特优势，发展壮大特色优势产业，全力以赴建基地、育龙头、搞加工、创品牌、促营销，努力提高畜产品输出能力，不断推动畜牧业提质增效。

（二）抓优质企业入统，做大经济底盘。一是全面摸清我县市场主体发展情况，持续做好进规进限入统服务，持续抓好进规进限入库申报，充实“四上”企业数量，增强经济发展内生动力，确保经济增长基础牢固，并对重点企业加强培育扶持，培育新的增长点，做强做大经济基本盘。二是引导企业通过实施科技创新、技改扩能等方式，逐步提升现有产业的竞争力，推动传统产业提档升级，提升工业发展质量和效益，改变过度依赖省属企业的现状。三是壮大全县工业经济总量。一方面加快招商引资力度，采取招商选商、以商招商、上门招商、中介招商等多种方式开展合作对接，着力在农特产品加工、民族传统工艺品开发生产等领域引进一批标志性、引领性项目。

（三）抓大型企业落户，突破发展瓶颈。一是充分发挥政府、部门和企业的联动性，及时了解企业经营中存在的困难，激发企业创新创造活力和发展潜力，并出台相关税收、信贷、就业等扶持政策，加快吸引外地大型建筑法人单位在河南安家落户，为全县建筑行业的可持续发展增添新动力。二是加快建筑业结构优化，在做大做强传统土建工程的基础上积极向基础安装、装饰装潢、路桥、水利、电力等专业施工领域拓展。

（四）抓投资项目推进，把握发展节奏。今年以来我县投资额增长持续走低，加大投资力度仍然是稳住经济增长的关键，投资项目建设是推动经济发展的引擎。所以要紧扣国家重大政策、重大战略，立足我县资源禀赋、环境条件、产业基础、发展阶段等实际情况，积极谋划一批契合国家和省上政策、带动力强、辐射面广的项目，不断充实项目储备库，确保项目持续不断，增量不减。要培育新动能，继续在招商引资上下功夫，认真对照国家政策要求和投资导向，夯基谋远，招引一批有潜力、能落地的大型项目。同时，要不断吸引社会资本参与项目建设，推进重大项目有序开工建设、建成投产，稳步推动发展节奏。

（五）抓消费市场拓展，挖掘消费潜力。一是用好刺激政策，提振消费活力。继续加强宣传引导，营造消费氛围，真正把惠民、惠企好政策更加精准高效的落到实处。深化“放管服”改革，积极融入新发展格局，坚持把扩大消费同改善群众生活品质结合起来，引进知名品牌“首店”、旗舰店和体验店，新建设施齐全的大型游乐场，提升消费市场档次，让高端消费留在本地，不断激发群众的消费潜能。二是发挥消费对经济拉动的主导作用，在巩固传统消费的同时，培育壮大新兴服务消费增长动力，挖掘消费潜力，释放消费需求。用新技术新产品融合发展不断创造消费模式新需求，促进消费结构优化升级。加快软件信息技术服务业、科技服务业等生产性服务业发展水平，积极培育电子商务、物联网、云计算、大数据、文化创意等新兴服务业，成为消费市场的“新引擎”，不断推动现代服务业提质增效。

文件目录

2022年县委文件一览表

表20

发文字号	文件标题	发布日期
河委〔2022〕1号	关于召开中共河南县委十五届二次全体会议的请示	2022年1月10日
河委〔2022〕4号	关于召开中共河南县委常委班子党史学习教育专题民主生活会的请示	2022年1月17日
河委〔2022〕5号	中共河南县委关于成立河南县党的二十大代表候选人初步人选推荐提名暨省十四次党代会代表选举工作领导小组的通知	2022年1月13日
河委〔2022〕6号	中共河南县委关于召开中共河南县委十五届三次全体会议的请示	2022年1月17日
河委〔2022〕7号	中共河南县委关于河南县2021年度绩效考核目标完成情况的报告	2022年1月18日
河委〔2022〕8号	中共河南县委关于河南县出席中国共产党第二十次全国代表大会代表候选人初步人选推荐提名情况的报告	2022年1月21日
河委〔2022〕9号	中共河南县委关于魏亚斌同志任职的通知	2022年1月25日
河委〔2022〕10号	中共河南县委关于调整县领导班子和领导干部年度目标责任考核领导小组组成人员的通知	2022年2月9日
河委〔2022〕11号	中共河南县委关于同意中国人民政治协商会议第十四届河南蒙古族自治县委员会第二次会议临时党委的批复	2022年2月21日
河委〔2022〕12号	中共河南县委关于同意召开中共河南蒙古族自治县第十五届纪律检查委员会第二次全体会议的批复	2022年2月21日
河委〔2022〕13号	中共河南县委关于同意召开中国人民政治协商会议第十四届河南蒙古族自治县委员会第二次会议的批复	2022年2月22日
河委〔2022〕14号	关于成立河南蒙古族自治县第十六届人民代表大会第二次会议临时党委和各代表团临时党支部的批复	2022年2月23日
河委〔2022〕15号	中共河南县委关于同意出版《中国共产党河南县历史（1949—1978）》的批复	2022年3月19日
河委〔2022〕16号	中共河南县委关于报送河南县全省涉粮问题专项巡视巡察反馈意见整改方案的报告	2022年3月14日
河委〔2022〕17号	中共河南县委关于拉加才让同志退休的通知	2022年3月29日
河委〔2022〕18号	中共河南县委关于夏吾太、拉加本同志职务任免的请示	2022年3月29日

续表20

发文字号	文件标题	发布日期
河委〔2022〕19 号	中共河南县委关于夏吾太等同志职务任免的通知	2022 年 3 月 29 日
河委〔2022〕20 号	中共河南县委关于高凤同志免职的通知	2022 年 3 月 29 日
河委〔2022〕21 号	中共河南县委关于华卡才让同志免职的通知	2022 年 3 月 29 日
河委〔2022〕22 号	中共河南县委关于杜国杰同志免职并退休的通知	2022 年 3 月 29 日
河委〔2022〕23 号	中共河南县委关于兰元义同志免职并退休的通知	2022 年 3 月 29 日
河委〔2022〕24 号	中共河南县委关于达热吉同志免职并退休的通知	2022 年 3 月 29 日
河委〔2022〕25 号	中共河南县委关于夏吾太等同志职务任免的通知	2022 年 4 月 11 日
河委〔2022〕26 号	中共河南县委关于桑杰、斗拉才让同志职务任免的通知	2022 年 4 月 11 日
河委〔2022〕27 号	中共河南县委关于报送河南县全省粮食安全工作存在问题整改工作方案的通知	2022 年 4 月 11 日
河委〔2022〕28 号	中共河南县委关于张辉、白贵龙同志职务任免的通知	2022 年 6 月 21 日
河委〔2022〕29 号	中共河南县委关于刘武兵、孙晋同志任职的通知	2022 年 7 月 21 日
河委〔2022〕30 号	中共河南县委关于调整河南县自然资源局党组织设置的通知	2022 年 7 月 29 日
河委〔2022〕31 号	中共河南县委关于刘武兵、孙晋同志任职的通知	2022 年 8 月 9 日
河委〔2022〕32 号	中共河南县委关于同意达哇卓玛同志辞去公职的批复	2022 年 12 月 5 日
河委〔2022〕34 号	中共河南县委关于索南昂加等同志任职的请示	2022 年 4 月 11 日
河委〔2022〕35 号	中共河南县委关于钟麒同志免职的请示	2022 年 4 月 11 日
河委〔2022〕36 号	中共河南县委关于成立“绿水青山就是金山银山”实践创新基地成果转化领导小组的通知	2022 年 4 月 13 日
河委〔2022〕37 号	中共河南县委关于赵志红等同志任职的通知	2022 年 4 月 18 日
河委〔2022〕38 号	中共河南县委关于陈敏等同志职务任免的通知	2022 年 4 月 18 日
河委〔2022〕39 号	中共河南县委关于才旦卓玛等同志任职的通知	2022 年 4 月 18 日
河委〔2022〕40 号	中共河南县委关于陈敏等同志职务任免的通知	2022 年 4 月 18 日
河委〔2022〕41 号	中共河南县委关于段鹏忠、巨敬才同志任职的通知	2022 年 4 月 18 日
河委〔2022〕42 号	中共河南县委关于才让拉忠、陈敏同志职务任免的通知	2022 年 4 月 18 日
河委〔2022〕43 号	中共河南县委关于张永强等同志职务任免的通知	2022 年 4 月 18 日
河委〔2022〕44 号	中共河南县委关于仁青加等同志职务任免的通知	2022 年 4 月 18 日
河委〔2022〕45 号	中共河南县委关于叁培等同志任职的通知	2022 年 4 月 18 日
河委〔2022〕46 号	中共河南县委关于代吉卓玛等同志职务任免的通知	2022 年 4 月 18 日
河委〔2022〕47 号	中共河南县委关于仁青措同志任职的通知	2022 年 4 月 18 日
河委〔2022〕48 号	中共河南县委关于卓玛加同志任职的通知	2022 年 4 月 18 日
河委〔2022〕49 号	中共河南县委关于王玉祥同志职务任免的通知	2022 年 4 月 18 日
河委〔2022〕50 号	中共河南县委关于徐克泉同志任职的通知	2022 年 4 月 18 日
河委〔2022〕51 号	中共河南县委关于加果同志任职的通知	2022 年 4 月 18 日

续表20

发文字号	文件标题	发布日期
河委〔2022〕52 号	中共河南县委关于才让华措、才让拉忠同志职务任免的通知	2022 年 4 月 18 日
河委〔2022〕53 号	中共河南县委关于钟麒同志职务任免的通知	2022 年 4 月 18 日
河委〔2022〕54 号	中共河南县委关于夏吾太、拉本加同志职务任免的通知	2022 年 4 月 18 日
河委〔2022〕55 号	中共河南县委关于印发《全县各级党组织开展“喜迎二十大·奋进新征程”庆“七一”系列主题活动方案》的通知	2022 年 6 月 13 日
河委〔2022〕56 号	中共河南县委关于召开省委涉粮问题专项巡视整改专题民主生活会的请示	2022 年 7 月 11 日
河委〔2022〕57 号	中共河南县委关于河南县 2022 年度上半年工作总结及下半年工作计划的报告	2022 年 7 月 11 日
河委〔2022〕58 号	中共河南县委关于印发《省委第五巡视组巡视河南县边巡边改问题整改方案》的通知	2022 年 7 月 12 日
河委〔2022〕59 号	中共河南县委关于省委第五巡视组巡视河南县边巡边改问题整改情况的报告	2022 年 7 月 21 日
河委〔2022〕60 号	中共河南县委关于印发《省委第五巡视组巡视河南县边巡边改问题整改方案（第二批）》的通知	2022 年 7 月 25 日
河委〔2022〕61 号	中共河南县委关于省委第五巡视组巡视	2022 年 7 月 25 日
河委〔2022〕62 号	中共河南县委关于印发《省委第五巡视组巡视河南县立行立改问题整改方案》的通知	2022 年 8 月 2 日
河委〔2022〕63 号	关于召开中共河南县委十五届四次全体会议的请示	2022 年 8 月 7 日
河委〔2022〕64 号	中共河南县委关于李照东等同志职务任免的通知	2022 年 8 月 8 日
河委〔2022〕65 号	中共河南县委关于李照东等同志职务任免的通知	2022 年 8 月 8 日
河委〔2022〕66 号	中共河南县委关于李冬生等同志任职的通知	2022 年 8 月 8 日
河委〔2022〕67 号	中共河南县委关于王万春等同志任职的通知	2022 年 8 月 8 日
河委〔2022〕68 号	中共河南县委关于席永莲等同志任职的通知	2022 年 8 月 8 日
河委〔2022〕69 号	中共河南县委关于曹光耀等同志任职的通知	2022 年 8 月 8 日
河委〔2022〕70 号	中共河南县委关于唐江等同志任职的通知	2022 年 8 月 8 日
河委〔2022〕71 号	中共河南县委关于杜格才让等同志任职的通知	2022 年 8 月 8 日
河委〔2022〕72 号	中共河南县委关于仁青才让同志任职的通知	2022 年 8 月 8 日
河委〔2022〕73 号	中共河南县委关于马玉兰同志免职并退休的通知	2022 年 8 月 8 日
河委〔2022〕74 号	中共河南县委关于印发省委第五巡视组交办信访问题办理方案的通知	2022 年 8 月 5 日
河委〔2022〕78 号	中共河南县委关于印发省委第五巡视组交办信访问题（第二批）办理方案的通知	2022 年 8 月 23 日
河委〔2022〕80 号	关于建议终止敏文宫中国共产党黄南藏族自治州第十三次代表大会代表资格的请示	2022 年 9 月 5 日
河委〔2022〕81 号	中共河南县委关于赵其虎、张辉同志职务任免的通知	2022 年 9 月 6 日
河委〔2022〕83 号	关于同意《河南县监督委员会向县人大常委会报告专项工作的实施方案》的通知	2022 年 9 月 30 日

续表20

发文字号	文件标题	发布日期
河委〔2022〕84 号	关于成立河南县省委巡视反馈意见整改工作领导小组的通知	2022 年 10 月 11 日
河委〔2022〕85 号	关于成立县委作风建设领导小组及组成人员的通知	2022 年 10 月 24 日
河委〔2022〕86 号	关于钢夫等同志任职的通知	2022 年 10 月 24 日
河委〔2022〕92 号	关于报请审议《河南县委选人用人专项反馈意见整改方案》的请示	2022 年 10 月 17 日
河委〔2022〕93 号	关于召开巡视整改专题民主生活会的请示	2022 年 10 月 31 日
河委〔2022〕94 号	关于调整县委常委分工的通知	2022 年 10 月 27 日
河委〔2022〕96 号	关于车向贤、司吉昇同志职务任免的通知	2022 年 11 月 2 日
河委〔2022〕97 号	关于调整河南县省委巡视反馈意见整改工作领导小组的通知	2022 年 11 月 3 日
河委〔2022〕98 号	关于报请审议《中共河南县委常委会巡视整改专题民主生活会方案》的请示	2022 年 10 月 17 日
河委〔2022〕100 号	关于召开中共河南县委十五届五次全体会议的请示	2022 年 11 月 16 日
河委〔2022〕101 号	关于巡视整改专题民主生活会召开情况的报告	2022 年 11 月 23 日
河委〔2022〕102 号	关于同意县人民政府党组召开巡视整改专题民主生活会的批复	2022 年 11 月 23 日
河委〔2022〕103 号	关于同意县人大常委会党组召开“以案为鉴　以案促改”党风廉政建设专题民主生活会的批复	2022 年 11 月 23 日
河委〔2022〕104 号	关于同意自然资源和林业草原局党组召开专题民主生活会的批复	2022 年 11 月 23 日
河委〔2022〕105 号	关于调整河南县人士调配领导小组人员的通知	2022 年 10 月 17 日
河委〔2022〕107 号	关于索南吉同志任职的通知	2022 年 12 月 27 日
河委〔2022〕108 号	关于先巴才让等同志职务任免的通知	2022 年 12 月 27 日
河委〔2022〕109 号	关于才让德吉等同志职务任免的通知	2022 年 12 月 27 日
河委〔2022〕110 号	关于唐诚等同志职务任免的通知	2022 年 12 月 27 日
河委〔2022〕111 号	关于加果同志免职并退休的通知	2022 年 12 月 27 日
河委〔2022〕112 号	关于角巴加、敖毛娇同志任职的请示	2022 年 12 月 27 日
河委〔2022〕113 号	关于印发《河南县委选人用人专项检查反馈问题整改方案》的通知	2022 年 12 月 13 日
河发〔2022〕2 号	中共河南县委印发《关于开展“深化作风建设、狠抓工作落实”专项行动实施方案》的通知	2022 年 4 月 18 日
河发〔2022〕4 号	中共河南县委关于印发《河南县贯彻落实省委〈关于进一步弘扬优良作风　加快建设现代化新青海的若干措施〉的任务分工方案》的通知	2022 年 7 月 22 日
河发〔2022〕5 号	中共河南县委印发《关于进一步加强县委领导班子政治建设的若干措施》的通知	2022 年 8 月 11 日
河发〔2022〕6 号	中共河南县委关于印发《中共河南县委全体会议工作规则》等三个文件的通知	2022 年 8 月 11 日
河发〔2022〕7 号	中共河南县委关于印发《河南县贯彻省第十四次党代会精神“喜迎二十大、基层百日行”活动实施方案》的通知	2022 年 8 月 24 日
河发〔2022〕8 号	印发《省委第五巡视组关于巡视河南县的反馈意见》的通知	2022 年 10 月 21 日

续表20

发文字号	文件标题	发布日期
河发〔2022〕9号	中共河南县委关于印发《河南县关于十四届省委第一轮巡视第五巡视组巡视反馈意见整改方案》的通知	2022年10月31日
河发〔2022〕12号	关于印发《河南县贯彻落实〈中共黄南州委关于进一步加强和改进新时代人大工作的意见〉任务分解方案》的通知	2022年11月18日
河发〔2022〕14号	中共河南县委关于印发《深入学习宣传贯彻党的二十大精神为奋力谱写全面建设社会主义现代化国家青海篇章贡献河南力量的实施方案》的通知	2022年11月24日
河发〔2022〕15号	关于印发《河南县委常委会班子“三重一大”事项集体决策工作制度》的通知	2022年11月17日
河发〔2022〕16号	关于印发《加强新时代检察机关法律监督工作的责任清单》的通知	2022年12月8日
河办字〔2022〕2号	中共河南县委办公室　河南县人民政府办公室关于对周边县开展友好走访活动的通知	2022年1月7日
河办字〔2022〕3号	中共河南县委办公室关于召开中共河南县委十五届二次全体会议的通知	2022年1月10日
河办字〔2022〕4号	中共河南县委办公室关于省委档案工作执法检查组检查情况反馈意见整改措施的报告	2022年1月14日
河办字〔2022〕5号	中共河南县委办公室关于印发《中共河南县委常委班子党史学习教育专题民主生活会方案》的通知	2022年1月14日
河办字〔2022〕6号	中共河南县委办公室关于报请审议《中共河南县委常委班子党史学习教育专题民主生活会对照检查材料》的请示	2022年1月17日
河办字〔2022〕7号	中共河南县委办公室　河南县人民政府办公室关于印发《2022年县级领导“情暖两节爱心相伴”》走访慰问活动方案的通知	2022年1月10日
河办字〔2022〕8号	中共河南县委办公室　河南县人民政府办公室关于开展领导干部大接访活动的通知	2022年1月19日
河办字〔2022〕9号	中共河南县委办公室关于印发《从严落实党组织结对共建帮村党员干部结对认亲帮户“双棒”工作机制实施方案》的通知	2022年1月18日
河办字〔2022〕10号	中共河南县委办公室关于申报2019—2021年度省级文明单位的报告	2022年2月17日
河办字〔2022〕11号	中共河南县委办公室关于印发《河南县基层党建工作点评意见整改方案》的通知	2022年2月17日
河办字〔2022〕12号	中共河南县委办公室关于印发《县委十五届二次全体会议重点工作任务分工方案》的通知	2022年2月17日
河办字〔2022〕13号	中共河南县委办公室关于印发《河南县2022年统战（民宗）工作要点》的通知	2022年3月16日
河办字〔2022〕14号	中共河南县委办公室关于印发《河南县宣传思想工作及网信工作要点》的通知	2022年3月16日
河办字〔2022〕15号	中共河南县委办公室关于印发《河南县2022年组织工作要点》的通知	2022年3月16日
河办字〔2022〕16号	中共河南县委办公室关于印发《河南县2022年政法工作要点》的通知	2022年3月22日
河办字〔2022〕17号	中共河南县委办公室关于调整河南县有关议事协调机构组成人员的通知	2022年3月22日

续表20

发文字号	文件标题	发布日期
河办字〔2022〕18 号	中共河南县委办公室关于成立河南县减灾委员会的通知	2022 年 3 月 22 日
河办字〔2022〕19 号	中共河南县委办公室关于调整河南县防治艾滋病和性病工作委员会组成人员的通知	2022 年 3 月 22 日
河办字〔2022〕20 号	中共河南县委办公室关于印发《河南县深化国防动员体制改革工作方案》的通知	2022 年 3 月 28 日
河办字〔2022〕21 号	中共河南县委办公室关于成立河南县深化国防动员体制改革工作领导小组及组成人员任职的通知	2022 年 3 月 28 日
河办字〔2022〕22 号	中共河南县委办公室关于成立河南蒙古族自治县“全域无废”示范县工作领导小组的通知	2022 年 3 月 28 日
河办字〔2022〕23 号	中共河南县委办公室关于印发《河南县党风廉政建设责任制述职点评问题整改方案》的通知	2022 年 4 月 1 日
河办字〔2022〕24 号	中共河南县委办公室关于印发《河南县 2021 年度省对州党风廉政建设主体责任和监督责任专项考核反馈问题整改方案》的通知	2022 年 4 月 1 日
河办字〔2022〕25 号	中共河南县委办公室关于成立河南县全省涉粮问题专题巡视巡察反馈意见整改工作领导小组的通知	2022 年 3 月 14 日
河办字〔2022〕26 号	中共河南县委办公室关于报请审议《河南县贯彻落实王耀春同志在州十六届人大二次会议期间参加河南县代表团审议时的讲话精神任务分工方案（审议稿）》的请示	2022 年 4 月 7 日
河办字〔2022〕27 号	关于在全县各级党组织中开展“六个一”活动的通知	2022 年 4 月 6 日
河办字〔2022〕28 号	关于组织开展保密工作专项检查的通知	2022 年 4 月 12 日
河办字〔2022〕29 号	中共河南县委办公室　河南县人民政府办公室关于印发《河南县贯彻落实王耀春同志在州委十六届人大二次会议期间参加河南代表团审议时的讲话精神任务分工方案》的通知	2022 年 4 月 11 日
河办字〔2022〕30 号	关于“十四五”河南县档案事业发展规划	2022 年 4 月 15 日
河办字〔2022〕31 号	关于印发《在全县公民中开展法治宣传建教育的第八个五年规划（2021—2025 年）》的通知	2022 年 4 月 17 日
河办字〔2022〕32 号	关于河南县产业链实施“链长制”的通知	2022 年 4 月 13 日
河办字〔2022〕33 号	关于印发《河南县 2022 年整治形式主义为基层减负专项工作要点》的通知	2022 年 4 月 13 日
河办字〔2022〕34 号	关于印发《十五届县委巡察组长库、人才库人选方案》的通知	2022 年 3 月 17 日
河办字〔2022〕35 号	关于印发《河南县委巡察专员工作方案》的通知	2022 年 3 月 17 日
河办字〔2022〕36 号	关于印发《县委落实全面从严治党主题责任 2022 年度计划》的通知	2022 年 4 月 27 日
河办字〔2022〕37 号	关于 2022 年劳动节及开斋节放假安排的通知	2022 年 4 月 28 日
河办字〔2022〕38 号	关于启动《河南蒙古族自治县宁木特镇志》编纂工作的通知	2022 年 5 月 19 日
河办字〔2022〕39 号	关于河南县铸牢中华民族共同体意识体验馆建设工作领导小组的通知	2022 年 4 月 10 日
河办字〔2022〕40 号	关于开展矛盾纠纷大排查大化解活动的通知	2022 年 5 月 9 日
河办字〔2022〕41 号	关于印发《州委第二督察组在河南县督查时发现问题整改方案》的通知	2022 年 4 月 20 日

续表20

发文字号	文件标题	发布日期
河办字〔2022〕42 号	关于印发《河南县党的二十大和省第十四次党代会维稳安保工作总体方案》的通知	2022 年 5 月 24 日
河办字〔2022〕43 号	关于成立河南县 2021 年度国家脱贫攻坚与乡村振兴问题整改领导小组的通知	2022 年 5 月 24 日
河办字〔2022〕44 号	关于成立河南县推进乡村振兴“八大行动”指挥部及专项工作组的通知	2022 年 4 月 6 日
河办字〔2022〕45 号	关于认真学习宣传省第十四次党代会精神的通知	2022 年 5 月 30 日
河办字〔2022〕46 号	关于在 2022 年“六一”儿童节集中开展慰问活动的通知	2022 年 5 月 30 日
河办字〔2022〕47 号	关于进一步严肃会风会纪的通知	2022 年 5 月 26 日
河办字〔2022〕48 号	关于调整河南县义务教育阶段控辍保学工作领导小组的通知	2022 年 5 月 31 日
河办字〔2022〕49 号	关于成立《宁木特镇志》编纂工作领导小组的通知	2022 年 6 月 2 日
河办字〔2022〕50 号	关于印发《县委常委会班子涉粮问题专项巡视整改专题民主生活会方案》的通知	2022 年 5 月 30 日
河办字〔2022〕51 号	关于印发《河南县 2022 年党风廉政建设和反腐败工作主要任务分工方案》的通知	2022 年 4 月 11 日
河办字〔2022〕52 号	关于成立全县重大矛盾纠纷调处工作专班的通知	2022 年 6 月 13 日
河办字〔2022〕53 号	关于报请审议《省委第五巡视组巡视河南县期间任务分工方案（审议稿）》的请示	2022 年 6 月 13 日
河办字〔2022〕54 号	关于调整河南县社会救助工作联席会议相关组成人员的通知	2022 年 6 月 14 日
河办字〔2022〕55 号	关于拟调入 1 名机要保密干部的请示	2022 年 6 月 14 日
河办字〔2022〕56 号	关于印发《河南县配合省委巡视工作方案》的通知	2022 年 6 月 13 日
河办字〔2022〕57 号	关于调整河南县安可工作和政务信息化领导小组及组成人员的通知	2022 年 6 月 15 日
河办字〔2022〕58 号	关于印发《河南县省委巡视期间信访工作应急预案》的通知	2022 年 6 月 21 日
河办字〔2022〕59 号	关于在 2022 年“七一”前夕组织开展走访慰问活动的通知	2022 年 6 月 21 日
河办字〔2022〕60 号	关于印发《河南县“喜迎党的二十大·道德清风沁人心”庆“七一”暨河南好人发布文艺会演活动策划方案》的通知	2022 年 6 月 27 日
河办字〔2022〕61 号	关于印发《河南县开展民生领域腐败和不正之风突出问题专项整治工作方案》的通知	2022 年 6 月 30 日
河办字〔2022〕62 号	关于报请审议《河南县委工作汇报》的请示	2022 年 7 月 5 日
河办字〔2022〕63 号	关于印发《河南县参加 2022 年第 23 届中国·青海绿色发展投资贸易洽谈会及第二届中国（青海）国际生态博览会工作方案》的通知	2022 年 7 月 20 日
河办字〔2022〕65 号	关于印发《河南县落实安全生产“15 条措施”工作方案》的通知	2022 年 7 月 21 日
河办字〔2022〕66 号	关于印发《河南县 2022 年督查检查考核年度计划》的通知	2022 年 7 月 25 日
河办字〔2022〕67 号	关于印发《省委常委班子、州委常委班子和县委常委会班子党史学习教育专题民主生活会查摆问题整改方案》的通知	2022 年 7 月 28 日
河办字〔2022〕68 号	印发《关于结合“深化作风建设、狠抓工作落实”专项行动深入开展谈心谈话工作的实施方案》的通知	2022 年 8 月 2 日

续表20

发文字号	文件标题	发布日期
河办字〔2022〕69号	关于印发《河南县集中开展“转作风 树新风 建设新青海 迎接‘二十大’行动的任务分工方案”》的通知	2022年8月3日
河办字〔2022〕70号	关于报请审议《河南县贯彻省第十四次党代会精神 喜迎二十大基层百日行活动实施方案》的请示	2022年8月4日
河办字〔2022〕71号	关于召开中共河南县委十五届四次全体会议的请示	2022年8月4日
河办字〔2022〕72号	关于报请审议《关于进一步加强县委领导班子政治建设的若干措施》的请示	2022年8月4日
河办字〔2022〕73号	关于报请审议《中共河南县委全体会议工作规则》的请示	2022年8月4日
河办字〔2022〕74号	关于报请审议《中共河南县委常委会工作规则》的请示	2022年8月4日
河办字〔2022〕75号	关于报请审议《中共河南县委书记专题会议工作规则》的请示	2022年8月4日
河办字〔2022〕76号	关于报请审议《司吉昇同志在县委十五届四次全体会议上的讲话》的请示	2022年8月4日
河办字〔2022〕77号	关于召开十五届县委四次全会的通知	2022年8月8日
河办字〔2022〕78号	关于印发《河南县贯彻落实国家统计督察反馈意见整改工作方案》的通知	2022年8月10日
河办字〔2022〕79号	关于做好近期全县防汛隐患排查整治工作的紧急通知	2022年8月19日
河办字〔2022〕80号	关于做好近期防汛救灾工作的通知	2022年8月22日
河办字〔2022〕81号	关于印发《构建“三放三化”社区治理格局项目化党建实施方案》的通知	2022年8月26日
河办字〔2022〕82号	关于成立县干部人才“组团式”援青工作领导小组及组成人员任职的通知	2022年9月8日
河办字〔2022〕83号	关于在2022年“教师节”集中开展慰问活动的通知	2022年9月8日
河办字〔2022〕84号	关于印发《河南县进一步加强城乡生活垃圾治理行动方案（2022—2025年）》的通知	2022年9月19日
河办字〔2022〕85号	关于成立河南县省级文化生态保护区建设领导小组的通知	2022年9月21日
河办字〔2022〕86号	关于印发《河南县开展工程建设领域专项治理深化一体推进“三不腐”实施方案》的通知	2022年9月22日
河办字〔2022〕87号	关于印发《河南县安全生产领域综合督查整治工作方案》的通知	2022年9月22日
河办字〔2022〕88号	关于印发《河南县党的二十大期间维稳安保工作实施方案》的通知	2022年9月20日
河办字〔2022〕89号	关于调整县委督查委员会成员及相关工作职责的通知	2022年9月28日
河办字〔2022〕91号	关于成立河南县省委巡视反馈意见整改工作领导小组的请示	2022年10月10日
河办字〔2022〕92号	关于“促进政策落实整治形式主义为基层减负专项工作机制”调整为“整治形式主义为基层减负专项工作机制”的通知	2022年10月11日
河办字〔2022〕93号	关于成立省委第五巡视组巡视河南县反馈意见整改专项工作组的请示	2022年10月15日
河办字〔2022〕94号	关于成立省委第五巡视组巡视河南县反馈意见整改专项工作组的通知	2022年10月15日
河办字〔2022〕95号	关于调整县委常委分工的请示	2022年10月25日

续表20

发文字号	文件标题	发布日期
河办字〔2022〕96 号	关于召开巡视整改专题民主生活会的请示	2022 年 10 月 26 日
河办字〔2022〕97 号	印发《关于召开县委常委会班子巡视整改专题民主生活会方案》的通知	2022 年 10 月 31 日
河办字〔2022〕98 号	印发开展河南县乡村振兴“金点子”暨微创新征集活动的通知	2022 年 11 月 9 日
河办字〔2022〕99 号	关于印发《河南县加快牲畜出栏促进牧民增收“七项”促销保障措施》的通知	2022 年 11 月 5 日
河办字〔2022〕100 号	关于报请审议《河南县委常委会班子巡视整改专题民主生活会对照检查材料》的请示	2022 年 11 月 13 日
河办字〔2022〕101 号	关于报请审议《河南县 2010—2020 年规范性文件清理意见》的请示	2022 年 11 月 14 日
河办字〔2022〕102 号	关于成立河南县粮食安全工作领导小组的通知	2022 年 11 月 14 日
河办字〔2022〕103 号	关于成立河南县粮食安全工作领导小组的通知	2022 年 11 月 14 日
河办字〔2022〕104 号	关于召开中共河南县委十五届五次全体会议的请示	2022 年 11 月 14 日
河办字〔2022〕105 号	关于召开中共河南县委十五届五次全体会议的通知	2022 年 11 月 22 日
河办字〔2022〕106 号	关于报请审议《中共河南县委深入学习宣传贯彻党的二十大精神为奋力谱写全面建设社会主义现代化国家青海篇章贡献河南力量的实施方案》的通知	2022 年 11 月 16 日
河办字〔2022〕107 号	关于报请审议《车向贤同志在县委十五届五次全体会议上的讲话》的请示	2022 年 11 月 17 日
河办字〔2022〕109 号	关于清理部分河南县 2010—2022 年规范性文件的通知	2022 年 12 月 12 日
河办字〔2022〕110 号	关于印发《河南县四大班子办公室主任联席会议制度》的通知	2022 年 1 月 5 日
河办字〔2022〕111 号	关于印发《河南县文件审核签发制度》《河南县加强文件规范性管理的通知》的通知	2022 年 1 月 5 日
河办字〔2022〕114 号	关于在 2023 年“两节”期间集中开展慰问送温暖活动的通知	2022 年 1 月 5 日
河办字〔2022〕115 号	关于印发《河南县共青团基层组织改革方案》的通知	2022 年 12 月 29 日
河办字〔2022〕116 号	关于印发《河南县贯彻落实〈黄南州全面加强新时代少先队工作的若干措施〉任务分解方案》的通知	2022 年 12 月 29 日
河办字〔2022〕117 号	关于进一步规范河南县机关事业单位工作人员休假和报备工作的通知	2022 年 12 月 29 日
河办字〔2022〕118 号	关于举办河党第二十次全国代表大会精神专题培训班的通知	2022 年 12 月 29 日
河办字〔2022〕119 号	关于调整河南县军事设施保护委员会组成人员的通知	2022 年 1 月 5 日
河办字〔2022〕120 号	关于调整河南县国防动员委员会组成人员的通知	2022 年 1 月 5 日
河办字〔2022〕121 号	关于印发《审计工作报告制度等六项制度》的通知	2022 年 1 月 5 日
河办发〔2022〕1 号	关于印发《2022 年河南县百名干部下乡开展“稳定发展三农工作　喜迎二十大胜利召开”活动实施方案》的通知	2022 年 2 月 21 日
河办发〔2022〕2 号	关于印发《“河南好人”推荐评选活动方案》的通知	2022 年 2 月 11 日
河办发〔2022〕3 号	关于印发《河南县拓展新时代文明实践中心建设实施方案》的通知	2022 年 2 月 11 日
河办发〔2022〕4 号	转发《中共黄南州委办公室　黄南州政府办公室关于印发〈河南县构建简约高效乡镇管理体制实施方案〉的通知》的通知	2022 年 1 月 17 日

续表20

发文字号	文件标题	发布日期
河办发〔2022〕5 号	关于成立河南县事业单位管理岗位职员等级晋升制度工作领导小组的通知	2022 年 2 月 21 日
河办发〔2022〕6 号	关于印发《河南蒙古族自治县村务监督委员会工作规程》的通知	2022 年 4 月 12 日
河办发〔2022〕7 号	关于印发《优干宁镇机构改革实施方案》的通知	2022 年 4 月 15 日
河办发〔2022〕8 号	关于印发《宁木特镇机构改革实施方案》的通知	2022 年 4 月 15 日
河办发〔2022〕9 号	关于印发《托叶玛乡镇机构改革实施方案》的通知	2022 年 4 月 15 日
河办发〔2022〕10 号	关于印发《赛尔龙乡镇机构改革实施方案》的通知	2022 年 4 月 15 日
河办发〔2022〕11 号	关于印发《柯生乡镇机构改革实施方案》的通知	2022 年 4 月 15 日
河办发〔2022〕12 号	关于印发《多松乡镇机构改革实施方案》的通知	2022 年 4 月 15 日
河办发〔2022〕13 号	关于印发《县委党的建设工作领导小组 2022 年工作要点》的通知	2022 年 4 月 27 日
河办发〔2022〕14 号	关于印发《〈河南蒙古族自治县宁木特镇志〉编纂工作方案》的通知	2022 年 5 月 19 日
河办发〔2022〕15 号	关于印发《省委领导批示及〈关于我省部分州县贯彻落实意识形态工作责任制情况的调研情况报告〉涉及黄南州河南县相关问题整改方案》的通知	2022 年 5 月 26 日
河办发〔2022〕16 号	关于印发《黄南州意识形态工作点评意见整改方案》的通知	2022 年 5 月 26 日
河办发〔2022〕17 号	关于印发《河南县 2021 年度国家巩固拓展脱贫攻坚成果同乡村振兴有效衔接考核评估反馈问题整改工作方案》的通知	2022 年 5 月 30 日
河办发〔2022〕18 号	关于印发《2022 年度河南县委理论学习中心组学习方案》的通知	2022 年 5 月 6 日
河办发〔2022〕19 号	关于印发《河南县 2022 年度乡（镇）和县直部门及省州驻县单位年度考核目标任务》的通知	2022 年 9 月 8 日
河办发〔2022〕20 号	关于印发《贯彻落实〈关于加强新时代涉藏意识形态工作的若干措施〉的任务分工方案》的通知	2022 年 10 月 11 日
河办发〔2022〕21 号	关于印发《河南县意识形态领域风险排查化解工作方案》的通知	2022 年 10 月 11 日
河办发〔2022〕22 号	关于印发《河南县党委意识形态工作责任清单》的通知	2022 年 10 月 11 日
河办发〔2022〕23 号	关于印发《河南县意识形态领域风险防范化解工作方案》的通知	2022 年 10 月 11 日
河办发〔2022〕24 号	关于印发《河南县贯彻落实黄南州推动党史学习教育常态化长效化若干措施的实施方案》的通知	2022 年 10 月 20 日
河办发〔2022〕25 号	关于印发《〈河南蒙古族自治县扶贫志〉编纂工作实施方案》的通知	2022 年 10 月 25 日
河办发〔2022〕26 号	关于印发《河南县干部荣誉退休制度》的通知	2022 年 12 月 9 日
河办发〔2022〕27 号	关于印发《河南县 2022 年度乡（镇）和县直部门领导班子和领导干部目标责任考核实施方案》的通知	2022 年 12 月 12 日
河办发〔2022〕29 号	关于印发《河南县调整公共租赁住房和干部周转房租金收取标准方案》的通知	2022 年 12 月 29 日
河办发〔2023〕30 号	关于印发《河南县深化国防动员体制改革方案》的通知	2022 年 12 月 30 日

注：因主送机关不同，部分文件有名称相同、文号不同的情况；部分文件不予公开。

2022 年县人大文件一览表

表 21

发文字号	文件标题	发布日期
河人大常字〔2022〕1 号	关于上报征求《青海省中医药条例（草案修改稿）（初稿）》修改意见建议的报告	2022 年 1 月 11 日
河人大常字〔2022〕2 号	河南蒙古自治县人大常务委员会任免名单	2022 年 2 月 18 日
河人大常字〔2022〕3 号	关于《县人民政府关于河南县农牧业现代化示范区方案编制情况的报告》的审议意见书	2022 年 4 月 15 日
河人大常字〔2022〕4 号	关于《县人民政府关于河南县农牧业现代化示范区方案编制情况的报告》的审议意见书	2022 年 4 月 15 日
河人大常字〔2022〕5 号	关于河南县 2020 年度县本级财政预算执行和其他财政收支情况审计查出问题整改落实情况的报告的审议意见	2022 年 6 月 20 日
河人大常字〔2022〕6 号	关于河南县打造全域旅游示范区工作情况专项报告的审议意见	2022 年 6 月 20 日
河人大常字〔2022〕7 号	关于批准河南县 2020 年本级政府债务限额调整和债券资金分配情况的决议	2022 年 6 月 20 日
河人大常字〔2022〕8 号	关于批准河南县 2021 年度财政预算的决议	2022 年 6 月 20 日
河人大常字〔2022〕9 号	关于批准河南县 2021 县财政预算调整方案的决议	2022 年 6 月 20 日
河人大常字〔2022〕10 号	河南蒙古族自治县人大常务委员会任免名单	2022 年 6 月 20 日
河人大常字〔2022〕11 号	河南蒙古族自治县人大常务委员会任免名单	2022 年 6 月 20 日
河人大常字〔2022〕12 号	河南蒙古族自治县人大常务委员会任免名单	2022 年 6 月 20 日
河人大常字〔2022〕13 号	关于同意粮食安全工作纳入年度调研计划的通知	2022 年 7 月 20 日
河人大常字〔2022〕14 号	关于进一步严肃听取和审议各类专项报告的督办通知	2022 年 9 月 5 日
河人大常字〔2022〕15 号	关于进一步规范听取和审议各类报告的督办通知	2022 年 9 月 5 日
河人大常字〔2022〕16 号	关于《2021 年度财政预算执行和其他财政收支审计的报告》的决议	2022 年 9 月 5 日
河人大常字〔2022〕17 号	关于《关于贯彻落实〈中华人民共和国未成年人保护法〉情况的报告》的审议意见	2022 年 9 月 5 日
河人大常字〔2022〕18 号	关于《关于检查规范性文件备案审查工作情况的报告》的审议意见	2022 年 9 月 5 日
河人大常字〔2022〕19 号	关于《河南县 2022 年 1—8 月份财政预算执行情况报告》的审议意见	2022 年 9 月 5 日
河人大常字〔2022〕20 号	关于《河南县 2022 年 1—8 月份国民经济和社会发展计划执行情况的报告》的审议意见	2022 年 9 月 5 日
河人大常字〔2022〕21 号	关于《县人民政府关于“绿水青山就是金山银山”实践创新基地转化工作方案编制情况的报告》的审议意见书	2022 年 9 月 5 日

续表21

发文字号	文件标题	发布日期
河人大常字〔2022〕22号	关于《县人民政府关于粮食安全工作专项报告》的审议意见	2022年9月5日
河人大常字〔2022〕23号	关于接受陆来海辞去黄南藏族自治州第十六届人民代表大会代表职务的决定	2022年9月5日
河人大常字〔2022〕24号	河南蒙古自治县人大常务委员会任免名单	2022年9月5日
河人大常字〔2022〕25号	河南蒙古自治县人大常务委员会任免名单	2022年9月5日
河人大常字〔2022〕26号	河南蒙古自治县人大常务委员会任免名单	2022年9月5日
河人大常字〔2022〕27号	关于批准县人民政府变更一般债券项目的决议	2022年9月13日
河人大常字〔2022〕28号	关于补选车向贤为黄南藏族自治州第十六届人民代表大会代表的报告	2022年10月31日
河人大常字〔2022〕29号	关于《县监察委员会关于开展民生领域专项监督的工作报告》的审议意见	2022年10月31日
河人大常字〔2022〕30号	关于《县监察委员会关于村级监督机制运行情况报告》的审议意见	2022年10月31日
河人大常字〔2022〕31号	关于《县人民政府关于县第十六届人大二次会议代表意见建议办理情况的报告》的审议意见	2022年10月31日
河人大常字〔2022〕32号	关于对《全县行政事业性国有资产管理情况报告》的审议意见	2022年10月31日
河人大常字〔2022〕33号	关于《县人民法院开展“一站式”多元解纷工作情况报告》的审议意见	2022年10月31日
河人大常字〔2022〕34号	关于《县人民检察院开展侦查监督和羁押必要性审查工作情况报告》的审议意见	2022年10月31日
河人大常字〔2022〕35号	关于批准河南县2021年度财政决算的决议	2022年10月31日
河人大常字〔2022〕36号	关于补选车向贤为黄南藏族自治州第十六届人民代表大会代表的决定	2022年10月31日
河人大常字〔2022〕37号	关于《河南县2022年度环境状况和环境保护目标完成情况报告》的审议意见	2022年10月31日
河人大常字〔2022〕38号	关于印发《河南蒙古族自治县人民代表大会代表建议、批评和意见办理及考评办法》的通知	2022年12月28日
河人大常党〔2022〕1号	关于报请审议《河南蒙古族自治县人民代表大会常务委员会工作报告》的请示	2022年2月14日
河人大常党〔2022〕2号	关于召开河南蒙古族自治县第十六届人民代表大会第二次会议的请示	2022年1月13日
河人大常党〔2022〕3号	关于成立河南县第十六届人大第二次会议临时党委和各代表团临时党支部的请示	2022年1月13日
河人大常党〔2022〕4号	关于河南县出席党的二十大代表候选人暨河南县出席省第十四次党代表大会代表候选人推荐结果的报告	2022年1月13日
河人大常党〔2022〕5号	关于召开2021年度组织生活会的请示	2022年3月7日
河人大常党〔2022〕6号	关于2021年度机构编制重要事项的报告	2022年3月16日

续表21

发文字号	文件标题	发布日期
河人大常党〔2022〕7号	关于开展“六个一”活动的通知	2022年4月19日
河人大常党〔2022〕8号	关于开展“深化党建引领，凝聚环境整治合力”主题党日活动通知	2022年4月22日
河人大常党〔2022〕9号	关于2022上半年工作总结和下一步工作计划的报告	2022年6月8日
河人大常党〔2022〕10号	中共河南蒙古族自治县人大常委会关于印发《开展“深化作风建设、狠抓工作落实”专项行动实施方案》的通知	2022年4月19日
河人大常党〔2022〕11号	关于开展“深化党建引领，凝聚环境整治合力”主题党日活动的通知	2022年4月22日
河人大常党〔2022〕12号	关于2022上半年工作总结和下一步工作计划的报告	2022年6月8日
河人大常党〔2022〕13号	关于开展“喜迎‘七一’建党节，参观革命旧址，回顾老一辈革命精神”主题党日活动的通知	2022年6月20日
河人大常党〔2022〕14号	关于开展“喜迎‘七一’建党节，慰问老党员职工”走访慰问活动的通知	2022年6月29日
河人大常党〔2022〕15号	河南县人大常委会党组关于落实省委巡视组反馈问题整改工作“三张清单”（第一批）整改方案	2022年7月14日
河人大常党〔2022〕16号	关于印发《中共河南蒙古族自治县人大常委会党组向县委请示报告制度》的通知	2022年7月14日
河人大常党〔2022〕17号	关于印发《河南蒙古族自治县人大常委会党组议事规则（修订版）》的通知	2022年7月14日
河人大常党〔2022〕18号	中共河南蒙古族自治县人大常委会党组班子汇报材料	2022年8月2日
河人大常党〔2022〕19号	关于赴海北藏族自治州考察学习打造全域旅游示范区创建工作的请示	2022年8月5日
河人大常党〔2022〕20号	关于召开河南蒙古族自治县十六届人民代表大会常务委员会第九次会议的请示	2022年10月25日
河人大常党〔2022〕21号	关于十四届省委第一轮巡视第五巡视组巡视反馈意见的整改方案	2022年11月4日
河人大常党〔2022〕22号	关于报请审议《河南蒙古族自治县人大常委会2023—2026年立法规划》的请示	2022年11月9日
河人大常党〔2022〕23号	关于成立2023—2024年立法工作领导小组的请示	2022年11月9日
河人大常党〔2022〕24号	关于补选县第十六届人民代表大会代表的请示	2022年11月9日
河人大常党〔2022〕25号	关于印发《中共河南县人大常委会党组落实党风廉政建设主体责任清单》的通知	2022年11月15日
河人大常党〔2022〕26号	关于印发《中共河南蒙古族自治县人大常委会党组贯彻落实“三重一大”事项集体决策制度的实施办法》的通知	2022年11月15日
河人大常党〔2022〕27号	关于印发《中共河南蒙古族自治县人大常委会党组中心组学习制度》的通知	2022年11月15日
河人大常党〔2022〕28号	关于报请审议《河南蒙古族自治县人大常委会党组关于十四届省委第一轮巡视第五巡视组巡视反馈问题1的整改方案》的请示	2022年11月4日

续表21

发文字号	文件标题	发布日期
河人大常党〔2022〕29 号	关于上报《十四届省委第一轮巡视第五巡视组巡视反馈问题 1 整改落实情况》的报告	2022 年 11 月 15 日
河人大常党〔2022〕30 号	关于举办河南县人大代表第二期普通话培训班的请示	2022 年 11 月 15 日
河人大常党〔2022〕31 号	关于报请审议《贯彻落实〈中共黄南州委关于进一步加强和改进新时代人大工作的意见〉任务分解方案》的请示	2022 年 11 月 17 日
河人大常党〔2022〕32 号	关于印发《省委第五巡视组巡视反馈意见问题整改工作“三张清单”》的通知	2022 年 11 月 21 日
河人大常党〔2022〕33 号	关于召开“以案为鉴　以案促改”党风廉政建设专题民主生活会的请示	2022 年 11 月 25 日
河人大常党〔2022〕34 号	关于印发《中共河南蒙古族自治县人大常委会党组领导干部“三交底”廉政谈话制度的实施办法》的通知	2022 年 11 月 24 日
河人大常党〔2022〕35 号	关于召开河南蒙古族自治县十六届人民代表大会常务委员会第十次会议的请示	2022 年 12 月 12 日
河人大常党〔2022〕36 号	关于 2022 年度工作总结和下一步工作计划的报告	2022 年 12 月 15 日
河人大常办〔2022〕1 号	关于征求县人大常委会及办公室党组成员意见建议的函	2022 年 1 月 5 日
河人大常办〔2022〕2 号	关于 2022 年“两节”期间集中人大代表的通知	2022 年 1 月 7 日
河人大常办〔2022〕3 号	关于拨付自治县第十六届人民代表大会第二次会议经费的报告	2022 年 1 月 6 日
河人大常办〔2022〕4 号	关于申请上缴 2021 年及以前年度存量资金的报告	2022 年 1 月 10 日
河人大常办〔2022〕5 号	关于召开河南蒙古族自治县十六届人民代表大会常务委员会第四次会议的通知	2022 年 2 月 15 日
河人大常办〔2022〕6 号	关于召开黄南藏族自治州第十六届人民代表大会第二次会议的通知	2022 年 2 月 15 日
河人大常办〔2022〕7 号	关于召开河南蒙古族自治县第十六届人民代表大会第二次会议的通知	2022 年 2 月 18 日
河人大常办〔2022〕8 号	关于上报河南县代表团召集人和临时党支部书记、工作人员名单的报告	2022 年 2 月 15 日
河人大常办〔2022〕9 号	关于申请拨付五级人大代表开展集中视察活动经费的请示	2022 年 2 月 17 日
河人大常办〔2022〕10 号	关于成立河南蒙古族自治县第十六届人民代表大会第二次会议筹备领导小组的通知	2022 年 2 月 18 日
河人大常办〔2022〕11 号	关于召开河南蒙古族自治县十六届人民代表大会常务委员会第五次会议的预通知	2022 年 3 月 2 日
河人大常办〔2022〕12 号	关于印发《河南蒙古族自治县人大常务委员会 2022 年度重点工作计划》的通知	2022 年 3 月 14 日
河人大常办〔2022〕13 号	关于召开县十六届人大第二次会议代表意见建议交办会的通知	2022 年 3 月 23 日
河人大常办〔2022〕14 号	关于事业单位年度考核情况的报告	2022 年 3 月 28 日
河人大常办〔2022〕15 号	关于召开河南蒙古族自治县十六届人民代表大会常务委员会第五次会议的预通知	2022 年 4 月 7 日
河人大常办〔2022〕16 号	关于做好县第十六届人大二次会议代表意见建议办理工作的通知	2022 年 4 月 10 日

续表21

发文字号	文件标题	发布日期
河人大常办〔2022〕17 号	关于发放退休干部南加丧葬费和抚恤金的报告	2022 年 4 月 11 日
河人大常办〔2022〕18 号	关于申请解决办公设施维修经费的请示	2022 年 4 月 13 日
河人大常办〔2022〕19 号	关于开展 2021 年度预决算信息公开自查督查工作的自查报告	2022 年 4 月 13 日
河人大常办〔2022〕20 号	关于印发《河南县人大常委会机关财务管理制度》的通知	2022 年 4 月 19 日
河人大常办〔2022〕21 号	关于开展人大代表进“两室”活动的通知	2022 年 4 月 20 日
河人大常办〔2022〕22 号	关于举办河南县人大代表普通话培训班的通知	2022 年 5 月 24 日
河人大常办〔2022〕23 号	关于优秀公务员名单的报告	2022 年 5 月 10 日
河人大常办〔2022〕24 号	关于召开河南蒙古族自治县十六届人民代表大会常务委员会第六次会议的预通知	2022 年 5 月 24 日
河人大常办〔2022〕25 号	关于对打造全域旅游示范区建设情况进行调研的通知	2022 年 5 月 25 日
河人大常办〔2022〕26 号	关于解决临时聘用人员岗位的请示	2022 年 5 月 26 日
河人大常办〔2022〕27 号	关于召开河南蒙古族自治县十六届人民代表大会常务委员会第六次会议的通知	2022 年 6 月 15 日
河人大常办〔2022〕28 号	河南蒙古族自治县人大常委会办公室党支部喜迎“七一”建党节，慰问老党员	2022 年 6 月 29 日
河人大常办〔2022〕29 号	机构编制条条干预问题自查自纠的报告	2022 年 7 月 5 日
河人大常办〔2022〕30 号	走访慰问职工的通知	2022 年 7 月 5 日
河人大常办〔2022〕31 号	关于进一步规范代表进室活动的通知	2022 年 7 月 5 日
河人大常办〔2022〕32 号	关于开展对《中华人民共和国老年人权益保障法》和《青海省老年人权益保障条例》贯彻执行情况执法检查的通知	2022 年 7 月 7 日
河人大常办〔2022〕33 号	关于河南蒙古族自治县人大常委会办公室党支部召开党员大会的请示	2022 年 7 月 12 日
河人大常办〔2022〕34 号	关于党支部委员会委员补选候选人预备人选的请示	2022 年 7 月 13 日
河人大常办〔2022〕35 号	中共河南县人大常委会办公室党支部关于党支部委员会委员补选结果的报告	2022 年 7 月 14 日
河人大常办〔2022〕36 号	关于申请调训卓么措同志的报告	2022 年 7 月 19 日
河人大常办〔2022〕37 号	关于开展对《中华人民共和国未成年人保护法》贯彻执行情况执法检查的通知	2022 年 7 月 25 日
河人大常办〔2022〕38 号	关于对县人民政府推进“绿水青山就是金山银山”实践创新基地转化工作开展情况的专题视察预通知	2022 年 7 月 25 日
河人大常办〔2022〕39 号	关于遗失行政事业单位资金往来结算票据的情况说明	2022 年 7 月 27 日
河人大常办〔2022〕40 号	关于开展公务卡使用情况专项检查自查报告	2022 年 7 月 28 日
河人大常办〔2022〕41 号	中共河南县人大常委会办公室党支部规范使用党旗、党徽、国旗问题的整改报告	2022 年 7 月 29 日
河人大常办〔2022〕42 号	关于开展《县监察委员会村级监督机制运行情况》调研的预通知	2022 年 8 月 2 日

续表21

发文字号	文件标题	发布日期
河人大常办〔2022〕43 号	关于对县人民政府推进《农牧业现代化示范区建设》与《"绿水青山就是金山银山"实践创新基地转化工作》情况进行专题视察的通知	2022 年 8 月 5 日
河人大常办〔2022〕44 号	河南蒙古族自治县人大常委会办公室关于对《规范性文件备案审查工作》执法检查的通知	2022 年 8 月 5 日
河人大常办〔2022〕45 号	才让多杰解除聘用合同说明	2022 年 8 月 10 日
河人大常办〔2022〕46 号	《村务监督委员会》调研通知	2022 年 8 月 15 日
河人大常办〔2022〕47 号	第十六届常务委员会第七次会议预通知	2022 年 8 月 17 日
河人大常办〔2022〕48 号	河南蒙古族自治县人大常委会办公室关于解决司助人员绩效费用的报告	2022 年 8 月 17 日
河人大常办〔2022〕49 号	中共河南蒙古族自治县人大常委会办公室党支部与赛尔龙乡尖克村党支部联合开展"防疫防汛两手抓，筑牢防线保安全"主题党日活动的通知	2022 年 8 月 24 日
河人大常办〔2022〕50 号	第十六届常务委员会第七次会议预通知	2022 年 8 月 31 日
河人大常办〔2022〕51 号	河南蒙古族自治县人大常委会办公室关于召开河南蒙古族自治县第十六届人民代表大会常务委员会第八次会议的通知	2022 年 9 月 14 日
河人大常办〔2022〕52 号	关于对十六届人大第二次会议代表意见建议办理情况进行跟踪调研的通知	2022 年 9 月 13 日
河人大常办〔2022〕53 号	关于开展《中华人民共和国退役军人保障法》贯彻执行情况的执法检查的通知	2022 年 9 月 15 日
河人大常办〔2022〕54 号	关于对县人民法院"一站式多元解纷"进行执法检查的通知	2022 年 9 月 15 日
河人大常办〔2022〕55 号	关于对县人民检察院侦查监督工作中怎样才能发挥好立案监督、羁押必要性检查情况进行执法检查的通知	2022 年 9 月 15 日
河人大常办〔2022〕56 号	关于对十六届人大第二次会议代表意见建议办理情况进行跟踪调研检查的通知	2022 年 9 月 16 日
河人大常办〔2022〕57 号	开展"喜迎二十大·永远跟党走"主题党日活动的通知	2022 年 9 月 27 日
河人大常办〔2022〕58 号	关于解决司助人员绩效费用的报告	2022 年 10 月 8 日
河人大常办〔2022〕59 号	河南蒙古族自治县人大常委会办公室关于召开河南蒙古族自治县第十六届人民代表大会常务委员会第九次会议的通知	2022 年 10 月 12 日
河人大常办〔2022〕60 号	关于对县人民政府推进《农牧业现代化示范区建设》与《"绿水青山就是金山银山"实践创新基地转化》成效情况进行专题视察的通知	2022 年 10 月 18 日
河人大常办〔2022〕61 号	关于开展进一步规范财务管理专项整治行动工作方案	2022 年 10 月 19 日
河人大常办〔2022〕62 号	河南蒙古族自治县人大常委会办公室 2022 年县直单位被替代设备固定资产划拨报告	2022 年 10 月 21 日
河人大常办〔2022〕63 号	关于省委第五巡视组巡视反馈意见整改措施	2022 年 10 月 21 日

续表21

发文字号	文件标题	发布日期
河人大常办〔2022〕64号	关于召开河南蒙古族自治县十六届人民代表大会常务委员会第九次会议的通知	2022年10月25日
河人大常办〔2022〕65号	开展“学习二十大　奋进新征程”主题党日活动的通知	2022年10月28日
河人大常办〔2022〕66号	下水管道维修报告	2022年11月2日
河人大常办〔2022〕67号	意识形态整改报告	2022年11月20日
河人大常办〔2022〕68号	关于举办河南县人大代表第二期普通话培训班的通知	2022年11月16日
河人大常办〔2022〕69号	关于成立2023—2024年立法工作领导小组的通知	2022年11月17日
河人大常办〔2022〕70号	中共河南县人大常委会办公室党支部关于审批张丽同志为中共预备党员的请示	2022年11月21日
河人大常办〔2022〕71号	关于召开河南蒙古族自治县第十六届人民代表大会常务委员会第十次会议的预通知	2022年11月22日
河人大常办〔2022〕72号	关于申请卓么措同志借调的请示	2022年11月24日
河人大常办〔2022〕73号	关于调整2023年财政预算安排的请示	2022年11月24日
河人大常办〔2022〕74号	关于延迟部分单位财政预算资金扎帐的请示	2022年11月24日

2022年县人民政府文件一览表

表22

发文字号	文件标题
河政〔2022〕4号	关于申请调剂河南县2019年增减挂钩节余指标跨省域调出任务的请示
河政〔2022〕5号	关于《2021年第二季度黄南州“问投资”相关政策实施落实情况跟踪申请反馈问题》的整改措施报告
河政〔2022〕6号	关于同意2021年河南县一二三产融合发展项目实施方案的批复
河政〔2022〕7号	关于同意大学生服务合作社组织试点项目实施方案的批复
河政〔2022〕8号	关于同意2021年新型经营主体合作社与家庭牧场发展项目实施方案的批复
河政〔2022〕9号	关于同意河南县一村一品特色产业柯生乡尖克村（苏呼欧拉羊）示范村发展特色生态牧业建设项目实施方案的批复
河政〔2022〕10号	关于同意2020年河南县防灾体系饲草料储备项目实施方案的批复
河政〔2022〕11号	关于同意河南县千只藏羊标准化养殖地畜牧业设施建设项目实施方案的批复
河政〔2022〕12号	关于报送政府隐性债务2021年工作总结及2022年工作计划的报告
河政〔2022〕13号	关于《经济责任审计报告和自然资源离任（任中）审计意见（征求意见稿）》整改进展情况的报告
河政〔2022〕14号	关于2018—2020年森林督查第一批挂牌督办违法使用林草项目县级整改销号的报告
河政〔2022〕15号	关于统一发放防灾保畜饲草的批复

续表22

发文字号	文件标题
河政〔2022〕16 号	关于调整县政府领导班子工作分工的通知
河政〔2022〕17 号	关于 G0611 张掖至汶川高速同仁至赛尔龙（青甘界）段公路（河南县境内）建设项目用地的请示
河政〔2022〕18 号	关于河南县财政金融风险防范化解工作领导小组办公室工作汇报的起草说明
河政〔2022〕19 号	关于河南县草原生态保护资助奖励政策审计反馈问题核查排查及整改落实的报告
河政〔2022〕20 号	关于呈报河南县赛尔龙乡撤乡建镇社会稳定风险评估报告的请示
河政〔2022〕21 号	关于河南县 2021 年度第四批次城镇建设用地的请示
河政〔2022〕22 号	关于同意《河南县 2022 年森林草原生态管护员聘用方案》的批复
河政〔2022〕23 号	关于印发《河南县黄河流域生态环境（全方位“体检”问题整改方案）》的通知
河政〔2022〕24 号	关于同意《河南县 2021 年第二批中央林业改革发展资金实施方案》的批复
河政〔2022〕25 号	关于《G0611 张掖至汶川高速同仁至赛尔龙（青甘界）段公路工程社会稳定风险评估报告》审定意见的批复
河政〔2022〕26 号	关于同意解决河南县移动公司新建综合楼建设用地的批复
河政〔2022〕27 号	关于同意河南县 2022 年统计整合涉农资金使用方案的批复
河政〔2022〕28 号	关于同意实施 2022 年巩固拓展脱贫攻坚成果同乡村振兴有效衔接项目资金分配计划的批复
河政〔2022〕29 号	关于赛尔龙乡撤乡设镇的请示
河政〔2022〕30 号	关于印发河南县突发事件总体应急预案及四个专项应急预案的通知
河政〔2022〕31 号	关于同意实施 2022 年柯生乡无角欧拉羊繁育推广基地建设项目实施方案的批复
河政〔2022〕32 号	关于同意实施 2022 年柯生乡次汉苏生态有机畜牧业合作社扩建建设项目实施方案的批复
河政〔2022〕33 号	关于同意 2022 年宁木特村生态畜牧业专业合作社扩建建设项目实施方案的批复
河政〔2022〕34 号	关于同意河南县 2022 年人畜饮水补短板建设项目实施方案的批复
河政〔2022〕35 号	关于同意河南县 2022 年农村牧区人饮提升保障工程实施方案的批复
河政〔2022〕36 号	关于同意实施河南县帮扶车间（工坊）补助项目实施方案的批复
河政〔2022〕37 号	关于河南县蒙和生态草原文化观光体验旅游景区项目真实性的报告
河政〔2022〕38 号	关于同意《河南县砂石资源布局整合优化方案》的批复
河政〔2022〕39 号	关于同意实施阿木乎村生态有机畜牧业股份制专业合作社建设项目实施方案的批复
河政〔2022〕40 号	关于同意产业贷款贴息的批复
河政〔2022〕41 号	关于同意河南县村级光伏扶贫电站 2021 年收益分配使用的批复
河政〔2022〕42 号	关于同意审批小额贷款个人贷款贴息的批复
河政〔2022〕43 号	关于河南县国家电子商务进农村示范县项目终期验收评估反馈问题整改的报告
河政〔2022〕44 号	关于同意河南县 2022 年农业机械购置补贴实施方案的批复
河政〔2022〕45 号	关于同意河南县易地扶贫搬迁后续产业开发建设项目实施方案的批复
河政〔2022〕46 号	关于同意河南县绿色有机牛羊肉加工仓储物流基地（一期）建设项目实施方案的批复

续表22

发文字号	文件标题
河政〔2022〕47号	关于同意河南县生态有机畜牧业专业合作社补短板建设项目实施方案的批复
河政〔2022〕48号	关于同意河南县优良畜种人工授精技术运用及推广试点项目实施方案的批复
河政〔2022〕49号	关于同意2022年河南县纳伦宫家庭示范牧场培育建设项目实施方案的批复
河政〔2022〕50号	关于同意2022年河南县农业生产救灾建设项目实施方案的批复
河政〔2022〕51号	关于同意实施2022年中央第二批财政衔接推进乡村振兴补助资金分配方案的批复
河政〔2022〕52号	关于同意河南县乡村振兴牧区饮水提质增效工程实施方案的批复
河政〔2022〕53号	关于同意泽雄村生态畜牧业专业合作社欧拉羊养殖基地建设项目实施方案的批复
河政〔2022〕54号	关于同意河南县低氟边销茶采购项目实施方案的批复
河政〔2022〕55号	关于同意河南县托叶玛乡宁赛村道路补短板建设项目实施方案的批复
河政〔2022〕56号	关于同意河南县多松乡拉让村桥梁建设项目实施方案的批复
河政〔2022〕57号	关于同意河南县优干宁镇多特村集体经济能力巩固提升项目实施方案的批复
河政〔2022〕58号	关于创建青海省全域旅游示范区的请示
河政〔2022〕59号	关于印发《河南县优干宁镇　宁木特镇城乡建设用地增减挂钩项目实施工作方案》的通知
河政〔2022〕60号	关于同意《河南县2022年第一批中央林业草原生态保护恢复项目实施方案》的批复
河政〔2022〕61号	关于同意河南县2021年度草原生态保护补助奖励政策实施方案的批复
河政〔2022〕62号	关于同意河南县“厕所革命”维修改造建设项目实施方案的批复
河政〔2022〕63号	关于同意2022年多松乡多松村“万只”欧拉羊繁育基地建设项目实施方案的批复
河政〔2022〕64号	关于同意河南县柯生乡尖克村生态有机畜牧业专业合作社产业配套基础设施建设项目实施方案的批复
河政〔2022〕65号	关于同意赛尔龙乡赛尔龙村、尕克村人饮水提升工程实施方案的批复
河政〔2022〕66号	关于稳定经济大盘需要帮扶事项的请示
河政〔2022〕67号	关于《2020年河南县退牧还草工程整改项目》实施情况的报告
河政〔2022〕68号	关于同意河南县市政基础设施维护设备采购项目实施方案的批复
河政〔2022〕69号	关于河南县2021年度第一批次城镇建设用地的请示
河政〔2022〕70号	关于河南县多松35千伏变电站建设项目用地转用手续的请示
河政〔2022〕71号	关于承诺按时完成G0611张掖至汶川高速同仁至赛尔龙（甘青界）段公路工程项目（河南县境内）土地征收和地方附着物补偿事宜的报告
河政〔2022〕72号	关于印发《河南县“十四五”残疾人保障和发展规划》的通知
河政〔2022〕73号	关于省道218线河南至鄂尔哈斯桥（青甘界）公路改扩建工程建设项目用地的请示
河政〔2022〕74号	关于同意《省道218线河南至鄂尔哈斯桥（青甘界）公路改扩建工程用地征收社会稳定性风险评估报告》的批复
河政〔2022〕75号	关于同意河南县2022年统筹整合涉农资金使用方案的批复
河政〔2022〕76号	关于上报青海省黄河干流防洪工程（河南段）审计的整改报告

续表22

发文字号	文件标题
河政〔2022〕77号	关于同意《实施2022年柯生乡毛曲村乡村振兴旅游试点补短板建设项目实施方案》的批复
河政〔2022〕78号	关于同意《多松乡35kV变电站工程建设用地征收社会稳定性评估报告》的批复
河政〔2022〕79号	关于同意河南县天然牧场有机畜产业加工销售专业合作社省级示范社建设项目实施方案的批复
河政〔2022〕80号	关于同意2022年河南县大学生服务组织扩大试点项目实施方案的批复
河政〔2022〕81号	关于同意《青海黄南州察汗110千伏输变电工程土地征收社会稳定性评估报告》《青海黄南州察汗110千伏变电站35千伏同期配出工程土地征收社会稳定性评估报告》的批复
河政〔2022〕82号	关于同意《河南县2021年第二批次城镇建设用地项目土地征收社会稳定性评估报告》的批复
河政〔2022〕83号	关于同意《河南县2021年第四批次城镇建设用地项目土地征收社会稳定性评估报告》的批复
河政〔2022〕84号	关于同意解决幸福小区4栋楼下水道塌陷维修经费的批复
河政〔2022〕85号	关于同意变更河南县腾达扶贫开发投资责任公司法人代表的批复
河政〔2022〕86号	关于同意实施2022年脱贫劳动力职业技能培训和乡村工匠培育工作的批复
河政〔2022〕87号	关于同意解决幸福小区4栋楼下水道塌陷维修经费的批复
河政〔2022〕88号	关于同意解决扶贫专线视频设备资金的批复
河政〔2022〕89号	关于G0611张掖至汶川高速同仁至赛尔龙（青甘界）段公路（河南县境内）建设项目用地的请示
河政〔2022〕90号	关于同意河南县2022年天然林管护实施方案的批复
河政〔2022〕91号	关于同意河南县2022年森林生态效益补偿资金实施方案的批复
河政〔2022〕92号	关于同意实施河南县2022年高原美丽乡村建设实施方案的批复
河政〔2022〕93号	关于呈报河南县“三区三线”划定成果的请示
河政〔2022〕94号	关于将省级生态极重要区及地质灾害高易发区划入城镇开发边界情况的报告
河政〔2022〕95号	关于申请解决乌兰牧骑艺术团演出车辆的请示
河政〔2022〕96号	关于同意2022年陆生动物保护能力提升工程河南县牧区动物防疫专用设施建设项目实施方案的批复
河政〔2022〕97号	关于同意2022年河南县牛羊调出大县奖励资金项目实施方案的批复
河政〔2022〕98号	关于上报河南县林地保有量和规划造林绿化空间成果数据的报告
河政〔2022〕99号	关于政府隐性债务2022年第一季度化解工作的报告
河政〔2022〕100号	关于政府隐性债务2022年第二季度化解工作的报告
河政〔2022〕101号	关于申请调整政府隐性债务化解任务数额的报告
河政〔2022〕103号	关于同意《河南县2022年度草原生态保护补助奖励策实施方案》的批复
河政〔2022〕104号	关于河南县2021年度第二批次城镇建设用地的请示

续表22

发文字号	文件标题
河政〔2022〕105 号	关于同意《河南县绿色有机牛羊肉加工仓储物流基地污水处理间项目建设实施方案》的批复
河政〔2022〕106 号	关于变更一般债券项目的请示
河政〔2022〕107 号	关于 2020 年河南县退牧还草工程重复建设问题进展情况的报告
河政〔2022〕108 号	关于 2020 年河南县退牧还草工程重复建设问题进展情况的报告
河政〔2022〕109 号	关于对自然资源局原局长旦正才让等相关人员的通报
河政〔2022〕110 号	关于同意调整 2022 年创业致富带头人培训项目的批复
河政〔2022〕111 号	关于同意河南县 2022 年“雨露计划”助学补助工作实施方案的批复
河政〔2022〕112 号	关于同意河南县 2022 年取水口检测计量体系建设实施方案的批复
河政〔2022〕113 号	关于同意李峰、南卡病退和罗科正常退休的批复
河政〔2022〕114 号	关于省道 218 线河南至鄂尔哈斯桥（青甘界）公路改扩建工程建设项目用地的请示
河政〔2022〕115 号	关于同意 2022 年下半年重点货运源头企业名单公示的批复
河政〔2022〕116 号	关于同意河南县 2022 年草原管护区 296 名生态管护员聘用方案的批复
河政〔2022〕117 号	关于同意实施河南县 39 各行政村建设规划的批复
河政〔2022〕118 号	关于同意妥善解决不动产登记中若干历史遗留问题方案的批复
河政〔2022〕119 号	关于变更河南县柯生乡垃圾焚烧建设项目的请示
河政〔2022〕120 号	关于调整天津市保税区及滨海新区对口支援河南县托叶玛乡宁赛村、宁木特镇苏青村基础设施建设项目资金的请示
河政〔2022〕121 号	关于申报 2022 年新增专项债券项目资金的报告
河政〔2022〕122 号	关于同意河南县 2022 年续聘 204 名建档立卡生态护林员实施方案的批复
河政〔2022〕123 号	关于印发《河南县贯彻省第十四次党代会精神“喜迎二十大、基础百日行”活动实施方案》的通知
河政〔2022〕124 号	关于同意河南县 2022 年统筹整合涉农资金使用调整方案的批复
河政〔2022〕125 号	关于印发《河南县全民健身实施计划（2021—2025 年）》的通知
河政〔2022〕126 号	关于延长黄河流域生态环境全方位“体检”问题整改时限的请示
河政〔2022〕127 号	关于 2021 年度财政决算的报告（草案）的请示
河政〔2022〕128 号	关于同赛高速公路（河南段）需协调解决问题的请示
河政〔2022〕129 号	关于同意 2022 年河南县高素质农牧民教育培训项目实施方案的批复
河政〔2022〕130 号	关于同意河南县三江源大数据平台升级改造项目实施方案的批复
河政〔2022〕131 号	关于青海黄南察汗 110 千伏变电站 30 千伏同期配出工程建设用地的请示
河政〔2022〕132 号	关于青海黄南察汗 110 千伏输变电工程建设的请示
河政〔2022〕133 号	关于县长调整分工的通知
河政〔2022〕134 号	关于同意 2022 年河南县越冬饲草料储备项目实施方案的批复
河政〔2022〕135 号	关于 2022 年黄南州河南县供水管网分区计量项目真实性说明的报告

续表22

发文字号	文件标题
河政〔2022〕136号	关于同意实施2023年度巩固统治脱贫攻坚成果同乡村振兴有效衔接项目计划的批复
河政〔2022〕137号	关于同意2022年河南县一二三产融合发展项目实施方案的批复
河政〔2022〕138号	关于同意聘用韩国雄为河南县人民医院院长的批复
河政〔2022〕139号	关于同意其美格病退和康尚波正常退休的批复
河政〔2022〕140号	关于公布河南县第四批县级非物质文化遗产项目代表性传承人名单的通知
河政〔2022〕141号	关于同意变更河南县柯生乡排洪渠建设项目、河南县赛尔龙乡排洪渠河道治理工程建设单位的批复
河政〔2022〕143号	关于同意认定河南县2022年帮扶车间（工坊）的批复
河政〔2022〕144号	关于印发河南县《政府工作报告》重点工作任务分工方案的通知
河政办〔2022〕2号	关于开展安全生产、森林草原防火及防震减灾督查检查的通知
河政办〔2022〕3号	关于做好2022年春节期间值班工作的通知
河政办〔2022〕4号	关于转发青海省人民政府办公厅关于进一步加强春节值班工作的通知
河政办〔2022〕5号	关于申请解决支援天津抗疫物资费用的请示
河政办〔2022〕6号	关于2022年春节期间政府系统值班情况的通报
河政办〔2022〕7号	关于2022年藏历新年放假安排的通知
河政办〔2022〕8号	转发黄南藏族自治州人民政府办公室关于印发《政府工作报告》的通知
河政办〔2022〕9号	关于印发《河南县卫生健康系统"三下乡"活动实施方案》的通知
河政办〔2022〕10号	关于印发《河南县县乡"属地管理事项"主体责任和配合责任清单指导目录》的通知
河政办〔2022〕11号	关于成立河南县清洁能源及电网建设协调领导小组的通知
河政办〔2022〕12号	关于调整农牧业机械购置补贴工作领导小组的通知
河政办〔2022〕13号	关于启用河南蒙古族自治县退役军人服务中心局公章及财务章的通知
河政办〔2022〕14号	关于审议《河南县人民政府工作规则》等制度的请示
河政办〔2022〕15号	关于印发2022年省州县《政府工作报告》重点工作任务分工方案的通知
河政办〔2022〕16号	关于印发《河南县公共租赁住房管理办法（试行）》《河南县干部周转房管理办法（试行）》的通知
河政办〔2022〕17号	关于办理人大代表建议和政协委员提案的通知
河政办〔2022〕18号	关于调整河南县人民医院整体搬迁项目领导小组成员的通知
河政办〔2022〕19号	关于印发《河南县计划生育协会改革方案》的通知
河政办〔2022〕20号	关于调整河南县民兵组织整顿工作领导小组的通知
河政办〔2022〕21号	关于印发《2022年河南县民兵组织整顿工作实施方案》的通知
河政办〔2022〕22号	关于印发《2022年河南县基干民兵军事训练计划》的通知
河政办〔2022〕23号	关于做好2022年度城乡居民基本养老保险征收工作的通知
河政办〔2022〕24号	关于印发《河南县2022年重大动物疫病免疫实施方案》的通知
河政办〔2022〕25号	关于持续开展"下基层，办实事"活动的通知

续表22

发文字号	文件标题
河政办〔2022〕26号	关于印发《河南县人民政府工作规则》等制度的通知
河政办〔2022〕27号	关于2022年度城乡居民基本养老保险参保扩面目标任务完成情况的督查通报
河政办〔2022〕28号	关于印发《河南县政府值班信息编报制度》的通知
河政办〔2022〕29号	关于组织2022年河南县民兵组织整顿工作检查验收的通知
河政办〔2022〕30号	关于印发《河南县农村宅基地申请审批程序》的通知
河政办〔2022〕31号	关于转发《青海省人民政府总值班室端午节期间值班工作提醒的通知》的通知
河政办〔2022〕32号	关于印发河南县城乡自建房安全隐患排查和专项整治工作方案的通知
河政办〔2022〕33号	关于印发《河南县粮食应急预案》的通知
河政办〔2022〕34号	关于印发《河南县政府系统“转作风、勇争先”作风建设行动实施方案》的通知
河政办〔2022〕35号	关于印发《河南县开展村级合作社突出问题专项整治工作方案》的通知
河政办〔2022〕36号	关于调整河南县重大疾病和地方病防治工作领导小组的通知
河政办〔2022〕37号	关于调整河南县老龄工作委员会组成成员的通知
河政办〔2022〕38号	关于成立洮河源国际湿地公园景区申报AAA级景区领导小组的通知
河政办〔2022〕39号	关于印发《河南县城镇生活污水垃圾处理设施建设运行情况生态环境保护专项督查反馈问题整改方案》的通知
河政办〔2022〕40号	关于印发《河南县全面科学素质行动计划纲要实施方案（2021—2025年）》的通知
河政办〔2022〕41号	关于印发《河南县重大气象灾害应急预案》的通知
河政办〔2022〕42号	关于印发《河南县2022年防汛抢险应急演练实施方案》的通知
河政办〔2022〕43号	关于成立河南县天然林管护及森林生态效益补充基金项目领导小组的通知
河政办〔2022〕44号	关于印发《河南县2022年地质灾害防治预案》的通知
河政办〔2022〕45号	关于配合做好住户调查大样本轮换工作的通知
河政办〔2022〕46号	关于印发《河南县全面科学素养行动计划纲要实施方案》的通知
河政办〔2022〕47号	关于调整河南县爱国卫生运动委员会组成人员的通知
河政办〔2022〕48号	关于印发《河南县公共租赁住房政治工作方案》的通知
河政办〔2022〕49号	关于印发河南县困难群众救助补助资金审计反馈问题整改工作方案的通知
河政办〔2022〕50号	关于成立困难群众救助补助资金审计发现问题专项治理工作领导小组的通知
河政办〔2022〕51号	关于印发困难群众救助补助资金审计发现问题专项治理工作联合行动方案的通知
河政办〔2022〕52号	关于在全县范围开展督察检查防汛重点工作的通知
河政办〔2022〕53号	关于调整河南县外国人服务管理协调机制名称及组成人员的通知
河政办〔2022〕54号	关于调整河南县县村级公益事业建设“一事一议”财政奖补工作领导小组的通知
河政办〔2022〕55号	关于成立河南县灾后重建工作领导小组的通知
河政办〔2022〕56号	关于印发《河南县县、乡“属地管理事项”主体责任和配合责任清单补充指导目录》的通知
河政办〔2022〕57号	关于印发《河南县电力安全管控工作机制》的通知

续表22

发文字号	文件标题
河政办〔2022〕58号	关于审议《河南蒙古自治县行政许可事项清单》的请示
河政办〔2022〕59号	关于开展2022年全县食品安全宣传周活动的通知
河政办〔2022〕60号	关于调整河南县“厕所革命”工作领导小组的通知
河政办〔2022〕61号	关于印发河南县农村问题厕所摸排“回头看”工作方案的通知
河政办〔2022〕62号	关于调整县政府领导班子工作分工的通知
河政办〔2022〕63号	关于成立河南县大气污染防治工作领导小组的通知
河政办〔2022〕64号	关于成立河南县土壤污染防治工作领导小组的通知
河政办〔2022〕65号	关于成立河南县集中式饮用水水源地环境保护政治工作领导小组的通知
河政办〔2022〕66号	关于调整河南县公务用车制度改革领导小组成员的通知
河政办〔2022〕67号	关于启用河南蒙古族自治县自然资源和林业草原局公章及财务章的通知
河政办〔2022〕68号	关于全面实行行政许可事项清管理的通知
河政办〔2022〕69号	关于启用河南县全面推行林草长制工作领导小组办公室公章的通知
河政办〔2022〕70号	关于报送河南县社会面用文工作及乡村公路沿线各类标志情况
河政办〔2022〕71号	关于提请审议2021年度财政决算的报告（草案）的请示
河政办〔2022〕72号	关于印发《河南县建立健全分层分级精准防控末端发力终端见效工作机制推动食品安全属地管理责任落地落实的实施意见》的通知
河政办〔2022〕73号	关于成立打击整治危害药品安全违法犯罪工作领导小组的通知
河政办〔2022〕74号	关于印发《2022年河南县高质量农牧民教育培训项目实施方案》的通知
河政办〔2022〕75号	关于建立河南县统一社会保险费征收模式工作协调机构的通知
河政办〔2022〕76号	关于印发《河南县加快牲畜出栏增收“七项”促销保障措施》任务分工的通知
河政办〔2022〕77号	关于成立河南县气象高质量发展工作领导小组的通知
河政办〔2022〕78号	关于印发《河南县全面推进气象高质量发展工作任务分工》的通知
河政办〔2022〕79号	关于启用河南蒙古族自治县人民政府行政复议、河南蒙古族自治县行政复议办公室公章的通知
河政办〔2022〕80号	关于报请审议《河南县政务服务监督管理局关于十四届省委第一轮巡视第五巡视组巡视反馈问题12的整改方案》的请示
河政办〔2022〕81号	《关于十四届省委第一轮巡视第五巡视组巡视反馈问题12整改落实情况》的报告
河政办〔2022〕82号	关于报请审议《河南县人民政府办公室十四届省委第一轮巡视第五巡视组巡视反馈问题29的整改方案》的请示
河政办〔2022〕83号	关于上报《十四届省委第一轮巡视第五巡视组巡视反馈问题29的整改落实情况》的报告
河政办〔2022〕86号	关于上报《十四届省委第一轮巡视第五巡视组巡视反馈问题的整改落实情况》的报告
河政办〔2022〕87号	关于报请审议《河南县人民政府办公室十四届省委第一轮巡视第五巡视组巡视反馈43例问题的整改方案》的请示
河政办〔2022〕88号	关于开展“小金库”专项治理工作自查自纠情况的报告

续表22

发文字号	文件标题
河政办〔2022〕89号	关于报请审议《河南县人民政府办公室十四届省委第一轮巡视第五巡视组巡视反馈问题18的整改方案》的请示
河政办〔2022〕90号	关于上报《十四届省委第一轮巡视第五巡视组巡视反馈问题18的整改落实情况》的报告
河政办〔2022〕91号	关于上报《青海省小水电情况整改综合治理报告（征求意见稿）》反馈意见的报告
河政办〔2022〕92号	关于印发《河南政务服务事项“应进必进”工作方案》的通知
河政办〔2022〕93号	关于上报河南县信访领域突出问题整改工作情况的报告
河政办〔2022〕94号	关于报请审议《河南县人民政府“三重一大”集体决策工作制度（审议稿）》的请示
河政办〔2022〕95号	关于印发《河南县突发事件财政应急专项保障预案》的通知
河政办〔2022〕96号	关于印发《河南县金融突发事件财政专项应急预案》的通知

2022年县政协文件一览表

表23

发文文号	文件标题	发布日期
河协〔2022〕1号	政协河南蒙古族自治县委员会关于开展2022年“两节”期间慰问政协委员活动的通知	2022年1月11日
河协〔2022〕2号	政协河南蒙古族自治县委员会关于调整提案审查委员会成员的通知	2022年3月21日
河协〔2022〕3号	政协河南蒙古族自治县委员会关于印发中国人民政治协商会议第十四届河南蒙古族自治县委员会常务委员会2022年工作要点的通知	2022年3月28日
河协〔2022〕4号	政协河南蒙古族自治县委员会关于成立河南县政协乡镇政协委员联络室建设工作领导小组的通知	2022年3月28日
河协〔2022〕5号	政协河南蒙古族自治县委员会关于南卡尖参、娄华能、牛铖利3名同志不再担任政协第十四届河南蒙古族自治县委员会委员职务的决定	2022年3月31日
河协〔2022〕6号	政协河南蒙古族自治县委员会关于郝少勇同志职务任职的通知	2022年3月31日
河协〔2022〕7号	政协河南蒙古族自治县委员会关于充分发挥政协职能优势　强化委员责任担当　助力全县疫情防控的通知	2022年4月17日
河协〔2022〕8号	政协河南蒙古族自治县委员会关于成立河南县基层政协工作规范年活动工作指导组的通知	2022年5月7日
河协〔2022〕9号	政协河南蒙古族自治县委员会关于撤销敏文宫政协第十四届河南蒙古族自治县委员会委员资格的决定	2022年8月5日
河协〔2022〕10号	政协河南蒙古族自治县委员会关于接受张生维、石成亮2名同志辞去政协第十四届河南蒙古族自治县委员会委员职务请求的决定	2022年8月5日
河协党〔2022〕1号	中共河南蒙古族自治县政协党组关于召开党史学习教育专题民主生活会的请示	2022年1月18日

续表23

发文文号	文件标题	发布日期
河协党〔2022〕2号	中共河南蒙古族自治县政协党组关于召开中国人民政治协商会议第十四届河南蒙古族自治县委员会第二次会议的请示	2022年2月14日
河协党〔2022〕3号	中共河南蒙古族自治县政协党组关于报请审议《中国人民政治协商会议第十四届河南蒙古族自治县委员会常务委员会工作报告》（审议稿）的请示	2022年2月14日
河协党〔2022〕4号	中共河南蒙古族自治县政协党组关于报请审议《中国人民政治协商会议第十四届河南蒙古族自治县委员会常务委员会关于提案工作情况的报告》（审议稿）的请示	2022年2月14日
河协党〔2022〕5号	中共河南蒙古族自治县政协党组关于成立中国人民政治协商会议第十四届河南蒙古族自治县委员会第二次会议临时党委的请示	2022年2月14日
河协党〔2022〕6号	中共河南蒙古族自治县政协党组关于学习贯彻《关于加强和改进新时代市县政协工作的意见》实施意见的通知	2022年3月29日
河协党〔2022〕7号	中共河南蒙古族自治县政协党组关于呈报《政协第十四届河南蒙古族自治县委员会第二次会议委员意见建议》的报告	2022年3月29日
河协党〔2022〕8号	中共河南蒙古族自治县政协党组关于报请审议《开展基层政协工作规范年活动方案》的请示	2022年5月24日
河协党〔2022〕9号	中共河南蒙古族自治县政协党组关于上报《河南县农村牧区传染病防控现状专题调研报告》的报告	2021.06.20日
河协党〔2022〕10号	中共河南蒙古族自治县政协党组关于上报《河南县“粮食领域安全”专题调研报告》的报告	2022年6月20日
河协党〔2022〕11号	中共河南蒙古族自治县政协党组关于印发《落实省委第五巡视组巡视期间边巡边改问题整改方案》的通知	2022年7月15日
河协党〔2022〕12号	河南蒙古族自治县政协党组关于成立省委第五巡视组反馈意见整改工作领导小组的通知	2022年7月15日
河协党〔2021〕13号	中共河南蒙古族自治县政协党组关于省委第五巡视组巡视反馈问题（第一批）整改工作情况的报告	2022年7月18日
河协党〔2022〕14号	中共河南蒙古族自治县政协党组关于上报《以人才振兴实现乡村振兴工作调研报告》的报告	2022年7月27日
河协党〔2022〕15号	中共河南蒙古族自治县政协党组关于省委第五巡视组巡视反馈问题（第二批）整改工作情况的报告	2022年8月1日
河协党〔2022〕16号	中共河南蒙古族自治县政协党组关于县政协工作开展情况的报告	2022年8月2日
河协党〔2022〕17号	中共河南蒙古族自治县政协党组关于上报《河南县文化旅游产业发展情况调研报告》的报告	2022年8月16日
河协党〔2022〕18号	中共河南蒙古族自治县政协党组印发《关于结合“深化作风建设、狠抓工作落实”专项行动深入开展谈心谈话工作的实施方案》的通知	2022年8月16日
河协党〔2022〕19号	中共河南蒙古族自治县政协党组关于上报《河南县食品安全监督管理现状调研报告》的报告	2022年9月1日

续表23

发文文号	文件标题	发布日期
河协党〔2022〕20 号	中共河南蒙古族自治县政协党组关于上报省委第五巡视组巡视反馈意见整改问题清单整改措施的报告	2022 年 10 月 20 日
河协党〔2022〕21 号	中共河南蒙古族自治县政协党组关于上报《河南县政协编纂政协文史资料（第九辑）〈黄河南蒙古亲王府护法殿简史〉实施方案》的请示	2022 年 10 月 27 日
河协党〔2022〕22 号	中共河南蒙古族自治县政协党组关于印发《河南县政协关于省委第五巡视组巡视反馈意见的整改方案》的通知	2022 年 11 月 1 日
河协党〔2022〕23 号	中共河南蒙古族自治县政协党组关于提名乡镇党委副书记兼任乡镇政协委员联络室主任职务的请示	2022 年 11 月 10 日
河协党〔2022〕24 号	中共河南蒙古族自治县政协党组关于印发《中共河南县政协党组落实全面从严治党主体责任清单》的通知	2022 年 11 月 11 日
河协党〔2022〕25 号	中共河南蒙古族自治县政协党组关于印发《中共河南县政协党组理论学习中心组学习制度》的通知	2022 年 11 月 28 日
河协党〔2022〕26 号	中共河南蒙古族自治县政协党组关于印发《中共河南县政协党组“第一议题”学习制度》的通知	2022 年 11 月 28 日
河协党〔2022〕27 号	中共河南蒙古族自治县政协党组关于印发《河南县政协学习宣传贯彻党的二十大精神工作方案》的通知	2022 年 11 月 29 日
河协党〔2022〕28 号	中共河南蒙古族自治县政协党组关于印发《中共河南蒙古族自治县政协党组“三交底”廉政谈话制度》的通知	2022 年 11 月 29 日
河协办〔2022〕1 号	河南蒙古族自治县政协办公室关于举办县政协第十四届政协委员履职能力培训班的通知	2022 年 1 月 10 日
河协办〔2022〕2 号	河南蒙古族自治县政协办公室关于推荐出席党的二十大和省第十四次党代表大会代表候选人人选的报告	2022 年 1 月 13 日
河协办〔2022〕3 号	河南蒙古族自治县政协办公室关于召开党史学习教育专题民生生活会的通知	2022 年 1 月 17 日
河协办〔2022〕4 号	河南蒙古族自治县政协办公室关于召开 2021 年度组织生活会的请示	2022 年 2 月 8 日
河协办〔2022〕5 号	河南蒙古族自治县政协办公室关于召开 2021 年度组织生活会的通知	2022 年 2 月 8 日
河协办〔2022〕6 号	河南蒙古族自治县政协办公室关于成立中国人民政治协商会议第十四届河南蒙古族自治县委员会第二次会议筹备领导小组办公室的通知	2022 年 2 月 17 日
河协办〔2022〕7 号	河南蒙古族自治县政协办公室关于召开中国人民政治协商会议第十四届河南蒙古族自治县委员会第二次会议的通知	2022 年 2 月 18 日
河协办〔2022〕8 号	河南蒙古族自治县政协办公室关于 2021 年度机构编制重要事项的报告	2022 年 3 月 10 日
河协办〔2022〕9 号	河南蒙古族自治县政协办公室关于印发县政协 2022 年度民主协商计划的通知	2022 年 3 月 28 日

续表23

发文文号	文件标题	发布日期
河协办〔2022〕10 号	河南蒙古族自治县政协办公室关于赴县政府相关部门开展“河南县农村牧区传染病防控现状”调研的通知	2022 年 4 月 20 日
河协办〔2022〕11 号	河南蒙古族自治县政协办公室关于印发 2022 年政协机关党员干部学习计划的通知	2022 年 4 月 15 日
河协办〔2022〕12 号	河南蒙古族自治县政协办公室关于成立河南县政协机关保密工作领导小组的通知	2022 年 4 月 18 日
河协办〔2022〕13 号	河南蒙古族自治县政协办公室关于成立河南县政协机关“开展深化作风建设、狠抓工作落实”专项行动工作领导小组的通知	2022 年 4 月 22 日
河协办〔2022〕14 号	河南蒙古族自治县政协办公室关于印发河南县政协机关开展“深化作风建设、狠抓工作落实”专项行动实施方案的通知	2022 年 4 月 22 日
河协办〔2022〕15 号	河南蒙古族自治县政协办公室关于上报 2021 年度优秀公务员名单的报告	2022 年 5 月 5 日
河协办〔2022〕16 号	河南蒙古族自治县政协办公室关于上报延巴社区疫情防控先进集体及优秀志愿者申报名单的报告	2022 年 5 月 17 日
河协办〔2022〕17 号	河南蒙古族自治县政协办公室关于赴相关部门开展“河南县以人才振兴实现乡村振兴工作现状”调研的预通知	2022 年 5 月 30 日
河协办〔2022〕18 号	河南蒙古族自治县政协办公室关于上报河南县政协 2022 年上半年工作总结及下半年工作计划的报告	2022 年 6 月 2 日
河协办〔2022〕19 号	河南蒙古族自治县政协办公室关于上报延巴社区疫情防控优秀志愿者名单的报告	2022 年 6 月 7 日
河协办〔2022〕20 号	河南蒙古族自治县政协办公室关于开展“河南县粮食领域安全”工作情况调研的通知	2022 年 6 月 8 日
河协办〔2022〕21 号	河南蒙古族自治县政协办公室关于开展资产专项整治行动的自查报告	2022 年 6 月 15 日
河协办〔2022〕22 号	河南蒙古族自治县政协办公室关于赴相关部门开展“以人才振兴实现乡村振兴工作现状”调研的通知	2022 年 6 月 21 日
河协办〔2022〕23 号	河南蒙古族自治县政协办公室关于赴相关部门开展“文化旅游产业发展现状”调研的通知	2022 年 6 月 21 日
河协办〔2022〕24 号	河南蒙古族自治县政协办公室关于上报县政协办公室 2022 年重点工作目标任务的报告	2022 年 7 月 1 日
河协办〔2022〕25 号	河南蒙古族自治县政协办公室关于赴相关部门开展“食品安全监督管理现状”调研的通知	2022 年 7 月 26 日
河协办〔2022〕26 号	河南蒙古族自治县政协办公室关于申请解决各乡（镇）政协委员联络室建设经费的请示	2022 年 8 月 18 日
河协办〔2022〕27 号	河南蒙古族自治县政协办公室关于县政协委员下沉基层履职工作的通知	2022 年 9 月 8 日
河协办〔2022〕28 号	河南蒙古族自治县政协办公室关于开展十四届二次全委会重点提案办理情况视察工作的通知	2022 年 9 月 8 日

续表23

发文文号	文件标题	发布日期
河协办〔2022〕29号	河南蒙古族自治县政协办公室关于召开政协第十四届河南蒙古族自治县委员会常务委员会第六次会议的预通知	2022年9月8日
河协办〔2022〕30号	河南蒙古族自治县政协办公室关于成立政协机关“八五”普法领导小组的通知	2022年9月8日
河协办〔2022〕31号	河南蒙古族自治县政协办公室关于印发《在政协机关中开展法治宣传教育的第八个五年规划（2021—2025年）》的通知	2022年9月8日
河协办〔2022〕32号	河南蒙古族自治县政协办公室关于县政协办公室党支部与多松乡夏日达哇村党支部联合开展“支部是堡垒党员做模范　我为党的二十大守平安”为主题的专题组织生活会的通知	2022年9月27日
河协办〔2022〕33号	河南蒙古族自治县政协办公室印发《关于在党外委员中开展“喜迎党的二十大”谈心谈话活动的工作方案》的通知	2022年9月27日
河协办〔2022〕34号	河南蒙古族自治县政协办公室关于上报河南县政协2022年民族团结宣传月工作总结的报告	2022年10月11日
河协办〔2022〕35号	河南蒙古族自治县政协办公室关于印发《2022年省对州法治督察反馈问题整改实施方案》的通知	2022年11月29日
河协办〔2022〕36号	河南蒙古族自治县政协办公室关于上报县政协办公室2022年目标任务考核细则的报告	2022年11月4日
河协办〔2022〕37号	河南蒙古族自治县政协办公室关于报请审议《河南县政协关于十四届省委第一轮巡视第五巡视组巡视反馈问题1的整改方案》的请示	2022年11月15日
河协办〔2022〕38号	河南蒙古族自治县政协办公室关于报请审议《河南县政协关于十四届省委第一轮巡视第五巡视组巡视反馈问题18的整改方案》的请示	2022年11月15日
河协办〔2022〕39号	河南蒙古族自治县政协办公室关于报请审议《河南县政协关于十四届省委第一轮巡视第五巡视组巡视反馈问题27的整改方案》的请示	2022年11月15日
河协办〔2022〕40号	河南蒙古族自治县政协办公室关于报请审议《河南县政协关于十四届省委第一轮巡视第五巡视组巡视反馈问题34的整改方案》的请示	2022年11月15日
河协办〔2022〕41号	河南蒙古族自治县政协办公室关于报请审议《河南县政协关于十四届省委第一轮巡视第五巡视组巡视反馈问题40的整改方案》的请示	2022年11月15日
河协办〔2022〕42号	河南蒙古族自治县政协办公室关于上报《十四届省委第一轮巡视第五巡视组巡视反馈问题1的整改落实情况》的报告	2022年11月15日
河协办〔2022〕43号	河南蒙古族自治县政协办公室关于上报《十四届省委第一轮巡视第五巡视组巡视反馈问题18的整改落实情况》的报告	2022年11月15日
河协办〔2022〕44号	河南蒙古族自治县政协办公室关于上报《十四届省委第一轮巡视第五巡视组巡视反馈问题27的整改落实情况》的报告	2022年11月15日

续表23

发文文号	文件标题	发布日期
河协办〔2022〕45 号	河南蒙古族自治县政协办公室关于上报《十四届省委第一轮巡视第五巡视组巡视反馈问题 34 的整改落实情况》的报告	2022 年 11 月 15 日
河协办〔2022〕46 号	河南蒙古族自治县政协办公室关于上报《十四届省委第一轮巡视第五巡视组巡视反馈问题 40 的整改落实情况》的报告	2022 年 11 月 15 日
河协办〔2022〕47 号	河南蒙古族自治县政协办公室关于上报《十四届省委第一轮巡视第五巡视组巡视反馈意见整改工作推进情况》的报告	2022 年 11 月 17 日
河协办〔2022〕48 号	河南蒙古族自治县政协办公室关于印发《河南县政协机关“小金库”治理工作实施方案》的通知	2022 年 11 月 23 日
河协办〔2022〕49 号	河南蒙古族自治县政协办公室关于上报河南县政协 2022 年工作总结的报告	2022 年 12 月 9 日
河协办〔2022〕50 号	河南蒙古族自治县政协办公室关于征集县政协十四届三次会议提案的通知	2022 年 12 月 26 日
河协办函〔2022〕1 号	河南蒙古族自治县政协办公室关于两节慰问专项资金转入基本账户情况说明的函	2022 年 1 月 13 日
河协办函〔2022〕2 号	河南蒙古族自治县政协办公室关于上交存量资金情况说明的函	2022 年 4 月 12 日
河协办函〔2022〕3 号	河南蒙古族自治县政协办公室关于上报财政票据管理使用情况自查自纠的函	2022 年 7 月 22 日
河协办函〔2022〕4 号	河南蒙古族自治县政协办公室关于上报公务卡使用情况自查报告的函	2022 年 7 月 27 日
河协办函〔2022〕5 号	河南蒙古族自治县政协办公室关于上报“三公”经费专项检查自查自纠报告的函	2022 年 9 月 7 日
河协办函〔2022〕6 号	河南蒙古族自治县政协办公室关于上报 2022 年部门预算绩效运行监控的函	2022 年 9 月 21 日
河协办函〔2022〕7 号	河南蒙古族自治县政协办公室关于驻县州政协委员参加培训情况说明的函	2022 年 10 月 9 日
河协办函〔2022〕8 号	河南蒙古族自治县政协办公室关于上报进一步规范财政管理专项整治行动自查自纠的函	2022 年 10 月 18 日
河协办函〔2022〕9 号	河南蒙古族自治县政协办公室关于在编干部休假情况说明的函	2022 年 11 月 9 日
河协办函〔2022〕10 号	河南蒙古族自治县政协办公室关于上报固定资产和无形资产自查报告的函	2022 年 11 月 24 日
河协办函〔2022〕11 号	河南蒙古族自治县政协办公室关于上报“小金库”治理工作自查自纠报告的函	2022 年 11 月 28 日

调研报告

构建“选育管用爱”全链条机制 着力锻造高素质专业化干部队伍

——河南县公务员队伍建设调研报告

县委书记　司吉昇

近年来，河南县认真贯彻落实中央和省委、州委关于干部培养选拔的一系列政策精神，着眼当前和长远事业发展需要，坚持以加强培育为基础，以选好用好为根本，以从严管理为保障，积极构建“选、育、用、管、爱”培养选拔工作机制，打造了一支讲政治、敢担当、有本领、肯吃苦的干部队伍，进一步优化了领导班子结构，增强了干部队伍活力。

一、干部队伍建设基本情况

全县共有公务员 456 名（县直机关 339 名，乡镇 117 名），中共党员 332 名（党外干部 124 名），占 72.81%。性别结构：女干部 166 名，占 36.4%。民族结构：少数民族干部 355 名，占 77.85%（蒙古族 182 名，占 39.91%；藏族 120 名，占 26.32%；回族 17 名，3.73%；保安族 3 名，占 0.66%；撒拉族 7 名，占 1.54%；土族 24 名，占 5.26%；白族 1 名，占 0.22%；裕固族 1 名，占 0.22%）。学历结构：研究生学历 22 名，占 4.82%；大学学历 330 名，占 72.38%；大专学历 94 名，占 20.61%；中专及以下学历 10 名，占 2.19%。年龄结构：30 岁及以下 112 名，占 24.56%；31～35 岁 115 名，占 25.22%；36～40 岁 59 人，占 12.94%；41～45 岁 75 人，占 16.45%；46～50 岁 68 人，占 14.91%；51～55 岁 21 人，占 4.61%；56 岁及以上 6 人，占 1.31%。职务职级结构：正县级领导干部 5 名（兼任一级调研员 1 名），副县级领导干部 26 名（兼任二级调研员 1 名、三级调研员 5 名），正科级领导干部 59 名（兼任四级调研员 12 名、一级主任科员 16 名），副科级领导干部 136 人（兼任四级调研员 3 名、一级主任科员 5 名、二级主任科员 29 名、三级主任科员 12 名），一级调研员 3 名，三级调研员 6 名，四级调研员 8 名，一级主任科员 18 名，二级主任科员 13 名，三级主任科员 4 名，四级主任科员 32 名。

二、主要经验做法

（一）严格标准，拓宽视野“选”。坚持把干部推荐储备作为一项基础工程来抓，按照“缺什么、选什么”“缺什么、储备什么”的思路，将政治素质好、工作能力强、有发展潜力的干部纳入后备干部队伍。突出政治素养选拔。始终将干部思想政治建设放在首位，把深入学习习近平新时代中国特色社会主义思想作为重中之重，引导干部在学深悟透中补钙培元、立根固本。全面落实政治鉴定和党风廉政“双鉴定”制度，探索实行“多考合一”的政治素质考察体系，梳理出政治素质考准考实 20 项正向指标和 20 项反向指标，通过日常了解、考察对象自评、调研谈话、核实甄别等 4 种途径，做实做细干部选拔任用政治“体检”。突出事业为上选配。坚决破除狭隘的民族意识、宗族意识，打破隐形台阶，注重在脱贫攻坚、疫情防控、社会治理等重大一线考察识别干部，大力选拔敢于负责、勇于担当、善于作为、实绩突出的干部。2019 年以来，县委常委会研究任免干部 18 批次 276 人次，提任干部 96 名。突出专业素养选用。紧盯班子结构合理搭配和整体功能提升，统筹选配各类干部，促进学历专业、经历能力与岗位需求匹配融合，公平公正推荐使用干部。在配备农牧、审计、统计、财政、生态环保、自然资源等行业部门班子成员时，注重提拔选用专业水平高、素质能力强的优秀干部充实领导班子，持续优化干部队伍知识、专业结构。

（二）健全机制，拓宽渠道"育"。坚持把干部能力建设作为一项提升工程来抓，切实做到人岗相适、能责相配。加大培育力度。认真贯彻落实《黄南州关于适应新时代要求大力培养选拔年轻干部工作的实施意见》，全面实施年轻干部"123"培养计划，大胆提拔使用优秀年轻干部，打通了年轻干部成长绿色通道。建立优秀年轻干部储备库，把优秀年轻干部放在急难险重的第一线，放在核心、重心的工作岗位，放在能力强、素质优的"一把手"班子中，跟班培养、扎实历练。2019 年以来，先后在重要工作一线提拔任用正科级年轻干部 21 名，副科级年轻干部 53 名，占提拔任用干部的 54.5%。特别是今年换届后，全县 6 个乡镇中 35 岁以下年轻干部占 61.29%，本科以上学历占 82.26%，全面优化了全县干部队伍年龄、学历结构。注重教育培训，坚持全覆盖培训和菜单式选学相结合，充分发挥县乡党校"主阵地"作用，创新"党旗红"党性教育基地、"县人民政府旧址""黄河南蒙旗历史文化博物馆"等党性教育实践基地"展学融合"教育教学模式，突出理想信念、党性修养、道德品质、能力素质、廉政建设等重点，有针对性地帮助干部弥补知识空白、经验盲区、能力弱项，在潜移默化中坚定干部理想信念，提高能力素养。突出实践锻炼。把基层乡镇作为干部锻炼培养的一线平台，采取一线培养、多岗位历练、重大事项考验、外派挂职等多种渠道，为干部提供多层次多渠道培养锻炼平台。抽调年轻干部参与重大活动、大型会议筹备工作，通过"大手拉小手"，老同志"保姆式"传、帮、带，帮助年轻干部增长才干。紧紧围绕乡村振兴工作大局，择优选派 44 名年轻干部到全县 18 个村挂职担任村党组织第一书记和工作队员，建立完善县乡村社干部四级联户制度，让年轻干部深入群众中开展政策宣讲、普法教育、指导生产，全面了解基层群众生产生活和思想动态，在实践中锤炼品质、改进作风、蹲苗壮骨，厚植为民情怀。

（三）重点培养，不拘一格"用"。坚持"识人看大节，用人看主流、看发展"，好中选优，优中选强，强化选用措施，加大选用力度，对素质好、潜力大、工作实绩突出的优秀干部及时选拔到领导岗位进行培养锻炼，保持了干部队伍的生机活力。坚持客观全面识人。把干部选拔使用作为一项系统工程来抓，树立用当其时、人尽其才、用人不疑的观念，大力培养使用优秀干部，把选人用人的眼光拓宽到各个阶层、各个战线、各个领域、各个组织，善于发现、敢于选拔各领域群众公认、踏实工作、实绩突出的优秀人才，实现任职时间、岗位和人员的最佳结合。坚持事业为上择人。按照好干部"五条标准"要求，破除论资排辈、求全责备，唯学历、唯职称、唯资历、唯身份等观念的束缚，注重真才实学，紧扣服务发展、基层经历，注重从重大任务、日常工作和群众口碑中考察了解干部，努力把一贯表现优秀、工作作风扎实的优秀年轻干部纳入组织视野，尽心"扶上马"、尽力"送一程"。全面依法畅通事业单位干部进入公务员队伍渠道，通过乡镇换届选举，8 名事业单位优秀干部充实到了乡镇党政领导班子中。深化轮岗交流用人。在干部选拔任用过程中，兼顾不同部门、不同领域对班子结构建设、优秀年轻干部培养、正向激励等方面需要，统筹推动干部轮岗交流，从基层一线选拔干部到党政机关任职，从机关选派优秀干部充实到基层单位领导班子，施行结构性交流、推行培养性交流、开展适岗性交流，优化班子结构，保证干部成长有途径、干事有平台、发展有空间。2019 年以来，县级干部交流任职 48 人（次），科级干部县乡交流任职 73 人（次）。

（四）从严要求，跟踪服务"管"。以"好干部是选出来的，更是管出来的"思路，坚持把管理作为干部健康成长的重点来抓，突出严格要求、严格管理、严格监督，为干部健康成长创造良好环境。加强党性锤炼。牢固树立“从严监督干部就是真诚关爱干部”的理念，严肃政治纪律和政治规矩，严格落实中央八项规定及其实施细则和干部考核奖惩、请销假、个人重大事项报告、诫勉谈话等制度，紧盯“关键少数”，给全县55名领导干部列出问题清单，发放“廉洁勤政温馨提示”，教育引导各级干部讲政治、懂规矩、守纪律、重实干、转作风。建立帮带机制。明确部门、单位主要领导与年轻干部“1+1”结对帮带任务，强化日常跟踪了解，围绕日常管理、年度考核、后备干部考察等工作，采取“听、看、访、查、析”相结合的方法，及时掌握年轻干部的工作表现，适时采取针对性、差异化的培养措施，有效提升了干部的工作动力。明确激励导向。发挥好考核“指挥棒”作用，细化考核内容和指标体系，坚持考用结合，将考核结果与选拔任用、培养教育、管理监督、激励约束、问责追责等结合起来，鼓励先进、鞭策落后，推动能上能下，严厉治庸治懒，为选人用人打下良好基础。用足用活职务与职级并行制度，优先解决在基层重要岗位的干部，最大限度地调动干部积极性。深入贯彻落实《黄南州进一步激励广大干部新时代新担当新作为的25条措施》，树立凭实绩用干部的正确用人导向。

（五）人文关怀，无微不至“爱”。深入开展组织部部长与干部人才“双向约谈”活动，将年轻干部作为重点约谈对象，开展经常性谈心谈话，定期进行思想政治状况分析，帮助解决思想、工作和生活方面的困难和问题，形成了有利于年轻干部健康成长的良好环境。身心上关怀，关心关爱有温度。全面推行干部健康保健网格化管理，建立干部体检档案制度、重大疾病情况报告制度和救助制度，健全完善体检结果研判、运用及报告机制，进一步推动干部医疗保健规范化、制度化、科学化、常态化。为各乡镇配备救护车，修缮村医务室，严格落实干部带薪年休假、探亲假、AB岗等制度，解决了干部子女上学和老人就医问题，帮助干部解决后顾之忧，让干部切身感受到组织的关怀和温暖。工作上支持，容错纠错促担当。积极推动容错纠错机制落地见效，大力倡导“允许试错、宽容失败、鼓励担当”理念，用机制让实干者轻装上阵、心无旁骛谋发展。厘清“免责清单”，注重问题源头疏导，坚持“八看”准确甄别，以“三个区分开来”为遵循，从问题性质、工作依据、主观动机、决策过程、履职取向、情节后果、纠错表现、群众态度等8个环节看问题，自下而上梳理出10种情形、5个方面“免责清单”，从心理上和机制上为干部干事创业松开手脚。生活上关心，重视爱护留得住。持续巩固“抓乡促村”成果，全面解决干部职工最关心、最直观、最现实的利益问题，干部周转房、职工食堂先后投入使用，购置车辆解决干部出行难题，让干部住得“舒心”，吃得“放心”，干得“开心”，稳住了干部队伍，激发了基层干部干事创业的激情，做到了用“情”用“策”留住干部。

三、存在的问题和原因

近年来，我县在优化领导班子结构增强整体功能方面得到不断加强，行政执行力明显提高，但是与新形势、新任务的要求相比，还有一定的差距，主要是：

（一）领导干部综合能力有待进一步提升。科级干部主要是开拓进取意识不强，缺乏加快发展的紧迫感和危机感，发展经济的办法不多，不善于从全局和战略高度思考和谋划工作；缺乏统揽和驾驭全局、分析和处理复杂问题的应变能力。乡镇干部主要是思想比较封闭，竞争意识、开拓意识不强，经济工作能力较差，服务本领缺乏，帮助和领导农牧民致富本领不高，处理突发事件和群众问题时，对党和国家的政策理解不够深入、把握不准。机关中层干部中主要是长期在一个岗位任职，难以流动，任职经历单一，视野和思维比较狭窄，墨守成规的多、开拓创新的少，工作积极性不高，责任感不强。

（二）干部队伍年龄结构有待进一步优化。近年来通过大力选拔优秀年轻干部和换届工作干部队伍结构有了明显优化，但干部队伍建设困难依然突出，30周岁及以下干部仅占干部总数的12.3%，年轻干部少，有些机关单位出现30岁以下干部断档现象。主要是近些年来，因编制有限，除招录选调生和部分单位招录公务员外，没有新进人员，干部队伍补充新鲜血液不足，干部队伍出现断档现象。

（三）干部教育培训工作有待于进一步加强。由于地方财力拮据，干部培训经费紧缺，干部教育培训投入不足，与大规模培训干部的要求不相适应。干部教育培训主要以县党校为主阵地，县党校师资力量匮乏，培训层次低，难以满足建设高素质干部队伍需要，干部培训效果不够明显。

（四）干部队伍作风有待于进一步改进。机关干部中忽视理论学习的倾向一定程度存在，靠老经验决策办事。有的干部深入务实不足，解决问题只停留在表面，不做深入的调查研究，工作不求上进求安稳，抓工作不求实际效果，只凭主观想象，缺少了解实情，难以解决实际问题；有些干部缺少忧患意识、危机意识，组织纪律观念淡薄，不严格遵守机关制度，工作散漫，作风漂浮，影响了机关干部的整体形象。

四、下一步工作思考

干部队伍建设事关党的事业薪火相传，事关国家长治久安。我们将按照“信念坚定、为民服务、勤政务实、敢于担当、清正廉洁”的好干部标准要求，一如既往加强对干部工作的指导和谋划。持续加强理论武装，努力培养一批讲政治顾大局的好干部。坚持把学习贯彻习近平新时代中国特色社会主义思想作为重大政治任务，切实加强政治忠诚教育，严明党的政治纪律和政治规矩，引导干部增强“四个意识”、坚定“四个自信”、做到“两个维护”。深入实施《2018—2022 年青海省干部教育培训规划》，持续完善“五位一体”的培训模式，提高干部教育培训的质量。持续深化干部人事制度改革，努力培养一批敢担当善治理的好干部。坚持新时期好干部标准，强化思想淬炼、政治历练、实践锻炼，继续实施优秀年轻干部“123”培养计划、“育苗工程”，制定出台具体政策和措施，加大干部交流力度，教育引导干部到乡村振兴等严峻复杂的一线、急难险重的任务中磨砺，坚定斗争意识，增强斗争本领，努力形成各民族、各年龄段干部团结共事、优势互补的工作格局。持续紧抓监督管理，努力培养一批素质好潜力大的好干部。健全经常性提醒教育和谈心谈话、个人重大事项报告、诫勉函询等日常管理监督机制，坚持用制度管人。把从严管理干部作为督查工作的重要内容，对党政正职、执法执纪、管人管钱管物等关键岗位的干部重点配备、重点教育、重点管理、重点考核、重点监督。持续加强作风建设，努力培养一批守纪律作风正的好干部。进一步深化机关作风和行政效能建设，弘扬真抓实干、务求实效的作风，全面推行绩效考评工作机制，科学设定绩效考评指标体系，做到任务明确、目标清晰、权责明晰。健全和完善联系群众、服务基层的工作机制，扎实开展干部下基层行动，推动机关干部深入基层联系服务群众，建立对基层群众的深厚感情。

提升全县干部执行力 推动河南高质量发展

——关于提升全县干部执行力的调研报告

县委书记 车向贤

为政之要，贵在落实；落实之要，重在执行。全县广大党员干部的执行力关系到学习宣传贯彻党的二十大精神的实际成效，关系到全县经济社会发展的实际成效，关系到全县各族群众的获得感、幸福感和安全感，必须尽快提升广大党员干部执行力，解决干部队伍中存在的动力不足“不想为”、能力不足“不会为”、担当不足“不敢为”等突出问题，以更加高效的执行力推动党的二十大精神在河南落地见效、推动河南经济社会高质量发展。

一、提升干部执行力的目的及意义

执行力是一种工作态度和精神状态，是一种思想作风和工作作风，也是政治能力和政治觉悟的具体体现。提升干部执行力，是当前全县干部队伍建设最紧迫的任务，更是河南长远发展的迫切需要，是一项极其重要的基础工作。

（一）提升干部执行力是推动党的二十大精神在河南县落地见效的现实需要。党的二十大，是在全党全国各族人民迈上全面建设社会主义现代化国家新征程、向第二个百年奋斗目标进军的关键时刻召开的一次十分重要的大会。大会回顾总结了过去5年的工作和新时代10年的伟大变革，阐述了开辟马克思主义中国化时代化新境界、中国式现代化的中国特色和本质要求等重大问题，对全面建设社会主义现代化国家、全面推进中华民族伟大复兴进行了战略谋划，对统筹推进“五位一体”总体布局、协调推进“四个全面”战略布局作出了全面部署。习近平总书记在参加广西代表团讨论审议、二十届中央政治局第一次集体学习、在延安和安阳考察时，就贯彻落实党的二十大精神提出了“五个牢牢把握”“三个全面”等重大要求。当前，正是学习宣传贯彻党的二十大精神的黄金期。提升干部执行力，就是为了进一步把学习宣传贯彻党的二十大精神这件大事抓紧、抓实、抓好、抓出成效，就是为了进一步把全县广大党员和干部的思想和行动统一到党的二十大精神上来，就是为了尽快把党的二十大擘画的新时代中国特色社会主义的宏伟蓝图变为现实，就是为了加快将党的二十大作出的重大战略、重大部署、重大举措在河南县落到实处、见到实效。

（二）干部执行力是推动河南县经济社会高质量发展的必然选择。随着疫情防控平稳转段，全县经济社会发展既迎来新的机遇，也面临更多的困难挑战，恢复发展的任务十分艰巨，巩固拓展脱贫攻坚成果同乡村振兴有效衔接的任务是十分艰巨，城乡建设、民生保障、产业发展、保畅保通等各方面工作任务十分艰巨，加快推动河南经济社会高质量发展的任务十分艰巨。这些艰巨的任务，迫切需要加快提升干部执行力，需要凭借高效的执行力，真正把各项工作放在心上、抓在手上、落到实处，需要思想一致、目标一致、行动一致，需要以非常之举、下非常之功、尽非常之责，需要以等不起、慢不得、坐不住的紧迫感，争分夺秒、大干快上，需要知难而进、迎难而上，拿出真招实招硬招，一条一条加以破解；没有高超的执行力，就不可能战胜种种困难，人民群众对美好生活的向往就会落空，河南高质量发展的目标就不可能实现。

（三）提升干部执行力是打造高素质专业化干部队伍的必经之路。面对新时代、新形势、新任务需要，对照习近平总书记提出的新时代好干部标准，全县干部队伍中仍存在执行标准不高、力度不大、办法不多、能力不强、合力不足等方面的问题。提升干部执行力，就是要解决制约干部队伍建设的瓶颈问题，补齐影响干部队伍整体素质的薄弱环节，就是要锻造一支执行有力、善于落实的高素质专业化干部队伍，就是要为各项事业高质量发展提供坚强的思想保证、能力保证、组织保证、纪律保证和可靠的干部人才队伍保障，就是要通过提升干部执行力，破除慵、懒、散、慢、推、拖等一切不良习气，根治一切制约工作效能、影响落实效果的顽瘴痼疾，扭转工作进度滞后、工作效率低下的不良局面，解决形式主义、官僚主义、享乐主义等突出作风问题，重塑河南干部敢担当、善作为、能吃苦、肯奉献的良好形象。

二、提升干部执行力面临的短板和问题

经过一段时间的调研、谈话等情况来看，全县各级领导班子和干部在贯彻执行中央和省委、州委的路线、方针、政策以及落实县委县政府的各项工作部署上，态度是坚决的，工作是积极的、成绩是有目共睹的，绝大多数干部都能廉洁从政、勤奋工作、尽职尽责，展现出人民公仆清廉务实的政治本色、展现出高海拔地区干部吃苦耐劳的鲜明底色。但面对新形势、新环境、新任务，对照习近平总书记提出的新时代好干部标准，全县干部的整体作风还存在许多不相适应和不相符合的问题。

（一）执行标准不高。有的同志安于现状、得过且过，干工作畏难怕苦，拈轻怕重，遇到问题绕着走。有的同志理解不了上级要求和党委决策意图，强调各种困难、臆造多种危险，在执行决策的过程中推诿扯皮，遇到困难和问题不请示、不汇报，对会议决策的事项、领导批示交办的工作满口应承，背地里却一拖再拖，或只受理、不办理，当面说“好”背后“放鸽子”，受到追问后又找理由、摆困难、讲原因、推责任。有的同志一句“我不会”对领导交办的任务一推了之，等到了有表彰奖励、提拔晋级的机会时又哭天

抹泪，怨同事、怨领导、怨组织。

（二）执行力度不大。有些同志不愿下苦功夫真抓实干，对县委、县政府的决策部署，只作一般性传达，简单应付，不能一以贯之、坚决贯彻，存在“上热、下冷、中梗阻”等现象。有的同志爱好“要权威”，不以解决问题为出发点，左也不行右也不行，本来可以简单解决的问题，非要“等一等”“看一看”“请示请示”，导致问题长时间解决不了，影响了县委、县政府各项决策的贯彻落实和工作有效推进。

（三）执行办法不多。有的领导干部“穿新鞋走老路”，习惯于用“老套路”处理问题，用简单的行政手段解决矛盾，靠文件落实文件、以会议落实会议，对新情况、新问题缺乏深入研究，毫无生气。还有的同志对上级政策的理解和把握不清楚，不学习、不看文件，一问三不知，使工作无法正常开展或浪费时间、浪费资源，做了很多无用功。

（四）执行能力不强。有的同志缺乏驾驭全局和处理复杂问题的能力，执行起来力不从心，或者虽然执行了，但重点不突出、眉毛胡子一把抓。干工作浮于表面，不敢碰硬，想问题办事情带有惯性思维，不愿意深入实际工作中去，畏难情绪严重，显得能力不足。遇到棘手问题、困难问题束手无策，不调研、不思考、不集思广益，不积极地去出主意想办法解决，而是推给领导推给上级，最后事情办成了办好了是他的功劳，事情办砸了办坏了是领导说的——与我没关系。

（五）执行合力不足。就是部门联动、相互支持不够，在工作推进过程中，存在各自为政、相互推诿扯皮、相互猜忌刁难等问题。执行组织决定、领导指示以部门利益为出发点，凡事把部门利益放在第一位，对县委县政府部署的工作，有利的就争，麻烦的就推，合口味就办，不合口味就拖，借口满天飞，表面上答应得很好，就是看不到实际行动等。

三、提升干部执行力的对策及建议

提升执行力是干部队伍建设的迫切需要，是推动河南经济社会高质量发展的现实需要，也是一项长期的、艰巨的任务，必须要找准切入点，抓住着力点，把握关键点，注重从以下八个方面抓起。

（一）以有效的学习提升执行力。良好的执行力必然来自学习。必须要坚持把学习当成一种生活态度、一种工作责任、一种精神追求，重视学习、善于学习、终身学习，通过有效的学习丰富自身知识储备，增强干事创业本领，提升工作执行能力。一要加大学习强度。健全完善督学考学述学制度，常态化落实好“第一议题”制度，县委理论学习中心组要带头示范学，各党委（党组）要及时跟进学，各级党组织要积极主动学，党员领导干部要争当学习的表率，发挥好领学带学促学的作用，带头营造良好的学习氛围。二要改进学习方法。讲究学习方式方法，既要学政治理论，也要学业务知识，既要向书本学，也要向实践学，既要向领导同事学，也要向人民群众学，既要学好的典型经验，也要学失败教训，用好用活“学习强国”“法宣在线”“青海干部网络学院”“黄南党建先锋”等线上学习平台作用，让学习习惯成自然。三要提高学习效果。坚持在干中学、学中干，注重通过学习推动工作，通过工作强化学习，以学促思、以学促干、以学促进，把学习成效体现到解决实际问题的能力上来、体现到推动工作落实的实效上来。坚决摒弃学习中的形式主义作风，杜绝一切学而不思、学而不深、学而不用的无效学习，坚决防止不思进取不愿学、忙于应付不勤学、浅尝辄止不善学。

（二）以务实的作风提升执行力。务实的作风是良好执行力的最好体现。必须要大力弘扬求真务实、真抓实干的工作作风，牢固树立以钉钉子精神抓落实的工作理念，把抓落实作为开展工作的主要方式。一要树立“马上就办”的效率意识。牢固树立“今天再晚也是早、明天再早也是晚”的效率意识，坚决杜绝慵、懒、散、推、拖等不良倾向，对工作闻风而动、雷厉风行，不拖延、不耽搁、不懈怠，工作一部署就推动、一布置就落实、一完成就反馈；对推动每一项工作任务都能早则早、能快则快，讲求工作时效，提高办事效率。二要提倡精益求精的工匠精神。树立“干一行、爱一行、钻一行、精一行”的工匠作风，坚持用最高的标准、最严的要求对待每一项工作，对工作中的每个环节、每个程序都细之又细、慎之又慎，对每一项工作都追求极致、追求完美、追求更好，坚决杜绝“差不多”“过得去”的思想意识，以绣花的功夫把工作做扎实、做到位。三要营造真抓实干的浓厚氛围。党员领导干部要做求真务实的倡导者、实践者和推动者，坚持一切从实际出发、一切用事实说话、一切让实绩检验，拿出真抓的实劲、敢抓的狠劲、善抓的巧劲、常抓的韧劲，坚决反对表太多调门高、行动少落实差的行为，坚决摒弃在领导面前做样子，在群众面前摆架子，在工作岗位上混日子的不良风气。

（三）以健全的机制提升执行力。健全完善的制度机制是提升执行力的重要保障。必须要用务实管用的制度机制解决好干部的燃眉之急和后顾之忧，促进干部放开手脚、轻装上阵、干事创业。一要完善激励担当作为的制度机制。坚持严管与厚爱结合，激励与约束并重，树立凭实绩、重实干的鲜明用人导向，严格落实干部休假修养、公务员职务与职级并行等关心关爱措施，充分调动广大干部干事创业的积极性、主动性。要建立年轻干部培养锻炼制度，激励年轻干部主动到乡村振兴、项目建设等岗位实践锻炼，促进年轻干部快速成长、脱颖而出。二要完善干部能上能下的制度机制。健全治庸治懒长效机制，进一步疏通“能下”的渠道、完善“能下”的依据、规范“能下”的程序，对推诿扯皮、敷衍塞责、得过且过、佛系躺平的干部该免职的免职，该降职的降职，该调整的调整，做到有责必问、有错必纠、失职必查、渎职必究，推动优者上、庸者下、劣者汰成为常态，绝不让“躺平式”的干部“躺赢”。三要完善干部容错纠错的制度机制。严格按照“三个区分开来”的原则，建立权责明确、执行有力、奖罚分明的长效机制，宽容干部在改革创新中的失误和错误，旗帜鲜明为敢于担当、踏实做事、不谋私利的干部撑腰鼓劲，积极营造崇尚实干、大胆创新、竞相发力的良好氛围，切实解决干与不干、干多干少、干好干坏一个样的问题，推动广大干部想干事、敢干事、干成事。

（四）以高效的管理提升执行力。高效的执行力是培养出来的，也是管出来的。必须要把从严从紧的管理贯穿到管思想、管工作、管纪律、管作风的各个环节，在“用”中“管”、在“管”中“用”，在“管”和“用”的交相用功中不断提高干部执行力。一要管好干部。进一步完善干部出勤、到岗、值班、出差、外出请假等制度，把党员干部抓在日常，严在经常。建立完善八小时外管理制度、节假日活动报告制度、外出报备等制度，做到干部管理制度全覆盖、无真空，全方位扎紧制度“笼子”，防止出现干部管理失之于宽、失之于软的现象。二要带好干部。我们经常说，“其身正，不令而行，其身不正，虽令不从”。领导带头就是最好的导向，各部门单位主要负责同志和领导班子成员要率先垂范、以身作则、言传身教，要求干部做到的，自己要首先做到，要求干部不做的，自己要首先不做，要注重通过自身行动去带动干部、引领干部。三要用好干部。“管”就是“用”、“用”就是“管”。各部门单位要真正把干部用起来，特别是把单位内部极少数的“二传手”“老前辈”“隐形人”“大头兵”等“闲人”用起来，也要把临聘、志愿者等工作力量也要用起来，绝不能让干部荒废，更不能让工作“撂荒”。

（五）以敬业的精神提升执行力。敬业精神是支撑执行力的“筋骨”，敬业精神的强弱，决定了执行力的高低。必须要忠于党和国家事业，忠于人民，也要忠于职守、爱岗敬业，把工作当成终生的事业来干，才能有所作为。一要树立责任意识。不论从事的是何种工作，不论身处哪个岗位，都必须抱有“时时放心不下”的责任意识，都必须全身心地热爱、全身心地投入，对本职工作保持高度负责、尽心竭力的精神，特别是作为党员领导干部，不能把自己的工作和手中的权力，当作一门谋生的职业，要始终保持对公权力的敬畏之心。二要端正工作态度。要有坐不住、慢不得、等不起的紧迫感，时刻保持如临深渊、如履薄冰的紧张感，在工作上少一份计较，多一份奉献，少一份抱怨，多一份担当，坚决杜绝磨洋工、混日子的不良作风，坚决惩治在其位不谋其政、在其职不尽其责的失职渎职行为，坚决纠正出工不出力、出力不出活，在岗不在状态等歪风邪气。三要树牢宗旨意识。公仆意识、群众意识，保持谦虚谨慎、戒骄戒躁的态度，发扬党的艰苦奋斗、克己奉公、甘于奉献的革命精神，把人民群众高兴不高兴、答应不答应、拥护不拥护作为衡量一切工作的标准，真诚了解群众的愿望和所需所盼，设身处地地关心群众的生产生活，做到急群众之所急，想群众之所想，千方百计地把为人民造福的事情办好办实。

（六）以团结的氛围提升执行力。团结才有凝聚力、才能出战斗力，团结才能出政绩、才能出人才。必须要把团结作为一种本事来锤炼、作为一种品德来培养、作为一项纪律来要求。一要发扬民主作风。坚持把贯彻执行民主集中制原则贯穿于领导决策的始终，议事讲民主、决策讲程序、执行讲纪律，严格落实末位表态制度，鼓励班子成员讲真话、讲实话、讲心里话，在班子内部形成各抒己见、畅所欲言的良好氛围。坚决杜绝“一言堂”“家长制”、搞无原则纷争等突出问题，坚决不允许当面不说、背后乱说，会上不说、会后乱说，共同维护坚持党性原则基础上的团结。二要加强沟通交流。班子成员之间要在共识中求团结，在信任中求融洽，有事多商量、遇事多沟通，相互包容、相互尊重、相互欣赏、相互支持，优点相互学习、经验相互借鉴、问题相互提醒，意见相互沟通，切实做到思想上合心、工作上合力、行动上合拍，形成“进一家门、成一家人、说一家话、干一家事”的生动局面。三要树立补位意识。坚持多干事、少议论，多参与、少推托，多合作、少内耗，班子成员要带头做到不利于团结的话坚决不说，不利于团结的事坚决不做，大事讲原则、小事讲风格，在摆正自己在班子中的位置、坚持按党性原则办事的同时，及时补位、填补空白，努力创建团结干事、和谐共事、按章办事的领导班子。

（七）以有力的监督提升执行力。监督是保障执行的有力举措。必须要多渠道强化对干部的日常监督，让干部习惯于在法纪约束下用权、在制度笼子里办事，在规矩界限内作为。一要细化监督内容。在全面加强对贯彻落实中央八项规定及其实施细则精神和作风问题监督检查的基础上，把工作圈和社交圈管理衔接起来，把八小时之外和八小时之内的管理贯通起来，注重加强对具体工作任务落实情况的监督检查，推动干部日常监督管理严在经常、严出习惯、严成常态，让干部感受到监督、习惯被监督。二要深化监督实效。综合运用开展谈心谈话、警示教育等方法，及时了解干部思想动态和工作状态，进一步提高广大干部的法纪观念、自律意识，教育引导年轻干部稳得住心神、管得住手脚、守得住底线、经得住考验，护航年轻干部健康成长。三要实化监督措施。紧盯风险较大的重点领域、重要岗位、关键环节和重点人员，纪律监督、监察监督、派驻监督和巡察监督要一体发力，扎牢织密干部监督网络，及时阻止和弥补干部监督缺陷和漏洞，使监督更加聚焦、更加精准、更加有力。

（八）以创新的思维提升执行力。创新是提升执行力的动力源泉。必须要勇于打破传统观念的束缚，破除习惯性思维，在抓常规中有创新，用创新思维抓常规，让创新成为推动工作的主动力，把创新转变成提高工作执行力的有力抓手。一要有敢于创新的精神。面对新形势、新任务的要求，不能一味墨守成规，必须充分发挥主观能动性，必须在旧有的基础上不断推陈出新，坚决摒弃不合时宜的旧思想、旧观念，敢于突破思维定式、经验束缚和路径依赖，善于创新观念、思路、方法，在遇到困难问题的时候，与时俱进的要求不断转变思想观念，积极主动地寻找解决问题的办法，在困境中找到出路，在困难中找到方法。二要有善于创新的方法。领导干部要进一步解放思想、大胆创新、敢于突破、敢于创新，善于把党中央大政方针和省州部署要求与河南具体实际创造性地结合起来，找准与本职工作的最佳切入点，努力在结合中找思路、出实招，摸索新办法、探索新路子、提出新办法，总结新经验，创造性地解决当前急需解决的问题，创造性地落实党中央和省委、州委决策部署。

关于水产业发展情况的调研报告

县人大常委会党组书记、主任　索南才让

一、基本情况

河南县土地总面积 6700.32 平方千米，占黄南州总面积的 37.17%。河南县地处三江源区，是青海省生态保护最好的草原，堪称“亚洲第一，青海最美”。境内草原辽阔，水草丰美，天池、湖泊、瀑布众多，是天然有机畜产品的发祥地。河曲草原属典型的高寒草甸型草场，地处被联合国教科文组织誉为“四大无公害超净区之一”的青藏高原东南部地带，古有“香汤沐浴地”之美誉，优良草场连片分布。河南县是三江源国家级自然保护区主要组成部分，境内河流纵横，流泉星罗，大小流经河流共 49 条，主要河流 14 条，黄河一级支流 5 条，黄河二级支流河 5 条，这些河流水质好，分布广，流程长，流域大，水文地质稳定，落差大，水力蕴藏量十分丰富，年均径流总量 13.87 亿立方米，水资源理论蕴藏量为 129.64 千瓦。河南县流域面积 100 平方千米的河流有 22 条，23 段，河段总长 1100.58 千米。河南县黄河客水 13150.51 亿立方米，泽曲河入境水 310.38 亿立方米。河南县地表水资源总量为 1424.61 亿立方米，地下水资源全部为地表水资源的重复量，故全县水资源总量为 1424.61 亿立方米，人均水资源量为 446.43 万立方米。境内有 11 个泉点，离县城距离均在 20~50 千米以内；多年平均总流量 44.60 立方米每秒，年总径流量 13.87 亿立方米。地下补给水总量 592.43 亿立方米，可开采利用量 213.52 万立方米，目前开采利用率仅为 2.89%，绝大部分切割出露后成为河溪径流，地下水开采潜力较大。

二、我县水产业发展定位

县委十五次党代会上明确将“水产业、生态畜牧业、文化旅游业、蒙藏医药业、现代服务业”作为推动我县社会经济发展的五大支柱产业，重点把水产业作为强县富县的优势产业来打造。依托黄河流域生态保护和高质量发展，千方百计做好“水”的文章，推动形成黄河上游第一湾水生态经济新业态。突出规划布局、强化市场推介、加强配套建设，持续推进“瀞度”生态水产业园发展壮大，加快构建现代仓储物流、产品质量检测、研发设计、知识产权、水文化展示为一体的水产业服务体系，把生态水产业打造成集研发、生产、销售、物流、服务于一体的综合性饮用水产业集群。

鉴于县委十五次党代会对水产业发展定位和要求，结合我县水产业发展现状和实际，水产业主要包括三大方面：一是水电资源开发利用。主要是黄河一级支流水电站开发建设，以及对现有水电站扩容改建；二是涉水旅游业。主要是黄河大峡谷湿地公园相关旅游产业打造开发，以及相关涉水旅游业景点的开发建设；三是水产品加工业。主要是矿泉水及衍生产品研发利用，结合蒙藏医药业研发高端药浴、制剂、保健饮品等。

三、我县水产业发展优势

一是区位资源优势。河南县位于青海省东南部、青甘川三省交界处，东与甘肃省甘南藏族自治州夏河县、碌曲县为邻，西与果洛藏族自治州玛沁县和海南藏族自治州同德县相望，南与甘肃省甘南藏族自治州玛曲县接壤，北与泽库县毗连，素有青海“南大门”之称，具有西倚西藏、东襟甘陇、北通宁海、南望川康的区位优势，距离州府同仁市 133 千米、省会西宁市 304 千米、甘肃兰州市 405 千米、四川成都市 832 千米，4 条国道穿境而过，规划中离河南县方圆 100 千米内有 2 处高铁站，250 千米内有 4 座机场，拥有方便、快捷、发达的交通网络，是青海通往其他省市的“旱码头”“桥头堡”。二是草畜资源优势。河南县县域内天然草原面积为 6451. 81 平方千米，可利用草场 5978. 29 平方千米，占天然草原总面积的 92. 67%。草场类型分为高寒草甸类草场、山地草甸类草场、灌林草甸类草场、草甸类草场、疏林草甸类草场五大草场为主，河南县以山地草甸类草场和灌林草甸类草场为主。经 2020 年 8 月生态监测：河南县 2020 年天然草原可食鲜草达到 541. 09 千克/亩，植被平均盖度达到 92. 63%。河南县草原植被丰茂、草质优良，是全国面积最大的有机畜牧业生产基地，连续 12 年获得国家有机畜牧业基地、生产、贸易认证，拥有优质的草地资源。河南县独有的河曲马为全国三大名马之一，苏呼欧拉羊、雪朵牦牛被列入国家级畜禽遗传资源保护名录库，三大畜种均为国家级农产品地理标志，拥有“你无我有、你有我优”的畜种资源优势。三是水利资源优势。河南县境内地表水和地下水资源较为丰富。黄河在我县境内流程 91 千米，多年平均流量 417 立方米每秒，多年平均径流量 13150. 51 亿立方米，径流深 200~250 厘米，全县包括黄河干流的水能蕴藏量为 12963. 60 万千瓦，其中黄河河段理论蕴藏量 11282. 18 万千瓦，可开发装机容量 83 万千瓦。泽曲河境内流程 143. 52 千米，境内河段落差 253 米，平均坡降 1. 70%，年径流总量 7. 1 亿立方米，水能理论蕴藏量 9. 3 千瓦，可建成梯级电站 6 处，总装机容量约 700 千瓦，年发电量 200 万千瓦时。洮河河南县境内分为两段，中间段出境。境内流域面积 1561. 40 平方千米，境内总流长 83. 5 千米，境内落差 400 米，平均坡降 4. 79%，平均径流总量 40533. 20 立方米，水能理论蕴藏量为 3. 44 万千瓦时。四是旅游资源优势。河南县是全省蒙藏民族典型文化存留的主要地区，也是坐落在甘青川三省交界处，交通四通八达，宗教艺术丰富，传统“那达慕”等赛事活动很多，拥有一批很有价值的清代文物和大量的寺庙宗教艺术品，民族风情和人文习俗独具风格。九曲黄河第一湾，黄河沿林区和如织丝绵的辽阔草原令人神往；久负盛名的吉冈山、洮河源国家湿地公园、双鱼湖、仙女洞、亲王府、尕海滩仙女湖、狮子湖、李洽如山等，以其独有的景观、美丽的传说吸引着众多的国内外游客。五是法规保障优势。牢固树立“绿水青山就是金山银山”理念，相继出台《河南县生态环境保护条例》等 6 个制度体系，实施最严格水资源管理“三条红线”控制指标，每季度对县级饮用水源进行监督监测。严格执行河湖长制，深入开展河湖“四清”专项行动，全县 3 大河 7 小河 59 小溪 6 湖泊全部划片分区纳入河湖长制管理之中，实现了涉水领域管理全覆盖。持续 17 年推进“禁塑令”，生活垃圾无害化处理达 93. 4%，年均空气优良天数比例达 94. 38%。六是文化资源优势。河南县具有鲜明的蒙藏文化、草原文化、游牧文化特色，相对周边藏区而言，差异化发展潜力巨大。州级层面的“十四五”规划已经把蒙藏文化作为黄南文化规划产业来打造，发展空间广阔、发展潜力巨大。

四、我县水产业发展现状

河南县位于被誉为“中华水塔”的“三江源”自然保护区，天然水资源储量极其丰富，地处于北纬 36°—46°世界黄金水源带，海拔较高，自然环境和地质条件独特。

（一）水电能源开发利用现状。河南县水电能源开发利用共有 3 座水电站。一是尕孔水电站。电站所在河流为泽曲河，装机容量 1100 千瓦×3，年发电量 1. 45 亿千瓦时，该电站自发电至今完成上网电量 14. 45 亿千瓦时。二是永曲电站。电站所在河流为永曲河，装机容量 500 千瓦×2，年发电量 88 千瓦时，因是支流来水量有限，从发电至今几乎没有同时两台机组达到过满发，近几年也只能开一台机组运行，渠道由于年久失修近几年运行公司对渠道尾水等进行了修筑和改造，但是收效不大，受环境气候等地理位置的制约，冬季无法开机，该电站已于 11 月 21 日停止发电，待来年春天再申请发电。三是优干宁电站。电站所在河流为泽曲河，装机容量 500 千瓦×2，年发电量 360 千瓦时，目前运行状态良好，在汛期检查时发现进水口、动力渠、大坝等水工建筑物因年久失修、老化破损严重，存在严重的安全隐患，已下发整改通知。

（二）涉水旅游业发展现状。目前河南县主要的涉水旅游业为青海洮河源国家湿地公园建设，洮河源国家湿地公园位于我县柯生乡、赛尔龙乡境内，湿地公园规划面积 383. 93 平方千米，区域内有河流、草甸、高山、冰川、森林、草原，湿地总面积为 138. 2 平方千米，湿地率达 36%，有高等植物 324 种、野生动物

191 种。2013 年被国家林业局批准为国家湿地公园试点单位，2018 年入列“国家湿地公园”，正式成为青海首个高寒湿地。自 2013 年被国家林草局批准为国家湿地公园试点以来，经多方筹措资金，实施了一系列生态恢复和保护项目，总投资达 9123 万元。目前项目基本完成，公园内公路畅通、通信有信号、边界有界桩、门口有导览图、源头有标识，基础设施齐全，达到了预期效果。

（三）水产品加工业发展现状。河南县水产品加工业主要以“瀞度水”项目为主，瀞度水项目现已投资人民币 6 亿元，厂区总占地面积 380 亩，现已建成一期工程并投产。生产基地建有现代化生产车间两座，库房一座，污水车间一座以及瀞度水博物馆。现已投产 PET 矿泉水瓶生产线两条，气泡水易拉罐生产线以及玻璃瓶生产线各一条。产能可达 6000 万标准箱。在生产工艺方面，公司实施了 24 小时生产监控和抽检等严格监测制度，工艺采用国内先进的水处理措施、封闭的全自动化流水生产线和完善的洁净系统。现已拥有瀞度矿泉水，天然气泡水以及果味型气泡水三大品类共十个单品。瀞度水源地水资源储量丰富，水质优秀稀缺，水龄长达到 19830 年，双小分子团活性强，自然涌出，天然含气，含有多种人体所需矿物质和微量元素。

五、存在的问题和短板

从调研情况看，在水产业发展过程中存在一些突出的问题和困难，主要表现在以下几个方面：一是对水产业发展的认识不足。全县上下，尤其是相关部门对我县水产业发展的定位认识不清，思想上对水产业发展没有引起高度重视。二是全县水产业技术人才短缺。大力引进和培养专业技术人才、加强人才发展制度体系建设，逐步实现成为具有全州影响力的新时代人才集聚高地。三是水产业规模企业数量不多。河南县有瓒嘎龙源纯净水、冰魂纯净水等中小型民营水生产企业，水产业规模化生产尚未形成，科技含量低，产品单一。四是增收渠道单一。目前，主要依靠青海聚能活力源饮料有限公司推出的生态水产品，瀞度天然冰川活水和瀞度天然含汽苏打水，专注在高端市场，在其他高附加值产品、专用类产品类型和其他深度开发类型市场缺乏挖掘。五是产业层次较低。市场推广销售和品牌打造尚处于起步阶段，资源加工处理量有限，产业链条短，水产业规模总体较小。

六、意见和建议

“十四五”时期，是河南县由全面建成小康社会向基本实现社会主义现代化迈进承上启下的重要时期，也是河南县经济社会由高速发展向高质量转变的关键时期。调研组提出以下几点建议：

（一）尽快编制出台水产业发展规划。我县水产业发展相对滞后，发展思路不清晰，发展举措不完善，带动地方经济社会发展成效不明显。因此，必须要从县级层面制定水产业发展规划，统一思想、统一认识、明确思路、强化措施，为水产业发展奠定良好基础。一是由县政府通过聘请第三方等方式，对我县水产业发展现状、存在问题、发展潜力等方面开展一次全方位的摸底调查，形成第一手资料；二是成立由主管县长为组长，县发改、财政、农牧水利、自然资源、生态环保，文化旅游、市场监管、各乡镇为成员单位的水产业发展规划编制领导小组，按照全面规划、合理布置、分步实施、重点推进的工作思路尽快编制河南县水产业发展规划。

（二）合理推进水电资源开发利用。我县工业基础薄弱，合理开发利用好水电资源将会对我县经济发展注入强大活力，增强发展后劲。因此，县政府加大与省州相关部门的对接，在政策允许范围内积极争取水电资源开发利用。处理好保护与开发之间的关系，研究吃透国家关于三江源生态保护与发展、水电资源开发和利用等方面的政策、法规，按照“保护中开发、开发中保护”的原则，积极争取泽曲河、洮河进行水电资源开发利用，对现有水电站扩容扩建，增加地方财政收入，促进本地劳动力就业。

（三）大力推进涉水旅游业发展。我县涉水旅游资源丰富，开发挖掘潜力大，县政府要充分利用好现有资源优势，整合文化、旅游、水利、环保、自然资源等部门的项目和资金，结合我县实情，积极打造不同特色的精品旅游项目和线路。一是围绕黄河大峡谷的开发，结合双鱼湖等景点，积极打造黄河大峡谷玻璃栈道、观光旅游、黄河漂流、黄河抢渡、民俗文化体验、餐饮住宿为一体的大峡谷开发项目。二是围绕洮河源湿地公园、吉岗山、仙女湖、仙女洞等景点开发利用为中心，挖掘整理景点民间人文传说故事，将宣传景点故事与景点项目建设紧密结合起来，核心打造涉水旅游业度假胜地。三是充分利用河南县垃圾无害化处理中心周边沙料坑和水资源，进一步加紧编制泽曲河湿地保护公园规划，积极争取打造泽曲河湿地保护公园。四是进一步利用瀞度AAA级旅游景点资源，完善相关景点配套设施，增加相应的体验项目，提高服务能力和水平，提升景区品位和游客满意度，力争景点提档升级。

（四）全力推进水产业加工业发展。我县水产品加工、开发、利用前景十分广阔，目前从实际开发现状来看，产品品种单一，经济效益不够理想，带动经济社会发展成效不明显。一是进一步引导提升瀞度水厂产能，增加产值，扩大产品研发，提高知名度，同时，按相关国家税收政策，积极衔接依法收取税费，增加财政收入。二是在进一步发展壮大现有产品基础上，创新发展思路，多引进有实力、有社会公德、愿意为河南县发展做贡献的企业，利用现有瀞度资源，多打造具有河南县特色的水产品品牌，进一步延伸水产品加工的产业链，积极研发黑啤酒、保健功能饮料等相关衍生产品，提升水产品市场竞争力和知名度。三是充分利用蒙藏医药业发展优势，进一步扩大提升蒙藏药浴制剂的规模，加大保健饮品等相关产品研发力度，为我县蒙藏医药业跨越发展注入后劲。

关于河南县绿色有机农畜产品输出地建设情况的调研报告

县委副书记、县长 钢 夫

河南县拥有全省生态保护最好的可利用草场，是全国面积最大的有机畜牧业生产基地，堪称“亚洲一流 青海最美”。河曲马、雪多牦牛、欧拉羊三大优势畜种全部列入国家畜禽遗传资源名录，立足资源禀赋，做强特色产业，建设绿色有机农畜产品输出地是我县一项重要战略目标。根据这一现实背景，对全县绿色有机农畜产品输出地建设情况展开全面调研，现将调研情况报告如下：

一、基本情况

河南县深入贯彻落实习近平生态文明思想，坚定不移践行“绿水青山就是金山银山”发展理念，先行先试，大胆实践，持续巩固深化全国“绿水青山就是金山银山”实践创新基地创建成效，拓宽“两山”理论转换路径，着力在“绿色有机农畜产品输出地”建设上做文章、下功夫，高质量推动绿色有机农畜产品输出地建设。

（一）坚持高位谋划，形成工作合力。按照省州关于绿色有机农畜产品输出地建设部署要求，县委、县政府深入调研，厘清思路，积极谋划，成立相关工作领导小组，加强工作统筹协调和督促落实，形成“一把手”负总责、分管领导具体抓，一级抓一级，层层抓落实的工作格局。研究制定《河南县打造绿色有机农畜产品输出地专项规划（2021—2025年）》，为扎实推进绿色有机农畜产品输出地建设工作打下坚实的基础。

（二）坚持资源禀赋，发展特色产业。河南县932万亩可利用草场连续16年通过有机再认证，三大优势畜种河曲马、雪多牦牛、欧拉羊获得有机认证、国家地理标志认证，获得国家有机食品生产基地、国家有机产品认证示范区创建县、全国有机农产品基地等称号，资源优势不断凸显。一是基地建设能力不断提升。探索发展“园区+企业+合作社+牧户”的产业化运作模式，完成15处标准化养殖示范场建设。注重发挥合作社引领示范作用，新培育注册 14 家农牧民专业合作社，2022 年成功创建 1 家省级示范社，6 个州级示范社。建成“万只欧拉羊”良种繁育基地 1 处和“千头牦牛”良种繁育基地 2 处，保证县域范围内优良种畜供给。投资 3000 万元扎实推进河南县绿色有机牛羊肉屠宰、加工、仓储冷链物流基地建设。稳步实施有机科技产业园区功能提升工程，实现了基地生产、集中研发、物流配送、科技服务、活畜交易于一体的综合服务园区。引导合作社建立万亩飞地饲草种植基地，弥补了全县无饲草料种植的空白。二是优质畜种培育水平不断提升。建立雪多牦牛、欧拉羊保种场 2 处，扎实推进雪多牦牛、欧拉羊两大畜种培育和推广工作。与省牧科院合作，开展无角欧拉羊品种培育，建成无角欧拉羊养殖繁育基地。与青海省畜禽遗传资源保护利用中心和畜牧兽医科学院合作，实施雪多牦牛同期发情人工授精技术，持续提升优良畜种品质。建成畜产品研发实验室，县级兽医实验室通过省级验收，完成省级检测任务 3000 余份，不断提升农畜产品质量安全。三是区域品牌影响力不断彰显。加大与天津科技大学合作，成立绿色有机农畜产品研究院，研发雪多牦牛肉系列、牦牛骨肽粉、蛋白粉、雪多牦牛欧拉羊冷鲜肉系列等 23 个系列产品，先后完成 26 项 144 类商标注册，雪多牦牛、欧拉羊等 14 个肉乳系列产品喜获中国有机食品和绿色食品“双认证”，全面完成 1 个企业和 2 个专业合作社 SC 认证工作。新增 2 个省级龙头企业。实施农业生产“三品一标”提升行动，2022 年被农业农村部列为“三品一标”典型案例。

（三）坚持产业主导，加快“两山”成果转化。县委、县政府提出“1+5+X”产业发展模式，实行产业链链长制，为乡村振兴“赋能”，跑出产业发展“加速度”。一是五大产业发展潜力不断凸显。立足生态、文化、区位等优势，巩固提升“绿水青山就是金山银山”实践创新基地成果，五大产业累计投资 2.5 亿元落实项目 21 项，实现总收入 8.7 亿元，助推乡村全面振兴。二是村集体经济持续发展壮大。充分发挥党组织引领作用，通过盘活闲置资源、发展特色产业等多种途径持续发力，不断培育壮大村集体经济。2022 年，全县 39 个行政村集体经济收益突破 100 万元以上 3 个，10 万～100 万元的 28 个，5 万～10 万元的 8 个，群众收入水平不断提升。三是加大产销对接服务力度。积极与省内外牛羊屠宰加工企业沟通对接，探索开展线上、线下、“订单式”“点对点”等销售模式，引进培育销售经纪人 8 人，打通县域周边地区和新疆、河南、河北等省内外销售市场。实现牛羊出栏 26.48 万头（只），牛羊肉总产量 14424.13 吨，牛奶总产量 10916.6 吨，第一产业增加值 10.47 亿元，同比增长 4.4%。

（四）坚持科技创新，增强产业发展内生动力。依托国家农业现代化示范区建设和有机产业科技园建设，完成“互联网+智慧畜牧业”模式、“有机畜产品可追溯体系、牛羊防疫体系、牛羊保险体系”等多标合一追溯工作。建成河南县牛羊活畜交易集散中心，日交易量达 1500 头（只），实现“建一处市场、活一片产业、富八方群众、促乡村振兴”的目标，有效提升了青甘川三省交界地区活畜交易集散能力。大力推广“三增三适”养殖方式、舍饲养殖和牦牛藏羊高效养殖技术，完成 24 万余头（只）牦牛藏羊追溯体系建设牛羊电子耳标佩戴工作。加强重大动物疫病防治，守住了不发生规模性动物疫病的底线。

二、体会与启示

（一）坚持党的建设引领。做实党建工作就是生产力，做强党建工作就是竞争力，近几年通过落实党中央、省委、州委和县委大抓党建要求，河南各项工作得到有效推动。要把党的领导贯穿绿色有机畜牧业产业发展始终，自觉找准上级要求与地方实际的结合点，努力形成推动绿色有机农畜产品发展的强大合力。

（二）树立群众增收目标。以完善利益联结机制为核心，以要素集聚和模式创新为动力，因地制宜引导农牧民破除自我发展、封闭经营的小农经济思想，树立绿色有机、优质优价观念，逐步提高组织化程度，走出一条规模经营与品牌效益兼得、产业与平台融合发展、城市与乡村统筹发展的致富之路。

（三）建立健全体制机制。充分发挥政策导向，严格落实草原生态补奖机制，持续推进草原禁牧、休牧、划区轮牧和草畜平衡，形成草原合理利用和科学综合治理新机制。建立有机产业发展数据监测预警平台，利用“互联网+”促进有机养殖数据可追溯和产业数据融合共享。

（四）汇聚合作组织优势。按标准化、规范化、专业化生产要求，鼓励支持饲草料配送中心、饲草料物资库建设，充分发挥地理标志作用，围绕欧拉羊良种繁育和雪多牦牛提纯复壮，加强和完善良种繁育工程，构建与现代生态（有机）畜牧业相适应的育、繁、销、推一体化生产体系及推广区域。

（五）拓宽营销渠道路径。持续推进农畜产品线上销售，鼓励支持产品生产企业开展各类线下展销活动，推动特色优势产品营销体系转变，形成线上线下服务支撑，构建网络营销与实体店直销结合的完美营销新体系，实现绿色有机产品从大草原到大城市、大牧场到大市场的全新突破。

三、存在的主要问题

虽然我县绿色有机农畜产品输出地建设有了长足的发展，取得了较大的成绩，可以说是开了个好局，但总体上仍处于起步阶段，任务非常艰巨，还存在许多困难和问题，具体表现在：

（一）思想认识还有差距。对绿色有机农畜产品输出地建设的重要性、紧迫性和艰巨性还没有足够的认识，思路和定位不够清晰，重点不够突出，办法措施不多。

（二）产业化总体水平较低。有机畜牧产业结构和布局还不够合理，规模化集约化经营水平较低，生产的低、小、散局面仍然存在，龙头企业数量少，辐射带动能力较弱。

（三）支持保障能力较弱。绿色有机农畜产品输出地建设涉及面广，资金需求量大，一些项目扶持资金未能及时足额到位；畜牧业基础设施仍显落后，技术服务网络不健全。

（四）园区基础设施落后。科技支撑体系不完善，产品研发能力较弱，科技支撑服务能力弱，品种改良、宣传定位滞后，可追溯还不健全，高新技术及人才引进难。

四、几点建议

生态有机畜牧业作为河南县传统产业，是群众增加收入的最有效途径，建设绿色有机农畜产品输出地是发展现代农业的必然要求，是符合河南实际的产业选择，我们要围绕打造绿色有机农畜产品输出地，以“增量、提质、补链、扩输”为路径，扎实推动畜牧业生产、加工、流通高质量发展体系建设，形成产出优质、加工高效、流通便捷的新格局。

（一）切实提高思想认识。要进一步统一思想，充分认识打造绿色有机农畜产品输出地的重要性、紧迫性和艰巨性，把其作为建设现代农业，解决“三农”问题，促进农村全面发展的重要举措来抓，切实加强领导，明确职责，健全机制，抓好落实。加强宣传引导，充分调动各生产经营主体的主动性和积极性，切实增强主体意识、责任意识和质量安全意识，努力形成加快推进绿色有机农畜产品输出地建设的良好社会氛围。

（二）加大基础设施建设。要用好用活乡村振兴政策，加快推进柯生乡无角欧拉羊繁育推广基地、宁木特村生态畜牧业专业合作社扩建、托叶玛乡村集体经济综合商贸服务点等项目建设，打造一批高标准养殖基地，为生态有机畜牧业高质量发展奠定坚实基础。加大特色畜种产品推广保护力度，加快建设雪多牦牛、欧拉羊原产地畜种保护繁育基地，打造千头雪多牦牛、欧拉羊标准化养殖示范场，促进生态有机畜牧业向高效化、集约化、规模化方向升级。

（三）加强畜种结构优化。深入推进雪多牦牛和欧拉羊两大畜种繁育推广工作，提升牛羊畜群整体生产性能，加大优质种畜补栏和劣质种畜淘汰力度，不断提高良种普及率和覆盖面；大力实施种子工程，不断加强我县雪多牦牛和欧拉羊优良畜种遗传资源的保护、培育和合理利用、规范种畜生产经营和管理；持续推进雪多牦牛和欧拉羊良种繁育基地和保种场建设，逐步构建“县有种畜基地、乡有核心群、村有示范户”的良种选育格局。同时加强校地合作，以省内外科学院校为助力，持续提升优良畜种品质。

（四）创新产业发展模式。坚持培育和引进并举，积极探索合作社股份制改造与村集体经济融合发展，因地制宜推广服务协作型、规模经营型、流转聘用型、订单合同型、股份合作型等联结模式，全力培育 1~2 家生态家庭牧场，扶持壮大 3~6 个专业合作社，逐步提高组织化程度，加快推进生态有机畜牧业转型升级。同时，要加大招商引资和人才引进力度，积极引进有资质的龙头企业，围绕生态有机畜牧业高质量发展，通过先进的管理模式、宽广的市场资源、高效的生产经营带动本地企业高质高效发展。

（五）强化科研成果转化。依托首批国家现代化示范区“国字号”招牌，充分发挥绿色有机畜产品研究院作用，持续加大专项研发经费投入力度，继续深挖肉奶皮毛头骨血粪利用价值，助推生态有机畜产品优质优价。做强做优三江牧场、启龙牧场等绿色有机产品体系，加大品牌宣传推介力度，用活网络营销、实体店直销等方式，鼓励支持产品生产企业开展各类展销活动，让河南生态有机品牌向更高层次迈进。加大基层兽医队伍能力阵地建设，加快推进牧区动物防疫专用设施项目建设，不断提升动物疾病防控能力。

（六）强化有机绿色品牌建设。深化“绿水青山就是金山银山”实践创新基地成果转化，将“三品一标”贯穿到养殖业、畜产品加工、冷链物流、畜产品销售四大环节，不断提升绿色有机农畜产品品牌建设质量体系；立足产品特色和优势做好品牌策划，找准生态旅游品牌和绿色有机农畜产品品牌融合点，以生态旅游品牌力带动绿色有机农畜产品影响力；促进产品设计和品牌营销联动推进，加快建设电商平台，根据产品定位、消费群体打造各具特色的品牌形象，紧跟消费趋势；利用省内外民族节庆活动，开展种畜巡展，提高畜产品品牌知名度，实现畜牧产业品牌走向全国。

以人才振兴实现乡村振兴工作调研报告

县政协党组书记、主席　当　毛

习近平总书记指出，乡村振兴战略是党的十九大提出的一项重大战略，是关系全面建设社会主义现代化国家的全局性、历史性任务，是新时代“三农”工作的总抓手。振兴乡村关键在人，人才振兴是产业振兴、文化振兴、生态振兴、组织振兴的前提和保障。为进一步摸清我县人才队伍现状及存在的问题，推进我县乡村振兴战略实施，按照 2022 年度协商计划，6 月中旬我带领县政协部分领导班子成员和相关界别政协委员，就人才振兴实现乡村振兴课题进行了专题调研，通过实地走访查看、召开不同层面座谈会，认真交流协商目前存在的问题，提出对策和建议。现将调研的综合情况报告如下：

一、基本现状和主要做法

全县人才总量 1363 人，其中：公务员 448 人（河南县籍 177 人）、事业单位人员 899 人（河南县籍 354 人）。

（一）积极落实引才留才政策，专业技术人才队伍建设不断优化。近年来河南县认真贯彻落实引才留才各项政策，采取岗位设置、职称评审、岗位聘用、提高待遇等优惠措施，加大人才政策向基层一线倾斜落实力度。目前，全县专业技术人员 709 人，县级专业技术人员 408 人，（其中初级 231 人，中级 104 人，副高级 72 人，正高级 1 人）。乡镇专业技术人员 301 人，（其中初级 201 人，中级 117 人，副高级 42 人）。全面实施农牧、水利、卫生等“双定向”专业技术人才分类评价制度，核定高、中级岗位比例，县域内统筹管理使用，引导专业技术人才向基层一线流动，稳定了基层人才队伍。充分利用青海继续教育学院、专技天下等网络教育培训学习平台，培训各类专业技术人员 513 人次，基本达到了每个专业技术人员每年必须完成公需科目 30 个学时，专业科目 60 个学时的继续教育培训学习任务。

（二）不断提升“三农”队伍能力素质。河南县坚持“人才是第一资源”和“抓人才就是抓发展”的理念，把生态领域专业技术人才工作摆在首要位置，围绕主导产业，全面释放“求贤若渴”的态度和诚意，高质量营造人才生态环境。积极构建“校地合作”平台，与青海大学签订科技人才培养交流框架协议，引进高学历高技术科技人才，实现科技人才引进与人才培养双向良性循环；与西北农林科技大学合作，促进草原畜牧业科研教学工作与县域草地畜牧业协同发展，解决河南县畜牧业生产中对天然草原生产力提升和载畜量优化等方面的实际需求和“瓶颈”问题；与天津科技大学签订《合作框架协议》，成立河南县绿色有机畜产品研究院，加快了全县畜牧业转型升级和提质增效，引进天津科技大学人才团队被评为第一届“智汇三江源·助力新青海”人才项目洽谈会“十大特色人才项目”。

（三）加强教育人才队伍建设，全面提高教育教学质量。河南县高度重视少数民族基础教育，采取定向招生、定向培养、委托培养等措施，为少数民族人才的开发提供源头保障。以“异地办班”为抓手，加强与教育资源先进地区之间的交流交融，建立教育领域合作关系，与大湾区教育研究院签订“教育协作框架协议”，加强在教育交流、师资培训、人才引进等方面的合作，并成立“中国西部教育发展与改革研究院”公益教育研究机构，积极探索教育工作新方法、新理念，全力推进教育改革，着力提高了教育质量。2018年以来，河南县先后在天津市滨海新区实验中学、内蒙古伊金霍洛旗分别开设河南班，选派管理员和藏语文授课老师，针对孩子们的知识结构和接受能力，精心制订培育计划，确保学生适应新环境，更好地接受优质教育。目前，两地设有3个年级5个班级，200名学生就读。2022年高考成绩揭晓，天津滨海实验中学河南班40名学生本科上线37人；内蒙古伊金霍洛旗河南班40名学生本科上线32人，创造了河南县后备人才教育历史新高。同时针对河南本土教育教学质量瓶颈，积极引进西宁市支教教师、顶岗实习生、教育管理人员等高素质高学历人才，为我县教育振兴添砖加瓦。

（四）补齐人才发展短板，进一步强化公共医疗卫生人才队伍建设。河南县始终以提高医疗卫生技术水平为着力点，以创新卫生人才管理体制机制为突破口，重点用好现有公共卫生人才，建立健全农牧区卫生技术人才培训制度和定期进修制度，大力实施城市医疗机构对口支援基层卫生工作，努力打造一支医术精湛、医德高尚、服务优良的卫生人才队伍。与青海大学高原医学研究中心合作建立“一站一室两中心”（高原医学博士研究生工作站、河南县蒙藏医药实验室、河南县蒙藏医药现代化示范中心、河南县蒙藏医院蒙藏药制剂质检中心），为河南县蒙藏医药产业发展提供更多的技术支撑和人才支撑。积极推进基层公共卫生人才队伍建设，落实卫生健康人才培养培训投入项目，做好经费保障，为持续提升卫生健康人才队伍素质能力做出积极贡献。

（五）不断优化服务环境，营造爱才敬才浓厚氛围。建立干部人才体检档案制度、重大疾病情况报告制度和救助制度，强化对干部人才疾病干预、定期随访、巡诊等健康管理活动。全面实施职务与职级并行制度，全县累计职级晋升317名干部。提高干部人才体检标准，县级干部人才体检标准从1000元提高至2500元，科级及以下干部人才从800元提高至2000元。大力推行以改善基层干部人才生活条件为内容的“十有工程”，投入300余万元建成县政府食堂，升级改善干部职工用餐条件。同时投资改善基层乡镇食堂。建设679套干部周转房，解决基层干部住宿后顾之忧。探索推行公务用车社会租赁服务模式，解决干部人才出行难问题。

（六）加强农牧区劳动力技能人才的培养，人力资源市场活力不断增强。立足产业结构和劳动力市场需求，不断拓展培训工种，手把手进行教学实训，帮助培训学员掌握致富技能，组织开展城乡劳动力技能培训，全县250名城乡劳动力至少掌握了1门技能，就业率在60%以上，发挥了技能人才在村集体产业发展上的重要作用。积极搭建人企对接平台，与全县各企业协调就业岗位，促进就业需求无缝对接；加强东西部劳务协作，天津滨海新区援建河南县建立就业扶贫车间12间，吸纳就业人数339人。在全县范围内扩充应急处突警务辅助人员50人，其中招录河南县户籍警务辅助人员17人。加强政策宣讲和推送工作，借助

“美丽河南”和河南县就业服务局微信公众号，及时发布就业信息、惠民政策等各类相关信息，让更多人能够知悉，并获得就业培训机会。

（七）大力培育乡土人才，建强“三农”工作队伍。积极协调我县信用社提供小额贷款的方式，为自主创业的高校毕业生搭建创业融资提供条件。高校毕业生就业率实现连续五年达到87%以上。实施高校毕业生基层成长计划和“三支一扶”计划，想方设法把他们留在基层、扎根基层、服务基层。积极培养以蒙古包、蒙古皮袄、羊皮纸、乐乐玛等为主非遗传承乡土人才，努力实现用好一批能人、富裕一方群众。

二、存在的问题

我县人才政策体系已初步形成，为解决人才匮乏问题，除了大范围支持返乡创业外，还实施了“选调生”“青南计划”“三支一扶”“大学生村官”“驻村第一书记”等一系列人才资源支持制度，一定程度上缓解了人才危机，但与乡村振兴、产业发展人才需求还有很大差距。

（一）“三农”人才队伍建设发展失衡。总的表现：乡镇、部分单位人才队伍不稳定，尤其是部分单位严重缺人，单位人员总量不足。缺乏学科带头人，传统专业人才比重大，某些特科专业人才短缺，特别是既懂专业、又会管理的复合型人才尤为紧缺；从人员分布上看：高学历、高职称人才主要集中在县直单位，乡镇部门高层次人才缺乏，造成人才资源储备不均，分布失衡。乡村人才培育还缺乏需求导向，对人才的培育，还缺乏针对性，没有进行有效的分类引导。更多侧重于牧区实用人才的培育，相对忽视了对乡村振兴急需的复合型人才的培育。如何激发致富带头人带富潜能方面缺乏有效措施，致富带头人辐射带动作用发挥不明显。对不同类型乡村人才培训需求，关注度还不够。

（二）基层教师队伍不稳定。我县地处青南牧区，受高寒缺氧和自然条件等因素影响，中小学教师向外州县流动较为频繁，特别是优秀教师外流极为严重。乡镇各学校，每年也有部分教师（以外地教师居多）因多种原因调入县城学校就职，其主要原因是乡镇教师工资和福利待遇与县城教师已基本一致，但乡镇教师在交通出行及家庭生活成本都要远高于城里教师，且教育教学条件和环境仍不如城里。部分乡镇教师，特别是一些专业性强的年轻教师调离后，导致各乡镇学校教师紧缺，尤其专业性教师紧缺，在职教师身兼数职，教学任务加重，面临着教师留不住的困境。

（三）公共医疗卫生人才匮乏。乡镇卫生院缺乏专业技术人员，常常一人身兼数职，乡镇医疗卫生专业人员学历素质偏低，现有村医大多不是全科医生，但却做着全科医生的工作，专业技术水平还不能满足现有工作需要，远远达不到也满足不了村民的健康医疗诉求。专业技术人员借调和调出现象普遍存在，专业技术人员断档。

（四）文化旅游人才紧缺。一是文博、旅游人才队伍力量不足。各乡镇普遍缺少专业的文化旅游人才，即便有人也是兼职，“不专业、不专干”的问题较为普遍，且岗位调整比较频繁，流动性大，不利于文化旅游服务工作的开展。二是文化旅游人才结构不够理想，队伍年龄老化，后备力量明显不足，特别是文艺带头人缺乏。近些年随着国家对公共文化服务的重视，当前的状况已无法满足工作需求。三是对现有文化旅游人才资源的重视与激励、开发与利用不高，传帮带作用发挥不到位。四是基层文艺创作、展演、管理、培训等方面的专业人才缺乏，文艺专业人才和文化活动带头人不多，影响和制约了群众文化活动的深入开展。文化专业技术人员职称评定难，影响了工作积极性和公共文化服务水平的提升。

（五）人才引进政策机制不完善。缺乏有效激励机制和扶持机制，对吸引外来人才的政策待遇和重大技术创新奖励政策还不够优厚，加之高层次人才工作生活和社会保障环境等还不够优化，致使人才引进步伐缓慢。受地方财力限制，对基层人才引进和培养的政策水平本身就较低，有的政策还兑现不了。导致仍然存在“人才引不进来，引进来作用发挥不了，作用刚显现却又留不住”的现象。

（六）人才发展的载体和平台缺乏。人才发展载体平台有限，能够助推创新创业的起飞跑道过于拥挤，尤其是缺少集聚、承载、吸纳高层次创新人才和团队的产业平台，同时在为人才干事创业营造良好外部环境上存在一些问题。缺乏具有辐射带动作用的龙头企业，牧区合作社规模不够大，发展缓慢，吸纳剩余劳动力的能力有限，使得人才在牧区发展的空间不大，难以留住人才。

三、对策建议

人才振兴是乡村振兴的重要前提和根本依靠。习近平总书记指出，乡村振兴，人才是关键。实施乡村振兴战略，必须破除人才“瓶颈”制约，其根本就是要让更多人才愿意来、能干事、干成事、留得住。因此，打造一支人才发展结构与乡村实际发展需求相适配的人才队伍，以高质量、多类别、有潜力、敢革新的专精人才队伍托起乡村振兴大业。

（一）在“引”上做文章。乡村振兴需要人才激发活力，需要广纳天下英才而用之。一要不断完善乡村引才体制机制建设，制定出台符合本土县情的引才政策，明确人才引进方向，重点抓好党政人才、企业经营管理人才、基层乡土文化人才、专业技术人才队伍建设，同时抓好高技能人才、农牧实用技术人才和其他各类人才队伍的建设，提高人才队伍整体素质。二要创新激励机制。对致力于乡村振兴事业的实用型、科技型、创业型人才在用地、税费减免、金融服务等方面给予扶持，制定合理的收益分配政策，将技术、知识等要素纳入乡村人才评价体系，不断完善奖励办法，提高人才的收入水平。三要畅通流动机制。实行宽松的准入政策，提供优质的服务。对于本科以上的大学毕业生敞开大门接收，可“先落户后择业”；对硕士以上研究生和其他具有高级职称的人才可不受编制的限制，先进入后办手续；对于经济建设急需的人才，简化手续，为人才调入提供快捷、周到、方便的服务。

（二）在“留”上下功夫。留住人才、留好人才对乡村振兴至关重要。一要针对不同类型的人才，从政治待遇、经济待遇、表彰评优、贷款扶持、营商环境、后勤保障等方面予以保障，针对不同层次、不同领域人才的需求差异，要靶向建立服务机制，切实将服务举措落实到个人，同时，也要激励其他人才对标先进、赶超先进，在你追我赶的过程中形成浓厚的干事创业氛围。二要开通人才服务绿色通道，加强人才“一站式服务窗口”建设。完善引进人才安家补贴、家属子女保障、社保等政策措施，进一步压实人才工作责任，建立相关部门人才工作联络协调机制，强化人才政策落实。三要厚植人才发展沃土。营造爱才敬才的社会环境，不断加强电视、网络、报纸等新闻媒体对乡村人才政策与人才事迹的广泛宣传，让尊重知识、尊重人才成为良好的社会风尚，鼓励各类人才投入乡村振兴的伟大事业中，增强他们的自豪感和荣誉感。四要改善乡村人居环境，加大对乡村基础设施建设的持续投入，提升教育、医疗、文化等公共服务的供给水平和质量，充分考虑乡村人才的工作生活实际，为在乡村施展才华的各类人才提供宜居的生活环境，竭尽所能帮助解决各种困难，为人才扎根基层创造良好条件，让人才切实感受到“家的温暖”，增强乡村人才的荣誉感、获得感和归属感，共同营造尊才、爱才、重才、护才的良好氛围。

（三）在“育”上求突破。十年树木，百年树人。人才培养是一个循序渐进的过程。一要立足全县乡村振兴发展需求，分层次、分领域、分方向地实施定向分类培养，重点加大教育、卫生、文化、现代服务业等方面的实用型人才培养力度。二要培育致富能人，发掘和选育一批受教育程度高、思维活跃、有拼劲闯劲的生产能手和经营能人，带动牧民就业促增收。充分利用职业培训机构，通过专家授课、专题讲座、参观学习等方式，重点对本土人才和返乡创业人员开展有关畜牧业养殖、文化传承、旅游发展等技能性培训，提升他们对实用性技术的运用能力以及对现代生产方式、经营模式、科技知识的了解和掌握。同时，要把课堂搬到牧场与项目基地，尤其是要让置身于乡村振兴事业的外来人才亲身实践，增强理论联系实际的能力以及对乡村实际情况的认知能力，强化乡村振兴的智力支撑。三要注重从牧区致富带头人、外出务工经商人员、复员退伍军人等群体中，选优配强村级党组织书记，提升村干部服务群众、助力乡村振兴的能力。四要全方位、多角度开展培训教育。要整合各类培训资源，依托大学院校、科研单位、职业教育、技能培训等平台，强化乡村人才实践能力，实施“专家授课+课堂培训+基地实训+创业指导+扶持政策”的精准培育，集教育培训、认定管理、政策扶持、跟踪服务全程化于一体的育才思路，构建因材施教、资源共享、以用带育、以老带新的多维度人才培养体系，深入挖潜、培养一批紧缺专业人才和本地乡土人才。

（四）打造高质量乡村教师队伍助力乡村振兴。人才振兴是乡村振兴的基础和关键，教育是实现人才振兴的根本途径和重要保障。一是健全完善中小学校长、教师培养发展长效机制，不断提升教师队伍整体素质，打造一支适应新时期教育改革发展的师资队伍。进一步完善绩效工资分配办法和教育奖励资金使用办法，继续对在中考和教育业务竞赛中取得突出成绩的校长、班主任、任课教师进行奖励。二是加强定向公费培养。要加强面向乡村学校的师范生委托培养院校建设，高校和政府、学生签订三方协议，采取定向招生、定向培养、定向就业等方式，精准培养本土化乡村教师。三是多种形式配备乡村教师。要积极探索构建招聘和支教等多渠道并举，鼓励高端人才、骨干教师和高校毕业生、退休教师多层次人员踊跃到乡村从教、支教的格局。

（五）打造高水平“三农”队伍助力乡村振兴。一是加快培养畜牧业生产经营人才。加强牧民教育培训，深入实施现代牧民培育计划、牧区实用人才培养计划，培养高素质牧民队伍。突出抓好家庭牧场经营者、牧民合作社带头人培育。二是加快培养乡村公共服务人才。乡村文化旅游方面，要推动文化旅游人才下乡服务，完善专业人才扶持政策。乡村规划建设方面，要支持熟悉乡村的规划建设人才参与乡村规划建设，实施乡村本土建设人才培育工程。三是加快培养乡村治理人才。要加强牧区社会治理工作人才队伍建设，吸引社会管理工作人才提供专业服务，引导高校毕业生、退役军人、返乡入乡人员参与社区服务。要加强牧区经营管理人才队伍建设，充实牧区经营管理队伍，确保事有人干、责有人负。要加强牧区法律人才队伍建设，推动公共法律服务力量下沉。

（六）打造高素质公共卫生医疗队伍助力乡村振兴。强抓基层公共医疗卫生工作，必须力求多措并举。一是要强化基层医疗卫生队伍建设，进一步完善乡村医生培训机制，让乡村医生能定期参加业务培训和进修，提升临床能力和业务水平，从而更好满足基层医疗卫生需求。二是要通过给予乡村长期工作的医护人员待遇、生活等多方面政策倾斜，加强乡村基层公共医疗卫生人才在岗培训和继续教育，鼓励免费定向培养一批源于本乡本土的大学生乡村医生，主动吸引专业人才，充实基层公共医疗卫生服务力量。三是要实施好医疗共同体战略，通过公立医疗资源的有效调配，实现优秀医疗资源下沉，带动基层同质化发展，完善分级诊疗制度建设，促进基本公共卫生服务均等化，切实提升基层公共卫生和医疗服务水平，满足人民群众日益增长的健康需求。

（七）进一步增强和激发乡村振兴的内生动力。全面推进乡村振兴，关键还在于充分激发起最广大牧民群众的内生动力。在推进乡村振兴的过程中，要变“输血”为“造血”，化外部推力为内生动力。注重发挥牧民群众的积极性、主动性和创造性，唤醒牧民群众的主体意识、建设意识与角色意识，增强牧民群众对乡村振兴的归属感、责任感和认同感。要注重因地制宜深挖乡村特色优势，促进畜牧业高质高效、乡村宜居宜业、牧民富裕富足。

工作亮点

2022年，是党的二十大召开的政治之年，也是第二个百年目标开局之年，“十四五”规划关键之年，政治承载厚重、历史意义深远。一年来，在经济下行、疫情防控、自然灾害等多重因素叠加影响下，河南县委、县政府始终高举习近平新时代中国特色社会主义思想伟大旗帜，深入学习宣传贯彻党的二十大精神和二十届一中全会精神，以及省第十四次党代会精神和州委十三届七次全会精神，深刻领悟“两个确立”的决定性意义，增强“四个意识”、坚定“四个自信”、做到“两个维护”，团结带领全县各族干部群众，全面贯彻落实“疫情要防住、经济要稳住、发展要安全”重大要求，聚焦高质量发展主题，高效统筹疫情防控和经济社会发展，统筹发展和安全，交出一份“难中有为、干中有成、稳中有进”的发展答卷，在克难前行实践征程中总结形成一批具有时代特征、符合河南发展实际、具有河南特色、彰显河南担当的亮点经验做法。

强担当接受政治体检　高站位做好配合巡视

省委第五巡视组对河南县开展巡视以来，河南县始终将自觉主动接受巡视“政治体检”作为发现问题、形成震慑、推动改革、促进发展有效手段，高站位做好配合巡视工作。一是前期保障“实”。县委、县政府第一时间成立配合巡视工作领导小组，与巡视组对接，做好进驻前期各项准备工作，为巡视组进驻后第一时间高效展开工作做好配合。二是材料收集“快”。抽调业务精湛人员专职担任“巡视联络员”，配合巡视组收集查阅资料，为巡视工作高效开展提供人力支持。三是干部配合“好”。根据巡视组日程安排，各级干部职工主动配合，做到日常工作与配合巡视统筹有序、共同推进。四是沟通衔接“准”。巡视期间，全县各级各部门坚持聚焦短板找问题，在配合巡视中不回避矛盾、不遮掩问题，真正做到与巡视工作同频共振，配合巡视工作得到省委第五巡视组高度肯定。

“两山”成果转化推动五大产业崛起

河南县坚持以习近平生态文明思想为指引，对标“六个现代化新青海”奋斗目标，全面巩固“绿水青山就是金山银山”实践创新基地成果，创新提出以“两山”实践创新基地持续建设为发展主线，以有机畜牧产业链、生态水产业链、蒙藏医药产业链、文化旅游产业链及现代服务产业链为主要抓手，以落实生态环境保护责任为要素保障的“1+5+X”产业发展模式，走出一条独具河南特色的高质量发展之路。

以顶层设计为统领，绘就“两山”成果转化新途径。制定《河南县“绿水青山就是金山银山”实践创新基地成果转化实施方案》，建立“两山”成果转化工作议事制度，成立五大产业子链工作组和督导督查组，确定年度目标任务和中长期目标任务，签订责任书；组建“两山”转化工作办公室，专职开展“两山”实践创新基地成果转化工作。以保障举措为抓手，聚集“两山”成果转化新动能。构建专家总库及五个行业子库的专家服务团队，加速科技成果转化。积极谋划“绿水青山守护”“金山银山转化”及“‘两山’品牌打造”，推出三大类26项重点工程，总投资约36.29亿元。以产业价值为驱动，提升“两山”成果转化新成效。依托国家级农畜产品地理标志，通过建设标准化规模养殖场、提标改造牧业专业合作社、培育州级以上涉农企业等方式，实现牧业增效、牧民增收的目标。以全域旅游为引擎，立足生态、文化、区位等优势，打造出AAA级景区4个，省级乡村旅游重点村2个，非物质文化遗产202项，非物质文化传承人149人。充分发挥蒙藏医药“一站一室两中心”作用，不断丰富蒙藏医药保健产品供给，研制出新药制剂品种3种、保健型产品3种。持续加大水产业基础设施建设投入力度，先后实施供水管网改造、污水处理厂尾水水质改善、小流域综合治理等项目，为生态水产业高质量发展夯实基础。以现代服务业为动力，建成28个县、乡、村电子商务公共服务中心站点，乡级快递物流覆盖率达100%，农村服务站点建设及运营覆盖率50%，农畜产品输出上行销售额增长10%；县活畜交易集散中心正式投入运营，单日交易量可达300万元左右。五大产业累计投资2.53亿元落实项目21项，实现总收入8.72亿元，其中有机畜牧业增加值3.99亿元、文化旅游业总收入1.45亿元、蒙藏医药业总收入1.22亿元、生态水产业0.7亿元、现代服务业总收入1.36亿元。

“五大振兴”跑出乡村振兴河南“加速度”

2022年，河南县统筹推进“五大振兴”，为乡村全面振兴“赋能加码”，跑出乡村振兴“加速度”。聚焦经济发展，奏响乡村产业“振兴曲”。推行“1+5+X”“两山”成果转化新途径，实行产业链长机制，实施巩固拓展脱贫攻坚成果与乡村振兴有效衔接项目35项，6个专业合作社村集体经济股份制改造、5个乡村振兴试点村建设扎实推进，三江牧场、启龙牧场获得省级农业龙头企业认证，研发牦牛骨肽粉、精酿啤酒、保健饮品等系列产品，先后完成26项144类商标注册，打响“天赐蒙旗·全域有机”产业区域品牌。聚焦乡风文明，提升乡村振兴“软实力”。开展移风易俗等宣讲120余次，受益群众达2.55万人次，有效遏制大操大办、人情攀比等陈规陋习；开展“星级文明户”“身边好人”等评选表彰活动，志愿服务、文明实践活动等900余场，参加和服务群众3万余人次。深化拓展河南精神高地的外延内涵，评选表彰“河南好人”，全县有33人获得国家级荣誉。聚焦引育并重，点燃人才振兴“双引擎”。组织开展大型公共就业和人才服务活动4场，提供招聘岗位130余个；开展城乡技能培训16期775人；实施“雨露计划”短期培训3期150人，实现全县城镇新增就业215人、困难人员新增就业10人、城镇失业再就业20人、农牧区劳动力转移就业1723人、安排公益性岗位就业1135人、以工代赈就业7人，城镇登记失业率为2.77%。聚焦生态宜居，打造乡村振兴“高颜值”。全面巩固林草长制成效，开展巡山巡草306次，续签1091名生态管护员管护合同，严格落实属地管理责任，一体化推动林草资源保护。扎实推进第一批中央林业草原生态保护国家草原自然公园试点项目，完成国土绿化、退化草地改良、人工种草、黑土滩治理、毒害草综合治理34.55万亩。扎实推进河湖长制，县乡村巡查259次，开展河湖“清四乱”行动468次。全县空气优良率达96.2%，黄河入境断面和集中饮用水水源地水质优良率达100%，生活垃圾无害化处理率达85%以上。加快实施宁木特镇高原美丽城镇、4个高原美丽乡村、600户牧民居住条件改善工程，城乡建设取得新成效。聚焦社会治理，筑牢组织振兴“主心骨”。实施“村干部能力提升工程”、牧民党员冬春轮训、各级党组织书记轮训，探索建立党建引领基层社会治理县乡村“5+5”主体责任机制，推行各级干部“包乡包村联户”，择优选派121名第一书记及工作队员，选聘39名党群服务中心管理员的探索实践被列入青海省“组织体系三年行动”典型案例。组建人民调解组织61个，充实人民调解员361人，强力推进县乡村三级综治中心建设，搭建县乡“五室一平台”和村级“三室一平台”，实现“一村一法律顾问”全覆盖。

守护绿水青山
“生态底色”成为河南县最靓丽名片

河南县深入贯彻落实习近平生态文明思想，将生态保护优先作为第一抉择，聚焦高质量绿色发展，推进生态保护一系列创新务实举措，实现“经济跟跑者”向“生态领跑者”美丽嬗变。

健全完善制度机制“硬约束”。制定实施《生态环境保护工作责任规定》《全面推行林草长制实施意见》等制度，构建起“谁主管、谁负责，谁开发、谁保护，谁污染、谁治理”的责任体系，压实推行“县级干部责任田治理”“环境卫生集中整治日”“城乡一体化垃圾处理体系”等长效机制，让制度真正成为生态保护的硬约束、硬杠杠，形成全民齐抓生态的良好氛围。生态综合治理下足“绣花工”。投资2.3亿元，实施三江源生态保护和修复、退牧还草、林业草原生态保护恢复等新续建项目6项，草原生态综合治理基础不断夯实，河南县草原综合植被盖度达71.7%，位居全省第二、全州第一。克其合滩重点生态修复治理成为全县可复制的天然草原综合治理模式。全面落实河湖长制，实现涉水领域监督管理全覆盖。持续巩固拓展18年“禁塑”成果，擦亮草原生态“底色”。校地合作赋能生态“创新路”。与中国科学院青藏所和西高所、青海大学等合作开展草原生态保护与建设科技研究项目的示范及推广工作，15项草原科技项目已在河南县实施，2022年申报的科研课题2项，已建成并长期监测的科研基地为4个。开展2022年黄河上游青海河南段水生生物增殖放流活动，共放流花斑裸鲤鱼苗15万尾。典型引领绿色发展“凝共识”。省十三届人大七次会议新闻发布会上，河南县作为全省唯一县作生态保护成效和乡村振兴推进经验介绍，践行“两山”理论、助推乡村振兴成为国内外“热搜”。河南县生态文明建设典型经验介绍先后在央视媒体宣传100余条，省级媒体宣传40余条，中央电视台综合频道、财经频道、中文国际频道、农业农村频道及青海卫视报道河南县生态文明建设成果，特别是在生态环境部官网上将河南县生态保护成果作为典型案例设置专栏。

“五新”举措推进绿色有机农畜产品输出地建设

河南县立足全面实现现代生态（有机）产业“兴县、富县、强县”目标，突出“五新”成果，加速推进有机畜产品输出地建设。建立新平台。建立河南县活畜交易集散中心，有效发挥联农带农机制，实现“建一处市场、活一片产业、富八方群众、促乡村振兴”目标。研发新产品。与天津科技大学食品学院联合成立河南县绿色有机食品研究院，研发出牦牛胶原蛋白肽粉、红黑青稞啤酒等15种产品，有效拉长有机畜牧业的产业链，为衍生有机产业链奠定基础。打造新龙头。实施“企业+基地+牧户”经营模式，依托三江牧场品牌打造，培育县域畜牧产品“阿米雪”“瀚度”“青清海”等一批叫得响的“三品一标”品牌，三江牧场和启龙牧场获省级龙头企业认证，实现河南县省级龙头企业“零”的突破。引进新企业。引进牛羊交易、啤酒生产和藏药制剂等3家企业入园，随着雪多牦牛肉饺子等具有鲜明地域特色的114个产品先后上市，全县产业结构进一步优化。树立新典型。连续15年通过有机基地认证，河曲马、雪多牦牛、苏呼欧拉羊获得地理标志认证，并列入国家畜禽遗传资源保护名录。“推行农业生产‘三品一标’，壮大生态有机畜牧业”案例入选全国农业生产“三品一标”典型案例，有效提升地标产品雪多牦牛和苏呼欧拉羊知名度。

党建引领多元共治　构建社区治理新格局

河南县探索党建引领社区治理实践路径，着力构建“三放三化”社区治理新格局，打通服务群众“最后一米”。织密社区党的组织体系。建立乡镇党委—社区党支部—小区联合党支部—楼宇党小组四级“红色管家”队伍，组成127名网格员、52名联户长队伍，构建起乡镇、社区、居民多级联动格局，夯实社区治理基础。党建引领“红色物业”筑标杆。实行社区“两委”成员和业委会、物业服务企业党员负责人“双向进入、交叉任职”，打造红色社群党建工作平台，组建党员突击队、红色志愿者、幸福民生社等六大“红色社群”，解决群众身边小事，主动延伸服务触角。深化“双报到、双服务”制度。1200多名在职党员分散至各社区网格，走访群众5500余人次，常态化开展“民情日”“恳谈日”“幸福圆桌会”，收集群众意见和诉求，制定帮扶救助、创业就业、矛盾调解等8大类24项社区需求，通过列出“资源、任务、问题”三张清单，实现社区服务精准投送，化解各类矛盾纠纷60余件，帮助解决群众实际困难和问题410余件。

亮出村级考核“硬标尺”

河南县深入贯彻落实《青海省村（社区）“两委”成员考核办法（试行）》，健全完善村（社区）“两委”班子绩效考核评价机制，全面做好村（社区）“两委”履职评价工作。着眼“共性任务+个性任务”。分级分类设置“9+1”村（社区）班子和“4+4+4”村（社区）“两委”成员考核指标，并将村（社区）班子考核结果与乡镇领导班子考核挂钩，确保考准考实考公平。立足“动态考核+多维评价”。将阶段性工作、重点工作完成情况，书记查“短板”谈“规划”情况纳入“日常考核”，开展村级干部知名度、为民度和群众满意度“三度测评”，广泛征求乡镇党委、县直机关、包乡联村县级领导意见建议，力求评分精准精细。聚焦“正向激励+底线管理”。将考核结果与物质奖励、评先奖优、招考推荐挂钩，作为党组织分类定级评定和党建提标升级重点村社的重要依据，让“我要干”“争着干”“比着干”成为常态。

凝心聚力全面开创宣传思想工作新局面

2022年，河南县宣传思想文化工作坚持以习近平新时代中国特色社会主义思想为指导，以迎接、宣传、贯彻党的二十大为主线，在服务推动全县工作大局中找准坐标定位，凝聚全县上下奋进新征程、建功新时代的强大精神力量源泉。聚焦“中心大局”，新闻宣传能力显著提高。制作推出“喜迎二十大　奋进新征程‘我们这十年’一把手访谈”、《喜迎二十大·我想对党说》微栏目等，在县内各类新闻媒体上开设“聚焦党的二十大”等专栏，发布党的二十大系列报道90余条。以“文艺+宣讲”、创新“马背宣讲团”“摩托车宣讲队”“联村联户微课堂”“包村领导+党建指导员”等形式，深入各乡镇开展党的二十大精神宣讲。河南县“六化融合”助力文明实践被中宣部《宣传工作》刊载，荷日恒村“‘四大四小’推动文明实践走深走实”作为全省唯一村级案例入选中央文明办《建设新时代文明实践中心“怎么干”》，面向全国推广。《疫情防控宣传情景剧》获“青海省‘抗疫’网络视听作品优秀创作奖”，新华社发表的《青海河南县：生态治理显成效草原环境持续向好》浏览量近 170 万次，《探访活畜交易集散中心》被“学习强国”学习平台、央广网等多家媒体转载，累计点击量达 120 万次。擦亮“文明河南”，精神文明建设提质增效。出版发行《纯净河南 · 幸福蒙旗》（宣传报道集），构成“8+1”系列丛书；制作推出《草原儿女心向党》《军民鱼水一家亲》等文艺情景剧；编印《文明河南》《漫画妙语讲文明》《谚语传理播文明》《翰墨飘香传文明》等系列文明实践手册；举办“河南好人”评选表彰大会，让群众在文化熏陶中获得精神滋养、提振精神风貌。制定“工作方案”，助推乡风文明长足发展。围绕新时代乡风文明“软实力”筑牢乡村振兴“硬环境”主题，制定印发《河南县推进新时代乡风文明建设工作方案》，实施思想引领提振工程、移风易俗提质工程、文化浸润提效工程、志愿服务提优工程、核心价值培育工程、生态价值提升工程、致富筑巢提档工程等“七大工程”。

激活村级监督“神经末梢”
破解乡镇纪委“零立案”难题

近年来，河南县推动全面从严治党向基础一线、向群众身边延伸，织密扎牢基层监督网。坚持压责任与打基础并举。在广泛开展基层调研的基础上，研究制定印发《河南县村（居）务监督委员会工作规范》（藏语、汉语版），系统涵盖和加强规范村级监督的现实意义、目标任务与工作原则，提出加强和规范全县村（居）务监督委员会工作 6 个方面 17 条具体措施，成为指导村务监督委员会正确履职、规范履职、严格履职的指南，进一步激发村（居）务监督委员会履职尽责动力，真正解决“监督啥、怎么做”“怎么督、如何导”的问题，推动全面从严治党向基层延伸。补短板与聚合力共促。立足乡镇纪委办案难实际，河南县守正创新，优化完善“室+组+乡（镇）”联合办案模式，探索形成“县纪委监委领办，各乡镇纪委主办”的协作片区办案格局，充分发挥系统优势，不断提升乡镇纪委自主办案能力，提高问题线索的处置效率和成案率，通过“日动态”“周总结”实时掌握案件线索核查进展情况，从线索来源、核查方式、证据调取等方面予以指导。2022 年，河南县乡镇纪委立案 7 件，全县四乡两镇均实现立案“破零”。

坚持宗教中国化方向 筑牢爱国统一战线

河南县以“九抓九促”工作法，积极引导宗教与社会主义社会相适应，形成全县民族团结、宗教和顺、社会稳定的良好局面。抓组织领导，促责任落实。突出党委在宗教治理中的核心领导地位，构建党委领导、政府主导、部门协调联动、多元参与、共同治理的“一核多元共治”新格局，推行寺院与民间宗教“双轨并行”治理模式，实现藏传佛教与社会主义社会相适应。抓队伍建设，促担当作为。在全州率先设立寺院服务管理办公室，成立 4 座寺院驻寺干部党支部，配齐配强 26 名驻寺干部（党员 16 名）。将表现优秀的 20 名宗教职人员纳入民管会班子，每年落实民管会经费 3.5 万元，依据考核结果兑现寺院民管会主任津贴 500—1000 元。抓宣传教育，促教风转变。把党的政策理论、法律法规等宣传贯穿于寺院管理工作的全过程，多方式分层次开展宣传教育活动，教育引导僧众认清形势、明辨是非、坚定信念。抓制度建设，促规范管理。修订完善《寺院佛事活动管理制度》《寺院民管会职责》《寺规僧约》等制度，成立寺院民主监督管理评议委员会，落实“民管会负责寺院，活佛负责扎仓，扎仓负责经师，经师负责僧人”责任制。抓决策部署，促形成合力。提高基层党委政府做好宗教工作的能力水平，帮助信教群众解决实际问题，构建起宗教工作大格局。抓依法管理，促和谐稳定。严格贯彻落实《宗教活动场所设立审批和登记办法》《关于依法专项治理乱建滥建宗教活动场所及宗教设施的工作方案》要求，完成登记民间信仰活动场所23处、298名宗教教职人员颁证登记工作，严把大型宗教活动审批关，确保寺院宗教活动管理有序。抓设施建设，促公共服务。将寺院总体建设纳入城乡融合发展的大格局，近年来，累计投资近6000余万元，实施寺院人饮、用电、僧舍改造、厕所革命项目等基础设施建设，寺院僧侣生活条件进一步改善，实施贫困僧侣危房改造329户。抓联谊交友，促团结和睦。29名县级干部联系20名活佛，53名统战民宗负责人、驻寺干部、活佛、民管会成员联系457名宗教教职人员。充分利用与夏河县拉卜楞寺的历史渊源，每年春节期间拉卜楞寺联系走访嘉木样·洛桑久美·图丹却吉尼玛，发挥其在宗教界影响力，坚持正面发声、正面引导，教育引导河南县信教群众感党恩、听党话、跟党走，铸牢中华民族共同体意识。积极弘扬“河南精神高地，无天价彩礼”的优良社会风俗习惯，培育乡村文明新风，减轻宗教负担，助力乡村振兴。抓社会保障，促发展共享。推进寺院财税监管工作，全县4座寺院实现“八个全覆盖”，加快改善僧侣医疗、卫生、养老居住环境，全县457名宗教教职人员纳入医保、95名宗教教职人员纳入低保、29名宗教教职人员纳入特困供养，107名宗教教职人员落实临时救助资金42.96万元。投资900万元，修建达参寺大爱敬老院试点项目。

包乡联村联户新机制　架起干群“连心桥”

河南县通过县级干部牵头，包村干部、驻村第一书记、工作队多方联动，推行包乡联村联户党建品牌引领工作全覆盖模式，实现常态化进村入户“一站式”服务，破解为民服务“最后一米”的难题。聚焦“一个核心”，压实包乡联村联户责任。明确牵头领导、乡（镇）班子成员、党员干部包乡联村联户工作责任，制作包乡联村联户运行架构图，全县28名县级干部带头包乡镇联系43个村社，506名干部与9437户牧户建立直接联系，构建起“纵向到底、横向到边”的为民服务网格体系。建强“两支队伍”，夯实包乡联村联户力量。充分发挥乡镇班子成员、包村干部、村“两委”与驻村第一书记、工作队成员、联点单位干部“两支队伍”力量，紧扣心贴心倾听民声，零距离服务群众，实打实推动发展目标，为乡村振兴提供支撑，架起干群“连心桥”。制定“三张清单”，优化包乡联村联户成效。建立包乡联村联户关系清单，进行联户服务承诺，做到群众有呼声、干部快回应。制定任务清单，将包乡联村联户任务与群众诉求相结合，努力解决群众急难愁盼的问题。制定整改清单，包乡联村联户干部下沉一线，定期梳理群众反映的困难和问题，并积极协助进行解决，让老百姓的事件件有回音、事事有着落，群众的幸福感、满意感、获得感稳步提升。

建一处市场　活一片产业　富八方群众

河南县坚持把生态有机畜牧业作为强基固本的根本，建立以打造绿色有机农畜产品输出地、创建国家农业现代化示范区、国家农业科技示范园和乡村产业振兴为着力点的活畜交易集散中心，实现年交易牛羊30万头（只），带动7800户牧户和周边州县及邻省1.62万牧户交易，直接新增大学生、脱贫户和监测户就业岗位50个以上，间接带动就业1000人以上，有效发挥联农带农机制，实现“建一处市场、活一片产业、富八方群众、促乡村振兴”目标。

抓实抓细“三举措”
筑牢保障人民健康安全防控屏障

2022 年，河南县坚持人民至上、生命至上，落实“外防输入、内防反弹”总策略，贯彻“动态清零”总方针，坚持科学精准防控，及时优化调整防控措施，最大限度保护人民生命安全和身体健康，最大限度减少疫情对经济社会发展的影响，筑牢“青海南大门”疫情防控屏障。

举措一：立足“防得住”，尽锐出战“织密网”。以对群众生命健康安全高度负责的态度，坚决阻断传播链条。强化组织领导，织密指挥网。建立“1 部 3 组 8 个专班”扁平化指挥体系，召开疫情防控工作会议 130 余次，并根据疫情防控形式适时调度、适时部署，各工作组联动配合、高效运转。强化动态摸排，织密微网格。充分发挥包乡联村联户机制优势，全县村（社区）、寺院、学校全部由县级领导干部包联，123 个党组织 2179 名党员化身卡点“守门员”、物资“配送员”、政策“宣传员”、入户“排查员”，分片包保疫情防控工作，切实落实“四早”要求。强化舆论引导，织密宣传网。微信公众号、抖音等网络媒体，发布排查来青返县人员紧急通知等各类文件 198 期、工作通告 71 期，紧急提醒、温馨提示 65 篇，报道基层一线战“疫”先进人物、事迹 20 余次，发布防疫倡议书、准则等 7 次，并加强对负面舆情、违反防疫政策落实等舆论澄清、引导举措。严肃工作纪律，织密监督网。成立专项督导组，采取“四不两直”方式，常态化全覆盖开展边督边改行动，保障疫情防控各项措施落实落细。

举措二：立足“守得牢”，多元一体“筑牢墙”。做到精准施策，筑牢疫情防控“坚固屏障”。凝聚工作合力，筑牢联防墙。依托“三公”融合机制，制定印发《河南县新冠肺炎疫情流调溯源专班工作方案》，抽调 240 余名党员干部组建 8 个志愿服务队，主动承担风险人员排查、隔离管控等急难险重任务。“两代表一委员”、群团组织发挥联系服务群众桥梁纽带作用，社会各界捐赠钱款、物资 106.647 万元，凝聚起全民抗疫的强大合力。同时，开展疫情防控培训 80 期 9000 余人次。强化制度执行，筑牢管控墙。严格执行领导 24 小时带班值班、重大疫情即知即报和疫苗接种完成情况排名通报等制度，所有高风险地区和疫情发生地来县返县人员全面落实“一对一”管控举措，并强化省外滞留人员排查工作，做到流调管控全流程“严、细、准”。坚持精准施策，筑牢安全墙。2 个省级疫情防控卡点扎实开展外来人员信息登记、体温测量、双码双验等，县城入口便民服务检测点，为抵县人员进行“落地检”，及时筛分进县人员及过境车辆人员，采取精准管控措施。强化疫苗接种，筑牢免疫墙。设置接种点 7 处，深入开展“敲门、扫楼”上门服务，提供“周末加班、午间不休、延时下班”服务，为 60 岁以上人群开展上门接种疫苗服务活动，切实筑牢免疫屏障。

举措三：立足“保障好”，多措并举“稳民心”。全力做好人民群众生产生活服务保障，最大限度减少疫情对经济社会发展的影响。强化生活物资保障，稳住民心。组织专班负责物流保通保畅工作，严格落实通行证管理、“点对点”接送、固定地点卸货等闭环措施，保障全县生活物资供应充足、价格稳定。强化医疗物资保障，稳住需求。做好防疫应急物资储备，储备集中隔离点 8 处、隔离房间 288 间（满足每万人 60 间要求），累计投入 298.5 万元采购各类防疫物资，满足超负荷运转 30 天的工作要求。强化核酸检测保障，稳住成效。在县域主城区和各乡镇设立 49 个采样点、78 个采样台，确保把所有潜藏风险全部捞干筛净。同时，通过购置救护车、流动核酸采样车、负压救护车、核酸扩增检测分析仪、提取仪、快速检测仪、条码生成仪、生物安全柜等设备，全力提升核酸检测“采、送、检、报”质效。在省内外疫情多次反弹、防控形势严峻复杂的情况下，直至中央优化疫情防控二十条措施全面落实后，11 月 30 日，河南县首次报告出现新型冠状病毒肺炎阳性感染者，真正做到守土有责、守土尽责。

时时紧绷“安全弦” 防患未然保平安

2022年，河南县坚决贯彻落实国务院安全生产“15条硬措施”，深入开展安全生产专项整治三年行动，以“时时放心不下”的责任感使命感，紧绷安全弦，筑牢安全网，牢牢守住不发生重特大事故的底线，为全县经济社会高质量发展稳驾护航。

构建“1+3+1”综合应急管理体系，提升应急处置能力。按照“边应急、边组建、边防范”原则，制定河南县48条具体措施，修订完善《河南县突发事件总体应急预案》和重点领域应急预案，对县安委会、防震减灾指挥部、森林草原防灭火指挥部、防汛抗旱指挥部、防灾减灾委员会组成人员及机构职能进行调整，形成1个总体应急预案、3个专项应急预案、1个部门应急预案的“1+3+1”综合应急管理体系，理顺防灾减灾工作体制机制，全面提升应急处置能力。建立包乡联村监管机制，筑牢安全生产防线。成立由县党政主要领导任双组长，26名县级干部和县安委会成员单位主要责任人为成员的6个安全生产领域综合督查组，采取“四不两直”的方式，下沉一线开展安全生产综合督查整治工作，通过下达“安全生产工作提示函”“安全生产问题隐患整改提醒函”、进行约谈，督促压实安全生产责任。重点区域、重点企业由县级干部包片负责，落实包保责任人165人、蹲点盯守361人，形成严密的安全生产责任网。建全防汛救灾“四种机制”，高效防范自然灾害。隐患排查立足“防”，开展全覆盖隐患排查5轮，县级干部带队开展重点区域排查195次，采取隐患点插旗划区标识、设立警示牌、发放告知卡等措施，降低风险隐患；叫应叫醒立足“早”，各乡镇、各单位安装应急警报器，完善叫应、叫醒机制。汛期，县党政主要领导在指挥部坐镇指挥，26名县级干部和科级及以下干部分赴联点乡镇村社蹲点值守、靠前指挥、排查隐患，安全转移群众40户221人、施工人员18名、牲畜4115头（只）、大小机械9台；应急保障立足“快”，组建应急队伍58支2166人，开展应急演练12次。就近协调征用各乡镇、村社各类施工机械设备116台，做到突发灾情就地就近及时救援；物资保障立足“全”，储备各类应急物资109类2.12万件，折价526万元，启用卫星电话18部，保障重点村和重点领域应急通信，以万全之策确保万无一失。

走出草原的求知路 托起牧家少年成才梦

近年来，河南县把借助发达省市优质教育资源、实施异地办班作为促进教育跨越发展的重要举措，为莘莘学子铺就走出草原求知路，托起牧家少年成才梦。

自2018年以来，先后在天津市滨海新区实验中学、内蒙古伊金霍洛旗分别开设河南班，分批选送优秀学子前往接受优质教育，2021年天津滨海实验学校河南班首批40名学生参加高考，本科上线26人，上线率达65%，理科最高分477分，文科最高分497分；其余14人全部考入省内外大专院校或职校，升学率创历史新高。2022年异地办班再传捷报，天津河南异地高中班40名学生本科上线37人，上线率92.5%，理科最高分539分（全省民考民理科第二名）；内蒙古河南异地高中班40名学生本科上线32人，上线率80%。

用“活”七项措施 助力牛羊出栏

河南县围绕产业发展、抗灾保畜、牛羊出栏等工作，制定《加快牲畜出栏促进牧民增收“七项”促销保障措施》，减轻抗灾保畜压力，促进牧民群众增收。一是专班牵头，组织领导到位。成立牛羊促销专班，全面落实省州关于“三农”工作的部署要求，建立牲畜出栏销售台账，落实日报制、周报制，合力推动牲畜出栏。二是政策支撑，保障措施到位。制定出台《加快牲畜出栏促进牧民增收“七项”促销保障措施》，全面实行牛羊出栏奖励政策，促销期间牧户（合作社）在县活畜交易集散中心交易1头牛（4只羊）奖励草料1捆（20千克），对收购牛羊一次性达牛20头（羊200）以上的客户，按照每头牛5元、每只羊2元进行奖励并与州内各防疫卡点积极衔接，采取“点对点”闭环交易、暖心精准服务等措施，打通活畜及产品运输“绿色通道”。三是加强宣传，动员群众到位。各级干部下沉至村（社），大力宣传牛羊出栏、防灾保畜等相关政策，不断提高牧民群众的知晓率，调动牛羊出栏积极性。并将《加快牲畜出栏促进牧民增收“七项”促销保障措施》翻译成藏文，下发至全县39个村，并通过村村通广播反复播放，鼓励和引导牧户早出栏、快出栏、多出栏，帮助牧民算经济账、生态账。四是多方发力，拓宽渠道到位。充分发挥县活畜交易集散中心平台、电商平台、经纪人和本地畜产品加工销售龙头企业的带动作用，对接省内外屠宰加工企业，不断畅通销售渠道，稳定销售价格。同时，积极引导鼓励各行政企事业单位干部职工和机关食堂优先采购本地牛羊，加大牛羊销售力度。

倾心服务项目 用力纾困解难

河南县严格落实“疫情要防住、经济要稳住、发展要安全”重大要求，高度重视对重点项目的服务协调保障工作，针对G0611张掖至汶川高速同仁至赛尔龙（青甘界）段公路（河南县境内）等重大工程项目，在全面、扎实、详尽做好各项基础性建设工作的同时，积极对接上级相关部门，统筹协调张汶高速河南段各项工作，针对不同的领域成立协调专班小组开展相关拆迁、征地等工作，全力配合做好张汶高速河南段建设工作。自2021年6月施工单位进场开展建设工作以来，协助参建施工单位完成驻地场站等临时设施建设、红线用地手续、征地丈量和房屋评估工作等，并协调解决取弃土场13处，砂石料场1处，年内协调完成征地171户，为加快构建青南交通运输大动脉、经济发展大走廊，全面提升交通区位优势，助力全州高质量发展做出河南贡献。

坚持以人民为中心 用心用情办好民生实事

河南县聚焦群众急难愁盼的问题，用心用情用力办好每一项民生实事，不断增强人民群众获得感、幸福感、安全感。多措并举，扩大就业渠道。全县城镇新增就业285人，就业困难人员就业17人，城镇失业人员再就业46人，城镇登记失业率为3.12%，农牧区劳动力转移就业1806人。扩充应急处突警务辅助人员60人，其中警务辅助人员招录27人。多方联动，破解养老难题。通过“居家养老为基础、社区养老为依托、机构养老为支撑”方式，构建多元化社会养老服务体系，将四个嵌入式养老机构和乡镇养老院逐渐转型成能够开展以养老服务、日间照料服务、幸福食堂服务以及老年人娱乐活动服务等为主体的社区综合养老服务体系。圆梦安居，住房保障惠民生。开展保障性住房专项治理工作，排查整治违规房屋45套，分配公租房（廉租房）184套，解决外来干部住房36套，为69户城镇低收入家庭发放租赁补贴15.2万元。饮水安全，让群众喝上“放心水”。总投资1300万元，落实河南县供水厂提标改造建设项目，提高县城供水保障率，解决居民安全饮水问题。清洁供暖，让群众温暖清洁过冬。争取落实资金6710万元，计划实施集中供暖四期清洁能源煤改电项目和五期清洁能源供热建设项目，建成后县城供热能力将达84万平方米，交邮融合，打通物流进村“最后一公里”。开通县城至宁木特镇、赛尔龙乡“交邮融合”线路，打通牧区物流配送“最后一公里”，让“物”尽其“流”，为乡村振兴赋能，助力城乡融合发展。增设公交路线，方便群众出行。开通河南县与泽库县间县际公交、蒙藏医院制药厂通往拉卡寺公交专线两条线路，为群众出行提供安全、便捷、低价、高效、舒适的公交客运服务。强化公厕精细管理，扮靓城市文明之窗。增设公厕指引牌，为居民群众提供准确、醒目的指引，每天不定时对城区35座公厕进行巡查，强化保洁消杀、修缮等，确保厕内硬件设施完好、运行正常。文旅融合，释放发展新动能。成功申报2家AAA级旅游景区，争取文化旅游引导资金263万元、民族体育场馆免费开放资金66.5万元；举办“非遗线上购物”展销活动，网红直播带货收入30余万元；投资50万元用于25个行政村举办以“喜迎党的二十大”为主题的村级那达慕活动。

坚决打好“七大战役”
全力筑牢平安河南建设根基

河南县坚持以不发生重特大公共安全事故等“五个不发生”为底线，坚决打好“七大战役”，推进平安河南、法治河南建设迈向更高水平。

坚决打好维护社会稳定“堡垒战”。成立维稳工作领导小组，完善各类突发事件应急预案，做到防范在先、发现在早、及时化解。建立县、乡、村应急处突队伍46支，编建县级民兵应急连、乡镇民兵应急排，现全县共有各类应急救援队伍68支、605人。坚决打好重点人员帮教管控“防御战”。落实落细重点人员管控措施，及时掌握日常动态和现实表现，更新档案数据。严格社区矫正对象管控措施的落实，确保重点人群底数清、情况明。坚决打好矛盾风险化解“主动战”。健全完善信访工作和矛盾纠纷多元化解机制，搭建县乡“五室一平台”和村级“三室一平台”，组建人民调解组织58个，充实人民调解员329人。推行领导包案化解、分级受理办结和“大接访”制度，开展排查1796次，发现矛盾纠纷32起，成功调解28起。县法院创新诉调对接、非诉解决机制，依托“一站式”多元解纷中心，高效化解矛盾纠纷，实现“小事不出村、矛盾不上交”，今年以来，“一站式”多元解纷中心共受理诉前调解案件106件，调解成功52件，当庭履行8件，金额达12.1万元。紧盯“3+1”核心指标，提升实际执行到位率，全力保障胜诉权益实现，全年共受理执行案件115件，已结115件，结案率为100%，居全省并列第一，实际执结率99.13%，居全省第一。县检察院认罪认罚适用率、量刑采纳率、民事行政、公益诉讼等12项案件主要评价指标跃居全州前列，“脱薄争先”，走出新时代高原检察特色之路。坚决打好县域社会治理“攻坚战”。依托“一核三治”社会治理模式，将网格化治理与智慧安防警务发展深度融合，深化区域协作联动机制，与邻县接壤乡（镇）、村组建8个联合党工委和6个联合党支部，建立案件协查侦办机制，维护交界地区的和谐稳定。坚决打好常态化扫黑除恶“持久战”。常态化开展扫黑除恶斗争，严厉打击“盗抢骗”“黄赌毒”等违法犯罪活动。现已破获刑事案件24起，抓获犯罪嫌疑人30人；办理行政案件68起，抓获违法人员80人；办理赌博案件 6 起，收缴赌资 4.6 万元。坚决打好打击整治养老诈骗“专项战”。深入推进打击治理电信网络诈骗违法犯罪，做到全方位、全覆盖、无缝隙宣传。截至目前，冻结一级涉案账户银行卡 96 张，冻结涉案资金 3 万余元，宣传下载安装“国家反诈中心”App 5600 余人次。办案民警辗转江西、河南、甘肃等地成功破获 2 起电信诈骗案，涉案资金 18 余万元，破获全州首例非法利用信息网络犯罪案，涉案资金 10 余万元。坚决打好治安重点地区排查整治“阵地战”。完善对重点地区、突出问题的常态打击整治机制，加强对治安重点地区和治安突出问题的排查整治，大力整治道路交通违法行为，扎实开展缉枪治爆等专项行动。

代表走进“推普班” 提升能力显担当

河南县聚焦人大代表履职能力提升，举办人大代表普通话培训班，增强人大代表深入基层、了解民意、传达民声，为人民群众代言的履职能力和水平。搭建学习平台，提升代表自身素养。采取专题讲座和互动教学相结合，全方位、全覆盖方式，以普通话在实际工作当中的运用及学习理论政策能力为抓手，全面提升基层人大代表普通话水平，学习成效显著。克服语言障碍，提升代表履职能力。普通话培训班，为人大代表更好肩负起人民的重托，体察民情，反映民意扫除语言障碍，搭建语言桥梁，不断推动人大工作与时俱进创新发展。增强学习意识，提升代表大局观念。通过普通话培训，带动人大代表牢固树立学习意识，争当坚持学习的表率、认真履职的表率、推动发展的表率，以更加饱满的热情，主动服务大局，彰显担当作为，全面提升人大工作质效。

搭建委员履职平台 延伸政协工作触角

河南县认真贯彻落实《关于加强和改进市县政协工作的意见》《关于推进全州乡镇政协委员联络室实体化、规范化运行的指导意见》，积极将政协工作触角不断向基层延伸，搭建乡镇基层协商民主平台，拓展委员履职平台，提升委员履职实效。全县 6 个乡（镇）全部建立政协委员联络室，26 名驻县州政协委员、125 名县政协委员全部下沉编入乡（镇）政协委员联络室，政协委员界别优势和资源优势真正延伸到基层，紧密联系群众，精准反映民意，有效开展协商。

守好乡村路 从速把好关 严防疫情入

自疫情发生以来，河南县牢固树立“宁可十防九空，不可失防万一”思想，始终把“外防输入”作为疫情防控工作重中之重，及时成立以 6 个乡镇、4 个社区为主的疫情防控工作专班，全面实行村（社区）网格化管理机制，加强出入人员的健康监测，实施动态跟踪管理。严格落实人员排查信息沟通机制、外来人员来返县报备制度、“落地检”管控制度和协查通报机制。紧盯县域外来县交通要道，设立 2 个省际交通检疫站点并配设临时核酸采样点，进一步规范站点设置，组织乡镇干部、公安干警、医务人员等力量，全面落实外来人员的排查管控措施。同时，持续强化 86 个乡村道路交界路口监测，严把外来输入风险关口，组织乡镇、村干部，村警，草管员、林管员，党员群众等力量 24 小时值班值守，确保乡村道路没有漏洞，在简陋、艰苦的条件下，牢牢守住输入关口，为“外防输入”发挥作用。

“废物利用” 刷新县域 “无废颜值”

保护好青海生态环境，既是“国之大者”，更是“县之大者”。河南县始终围绕“生态立县”发展战略，以“减量化、资源化、无害化”处理为目标，实施生活垃圾资源化利用及无害化处置运营项目，积极探索“全域无垃圾”向“全域无废”转型升级的河南经验，率先打响推进垃圾分类攻坚战。生活垃圾资源化利用及无害化处置运营项目由生活垃圾分拣分选和生活垃圾综合处理设施组成，结合已完工的生活垃圾焚烧处理设施，组成生活垃圾处置系统。将生活垃圾进行分拣分选、回收、焚烧、填埋等系统作业，其中塑料、金属等回收料，包装后可对外销售；废弃物经加工处理后制成其他可利用资源；绝氧热解还原所生成的炭黑经筛分处理，制成炭棒基料并销售；生成的裂解气，用于裂解还原供能、处理设施供暖和厂区用电发电。废水、废气经过再处理后，按优于国家排放标准的要求实施低排放。据统计，项目可以处理全县生活垃圾 1.8 万吨/年，裂解气满足处理厂供能自用，生产炭黑 2800 吨。河南县生活垃圾资源化利用及无害化处置运营项目正式启动运行，标志着河南县生活垃圾处理方式实现实质性转变，成为青海省“全域无废”示范项目理念典范，实现河南县生活垃圾“村（社区）收集、乡（镇）转运、县处置”的三级综合处理目标，开启生活垃圾资源化利用新模式，使广大人民群众在“绿水蓝天净土”中共享经济发展成果。

媒体看河南

一个“党员证”见证着信仰的力量

青海日报融媒体（2022 年 4 月 21 日）

“我父亲才吾去世前把我叫到床前，特意嘱咐我，要把这 10000 元作为党费交给党组织，说这是他作为老共产党员的最后一份心愿”。近日，黄南藏族自治州河南蒙古族自治县乡村振兴局副局长才让扎西来到县委组织部，替他已故父亲才吾，向党组织交了最后一笔党费。

才吾的党员证，成了他一生追随党、忠于党的最好见证。

才吾于 1949 年出生在蒙旗草原一个普通牧户，1975 年加入中国共产党，迄今已有 47 年党龄。才吾 20 岁参加工作，先后担任过托叶玛乡生产大队队长、曲海村村支部副书记，为人耿直、公道正派、济人所难在村里有着很高威望。

才吾生性坚强豁达，在被确诊胃癌晚期后，他积极治疗，与病魔抗争，还时时关注曲海村的发展。他生前常与村里的工作人员一同学习党的历史，述说自己作为一名共产党员的人生体悟，勉励家人和村里的青年党员要不怕苦、不怕累，为党的事业拼搏奋斗。

“从 1975 年每月不足 2 角钱的党费，到生命中最后一笔 10000 元党费，才吾的党员证，成了他一生追随党、忠于党的最好见证。”河南县委组织部副部长钟麒说，才吾用自己的实际行动向我们展示了一个共产党员的高风亮节，表达了一名老党员对党组织的无限忠诚与热爱，也为全县党员干部留下了一笔宝贵的精神财富。

才吾一生爱党念党、对党赤胆忠心，他的儿子才让扎西对此充满感慨，他说：“父亲一生为人正直，生活节俭，从不铺张浪费，在生命的最后，依然不忘党对他的教导和培养，告诉我一定要把这笔党费交上去，这是他最后的心愿，这笔党费积淀的是父亲对共产党的信念，也是作为一个党员应尽的义务。”

河南县：把党的声音传到草原的最深处

中新网（2022 年 6 月 1 日）

自青海省第十四次党代会召开以来，河南县各乡镇迅速掀起传达学习党代会精神热潮，通过“线上+线下”，组织第一书记、驻村工作队、机关、村党支部党员等队伍，深入机关、学校、各村开展专题传达学习活动。

“跟党走，懂感恩，我们的日子会越过越好，省第十四次党代会确定了我省新的奋斗目标……”在县多松乡各村党员活动室内座无虚席。

传达中，包村领导、第一书记紧密结合会议实况，用通俗易懂的“大白话”“家乡话”，面对面、零距离地向群众讲解省第十四次党代会召开的重大意义，准确传达党代会中的新思想、新理念和政策新动向，并围绕牧民群众身边事谈发展、谈变化。

“今天来听传达学习会，过去五年家乡发生的巨大变化，我看在眼里、记在心上，过上了越来越好的生活。”在会议现场，拉让村村民尕藏卓玛说道。

“第一书记讲得很好，我都理解了，我们自己也要加油致富。”多松村脱贫户才让吉有感而发。“作为村党支部书记，通过学习省第十四次党代会精神，我对乡村未来发展有了更加明晰的规划，夏日达哇村作为脱贫村，如今牧民的生活越来越好，这都归功于党的好政策。”夏日达哇村党支部书记才让扎西说，今后村里将紧密结合村域实际，大力发展特色产业，集聚资源优势，创新发展模式，引领更多的牧民群众参与到村集体经济中，让牧民的钱袋子越来越鼓、生活越来越好。

“自党代会开幕以来，我们及时组织全乡党员干部职工认真收看聆听了信长星书记所作的报告，分层分次对党代会精神作了专题传达和学习，学习活动得到牧民群众一致好评，取得了实实在在的成效。”多松乡党委副书记唐江说道。

党建“1+1”，退税落袋惠企利民

《青海日报》（2022 年 6 月 23 日）

“今年的留抵退税政策真好，退税款可以实实在在分红到老百姓手中，让大家的日子都红火起来。”说起留抵退税，黄南藏族自治州河南县腾达扶贫开发投资有限责任公司村级光伏电站扶贫项目基地的职工白成雄激动不已。他介绍，今年公司已享受留抵退税 199.34 万元，可抵 6 个村的年平均收益，后续退税金额将全部用于脱贫村分红，预计受益群众达 777 户 2939 人。

近日，河南蒙古族自治县税务局结合支部结对共建活动，将组合式税费支持政策“礼包”送到企业“家门口”，为企业赋能添力。

大规模增值税留抵退税是今年组合式税费支持政策中的“重头戏”。为此，河南县税务局党委特成立“1+X+Y”的减税专班，即以“党员+青年先锋队+志愿服务队”的形式，分行业、分规模动员党员干部带头冲在前、干在前，实地下户辅导、线上云端回访，从增量和存量两方面入手，全面加大了留抵退税力度。

据了解，为切实将党建成效转化为税收改革发展动能，该县税务局打造了特色党建品牌——“蒙旗税务先锋站”，通过“党建+”的新模式，突出党建引领为核心，党员先锋模范为旗帜，在落实落细退税减税重点工作中铸造“主心骨”、筑牢“主阵地”、争做“主力军”。

金山银山：正在由梦想变为现实

《青海日报》（2022 年 1 月 13 日）

初识黄南藏族自治州河南蒙古族自治县，是因为一场长达十几年之久的“禁塑令”，再次对河南县印象深刻，是其 2021 年入选“绿水青山就是金山银山”实践创新基地。多年前因为牛羊误食塑料垃圾死亡而引起的一场全民参与的“禁塑行动”，造就出了一批依托良好生态环境而享誉全国的品牌。“绿水青山就是金山银山”在蒙旗草原再次得到证明。

依赖草原、守护草原，是河南县世代群众在游牧生活中总结出的宝贵经验，已深深植根于他们的生活习惯之中。在今天的河南县，每月的13日和26日——环境卫生集中整治日，无论是党政机关干部，还是农村牧区群众，大家都纷纷走上街头、村巷、草原，沿河流、公路搜寻垃圾。由于全面落实“一把手”负责制，十几年来严格执行“禁塑令”，蒙旗草原牧民生活环境及生态环境得到了很好的恢复性保护。

绿水青山就是金山银山，河南县优干宁镇秀甲村牧民海东智是见证这一实实在在变化的牧民之一，他说：“以前不断恶化的草场连自家的牛羊都养不活了，如今草场恢复了，生活也越来越好了。”

在保护群众赖以生存的草原生态的基础上，河南县以绿色赋能产业发展，突出“特色”和“绿色”两个关键，积极推动传统牧业产业变革。以全国有机畜牧业生产基地为依托，加大投入，支持饲草基地、牲畜棚圈、标准化养殖基地建设。坚持用生态产业化理念发展现代畜牧业，以园区促进产业集聚、集约、集群发展，建成多个有机畜产品生产基地、20多处特色标准化养殖示范场。“雪多牦牛”“欧拉羊”入选国家畜禽遗传资源名录，河南县龙头企业开发生产的有机牛羊肉小包装速冻产品、有机牦牛乳制品等系列有机产品获得了广大消费者的好评。如今的河南县，已经形成了“企业+合作社+牧户”的有机畜牧业产业化模式。

勤劳的蒙旗之子用行动保护了这里的山水草木，良好的生态环境也给了他们优厚的回报，催生出质优物美的农畜产品。当这些农畜产品不断走俏全国市场时，牧民的致富之路也在向前延伸。守住绿水青山，就能获得金山银山正在由梦想变为现实。

黑颈鹤“落户”蒙旗草原

《青海日报》（2022年3月29日）

3月22日，黄南藏族自治州河南蒙古族自治县环保志愿者才项南加在春雪覆盖的县城西侧、优干宁镇德日隆村泽曲河畔和优干宁镇荷日恒村拍摄到国家一级保护动物黑颈鹤觅食、嬉戏的场景。

才项南加介绍，黑颈鹤作为高原生态变化指示性物种，以前在河南县很少看见，偶然看见也是迁徙过程中落地休息。此次在河南县境内发现并拍摄到的6只野生黑颈鹤并非首次，这几年，蒙旗草原也从黑颈鹤的栖息地变为了繁殖地。

目前，河南县共有八处黑颈鹤栖息地，随着不断加强环境治理、湿地生态修复，该县湿地生态环境得到不断优化，吸引了大批珍稀候鸟在此栖息中转。

3600米高原上的动植物，在他的相机里频频“出镜”

新华社（2022年6月27日）

“雪豹在哪里歇息？哪儿能看到黑颈鹤？”问起这些，才项南加脱口而出，10年来的拍摄经历在他的脑中建起了“生态数据库”“生态好不好，野生动物说了算！越来越多的野生动物频现河南县，这就是对生态保护最好的回报。”

“和这些动植物结伴而行，让我感觉自己是活生生的，记录家乡生态的路要不停地走下去。”

夕阳西下，大风肆虐。49岁的才项南加系上围巾赶忙下车，从后备箱包裹严实的毛毯里拿出相机和三脚架，稍做调试后，便扛着装备三步并作两步地赶往200米外的一片湿地。“赶紧去看看，两只黑颈鹤在喝水呢！”他说。

才项南加是青海省黄南藏族自治州河南蒙古族自治县（以下简称“河南县”）的一名生态环保志愿者。2012年起，他利用工作之余监测并研究河南县野生动植物情况，记录当地生态变化。

10年来，才项南加用镜头记录着充满诗意的家乡。

与雪豹的不解之缘

河南县地处三江源腹地、黄河上游第一湾，黄河及其一级支流洮河、泽曲河等穿境而过，生态地位十分重要。

近年来，这片平均海拔超过3600米的广袤土地上，国家一级保护动物频频出现。“雪豹在哪里歇息？哪儿能看到黑颈鹤？”问起这些，才项南加脱口而出，10年来的拍摄经历在他的脑中建起了“生态数据库”。

雪豹是国家一级重点保护野生动物，也是生态系统完整性的重要标志。但在2005年以前，青海三江源地区几乎难寻雪豹踪迹。

2012年，河南县赛尔龙乡的牧民发现一只自然死亡的雪豹。这让才项南加和同伴眼前一亮：“说明河南县境内适合雪豹栖息。”

为了调查雪豹的生存状态，他们在林业主管部门支持下，启动了雪豹调查监测工作。2013年10月，经过专业培训后，才项南加等16名工作人员在吉岗山区布设了50台红外相机。

被称为“雪山之王”的雪豹，活动谨慎，踪迹难寻。为掌握雪豹出现的时间和区域，才项南加吃了不少苦头。才项南加花了两个月时间调查发现，雪豹有很强的领地意识，活动后会留下气味标记领地，于是和同伴们根据雪豹的活动轨迹布设好红外相机。取回照片发现，只拍到了雪豹的屁股，这“不完整”的照片却是河南县利用红外相机第一次捕捉到成年雪豹的影像。

岩羊、马麝、狍鹿、旱獭通常是雪豹的“美味”，这让雪豹的行踪有迹可循。“岩羊是监测雪豹的重要依据。河南县岩羊种群数量多，繁殖更多，没有雪豹生态链是难以平衡的。”才项南加说。

收获经验后，才项南加等人依据岩羊、马麝等动物的活动区域，重新调整相机布设点位。历时6个月，2014年4月底，50台红外相机记录下16只雪豹共83张照片。这为河南县境内雪豹的分布区域、生存状态、种群数量以及雪豹的行为等研究，提供了重要科学依据。

此后，行踪诡秘的“雪山之王”频频“出镜”。与雪豹的不解之缘，让才项南加从此踏上了生态环保志愿者之路。

“别人看着苦，我却很享受”

为了更好地记录生态环境，才项南加拿出积蓄购买相机和镜头，翻看几十页的操作说明书；上网观看课程，掌握摄影技术；学习动植物和鸟类专业知识，研究其形态特征和生活习性……不断地学，不断地拍，“门外汉”也能变行家。

“哪里发现新鸟种，我一定要去亲眼看看。”才项南加告诉记者，今年4月，河南县优干宁镇荷日恒村和泽雄村出现“大黑鸟”身影。才项南加通过望远镜观察，确定“大黑鸟”为国家一级保护动物黑鹳。“2012年只有1只，现在有8只，每年都有黑鹳‘现身’，说明河南县成了它的栖息地和繁殖地。”

周末早上5点是才项南加出门拍摄的固定时间。“太阳刚升起时光线最好，鸟儿这时会喝水、洗澡，它们抬头的瞬间我立马就有精神了！”才项南加说。

拍摄常有惊险时刻。一年冬天，才项南加拍摄2只大天鹅时，被3只藏獒“围攻”。“3只藏獒冲到我面前，我拿起三脚架左甩右甩，坚持了半个小时才赶走藏獒，累得连气都喘不过来。”说起这段经历，他兴奋地比画着当时的姿势，笑得前仰后合，眼里都是光。“别人看着苦，我却很享受。”才项南加说。

4 月初，记者跟随才项南加来到县城旁的污水处理厂。他提着几十斤重的三脚架和照相机，快步走在海拔 3600 米的高原上，呼哧呼哧的喘气声不时传来。

在距污水处理厂不远的湿地中，黑颈鹤时而低头涉水觅食，时而遨游天际。才项南加的镜头跟随黑颈鹤移动，他转过头说：“污水厂水排放达标，污水变净水，黑颈鹤才会在这里驻足！”

近年来，通过水环境污染防治、洮河源国家湿地公园建设、草原沙化治理等措施，河南县境内的黄河及泽曲河、洮河水质达标率达到 100%，空气优良率达到 95.1%，雪豹、黑颈鹤、马麝、胡兀鹫等 15 种国家一级保护动物频繁出现。

“生态好不好，野生动物说了算！越来越多的野生动物频现河南县，这就是对生态保护最好的回报。”才项南加说。

与动植物结伴而行

10 年来，才项南加行走在高山荒野间，潜入远离人烟的寂静深处，用镜头记录下秃鹫、白尾海雕、猎隼等野生鸟类 250 余种，野生动物 50 多种，高原植物 900 余种。

各类飞禽走兽都是才项南加的“老朋友”，他对它们了然于心：“黑鹳雏鸟的身体是棕色的、有斑点，成年黑鹳是黑色的，腹部和翅膀下是白色的，看起来黑白分明。”

说到激动处，才项南加掏出手机给记者看：“这是朱鹀，河南县特有鸟种，像珊瑚般漂亮，河南县约 45%的土地上长着金露梅，朱鹀刚好就吃金露梅。”

“马麝是国家一级保护动物，我发现，一般来说它生活的区域不变、路线不变、厕所不变，用来挠痒痒的树枝也不变，是再穷的地方也不走；马鹿就不一样，它是再好的地方也待不住，你说是不是很有趣?”

蓝大翅鸲、灰头鸫、翠鸟、草原雕……才项南加如数家珍，像行走的教科书般，直观展示出河南县的生物多样性。

近 3 年，才项南加的足迹遍布河南县，用相机记录下除禾本科外的 900 余种植物，再按照时间、地点整理归纳存档。河南县是青海省唯一的蒙古族自治县，才项南加准备和河南县蒙藏医院联合出版《蒙旗草本》一书，丰富河南县植物图鉴，反映生态改善成效。

“兰科植物在植物中等级较高，之前青海记载有 11 种兰科植物，现在仅河南县就有 20 多种了，手掌参、斑叶兰、兜被兰……”才项南加说。

河南县生物多样性的图景，既是大自然对这片土地的馈赠，也是最亮眼的生态底色。“趁着还能跑得动，我想再多做些事情，昆虫、鱼类这些还没有记录哩。”才项南加说。

采访结束后的第二天，才项南加拿着电脑给记者拷贝了许多珍贵照片。电脑屏幕前闪过一帧帧画面，仿佛窥见河南县的广阔天地。

“和这些动植物结伴而行，让我感觉自己是活生生的，记录家乡生态的路要不停地走下去。”才项南加说。

点草成金　牧民喜领“新年大红包”

央广网（2022 年 1 月 30 日）

“久美，16 股，分红 16 万元，奖金 3000 元，共计 163000 元。拉卓吉，3 股、分红 3 万元，叶旦加，1

股、分红1万元……”年关将至，在越来越浓的年味里，青海省黄南藏族自治州河南蒙古族自治县（以下简称：河南县）原牧生态畜牧业专业合作社迎来了分红表彰大会。

“今天真是开心啊!”股民索多接过发放的2900元的分红，欣喜之情溢于言表。“听村里的大学生说在县城有这么一个合作社，当时还有点犹豫，抱着试试的心态就投了一万元，没想到一年什么都没做就拿到了分红，真的太高兴了!”尝到甜头的索多喜上眉梢，难掩心中的喜悦。

分红现场，100万元的现金整齐地摆放在桌子上，排队、签字、领钱，好不热闹，领到钱的股民们也个个喜笑颜开。“今天合作社和大家兑现承诺了！只要大家伙齐心努力，将来的分红一定会越来越多。”合作社理事长关却才旦大声宣布着，跟其他股民一样开心。

成立于2020年的原牧生态有机畜牧业专业合作社是一家以有机饲草种植、饲草料加工、销售等为一体的综合性牧民专业合作社。合作社以河南县青年创业联合会为基础，以自愿入股的方式，从协会115名会员中确定了50名股东，再由股东自筹350万元成立合作社。

别看合作社成立时间短，发展劲头可不小。2020年11月初合作社正式投入生产饲料，一年共生产饲料400余吨。2021年3月协会积极争取“异地抗灾保蓄饲草种植基地项目”，在合作社精心栽培下，5000亩的流转土地上年产了近2500余吨有机饲草料，加之合作社原有的饲草料加工收入，2021年全年总收入205万元。合作社以“协会+合作社+牧户+市场”的产业化发展路子，不断完善合作社管理各项规章制度，在摸索前行中，社员们集思广益、献计献策，实现了智慧共享，取得了较好的经济效益。

“合作社给我发了3000元的慰问金，心里很感动，很感激他们。”家住柯生乡毛曲村的牧民诺巴因妻子长期卧病在床，家中的钱全部用来看病治疗，还要养育幼子，家中的困境可想而知。与县乡村振兴局沟通后，最终确定了13名像诺巴一样的监测户进行集中慰问，发放慰问金共计39000元。合作社在争取更多“红利”的同时，以实际行动践行和担当起社会责任。

“有了这么好的开端，接下来，我们就紧紧跟着县委县政府发展步伐，充分利用起我们合作社大学生社员优势，求真务实创新思路，乘势而上，为河南县乡村振兴添活力、增引擎。”谈起新的一年，合作社理事长关却才旦信心满满地说。

地处青甘川三省接合部的河南县，近年来大步向集约化、规模化、产业化的现代畜牧业模式迈进，实现了从传统模式向现代模式发展的完美嬗变。特别是在乡村振兴背景下，河南县大力推进合作社股份制改造，涌现出一批股份改造到位、内生动力强劲、经营组织有方、群众持续增收的典型合作社。

过去一年，立足高原特有资源禀赋，青海加快建设世界级盐湖产业基地，打造国家清洁能源产业高地、国际生态旅游目的地、绿色有机农畜产品输出地。其中，“绿色有机农畜产品输出地”建设战略目标，正是为河南县量身定制的发展规划蓝图。

围绕蓝图，河南县进一步明确生态有机畜牧业的主导产业，在此基础上延伸产业链条和完善综合配套。同时，组建村级合作社，打造特色富民产业，重点建设一批园区支撑、龙头企业主导的产业创新项目，并突破一批关键技术，支撑引领战略性新兴产业发展，促进一、二、三产融合发展，培育新型牧业经营主体，为打造绿色有机农畜产品输出地做足准备。

红红火火迎虎年，丰收在望盼来年。一份份沉甸甸的“新年大红包”既是对过去一年合作社50名社员团结一心结硕果的肯定，也承载着大家对幸福生活的美好憧憬。

援青科技激活蒙旗草原产业发展新动能

《青海日报》（2022年5月26日）

仲夏时节，蒙旗草原刚刚返青，处处一片欣欣向荣的气息。记者再次来到黄南藏族自治州河南蒙古族自治县，走进企业厂房、合作社、探访在“校地合作”模式下，天津援青提供科技帮扶，助力这个纯牧业县产业振兴的新成就。

5月25日，蒙旗草原的天空云层低垂，雨下得淅淅沥沥。

走进启龙牧场生产车间，公司员工们正忙碌着包装公司特色产品雪山咖啡，在流水式的配合中，一袋袋充满蒙旗特色的咖啡被装进代表着不同口味的蓝色和黄色盒子，整齐码放在一个个纸箱里。

“公司得益于政府全力扶持和专家队伍的人才支持，如今已打通了科技难关，三大类14个品种的绿色有机产品受到市场认可和消费者青睐。”谈起公司的特色产品，负责人多杰仁青自豪不已，他说，“2021年6月，经中国绿色食品发展中心审核，启龙牧场生产的舒脂牦牛酸奶（有糖型）、舒脂牦牛酸奶（无糖型）2个农畜产品获国家A级绿色食品认证，认证总量为60吨。”

在高寒缺氧、地广人稀的蒙旗草原，技术型人才的缺乏一直成为制约经济发展的大难题，在启龙牧场、三江牧场等本土企业的发展中，人才队伍的培育问题无疑是重中之重。为此，2020年年初以来，河南县政府与天津科技大学联合成立绿色有机产品研究院，将县域丰富的绿色有机畜牧产业资源禀赋和天津科技大学的人才优势、科研技术深度融合，推动企业产品研发转化提升，相继研发出有机牦牛蛋白粉、中老年奶粉、牦牛奶酪等产品，为企业提供了技术支撑和人才支撑，加快推动河南县畜牧业转型升级和提质增效。

将技术专家请到蒙旗草原，让企业欣喜不已，但面对相对落后的生产工艺和高寒缺氧的生活环境，技术专家无法常年在企业指导，这一问题在一定程度上成为新“瓶颈”。

攻克技术难题一天都不能等。2021年3月，启龙牧场派遣三名工作人员前往天津学习，攻克了牦牛奶酪制作中的脱脂、发酵等技术难题，还在加工技术、食品检测等方面取得了进一步提升。

“为了随时给企业技术人员提供帮助，研究院每周召开一次视频对接会，解决研发中出现的问题。产品上市后，研究院还派出技术团队来到西宁开展交流，在产品推广、市场营销等方面提供了技术支持。”多杰仁青说，在天津科技大学专家、团队的帮助下，启龙牧场陆续开发出了酸奶等6款产品，年销售额突破2000万元，成为河南县规模最大的一家乳制品厂。

5月24日，正值每周一次的视频会议日，来自各乡镇的分管负责人、39个行政村“两委”班子、致富带头人在线上与天津科技大学科技帮扶项目组“碰面”，开启了一场主题为“牦牛的繁、育、养及加工技术专题”线上提升之旅。在“耳濡目染”中，河南县从企业与合作社负责人、村“两委”，乃至每一位牧民都将科学技术视为让特色产业实现“华丽转身”的重要法宝，并在牧业生产中积极使用学到的知识。

“有了天津专家的技术支持，村里的产业建设和布局更加合理了，我们要继续努力，跟着专家学知识、学技术，让合作社发展得更好。”河南县多松乡夏日达哇村生态有机畜牧业牧民专业合作社理事长扎西说，“在天津科技大学王稳航教授经过反复深度调研，在摸清多松乡实际情况的基础上，因地制宜，精准施策，依托多松乡合作社，引导和支持牧民专业合作社规范发展，加快构建政策体系，整合资源条件，将牧民群众的利益紧密地联结在产业链条上，产业扶贫取得显著成效。”

提起天津援建专家王稳航教授，扎西感激之情溢于言表。针对多松乡合作社主产的风干牛肉，天津援建王稳航教授不辞辛劳提供技术指导，研发了除传统牛肉干以外的四种口味。同时，还为产品研发提供了达 100 万元的设备支持，合作社厂房扩建达 60 万元。扎西说："在他的帮助下，我们顺利办了食品生产许可证，风干牛肉销售范围也扩展到各大超市里，实实在在提高了牧民的收益。2021 年，合作社净收入达到了 112 万元，这对以前的我们来说，是无法想象的。"

河南县政府副县长杨燕峰告诉记者，自 2021 年 5 月正式挂牌运营以来，河南县绿色有机畜产品研究院按照帮龙头企业、带动合作社发展、促进牧民增收帮扶思路，开展了一些工作。在青海省第一届"智汇三江源·助力新青海"人才项目洽谈会上，天津科技大学人才团队项目荣获"十大特色人才项目"。

河南县：守护绿水青山　收获金山银山

《西海都市报》(2022 年 5 月 30 日)

黄南藏族自治州河南蒙古族自治县地处青、甘、川三省交界，素有青海"南大门"之称。

这里风光秀丽，全域有机。

近年来，河南县深入贯彻落实习近平生态文明思想，全力打造"绿水青山就是金山银山"实践创新基地，将生态保护优先作为第一抉择，突出绿色发展这个重点，全力推进"禁塑令"、县级干部责任田、生态保护工程等一系列创新务实举措，人与自然和谐共生的画卷正在徐徐展开。

一张绿色名片

河南县像保护眼睛一样保护生态环境，像对待生命一样对待生态环境。推动形成绿色发展方式和生活方式。

河南县副县长旦正才让告诉记者，河南县围绕白色污染治理，连续 19 年将"禁塑"作为一项利长远、惠民生的工程来抓，通过广泛宣传，倡导低碳、节俭、绿色环保的生产生活方式，持续巩固"禁塑"成果，治理白色污染。如今，河南县的大街小巷随处可见拎着无纺布袋、编织袋的农牧民，大大小小的店铺里塑料袋难寻踪迹。"禁塑"已成为全县干部群众内化于心、外化于行的自觉行动，形成了河南县独具特色的生态文化理念。

发挥"关键少数"助力改善草原生态环境，河南县严格落实县级领导干部生态责任田制度，全面加强全社会对草原生态治理的重视程度，创新可复制的天然草原综合治理模式，从根本上带动全县草原生态综合治理工作，使草原生态退化得到有效遏制。

积极打造"全域无废示范县"，完善各部门"协调联动、互补互促互推"工作机制，推进农牧区人居环境整治工作向"规范化、标准化、升级化"发展，形成了每月 2 次集中打扫环境卫生的长效机制。五年来，累计投资 2283 万元实施牧区环境综合整治项目，覆盖 6 个乡镇 39 个行政村和 4 个社区，形成"户集、村收、县转运处理""户集、村收、乡镇转运处理"和"户集、村收、村处理"三种垃圾处理模式，城乡一体化垃圾处理体系基本建成，生活垃圾无害化处置率达 97.75%。

通过一系列创新务实举措，河南县生态环境持续向好，成为野生动物栖息的乐园。目前，河南县发现各种野生动物三百余种，其中，国家一级保护野生动物有雪豹、黑颈鹤、金雕等 15 种；国家二级保护野生动物有马鹿、鬣羚等 30 种；省级保护野生动物有雪鸡、环颈雉等 35 种；野生植物和名贵药材有 450 余种，这是大自然的馈赠，也是河南县引以为傲的绿色家底。

五年来，河南县累计安排生态环境保护领域资金 2.6 亿元，治理水土流失面积 74.91 平方千米，完成退牧还草围栏建设总规模 6.7 公顷，治理黑土滩 2 万公顷。统筹推进山水林田湖草沙冰一体化保护和系统治理，持续加大生态系统保护和修复力度，深入推进大气、水、土壤污染防治和环境保护工作，国土绿化工作深入推进，累计完成造林绿化 3400 公顷，草原综合植被覆盖率 71.7%。

2021 年，天然草原总鲜草产量平均提升到 8083 千克/公顷，其中可食鲜草产量达到 6790 千克/公顷，草群平均高度 21.6 厘米，植被平均盖度 90.6%，生态底色更加亮丽，河南县再次呈现出“风吹草低见牛羊”的诗情画卷。

旦正才让说，河南县各族群众像珍惜生命一样珍惜绿色，从没有停止过追寻绿色的脚步，以实际行动践行“两山”理念，如今，绿色已成为河南县最鲜明、最亮丽的生态底色。

近年来，河南县先后荣获“全国村庄清洁行动先进县”“第四批国家生态文明建设示范县”、第五批“绿水青山就是金山银山”实践创新基地三项生态环保领域“国字号”殊荣。

一条发展路径

生态是河南县最宝贵的资源、最明显的优势，保护好生态是河南县最重要的担当，更是河南县不断前行的永恒动力，以产业生态化和生态产业化为主体的生态经济，已经成为河南县现代化建设的首选经济模式。

做强生态有机畜牧业产业子链条。河南县积极融入全省绿色有机农畜产品输出地建设，持续加大特色产品开发力度。自 2007 年至今，已连续 15 年通过有机再认证，获得 14 项绿色食品认证证书，5 项有机食品认证，河曲马、欧拉羊、雪多牦牛相继入选国家畜禽遗传资源保护名录并荣获“国字号”地理标志称号。河南县与天津科技大学联合成立绿色有机产品研究院，研发出有市场、有特色、有竞争力的有机牦牛蛋白粉、中老年奶粉等 330 余种新产品，完成 26 项 144 类商标注册，畜牧业系列产品拓展到 33 种，牦牛奶咖啡、青稞啤酒等产品相继投放市场，河南县被评为首批国家级农业现代化示范区。

同时，雪多牦牛、欧拉羊等 14 个系列产品喜获中国有机食品和绿色食品双认证。雪多牦牛肉系列产品荣获青海省绿色有机农畜产品“百佳优品”称号。启龙牧场有糖型和无糖型舒脂牦牛酸奶荣获国家 A 级绿色食品认证。

河南县有机产业园区管委会主任公保东智告诉记者，河南县以创建国家农村产业融合发展示范县为目标，坚定不移走“园区+企业+合作社+牧户”的生态有机畜牧业发展路径，加强有机畜牧业与文旅产业、健康产业、互联网电商等多元业态融合发展，努力打造高原现代有机畜牧业生产基地，实现由有机畜牧业大县向高端有机畜牧业强县转变。

做活蒙藏医药产业子链条。将蒙藏医药产业作为惠民利民的特色产业来打造，建成高原医学博士研究生工作站、实验室、现代化示范中心、制剂质检中心。211 种蒙藏药已注册备案，蒙藏医药产业化、集约化、品牌化水平不断提高，将丰富的资源优势转化为高附加值的蒙藏医药产业链，推动生态优势转化为经济优势。

河南县蒙藏医院院长尖措告诉记者，河南县已建成蒙藏医院“一站一室两中心”，重点研发以蒙藏药为原料的特色蒙藏药饮片、功能性饮料、蒙藏药汤剂、喷剂等产品，全方位全周期满足不同人群保健、康养、预防等多元化需求，全力打造青、甘、川三省独具特色的蒙藏医药生产示范基地。以蒙藏医药产业发展带动就业及地区经济收入增长，创新蒙藏医药与文化旅游融合发展，让更多群众共享蒙藏医药产业发展成果。2021 年，河南县蒙藏药业实现年产值 3500 万元。

做精文化旅游产业子链条。以打造“国际生态旅游目的地”为战略导向，以全域旅游为引擎，以生态为基础，以文化为灵魂、以旅游为依托，创新生态文化、黄河文化、历史文化、蒙藏医药、乡村振兴、数字技术与旅游业深度融合发展路径，推进旅游产业横向对接和纵向延伸，串联县域旅游景点，构建全域旅游发展大格局，将河南县打造成全省知名的“蒙藏医药特色小镇”“黄河上游生态旅游名县”“蒙藏文化旅游大县”。

做新生态水产业子链条。立足天然冰川矿泉水资源优势，把水产业作为强县富县的优势产业，紧抓黄河流域生态保护和高质量发展战略机遇，做足做好“水”的文章，充分挖掘“一泉双拥”水资源优势，分层开发中高端产品，提高市场占有率和竞争力，把生态水产业打造成集研发、生产、销售、物流、服务于一体的综合性饮用水产业集群，打造矿泉水、气泡水、饮用水等一批品种多、品质好的新产品，水生态产业年产值达 4. 87 亿元，生态水产业成为新的经济增长极。

做实现代服务产业子链条。河南县将现代服务业作为兴县活县的新兴产业，加快打造青、甘、川三省物流仓储服务中心，稳步推进乡镇电子商务服务站和电子商务服务店建设，乡级快递物流覆盖率达到100%，28 个乡、村电子商务公共服务中心站点建成投运，覆盖率达到67%；开辟省县物流专线和乡村物流专线，培育电子商务快递物流服务店，形成了县乡村三级统一配送体系，“十四五”期间，持续带动医疗、家政、养老等生活性服务业及物流、电子商务、信息技术等第三产业快速发展。

河南县委书记司吉昇告诉记者，河南县实施好碳汇项目、碳汇量的研究和开发，以碳汇交易为切入点，盘活沉睡的“绿色资产”，在产业链条的完善、延伸和发展方式的独特、多元中，全力以赴助力实现碳达峰、碳中和目标，持续激发清洁能源产业绿色发展动能。

近年来，河南县积极探索“1+5+X”创建成果转化模式，以“两山”转化产业链为总链，以有机畜牧业、文化旅游业、蒙藏医药业、生态水产业、现代服务业“五大产业链”为子链，以组织、政策、人才、科技等要素为支撑的“1+5+X”的生态文明建设成果转化路径，走出了一条守护绿水青山、收获金山银山的高质量发展之路。

黄南州河南县：精准有度稳就业惠民生

央广网（2022 年 7 月 6 日）

今年以来，青海省黄南藏族自治州河南蒙古族自治县始终坚持把稳定和扩大就业作为经济社会发展的优先目标，以青海省第十四次党代会精神为统领，贯彻“六个现代化新青海”奋斗目标、“八个坚定不移”具体举措，突出抓好高校毕业生、农民工等群体稳就业，努力实现更充分、更高质量的就业，为实现全面乡村振兴增添新动能，在高质量谱写“纯净河南 · 幸福蒙旗”奋进新篇章中展现人社担当、践行人社作为、贡献人社力量。

*贴心式宣传引导，就业服务有温度。*线上及时发布就业资讯、惠民政策等各类就业创业信息，借助“美丽河南”“云 MAS 业务”和河南县就业服务局微信公众号等信息平台，及时向未就业高校毕业生及待业青年发送创业就业相关政策，实现岗位信息精准推送。线下通过走访入户讲解招聘信息、社保补贴、技能培训等惠民政策，同时通过悬挂横幅、张贴标语、发放宣传资料等方式，全方位、多角度向广大高校毕业生、有就业意向的牧民提供就业指导相关服务。截至目前，共开展就业宣传活动 5 次，发放宣传册 2000 余份，开展专项招聘活动 3 场，发布岗位 50 余个。

*精准化提升技能，就业培训有深度。*坚持“精准培训、致富增收”的目标，采用“理论+实践”双结合的模式，立足产业结构和劳动力市场需求，针对高校毕业生、牧民、农民工等群体进行分期分批的技能培训，不断拓展以中式烹饪、装饰装修、服装制作、家政服务等为主的多工种培训班次，手把手进行教学实训，帮助培训学员掌握致富技能，培养造就素质优、技能强的就业人才队伍，提高就业水平。截至目前，

共计开展城乡技能培训 14 期，培训 700 人。

高标准搭建平台，就业工作有力度。加大高校毕业生就业登记力度，最大限度上做到不漏一户、不漏一人，充实全县高校毕业生数据库档案信息；定期召开企业代表、高校毕业生座谈会，为有招聘意愿的单位和相关求职人员搭建信息共享平台，切实保障用人单位和求职者的双向需求，达到供求双方共赢的目的；积极协调县信用社，以提供创业担保贷款的方式，为高校毕业生创业搭建融资平台，为自主创业创造便利条件；充分发挥扶贫产业孵化园区、合作社等平台作用，积极组织开展“就业援助月”“春风行动”等公共就业和人才服务专项行动，为全县高校毕业生、农民工等群体提供全面的就业保障。截至目前，全县城镇新增就业 146 人，就业困难人员就业 10 人，城镇失业人员再就业 20 人，城镇登记失业率为 2.64%，农牧区劳动力转移就业 1483 人；新增公益性岗位人员 18 人，其中高校毕业生 13 人。

架起各民族共同走向现代化的大道通途

《青海日报》（2022 年 7 月 7 日）

大力推广和积极普及国家通用语言文字，有利于消除语言隔阂，促进社会交往，对政治经济文化建设和社会发展具有重要意义。

6 月 21 日，河南蒙古族自治县基层人大代表国家通用语言培训班的 40 余名学员，顺利通过县委党校教务科的培训测试，成为首批结业学员。在为期一周的一系列“速成”训练中，他们各自有了不小的收获。

经过一周的提升培训，碰毛才让终于有了一种豁然开朗的感觉，她最大的收获就是有了足够的自信——面对人们的“围观”，她能够将省第十四次党代会报告用国家通用语言通篇读下来，虽然发音还不十分标准，但足以让人听得明白。

省第十四次党代会强调，“加强和改进新时代人大工作……”“全面推广普及国家通用语言文字，加强现代文明教育，推动各民族共同走向现代化。”

随着村民生产方式的深刻转变和生活品质的日益提高，提升自身工作水平已成为最基层人大代表的必然要求。作为强基层的堡垒和党委政府联系群众的桥梁，过硬的语言水平在上情下达、下情上传的人大代表日常工作中，也显得越来越重要。

作为一名来自村一级的人大代表和妇联主任，碰毛才让在黄南藏族自治州河南县柯生乡次汉苏村发挥着承上启下的重要作用。每当有重要文件传达或宣讲活动时，她都会逐字逐句地为村里的妇女进行翻译，力求让她们原原本本地了解到党和政府的惠民政策和卫生健康、妇女权益等相关知识。

河南县地处青、甘、川三省交界九曲黄河第一弯，在与邻近地区的长期融合发展中，形成了独具特色的蒙藏文化，生活习俗和语言习惯与泽库、玛曲等同处青南牧区的地区颇为相近。在这里，普通农牧民尤其是高龄群体的国家通用语言水平较弱，在及时了解掌握与自身生产生活息息相关的政策、法律法规方面存在很大困难。

“40 多个学员里，绝大部分有一定的国家通用语言基础，他们的问题主要集中在发音不准、词汇量不够、语法不准确，还有不敢开口，生怕自己说得不好。”在第一趟提升课堂上，河南县第二完小高级教师焦成香针对这一问题，将自己平时给孩子们授课时的“十八般武艺”通通“搬”到了这个由 40 多名男女老少组成的班级里。

为了教好这一批来自最基层的人大代表，焦成香早早就做好了课件。在她精心制作的课件里，除了声母、韵母、声调、普通话语音辩证等练习内容外，还包括了情景对话等互动教学内容。

“之前我总担心他们会没兴趣，但事实证明，我是杞人忧天，每一个学员在培训中都学得非常卖力。”焦成香说。“在课堂上，他们就像小学生一样，对所有的教学内容都充满了兴趣，那份急切和渴望，让我为之感动。”

“八百标兵奔北坡，炮兵并排北边跑……”在为期一周的训练中，绕口令、情景对话和即兴演讲训练让碰毛才让留下了深刻的印象。在一次次发音错误的哄笑中，在反反复复地练习后，大家的诵读不知不觉变得流利了许多，也克服了以往临场时的怯懦和紧张。

如今，随着乡村振兴的推进，次汉苏村的基础设施、产业项目提升等建设项目也一一落了地。“项目施工时，驻扎在村里或附近的外地籍技术人员和施工人员挺多的。随着流动人口的不断增加，说好国家通用语言也成为村“两委”干部和人大代表想要迫切提升的工作能力之一。因为在我们的日常工作中，就包括了和施工队保持良好的交流沟通这一项重要任务。”碰毛才让说。

“目前，国家通用语言的学习提升，已成为农村牧区各级党员干部亟待补齐的一个短板。省第十四次党代会在这方面为我们指明了方向，今后，全面推广普及国家通用语言文字一定会成为一项常态化的工作。”焦成香说。

黄南州河南县新时代文明实践中心工作纪实

央广网（2022年8月16日）

青海省黄南藏族自治州河南蒙古族自治县高度重视、高位谋划，健全有“力度”的机制、建设有“广度”的阵地、建设有“热度”的队伍、保障有“温度”的服务，扎实推进新时代文明实践中心建设各项工作，让文明触角横向到边、纵向到底，切实增强群众的获得感、幸福感。

机制健全到位，文明实践有力度。坚持党委主导，建立健全县、乡、村三级书记主抓的领导机制，制定印发《河南县拓展提升新时代文明实践中心实施方案》，坚持把新时代文明实践中心建设工作纳入意识形态工作责任制落实情况监督检查和年度目标考核，保障新时代文明实践工作深入推进。优化顶层设计，制定实施“11246”工作法，建立“六化融合”工作机制，保证了新时代文明实践活动的有序运行。聚焦需求导向，探索推行“群众点单、所（站）接单，中心派单、志愿者接单”的服务模式，为群众量身定制服务项目，不断提升服务项目和效益。

阵地建设到位，文明实践有广度。建成河南县新时代文明实践中心、6个实践所、43个实践站、23个实践点，充分发挥新时代文明实践中心统筹协调作用，各所站覆盖率达100%。以公共文化场馆、窗口服务单位等为重点，发挥各级理论宣讲志愿服务队作用，扎实开展两轮主题宣讲，持续推动党的创新理论入脑入心。不断深化拓展“我们的节日”主题活动，举办“河南好人”表彰大会，营造“人人争当好人、人人学习好人、人人尊重好人”的氛围。

队伍建设到位，文明实践有热度。通过架设组织体系、宣传引导发动、内外协调联动，组建各类志愿服务分队318支，志愿者6100余人，目前在动态增长中。“牧鸟人”志愿服务队守护野生动植物资源；医疗卫生志愿服务队为年老、残疾人员送“苗”上门；在全员核酸中1300多名志愿者主动投身一线，以“志愿红”筑牢疫情防控坚强屏障；“爱心妈妈”志愿队为留守儿童提供心理关怀、社会融入、生活帮助等务实管用的志愿服务；“飞燕”志愿服务队为全县重大活动、人文美景、优秀文化遗产等制作航拍视频作品，开展用镜头看家乡摄影志愿服务。各实践站所立足实际、培育特色鲜明的志愿服务品牌，柯生乡公保金牌调解室、多松乡新风志愿服务队等志愿服务品牌已然形成，在引领文明、服务民生、维护稳定等方面发挥了积极作用，持续释放出文明实践新活力，激发文明实践新动能。

保障服务到位，文明实践有温度。落实经费保障常态化机制，通过地方统筹、天津援建投入200万元建成新时代文明实践中心，投入中央、省级试点项目资金90万元建设乡镇、村级文明实践阵地，全县6个实践所已全部高标准打造完成。青海省委宣传部大力支持河南县拓展新时代文明实践中心建设，先后下拨经费20万元。县财政落实18万元工作经费，并纳入每年财政预算，用于品牌打造、案例培育、示范点建设，有力保障各项工作高效有序推进。积极探索文明实践新路径，在优干宁镇、赛尔龙乡、托叶玛乡实施“社区文明实践”“新时代文明实践志愿服务联盟”“志愿服务规范管理”试点工作，进一步落实落细“六化融合”工作机制，推动文明实践活动在城乡基层蓬勃发展，真正打通服务群众“最后一公里”。

河南县新风志愿服务队：扎根乡村沃土 深耕志愿服务

中新网青海（2022年8月24日）

“干净的是环境，美化的是家园，净化的是心灵，投身生态环境保护志愿服务让我们感到很有成就感。”11日，河南县多松乡新风志愿服务队队长扎西当智说道。

凌晨6点，河南县多松乡夏日达哇村依旧笼罩在夜色中，虽已近仲夏，但室外气温仍然很低，草原上的风不时递来阵阵寒意。在一片发动机的轰鸣声中，扎西当智和同村的伙伴们早已穿戴整齐，背着编织袋坐着拖拉机向远处进发。

一行人边走边停，一点一点清理公路两侧和草原上的饮料瓶、塑料袋、丢弃衣物和各种生活垃圾。

近年来，河南县强化队伍建设、培育志愿品牌、开展志愿活动，扎实推进新时代文明实践中心建设，打通宣传群众、教育群众、关心群众、服务群众的“最后一公里”。而在多松乡就有这样一支老年志愿者服务队，无论是烈日酷暑还是三九严寒，他们每天早上把自己的孙子孙女送到学校后，就会到“老年学堂”学习自己的课题，积极参与到志愿服务活动中。

新风志愿服务队的志愿者的平均年龄超过55岁，年龄最大的81岁、最小的40多岁，成为开展全乡文明工作的重要力量。扎西当智正是新风志愿服务队的最早组织者、参与者，他经常说身为村社的一分子，要积极主动地开展志愿服务活动。他一直秉持奉献、友爱、互助、进步的志愿服务精神开展志愿活动，让志愿服务跟着群众需求走，让文明实践活动成为教育群众的“精神课堂”。

“年轻的时候没有学习的条件，今天坐在这里学知识学政策，不仅弥补了儿时的遗憾，也让自己知道了更多的东西。”村民才让扎西说道。

扎西当智把全乡有学习意愿的老年人组织起来，在日常的教学之外，政策宣讲、环境整治、助力教育、矛盾调解等志愿服务活动中处处有他们的身影，志愿服务队先后帮助7个家庭化解矛盾危机，为促进全乡的文明建设起到了大作用。在他的影响下，越来越多的志愿者和村民积极参加各种志愿服务活动，志愿服务队伍不断壮大。

在2022年河南县“喜迎党的二十大 道德清风沁人心”“河南好人”表彰大会中，扎西当智荣获“河南好人”称号。扎西当智说：“志愿服务是新时代文明实践活动的载体，作为社会主义时代新人，我们要立足岗位，立足社会，弘扬倡导奉献、友爱、互助，进步的志愿服务精神，对照志愿者的标准严格要求自己，让志愿服务精神在村社、在每个家庭发扬光大。”

扎西当智告诉记者，让爱无限传递，让更多需要帮助的人得到帮助，并在帮助他人的志愿服务活动中

收获快乐，提升自己的能力，为村社创造更多的爱心，更多的温暖，更多的笑声，是他实现人生价值的力量源泉。（完）

青海河南县“六化融合”助力文明实践

中宣部《宣传工作》（2022 年第 12 期）（2022 年 4 月 8 日）

青海省黄南州蒙古族自治县坚持因地制宜，图出县域特色，建立常态长效工作机制，推动新时代文明实践中心建设全面铺开、深入推进。

阵地规范化。开展阵地达标活动，挂牌一批示范点，完善阵地管理运行机制和志愿者招募注册、管理培训制度以及志愿服务褒奖激励和回馈制度，县乡村三级组建专班、压实文明实践阵地管理责任。全面落实文明实践联席会议制度，组建各类志愿服务队 314 个，文明实践阵地 22 处，基层阵地和战斗堡垒持续强化。

项目精准化。精心培育一批具有本地特色的志愿服务特色品牌，依托“我为群众办实事”实践活动、“大接访”活动，解决了 30 类 320 余项热点难点问题。“幸福夕阳馆”“公保金牌调解”等一批志愿服务项目广受群众欢迎，加强未成年人思想道德建设，推动 49 位“爱心妈妈”与留守儿童达成“一对一”帮扶心愿。

队伍专业化。整合各部门专业力量成立志愿服务总队，示范引领社会力量参与政策宣讲、便民服务等活动，遴选培育一批优秀志愿服务队伍常态化开展需求收集、追踪处理、回访评价等工作，宣传推广“荷日恒村新时代文明实践助力乡村振兴工作”等典型案例。

服务大众化。推广“文明蒙旗”小程序，优化点单、派单、接单、评单工作机制，结合群众需求，形成项目清单和工作方案，明确志愿服务总队、支队、小分队常态化开展志愿服务活动频次，推进志愿服务精准化、常态化。

宣讲分众化。发挥“牧区红”宣讲团、“文艺轻骑兵”等优势，打造多层次理论传播队伍，组织编写宣讲教案，制作宣讲课程、公益广告、短视频等，用好方言土语、“大喇叭”开展“中国共产党好、社会主义好、人民领袖好”等专题宣讲，让理论有温度、润人心，参与人数达 3.2 万人次，不断坚定牧民群众感党恩、听党话、跟党走的信念信心。

载体多样化。规划设计铸牢中华民族共同体意识展馆，打造成民族团结进步教育基地，推出《幸福的草原》脱贫攻坚纪录片、《纯净河南 · 幸福蒙旗》系列丛书、《骏马归来》文艺情景剧等，奏响时代强音，凝聚发展合力。编印《漫画妙语讲文明》系列文明实践手册和《文明河南》文明创建指导手册，持续培育社会文明新风尚。

索 引

使用说明

一、本索引采用内容分析索引法，按索引数字、汉语拼音字母顺序排列。
二、索引词条后的数字表示内容所在的页码。

数字

2022年度经济责任审计工作联席会议 165

A

爱国卫生 237
爱警暖警 136
安全播出 229
安全考核 243
安全生产 211，261，264，267，271，275，278
安全生产管理 197
安全生产体系 178，242
安全生产整治 242
安全投递 184
安全宣传教育 242
安全隐患排查 242
案件管理 138

B

办文办会 98
“保护母亲河”活动 206
保健食品整治 168
保密监督检查 81
保密宣传教育 81
保密知识相关会议及培训 82
保险扶贫 194
备灾救灾 129
博爱项目 130
部队管理 144

C

财政改革 158
财政管理 160
财政监管 158
财政金融 58

残疾儿童康复救助　128
残疾人法律维权　128
残疾人类别与分布　126
残疾人临时救助　128
残疾人免费乘坐公交车　128
残疾人托养服务　128
残疾学生教育救助　129
厕所革命　202
产品创新研发　178
产品开发创新　178
产业发展　61，94
产业建设项目　178
诚信体系建设　150
城建档案管理　196
城市防汛　198
城市供水供热　198
城市居民住房保障　196
城乡电网运维　212
城乡公交运输　210
城乡和谐社区建设　255
城乡建设　94
城乡建设项目　196
城镇风貌规划　196
传播矩阵　229
创业就业　250
村（社区）残疾人协会发展　129
村庄规划　201
存款业务　191

D

达参寺　227
打击欺诈骗保　252
打击整治养老诈骗专项行动　134
代办服务　103
待遇保障　252
待遇核查　251
党的建设　60
党风廉政建设　262，266，269，273，276，279
党管武装　263，266，270，273，276，280
党建带群团　263，266，270，273，276，280
党史二卷编纂　84
党史理论学习　83
党史宣教　83
党外人士工作　74
党员队伍建设　70
党组织建设　77
档案接收　230
档案利用　230
道路运输　211
地方病预防控制　237
地方一般公共预算收入　156
地方一般公共预算支出　157
地区生产总值　56
地形地貌　55
电商物流　152
电子商务　182
电子银行服务　192
调查研究　89
动物防疫与废弃物资源利用　174
动物疫情监控防治　174
动物资源　56
督查督办　98
督查工作　69
督导社会市面用文　232
对口援建　151
对外宣传　72
多松乡卫生院　240
多松乡中心寄宿制完全小学　222

E

"儿童之家"建设　256
二轮志书编修　231

F

法律援助与服务　142
法院队伍建设　141
法治督察　132
法治宣传　139
反腐败斗争　116
防贫动态监测和帮扶机制　200
防疫支持　214
防灾减灾救灾　244
放射源管理　205
非法金融打击　190
风险防控　194
扶贫项目资产管理　201
扶贫志编纂　231
服务当地发展　212
妇女表彰　123
妇女儿童帮扶救助　123
妇女健康服务　237
妇女就业服务　123
妇女维权宣传　123
妇女宣教活动　124

G

干部队伍建设　70
干部监督　71
干部教育培训　70
干部考核　71
干部培训　80
干部选派　71
高原职工氧吧　120
工程质量安全　211
工程质量管理　197
工会组织建设　120
工业发展　57
工资福利待遇调整　101
工作举措　200
公安队伍建设　134
公共安全管理　136
公路养护　211
公务用车改革　101
公务员管理　71
公益筹资　129
公益诉讼检察　137
公园边界确定　207
供电服务　212
供销社综合改革　184
巩固"两不愁三保障"成果　200
固定资产投资　57
关爱农村留守儿童　124
关工委工作　83
关心关爱活动　120
管护队伍建设　153
管护员巡护　207
贯彻重要讲话精神　60
规范性文件管理　99
规范性文件监管　132
规范运作　215
规划编制　153
规划编制执行　148

国防动员 144
国土绿化与生态修复 153

H

河道治理工程 175
河南蒙古族自治县民族中学 219
河南蒙古族自治县中心幼儿园 223
河南县寄宿制中学 219
《河南政报》藏文版发行 232
红会宣传 130
后勤保障 246
后勤建设 146
户户通 229
户政出入境管理 135
化妆品专项整治 168
环境保护 262，265，268，272，275，279
环境保护督察问题整改 206
环境监管“双随机”抽查 205
环境空气质量 204
环境执法队伍建设 206
黄河南蒙古历史文化博物馆 227
会计管理与培训 160
惠民实事 95
婚姻登记 255
火灾防控 245

J

机构编制管理 79
机关党员管理 76
机关作风建设 77
基层党建 262，265，268，272，276，279
基层党组织建设 76
基层法律宣讲 142
基层妇联组织建设 123
基层基础建设 141，166
基层人大建设 86，263，266，269，273，276，279
基层团委组织建设 121
基层治理 133
基层组织建设 70
基础教育 218
基础业务经营 191
绩效管理 159
寄递业务 183
家庭教育促进 124
价格监管 168
价格认证案件办理 150
坚持党的领导 86，107
检查考核 145
检察队伍建设 138
减税降费 162
减证便民 103
建置沿革 54
建筑市场监管 179
健康管理 236
健全警校合作 214
交叉巡察 75
交通项目建设 210
交通运输产业发展 211
交通运输行业管理 211
教学科研 218
教育改革 218
教育设施建设 218
教育系统疫情防控 219
教育资助 218
接待服务 101

节能建筑企业 179
节约型机关创建 102
巾帼志愿服务 124
金融产品创新 193
金融风险排查 190
金融业务 183
金融支持乡村振兴 193
金融知识学习教育 190
禁牧和草畜平衡监管 154
经济发展 260，264，266，270，274，277
经济责任审计 165
精神文明建设 72
警示教育大会 118
居民收入 58
居民消费 58
卷烟市场监管 185
卷烟销售 185

K

柯生乡卫生院 240
柯生乡中心寄宿制完全小学 222
科技成果 224
科技交流合作 223
科技人才队伍 223
科技项目 224
科普宣教 208
科研监测 207
科研咨政 81
客户服务 212，213
控告申诉检察 137
矿产资源 56

L

劳动工资 251
劳动技能培训 251
劳动争议仲裁 251
劳动执法监察 250
老干部活动中心建设 83
雷电防护 248
离退休干部信息采集 83
理论武装 72
理论学习 107
立法调研 90
练兵训练 145
粮油储备与管理 151
“两新”党员管理 78
烈士公祭 257
林（草）长制工作 154
临时救助 130
领导干部接访下访 99
留守妇女儿童关爱 256
路政管理 211
旅游饭店与接待点 188
旅游景区景点 186
旅游线路 188
旅游项目建设 188
旅游宣传 188
绿色殡葬改革 256
绿色金融体系建设 193
绿色有机农畜产品输出地基地建设 174
落实生活待遇 82
落实政治待遇 82

M

矛盾纠纷调解　142
矛盾纠纷化解　135
矛盾纠纷排查调处　133
蒙藏医药传承　238
民商事审判　139
民生保障　63
民生福祉　94
民生领域监督　117
民生领域支出　159
民事行政检察　137
民营经济管理　74
民主监督　108
民族古籍出版　232
民族团结　261，265，272，275，278
民族团结进步创建　73
牧民专业合作社发展　173

N

纳税服务　163
内部安全管理　146
内部专卖监督　185
内控与风险管控　193
能源项目建设　150
宁木特镇第二寄宿制完全小学　221
宁木特镇第三寄宿制完全小学　221
宁木特镇第一寄宿制完全小学　221
宁木特镇卫生院　239
农村残疾人就业培训　128
农村环境卫生治理　202
农村科普　125
农村信用体系建设　191
农村综合改革　201
农林牧渔业发展　56
农牧经济　149
农牧区经营主体发展　173
农牧区饮水工程　175
农牧业产业化　173
农牧业信贷担保　173

P

派驻纪检监察工作　117
盘活存量　160
品牌建设　178
品种改良与补贴　173
普遍服务　184
普查调查　166
普法宣传教育　141

Q

其他政协会议　111
气候状况　55
气象服务　248
气象科技保障　248
气象现代化建设　247
气象预报预警　247
气象灾害　246
企业管理　214，215
企业入驻　179
企业提质升级　152
青海黄南国家农业科技园区　174

青年创业就业　122
青少年科普　125
青少年思想道德建设　121
青少年维权宣传　122
区域协作联动　134
曲格亲王府　227
曲格寺　227
权责清单管理　79
全面从严治党　61，116
全面深化改革　62
全民参保　251
群团共建　124
群团协同化建设　120
群众法治教育　141
群众上访案件受理　99

R

人才队伍建设　100，229
人才培养　71
人大常委会机关建设　87
人大代表进“两室”活动　90
人大代表履职　91
人大监督　92
人居环境整治　202
人口民族　55
人口与计划生育　237
人事管理　101
人事任免　91
认罪认罚从宽制度　137
荣誉档案征集　230
融资担保　190
乳业发展　174

S

赛尔龙乡卫生院　239
赛尔龙乡中心寄宿制完全小学　222
“三公”经费支出管理　160
“三条红线”控制指标　174
森林草原防灭火与防汛抗旱　244
少先队和中学共青团建设　122
设施与信息化建设　215
社保卡推广　192
社会服务　126
社会和谐稳定　63
社会救助　253
社会民生　260，264，267，271，275，278
社会团结　268
社会消费　58
社会治理　95，133，261，265，268，272，275，279
社区居家养老服务建设　255
涉农资金统筹整合　159
深化改革　95
生活垃圾分拣分选及资源化处置利用项目　204
生态安全保护　135
生态保护和治理　154
生态产业发展　178
生态管护　154
生态环境保护协会建设　206
生态环境宣传　206
生态环境专项执法检查　205
生态监测　154
生态建设　94
生态项目建设　154
生态修复　202

省委巡视反馈问题整改　64
省、州政协视察调研活动　111
师资队伍建设　80，218
湿地保护和恢复　207
湿地公园管理　207
湿地公园建设　207
湿地效益补偿　208
十六届人大常务委员会会议　88
十六届人大二次会议　87
十五届县委巡察　75
实地调研活动　184
食品安全监管　167
食品药品投诉举报及执法办案　168
示范创建　173
市场监管系统扫黑除恶斗争　169
市容环境卫生　198
市容环境综合整治　199
市政公用设施管理　198
事业单位登记管理　78
收养登记管理　256
兽药经营管理　173
双基联动　193
双拥工作　256
水旱灾害防御　175
水环境质量　204
水能资源　56
水政执法　175
税费收入　161
税收宣传　163
税收征管　162
税务队伍建设　164
税源监控　163
司法体制机制改革　140
思想教育　126
思想文化建设　245
思想政治建设　76，77，82
思想政治教育　144
寺院法治宣传　257
诉讼服务　140

T

洮河水污染防治项目　204
特殊家庭扶助关怀　237
特种设备安全监管　168
提案办理　99
体育赛事与活动　233
体育组织　233
统计法治建设　167
统计服务　166
统战工作　73
投资与消费　62
图书馆管理　226
土地确权登记　153
土地资源　55
团县委会议　122
推进复工复产　214
托叶玛乡卫生院　239
托叶玛乡中心寄宿制完全小学　222
“脱薄”争先　139
脱贫群众服务　236
脱贫人口资助参保　252

W

网络安全管理　134
网络保障　213
网络规模　212

网络建设 214
为民服务 138，146
维护社会稳定 134
卫生设施建设 236
未成年人检察 137
位置境域 54
慰问送温暖活动 114
文化服务设施建设 226
文化活动 226
文化旅游市场执法 188
文化市场管理 226
文化遗产保护 226
文秘服务 69
稳粮保供 174
污水处理厂尾水水质改善工程 205
污水与垃圾处理设施 196
无线广播电视 228
物流企业管理 182
物业管理 196
物资储备 244

X

县妇幼保健和计划生育服务中心 239
县疾病控制预防中心 239
县纪委全会 117
县蒙藏医院 238
县人民医院 238
县卫生健康综合执法大队 239
县委常委会会议 65
县委审计委员会会议 166
县委十五届二次全体会议 64
县委十五届三次全体会议 64
县委十五届四次全体会议 64
县委十五届五次全体会议 65
县政府常务会议 96
县政府全体会议 96
县政府重要活动 96
县政府专题会议 97
县政协十四届常委会会议 109
县政协十四届二次会议 108
县政协视察调研活动 113
乡村产业发展 172
乡村人才建设 201
乡村振兴 63，94，260，264，267，271，274，277
乡村振兴服务渠道建设 192
乡村治理 201
乡镇机构改革 78
乡镇信访联席会议试点 99
乡镇志编纂 231
香扎寺 227
项目建设 62，95
项目建设与管理 148
项目申报与建设 184
消防宣传教育 246
消费促进 152
校地合作 153
校区基础设施 80
协调配合 165
新农村建设服务 202
新型冠状病毒感染防控 236
信访和审判监督 140
信息编报 69
信息服务 99
信息化建设 140
信息技术服务 152
信息与装备保障 247
信用体系建设 192

信用信息管理　256
刑事案件审判　139
刑事案件侦查　135
刑事检察　137
刑事执行和监所监督　137
行业体制改革　79
行政村集体资产清查　172
行政区划　55
行政审判　140
畜牧业发展　260，264，267，271，275，277
宣传教育　120
学术交流与成果　155
巡察反馈问题整改　75
巡察干部培训　75

Y

养老待遇资格认证　251
药品安全监管　168
药品采购管理　253
业务发展　192，194
业务培训学习　230
业务学习培训　231
医保“放管服”改革　253
医疗队伍建设　238
医疗废物管理　237
医疗行业监管　238
医养结合　236
医政管理　238
依法治税　163
依法治县会议　132
依法走访宣传　100
异地就医　252
疫情防控　260，264，266，270，274，277
疫情防控服务　194
意见建议交办　90
意识形态工作　262，265，269，273，276，279
应急广播　228
应急救援　245
应急演练及培训　243
应急值班　243
优抚安置　256
优干宁镇第二寄宿制完全小学　220
优干宁镇第一寄宿制完全小学　220
优干宁镇卫生院　239
优化营商环境　150，169
预算执行审计　165
园林绿化　198
月志编印　231

Z

灾害防治体制机制　153
灾害防治宣传教育　153
战备训练　144
招商引资　150
招商引资与宣传　179
政策跟踪及其他审计　165
政策培训与宣传　80
政策宣传　252
政府采购　160
政府性债务监管　159
政府自身建设　95
政务服务体系建设　103
政务服务中心办事服务　102
政务公开与服务　103
政治建设　145
政治协商　108

支持畜牧业发展 191
支持中小微企业 193
执法规范建设 135
执法检查 89
执行工作 140
职工保障服务 120
职工依法维权 120
植物资源 55
指挥调度 136
志愿服务 73
志愿服务活动 121
治安防控 136
主体责任落实 199
主营业务 183
助残日活动 129
助力教学 214
助力疫情防控 113，135，138，164，184，253
驻寺干部队伍建设 257
专卖管理 185
专题研讨会 110
专业技术人员管理服务 101
资产清查及办公用房统计管理 102
资源考察与保护 207
自办广播电视 228
自建房安全隐患排查 179
自然公园建设 155
自然资源保护宣传 155
自然资源执法监察 153
宗教活动场所规范化建设 257
综合年鉴编纂 231
足球场建设 233
组织建设 145
作战训练 245